JN280077

古代エジプトの歴史と社会

屋形禎亮 編

同成社

はじめに

近年の日本における古代エジプト文明研究の多彩な成果には目を見張るものがある。多数の研究者が育ち、早稲田大学・筑波大学は毎年エジプトでの発掘調査を行い、外国隊の調査にも日本人研究者が主体的に参加する機会が増えている。私が、東京教育大学に入学して、今は鬼籍にはいられた古代オリエント学の権威杉勇先生に出会い、エジプト学を志すにいたった1960年代当時、日本におけるエジプト学者の数は五指にも満たなかったことを思えば、まさに隔世の感がある。新聞・雑誌・テレビなどは、めざましい考古学上の成果や美術、ヒエログリフなどを話題として取り上げ、古代エジプトについての一般向けの著書・翻訳書の刊行も盛んである。

しかし、3000年以上にわたって存続したエジプト文明の研究には、さまざまな研究分野・研究方法があり、陽の当たることの少ない地道な研究に取り組んでいる研究者の成果が公にされる機会はそれほど多くはない。本書には、先王朝時代から王朝時代を経てローマ時代まで、考古・歴史・経済・社会・宗教・思想・美術など、さまざまな角度からの研究成果が含まれている。このような形でのエジプト学の分野のみからなる論集の刊行は、日本ではおそらくはじめてであり、これによって古代エジプトを多面的にとらえることができると期待している。

わが国においてエジプト学を取り巻く研究環境は、決して恵まれたものとはいえない。本書の執筆者のなかには、安定した地位という意味で研究に専念できる状況を満たしていない研究者も多く含まれている。しかも大学や研究機関の外部評価が社会的要請とされている近年の状況においては、眼にみえる形での評価が難しい分野を多く含むエジプト学にとっては、なおさら厳しいものがある。本書の刊行が、こうした状況にさらされている研究者、とくに若手の研究者にとって飛躍のチャンスとなれば、編者としてこれに優る幸せはない。

最後に、編集の実務に携わった他の編集委員の諸氏の労を多とするとともに、本書のような地味な論集の刊行を快く引き受けて下さった同成社社長の山脇洋亮氏に心からのお礼を申し上げたい。

2003年 4月

屋形 禎亮

目　次

◇

古代エジプトの歴史と社会

前4千年紀のナイル河下流域における文化認識のパラダイム

高宮いづみ

(1) はじめに

従来、ナイル河下流域において、王朝時代が始まる前の前4千年紀には、エジプト北部のブト・マーディ文化とエジプト南部のナカダ文化という2つの異なる系統の文化が存在することが認められてきた。しかしながら、近年、この2つの文化を別の文化と見なすことが妥当ではない可能性が主張された。その背景には、ここ四半世紀の間にそれまでほとんど手つかずであったデルタの発掘調査が進展するとともに、エジプト南部の集落址の発掘調査も行われて、新しい資料が増加しつつある状況が存在する。省みれば、現在の前4千年紀の文化の枠組みが設定されたのは20世紀の前半に遡り、これまで用いられてきた文化名称と概念を無批判に使うことを再考する時期であるかもしれない。また、長らく統一王朝という初期国家の形成が、旧来の文化概念の枠組みの中で語られてきたが、そこに内在する問題点も整理する必要があるであろう。そこで本稿では、新しい主張をきっかけとして、前4千年紀のナイル河下流域における文化認識のパラダイムについて考え直してみたい。

(2) 伝統的な文化観

王朝時代以前の考古学的研究は、19世紀末葉に、初めてエジプト南部で当時の遺跡が発掘調査されたことで幕を開けた（Petrie 1896)。続く20世紀の前半に、ナイル河下流域の各地でこの時期の遺跡が検出されたが、しばらくの間、検出遺跡数が少ないために、各々の遺跡で検出された文化同士の関係が明らかにできないこともしばしばであった。また20世紀の初頭には、文化変化の原因を異なる民族の移住や異文化との交流に求める伝播主義的な傾向が強く、一連の文化でも、時期が異なると別の文化名称が付されることも多かった。こうして20世紀前半の間に、前5・4千年紀に年代づけられる多数の「文化」が、考古学者たちによって生み出されていった。エジプト南部から順に上げるとアムラー文化、セマイネ文化、バダリ文化、タサ文化、ゲルゼー文化、ファイユーム文化、マーディ文化、オマリ文化、メリムデ文化がそれであり、たいていその文化が発見された遺跡名にちなんで命名されていた。

しかしながら、20世紀の後半になると、調査遺跡の増加、研究方法の発達、年代測定法の開発等が進んで、これらの断片的な文化の関係を体系化しようとする機運が高まった。まずは、かつてW. M. F. ペトリーが時期に沿って3つに分断したアムラー、ゲルゼー、セマイネの3つの「文明（Civilization）」（Petrie 1920）もしくは「時代（Age）」（Petrie 1939）が、「ナカダ文化（Naqada Culture）」という名称の中に包含され、エジプト南部を代表する一連の文化として位置づけられた（Baumgartel 1947–1960: 1–3）。また、タサ文化はバダリ文化の一部として、後者の中に包含されることになった（Baumgartel 1947–1960: 21–24）。そして、1980年代にデルタ西部のブト遺跡で検出された文化には、離れた地域に営まれたとはいえマーディ文化と同系譜の文化であるとして、「ブト・マーディ文化（Buto-Maadi Culture）」という、系譜を意識した名称が付けられた（von der Way 1992）。この頃には、上記諸文化の相互関係や、西部砂漠、ヌビアあるいはパレスチナなどの周辺諸文化との関係も考慮されるようになった。

こうした体系化の機運の中でも、1920年代にメリムデ・ベニ・サラーム（Merimde Beni Salame）遺跡の発掘調査を行ったH. ユンカーが提示したことに始まる南北文化の違いの認識（Junker 1929: 196）は、根強く継続していた。王朝時代のエジプト人たちは、エジプトを北と南の2つの国土（上エジプトと下エジプト）から成ると考えており、王朝時代に南北の地理的な違いにもとづく文化伝統の違いが存在したことをうかがわせる。これを王朝時代以前にまで敷衍させたのがユンカーであり、この二元性が王朝時代のきわめて初期から現れていたことから、ユンカーの説はそれなりの説得力を持った。

おそらく20世紀後半に行われた体系化の集大成ともいえる説が、W.カイザーから提示された説であろう。カイザーは、前4千年紀の諸文化の関係を、歴史展開の中で説明しようと試み、その説は今日でも最も影響力を持つ前4千年紀の文化変化と統一王朝出現に関する仮説のひとつになっている（Kaiser 1956; 1957; 1985; 1990）。カイザーは、ナカダ文化の編年を再考した際に、ナカダ文化が最初にエジプト南部のアビュドスからナカダまでの地区で発祥し、時期が下るにつれて、ナイル河に沿って南北に分布領域を拡張していった様子を明らかにした（Kaiser 1956; 1957）。その後、ナカダ文化の拡張に伴って、バダリ文化やブト・マーディ文化などの接触諸文化が消失する様相を描き出し、ナカダ文化の拡張過程を、周辺民族を武力制圧しつつ勢力を拡大して、ナカダ文化の支配者が統一王朝を形成する過程とほぼ同一視するに近い説を展開した（Kaiser 1990）。この際、ナカダ文化はかねてから想定されてきた南の上エジプト王国に、ブト・マーディ文化は北の下エジプト王国になぞらえられていた。カイザーの説は、考古学的資料に認識される文化的な集合体を政治的な集合体とほぼ同一と見なし、歴史時代の伝承から着想を得た統一過程を考古学的資料の中に見出そうとする点で、きわめて古典的な説に属すと思われるが、その説は少なからず今日のナイル河下流域における初期国家形成観に影響を与えている。

(3)　文化認識への問題提起

1990年代に、前4千年紀の文化理解のパラダイムを見直すべきという主張が行われた。その主張の要点は、南北文化の間に根本的な違いはなく、両者をひとつの文化的総体と見なすべきこと、および前4千年紀のナイル河下流域の文化の中にはナカダ文化内部でさえも地域差があることの2点であるが、背景には古典的な文化概念を用いた歴史説明への抵抗があった。この主張はまた、従来用いられてきた文化区分の否定でもある。この説の最も急進的な提唱者の一人がC. E. ケーラーであり、D. ホルムズ、R. フリードマン、K. シュミットなど、今日該期研究の中枢を担い、フィールド調査にも直接携わる研究者たちが、少なくとも部分的にはその説に賛同しているようである[(1)]。そこで、中心的提唱者の一人であるケーラーの説を簡単に紹介する（Köhler 1995; 1996)。

ケーラーによれば、近年の研究成果から見ると、前4千年紀の文化を南北に2分するのは妥当ではなく、両者は共通した「文化的総体（cultural entity)」を持っており、それはたとえば異なる生態学的状態などによって左右される、複数の地域的変異（local variants）から構成されるという。この見解は、後述するような石器や土器などの物質文化の類似性から導かれたものである。

そしてケーラーは、前4千年紀のナイル河下流域が、従来認識されてきた北部のブト・マーディと南部のナカダに加えて、中部のバダリを加えた3地域の相（facies）に分けられるべきであると主張している。ただし、バダリ地域の独自性を確証するためのフィールド調査は、同地区の社会状況不安定のため、残念ながら未完である。

ケーラーの主張の詳細についてはこれから考察するとして、少なくとも文化概念とパラダイムの再考が必要であることは、新資料の増加からも肯定される。従来、エジプト南部の文化は、おもに墓地資料から認識されてきたのに対して、エジプト北部の文化は、しばしば集落址の資料から認識されてきた。そこに、資料の質的な違いが横たわっており、両者の均一な資料が入手されつつある現在、旧資料から構築されてきた文化観についても、当然見直す必要があるであろう。

(4) 南北文化の類似

ケーラーが南北文化の分離が不当であると主張した根拠は、土器や石器に認められる両者の類似であった。ここでは紙面の制約から、おもに土器について検討してみたい。

ケーラーは、デルタ西部のブト（Buto）遺跡の発掘調査に加わり、土器の考察を担当している。T. von der ヴァイが率いるこの調査は、当初から南部のナカダ文化がいかにデルタを併合していったかという、カイザーによって提示されたような古典的な仮説を検証するために計画された。ブトは実際、デルタにおいてナカダⅡ期から王朝時代までの歴史経過を連続的に層位の中に捉えることができた初めての遺跡となった。初期の発掘調査結果報告の中で、ケーラーはブトⅠ層とⅡ層（ナカダⅡb〜d期対応）から出土する土器はエジプト北部に特有のものであり、第Ⅲa層の過渡期（ナカダⅡd1－2期対応）を挟んで、ナカダⅡd期以降、ナカダ文化の影響を強く受けた土器が出土するようになることを指摘した（Köhler 1992）。同じような変化は、建築や石器にも認められることから、ヴァイは、カイザーがかねてから指摘していたような、人間の移動を含むナカダ文化の拡張がこの変化の原因であると推測した（von der Way 1992; 1993: 84–91）。そして、この時期以降エジプトは単一の文化によって占められるようになり、文化的統一が達成されるが、これを「cultural superposition by assimilation (der kulturellen Überlagerung)」と呼んだ（von der Way 1992: 4; 1993: 86）。

しかしながら、ケーラーは1992年以降、自らの見解を修正する方向に向かった（Köhler 1995; 1996; 1998）。その背景に、ちょうどこの頃、エジプト南部においてヒエラコンポリス（Hierakonpolis）遺跡等、ナカダ文化の集落址の調査が進展し、比較資料が増加した現状があった。それまでナカダ文化の主要資料は墓地からの出土品にほぼ限られていたが、集落址からの出土土器をブトのものと比較すると、当初デルタに特有と考えられたブト堆積における初期の特徴のいくつかが、ナカダ文化の集落址出土の土器にも認められることが明らかになったという(2)。そこでケーラーは、集落址出土の資料を比較すると、ブトの初期からエジプト南部と北部で根本的な違いはなく、ブト第Ⅲa層の変化も量的な変化であって、ナカダ文化の拡張の指標にはならないと考えるに至った。

実際にナカダ文化の土器とブト・マーディ文化の土器とを比較すると、特に墓地出土の土器には形態や技術に明らかな違いが認められ、その程度は、従来の考古学的な観点から見れば、おそらく異なる文化と認識される程度には大きい。しかし、こうした差異をケーラーは、文化的な違いではなく、生態的・社会的な要因が生み出した、同一文化総体内部における違いとして認識しようとしている(3)。

石器についても、土器と同じように、当初は、ブトの最下層付近ではブト・マーディ文化に固有の特徴が存在し、ナカダⅡd期以降にナカダ文化と同じように変化すると考えられていたが（Schmidt 1992）、後に、ブト・マーディ文化に特有と考えられていた初期の特徴が、ナカダ文化の集落址にも存在することが指摘されている(4)。こうした土器や石器の新たな研究成果は、ブト遺跡の早い段階から、少なくとも何らかナカダ文化との交流が存在したことを示す。

上記のように、1980年代におもにブト遺跡の発掘調査にもとづいて、前4千年紀の初めにはエジプトの南北で異なる文化が存在し、ナカダⅡd 1 / 2 期頃にナカダ文化（の人々）がデルタまで広がって、ブト・マーディ文化がナカダ文化と共通の特徴を備えるようになった、と唱えられてきた説は、1990年代になって南部ナカダ文化の比較資料が充実した結果、ブト遺跡における変化理解が修正されれば、変更を余儀なくされるかもしれない(5)。

(5)　地域差と地域間交流

ナカダ文化は比較的均一であると言われながらも、その中における地域差研究の歴史は古くまで遡る。20世紀の前半から、特に「白色線文土器（White crosslined pottery）」の地域差については、複数の研究者が論じてきたところである（Scharff 1928; Finkenstadt 1980; 1981）。しかし近年、集落址出土の土器や石器の詳細な研究が進むにつれて、新たに地域差の問題がクローズアップされてきた。ナカダ文化の地域差の研究は、1980年代のうちには、ホルムズの考察（Holmes 1989）の功績で石器についてが一歩リードしてきたが、その後土器の研究が充実し、資料状況にやや恵まれた土器を扱ったフリードマンが、より具体的な地域差の像を描き出すことに成功した。

フリードマンは、ヒエラコンポリス、カッタラ（Khattara）とナカダ（Naqada）、ハマミーヤ（Hemamiyeh）という3カ所の集落から出土した土器を、比較する考察を行った（Friedman 1994; 2000）。3カ所の集落はいずれもナカダI期およびII期後半の堆積を含んでおり、これらの時期については比較考察が可能であった。集落出土の土器は、おもにナイル・シルト（ナイル河の沖積土）から製作されているが、ナカダI期の土器の場合、日用の粗製土器に含まれる混和剤が、明瞭な地域差を示すという。ヒエラコンポリス出土の土器には泥板岩砕片（shale）が、カッタラ出土の土器には岩砕片（grog）が、ハマミーヤ出土の土器には粗い有機物（おそらく草の茎）が混和されている。なお、これよりやや遅れた時期のブトでは、ナイル・シルトに繊維を混和した特徴的な胎土が用いられていた。

こうした混和剤の選択は集落を越えた地理的範囲に共通しており、同じ混和剤が用いられた範囲を他の遺跡から確認すると、泥板岩砕片を混和した土器は南はヒエラコンポリスから北はエスナ近くのアダイマ（Adaima）まで（あるいはゲベレイン（Gebelein）の近くまで）、岩砕片を混和した土器は南はアルマント（Armant）から北は少なくともナカダまで（石器の資料を加えるとおそらくナガ・ハンマーディ（Naga Hammadi）まで）、有機物を混和した土器はバダリ地区の範囲に広がる。こうした地域差は、ホルムズが分析した石器にも認められる（Holmes 1989）。ホルムズはこのような地域性を、先王朝時代の王国もしくは別の社会・政治的ユニットを反映するものと考え（Holmes 1989: 328）、フリードマンはやや慎重に「社会的な地域（social regions）」と呼び、後の「政体（polity）」の基礎となった可能性を示唆した（Friedman 2000: 184）。なお、ナカダII期後半には、すべての遺跡で藁が土器の胎土に混和されるようになり、それまで見られたような混和剤の地域差がほぼ消失する。

フリードマンが指摘した土器の混和剤にもとづく地域圏は、ケーラーが提示した相のうち、ナカダ地域圏をナカダとヒエラコンポリスに二分するものであったが、フィンケンシュタットが白色線文土器にもとづいて指摘した地域圏はさらに細かい（Finkenstadt 1980; 1981）。フィンケンシュタットによれば、白色線文土器の白色顔料の質、図像のモチーフおよびスタイルから、バダリ地域の他に、フリードマンの地域圏を細分するアビュドス地域とナカダ地域が認められるという。この背景に、工房とその製品の分布圏が想定されているようである。

地域差の認識の一方で、前4千年紀の早い頃から、すでにナイル河下流域の広い範囲で緊密な地域間交流が行われてきたことも指摘されてきている。上記のような石器や土器の類似性の背景に、ナカダ文化内部における緊密な地域間交流が想定されるほか、最近のヒエラコンポリス遺跡の発掘調査では、ナカダII期の集落址と墓域から、デルタ産の繊維を混じた土器が出土しており、ナカダ文化領域南端の遺跡とデルタとの地域間交流が存在したことが推測された（Friedman 1999: 4, 9）。これらのような交流の様相は、これまで墓地に現れないために認識を免れてきた。

こうしてかつて堅固であるかのように見えたナカダ文化のイメージは、ブト・マーディ文化の土器や石器との共通点が認識されることによって輪郭がぼやけ、内部における地域差が認識されることによって分断されて、次第に漠然としたものになってきた。

(6)「ナカダ文化」とは何か

土器や石器の分析から提示された前4千年紀の文化認識に関する重要な問題は、何をもって文化を認識するかという点である。たとえば、ナカダ文化について、これまでに検出された遺跡の多くは墓地遺跡であった。そして、ナカダ文化の概念は、おもにその墓地遺跡の資料にもとづいて構築されてきた。したがって、換言すれば、旧来の認識のナカダ文化は、そもそも墓地文化であるといっても過言ではなく、ナカダ文化の画一性のイメージは、おもに埋葬様式と副葬品の画一性に由来していた。ナカダ文化の墓地から出土する遺物と集落から出土する遺物には大きな違いがあることは、すでにアルマント遺跡の発掘調査の報告の中で指摘され（Mond and Myers 1937: 166–167)、ヒエラコンポリス遺跡の発掘調査によって具体的に把握されたところであり（Hoffman 1982; Holmes 1989; Friedman 1994)、ケーラーらが指摘するように、墓地資料からのみ文化認定を行うのは本来誤りであろう。

しかしながら、集落から出土した土器や石器の基本的な技術の類似や、一部の遺物の形態的類似からのみ、文化を認定できるのかどうかについても、やはり定かではない。たとえば土器の場合、ナイル河下流域において最も普遍的に入手が容易な胎土はナイル・シルトであり、河川流域に集落が発展した前4千年紀の少なくとも下ヌビアからデルタに至るまで、各地域で用いられた胎土はナイル・シルトであった。そこに地域特有の混和剤が用いられ、それを同じ文化における地域的な変異と考えるならば、生態的な条件が文化を決める大きな要因になってしまうかもしれない。はたして石器における製作技術の共通性と一部の特徴的な土器の共通性をもって、同一の文化と考えられるのか否かについては、慎重に検討されるべき問題のように思われる(6)。

実際、南北両文化の間には、相互の違いも決して小さくはない。エジプト北部と南部では、埋葬様式に違いがあることは、看過できない差異である。ブト・マーディ文化の墓地は、マーディ、ワディ・ディグラ（Wadi Digla）およびヘリオポリス（Helioplis）で検出された例があり、初期段階の埋葬についてが知られている（Debono and Mortensen 1988; Rizkana and Seeher 1990)。ナカダ文化においては、社会階層に応じて豊富な副葬品を埋納する風習がある（Bard 1994）のに対して、ブト・マーディ文化の副葬品はこれより遙かに簡素である。したがって、ブト・マーディ文化は、ナカダ文化のように社会階層が分化していなかったか、もしくは社会階層を反映しない埋葬様式が存在したと考えられる。

また、埋葬習慣とも関連し、土器における南北文化の違いとして広く認められている点に、ブト・マーディ文化には、ナカダ文化に見られるような精製土器が欠落していることが挙げられる。混和剤をほとんど含まない丁寧に精製されたナイル・シルトで製作されたナカダ文化の精製土器は、しばしば表面に赤色の化粧土がかけられ、研磨されて、良好に制御された状況下で焼成されている。「赤色磨研土器（Polished-red pottery）」や「黒頂土器（Black-topped pottery）」はこの胎土で製作されており、墓から頻繁に出土する。この種の土器は、各地で製作されたにもかかわらず、エジプト中・南部に分布するナカダ文化の広い範囲できわめて画一的な技法と器形が用いられており、フリードマンは、こうした土器の製作に「専門家」の関与を推測している（Friedman 2000: 179）。すなわち、旧来認識のナカダ文化圏は、埋葬習慣の共有圏であるだけではなく、土器製作における高度な技術と土器生産・流通システムを共有する地域圏でもあった。

さらに、デルタに形成されたブト・マーディ文化の遺跡からは、早い段階の墓地がほとんど検出されていないようである。これまで墓地の存在が報告された遺跡の多くでは、墓地はいずれもいわゆるナカダ文化の拡張以降に相当するナカダⅢ期以降に年代づけられ、ミンシャト・アブ・オマル（Minshat Abu Omar）の墓地（Kroeper and Wildung 1994）とベニ・アミル（Beni Amir）の墓地（Mohamed Adel M. Abd el-Moneim 1996）がそれ以前に年代づけられるものの、埋葬様式はエジプト中・南部で発展してきたナカダ文化と共通する部分が多い(7)。このような意味において、墓地文化としてのナカダ文化の普及には、一応考古学的資料上の実態がある(8)。

これまで述べてきたように、エジプトの南北でナカダ文化の比較的早い時期から文化的な共通性があることは確かであるが、一方で、墓地文化もしくは埋葬様式としての「ナカダ文化」の実態も考古学的に認められるため、埋葬様式の文化圏を認識する必要はあるであろう。この問題は、後述するように、何をもって文化を認識するかという問題として改めて考えるべきである。

(7) おわりに

近年主張されたパラダイム転換の最終的な目的は、先に述べたようなブト遺跡の見解修正に加えて、カイザーが唱えたようなナカダ文化＝上エジプト王国デルタ征服説の批判であった。この仮説の中には、多分にかつて盛んであったユーフェメリズム（神話史実主義）、文献至上あるいは優先主義、および伝播主義の影響がある。同時代の資料を主要研究資料とする考古学者にとっては、歴史時代の記述や状況をそれ以前に遡らせて安易に考古学的資料を理解しようとする方法は、確かに邪道であるかもしれないが、歴史時代からの視点が全く無効であるとも思われない。

カイザー説のおもな問題点は、むしろ考古学的資料から認識される文化的集合体と政治的な集合体をほぼ同一と見なしたこと、あるいはすべてを「文化」という枠組みの中で説明しようとしたことであり、それは「文化」の地理的あるいは内容的範囲を変更することによっては本質的に解決できないであろう。カイザーのようなナカダ文化を政治的統合体とほぼ同一視する古典的な見解は、今日必ずしもすべての研究者に受け入れられているわけではない。1980年代以降、C. レンフルーによって提唱された「政体間相互作用（Peer Polity Interaction)」の概念（Renfrew 1984）は、文化的な集合体と政治的な集合体を別に考えることに基盤を置いており、考古学者の間には、むしろこの両者の区別がすでに浸透してきている（Kemp 1989; Wilkinson 2000; Friedman 2000; 高宮 2003)。したがって、ナカダ文化を含めた前4千年紀の文化認識の問題は、まさに純粋に考古学的な文化認識の問題、あるいは今後考古学が用いるべき操作概念の問題に絞られる。

考古学者にとって「文化」とは、いずれにしろ考古学的資料から認識できるものになるとはいえ、上述のように、どのような考古学的資料にその根拠を求められるかについては多様な見解があり得る。土器の混和剤、土器の製作技法、土器の装飾様式、石器の製作技法、埋葬様式などが先に触れた項目であるが、理論的にはそのほかにも無限の観点が可能である。考古学の研究方法と研究技術の発展に伴って、これまで観点の多様化が進んできており、今後も確実に増えるに違いないため、すべての歴史的経過を「文化」の枠組みだけを用いて理解し、記述することは困難になってきた。石器研究者が近年用いる「インダストリー」、ケーラーが用いた「文化的総体」や「相（facies）」、あるいはフリードマンが用いた「社会的地域」は早くもこれに対応するべく案出された概念である。また、過去の社会は文化的側面だけではなく、社会的、政治的あるいは生態学的などの側面からも分析され得るという認識が高まっている（Köhler 1996）が、政体間相互作用の考え方が政治的側面の操作概念として意識的に考案されたことを除いて、ナイル河前4千年紀の研究において、その他の側面を考察するための確定した操作概念はなく、また何よりもそれぞれの側面と考古学的資料との関係は複雑かつ多様である。今後は、もっと体系化した操作概念の使用が求められるのであろう。「文化的総体」と3つの「相」という新しい枠組みを提示したことによって、前4千年紀のナイル河下流域における初期国家形成研究を、認識論レベルでも活性化したケーラーの功績は大きい。しかし、今後しばらくは、こうした文化概念や地域圏の置き換えよりも、むしろ新しい操作概念を模索しながら、考古学的資料に立脚した多次元的な考察が必要であろうことをここでは提言してみたい(9)。

註

（1） ただし、ブト・マーディ文化の早い段階からナカダ文化と共通する特徴がある点、およびナカダ文化の内部にも地域差がある点については、複数の研究者が賛同しているが、南北文化をひとつの文化的総体と見なすべきであるという点については、明確な賛同者は少ないようである。

（2） ナカダ文化とブト・マーディ文化に共通することが明らかになった土器の特徴として、押圧装飾や円筒形の頸部を持つ楕円形の小型壺形土器が挙げられる（Köhler 1996: 216）。

（3） ケーラーは、土器に見られる南北の違いを、おもに環境と社会状況に由来する違いとして説明を試みている。エジプト南部に比して湿気が多く燃料に恵まれないデルタでは、高温で土器を焼成することが困難であるという。また、エジプト南部において発展した多様な土器の存在を、専門職人の存在に帰し、シンプルな社会状況のデルタにはこうした生産システムが存在しないことが、土器の違いを生んだと考えている。

（4）　ナカダ文化とブト・マーディ文化に共通することが明らかになった石器の特徴として、コアの加熱処理（heat treatment）と小型石刃における捻れ技法（twisted bladelet industry）、いくつかのタイプの石刃から製作されたナイフ形石器、および裁断長方形石器（truncated rectangles）などが挙げられている（Schmidt 1996）。

（5）　ブト遺跡の発掘調査は、それまでほとんど未知であった前4千年紀のデルタについて、最初に新しい知見を豊富にかつ急速に提供したため、この遺跡の解釈がデルタの状況理解をリードすることになった。したがって、ブト遺跡の調査結果の解釈の変更は、デルタの他の遺跡の解釈、ひいてはナカダ文化とブト・マーディ文化の関係の解釈にも大きく影響するであろう。

（6）　ケーラーのエジプト・ナイル河流域をひとつの文化的総体と見なす考え方には、他の研究者たちの見解と整合しないいくつかの問題がある。たとえば、ナカダ文化の石器考察を行ったホルムズは、地域性の起源をある程度発祥の段階に求めているようであり（Holmes 1989: 367–387）、デルタの石器考察を行ったシュミットは、前述のような南北文化に共通する特徴が北から南に伝わったようであると述べている（Schmidt 1996: 285）。ブト・マーディ文化よりもナカダ文化の方が発祥が早いことを考えると、文化的な共通性はナカダ文化の途中から起こったことになり、ブト・マーディ文化がナカダ文化から派生したか、あるいは両者に共通する近い祖先となる文化をどこかに仮定しない限り、ブト・マーディ文化当初からの「文化的総体」は説明がつかない。一方、シュミットが指摘したように、もしも共通する特徴が北方から伝わったのならば、石器については当初は南北で文化的に異なる集団が存在したと仮定せざるを得なくなる。おそらく、文化あるいは人間集団の系譜を考慮することなしに新しい文化の枠組みを作ることは難しいであろう。

（7）　近年デルタにおいては、多数の集落址と墓地が検出されている。集落址の中には、ブト、メンデス（Mendes）、テル・イブラヒム・アワド（Tell Ibrahim Awad）、テル・アル=イスウィド（Tell al-Iswid）など、「文化的統一」以前のブト・マーディ文化の時期に年代づけられる遺跡があるが、墓地の多くはそれ以降のナカダⅢ期に年代づけられ、ミンシャト・アブ・オマルやベニ・アミルのように、ナカダⅡ期まで遡る例は知られる限り少ないようである（van den Brink (ed.) 1988, 1992）。

　将来デルタにおいても沖積土の下からナカダ文化拡張以前の墓地が検出される可能性があるが、現況の資料からは、ナカダ文化の埋葬様式がナカダⅢ期に途中からデルタに普及したか、もしくはこの頃からデルタにおける墓地の立地が変わったと考えざるを得ない。少なくともデルタでこれまで検出されたナカダⅢ期の墓地は、エジプト中・南部のナカダ文化と共通する埋葬様式を持っているため、マーディ遺跡等で検出された埋葬様式との間には、何らかの断絶か変化が起こったことが推測される。

（8） 墓地資料において検出された特徴を文化認定の基礎として軽視する背景には、集落からの資料と墓地からの資料のいずれを文化を決めるための重要な手がかりと考えるか、という視点がある。従来は資料不足のために暗黙のうちに墓地資料が文化認定の基礎となってきたが、ケーラーは、集落址から出土した遺物が、「おそらく最も良く文化的、社会的あるいは民族的同一性を反映する」と考えている（Köhler 1995: 84)。一方、ケーラーによれば、墓地に見られる南北の同一性は、工芸の専門家が生産した物品が交易もしくは交換を通じて墓地にもたらされれば、起こりうる現象であると解釈されている（Köhler 1995)。

先述のようにヴァイは、ナカダⅢ期のナカダ文化のデルタへの拡張の背景に人間の移動も含めた事態を想定しており、交易や交換によってナカダ文化の見かけ上の拡張を説明しようとするケーラーの見解とは対照的である。実際、マール・クレイ（泥灰土）やそれに類する石灰分を多く含む胎土で製作された土器は、おそらくデルタの外部で製作されてデルタ内部に搬入されたものであるが、ナイル・シルト製の土器については、地方産であるかどうかは不明である。いずれにしろ埋葬様式がナカダ文化の系譜を引いていることは明らかであるが、それがどのように普及したのかについては、今後の研究成果が待たれる。

（9） ケーラーは、人類学あるいは民族学的な定義にもとづく「文化」を念頭においているようであり、そのため考古学的に観察された特徴の異同よりも、民族・集団的な概念をやや優先して「文化的総体」や「相」を設定したように思われる。一方、ホルムズやフリードマンは、まずは考古学的に認識される事象を検出し、それに「社会的な地域」といったように解釈を加える手法を用いている。資料が不十分である現段階では、考古学的に検出しにくい概念を想定して先に枠組みを作る前者の方法よりも、後者の方法の方が現実的であろう。また、おそらくは複雑な人間関係の数だけ考古学的資料にも多様性が生じるであろうし、それを地理上に投影してみれば、たとえば先の地域圏で示したように、重層的かつ多次元的な像が現れるであろう。

参考文献

Bard, K. A. 1994 *From Farmers to Pharaohs: Mortuary Evidence for the Rise of Complex Society in Egypt*, Sheffield.

Baumgartel, E. J. 1947–1960 *The Cultures of Prehistoric Egypt*, Oxford.

Debono, F. and B. Mortensen 1988 *The Predynastic Cemetery at Heliopolis: Season March-September 1950*, Mainz am Rhein.

Friedman, R. 1994 *Predynastic Settlement Ceramics of Upper Egypt: A Comparative Study of the Ceramics of Hemamiyeh, Nagada, and Hierakonpolis*, Ph. D. dissertation, University of California.

Friedman, R. F. 1999 "Preliminary report on field work at Hierakonpolis: 1996–1998" *JARCE* 36, 1–35.

Friedman, R. 2000 "Regional diversity in the Predynastic pottery of Upper Egyptian settlements" in Krzyzaniak, L., K. Kroeper and M. Kobsiewicz, (eds.), *Recent Research into the Stone Age of Northeastern Africa*, Poznan, 171–186.

Finkenstadt, E. 1980 "Regional painting style in Prehistoric Egypt" *ZÄS* 107, 116–120.

Finkenstadt, E. 1981 "The location of styles in painting: White Cross-Line Ware at Naqada" *JARCE* 18, 7–10.

Hoffman, M. A. 1982 *The Predynastic of Hierakonpolis*, Giza & Macomb.

Holmes, D. 1989 *The Predynastic Lithic Industries of Upper Egypt.* (BAR International Series 469), Oxford.

Holmes, D. 1992 "The evidence and nature of contacts between Upper and Lower Egypt during the Predynastic: A view from Upper Egypt" in van den Brink, E. C. M. (ed.), *The Nile Delta in Transition: 4th.-3rd. Millennium B. C.*, Jerusalem, 301–316.

Junker, H. 1929 "Vorläufiger Bericht über die Grabung der Akademie der Wissenschaften in Wien auf der neolithischen Siedlung von Merimde-Benisalame (Westdelta) vom 1. bis 30. März 1929" *AnzAWW* XVI–XVIII, 156–250.

Kaiser, W. 1956 "Stand und Probleme der ägyptische Vorgeschichtsforshung" *ZÄS* 81, 87–109.

Kaiser, W. 1957 "Zur inneren Chronologie der Naqadakultur" *Archaeologia Geographica* 6, 69–77.

Kaiser, W. 1985 "Zur Südausdehnung der vorgeschichtlichen Deltakulturen und zur frühen Entwicklung Oberägyptens" *MDAIK* 41, 61–88.

Kaiser, W. 1990 "Zur Entstehung des gesamtägyptischen Staat" *MDAIK* 46, 287–299.

Kemp, B. J. 1989 *Ancient Egypt: Anatomy of a Civilization*, Oxford

Kroeper, K. and D. Wildung 1994 *Minshat Abu Omar: Ein vor- und frühgeschichtlicher Friedhof im Nildelta*, Mainz.

Köhler, E. C. 1992 "The Pre- and Early Dynastic pottery of Tell el-Fara'in/Buto" in van den Brink, E. C. M. (ed.), *The Nile Delta in Transition: 4th.-3rd. Millennium B. C.,* Jerusalem, 11–22.

Köhler, E. C. 1995 "The state of research on Late Predynastic Egypt: New evidence for the development of the Pharaonic State?" *GM* 147, 79–92.

Köhler, E. C. 1996 "Evidence for interregional contacts between Late Prehistoric Lower and Upper Egypt : a view from Buto" in Krzyzaniak, L., K. Kroeper and M. Kobusiewicz, (eds.), *Interregional Contacts in the Later Prehistory of Northeastern Africa,* Poznan, 215–225.

Köhler, E. C. 1998 *Tell el-Fara'in · Buto III: Die Keramik von der späten Naqada-Kultur bis zum frühen Alten Reich (Schichten III bis VI),* Mainz.

Mohamed Adel M. Abd el-Moneim 1996 "Late Predynastic - Early Dynastic cemetery of Beni Amir (Eastern Delta)" in Krzyzaniak, L., K. Kroeper and M. Kobusiewicz, (eds.), *Interregional Contacts in the Later Prehistory of Northeastern Africa,* Poznan, 241–151.

Mond, R. and O. H. Myers 1937 *Cemeteries of Armant I,* London.

Petrie, W. M. F. 1896 *Naqada and Ballas,* London.

Petrie, W. M. F. 1920 *Prehistoric Egypt,* London.

Petrie, W. M. F. 1939 *The Making of Egypt,* London.

Renfrew, C. 1986 "Introduction: Peer polity interaction and socio-political change" in Renfrew, C. and J. F. Cherry, (eds.), *Peer Polity Interaction and Socio-Political Change,* Cambridge, 1–18.

Rizkana, I. and J. Seeher 1990 *Maadi IV: The Predynastic Cemeteries of Maadi and Wadi Digla,* Mainz am Rhein.

Scharff, A. 1928 "Some prehistoric vases in the British Museum and remarks on Egyptian Prehistory" *JEA* 14, 261–276.

Schmidt, K. 1992 "Tell el-Fara'in/Buto and el-Tell el-Iswid (south): the lithic industries from the Chalcolithic to the Early Old Kingdom" in van den Brink, E. C. M. (ed.), *The Nile Delta in Transition: 4th.-3rd. Millennium B. C.,* Jerusalem, 31–42.

Schmidt, K. 1996 "Lower and Uper Egypt in the Chalcolithic Period. Evidence of the lithic industries: A view from Buto" in Krzyzaniak, L., K. Kroeper and M. Kobusiewicz, (eds.), *Interregional Contacts in the Later Prehistory of Northeastern Africa,* Poznan, 279–289.

van den Brink, E. C. M. (ed.) 1992 *The Nile Delta in Transition: 4th.-3rd. Millennium B. C.,* Jerusalem.

van den Brink, E. C. M. (ed.) 1998 *The Archaeology of the Nile Delta: Problems and Priorities,* Amsterdam.

von der Way, T. 1992 "Excavations at Tell el-Farah'in/Buto in 1987–1989" in van den Brink, E. C. M. (ed.), *The Nile Delta in Transition: 4th.-3rd. Millennium B. C.,* Jerusalem, 1–10.

von der Way, T. 1993 *Untersuchungen zur Spätvor- und Frühgeschichte Unterägyptens,* Heidelberg.

Wilkinson, T. A. H. 2000 "Political unification: Towards a reconstruction" *MDAIK* 56, 377-395.

高宮いづみ 1998「ナカダ文化論—ナイル河下流域における初期国家の形成—」『岩波講座世界歴史　第2巻オリエント世界』岩波書店、125〜144頁。

高宮いづみ 2003『エジプト文明の誕生』同成社。

エジプト統一

——おもに下エジプトを中心に——

萩生田憲昭

(1) はじめに

エジプト統一は、1956年以来先王朝時代の文化編年と国家形成過程の発展の調査研究を続けているW.カイザーによれば、次のような仮説が示されている[1]。統一は、まずアビュドスからナカダ地域を核としていた上エジプトのナカダ文化圏[2]が、ナカダ文化Ⅱ期c相頃[3]、中エジプトのファイユーム地域まで広がり、さらにⅡ期d相1頃、下エジプトのデルタ地域まで及んだとする。そして最終的には、「ブト—マアディ文化[4]」が消滅し、ナカダ文化がエジプト全土を均質的に覆うことになった、ということである。しかし氾濫原より高い所に存在していた下エジプトの集落[5]は、時とともにナイル川の厚い沈泥が堆積し、今ではその下に埋まってしまったため、また遺構がナイル川の水位下にあり、地下水が上昇するためなどにより発掘調査で集落の存在を確認することは困難であった。

しかし1970年代後半になって、本格的なボーリング調査[6]による先王朝時代の遺構の確認[7]と、排水ポンプの使用[8]によりナイル川の水位下に存在する先王朝時代の遺構に達することが可能となり、ようやくデルタ地域での発掘調査が行われはじめた。それによりエジプト統一過程に関して、上エジプトの遺跡調査報告に比べ、これまで極端に情報量の少なかった下エジプトの様相が、次第に明らかになってきたのである。

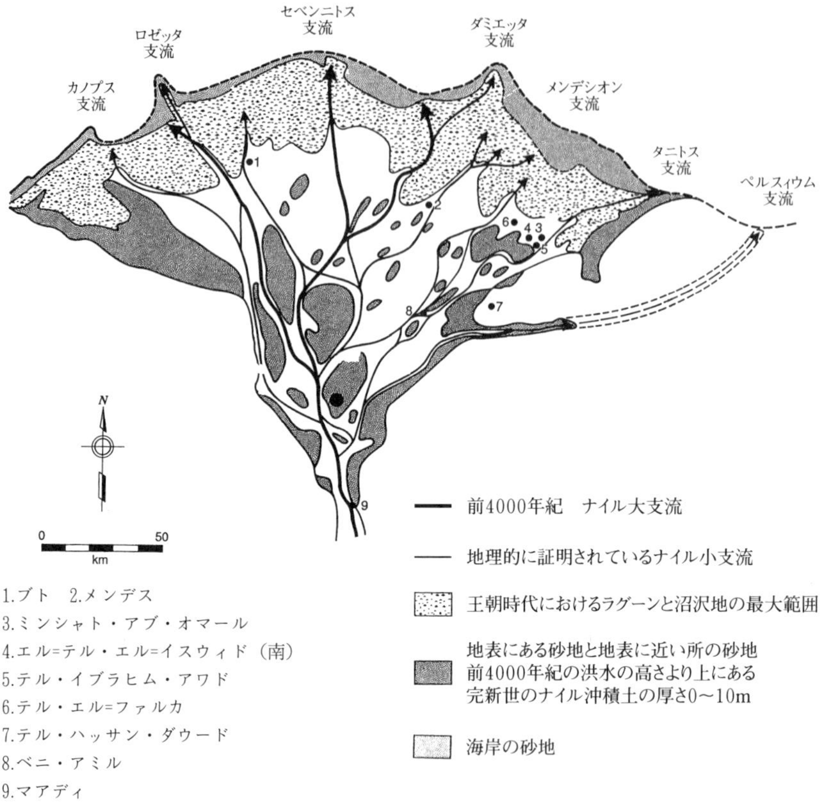

図1　ナイルデルタの地形
※註（10）から引用（一部修正）

デルタ地域、つまり下エジプトは、メンフィス（現在のカイロの南約24km）より北の地域を指すが、と同時にナイル川が上流から運んできた肥沃な沖積土（ナイル・シルト）の堆積により形成された広大な三角州であることからナイル・デルタ地域とも呼ばれている。現在このデルタ地域を流れ、地中海に注ぐナイル川の支流は、ダミエッタ支流とロゼッタ支流である。前4千年紀から前3千年紀の間には、7つの支流が存在していたと言われる[9]。それらは最東端から最西端へ、ペルスィウム支流・タニトス支流・メンデシオン支流・ダミエッタ支流・セベンニトス支流・ロゼッタ支流・カノプス支流の７つで、すべてが地中海に流れ込んでいた(10)（図１参照）。そのうちの５つの支流は、歴史の流れの中で次第に沈泥が堆積し、消滅してしまったと推測されている。特にペルスィウム支流・セベンニトス支流・カノプス支流に関しては、おそらくデルタ東部の地表面がやや上昇したことと運河掘削とが積み重なったために、イスラム時代までには干上がってしまったと見られている(11)。ちなみに沈積土の厚さは、上エジプト河谷地域のアスワンからカイロ間が約8.5mであるのに対し、デルタ地域の平均は約11mである。特にデルタ北東部のマンザラ地域では、約40〜50mという異常な沈積土の厚さと言われている(12)。また、最近の調査では前４千年紀頃、海岸線は現在より内陸部に約40〜50km入り込んでいたことが確認されている(13)。

そこで本稿では、まず、今日下エジプトにおいて発掘調査が進んでいる1.テル・エル=ファライーン（ギリシア名ブト）、2.テル・エル=ルバ（ギリシア名メンデス）、3.ミンシャト・アブ・オマール、4.エル=テル・エル=イスウィド（南）、5.テル・イブラヒム・アワド、6.テル・エル=ファルカ、7.テル・ハッサン・ダウード、8.ベニ・アミル、9.マアディの各発掘調査結果を順次記述することにする(14)。それにより、エジプト統一過程における「ブト―マアディ文化」の一端を明らかにしたい。次に、下エジプトから出土する王名を記すセレクが、前述した集落で僅か19点であることを述べ、これらのセレクがエジプト統一にどのように関わっていたのかを探ってみたい。

(2)　下エジプトの各集落の発掘調査結果

1　テル・エル=ファライーン（ブト）(15)

この遺跡は、現在のデルタ北西部を流れるロゼッタ支流の東約15km、海岸線より南約30kmに存在し、1983年から1989年まで発掘調査が行われた。この遺跡の先王朝時代の層からは、ナカダＩ期と呼ばれる文化段階を見分けるための指標である「黒頂赤褐色土器」が発見できないことから、最古の層はナカダⅡ期と位置づけられる。

ブトの居住地遺構は、４つの異なる時代の連続した７層からなることが確認されている。以下、本論に関係のある第１層から第３層までの遺構より出土した遺物を通して、大型集落であるブトの発展の一端を垣間見ることにしよう。因みに第１層と第２層は、下エジプトの「ブト―マアディ文化」の層であり、第３層は上エジプトのナカダ文化の影響が及んだとされる層である。

第１層（＝ナカダⅡ期ｂ相に相当）の遺構。エジプト国内の他の地域では出土していないウルク文化の影響を受けたとみる遺物が出土している[(16)]。まず沖積土で作られた釘の型をしていたような円錐形のものが、12本出土している。この第１層からは３本、残りの９本は第３層と第５層からそれぞれ出土しているのである。12本とも破損しているが、そのうち２本の太い頭の部分には、鋭利な道具による直径約４～６㎜、深さ約３～４㎜の円錐形の切れ込みがある。そのうち１本の頭の部分の直径は約17㎜である。12本のうち、残存部分が最も長い釘は約58㎜である。全体の彩色は、赤みがかった褐色や赤色、さらに灰色がかった褐色まで存在する。

これらの小さな沖積土製の円錐形の釘のようなものは、ウルク時代のメソポタミアの神殿装飾に使われたモザイク模様の釘に類似すると言われている。メソポタミアでは、明らかに神殿の壁に彩色を施した釘を大量に押し込むことで、モザイク模様になり壁が飾られているのである。と同時に、この釘が壁を堅い表面で形作ることになるので、壁の表面を侵食から保護する役目もすると言われている。しかし、ブトではほんの僅かしかこの釘は出土していないうえに、この先王朝時代の第１層と第２層からいかなる建造物も未だ発見されていないことから、装飾と保護を果たすこのモザイク模様の釘を使った建造物は、存在しなかったのではないかと推察される。しかし今後のさらなる発掘調査により、この釘を用いた特別な建造物が出土するのではないかと期待されており、ゆくゆくは具体的にこの釘が何のために使われたかが明らかになるだろう。

なお、この第１層から同じく沖積土で作られた長い円錐形の釘の型をしているものが、1本だけ出土している。長さが約90㎜で、下の細い部分の直径は約21㎜、上の太い部分の直径は約44〜50㎜あり、その部分に直径約36㎜、深さ約28㎜の整った窪みがある。全体は淡い赤色で彩色されている。ウルク文化では、この円錐形のものも壁の装飾と保護のために使われていたことから、これも前述した小さなモザイク模様の釘と関連づけられている。しかしエジプトでの用途は、モザイク模様の釘と同様に不明である。

次にこの層から、今までエジプトでは出土していない白っぽいスリップ（泥漿）がかけられ、技術的に優れたいわゆる「らせん状の装飾（spiral reserved decoration)」を持った土器片が発見された[(17)]。このような特徴を持った土器片は、北シリアのアンティオキア平野にある遺跡から知られるアムクF時期のものである。アムク遺跡は、ティグリス川・ユーフラテス川の上流にあるバリク川・カブル川各沿いに、長距離交易ネットワークを確立したメソポタミアのウルク第8層から第6層に相当する。

このブトの北約2㎞には、沼沢地が続き海に近いことから、海上交易が直接北シリアとブトとの間で行われていたと推察される。と言うのは、当時のデルタ地形が今日と大きく変わっていなければ、東にはブルルス湖、マンザラ湖等、海に繋がる巨大な湖が広がり、湿地の海岸線とあいまって陸路による海沿いの移動は困難[(18)]と見なされるからである。また、泥レンガ建造物がこの層より検出されている。泥レンガ建造物の使用は、ナカダ文化の拡張により生じた最も重要なことの一つとして挙げられている[(19)]が、ブトはウルク文化の影響で独自に泥レンガ建造物を創意工夫していたかもしれず、ナカダ文化あるいはウルク文化のいずれの文化が、ブトに影響を及ぼしたのかその確証はない。

第2層（＝ナカダⅡ期c相〜d相1に相当）の遺構。この層からは、ジグザグ模様が刻まれた特異な土器片が出土する[(20)]。さらにピートリーのいわゆる装飾土器（D-Ware）片や、硬くて高品質な上エジプト産の「マール粘土」製の土器片が発見されている[(21)]。

第3層（＝ナカダⅡ期d相2〜Ⅲ期に相当）の遺構。特筆すべきことは、この層は6層に分類され、そのうちの最下層がいわゆる「過渡期の層（transitional layer)」と呼ばれており、上エジプトの土器群が急速に増えはじめる時期だということである。事実過渡期の最下層には、下エジプトの土器群が95%を占め、上エジプトの土器群が僅か5%しか占めていなかったのが、最上層では逆に上エジプトの土器群が100%近くになり、下エジプトの土器群が見られなくなる。この過渡期の層の厚さは、約30㎝であると言われている[(22)]。その期間はW.カイザーの文化編年によると、ナカダⅡ期d相1（前3300～3250年）初期から、ナカダⅡ期d相2（前3250～3200年）中期まで及んでいることから、約100年以内と見なしたい。

上エジプトの土器群の中にはすでにこの時期、硬度で強度をより高めるために焼成温度調節された新たな沖積土器が、デルタ地域まで広がっていた。このブトの文化現象をE. C.ケーラーは、「ナカダ文化の発展と言うより、むしろ上エジプトの土器技術の拡張として表現した方がよいのではないか」とする[(23)]。確かにブトでの土器群の変化の始まりが、この「過渡期の層」であることから、「土器技術の拡張」、つまり土器製造技術の進歩によってもたらされた新たな土器の流通の結果と言えるであろう。また、この層からは上エジプトからも出土する「ミニチュア型の容器」が見られる。その用途は、玩具または祭儀と関連のある珍重で高価な物を入れる容器であると推測されている[(24)]。

この遺跡の重要性は、コブラ女神ワジェトとホルス神との関係に遡る。初めワジェトはデプ（ペの近郊)、ホルスはペと結びつけられていたが、後にワジェトはデプとペの女主人として知られる[(25)]。特にピラミッドテキスト（1488節b）には、「ペに居た下エジプトの王達」という記述がある[(26)]。そのためブトは、半ば神話的な先王朝時代の上エジプト王国の首都ヒエラコンポリスに対する下エジプト王国の首都と同定されている。この初期王朝時代の遺構に位置づけられる泥レンガ建造物を発掘したT.フォン・デア・ヴァイは、複雑に入り組んだ通廊と相互に連結している部屋からなる複合体の特異な設計を鑑みて、この建造物は、宮殿あるいは王の葬祭場として機能したのではないかと指摘する[(27)]。

このブトに関して興味深い描写がある木製ラベルが、アビュドスの第1王朝アハ王墓より出土している。第1段目には、王がデルタにあるネイト女神の聖地を訪問している場面が描かれている。問題は第2段目の構図である。そこには止り木の上にアオサギが描かれており、それは場所を示すヒエログリフの決定詞に使われる[(28)]。この場所は、ピラミッドテキスト（735節）に言及されており、ブトの付近にある神聖な地域として見られている[(29)]が、未だその遺構は見出されていない。このアオサギは、動詞「バフィ（＝洪水になる）」の決定詞および表意文字としても用いられる。このことは、ブトが湿地あるいは氾濫した場所とアハの時代から結びつけられていたことと推察できる。実際遺跡の北側には、塩水湖ブルルス湖と塩水の沼沢地および周期的に氾濫し浸水する天然塩田がある[(30)]。さらに、このアオサギの前には、左足で地面を蹴り頭を下げ、今にも突進するかのような雄牛が描かれている。神聖な地域を示すアオサギとともに、ラベルに刻まれた雄牛も神聖なものとして関連があったことが、次のような発掘調査結果で明らかにされている。前述した特異な複合体には、飾りのない矩形の建造物が隣接しており、神聖な目的のために使用されたと見られている。そして、その前には内側に2頭の様式化された雄牛の姿が印されている大きな陶器が埋められていた。この容器は雄牛のための飼料を入れる飼葉桶ではないかと推察され[(31)]、ブトでは雄牛が崇拝される神聖な対象として描かれていたことが、ラベルの描写から確認されるのである。

なお、歴史の父ヘロドトスがこのブトを訪れ、その著『歴史』に次のように記している[(32)]。「ここのエジプトの託宣所というのは、（中略）海からナイル川を遡航して行くと、いわゆるセベンニュステス（＝セベンニトス）河口のほとりにある大きな町に鎮座している。この託宣所のある町の名は、前にも記したようにブトである」。

2　テル・エル=ルバ（メンデス）[(33)]

この遺跡は、現在のデルタ北東部を流れるダミエッタ支流の東約32km、海岸線より南約85kmに存在し、1990年から1993年にかけて発掘予備調査が行われた。地下水面の高さで、「ブト—マアディ文化」固有のブラック土器や刻印のある土器等が出土していることから、メンデスはマアディと同じ頃存在していたとみられる。地下水面以下をさらに掘り下げていないことから、最古の「ブト―マアディ文化」層までは確認できていない。一方、新しい年代の文化層を調査すると、次第に「ブト」と同じく、ナカダ文化の土器群が増加し、第1王朝の時期が確認できると言われている。しかし、この遺跡の詳細な発掘調査報告書が出版されていないことから、遺物を通してメンデスの歴史を読み取ることができない。このことは、この集落が国家形成過程でどのような役割を演じたか等の考古資料を提示できず、今後のより詳細な資料結果報告が待たれる。

3　ミンシャト・アブ・オマール(34)

この集落は、デルタ北東部を流れていたタニトス支流(35)（現在では消滅している）の下流沿いに位置しており、その東側には湖と沼沢地が広がっていたと推察されている(36)。

この集落にある墓地遺跡は、1978年から1991年にかけて発掘が行われ、先王朝時代後期から第2王朝中期までの墓420基が調査された。これらの墓は、土器型式と埋葬習慣、さらに副葬品により、年代的に連続する4つの層群に分けられている。ここで本論と関連のある第1層群から第3層群において特筆すべきことを挙げてみよう。ちなみに第1層群と第2層群の年代はナカダⅡ期（前3500年頃）から前3100年頃まで、第3層群は前3100年頃から前3050年頃のいわゆる0王朝に相当する。

第1層群―ナカダⅡ期b相に相当する土器が出土することから、この時期には集落が存在していたと見られる。また土器の胎土分析により、パレスティナ地方からの輸入土器が、すでにこの時期に現れていたことが確証される。

第2層群―かなり不揃いな形をした大型な手製円錐形土器が初めて現れる。第1層群と第2層群における埋葬習慣であるが、遺体は体の右側を下にして両足を曲げ、遺体の向きを北―南軸に合わせ、顔を西に向けた状態である。しかしこの埋葬習慣は、次の第3層群において、新たな型式の土器の出現と増加する副葬品と共に、大きく変化するのである。

第3層群―硬くて高品質な上エジプト産の「マール粘土」製土器が出土す

る。また初めて、ヌビアAグループに属する輸入土器も現れる。さらにパレットや銅製品も前の層群よりも多く出土する。

この時期の埋葬習慣では、遺体は体の左側を下にして両足を曲げ、遺体の向きを北東—南西軸（中には東—西軸）に合わせ、顔を東あるいは南東に向けた状態になる。この変化はどうして生じたのであろうか。一般に下エジプト（たとえばワディ・ディグラやヘリオポリス）では、遺体は体の右側を下に、頭を南に、顔を東に向けた状態である。一方、上エジプトでは、遺体は体の左側を下に、頭を南に、顔を西に向けた状態である[(37)]。とすると、このミンシャト・アブ・オマールでの埋葬習慣は、上・下エジプトいずれの埋葬習慣にも当てはまらない。埋葬地区とその支流あるいは分流には、ある種の相関関係があったのではないだろうか。つまり、下エジプトでは海抜が低いことから、氾濫するたびに集落の地形が支流あるいは分流により侵食され変化し、それとともに埋葬地区も移動していたと推察する。そのためミンシャト・アブ・オマールでは、第2層群と第3層群の間に流れが変化し、埋葬習慣の相違が生じたのではないだろうか。

注目すべきことは、このミンシャト・アブ・オマールでは、ナカダ文化圏の土器群の占める割合がマアディ文化圏の土器群より大きいことから、上エジプトの先王朝後期時代の集落との繋がりが、マアディより強かったことを示唆する調査結果が出ていることである[(38)]。そのためこの集落は、上エジプト人によって作られたという見解もある[(39)]。ではなぜ上エジプト人はこの飛び領土[(40)]である集落を建設したのであろうか。パレスティナ地方等への交易ルートを確保したかったのであろうか。しかし、出土するパレスティナ産土器は僅か1％しか出ていないという報告結果[(41)]から、それは憶測にすぎないのかもしれない。周辺地域との関係を鑑みながら、集落建設理由を将来の解明に期待したい。

4　エル=テル・エル=イスウィド（南）[(42)]

この集落は、タニトス支流沿いにある。1986年以降発掘が続けられており、年代的に2層に分けられることが確認された[(43)]。つまり、A層（約1.7mの層の厚さ）はナカダⅡ期ｃ相〜ｄ相に相当し、ナカダ文化の拡張を示唆する泥レンガ建造物を見出すことができない。興味深いことは、この層から出土した15,126個の土器片のうち、南パレスティナ産土器と上エジプト産土器が併せても僅か95個しかなく[44]、「ブトーマアディ文化」の土器が約99％であることから、この集落が典型的な「ブトーマアディ文化」だとうかがわれる。

一方Ｂ層（約1.8ｍの層の厚さ）は、ナカダⅢ期に相当し、矩形の泥レンガ建造物が検出される。前者は「ブトーマアディ文化」層に相当し、後者は「ナカダ文化」層に相当する。特筆すべきことは、その間に砂質沈殿物が検出され[45]、層位学的な中断、つまり文化的不連続が見られ、一時期集落が放棄されたと推測されることである。この中断の層ではその意味を侵略、あるいは文化的政治的な出来事と関連させるのではなく、新たな物質文化とイデオロギーの同化作用のために必要な時間的な推移と関連させるべきだという見解がある[46]。なお、興味深いことに、この集落から南約７㎞に位置するテル・イブラヒム・アワドでは、この文化的不連続は見出せない。

5　テル・イブラヒム・アワド[47]

この遺跡は、タニトス支流沿いに位置していた。1988年から1990年にかけて発掘予備調査が行われ、時代が異なる７層からなることが確認された。本論に関係のある第７層（＝ナカダⅡ期ｄ相１に相当)、第６層（＝ナカダⅢ期ａ相〜ｂ相に相当)、第５層（＝初期王朝に相当）までの遺構の特筆すべきことを挙げてみよう。

第７層—この遺構からは、上エジプトのナカダⅡ期ｄ相１に相当する墓地遺跡からのみ出土する粗野な土器が、居住地遺跡から出土する。またこの層からはナカダ文化の拡張を示唆する泥レンガ建造物は検出されていない。

第６層—泥レンガ建造物は出土するが、その使用目的を推測することは困難である。また、この建造物付近から漆喰を施された土壙が検出されているが、その用途は不明である。

ブトおよびマアディから出土している「ミニチュア型の容器」が、この遺構からも検出されることは興味深い。なぜならば、テル・イブラヒム・アワドはデルタ北東部タニトス支流沿い、一方ブトはデルタ北西部ロゼッタ支流沿いに存在し、両集落は直線で約124km以上離れているからである。ちなみにブトはマアディの北北西約150kmに位置している。この容器の出土状況から、各集落間には交流があったと推測される。下エジプトの場合は南北に支流が走っていることから、水上を利用した南北の集落間の交流は容易であった。一方東西の交流に関しては、ロバがその任を負っていたのではないだろうか。その論拠は、このテル・イブラヒム・アワド、マアディ、エル=テル・エル=イスウィド（南）からロバの骨が出土しており[(48)]、ロバは200〜300kgの積荷を載せ、一日15〜20km移動することが可能だからである[(49)]。

第5層—矩形で周囲を泥レンガで積み上げた墓を含む墓地遺跡と居住地遺跡が検出されている。

6　テル・エル=ファルカ[(50)]

この遺跡は、タニトス支流沿いに位置していた。1988年から1990年にかけて発掘調査が行われ、時代が異なる4層からなることが確認できた。つまり第1層はナカダⅡ期b相からc相に、第2層は第0王朝に、第3層は第1王朝から第2王朝に、第4層は古王国初期に相当する。

特筆すべきことは、第1層にはナカダ文化の拡張を示唆する泥レンガ建造物が検出されないが、第2層以降では泥レンガ建造物が確認できることである。さらに、第1層と第2層の間にはエル=テル・エル=イスウィド（南）と同様に、明らかな層位学的な途切れ（中断）が現れていることから、この集落は一時放棄されていたことを示唆する。これは、この間の両層から出土する土器群の型式が劇的に変化することからもうかがうことができる。

さらに第1層のみに、縦にジグザグ模様が刻まれた特異な土器が出土する。この土器はこの集落を含めて、ブト、エル=テル・エル=イスウィド（南）、テル・イブラヒム・アウド、の4カ所しか出土していないのである。

7　テル・ハッサン・ダウード[51]

この墓地遺跡は、タニトス支流沿いに位置していた。この遺跡の立地の重要性は、人・物・情報が行き交う「ワディ・トゥミラート」というデルタ東部からシナイ半島に抜ける主要な幹線道路のひとつの上に存在していたことである。そして1989年から1992年に行われた発掘調査により、先王朝後期時代に位置づけられる192基の墓が発見された。それらの墓からは、銅製のピンや斧、短剣、さらに異なる型式の大量の土器と石製容器が出土しているが、詳細な編年作業は行われていないと見られる。また、埋葬習慣に関して大部分の遺体が、体の左側をあるいは右側を下にして両足を曲げており、頭位方向は東西南北と全く定まっていないのである。この埋葬習慣は、ミンシャト・アブ・オマールのように埋葬地区と水路の相関関係を鑑みながら、今後検討してみたい。

8　ベニ・アミル[52]

この墓地遺跡は、タニトス支流沿いに位置していた。さらに、シナイ半島へ通じる「ワディ・トゥミラート」の西端にこの集落は位置しているだけでなく、内陸部にあるこのベニ・アミルは、デルタ地域から上流の上エジプトへ航行するための交通の要所であった[53]とともに、物資の集散地でもあったと推測したい。

この墓地遺跡は1967年から1975年まで断続的に発掘調査され、A層（＝ローマ時代に相当）とB層（＝先王朝時代後期から初期王朝時代に相当）の2層からなる[54]。

調査対象となるB層から出土する最古の土器型式は、ナカダⅡ期c相に相当することから、この時期には居住地が確立していたことが推察できる。特にベニ・アミルと類似した土器型式の多くが、ミンシャト・アブ・オマールから出土していることから、両集落間では交流が行われていたと推察する。

さらに遺跡には、物資流通センターとして繁栄した大型集落であったことを裏づけるように、先王朝時代後期に位置づけられる、デルタ最大であり、ともに矩形の型で外側を泥レンガの壁で覆われた特異な墓が２基存在する。１基は８部屋からなる東西約3.85m、南北約11m、深さ約2.0mの大きさである。驚くべきことは、この時代の墓に一般的に使われていた木材に代わって、すでにレンガ製のアーチ型の天井が、玄室と貯蔵室を覆っていたことである。なぜならば、レンガ製のアーチ型の天井は、第１王朝からの使用が知られているからである。同じくレンガ製のアーチ型の天井を持っているもう１基は、９部屋からなる長さ約7.7m、幅約2.3m、深さ約0.5〜0.67mの大きさである。ちなみにナガ・エド=デルの墓の平均面積が、約6.7〜13.3㎡に対して、この墓は17.71㎡である。さらにこの２基とも、同じく先王朝時代後期に相当する上エジプトのアビュドスにある支配者が葬られた墓U-jに匹敵する(55)。この墓は12部屋からなる長さ約9.10m、幅約7.3m、深さ約1.55mの大きさだからである。ベニ・アミルでこのような墓が建設されたということは、他の下エジプトの集落と異なり、上エジプト同様に、階層化が生じていたと見なされる。

9　マアディ(56)

この住居地遺跡および墓地遺跡は、現在のカイロの南約５kmに位置しており、1930年から1953年、および1977年に発掘調査が行われた。最下層の遺構は、偶然にもナカダⅠ期後半に相当する土器が出土したことから、この時期には集落が存在していたと見なされている。しかし、発掘地域２万㎡のうち、86％が深さ約60cm以下とあまりにも堆積物が浅く、信頼できる層位学的観察ができないと言われている(57)。下エジプトの集落であるマアディで作られた固有の「ブラック土器」は、デルタ地域の各集落に出土すると同時に、中エジプトのハラガ(58)とエル=サッフ(59)の各々の墓地遺跡からも出土している。このように広範囲にわたってこの土器が出土していることから、上エジプトの「ナカダ文化」に対して、下エジプトを代表する文化として「マアディ文化」が位置づけられていた(60)。

この集落の両側には、２つの重要なワディがある(61)。北のワディとして、スエズ湾そしてシナイ半島を越えて西アジアへ通じるワディ・エル=ティフ（マアディの北東約４～５kmに位置）が存在する。仮にスエズ湾の端にあるこのワディが封鎖された場合、アナトリア高原を越え、地中海沿岸の港からデルタ地域に入る以外道がないと言われる程重要なワディである。また南のワディは、奔流と牧草地で有名なワディ・ディグラ（マアディの南約１kmに位置）である。さらに２つのワディの間は、肥沃な沖積土が広がっていたことから、農業の発展に特に有利な場所でもあった。それは炭化した植物の分析により、当時の南東ヨーロッパの穀物の量を遥かに超える量がもたらされていたことから推察されている[(62)]。それは、この地から重さが50kg以上もある多くの石臼や大きな貯蔵壺が出土していることからも推察できる。しかし、穂を刈る鎌が僅か29本しか出土していないのは奇妙なことである[(63)]。さらにブト、エル=テル・エル=イスウィド（南）、テル・イブラヒム・アワドでは全く鎌が発見されていない[(64)]。そこで、この鎌の欠如の理由として次の２点が挙げられている。ひとつは、人々がデルタ地域以外から穀物を入手したためではないかということ。もうひとつは、たとえば鎌なしで穀物を手で引き抜いて収穫したためではないだろうか。この２点を推定して、いかなる穀物の種類であったかなどを含め、現在調査している段階である。またこの立地は、上エジプトへの主要な入口であるメンフィスに通ずる出発点でもある。これらのことから、マアディはエジプト経済に影響を及ぼしていたと思われるが、出土する土器の状況から判断すると、パレスティナ産土器は僅か３％であることから[(65)]、パレスティナ地方とはまだ活発な交流が行われていなかったのではないだろうか。また上エジプト産土器は僅か10数個であることから[(66)]、上エジプトのナカダ文化との関係も、この時期まだ希薄だったと言えよう。興味深いことは、通常石製容器は上エジプトでは副葬品として墓地で出土するが、マアディでは居住地で発見される。おそらく石製容器は、交換物として上エジプトから運び込まれたのではないかと推察されている[(67)]。

そしてアマディの居住地からは、３個の重量のある鋳塊や２本の銅製の手斧および種々の銅製ピン等が出土しており[(68)]、その銅を分析すると、それらはパレスティナ地方にあるワディ・アラバのティムナ銅山かあるいはフェナン銅山から産出の銅製でないかと見られている[69]。このことからマアディは銅を輸入していたと推察する。以前マアディは銅の鋳造センターと考えられていたが[70]、詳細な発掘調査の結果、銅を製錬する際の鉱滓や塊鉄炉等が出土されていないため[71]に、誇張された表現と見なされている[72]。

このマアディは、当時外来品である平板状のスクレイパーとカナーン製の石刃が唯一出土する場所である[73]。この2種類の石器は、特にレヴァントで広く流通する地域を持っていた。平板状のスクレイパーは、レヴァント、パレスティナ、さらに遙かシリアの北東ハブバ・カビラ[74]で出土している。その一方、カナーン製の石刃は、レヴァント、パレスティナ、さらにシリア、クジスタン（南西イラク）で発見されている。つまりこれらの出土地域を思い描いて、想像がもし許されるとすれば、マアディは当時、中近東地域で活発に行われていた広範囲な流通ネットワーク内に組み込まれていた市場であったのではないだろうか。このことは、パレスティナ地方のワディ・ガザにある遺跡Hから、上エジプトおよびマアディの工芸品が発見されていること[75]、逆に死海で産出したと見られるアスファルトがマアディで出土していること[76]から言えるであろう。

このように活発な交流が想像できるレヴァント地方から北シナイ、そしてエジプトへの陸路沿岸ルートは、後のエジプト中王国時代には「ホルスの道」と呼ばれるが、すでにナカダI期後期かII期初期に確立していたと見られる[77]。

さらに現アレクサンドリアの西、約300kmの地中海沿岸に位置するマルサ・マトルーフから玄武岩製壺が出土している[78]。この壺の装飾はマアディ産のと言うよりは、ブト産の土器の装飾に類似していると言われる。このように、「ブト—マアディ文化」の影響が遙か西まで及んでいたことには驚かされる。

なおこの時代、エジプト国内の他の地域からは出土していないカバの大きな脚部の骨が、遺構から発見されている[79]。この骨の用途は明確にされていないが、たとえばフリントを剥がすために利用する台、あるいは斧で木材をぶつ切りするための台としての鉄床ではないかと見られている。そして巨大な地下住居が4つほど発見されている。泥レンガで土壁の一部を補強した縦約4m、横約2.5m、深さ約1.5m の大きさのものや深さが約3.5m の住居もある。これらの住居はパレスティナ地方のベエルシェバと類似していると言われる[80]。また興味深いことに、両端が破損しており、全体の形、長さが全く推測できない沖積土製の針のようなもの[81]が、3個（長さ約1～2㎝）同じ遺構から出土している。それらは前述したように、最近ブトでも円錐形のものが発見されたことから、類似のものでないかと推測しているが、その用途等全く不明である。

マアディは、ナカダⅡ期後半頃、突然その役割を終えてしまった[82]。その原因は当時エジプト全土に生じていた気候、生態環境、生活基盤の変化であると考えられている。筆者はこのような変化による原因以外に、当時マアディが、国際的な交易センターとして発展しつつあったと推察することから、中近東世界の何らかの流通ネットワークの変化の影響を受けて埋没したのではないかとする。ちなみに、マアディからナカダ文化の拡張を示唆する泥レンガ建造物は検出されていない。

(3) 下エジプトの各集落で出土するセレク

王名は、ハヤブサを戴くセレクと呼ばれる王宮の正面を表す矩形の枠の中に記されている。ハヤブサ（＝フォルコン）は、王家の出身地と伝えられる上エジプトのティス地域の守護神である天空の神ホルスを表すとされる。このセレクは2段に分かれ、上段に王名を、下段に壁龕を施した凸凹の造りを模した形が描かれている。ここでセレクの描かれ方に注意しながら、各集落のセレクの出土状況を見てみよう（図2参照）。

A．ブトの第4層（＝第0王朝～第1王朝に相当）の遺構から、上段に王名（名前の判読は不明）と下段に壁龕を施した凸凹の造りを模した形が描かれているセレクが1点出土[83]。

B．ミンシャト・アブ・オマールの第3層群（＝第0王朝）の遺構から、ハヤブサを戴くホルス名「クロコダイル[84]」と「ナルメル」の2点、また壁龕を施した凸凹の造りを模した形しか描かれていないもの2点、さらに「ダ

A．ブト

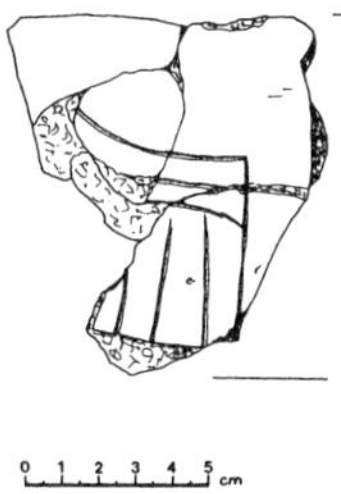

C．テル・イブラヒム・アワド

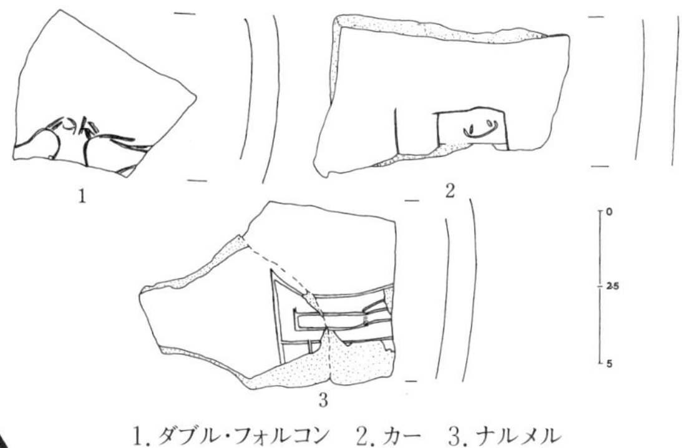

1．ダブル・フォルコン　2．カー　3．ナルメル

E．アマディ

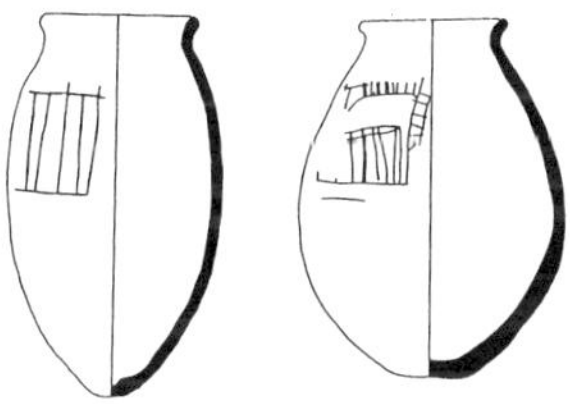

※縮尺不明

図2　各集落から出土したセレク

なお、Bのミンシャト・アブ・オマールは、図版不鮮明なため、未掲載。

Dのテル・ハッサン・ダウードは、掲載図版なし。

Fのクフル・ニグムは、写真不鮮明なため、未掲載。

ブル・フォルコン[(85)]」(＝向かい合う２羽のハヤブサ）の上部のみ１点の計５点セレクが出土[(86)]。

C．テル・イブラヒム・アワドの第５層（＝初期王朝に相当）の遺構から、「ダブル・フォルコン」、またハヤブサのないホルス名「カー」および「ナルメル」のセレク３点が出土[(87)]。

D．テル・ハッサン・ダウードの先王朝時代後期に相当する遺構から、「ナルメル」のセレクが１点出土[(88)]。

E．マアディの遺構から、壁龕を施した凸凹の造りを模した形しか描かれていないセレク２点が出土[(89)]。

F．本論では述べていない集落であるクフル・ニグムの第１王朝に相当する遺構から、ハヤブサを戴くホルス名「ナルメル」２点、壁龕を施した凸凹の造りを模した形しか描かれていないセレクが2点、破損が著しく判別が困難なセレクが3点、計7点のセレクが出土。[(90)]

以上、19点のセレクが各集落で出土している。これらのセレクは、王名と形態によって3つに分けられる。①「クロコダイル」「カー」「ナルメル」のセレク。ちなみに、「クロコダイル」の王墓は不明であるが、「カー」の王墓はアビュドスB7/9に、「ナルメル」の王墓はB17/18に各々同定されている。[(91)]②「ダブル・フォルコン」と呼ばれるセレク。③壁龕を施した凸凹の造りを模した形しか描かれていないセレクである。

それに対して興味深いことが3点挙げられる。まず、ホルス（＝ハヤブサ）は上エジプトの守護神であり、それらが下エジプトで発見されていることは、上エジプトのナカダ文化が下エジプトに拡張したことを裏づけている。次に「ダブル・フォルコン」について、デルタからシリアに通じる街道にあるエル＝ベダから出土のセレクも「ダブル・フォルコン」であり、[(92)]さらにイスラエルから出土する18点セレクのうち3点は「ナルメル」のセレクであるが、残りはすべて「ダブル・フォルコン」である。[(93)]最後に壁龕を施した凸凹の造りを模した形しか描かれていないセレクは、ほとんど下エジプトからしか出土されていない。

前述したように、壁龕を施した凹凸の造りを模した形しか描かれていないセレクは、王宮の正面を表す矩形に見られている。現在確認できる最古の壁龕建造物は、エジプト第1王朝アハB10/15/19の王墓に用いられている。この壁龕建造物の起こりは、[(94)]ウバイド期に遡り、ウルク―エアンナ第8～6層の期間まで見出されるはずである。このウルクと交流があったと見られるのが、下エジプトのブトである。モザイク装飾だけでなく、この壁龕建造物に対する概念もウルクから持ち込まれたのではないだろうか。現在確認できる最古の壁龕を施した凹凸の造りを模した形しか描かれていないものは、マアディのナカダⅡ期後半までに出土したと見られる土器片のみである。ウルク文化の特色である壁龕建造物が、その年代まで遡れるかどうか疑問であるが、それがこの時期に下エジプトに出現していたことを今後の発掘調査に期待したい。

「ダブル・フォルコン」の位置づけに関しては、エジプトとイスラエルとの交易に関連づけて、今後の詳細な研究を待たねばならない。しかし先の事実を踏まえて大胆に推察すると、アビュドスＢ１／２王墓に同定されているホルス名「イリ・ホル（ロ）[95]」は、上エジプトの支配者と見なされているが、その描かれ方は、口を意味するヒエログリフ*r*の上に上エジプトの象徴であるハヤブサが描かれているのみである。とすると、壁龕を施した凸凹の造りを模した形しか描かれていないものを下エジプト支配者の権威の象徴として捉えられないか。上エジプトのナカダ文化が下エジプトへ拡張する過程で、それぞれの象徴が融合され「クロコダイル」「ナルメル」のような上・下エジプトのセレクができあがったのではないだろうか。その際、ハヤブサ（ーホルス）を戴くということは、上エジプトの優位を示唆するものと推察する。

(4)　おわりに

以上のように(2)では、1970年代後半になって、ようやく下エジプトのデルタ地域の本格的発掘調査が行われはじめたことで、「ブトーマアディ文化」の一端が明らかになってきたことを述べた。まず、「ブトーマアディ文化」は、各集落から出土した遺物等を通して、東はシリア、メソポタミア、パレスティナ、レヴァント、西はマルサ・マトルーフ、南は中エジプトのハラガおよびエル=サッフ付近まで、その文化圏が延びていたと確認できた。各集落の中でブトは、海上交易を通してシリア、メソポタミア地域と交流があり、特にウルク文化の影響を受けていたと推察される。一方マアディは、陸上交易を通して、パレスティナ、レヴァントを含む広範囲な流通ネットワークに組み込まれていたことがうかがわれる。

次に、W.カイザーによる「最終的には、『ブトーマアディ文化』が消滅し、ナカダ文化がエジプト全土を均質的に覆うことになった」というエジプト統一の仮説に対して、３点疑問を呈することになった。第１に、ブトではいわゆる「過渡期の層」を境にして、上エジプトの土器群が急速に増えはじめ、下エジプトの土器群が見られなくなるが、他の集落ではそのような報告は出されていない。第2に、上エジプトのナカダ文化の埋葬習慣が、ミンシャト・アブ・オマールやテル・ハッサン・ダウードのような下エジプトの埋葬習慣と同じではない。それどころか、これらの集落では、一般的な下エジプトのワディ・ディグラやヘリオポリスの埋葬習慣とも異なる。第3に、エル=テル・エル=イスウィド（南）やテル・エル=ファルカのように、文化的不連続が見られる集落が存在する。つまり「ブト—マアディ文化」は、完全に消滅しておらず、ナカダ文化がエジプト全土を均質的に覆っていたという結論は疑わしい。その確証を得るため、西部および中央部のさらなる発掘調査とまた下エジプトの土器編年作業が確立されることを今後期待したい。

また(3)では、壁龕を施した凸凹の造りを模した形しか描かれていないものがデルタ地域でしか出土しておらず、これをウルクの壁龕建造物の影響を受けた下エジプト支配者の権威を象徴するものと見なした。そして上エジプトのナカダ文化が、下エジプトへ拡張する過程で統合され、上エジプトのハヤブサのみが描かれているものと統合され、上エジプトの優位を示すものとして、ハヤブサ（＝ホルス）を戴くセレクができあがったのではないかと推察した。

最後に、以前には下エジプトを「マアディ文化」と称していたのが、発掘によってブトがマアディとは異なる文化様式を持っていることが確認され、近年「ブト—マアディ文化」と称されるようになった。しかし、他の各集落が持つ相異（埋葬習慣等）が見られるにもかかわらず、ひとつの文化圏に押し込んでしまっている感がある。それ故、今後の発掘調査によっては、「ブト—マアディ文化」の枠に単純に当てはまらない新たな文化様式が、デルタ西部および中央部の発掘によって、出現する可能性は充分あり得るであろう。

註

（1） Kaiser, W. 1956 "Stand und Probleme der ägyptische Vorgeschichtsforschung", *ZÄS* 81, 87–109; Kaiser,W. 1957 "Zur inneren Chronologie der Naqadakultur", *Archaeologia Geographica* 6, 69–77, pls. 15–26; Kaiser, W. 1990 "Zur Entstehung der gesamtägyptischen Staates", *MDAIK* 46, 287-299.

（2） ナカダ文化に関して下記を参照。高宮いづみ 1998「ナカダ文化論—ナイル河下流域における初期国家の形成—」『岩波講座　世界歴史 2　オリエント世界—7世紀』岩波書店、125〜144頁。

（3） 上エジプトでは、W.カイザーが絶対年代を用いたナカダ文化編年を下記のように提示している。一方、下エジプトでは「ブト—マアディ文化」の土器による詳細な文化編年は確立されていないため、今日、ナカダ文化の土器が下エジプトまで広範囲に分布していることを利用して、「ブト—マアディ文化」の年代的位置づけが行われている。

文化編年に関しては、以下の W.カイザーの年号を参照。

Wilkinson, T. A. H. 1996 *State Formation in Egypt: Chronology and Society,* Oxford: Tempus Reparatum. BAR International Series 651. Cambridge Monographs in African Archaeology 40, 9-15.

Naqada I は c. 3800—c. 3500BC.　Naqada II は c. 3500—c. 3200BC.
特に Naqada II c は c. 3400—c. 3300 BC.　Naqada II d 1 は c.3300—c. 3250 BC.
Naqada II d 2 は c. 3250—c. 3200 BC.　Naqada III は c. 3200—c. 2845BC.
特に Naqada III a 1 は c. 3200—c. 3170 BC.　Naqada III a 2 は c. 3170—c. 3120 BC.
Naqada III b 1 は c. 3120—c. 3080 BC.　Naqada III b 2 は c. 3080—c. 3050 BC.

（4） T.フォン・デア・ヴァイが、1987〜1989年の発掘調査で、下エジプト文化圏を従来の「マアディ文化」から新たに「ブト—マアディ文化」へと命名した。と言うのは、彼によると、ブトはマアディと同じ土器型式を出土するが、北シリア、初期メソポタミアのウルク文化とも関連があり、マアディ文化を踏襲する以外に、独自の文化発展をしていたことを強調したいために名づけたのである。

Way, T. von der. 1992 "Indication of Architecture with Niches at Buto", in Friedman,R. F. and Adams, B. (eds.), *The Followers of Horus, Studies Dedicated to Michael Allen Hoffman*, Oxford, 224, n. 2; Way, T. von der. 1992 "Excavations at Tell el-Fara´in - Buto in 1987-1989", in E. C. M. van den Brink (ed.), *The Nile Delta in Transition: 4th.-3rd. Millennium B. C.*, Tel Aviv, 1.

（5） たとえば、ミンシャト・アブ・オマールでは、氾濫原より約2m高い所に集落が存在していたと見られる。

Andres, W. and J. Wunderich "Environmental Conditions for Early Settlement at Minshat Abu Omar, Eastern Nile, Egypt", in E. C. M. van den Brink (ed.), *op. cit.*, 160.

（6） たとえば、ミンシャト・アブ・オマールでは、深さ最大約16mまで75回以上掘削調査を行った。

Andres, W. and J. Wunderich, *op. cit.*, 157-166.

（7） ちなみに、先王朝時代（ナカダ文化）前の新石器時代の遺物は、ミンシャト・アブ・オマールでは、地下水面よりさらに約6～7.5m、ブトでは同じく約3mのところから出土する。
Krzyzaniak, L. "Again on the Earlist Settlement at Minshat Abu Omar", in E. C. M. van den Brink (ed.), *op. cit.*, 155.

（8） Way, T. von der. 1997 *Tell el-Fara'in・Buto I*, Mainz am Rhein, AVDAIK 83, 52–54.

（9） Mahmoud, M. el-Gamili and Fuad. F. A. Shaaban 1988 "Tracing Buried Channels in Northwestern Dakahlia Governorate, Nile Delta, Using Hammer Seismograph and Electric Resistivity Profiling", in E. C. M. van den Brink (ed.), *The Archaeology of the Nile Delta, Problems and Prorities*, Amsterdam, 223–244.

（10） Wenke, R. J. and D. J. Brewer 1996 "The Archaic-old kingdom Delta: the Evidence from Mendes and kom El-Hisn", in M. Bietak (ed.), *Haus und Palast im Alten Ägypten/House and palace in Ancient Egypt*, Vienna, 266, fig. 1.（地図参照）

（11） I. ショー & P. ニコルソン（内田杉彦訳）1997『大英博物館古代エジプト百科事典』原書房、347～348頁。

（12） Said, R. 1992 "The Geological History of the Nile Delta", in E. C. M. van den Brink (ed.), *The Nile Delta in Transition: 4th.–3rd. Millennium B. C.,* Tel Aviv, 263.

（13） Brink, E. C. M. van den. 1993 "Settlement patterns in the Northeastern Nile Delta during the fourth-second millennia B. C.", in Krzyzaniak, L., M. Kobusiewicz and J. Alexander (eds), *Environmental change and human culture in the Nile Basin and Northern Africa until the second millennium B. C.,* Pozan, 295.

（14） 註（10）の文献を参照。

（15） Way, T. von der. 1999 "BUTO (Tell el-fara'in)", in Bard, K. A. (ed.) *Encyclopedia of the Archaeology of Ancient Egypt*, Routeldge, London and New York, 180–184; Midant-Reynes, B. 2000 *The Prehistory of Egypt from the First Egyptians to the First Pharaohs,* Trans. I. shaw, Blackwell, 218–219; I. ショー & P. ニコルソン、前掲書、463頁。

（16） Way, T. von der. 1992 "Indication of Architecture with Niches at Buto", in Friedman, R. F. and B. Adams (eds.), *The Followers of Horus, Studies Dedicated to Michael Allen Hoffman,* Oxford, 217–220.

（17） *Ibid.*, 221; Köhler, E. C. 1992 "The Pre-and Early Dynastic Pottery of Tell el-Fara´in (Buto)", in E. C. M. van den Brink (ed.), *The Nile Delta in Transition: 4th.–3rd. Millennium B. C.,* Tel Aviv, 20.

（18） 鈴木八司監修 1999『世界の歴史と文化　エジプト』新潮社、130頁。

(19) Largacha, A. P. 1996 "The rise of Egyptian State and Carneiro Circumscription theory", *CRIPEL* 18, 114, n. 58.

(20) Chlodnicki, M., R. Fattovich and S. Salvatori "The Nile Delta in Transition: A view from Tell el-Farkha", in E. C. M. van den Brink (ed.), *The Nile Delta in Transition: 4th.–3rd. Millennium B. C., op. cit.,* 183.

(21) Köhler, E. C. 1992 "The Pre-and Early Dynastic Pottery of Tell el-Fara´in (Buto)", in E. C. M. van den Brink (ed.), *op. cit.,* 18–19.

(22) Way, T. von der. "Excavations at Tell el-Fara´in - Buto in 1987–1989," in E. C. M. van den Brink (ed.), *op. cit.,* 9.

(23) Wilkinson, T. A. H. *State Formation in Egypt, op. cit.,* 7.
なお、E. C. ケーラーは、「先王朝時代のエジプトを上下エジプトの異なる文化に過度に単純化しすぎている、及びナカダ文化の北への発展は、古代エジプトの神話と政治的イデオロギーを反映していることに対して、全く批判せずにそのまま受け入れている。さらに多くの学者が、歴史時代のエジプトの文化概念を先史時代と類似していると見ている。」という3点に関して疑問を投げかけ、先王朝時代の再構築を促している。Köhler, E. C. 1995 "The State of Research on Late Predynastic Egypt: New Evidence for the Development state?", *GM* 147, 79–92. このE.C. ケーラーの見解に対して、W. カイザーは反証している。Kaiser, W. 1995 "Trial and Error", *GM* 149, 5–14.

(24) Rizkana, I. and J. Seeher 1987 *Maddi I. The Pottery of the Predynastic Settlement,* Mainz am Rhein, AVDAIK 64, 45–46.

(25) Mekkawy, F. 1989 "Recent Excavations at Tell-el Fara'in", in *The Archaeology, Geography and History of the Egyptian Delta in Pharaonic Times,* Oxford 195.

(26) Faulkner, R. O. 1969 *The Ancient Egyptian Pyramid Texts,* Oxford: Oxford University Press, 229.

(27) Wilkinson, T. A. H. 2000 *Early Dynastic Egypt,* Routledge, London and New York, 317–320.

(28) *Ibid.*, 318, fig. 8. 9 (3); Gardier, A. H. 1979 *Egyptian Grammar* (3rd edition, revised), Oxford: Griffith Institute, sigh-list, G32.

(29) Gauthier, H. 1925 *Dictonnaire des Noms Geographiques Contenus Dans les Textes Hiéroglyphiques,* tome sixitéme, Cairo: IFAO, 127.

(30) Wunderlich, J. "The Natural Condition For Pre-and Early Dynastic Settlement in the Western Delta around Tell el-Fara'in Buto", in Krzyzaniak, L., M. Kobusiewicz and J. Alexander (eds.), *op. cit.,* 261.

(31) Wilkinson, T. A. H. *op. cit.,* 317; Way, T. von der. 1989 "Tell el-Fara´in Buto.

4. Bericht", *MDAIK* 45, 295, fig. 12, 1–2.

(32) ヘロドトス（松平千秋訳）1978『歴史　上』岩波書店、262頁。

(33) Wenke, R. J. "Mendes, Predynastic and Early Dynastic", in Bard, K. A. (ed.), *op. cit.*, 499–501; Brewer, D. J. and R. J. Wenke "Transitional Late Predynastic-Early Dynastic occupations at Mendes: A Preliminary Report", in E. C. M. van den Brink (ed.), *op. cit.*, 191–197; Friedman, R. F. "The Early Dynastic and Transitional pottery of Mendes: the 1990 season", in E. C. M. van den Brink (ed.), *op. cit.*, 199–205.

(34) Kroeper, K. "Minshat Abu Omar," in Bard, K. A. (ed.), *op. cit.*, 529–531; Kroeper, K. "The excavation of the Munich East-Delta Expedition in Minshat in Abu Omar", in E. C. M. van den Brink (ed.), *The Archaeology of the Nile Delta. Problems and Prorities, op. cit.*, 11–46.

(35) デルタ北東部のセトルメントパターンを調査したフォン・デン・ブリンクによれば、「初期王朝時代の遺跡がタニトス支流沿いには多く存在していることから、少なくともその頃にはタニトス支流は流れていた。一方、ペルスィウム支流沿いには、同時代の遺跡が存在せず、最古の遺跡は第1中間期の終り、もしくは中王国時代の初めに位置づけられることにより、断定はできないがこのペルスィウム支流は、タニトス支流より千年程遅く流れはじめたのではないか」とある。それ故、本論で取り上げるミンシャト・アブ・オマール、テル・イブラヒム・アワド、テル・エル=ファルカ、テル・ハッサン・ダウードは、ペルスィウム支流沿いに存在していたという見解もあるが、このフォン・デン・ブリンクの詳細な調査により、上記の4集落はタニトス支流沿いに存在していたと見なしたい。Brink, E. C. M. van den. *op. cit.*, 294.

(36) Andres, W. and J. Wunderlich "Environmental Conditions for Early Settlement at Minshat Abu Omar, Eastern Nile Delta, Egypt", in E. C. M. van den Brink (ed.), *The Nile Delta in Transition: 4th.–3rd. Millennium B. C., op. cit.*, 161.

(37) Seeher, J. "Ma'adi and Wadi Digla", in Bard, K. A. (ed.), *Encyclopedia of the Archaeology of Ancient Egypt, op. cit.*, 456.

(38) I. ショー & P. ニコルソン、前掲書、534頁。

(39) Way, T. von der. "Excavations at Tell el-Fara' in / Buto in 1987–1989", in E. C. M. van den Brink (ed.) *op. cit.*, 9.

(40) Kemp, B. J. 1995 "Unification and urbanization of ancient Egypt", in J. M. Sasson (ed.), Civilizations of the Ancient Near Egypt, volume II, New York: Charles scribner's Sons, 687.

(41) Kroeper, K. "The Ceramic of the Pre/Early Dynastic Cemetery of Minshat Abu Omar", *BES* 8 (1986/1987), 78.

(42) Adams, B. and K. M. Cialowicz 1997 *Protodynastic Egypt*, Pr. Risborough, 21.

(43) Brink, E. C. M. van den. 1989 “A Transitional Late Predynastic-Early Dynastic Settlement Site in the Northeastern Nile Delta, Egypt”, *MDAIK* 45, 55–82.

(44) *Ibid.,* 67, n. 14.

(45) Chlodnick, M., R. Fattovich and S. Salvatori “The Nile Delta in Transition: A view from Tell El-Farkha”, in E. C. M. van den Brink (ed.), *The Nile Delta in Transition:4th.–3rd. Millennium B. C., op. cit.,* 182.

(46) Largacha, A. P., *op. cit.,* 114, n. 58.

(47) Brink, E. C. M. van den. “Preliminary Report on the Excavations at Tell Ibrahim Awad, season 1988–1990”, in E. C. M. van den Brink (ed.), *The Nile Delta in Transition: 4th.–3rd. Millennium B. C., op. cit.,* 43–68.

(48) “Site Hierarchy and Subsistance Patterns”, in E. C. M. van den Brink (ed.), *The Nile Delta in Transition: 4th.–3rd. Millennium B. C., op. cit.*, 481.

(49) Hassan, F. A. 1988 “The Predynastic of Egypt”, *JWP* 2–2, 157–158.

(50) Chlodnicki, M., R. Fattovich and S. Salvatori “The Nile Delta in Transition: A view from Tell el-Farkha”, in E. C. M. van den Brink (ed.), *The Nile Delta in Transition: 4th.–3rd. Millennium B. C., op. cit.,* 171–190.

(51) Mohamed Ibrahim Bakr, Mohamed Adel Abd el-Moneim and Mahmoud Omar M. Selim 1996 “Protodynastic excavations at Tell Hassan Dawud (Eastern Delta)”, in Krzyzaniak, L., K. Kroeper and M. Kobusiewicz (eds.), *Interregional Contacts in the Later Prehistory of Northeastern Africa,* Poznan, 277–278.

(52) Mohamed Adel M.Abd el-Moneim によれば、「ベニ・アミルの集落は、タニトス支流とペルスィウム支流が一番接近する理想的な立地に存在していた」とあるが、註 (35) で述べたように、ペルスィウム支流はこの時代には存在しなかったという見解を採用したことにより、この見解をここでは採用しない。
Mohamed Adel M. Abd el-Moneim. “Late Predynastic-Early Dynastic cemetery of Beni Amir (Eastern Delta)”, in Krzyzaniak, L., K. Kroeper and M. Kobusiewicz (eds.), *op. cit.*, 260.

(53) *Ibid.,* 260.

(54) *Ibid.,* 241–251.

(55) Dreyer, G. “Recent Discoveries at Abydos Cemetery”, in E. C. M. van den Brink (ed.), *The Nile Delta in Transition: 4th.–3rd. Millennium B. C., op. cit.,* 295–298.

(56) Seeher, J. “Ma’adi and Wadi Digla”, in Bard, K. A. (ed.), *Encyclopedia of the Archaeology of Ancient Egypt, op. cit.,* 455–458; I. ショー & P. ニコルソン、前掲書、508頁。

(57) Rizkana, I. and J. Seeher, *Maddi I, op. cit.,* 55.

(58) Kaizer, W. 1987 "Vier vorgeschichtliche Gefäse von Haraga", *MDAIK* 43, 121–122. Tafel 18.

(59) Habach, L. und W. Kaizer 1985 "Ein Friedhof der Maadikultur bei es-Saff", *MDAIK* 41, 43–46. Tafel 42.

(60) 註（4）の文献を参照。

(61) Rizkana, I. "Maadi Culture", in *The Archaeology, Geography and History of The Egyptian Delta in Pharaonic Time, op. cit.,* 277–283; Rizkana, I. "The Trend of the Maadi Culture and the Foundation of Egyptian civilization", in E. C. M. van den Brink (ed.), *The Nile Delta in Transition: 4th.–3rd. Millennium B. C., op. cit.,* 235; Rizkana, I. and J. Seeher 1990 *Maddi IV. The Predynastic Cemeteries of Maadi and Wadi Digla,* Mainz am Rhein, AVDAIK 81, 11–12.

(62) Seeher, J. "Ma'adi and Wadi Digla", in Bard, K. A. (ed.), *Encyclopedia of the Archaeology of Ancient Egypt, op. cit.,* 455.

(63) Rizkana, I. and J. Seeher 1988 *Maadi II. The Lithic industries of the Predynastic Settlement,* Maiz am Rhein, AVDAIK 65, 36.

(64) Thanheiser, U. "Local crop production *versus* import of cereals in the Predynastic period in the Nile Delta", in Krzyzaniak, L., K. Kroeper and M. Kobusiewicz, (eds.), *op. cit.,* 291–302.

(65) Rizkana, I. and J. Seeher, *Maddi I. op. cit.*, 31–32.

(66) *Ibid.*, 29–31.

(67) Casini, M. "Craft Production in Lower Egypt during Late Predynastic times with Special reference to Ma'adi", in Krzyzaniak, L., M. Kobusiewicz and J. Alexander (eds.), *op. cit.,* 493.

(68) Rizkana, I. and J. Seeher 1989 *Maadi III. The Non-Lithic Small Finds and the Stuctural Remains of the Predynastic Settlement,* Maiz am Rhein, 13–17.

(69) Seeher, J. "Ma'adi and Wadi Digla", in Bard, K. A. (ed.), *Encyclopedia of the Archaeology of Ancient Egypt, op. cit.,* 458.

(70) Hayes, W. C. 1965 *Most Ancient Egypt,* Chicago: University of Chicago Press, 128.

(71) Rizkana, I. and J. Seeher, *Maadi III, op. cit.*, 17.

(72) Rizkana, I. and J. Seeher 1984 "New Light on the Relation of Maadi to the Upper Egyptian Cultural Sequence", *MDAIK* 40, 239.

(73) Rizkana, I. and J. Seeher 1985 "The Chipped Stones at Maadi: Preliminary Reassessment of a Predynastic Industry and its Long-Distance Relations", *MDAIK* 41, 235–255.

(74) Black incised ware (N class)［ナカダⅡ期ｃ相〜ｄ相に相当］の土器片が、ハ

ブバ・カビラで出土している。一方、シリア型式の印章がハラガの墓［ナカダII期d相に相当］から出土している。Moorey, P. R. S. 1990 “From Gulf to Delta in the Forth Millennium BCE: The Syrian Connection”, *ERJS* 21, 62–63.

(75) Rizkana, I. and J. Seeher 1985 “The Chipped Stones at Maadi: Preliminary Reassessment of a Predynastic Industry and its Long-Distance Relations”, *MDAIK* 41, 253; Seeher, J. 1990 “Maddi-eine prädynastische Kulturgruppe zwischen Oberägypten und Pal astina”, *Prehistorische Zeitschrift* 65, 123–156.

(76) Rizkana, I. and J. Seeher, *Maadi III, op. cit.*, 71–72.

(77) Rizkana, I. and J. Seeher, “The Chipped Stones at Maadi: Preliminary Reassessment of a Predynastic Industry and its Long-Distance Relations”, *op. cit.*, 254.

(78) Rizkana, I. and J. Seeher, *Maadi II, op. cit.*, 63.

(79) Rizkana, I. and J. Seeher, *Maadi III, op. cit.*, 68–70.

なお、メリムデ文化では、竪穴式住居の地下40cmほどの床におりる足がかりとして、カバの脛骨（tibia）が多く用いられている。吉成薫 1994「古代エジプト先王朝時代—王朝史からの展望—」『オリエント』第37巻第2号、206～214頁。

(80) *Ibid.*, 49–55.

(81) *Ibid.*, 13.

(82) Wilkinson, T. A. H. *Early Dynastic Egypt, op. cit.*, 357–358.

(83) Way, T. von der. 1989 “Tell el-Fara´in-Buto 4. Bericht”, *MDAIK* 45, 293. Abb. 11. 7.

(84) G. ドレイヤーは、「これまでスコルピオンと呼ばれていた王は、クロコダイル王ではないか」と論じる。Dreyer, G. “Horus Krokodil,ein Gegenkonig der Dynastie 0”, in Friedman, R. F. and B. Adams (eds.), *The Followers of Horus, studies dedicated to Michael Allen Hoffman, op. cit.*, 259–263.

(85) 便宜上「ダブル・フォルコン」と呼ばれるが、壁龕の上部の王名の枠には、無数の小さな点のような窪みが掘られているのみで、王名としての呼び名は不明である。

(86) Brink, E. C. M. van den. 1996 “The incised serekh-signs of Dynasties 0–1. Par I : Complete vessels”, in Spencer, A. J. (ed.), *Aspects of Early Egypt*, London: British Museum Press, 140–158, pls. 24–32.

(87) Brink, E. C. M. van den. “Preliminary Report on the excavations at Tell Ibrahim Awad, Seasons 1988–1990”, in E. C. M. van den Brink (ed.), *The Nile Delta in Transition: 4th.–3rd. Millennium B. C., op. cit.*, 52, Fig. 8.

(88) Mohamed Ibrahim Bakr, Mohamed Adel Abd el-Moneim and Mahmoud Omar M. Selim. “Protodynastic excavations at Tell Hassan Dawud (Eastern Delta)”, in Krzyzaniak, L., K. Kroeper and M. Kobusiewicz (eds.), *op. cit.*, 278.

(89) Seeher, J. 1990 "Maddi-eine prädynastische Kulturgruppe zwischen Oberägypten und Palästina", *Prehistorische Zeitschrift* 65, 135–136. Abb. 5. 3. 11.

(90) Mohammed I. Bakr. "New Excavations at Ezbet El-Tell, Kufur Nigm; The First Season 1984", in E. C. M. van den Brink (ed.), *The Archaeology of the Nile Delta, Problems and Prorities, op. cit.,* 55, pl. 1, a. b.

(91) Kaiser, W. and G. Dreyer 1982 "Umm el-Qaab. Nachuntersuchungen im früzeitlichen königsfriedhof. 2. Vorbericht", *MDAIK* 38, Abb. 12.

(92) Clédat, J. 1914 "Les vases de El-Béda", *ASAE* 13, 115–121.

(93) Adams. B. and K. M. Cialowicz, *op. cit.,* 49–51.

(94) Way, T. von der. "Indication of Architecture with Niches at Buto", in Friedman, R. F. and B. Adams (eds.), *The Followers of Horus, Studies Dedicated to Michael Allen Hoffman, op. cit.,* 223.

(95) Kaiser, W. and G. Dreyer, *op. cit.,* 230–235.

参考文献

屋形禎亮編 1980『古代オリエント』(西洋史Ⅰ)(ファラオの王権/屋形禎亮) 有斐閣新書。

J. フィネガン (三笠宮崇仁訳) 1983『考古学から見たオリエント史』岩波書店。

古代エジプト初期王朝時代における仲介都市アラドの役割
——銅を媒介としたエジプト交易システムの功罪——

大城道則

(1) はじめに

これまで紀元前4千年紀末から3千年紀初頭にかけての古代オリエント世界全体の交易システムについて論じる際には、メソポタミアを中心とした東方世界、つまりイラン高原、東地中海地域およびパレスティナ地域が注目され、その先のエジプトまでを研究の視野に入れることは少なかった。しかしながら、同時期のエジプトは、外部世界からの影響を受けつつ1人の王を頂点とする中央集権国家への道を邁進していたのである。(1) そこで本論では、エジプトと東方世界とを繋ぐ鍵としてエジプトに最も近いパレスティナ南部の都市であるアラドを取り上げる。アラドは発掘担当者の一人であるY.アハロニ(Aharoni)によってその存在の意義が問われている。彼が問うのは大きく分けて次の二点である。①このような辺境地域にこれほど大規模な都市が存在した理由は何なのか。②なぜアラドは放棄されてしまったのか。(2) 以下、この2点について当時のハイテク製品の製造に不可欠であった銅に注目し、最終的にアラドが当時の古代オリエント世界全体の銅を中心とする交易システムの中で果たした役割について考えたい。

(2) 前期青銅器時代[3]における仲介都市アラドの発展過程

古代エジプトにおける銅の位置づけは、単なる一原材料の域を超えていた。銅は奢侈品であるのと同時に現世と来世における必需品でもあったからである。銅交易は、奢侈品をその対象とするいわゆる「豊かな交易[4]」という側面だけではなく、エジプトを含む紀元前4千年紀末から3千年紀初頭の地域を限定された「世界経済」の一翼を担っていた。

エジプトへの銅の供給源としては、まずシナイ半島が思い浮かぶが、シナイ半島において大規模な銅鉱山の採掘が開始されたのは第3王朝初頭からである。それ以前もシナイ半島からエジプトへと銅はもたらされていたと推測できる[5]。しかしながら決して大規模とは言えない。B.ローゼンバーグ（Rothenberg）は、シナイ半島南部における詳細な調査の結果、シナイ半島は銅ではなく、むしろトルコ石の産地として重要であったと結論づけ、銅石器時代に鉱山は盛んに採掘されたが、同時代のうちに廃れたとしている[6]。またエジプトの東部砂漠における銅の採掘が初期王朝時代から行われていたことを指摘する研究者もいるが[7]、いずれにせよシナイ半島の大規模な銅鉱山開発が第3王朝期に始まったことからすると、東部砂漠からの採掘量は、エジプトの需要を満たすほどではなかったと考えられる。またこの時期のヌビアの開発についてもまだ十分にわかっていない[8]。むしろシナイ半島の大規模な銅鉱山開発以前は、当時もう既に青銅器時代に突入していたアナトリアを後背地に持ち、その上商品の集散地であったメソポタミアと関わりが深かったパレスティナ地域をその主要な供給源・経由地であったと考える方が現実的であろう。

アラドはパレスティナ南部のネゲヴ地方に位置している総面積約10haのテルである。周囲を馬蹄形の約1200mにも及ぶ城壁で囲まれている。1962年以来調査が行われ、その結果、アラドはEBⅠ期までには定住化がはじまり、EBⅡ期に都市としての最盛期を迎え[9]、EBⅢ期をむかえる前段階で、城壁を備えた居住地域の規模、台地上にあるという立地条件、神殿、宮殿、雨水を利用し

表 1　アラドにおけるエジプトの影響の推移

	エジプト	アラド	パレスティナ
	第 4 王朝期	（都市の放棄）	前期青銅器時代Ⅲ期
2500BC	第 3 王朝期	第Ⅰ層（中断期）	前期青銅器時代Ⅱ期
	第 2 王朝期	第Ⅱ～Ⅲ層（停滞期・減少期）	
	第 1 王朝期		
3000BC	第 0 王朝／ナカダⅢ期	第Ⅳ層（最盛期）	前期青銅器時代Ⅰ期
	ナカダⅡ期	第Ⅴ層（都市の形成期）	後期銅石器時代
3500BC	ナカダⅠ期		
4000BC			

Trigger, B. G. *et al.*, 1983 *Ancient Egypt: A Social History*, Cambridge, Fig. I. I および Meyers, E. M(ed.), 1997 *The Oxford Encyclopedia of Archaeology in the Near East*, を参考に作成

た貯水槽などの特徴を持つことから都市として十分な機能を備えていたと考えられている。これまでの詳細な発掘調査により、アラドでは EB 期に次の 5 つの発展段階が確認されている（表 1 参照[10]）。

アラド第Ⅴ層：紀元前4000年頃からと想定されているため、本論の考察対象時期の枠組みを少し超えるが、エジプトの関係の最盛期である第Ⅳ層に継続する時期であることから付記しておく。すでにベエルシェバ文化の影響の下、住民は洞穴生活を抜けだし、平地に集落を形成しつつあった。

アラド第Ⅳ層：紀元前3200年頃から3000年頃と考えられており、城壁を備えない集落を形成していた。未だ洞穴に暮らす者もあったが、住居遺構も発見されている。物質文化にエジプトの影響が見られはじめるのがこの頃からである。エジプト製の土器片が数多く出土している。さらに銅製品やその精錬跡が確認されていることも注目に値する[11]。

アラド第Ⅲ層：半円形の塔と門を持つ城壁、宮殿、神殿、市場が現れるなど、都市化が見られはじめる時期にあたる。この層には紀元前2800年頃に何者かによって都市が破壊された痕跡がみられる。

アラド第Ⅱ層：城壁に長方形の塔が２つ造られる。第Ⅲ層において破壊の痕跡があるにもかかわらず、物質文化や建築様式において変化はなく、第Ⅱ層は第Ⅲ層を文化的にそのまま継承したと考えられている。第Ⅲ層同様破壊された痕跡がみられる。

アラド第Ⅰ層：第Ⅰ層に入ると都市の規模は小さくなる。最終的には放棄され、鉄器時代になるまで人跡はなくなる。

以上がEB期におけるアラドの発展の概要であるが、アラド最大の役割であったと考えられている仲介交易についての発展の時期は、その中でも第Ⅱ層と第Ⅲ層に集中している。EB期におけるアラドの経済的な繁栄は、周辺地域との密接な関係によって成り立っていた。そのことは、土器の成分分析によってアラドと北シリアとの間に土器の交換が行われていたことが判明し、またアラドで出土する調理用土器のほとんどから、シナイ半島南部で特徴的な鉱物が検出されていることからも明らかである[(12)]。しかしながらエジプトとの関係のみが第Ⅱ層と第Ⅲ層において稀薄となっている（表１参照）。

以上のように、エジプトと東方世界とを銅を中心とする物質文化で結ぶ仲介都市として発展したEB期のアラドではあったが、徐々にその規模を縮小し、最終的には放棄される。

(3)　アラドにおけるエジプトの影響

アラドは、ニュートラルなその立地条件を利用して周辺地域に商品やそれに伴う文化や情報を仲介しただけではなく、さらにエジプトをも巻き込んだ古代オリエント世界における交易システムの中で仲介都市として重要な役割を演じたと考えられている。つまりパレスティナの後背地であるメソポタミアが、比較的鉱物資源を欠いていたことから、アラドは、彼らが切望する銅などの鉱物資源を持つシナイ半島を軸としてエジプトとも関係を持っていた。エジプトとアラドは、経済的つながりを基に相互に影響を与えあったのである。実際アラドとエジプトとを結ぶシナイ半島南部の遺跡の間には、出土遺物や建築様式に類似点がかなり見られることが指摘されている[13]。

このようにその地理的重要性およびEB I期における都市化が既に指摘されているにもかかわらず、アラドとエジプトとの相互的な交易については未だ明確ではない。たとえばエジプトは、アラドなどのパレスティナ諸都市からオリーブ油や瀝青を輸入していたことが知られているが、アラドで発見されるエジプト製の大型の容器に何を入れて輸出されたのかは不明なのである[14]。ただしエジプトの王権に関する遺物、たとえば円筒型容器[15]、そして副葬品としてエジプトの王墓から出土する彩紋土器[16]、アラバスター製の壺や宝飾品の出土はアラドで見られる。

目に見える明らかなエジプトの影響として、アラドからは、セレク上にホルスを戴くナルメル王の名前が記された土器片（図1参照）が出土している[17]。このナルメル王のセレクは、エジプトのアビドスやアブシールで出土する土器片にしばしば見られるようにナルメル王の名前のメルの部分が省略されている[18]。セレクが描かれた土器片の存在は、以前考えられていたようなナルメル王によるパレスティナ地域への軍事行動というよりも、王主導による交易が行われた痕跡ではないかと考えられる。このセレクは、アラド第Ⅳ層より出土したため、EB I期後半に年代づけられている[19]。ナルメル王を第0王朝末の王あるいは第1王朝最初の王であると仮定するならば、ナルメル王の時代＝アラド第Ⅳ層＝EB I期末という方程式が成り立つ。

図1　アラド出土のナルメル王のセレクを持つ土器片
(Amiran, R. 1974 "An Egyptian Jar Fragment with the Name of Narmer from Arad", *IEJ* 24 5-fig. 1)

また出土例の多いことから盛んな印章研究の観点から考えると、アラド第Ⅳ層以降、つまり表1のエジプトの影響の停滞期・減少期に相当するアラド第Ⅱ層から出土したエジプトで広く知られているモチーフが描かれた印章は、P.ベック（Beck）によってエジプトの第1王朝期と第2王朝期に相当すると考えられてきた[(20)]。しかしながら、アラドからはこれまでに輸入印章が発見されたことがないという調査結果とアラドで出土する印章の原材料はエジプト産ではなくパレスティナ産であることから、アラド第Ⅱ層から出土する印章は、両地域間の直接交易の証拠とは言えず、エジプトの影響を受けつつ地元で作られた可能性の方が高いと思われる。同様にアラド第Ⅱ層と第Ⅲ層から出土するエジプトの第1王朝期の土器と類似した土器もエジプトから輸入されたものではなく、地元産であったことが確認されている[(21)]。また一方のエジプトでも出土する北シリアのテル・ブラクで見られるような目をモチーフとした文様を持つ印章は、エジプトとの交流が盛んであったそれ以前のアラド第Ⅳ層に相当すると考えられている[(22)]。このことからアラド第Ⅳ層と同時期のエジプトとの活発な交流関係は推定できるが、それ以降の交流関係には疑問が残る。

これまでアラドは銅資源の乏しいメソポタミアへ豊かなシナイ半島の銅を輸出するための役割を持っていたと考えられることが多かったが[(23)]、以上のことから考えると、アラドは、むしろイランからメソポタミアへと集められた銅やアナトリアとパレスティナの銅をエジプトへともたらすための役割をも担っていたと言えそうである。物質文化からみると、エジプトとパレスティナとを結ぶ最大の仲介拠点であったアラドは、セレクを持つ土器片などが出土するアラド第Ⅳ層終盤からその繁栄の絶頂期が始まり、第Ⅲ層から第Ⅱ層にかけておそらくエジプトとの交易関係が衰退し、第Ⅰ層にはエジプトの影響が消え[(24)]、その後放棄されたと考えられる[(25)]。アラドの衰退の影響は、アラド周辺のテル・マルハタなどの小都市にまで波及した。次章では、このアラドの衰退の原因について、当時の交易システムの側面から考える。

(4)　シナイの銅鉱山開発とアラドの衰退

今も昔も実際の「市場」では生産コストや流通コスト自体以上に、現場での売り手と買い手との間の駆け引きや力関係が最終的な結果を左右するものである。しかしながら、古代エジプトの対外交易は、個人商人によってではなく、王家の私交易として営まれていたため、上述したような一般観念は当てはまらない。むしろ初期王朝時代から古王国時代初頭におけるエジプトの交易の実態は、エジプト側からの一方的な搾取に近い行為であったと思われる。つまり当時のエジプトの交易を特徴づける根本的な要素は、互恵的な交易ではなく、国家主導による一方的な交易政策である。

このような状況の中、仲介都市アラドは、エジプトと東方世界とを結ぶ架け橋としての地理的好条件を利用して独自の役割を演じ発展した。しかしアラドは約3000年ほど後の時代にほぼ同地域において繁栄した仲介都市ペトラのように商品市場を通じて、その地域の経済を支配するという手段と欲望とを持たなかったのである。そのために繁栄の規模は小さく、周辺地域の状況に左右され易かったと思われる。あるいはN.ポラット（Porat）やB.ブランドル（Brandl）らが提案するように、アラドは、エジプトの植民地であったパレスティナ南部の諸都市と密接なネットワークで繋がっていたため[(26)]に自らの意志で政策を行うこともなく、エジプトに従属し、エジプトに放棄されると同時にその機能も失ったのかもしれない。またO.イラン（Ilan）とM.セバーン（Sebbane）が提案しているように、シナイ半島南部における銅鉱物の獲得欲が交易を助長し、アラドは地元遊牧民であるベドウィンによって交易拠点として一時的に利用されていただけなのかもしれない[(27)]。

ローゼンバーグとA.ハウプトマン（Hauptmann）によるEBⅡ期にパレスティナ南部にある大規模な銅供給地であるティムナTimnaとフェナンFeinanに銅製品の出土例が無いのは、アラドの衰退と関係しているという提案を、イランとセバーンは死海の南東に位置する地域とアラドとにおいて、この時期に銅の採掘がある程度行われていたとし否定した[28]。しかしながら少なくともアラドは、第Ⅳ層を頂点としてEBⅡ期の後半にはエジプトとの交易関係に陰りが差し、アラド周辺の集落遺跡とともにその仲介都市としての役割を終え放棄されたことが確認されているのである[29]。また同時期のエジプトでパレスティナからの輸入土器の出土が見られなくなるという現象とも連動していると思われる[30]。故にイランとセバーンの説は受け入れがたい。その反面で考古資料の比較により、エジプトとの関係とは異なり、EBⅡ期のアラドとシナイ半島は、銅を媒介として相互依存関係にあったことが指摘されている[31]。

R.アミラン（Amiran）とA.ベントール（Ben-Tor）が指摘するように、エジプトと東方世界との間の交易ネットワークに属することでアラドは発展したが[32]、第3王朝期に入りシナイ半島の銅鉱山開発が開始されると、エジプトとアラドとの関係は完全に形を変えた。古代オリエント世界に存在した巨大な交易空間の一翼を担うアラドの存在価値は、強力な中央集権国家への発展過程にあったエジプトにパレスティナ、アナトリアから銅を中心とする原材料を供給することによって意味を持つものであった。故にエジプトによるシナイ半島の銅鉱山開発により、アラドはその重要性を失ったのである。現代世界とは異なり近隣地域との関係は恒常的にボーダーレスであったために、逆にそこにボーダーを作り出すことによって発展したアラドではあったが、仲介人の排除、つまり中間マージンの排除によりその存在価値を喪失したのである。

(5) おわりに

パレスティナ地域の都市間の情報網は、銅鉱山に沿ってEBⅠ期とEBⅡ期の間、南北方向に走っていたが、EBⅢ期（エジプトでは第4～6王朝期頃に相当）になると東西方向に変わるという指摘がなされているが[33]、この現象もまたEBⅢ期に入りパレスティナ地域とエジプトとの銅を媒介とする関係が希薄になったことが主な原因ではないだろうか。つまりシナイ半島における銅鉱山の開発によってパレスティナからわざわざ経費のかさむ銅を輸入する必要がなくなったのである。第4王朝から親密になるビブロスとの関係も無視できない。陸上交易から海上交易へとエジプトはその主要な輸送手段を変更したのかもしれない。(34)

初期王朝時代あるいはそれ以前に相当する時期に文化的先進地域であった東方世界から仲介都市アラドを経由してエジプトへともたらされた銅とその冶金術は古代エジプト文化の形成過程で多大な影響を与えた。しかしながらシナイ半島の銅鉱山開発は、中継交易により繁栄していたアラドとその周辺に存在していた小都市とを衰退に招き、最終的に崩壊へと導いたのである。その結果、東方世界とエジプトとを仲介都市アラドによって結ぶ銅とその冶金術を媒介とした巨大な交易ネットワークは終焉を迎えた。

これまでアラドの果たした役割は、シナイ半島で採掘される銅をパレスティナ経由で銅の乏しいメソポタミアへと仲介することが主たるものであったと考えられてきた。しかしながら、シナイ半島の銅鉱山が大規模に開発されはじめるとアラドは放棄されるのである。もしメソポタミアがシナイ半島の銅を欲していたのならば、鉱山開発の始まる第3王朝以降アラドはさらに繁栄するはずである。要するにアラドは、エジプトへ東方世界からの銅をもたらすために、エジプトの影響下において機能していた都市であった。

註

(1) 拙稿 1996「古代エジプト文化の形成期について—ラピスラズリを資料とした文化接触からのアプローチ」『古代文化』第48巻第3号、17〜27頁。同2001a「「長期持続の歴史」としての古代エジプト—古代エジプト史への社会変成過程観察モデルの導入」『関西大学西洋史論叢』第5号、31〜47頁。同2001b「古代エジプト文化の揺籃期について—外来要素の流入とその中断期からの一考察」浅香正監修『ローマと地中海世界の展開』晃洋書房, 168〜184頁。

(2) Aharoni, Y. 1963 "Excavations at Tel Arad: Preliminary Report on the Second Season", *IEJ* 17, 242.

(3) 以後、前期青銅器時代はEB期、前期青銅器時代I期はEB I期、前期青銅器時代II期はEB II期、前期青銅器時代III期はEB III期と表記。

(4) I. ウォーラーステイン著（川北稔訳）1981『近代世界システムII—農業資本主義

と「ヨーロッパ世界経済」の成立』岩波書店、213頁。脇村孝平 2001「アジアからみた世界システム論—インド洋をめぐって」川北稔編『ウォーラーステイン』講談社、162頁。

(5) Amiran R. and R. Gophna 1989 "Urban Canaan in the Early Bronze II and III Periods: Emergence and Structure", in P. de Miroschedji (ed.), *L'urbanisation de la Palestine à l'âge du Bronze ancien* part. i, Oxford, (以下 *UPAB* i と表記), 111.

(6) Rothenberg, B. 1970 "An Archaeological Survey of South Sinai", *Palestine Exploration Quarterly* 102 : 18–22.

(7) Nicholson, P. and I. Shaw (eds.) 2000 *Ancient Egyptian Materials and Technology*, Cambridge, 150; Ben-Tor, A. 1981 "The Relations between Egypt and the Land of Canaan during the Third Millennium B. C.", *AJA* 85 , 450.

(8) ヌビアAグループの墓の副葬品にみられる銅製品は、エジプトからの輸入品であった。O'Connor, D. 1993 *Ancient Nubia: Egypt's Rival in Africa*, Philadelphia, 18–20; 拙稿 2000「ヌビアAグループ文化とクストゥル・インセンス・バーナー—古代エジプト形成期の一側面」『オリエント』43–1、103〜118頁。

(9) Ben-Tor, 1981 *op. cit.*, 449.

(10) Ilan, O. and Amiran 1997 "Arad: Bronze Age Period", in E. Meyers (ed.), *The Oxford Encyclopedia of Archaeology in the Near East*, vol. 1, New York, 169–174; Aharoni, *op. cit.*, 233–249. ただし詳細及び年代区分についてはいまだ流動的である。たとえばそのためにアラド第V層をEBI期に含む研究者もいる。

(11) Amiran *et al.*, 1978 *Early Arad I: The Chalcolithic Settlement and Early Bronze Age City, First-Fifth Seasons of Excavations, 1962–1966*, Jerusalem, 55.

(12) Ben-Tor 1982 "The Relations between Egypt and the Land of Canaan during the Third Millennium B. C.", *Journal of Jewish Studies* 33 , 4.

(13) Ilan and Amiran, *op. cit.*, 173; Amiran, Y. Beit-Arieh & J. Glass 1973 "The Interrelationship between Arad and Sites in Southern Sinai in the Early Bronze Age II", *IEJ* 23, 193–194.

(14) Amiran *et al.*, 1980 "The Arad Countryside", *Levant* 12, 22–23.

(15) Amiran 1968 "Chronological Problems of the Early Bronze Age Early Bronze I–II: The City of Arad Early Bronze III: The Khirbet Kerak Ware", *AJA* 72, 317.

(16) これらの彩紋土器はエジプト王の副葬品として用いられた可能性が提案されている。中野智章 1996「エジプト第1王朝期の王墓地比定に関する一試論—輸入土器からの視点」『オリエント』39–1，32〜33頁．

(17) Amiran 1974 "An Egyptian Jar Fragment with the Name of Narmer from

Arad", *IEJ* 24, 4–5 & Fig. 1.

(18) Kaiser, W. and G. Dreyer 1982 "Umm el-Qaab: Nachuntersuchungen im frühzeitlichen Königsfriedhof 2. Vorbericht", *MDAIK* 38, 263–Abb. 39, 40.

(19) Amiran and E. Baumgärtel 1969 "A Second Note on the Synchronism between Early Bronze Arad and the First Dynasty", *BASOR* 195, 50–52; Amiran 1978 "The Date of the End of the EB Ⅱ City of Arad: A Complementary Note to Early Arad, Ⅰ", *IEJ* 28, 182–183; Stager, L. 1992 "The Periodization of Palestine from Neolithic through Early Bronze Times", in R. Ehrich (ed.), *Chronologies in Old World Archaeology*, vol. Ⅰ, Chicago, 32.

(20) Beck, P. 1984 "The Seals and Stamps of Early Arad", *Tel Aviv* 11, 103.

(21) Aharoni, *op. cit.*, 239; Porat, N. 1992 "An Egyptian Colony in Southern Palestine during the Late Predynastic: Early Dynastic Period", in E. van den Brink (ed.), *The Nile Delta in Transition: 4 th-3 rd Millennium B. C.* (以後 *NDT* と表記) Tel Aviv, 435.

(22) Beck, *op. cit.*, 103.

(23) シュメール語の Urudu、つまりアラドはメソポタミアにおいては銅を意味するほど両者の関係は深かった。Kempinski, A. "Urbanization and Metallurgy in Southern Canaan", in *UPAB* i, 166.

(24) Ben-Tor 1982, *op. cit.*, 11.

(25) Amiran 1978 *op. cit.*, 184; Ben-Tor 1982 *op. cit.*, 6; id., 1986 "The Trade Relations of Palestine in the Early Bronze Age", *JESHO* 29, 18–19.

(26) Porat, *op. cit.*, 433–440; Brandl, B. "Evidence for Egyptian Colonization in the Southern Coastal Plain and Lowlands of Canaan during the EB Ⅰ Period", in *NDT*, 441–477; Schulman, A. R. 1989 "Historiography and Historicity of the Relations of Egypt and Canaan in the EB Ⅰ", in P. de Miroschedji (ed.), *L'urbanisation de la Palestine à l'âge du Bronze ancien*, part. ii, Oxford, 449.

(27) Amiran and Gophna, *op. cit.*, 111; Ilan O. & M. Sebbane, "Copper Metallurgy, Trade and the Urbanization of Southern Canaan in the Chalcolithic and Early Bronze Age", in *UPAB* i, 139–162.

(28) Ilan and Sebbane, *op. cit.*, 156; Rothenberg, 1978 "Excavations at Timna Site 39: A Chalcolithic Copper Smelting Site and Furnace and its Metallurgy", *Archaeo-Metallurgy IAMS Monograph*, London vol. 1, 2.

(29) Amiran 1978, 184; Ben-Tor 1982 *op. cit.*, 6; id., 1986 *op. cit.*, 18-19.

(30) 拙稿 2001b, 176–178.

(31) Amiran and Gophna, *op. cit.*, 111.

(32) Amiran 1970 "A New Acquisition: An Egyptian First Dynasty Jar", *Israel Mu-*

seum News 4, 89–94; Ben-Tor 1982 *op. cit.*, 3–18.

(33) Kempinski and I. Gilead 1991 "New Excavations at Tel Erani: A Preliminary Report of the 1985–1988 Seasons", *Tel Aviv* 18, 166.

(34) Oren, E. 1973 "The Overland Route between Egypt and Canaan in the Early Bronze Age", *IEJ* 23, 203; Wilkinson, T. A. H. 1999 *Early Dynastic Egypt*, London, 160–162.

古代エジプトの王権研究における新視点

——王像のベルトに記された王の独占文様——

中野智章

(1) はじめに

著名なギザの3大ピラミッドを挙げるまでもなく、古代のエジプトにおける王の権力は時に絶大であった。「マアト」と呼ばれる概念に象徴されるように、王は世界の秩序を維持する者として神と民衆とを結びつける役割を果たし、社会の中心的存在だったとされる(1)。それゆえ、王権に関する研究はエジプト学の中でも最も活況を呈する分野のひとつとなり、これまでに数多くの業績が上げられてきた。フランクフォートは、その著書『王権と神々(*Kingship and the Gods*)』において現人神としての王の傑出した姿を描き出し(2)、ポーズネアは中王国時代のテキストを用いて王の様々な人間的側面を(3)、また、ホルヌンクは太陽神としての支配者の側面を検討した(4)。近年出版された『古代エジプトの王権(*Ancient Egyptian Kingship*)』ではこのような研究成果がまとめられるとともに、今後の研究の可能性が幾人かの代表的な研究者達によって論じられている(5)。

それによれば、エジプトの王権についての研究は、長い時代を扱うよりもより短い年代幅での王に関したテキストや建築物の分析に集中する傾向があり、古代エジプト全般を広く見ようとする視点は徐々に失われつつあるようである。学問の細分化はどの分野においても必然の成り行きであり、それによって多くの事象が判明するのも事実だが、古代エジプトに関しては、ひとつの文明を起源から終末まで通して研究することができるという利点も存在しよう。そういった点を鑑みれば、研究の細分化とは対照的に、エジプト文明全体の流れの中で王権のあり方を考えるような、研究対象を選択する姿勢がいま一度顧みられても良いのではないだろうか。その意味において、これまでの王権研究では、王と密接に結びついていた遺物を手掛かりにするという姿勢はあまり見られることがなかった。トゥトアンクアメンの王墓のような大発見は非常に稀なケースであり、大半の王墓は墓泥棒や破壊といった被害に遭っているためである。

そこでこの小論では、これまで、ともすれば軽視されがちだった王にまつわる遺物の中から、当時の王権を考察するという新たな視点を提案してみたい。ここで研究の対象とするのは、王朝時代を通じて王像（王の彫像を主とするが、葬祭建築物や碑、パピルス等に描かれた王の姿も補助資料として用いる）のベルトに記された文様である。オコナーやシルバーマンが述べたように、「王権に関する更なる研究や調査は、王の図像や象徴性を分析し、解釈することからも進展する(6)」のだとすれば、この試みもそのひとつと言えよう。なお、こうした文様はこれまで数人の研究者によって存在が指摘されていたが、それは王像の特徴をあげる中で語られたに過ぎず、その変遷や歴史的背景についてはほとんど論じられたことがない(7)。したがって現時点では、そのように人々の興味をほとんど引くことがなかった文様の、資料の収集が第１の課題である。そこで本稿ではそうした資料の一端を示し、今後の研究の可能性について論じることとしたい(8)。

(2) 研究の方法

まず、筆者がエジプトの王権を考察する際の研究対象として、王像を選択するに至った理由を述べておく必要があろう。第１の理由は、王像は王に深い関係を有する、王家の工房で制作されたためである。そこには専門化された知識や技術が伝統的に存在し、王家の厳格な制作規範が適用されていたと考えられている。[9] そして第2に、王像は王宮や神殿等の施設に置かれることで、支配者層や神官だけでなく、時には一般の公衆に対してもその王の主権や神性、そして富裕性を示す有力な媒体として機能していた。文字を読み書きできる人々がごく限られた中にあって、色彩豊かな建築や王や神々の像は、視覚的にもその威厳を示すものであったに違いない。さらに第3には、王像の多くは石材で造られたため、残存状況に優れ、かつ王像自体が略奪の対象になることは宝飾品などの王にまつわる他の遺物に比べ少ないという資料上の利点を挙げることができる。したがって王像は、古代エジプト文明全般を通じた当時の王の姿や位置づけを知るうえで、有力な情報源となる可能性が期待できるのである。

それではそのような研究上の利点を持つ王像の、どのような面について分析・考察することがはたして有益なのだろうか。これまで、たとえば新王国時代の王像についてはおもに美術史的見地から詳細な研究がなされており[10]、アメンヘテプ3世からアクエンアテンにかけての容貌の変化と王権観の推移について論じたものなどがある。[11] しかし、そのような研究方法は比較的短い時間幅では有用であっても、王朝時代全体を通じては非常に困難であると言わざるを得ない。[12] むしろそれよりは、王像を構成する普遍的な要素のひとつを検討の対象にするのが理想的と言えよう。

(3)　王のベルトのダイヤモンド文

そこで本稿では、王像のベルトに多く見られる、「ダイヤモンド文（連続菱形文）」と呼ぶべき文様に注目したい。典型的な例としては、現在エジプトのルクソール美術館に展示されているトトメス3世の立像を挙げることができよう（図1－1）。[13] この第18王朝美術の傑作とされる像は、ベルト中央の王名を囲むカルトゥーシュの両脇にその文様を有しており、中段には連続した菱形文、そしてそれを囲む上段と下段には波状文が配されている。

同様の例は、多くの新王国時代の王像に見出すことができる。中にはカイロ博物館に展示されている同じ新王国時代のトトメス4世と母ティアの二体像の

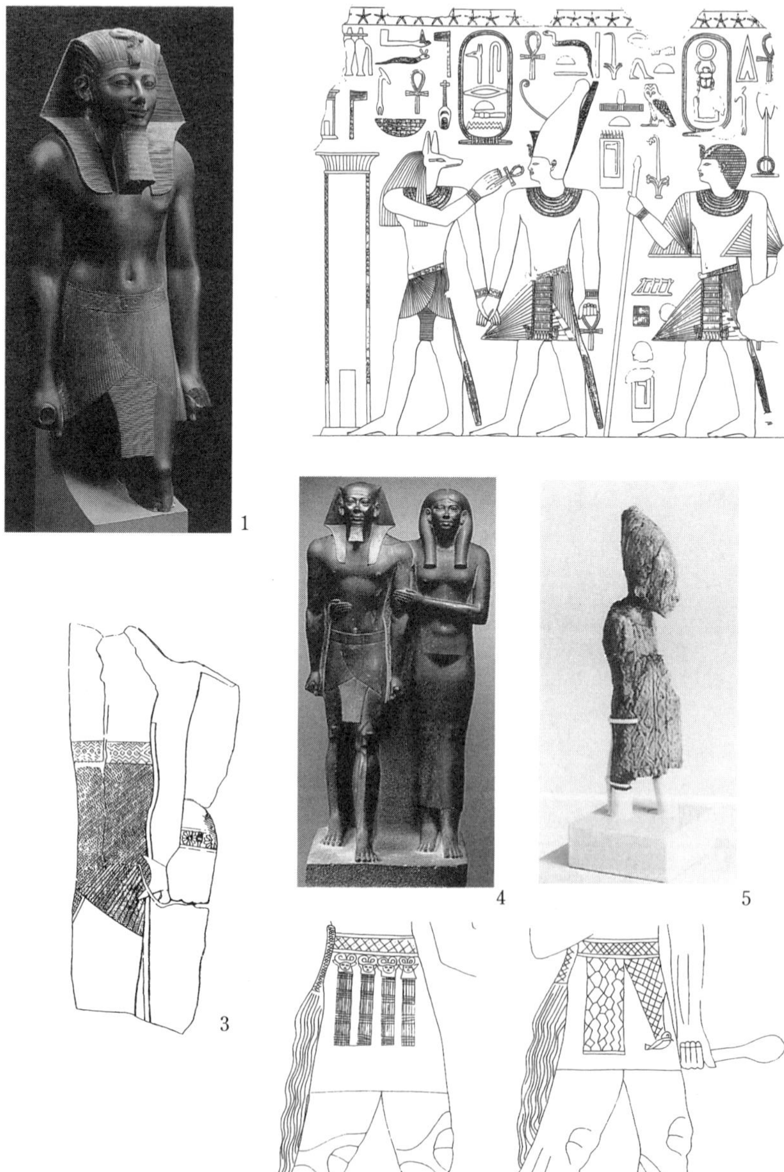

図1　王のベルトに記されたダイヤモンド文の数々

ように、菱形文が二重で大型のため、それを上下から囲む波状文の存在が希薄な例も存在するものの[14]、このダイヤモンド文が少なくとも新王国時代に非常に多く採用されていたことだけは疑いがない。それならば、この文様の起源はいったいどこまで遡るのだろうか。

これまでのところ、中王国時代の王像にダイヤモンド文が記された事例は確認できていない。しかしカルナックの神殿域にあるセンウスレト1世の祠堂には、レリーフに描かれた王のベルトにこの文様が見られ（図1-2）[15]、それは王の名を示したセレクにも刻まれている[16]。

一方、古王国時代に遡ると類例は増加し、資料はおもに葬祭殿から得られる。現在知りうる最古の例は、ダハシュールにある第4王朝の王スネフェルの河岸神殿で出土したものである。報告書では、レリーフの断片が約25点挙げられているが[17]、文様の菱形は二重線で彫られており、その大きさは様々である。これらの断片が王のベルトのものかどうかは不明だが、同王を表した像の胴体断片に刻まれたベルトの部分に、やはりダイヤモンド文が刻まれた事例があることから（図1-3）[18]、それらの断片も同種のものである可能性が高いと言えよう。そのようなレリーフは、第5王朝のアブー・シールのサフラー王[19]やアブー・グラブのニウセルラーの葬祭神殿などにも見られ[20]、古王国時代にも、ダイヤモンド文を王のベルトに記す習慣のあったことが見て取れる。

なお、ギザの大ピラミッドを建造した第4王朝の王クフ、カフラー、メンカウラーに関しては、ダイヤモンド文をベルトに認める積極的な証拠は乏しい。たとえば著名なメンカウラーとその王妃像の例では[21]、耳の部分等に当時の彩色が残存しているものの、ベルトには空のバックルのみが刻まれているため（図1-4）、文様があったとすればそれも同様に彩色で描かれていたと考えられる。しかし、同じ王の河岸神殿から発掘された王と神々からなる三体像では[22]、神のベルトには結び目が陽刻されているものの、王のベルトには何も彫られていないため、元々ベルトに文様は存在しなかった可能性もあろう。さらに言えば、カイロ博物館所蔵のカフラー王の座像は、ベルト自体を有していない[23]。ただしクフのピラミッド付近からは、ダイヤモンド文を刻んだベルトの断片が数点出土しており、中にはカフラーの名前が記されたものも存在するため[24]、この判断には再考の余地が残る。また、メンカウラー王の象牙製小像も彼のピラミッド複合体から発見されているが、胴体や脚はこの時代の像にしては非常にスレンダーで、より後の時代の制作と見るべきかもしれない[25]。

さらに初期王朝時代では、ダイヤモンド文を彫った美しい象牙製の小像がアビドスの神殿域で発見されている（図1－5）[26]。この像は高さが約9cmで、頭には上エジプトの王冠を被っている。脚部は欠損しているものの、そのポーズからは左脚が後の王像のように一歩踏み出しており、恐らくは左手にも杖を持っていた可能性が高い。王はダイヤモンド文を有するマントを羽織り、文様の周囲は別の鎖文で囲まれている。この小像に元来色が施されていたかは不明だが、マントの形状から見て、この像はセド祭に臨む王の像であったと考えられている[27]。

最後に、第1王朝開始前後の作と考えられる有名なナルメル王のパレットでは、王のベルトにダイヤモンド状の文様が記されている[28]。パレットには、上エジプトと下エジプトの王の姿がそれぞれ片面ずつに描かれており、上エジプト王のベルトには格子の中に点を配した文様、下エジプトの王のベルトには格子文のみが刻まれている（図1－6）[29]。双方のモチーフの構成は、これまで述べたダイヤモンド文と微妙に異なるものの、それらをもってダイヤモンド文の原型と見ることができるのかもしれない[30]。

(4) ダイヤモンド文の意味

それでは、このような事例の数々はダイヤモンド文の意味についていったい何を示しているのだろうか。この文様は研究対象として取り上げられることがこれまでほとんどなかったため[31]、美術館の目録や発掘報告書等の図版において文様の有無を識別することには時に困難である。しかしながら、ここまで述べたように、少なくとも初期王朝時代から新王国時代にかけてこのダイヤモンド文が王のベルトに用いられたことは確実であろう。さらには、王像のみなら

図2　ダイヤモンド文の様々な例と王のベルトに記された全く異なる文様の例

ず、レリーフにもこの文様が記されているという事実は、王がダイヤモンド文のついたベルトを実際に身につけていた可能性も強く示唆しているように考えられる。その意味において、第5王朝の王子プタハシェプセスの墓から出土した金製のベルトは、その実在性をうかがわせる資料と見なすことができるかもしれない（図2－1）[(32)]。このベルトは長さが90cm、中央のバックル部分には彼の座像と名前が左右対称に配され、ベルト部分を構成するダイヤモンド文は多色のビーズで形作られている。

ただし、王がどのような機会にこの種のベルトを着用したかについては不明な点が多い。アビドスの小像のような初期の例は、ダイヤモンド文が当初セド祭の衣装に用いられたであろうことを示している。また、同時代のゲームの駒として使われた象牙製のライオン小像の首輪にも同じ文様を持つ例があり[(33)]、さらにはアビドスの王墓から出土したジェル王の石碑にもこの文様が彫られていることから（図2－2）[(34)]、少なくとも王権の初期の段階において、ダイヤモンド文が一種の王家の紋章のような機能を有していた可能性も考えられよう。

実際、王朝時代を通じてこのダイヤモンド文を有する私人像は現時点において確認されていないため、この文様の使用は原則として王に限られていたと推察される。彫像の他で、王以外の人物がこのダイヤモンド文を有するものを持っていた例としては、東デルタ地帯のミンシャット・アブ・オマール遺跡にある、第1王朝の大型墓から発見された象牙製の小箱を挙げることができる（図2－3）[(35)]。表面にダイヤモンド文に類似する文様を陰刻したその箱は、1点が縦横12×11cm で高さが約8cm、もう1点は断片の状態で出土し、縦横約22～23cm、長さは約31～36cm を呈している。同様の断片は、これまでアビドスのジェル、ジェト、デン、アネジブ、そしてカアア王の墓から計50点以上が出土したのみであるため[(36)]、これらの箱は地方のエリート層へ王から下賜された品と捉えるのが妥当であろう。一方第1王朝の各王は、自らの墓にダイヤモンド文を記した品を収めたと考えられる。

また、首都メンフィスに隣接するサッカラの第1王朝墓地でも、高官層を埋葬したとされる墓数基の壁にダイヤモンド文が描かれている。残存状況が最も良好な例は同王朝の末に年代づけられる3505号墓で、壁に描かれたダイヤモンド文は、他の文様より明らかに広い空間を占めている（図2－4）[37]。ここではダイヤモンド文が大型の壁龕に描かれるのに対し、小型の壁龕には半裁された菱形文や鎖形文しか描かれていない。同様の文様は3503号墓や3504号墓、3507号墓にも存在したと推定されることから、すでに様々な文様の間に何らかの序列が存在したと見ることもできよう。

なおそうした序列に関しては、サッカラにある第6王朝の王、ウナスのピラミッド玄室に描かれた壁面装飾が示唆的である（図2－5）[38]。この部屋は、いわゆるピラミッド・テキストが彫られたことで知られているが、壁には様々な文様が彫られている。この装飾におけるダイヤモンド文の位置づけは、その重要性を推し量るうえで有益であろう。ここでは、ダイヤモンド文は玄室最奥部、棺の背後に描かれた数多くの文様のうち最上段を占め、その上部にはテキスト、そして天井には星が彫られている。ここでのダイヤモンド文の役割は、エジプト人の考える宇宙を現世と来世という、2つの空間に区分するものかもしれない。

さらに、メンフィス域では古王国時代の高官層の偽扉や石棺にもダイヤモンド文が見られ、それはウナスの例と同様に、他の文様よりも大きく、文様全体の中央や最上段に配されるなど、とりわけ重要な位置に描かれる傾向がある（図2－6）[39]。したがって今述べたウナス王の壁面装飾のように、一連の文様間の序列は、少なくとも古王国時代の末までにエリート層に認知されていた可能性があろう。なかでもダイヤモンド文は、王やおそらくは王に許可された者のみが用いることのできた、非常に特権性の高い文様だったと考えられる。

(5) 王のベルトの他の文様

以上のように、ダイヤモンド文は少なくとも新王国時代までエジプトの王にとって重要な意味を有する文様だったと推測される。しかし一方では、ダイヤモンド文とは全く異なる文様が中王国時代の王像に多数用いられていたことについてもふれておく必要があろう。それは、2本ないし3本の縦線が一定の間隔をおいて配される文様で、代表的な例は、カイロ博物館にある第12王朝の王センウスレト3世の立像である（図2－7）[40]。この時期の王像は、顔の造作が非常に個性的なことで知られているが、そのような特徴とは別に、本例ではダイヤモンド文とは全く異なる、二重の縦線を間隔を空けて配した文様が王像のベルトに記されている。なお、詳しくふれる余裕はないが、この種の文様は末期王朝時代の王像や神々の像のベルトにも多数記されており、ダイヤモンド文とは異なる文様の伝統が、新しく中王国時代に誕生した可能性もあろう。

また新王国時代に関しては、ダイヤモンド文や中王国時代に見られる縦線の文様のように長期にわたる使用は見られないものの、新種の文様が短期間のみ王のベルトに記された例がある。第18王朝後期に太陽神アテンの一神教を推し進めた異端の王、アクエンアテンの彫像は、彼の王名を記したカルトゥーシュがベルトの部分に連続して記されるという、他の王像とは全く異なる特徴を呈している（図2－8）[41]。ただし、それを継ぐトゥトアンクアムンの例では、再びダイヤモンド文を有する王像が現れる点に注目しておきたい[42]。なお、同時代のテーベ西岸に設けられた貴族墓には、天井部にダイヤモンド文を描く例が多数存在するものの、その色彩や文様のバリエーションは様々で[43]、当時の流行、もしくは天井に描かれる星に代わる意味をこの文様が有していたことを示すのかもしれない。

(6) おわりに―今後の研究の可能性に向けて

紙数の制限上、多くの事例を挙げることは適わなかったが、ここで述べた一連の資料は、エジプトの王が彫像などのベルト部分に幾種類かの文様を有していたことを示している。最も長期にわたって用いられた文様はおそらくダイヤモンド文であり、その起源は第1王朝に遡ると考えられよう。そこで最後に、こうした文様の使用に対する筆者の現時点での見解を示してまとめとしたい。

この点に関する筆者の仮説は、文様の使用は、王が自らの王権の正統性を主張する上で必要だったのではないかというものである。セド祭のような王位更新祭の折はもちろんのこと、新たに王位に就く際にも、とりわけ弱体な王権基盤を正統化する必要に迫られた新王は、古い時代から王が独占的に用いてきたダイヤモンド文を積極的に採用することによって、自らの王権を誇示するよう努めたのではないだろうか。それに対して、すでに強固な政治基盤を有しており、新たな王権のイメージを創出したかった王は、全く新たな文様をベルトに記したのではないかと考えられる。先に挙げた、第18王朝末期の王アクエンアテンはそのような君主の一人であり、それゆえ宗教改革の失敗後王位に就いたトゥトアンクアムンは、自らの地位を再び正統化するため、再び伝統的なダイヤモンド文を用いたのであろう。また、第4王朝のカフラーやメンカウラーといった王達も、もしベルトに何の文様も記さなかったのだとすれば、王墓地を新天地ギザへと移動させ、太陽信仰を重視しはじめた点に反映されるように、新たな王権のイメージを表出したかったのかもしれない。

すでに述べたように、出版されている文献のみで王のベルトに描かれた文様の集成を作成するのには困難が伴うため、この仮説については議論の余地が残る。さらなる調査が必要となろう。また、ここでは時代がさらに下るため特に取り上げなかったが、プトレマイオス朝まで時代が下がると、ギリシア等の地中海世界の文様が王のベルト文様にも多大の影響を与えたようである。カイロ博物館の王像目録によると、プトレマイオス朝には中王国時代の縦線からなる文様の間に円を配した、新たな文様を有する例が見受けられる(44)。そしてこうした円の中にはXを入れたものもあり、同じ文様は両腕にはめた腕輪にも用いられることから、当時の王が好んだパターンとも考えられる。このように、王のベルトに用いられた文様は時代を下ると多岐にわたるため、ただ漠然と収集するのみではその意味の解釈は困難に陥ることが予想される。そこで、まずはダイヤモンド文が有する意味の解明に絞ってこの仮説を検証してみたい。例として、ひとまず古王国時代末までで墳墓や棺に見られる装飾から文様間の序列を確認する作業を行い、それが第一中間期という混乱の時代を経て、なぜ中王国に入ると新たな文様が採用されるに至ったのか、という点を考察することで、ベルトの文様と王権の正統化に関する本仮説の有効性を検証することができるかもしれない。

また、今後研究を進める上で留意すべき点として、これらのベルト文様が像の性格や、あるいはダイヤモンド文はメンフィス、縦線を用いた文様はテーベなどといった制作地の違いに関連している可能性を挙げることができよう。あるいは王にまつわる像であっても、こうした文様が棺や死者の身代わりであるシャブティに用いられない点[45]は、文様の本質的な性格を解明する上で重要と考えられる。文様は、アビドス出土の象牙製小像に記されていたように、本来セド祭に臨む王の姿を表現する上で必要だったのかもしれない。さらには、本来王像が置かれていた位置も当然考慮に入れるべきであろう。

冒頭で述べたように、遺物を用いた古代エジプト王権の考察は、王のテキストや建築物の研究に比べ、これまで決して十分とは言えない状況にあった。何分研究の初期の段階であり、視点に荒削りな面があることは否めないが、ここで述べたような王権の見方が、古代エジプトという、王を中心とした社会をより良く理解するためのさらなる研究の出発点になれば幸いである。

註

（1） Assmann, J. 1990 *Ma'at: Gerechtigkeit und Unsterblichkeit im Alten Ägypten,* Muenchen.

（2） Frankfort, H. 1948 *Kingship and the Gods,* Chicago.

（3） Posener, G. 1960 *De la divinité du pharaon,* Paris.

（4） 著作は多数あるが、王と神の関係を述べ、英訳があるものを挙げる。Hornung, E. 1982 *Conceptions of God in Ancient Egypt* (Trans. J. Baines), Ithaca NY, 138–142.

（5） O'Connor, D. and D. Silverman (eds.) 1995 *Ancient Egyptian Kingship,* Leiden. なかでも Part I に収められた Baines, J. "Kingship, Definition of Culture, and Legitimation", 3–47. と Silverman, D. P. "The Nature of Egyptian Kingship", 49–92. がこれまでの王権研究を概観する上で有用である。

（6） O'Connor, D. and D. Silverman (eds.), *op. cit.,* XXVII.

（7） 王朝時代に存在する様々なベルトの文様について広く紹介したものに、Evers, H. G. 1929 *Staat aus dem Stein,* Muenchen. がある。ここでは、彫像を構成する諸要素について述べる中でベルトの文様を紹介しているが、事実の列挙に徹していてそれらの歴史的背景についてはふれていない。また、ベルトを含めた王のキルトについては、Jéquier, G. 1921 *Les frises d'objets.* Cairo. を参照。

（8） 本稿は、以前英文にて *ORIENT* 誌に発表した論文 Nakano, T. 2000 "An Undiscovered Representation of Egyptian Kingship?: The Diamond Motif on the Kings' Belts", *ORIENT* Vol. XXXV, 23–34. に、その後の資料並びに文献調査で得られた情報を加え、書き改めたものである。

（9） Eaton-Krauss, M. 2001 *Artists and Artisans,* in D. B. Redford (ed.), The Oxford Encyclopedia of Ancient Egypt, Oxford, Vol. I, 136–140.

(10) 王像に関する研究は多い。全体を網羅したものとしては Vandier, J. 1958 *Manuel d'archéologie égyptienne Vol.3 Les grandes époques. La statuaire.* Paris. を挙げることができる。

(11) Kozloff, A., B. Bryan and L. Berman 1992 *Egypt's Dazzling Sun,* Cleveland, 125–192.

(12) 容貌は年代決定の上では重要である。例として、ボストン美術館所蔵のシェプセスカフの頭部とされてきたものが、近年の研究によってメンカウラーの像の一部と修正された例がある。中野智章（監修）2002『ピラミッドの時代』名古屋ボストン美術館、31頁。

(13) CG42054.Legrain, G. 1906–14 *Statues et Statuettes de rois et de particuliers.* Cairo, Vol.1, 32–33. pl. xxix (right); 友部直（編集）1994『世界美術大全集』西洋編第２巻「エジプト美術」小学館、137頁、pl. 80.

(14) CG42080. Legrain, *op. cit.,* vol.1, 46–47, pl. xlix.

(15) Lacau, P. and H. Chevrier 1956 *Une chapelle de Sesostris Ier a Karnak,* Le Caire, pls. XXIII-XXVI.

(16) 報告書には詳細が記されていないものの、現地調査にて実見済。なお筆者は、この王名枠セレクは上下エジプト統一の意匠ではないかとの新説を別稿にて述べたことがある。中野智章 2001「セレクの誕生」『西南アジア研究』No. 54、1～22頁を参照。

(17) Fakhry, A. 1961 *The Monuments of Sneferu at Dahshur II, The Valley Temple I,* Cairo, 123–fig. 134, pls. XXIX-C, D, XXXII-B.

(18) *Ibid.,* 123–fig. 134.

(19) Borchardt, L. 1913 *Das Grabdenkmal des Königs S´ahu-Re´ II,* Leipzig, pls. 18, 33, 35, and 36.

(20) Bissing, F. 1928 *Das Re-Heiligtum des Königs Ne-Woser-Re´ III,* Leipzig, pl. 7, no. 173.

(21) 中野 *op. cit.,* 32–37.

(22) JE46499. Reisner, G. 1931 *Mycerinus, The temples of the Third Pyramid at*

Giza. Cambridge, MA, 109–110. pls. 38(d), 44–45, 46(a, b).

(23) JE10062＝CG14. Borchardt, L. 1911 *Statuen und Statuetten von Königen und Privatleuten,* Cairo, Vol.1, 14–16, Bl. 4.

(24) Hölscher, U. 1912 *Das Grabdenkmal des Königs Chephren*, Leipzig, 97–Abb. 103–108.

(25) Vandier, *op. cit.,* 24–25, pl. VI- 4 ; Hawass, Z. 1985 “The Khufu Statuette”, in Posner-Krieger, P. (ed.), *Mélanges Gamal Eddin Mokhtar.* BdE 97–1, 385. なお、メンカウラー王のピラミッドからは彼の名前を記した木棺が出土しているが、様式は明らかに後期のもので、少なくともサイス朝あたりと考えられている。また、その木棺を収めた石棺、すなわちハワード・ヴァイズによって持ち出され、不幸にも難破した船ごと地中海の底に沈んでしまった棺も、ダイヤモンド文を含んだ王宮ファサードで表面が装飾されていたとされるが、サイス朝期の可能性がある。Lehner, M. 1997 *The Complete Pyramids,* London, 136.（内田杉彦訳 2001『ピラミッド大百科』東洋書林）を参照。

(26) BM37996. Spencer, J. 1980 Catalogue of Egyptian Antiquities in the British Museum, Vol.5, *Early Dynastic Objects,* London, 67, pl. 55. なお、この像は神殿域のデポジットから出土したものであるため、その制作年代についてはより後のアマルナ時代とする見方もある。

(27) *op. cit.*

(28) JE32169＝CG14716. Quibell, J. 1905 *Archaic Objects.* Cairo, 312–315.

(29) Sourouzian, H. 1995 *L'iconographie du roi dans la statuaire des trois premières dynasties,* in Stadelmann R. and H. Sourouzian, *Kunst des Alten Reiches: Symposium im Deutschen Archäologischen Institut Kairo am 29. und 30. Oktober 1991*, Deutsches Archäologisches Institut, Abteilung Kairo Sonderschrift 28, Mainz, 151–Fig. 7a–b. スールージアンは初期王朝時代と古王国時代のダイヤモンド文の類似性についてもふれており、他には Murray, M. 1920 “The Costume of the Early Kings”, *Ancient Egypt*, 33–40. が初期の王の衣装について概観している。

(30) ただし小野山節氏のご教示によると、メソポタミアの「ワルカの壺」のように、高位の人物がベルトに同様の格子文様を有している例は、特定の文様というよりその部分に色がついていることを刻線等で示した可能性も考えられるとのことである。Roaf, M. 1990 *Cultural Atlas of Mesopotamia,* Oxford, 61. を参照。

(31) 註（7）で述べたように、王のベルトの文様そのものについて述べた論考はこれまでほとんど存在しない。最近、Laboury, D. 1998 *La statuaire de Thoutmosis III,* Liége, を知った。そこでは pp. 412–414においてトトメス3世の彫像のベルトに描かれた文様はスネフェル王の頃に起源があり、文様にはいくつもの種類があるものの、その選択には基準がなかったと記されている。

(32)　Vandersleyen, C. 1975 *Das alte Ägypten,* Berlin, 387, pl. LIVa.

(33)　Petrie, F. 1903 *Abydos* Ⅱ, London, pl. Ⅲ, 28.

(34)　Emery, W. 1961 *Archaic Egypt,* London, 63-fig. 26.

(35)　Kroeper K. and L. Krzyzaniak 1992 "Two Ivory Boxes from Early Dynastic Graves in Minshat Abu Omar", in *The Followers of Horus-Studies dedicated to Michael Allen Hoffman* (ed. by R. Friedman and B. Adams), Oxford, 207-215.

(36)　Petrie, F. 1901 *The Royal Tombs of the Earliest Dynasties,* London, pls. XXXIV, XXXVII-XLV.

(37)　Emery, W. 1958 *Great Tombs of the First Dynasty III,* pls. 6-8. なおサッカラに第１王朝の王墓地が存在したかどうかについては、先に未公刊のパレスティナ産輸入土器を集成し、その出土並びに分布状況等から否定的な見方を示した。中野智章 1996「エジプト第１王朝の王墓地比定に関する一試論―輸入土器からの視点―」『オリエント』第39巻１号、19～40頁；同 1996「エジプト第１王朝におけるパレスティナ土器の型式編年研究」『南山大学大学院考古学研究報告』第７号、1～48頁

(38)　Vandersleyen, *op. cit.,* pl. 39.

(39)　第４王朝の例。JE54934. Saleh, M. and H. Sourouzian 1987 *Official Catalogue-The Egyptian Museum Cairo,* Cairo, No. 34.

(40)　RT18.4.22.4. Saleh, M. and H. Sourouzian, *op. cit.,* No. 98.

(41)　JE49529. 友部, *op. cit.,* 186-pl. 159.

(42)　JE59869と JE60134. Saleh, M. and H. Sourouzian, *op. cit.,* No. 173.

(43)　Fortova-Samalova, P. 1963 *Egyptian Ornament.* London, 8-15, pls. 7-18.

(44)　Borchardt, L., *op. cit.,* Berlin, Vol.4(1934), 165, Blatt 158-939.

(45)　例外として、第19王朝の王メルネプタハのものを第21王朝のプスウセンネス１世が再利用した石棺の内棺にこの文様が刻まれた事例がある。JE87297. Tiradritti, F. (ed.), *op. cit.,* 310-311.

古王国における奇跡信仰
――ラアウェル碑文再考――

畑守泰子

(1) はじめに

古代エジプト社会において、王権がきわめて重要な役割を担っていたことはよく知られている。王は人間と神々を結ぶ唯一の仲介者であり、宗教的および政治的行為を通じて、創造神の作り出した世界の秩序（マアト）を日々維持していくという責務を負っていた。王はその重大な責務ゆえに、神性を持つ存在と見做されていたのである。もっとも、ポズネーの研究以来[(1)]、王の神性は、かなり限定的に解釈されるようになり、近年は次のような理解が一般的となっている。すなわち、個々の王は基本的には人間であるにすぎず、儀式などで王としての役割を果たす時にのみ、神々と同じ神性を帯びるとされた。それゆえ、王は常に神々の下位にあり、神々に依存する存在と認識されていたというのである[(2)]。

だが実際には、古代エジプト人たちは王の神性をどのように認識していたのであろうか。王の職務にともなう神性と王個人の人間としての本性は、日常的にそれほど明確に区別されていたのであろうか。もちろん、王冠や笏といった標章や称号は王の神性を人々に常に意識させる役割を果たしたであろうし、国家の安定や繁栄、戦争の勝利なども、王の神性を印象づけたことであろう。だがその他に、王には明らかに他の人間とは異なる特別な資質や能力がある――それが王個人に本来備わったものであるにせよ、王位に就いた後に獲得されたものであったにせよ——と考えられることはなかったのであろうか。

本稿では、王の神秘的な能力や奇跡に対する信仰がエジプトにおいて現実にどのような形で存在したのか（あるいは存在しなかったのか）という問題を、王の神性が最も強く意識されていたと言われる古王国時代について考えてみたい。その際、主たる史料として、第５王朝の官吏ラアウェルの墓碑文を取り上げる。この碑文は、王の神秘性に対する信仰の存在を示す数少ない史料としてよく知られており、ここから当時の王や官僚が王の神性をどのように認識していたか、うかがうことができるからである。

⑵　王の奇跡と史料——ラアウェル碑文

古代エジプト同様、支配者（王）が神性を持つと信じられていた社会では、王には一般の人間とは異なる神秘的で超人的な資質があり、その資質こそが王の正統性を示す証拠と信じられていた例が少なくない。最も有名な例の一つは、中世から近世にかけてのヨーロッパにおける「奇跡を行う王」あるいは「王の癒し」の信仰であろう。これは、王が特定の病（主に頸腺の結核性腫脹である瘰癧）を、病人に触れることによって治癒させることができるとする奇跡信仰であり、フランスとイングランドで顕著に認められていた。この能力は血統により特定の家系（王家）に伝えられるが、その力は塗油され聖別の儀式を経た王によって初めて発揮されると考えられたのである。[(3)]

エジプトにおいても、ローマ支配下にウェスパシアヌス帝がアレキサンドリアで神殿に詣でた後、盲人と足の不自由な者を治療したという伝承がある。[(4)] しかし、王朝時代の王たちが病治しのような特別な能力を持つと信じられていたか否かについては、研究者たちの見解は一致していない。ポズネーは、エジプトの王はナイルの氾濫のような自然の奇跡はもちろん、病気を治すというささやかな奇跡ですら行わなかったと結論づけた。[(5)] その一方で、病治しとは少々ニュアンスは異なるものの、王の神秘性を重視する見解も少なくない。曰く、王は神性を付与された者として、神々のように光輝き芳香を放つと見做された[6]、あるいは王は神々と同様、気まぐれで人間にとって危険にもなりうるため、王の視線や怒り、王との接触は恐れられた[7]、等々。

ところで、中世ヨーロッパの王たちは、教会に対抗し王権の神聖性を主張する手段として、瘰癧治しの奇跡を儀式の形で多くの民衆の前で行い、彼らの崇拝と忠誠を得ようとしたと考えられている。だが、古代エジプトでは、王はめったに民衆の前に姿を現すことはなかったであろうから、もし王の神性や特別な能力が実際に披瀝されるとすれば、その舞台はまず第一に王の側近くに仕えた官僚たちの前であったはずである。またその証言は彼らの残した記録——多くの場合それは墓碑文の形を取っている——にも現れるはずである。しかし実際には、王の神秘的な力に関する言及は、その大半が王讃歌や物語、宗教文書に限られており、王の奇跡が現実の出来事として信じられていたかどうか、検証は容易ではない。

そうしたなかで、実際に起こったある事件の顚末とその時の王の対応について記されたラアウェル碑文は、王の奇跡が実際に信じられていた証拠として、早くから注目されてきた史料なのである。以下、その内容について概観してみよう。

ラアウェルは、第5王朝3代目の王ネフェルイルカラー時代の官吏であった。彼はセム神官（*sm*）およびネクベト女神やワアジェト女神の神官（*ḥm-nṯr*）などいくつかの神官称号を持っていたほか、「王の理髪師 *iry šn nswt*」や「腰布の管理者 *ẖrp šnḏwt*」など、王の衣服や身の回りの世話に関連する役職にも就いており、王の側近くに仕える廷臣であったと考えられる。ギザの中央墓地にある彼の墓は、非常に規模が大きく複雑な構造をしており、とりわけ彫像の置かれる部屋（セルダブ）と壁龕が異例なほど数多く造られているのが特徴的である[8]。そうしたセルダブの一つ（S12）から発見された石灰岩製の碑文が、ここで取り上げるラアウェル碑文である。碑文の現存部分は、横1行、縦10行、全部で11行ほどのごく短いものだが、その解釈をめぐってこれまでにさまざまな議論が出されている。

この碑文の全文は以下の通りである（①②③の区分と下線は筆者によるも

の)。

①上下エジプト王ネフェルイルカラー（陛下）は、神の御船の船首の引き綱を摑む日に下エジプト王として現れた。セム神官ラアウェルが、セム神官と王の御衣の係の職務で陛下の御前にいた時、陛下の手中にあったアメス笏がセム神官ラアウェルの足を打った（*ḫsf*)。②陛下は彼に仰せになった。「汝、息災であれ（*wḏ3. ti*)。」陛下は（そう）申された。そして陛下は（さらに）仰せられた。「[余は］彼（ラアウェル）が大いに息災であることを望む（彼が大いに息災であることが余の望みである)、彼への打撃がなされることなしに（*ny sḳr n. f*)。」（なぜなら）彼は陛下の下でいかなる人物よりも高貴であった（からである)。③陛下は墓地にある彼の墓に書かせることをお命じになった。陛下は［彼のために］王宮の区域（？š）で、王御自身の傍らでその記録を文書にすることをお命じになった。墓地にある彼の墓で［言われたこと］に従って文書にするために。[9]

文中、王に対しては、最初と最後だけ「王」の呼称（*nswt/bity*）が用いられ、それ以外は「陛下」(*ḥm. f: ḥm [. i]* の場合は「余」と訳した）の語が使われている。一方、ラアウェルに対しては常に名前か三人称の代名詞が用いられている。碑文の内容は、①事件の発端、②王の言葉、③文書（碑文）の作成命令、の3つの部分から成っている。それぞれの部分について、これまでに出された解釈を検討し、論点を整理してみよう。

(3) ラアウェルの事件

1　事件の発端

まず、この事件の舞台となった儀式はいったい何の儀式であったのか。神（おそらく太陽神）の船の船首の綱を王が引く行為とセム神官の参加[10]から、前王（サフラー王）の葬祭儀礼か新王（ネフェルイルカラー王）の即位儀礼、あるいはセド祭が有力と考えられている[11]。いずれも王位継承や更新に関連したきわめて重要な儀式であるが、このうちセド祭については、20年ほどのネフェルイルカラー王の治中世に挙行された証拠がないため、前二者の儀式どちらかの可能性が高いと考えられている。また、アメス笏は、第3王朝以降ホルス神やトト神などの神々と王の持ち物とされた笏（または杖）であり、神聖な標章としてそれ自体が神々や王の代理として崇拝の対象になりえた。[12]

では、そこで起こった事件とはどのようなものであったのだろうか。文字通りに受け取れば、何らかの原因により、王が手に持っていたアメス笏をラアウェルに当ててしまった（あるいは落としたものが当たってしまった）というだけのことである。これは意図的な行為ではなく王の過失による偶発的な出来事であり、実際にそれによってラアウェルが大怪我をするなど深刻な事態になったわけではなさそうである。だが、従来の一般的な解釈によれば、王の肉体や持ち物には神性があり、普通の人間が不用意に接触すると致命的になりかねないという共通の認識が、王にもラアウェルや儀式に列席していた他の廷臣たちにもあったがゆえに、この出来事が碑文に記されたのではないか、というのである。

これに対してアレンは、他の研究者が「打つ」「触れる」の意に解した*ḥsf*の語は、前置詞の*r*と組み合わせ、「締め出す」の意味で用いられるのが普通であるとし、王が笏（杖）を当てたというよりは、笏に邪魔をされてラアウェルがつまずいたと解釈すべきと主張した。その結果、ラアウェルは倒れるか王にぶつかるかして、持っていた祭具を撒き散らし、結果的に儀式を中断させるという重大な事態を引き起こしてしまったとされる。[13] つまり、笏に当たったことによってラアウェルに危害が加わると見做されたのではなく、笏につまずいた結果生じたであろう事態、すなわち儀式の邪魔をしたことが、重大な罰を招く恐れがあると彼は推測したのである。

たしかに、通常*ḥsf*は敵を「防ぐ」「退ける」「はねつける」といった意味に用いられることが多いようであり、[14] アレンの言うように、ラアウェルが儀式で失態を演じた可能性は否定できない。ただし、アメス笏がラアウェルに当たったにせよ、はねつけてつまずかせたにせよ、いずれにしても①の部分から確実に言えるのは、重要な儀式の最中にそれが起こったということだけである。この「事件」によって儀式が中断されたこと、あるいはラアウェルがその責めを負わせられる可能性があったかどうかは確認できないのである。そしてもう一点確かなことは、たとえラアウェルがつまずいたとしても、その原因となったのは王の手中にあったアメス笏であり、それゆえ王にも責任の一端があったという点である。

2　王の言葉

②の部分は、文の流れから見て前段の出来事に対する王の対応を記したものと考えられるが、その解釈は一様ではない。代表的な説によれば、王の肉体やその持ち物の神性が人間に及ぼす危険を避けるために、王の特別な介入、すなわちこの場合は安全であるとの言辞による保証が必要であったとされる。その典型的な例がウィルソンの見解であり、王の祟りは恐れられていたため王自身の言葉によって厄払いされねばならなかったとするものである[(15)]。バルタも、アメス笏の魔術的な力でラアウェルに危害が及ぶのを防ぐことができるのは、迅速に発せられた王の言葉だけであると述べている[(16)]。このような理解にもとづき、「王の癒し」に通じる考えがエジプトにも存在したと見られてきたのである。

しかしその一方で、王の言葉は自らの過失に対する言い訳あるいは謝罪、もしくは「怪我はないか」という程度の心遣いの言葉にすぎないとする見方もある。ポズネーは、前述のような解釈を完全に否定したわけではないが、ラアウェルが受けたショックに配慮して声をかけただけであるという解釈、あるいは単に王がラアウェルの幸福を願っていることを宣言しただけである、との見方も示している[(17)]。ベインズも、王の言葉を、過ちを犯したことに対する言い訳と見ており[(18)]、近年は総じてこうした考えが優勢となっているようである。このような解釈は、エジプトにおける王の奇跡の信仰の存在を否定するばかりではなく、王の身体や持ち物が一般の人間にとって危険になりうるという思想の否定にもつながるものである。

他方、アレンも王の言葉はラアウェルに対する言い訳と考えているが、同時にラアウェルが儀式を中断させたことに対して、その罰を免じる意味を持っていたとする。そして、この罰とは単なる行政的な処罰ではなく、来世での永生をも奪う危険のある神罰と考えた[(19)]。彼もまた、ラアウェル碑文から王の「危険性」やその「祓い」を読み取ることには否定的であったが、その代わりに神罰という形で神の超自然的な力を重視している点が、ポズネーらの説と大きく異なっている。なお、彼は王の危険の観念を否定する根拠として、碑文の中で王の呼称に公的な役職を意味する「王 *nswt*」ではなく、王の人間的側面をより強く示すといわれる「陛下*ḥm. f*」が用いられている点を挙げている[(20)]。

ところで、②の部分の王の言葉は、人称代名詞からみて初めのものがラアウェルに向けられた言葉、2番目のものが他の参列者などその場に居合わせた不特定多数の人々に向かって語られた言葉と考えられる。第1の言葉が単に気遣いや軽い謝罪の言葉であるならば、①の出来事はそれほど重要な事件ではなかったということになる。だが、もしそうであれば、もう一度周りの人間たちにそれを繰り返すことも、③の部分にあるようにわざわざ碑文を作らせる必要も無かったであろう。特に重要なのは第2の発言の後半部（下線部）である。ここでは、彼（ラアウェル）への「打撃」がなされないことが明言されている[(21)]が、この「打撃」とは何らかの危害が加えられること、すなわち①の出来事が、何らかの形でラアウェルへの「打撃」と成り得ることを意味しているに違いない。前述のようにラアウェルが実際に怪我をしたり具合が悪くなったという形跡が無いことからみて、この「打撃」は単に事故による怪我とは異なる危険を示していると考えられる。そしてその責任の一端は笏の持ち主の王にあるという認識があったからこそ、王はラアウェルばかりでなく周囲にも語りかけ、文書（碑文）作成を命じたのではないだろうか。

3　碑文の製作

③の部分では、王がこの出来事の顛末を記した文書を王宮の施設で作らせ、ラアウェルの墓に置かせるよう命じたことが記されている。王が作成を命じた文書とは、まさにここで取り上げた碑文を指している。王が官僚のために碑文

を作らせた例は、他にもネフェルイルカラー王時代の宰相ワアシュプタハや、第5王朝後半のイセシ王治下の宰相ラアシェプセス、同じく宰相のセネジェムイブなどの例が知られている。彼らの墓では、王からの手紙や王に関わる出来事が記されていたのである。ラアウェルの例のように王が命じて作らせたにせよ、王の許可を得て墓主自身が記させたにせよ、このようなことは誰にでも許されたことではなかった。特別な功績への褒美として、あるいは王の特別な寵愛の印として行われた、官吏にとっては非常に名誉な出来事であったに違いない。②の王の言葉の後に、ラアウェルが王にとって他の誰よりも重要な人物であったという文章が理由づけとして添えられているが、この種の言葉はいかに王の寵愛を受けていたかを誇示する文言で、古王国の官僚の墓碑文によく見られる決まり文句であった。もっとも、王の言葉や碑文の作成は、それ自体王の寵愛の印として名誉なことであったとしても、②③の部分を単なる寵愛の表現としてのみ理解することは適切ではないだろう。

本来、墓碑文には、現世での王の寵愛と墓主の栄光が示されるだけではなく、来世での永生や繁栄を保証する意味があった。フランクフォートのように、②の王の言葉よりも③の石碑の製作こそがラアウェルの安全の保証になったと見る見解もあるほどである[(22)]。つまりこの碑文は、来世でもラアウェルに利益をもたらすと考えられたはずである。すなわち、この事件によって現世だけでなく来世でも彼の身に危害が及ぶ危険があり、それを回避するために、墓碑文の作成が有益と考えられたということであろう。

そこで再び問題となるのは、ラアウェルの身に迫る危険とは、王の肉体や持ち物に宿る神秘的な力によって引き起こされるものなのか、あるいはこの出来事によって儀式が中断されたことに対する神罰であるのかという点である。神罰説を取るアレンは、王がラアウェルへの寵愛を公にし、神との間を仲裁することで、来世でも罰を受けずにすむよう配慮したと見ており、これこそが人間と神々の仲介者としての王の役割を示していると述べている[(23)]。この説は、それまであまり考慮されることがなかった、王と神と人間、三者の関係を視野に入れている点で興味深い。ただ、文中に神への言及や呼び掛けがあるわけではなく、神へのとりなしという意図を碑文から明確に読み取るのは困難である。また、王が常に神々の下位にあり、神々に依存する存在であるとするならば、王の力だけで人間を神罰から守ることができると考えられていたのかどうか疑問が残る。

(4)　王の奇跡と官僚——結びにかえて

以上の検討結果は、次の2点に要約される。

第一に、王の笏にラアウェルが触れた（あるいはつまずいた）という出来事が、ラアウェルの身に危害を及ぼす危険があると考えられていた点である。その危害が王や王の持ち物に宿る神性によるものなのか、あるいはアレンの主張するように神の罰によるものなのかは、この碑文の文言からは確定できない。ただ、この出来事が重要な儀式の最中に起こったものであることを考えると、ラアウェルの危険が王の神性によると見られた可能性は捨てきれない。そのような儀式の時に、王は最も神性を帯びると信じられていたはずであり、しかもラアウェルが触れたのは、王の神性の象徴ともいうべき笏であったからである。人間である王自身よりも、笏のように聖なる王権の象徴である物の方が、普通の人間にとって危険と考えられていたことも十分あり得る。いずれにせよ、ラアウェルの身の危険は物理的な力や行政的処罰によるものではなく、何らかの神的な力に起因すると考えるのが妥当であろう。

第二に、こうした神的な力による危険が、王の言葉や碑文によって忌避し得ると考えられていた点である。エジプトの王は、フランスやイングランドの王たちのように、患者に触れて病を治したわけではなかった。その代わりに、言葉や碑文という手段によって、危険を回避しようとしたと見られる。古代エジプトのように、言葉や文字の呪力への信仰が強い社会においては、これは決して突飛な考えとは言えないであろう。

ただし、ここで留意しておかねばならないのは、この碑文が王の命令で王の管理下で作られたものであるということである。つまり、この碑文の内容はあくまでも王の立場から書かれたものであり、文中ラアウェルが常に三人称で呼ばれていたことからも明らかなように、彼の反応や考えはまったく語られていないのである。また、古王国時代の官僚の墓碑文の中で、ラアウェル碑文はきわめて特異な史料であることも忘れてはならない。王に不用意に接触する危険についても、それを祓う奇跡についても、王の神秘的な力が実際に行使されたことを記した史料は、少なくとも古王国時代には他にほとんど類例がないからである。王の間近で官僚が病気になったり生命の危機に瀕した事例は知られているが、その際も王は病人を癒す力を発揮することはなかった。たとえば、宰相ワアシュプタハが、王の視察中に突然事故か病に襲われて倒れたため、ネフェルイルカラー王は彼に対して自らの足元に接吻することを許したり、神官や医者を呼ぶなど特別な配慮を示した。しかしいずれも功を奏さず、宰相は死んでしまった。宰相の死を知った王はラー神に祈り、ラアウェルの場合同様、事の顛末を記した碑文を宰相の墓に置かせるよう命じたのである[(24)]。また、同じく第5王朝の墓碑文の一部と推定されている断片でも、仕事中に病に倒れた官吏について述べられているものの、現存部分からわかることは、王が輿で病人を王宮に運ばせたということだけである[(25)]。

第5王朝以降、官僚の墓碑文の中に王に関する記述が増加するが、それらの碑文では、王から副葬品や食料などを贈られたこと、王の寵愛によって異例の昇進を果たしたことなどが墓主の一人称で語られており、王がいかに自分を厚遇してくれたかを誇示するのが常であった。これはすなわち、官僚の墓碑文に王が書かせたかったことと、官僚たち自身が書き残したかったことの間に微妙な違いがあったということを意味しているのではなかろうか。王の寵愛があれば現世でも安泰であり、来世の永生も十分保証されると官僚たちが考えたとしても不思議はない。だが王の側からすれば、寛大で家臣思いの君主像をアピールするだけでは、王位の正統性や支配の正当化には不十分であり、人知を越えた力を持つ王の神性を強調したかったのではなかろうか。しかしながら、ラアウェル碑文のような例が他にほとんど残っていないということは、王の思惑に反して、王の奇跡信仰が定着しなかったことを意味しているのかもしれない。

註

（1） Posener, G. 1960 *De la divinité du pharaon,* Paris.

（2） Barta, W. 1980 “Königsdogma”, in W. Helck, E. Otto (hrsg.), *Lexikon der Ägyptologie* (*LÄ*), Bd. Ⅲ, Wiesbaden, 485–494; O'Connor D. and D. P. Silvermann 1995 “Introduction”, in ids. (eds.), *Ancient Egyptian Kingship* (*Kingship* と略), Leiden, New York, Köln, XVII–XXVI. 屋形禎亮 1998「古代エジプト」『岩波講座世界歴史 2 オリエント世界』33〜35頁。

（3） マルク・ブロック（井上泰男・渡辺昌美訳）1998『王の奇跡』刀水書房、47〜50頁 (Marc Bloch 1924 *Les Rois Thaumaturges. Étude sur le caractère surnaturel attribué à la puissance royale particulièrement en France et en Angleterre,* Strasbourg.)。

（4） スエトニウス（国原吉之助訳）1986『ローマ皇帝伝（下)』岩波文庫、276頁。

（5） Posener, *op. cit.,* 63–76.

（6） O'Connor and Silvermann, “Introduction”, in *Kingship,* XXV.

（7） Baines, J. “Kingship, Definition of Culture, and Legitimation”, in *Kingship,* 12.

（8） ラアウェルの墓と出土品については、Hassan, S. 1932 *Excavations at Giza 1929–1930* (*Giza I*), Oxford, Cairo, 1–38.

（9） *Ibid.,* 18; Sethe, K. 1933 *Urkunden des Alten Reiches* (*Urk. I*), Leipzig, 232,5–16. 引用文中［ ］は欠損を、（ ）は筆者による補足を示す。この史料の翻訳については以下の文献を参照。Hassan, *op. cit.,* 18; Gunn, B. 1948 “A Negative Word in Old Egyptian”, *JEA* 34, 27–30; Goedicke, H. 1955 “Quatations in Old Kingdom inscriptions”, in O. Firchow (ed.), *Ägyptologische Studien, Festschrift H. Grapow,* Berlin; Edel, E. 1955/64 *Ältägyptische Grammatik,* Rome, §§468, 540, 639, 687, 805, 1099; Roccati, A. 1982 *La littérature historique sous l'Ancien Empire égyptien,* Paris. 101–102; Doret, E. 1986 *The Narrative Verbal System of Old And Middle Egyptian,* Genève, 46 (n. 443), 61, 92 (n. 1135), 105; Allen, J. P. 1992 “RE'WER's Accident”, in A. B. Lloyd (ed.), *Studies in Pharaonic Religion and Society , In Honour of J. Gwyn Griffiths,* London, 14–20.

（10） セム神官は元来、父王の葬祭儀式を執り行う王子の役割であった。また、「腰布の管理者」の職は、セム神官に付随する称号と言われる。Schmitz, B. 1984 “Sem (priester)”, in *LÄ* V, Wiesbaden, 833–836.

（11） Allen, *op. cit.*

（12） *LÄ* VI, 1376.

（13） Allen, *op. cit.,* 17.

（14） Erman, A. u. H. Grapow (hrsg.), *Wörterbuch der ägyptischen Sprach* (*Wb*),

Leipzig, 1926–1950, Bd. Ⅲ, 335, 6 –337, 2 ; Hannig, R. 1997 *Großes Handwörterbuch Ägyptische–Deutsch,* Mainz am Rhein, 620.

(15) Wilson, J. A. in H. Frankfort (ed.) 1946 *The Interectual Adventure of Ancient Man,* Chicago, 75（山室静・田中明訳 1978『古代オリエントの神話と思想　哲学以前』社会思想社、92頁）ただし、ウィルソンはすぐ後で王の言葉は単なる申し訳の可能性もあり、先の解釈は過大評価かもしれないとも述べている。

(16) Barta, W. 1975 *Untersuchungen zur Göttlichkeit des regierenden Königs,* Berlin, 137. こうした見解はこのほか、次の文献にも見ることができる。M. –A. Bonhême und A. Forgeau 1989 *Pharao, Sohn der Sonne,* Zürich, München, 282（Übertragen von Ris–Eberle, S.)（original: 1988 *Pharaon. Les secrets du pouvoir,* Paris.)

(17) Posener, *op. cit.,* 63–64.

(18) Baines, J. 1997 "Kingship before literature: the world of the king in the Old Kingdom", in R. Gundlach (ed.), *Selbstverständnis und Realität, Wiesbaden,* 139.

(19) Allen, *op. cit.,* 18.

(20) 王の呼称とその意味については、たとえば Silverman, D. P. "The Nature of Egyptian Kingship," in *Kingship,* 49–87（特に64–66）参照。

(21) この文については、否定語 *ny* に続く *sḳr* を不定詞か名詞とみて「彼（ラアウェル）への打撃はなかった」とする解釈（Hassan, *op. cit.* ; Goedicke, *op. cit.,* 96)、*sḏm. n. f* 形と取り「彼（王）は彼（ラアウェル）を打たなかった」とする解釈（Gunn, *op. cit.,* 28）などがあるが、ここでは、副詞節（*sḳr n. f*）とするドレの解釈に従った（Doret, *op. cit.,* 92)。ハッサンやゲディッケの解釈では、すでに起こったことを言葉によって取り消す意味と取れるが、ガンの見解に沿った場合、故意に打ったのではないという言い訳とも受け取れる。ただし、ドレの主張するように、王が他の箇所では *ḥm* や *nswt* で呼ばれているのに、ここだけ三人称男性単数形代名詞 *f* で表されているとみるのは無理があろう。

(22) Frankfort, H. 1948 *Kingship and the Gods,* Chicago, 360, n. 21.

(23) Allen, *op. cit.,* 18–19. 彼は、ラアウェル碑文を後代の死者の裁判における「無実の宣言」の先駆と見做している。

(24) *Urk. I,* 40, 4 –45, 9. なお、ワアシュプタハ碑文の解釈については、Roccati, *op. cit.,* 109に一部依拠した。

(25) Goedicke, H. 1959 "A fragment of a biographical inscription of the Old Kingdom", *JEA* 45, 8 – 11.

サッカラのテティピラミッド墓地における階層性

利光尚子

(1) はじめに

多くのエジプト学者が古代エジプトの社会構造に大きな関心を抱き、墓地の構造から当時の社会構造を復原しようとしばしば試みてきた(1)。しかし墓地全体の墓を年代づけることが困難であることから、古王国時代の墓地の発展については不明な点が多い。そのなかでレイズナー（Reisner）が1930年代後半に発掘したギザ西墓地北側の“cemetery of palace attendants”（ケンティシュ墓地(2)）は、墓地の発展をかなり詳細に復原することのできるまれな例である。この墓地では、マスタバの壁の接し方からそれらの相対年代が判明し、ケンティシュ（*ḫnty-š*）の称号を保有する被葬者が多い。したがって1995年に出版されたケンティシュ墓地の報告書で、ロス（Roth）は墓の位置や面積などから、そこに埋葬されたケンティシュの階層性の復原を試みている（Roth 1995）。この研究でロスは、埋葬の一要素だけが被葬者のひとつの特徴に影響するとみなすことは大変危険であると警告している（Roth 1995: 58）。しかしロスの研究でも、墓の位置、規模、形態などが被葬者の階層を反映しているとの前提にたって論を展開しがちであった。したがって本論では、墓が階層性を反映しているという前提論を極力避け、保有する称号が面積など墓のほかの要素にどのように反映しているかを論じる。

ギザの「ケンティシュ墓地」以外でさまざまな墓の要素が詳細に報告された墓地としては、サッカラのテティピラミッドの北側のマスタバ群が挙げられ

表 1　テティピラミッド北側のマスタバの被葬者一覧 1

番号	名　前	称号[1]	面積[2]（㎡）	墓室[4]	年代[5]	出　典
1	*ir-n-ꜣẖt/ iri*	d, f, h	29.9 5.9	Ⅰb	Ⅳ	Kanawati *et al.* 1984: 43–46, pls. 25–27.
2	*iri.s/ iy*	–[3]	23.1 7.1	Ⅳ	Ⅳ	Kanawati *et al.* 1984: 47–58, pls. 28–38.
3	*iḥy-m-sꜣ.f/ mrw/mrw-gm/tti-snb*	a, d	21.2 7.4	Ⅰb	Ⅳ	Kanawati *et al.* 1984: 21–24, pls. 8–10.
4	*išfi/ išfw*	d, f	23.4 8.6	Ⅱ	Ⅲ	El-Khouli and Kanawati 1988: 25–29, pls. 15, 17–19.
5	*ʿnẖ*	b	20.7 10.9	Ⅶ	Ⅳ	Lloyd *et al.* 1990: 41–5, pls.1, 24–25, 36.
6	*wrnw*	h	不明 6.5	Ⅰb	Ⅲ	Davies *et al.* 1984: 21–29, pls. 21–32, 36
7	*mmi*	–	12.1 2.6	Ⅲ	Ⅳ	Kanawati *et al.* 1984: 26–28, pls. 11–12.
8	*mrw/tti-snb/ mry-rʿ-snb/ ppy-snb*	a, c, e, h	不明 3.9	Ⅴ	Ⅱ	Lloyd *et al.* 1990: 3–20, pls. 1–13.
9	*mrri*	a, b, d	33.3 12.9	Ⅷ	Ⅱ	Davies *et al.* 1984: 1–20, pls. 1–23, 33–35.
10	*mḥi/ mḥ-n.s*	b, d, g	25.2 6.2	Ⅰa	Ⅱ	El-Khouli and Kanawati 1988: 12–17, pls. 5–9.
11	*ḥsy*	–	72.4 36.8	5 室	Ⅱ	El-Khouli and Kanawati 1988: 18–22, pls. 10–13.
12	*ẖwi*	b, h	不明 5.5	Ⅵ	Ⅱ	Lloyd *et al.* 1990: 1–20, pls.1–23, 33–35.
13	*smdnt*	a, b, d	35.3 不明	Ⅶ？	Ⅲ	Kanawati *et al.* 1984: 15–20, pls. 4–7 ; Lloyd *et al.* 1990: 21–31, pls. 14–18.
14	*tti-snb/ iri* （再利用者）	d, f, h	不明 1.0	Ⅵ	Ⅱ	El-Khouli and Kanawati 1988: 7–11, pls. 1–4.
15	*ṯttw/iwn-mnw*	b, d, h	35.4 6.9	Ⅰa	Ⅱ	Kanawati *et al.* 1984: 29–36, pls. 13–19.
16	*tti/ kꜣ-in-n(.i)*	–	35.3 5.3	Ⅰb	Ⅳ	Kanawati *et al.* 1984: 37–58, pls. 20–24.
17	*dsi*	–	不明 7.5？	Ⅵ	Ⅲ	Lloyd *et al.* 1990: 43–45, pls. 1, 26, 29.

1．称号の凡例は表 2 の註 1 参照。
2．面積は、上段にマスタバの面積、下段に墓室の面積を示す。
3．被葬者自身はケンティシュの称号を保有していないが、被葬者と血縁関係のはっきりしない人物がケンティシュの称号（d, h）を保有する。
4．墓室のタイプは図 1 、図 2 参照。
5．年代の凡例は表 2 の註 5 参照。

表2　テティピラミッド北側のマスタバの被葬者（宰相）一覧2

番号	名　前	称号1	面積2(㎡)	墓室3	年代5	出　典
18	*ʿnḫ-m-ʿ-ḥr/ssi*	h	477.34 134.24	7室4	I	Badawy 1978
19	*mrrw-k3/ mri*	h	921.34 448.34	32室4	I	Duell *et al.* 1938
20	*nfr-sšm-rʿ/šši*	h	650.0 100.4	7室	I	Kanawati 1977: 125–126; Strudwick 1985: 112.
21	*ẖnty-k3/ iẖḫi*	a，b	248.3 134.4	13室	II	James 1953
22	*k3-gm-n.i/ mmi*	–	1024.0 169.4	15室	I	Kanawati 1977: 103–104; Strudwick 1985: 154–155.

1．称号の凡例
a：*imy-r ẖntyw-š pr-ʿ3*　　f：*sḥḏ ẖntyw-š pr-ʿ3*
b：*imy-r ẖntyw-š*　　g：*sḥḏ ẖntyw-š*
c：*imy-r ẖntyw-š* Pyramid　　h：*ẖnty-š* Pyramid
d：*imy-r swt ẖntyw-š pr-ʿ3*　　–：ケンティシュの称号を保有しない
e：*imy-r wpwt ẖntyw-š* Pyramid
2．面積は上段にマスタバの面積、下段に墓室の面積を示す。
3．墓室のタイプは、図1、図2参照。
4．家族の専有部分も含む。
5．年代の凡例
I：テティの治世　　II：ペピ1世の治世初期
III：ペピ1世の治世中期　　IV：ペピ1世の治世末期あるいはそれ以降

る。この地区には、[19](3) メレルウカ／メリ（*mrrw-k3/mri*）や［22］カゲムニ／メミ（*k3-gm-n.i/mmi*）などの大規模で多くのレリーフの残るマスタバがテティピラミッドの北側に位置し、さらにその北側にエジプト探査協会やマッコリー大学の発掘した小規模なマスタバが多く分布している（図1、Davies *et al.* 1984; Kanawati *et al.* 1984; El-Khouli and Kanawati 1988; Lloyd *et al.* 1990）。

この小規模なマスタバの分布する地区では、ケンティシュの称号を保有する被葬者が多い。ケンティシュの称号には *imy-r ẖntyw-š pr-ʿ3*（王室ケンティシュ長官）、*imy-r swt ẖntyw-š pr-ʿ3*（王室ケンティシュ局長官）、*sḥḏ ẖntyw-š pr-ʿ3*（王室ケンティシュ監督）、*imy-ḫt ẖntyw-š pr-ʿ3*（王室ケンティシュ副監督）などの職階があるとされている（Roth 1995: 40[4]）。これらの称号が本当にこの順番どおりに階層性をなしていたかどうかは別として、さまざまな職階のあるケンティシュの称号は、階層性が墓の建築要素においてどのように観察されうるか確認するのに適していると考えられる。したがって本論では、テティピラミッド北側の墓地の一角でさまざまな職階のケンティシュの称号がマスタバの年代と位置と面積、および墓室の面積と形態にどのように反映しているかを論じる。また当該地区でマスタバを造営したケンティシュの称号を保有しない人物や宰相称号保有者を、ケンティシュの称号保有者と比較考察する。墓の建築要素としては、建材や建築方法などがほかにも挙げられるが、本論では、紙数の関係で分析対象とする墓の建築要素を上記の5要素に限定する。

(2) 墓の年代

墓の建築要素を論じる前に、本項ではまず考察対象の墓の年代をテティピラミッドに近い墓から確認し、年代とそれ以外の墓の建築要素と関係について述べる。サッカラのテティピラミッドの北側には、[18] アンクエムアホル／セシ（*ʿnḫ-m-ʿ-ḥr/ssi*）、[19] メレルウカ、[20] ネフェルセシェムラー／シェシィ（*nfr-sšm-rʿ/šši*）、[21] ケンティカ／イケキ（*ḫnty-kȝ/iḫḫi*）、[22] カゲムニなどの宰相たちの大規模なマスタバが建てられている。それらの大規模なマスタバとテティピラミッドの間、あるいはそれらのマスタバのさらに北側には、小規模なマスタバが集中している（図1）。

本論で扱う大規模マスタバでは、[19] メレルウカを除いてすべて墓室の入口が東側にある。おそらくテティピラミッド北側のよい位置が先に造られたマスタバに占有されていたため、[19] メレルウカは通常と異なる南側の入口を選択したのだろう。[18] アンクエムアホルと [20] ネフェルセシェムラーのマスタバは、[22] カゲムニのマスタバから通路を挟んで東側に隣り合って建てられている。[22] カゲムニの墓に残されていた伝記碑文によれば、[22] カゲムニは第5王朝ジェドカラーの治世に任官されて第6王朝テティの治世まで

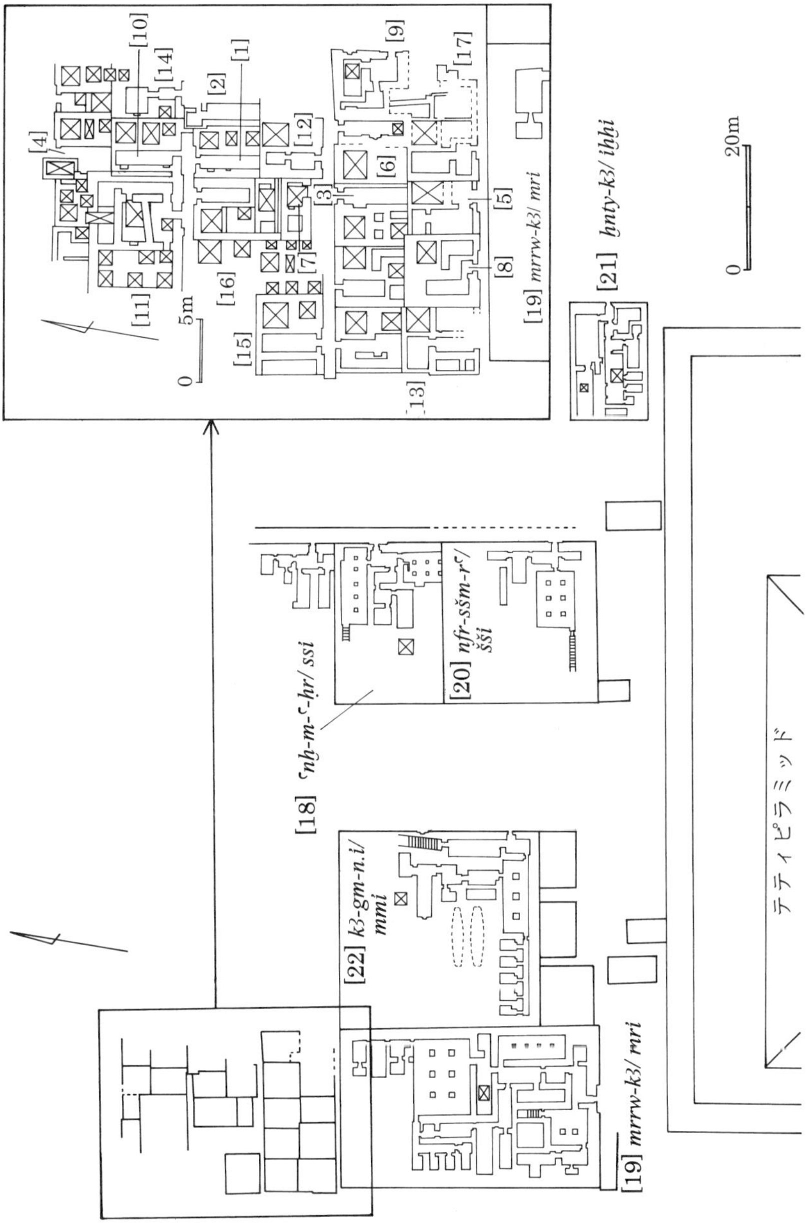

図1　テティピラミッド北側の墓の分布図

仕えたという（Sethe 1933: 194–196）。前者のグループと［22］カゲムニのマスタバの年代的な前後関係ははっきりしない。しかしこれらのマスタバの位置関係と入口の向きから、少なくとも［19］メレルウカが墓の位置を決めたときには、これら3基はすでに建てられていたと考えられている（Strudwick 1985: 101）。

［19］メレルウカを含めたこれら4基はテティピラミッドの周壁北側の正面に位置しているが、［21］ケンティカのマスタバはテティピラミッドの周壁外側の北東隅にある。それらの位置関係は、［21］ケンティカがこれらの4基よりも後に墓を建築したことを示唆している。［21］ケンティカの墓には、ジェディテティ（*ḏdi-tti*）、ジェディペピ（*ḏdi-ppy*）という名の息子が表されているが、両者とも同じ称号を保有しており（James 1953: pls. 10, 16, 21, 23, 28, 32）、ペピ1世即位後にジェディテティがジェディペピに改名した可能性が指摘されている（James 1953: 14）。また、［21］ケンティカ自身もペピ1世の葬祭殿の神官監督（*sḥd ḥmw-nṯr mn-nfr-ppy*）であり、墓の装飾段階はペピ1世の治世までかかっていたことは明らかである。

［19］メレルウカらの大規模マスタバの北側に建てられた多くの小規模マスタバは、それらの大規模マスタバが造営された後に位置を定められたようであり、明らかにその後に年代づけられる。小規模マスタバの多くは互いに支え壁として利用しあっており、それらの相対的な建築順はかなり判明しているが、最初に独立して建てられたマスタバの建築時期には不確定要素が残る（Kanawati *et al.* 1984: 7–14）。

エジプト探査協会の報告（Davies *et al.* 1984; Lloyd *et al.* 1990）とマッコリー大学の報告（Kanawati *et al.* 1984; El-Khouli and Kanawati 1988）を総合すると、これらの小規模なマスタバの壁の接合関係が判明する。これらのマスタバのなかでは、［8］メルウ／テティセネブ／メリラーセネブ／ペピセネブ（*mrw/tti-snb/ mry-rʿ-snb/ppy-snb*）と［9］メレリ（*mrri*）の石造マスタバがほかのマスタバの壁を支えとしておらず、もっとも早く建てられたマスタバの部類に入るだろう。それから東壁の状況が不明であるものの、おそらく

[12] クウイ（*ẖwi*)、[15] チェテツウ／イウンメヌウ（*ṯttw/ iwn-mnw*）のマスタバも独立して建てられているようである（Kanawati *et al.* 1984: 10)。[8] メルウ／テティセネブ／メリラーセネブ／ペピセネブは、おそらく最初テティセネブと名乗っていたが、ペピ1世治世になってからメリラーセネブとペピセネブに改名したのではないかと考えられ、両王の統治年も考慮に入れるとその墓はペピ1世治世初期に年代づけられる。したがって［9］メレリ、[12] クウイ、[15] チェテツウのマスタバも同様の時期と考えられる。

［9］メレリのマスタバの南側には［17］デシ（*dsi*）のマスタバが、西側には［6］ウレヌウ（*wrnw*）のマスタバが、［9］メレリのマスタバの壁を支え壁として建てられている。さらに［17］デシのマスタバと［8］メルウのマスタバの間に、両者のマスタバの壁を東西の壁として利用した［5］アンク（*ꜥnḫ*）のマスタバが建てられている。[17] デシの供養の祭文には「ペピ」の名が記されていたが、その直前の文字は、欠損していた（Drioton 1943: 506)。[17] デシの碑文のこの後の部分は、マッコリー大学発掘隊の調査した[10] メヒ／メフエンエス（*mḥi/ mḥ-n.s*）の台輪の碑文1行目にある表現（El-Khouli and Kanawati 1988: pl. 6）と類似している。このことから、カナワティ（Kanawati）らはこの［17］デシの碑文を[*wn im3ḫw ḫft*] *ppy*「ペピ[の前で（またはペピの治世に）栄光を受ける]」という意味に復原し[5]、この墓地のほかの墓の年代から［17］デシの碑文の「ペピ」がペピ1世のことを示していると考えている（Kanawati *et al.* 1984: 10)。この表現とよく似た *im3ḫw ḫr* 王名（王の下で栄光ある者）は、第5王朝ウニスを除き、その王の治世に生きていた被葬者の墓に記されることが多いといわれ（Strudwick 1985: 6)、この墓地のほかの墓の年代からも、[17] デシの年代はペピ1世治世と考えられる。［5］アンクのマスタバの北側には、［3］イヒエムリエフ／メルウ／メルウゲム／テティセネブ（*iḥy-m-s3. f/ mrw/ mrw-gm/ tti-snb*）のマスタバが［5］アンクのマスタバの北壁を支え壁として利用して建てられており、［3］イヒエムサエフの墓は、[19] メレルウカのすぐ北側にある2列のマスタバのなかでは後に建てられた部類に入る。［5］アンクのマスタバの反対側の

［8］メルウの西壁を支え壁として建てられた［13］セメデント（*smdnt*）のマスタバは、［17］デシの偽扉と類似する偽扉を設置していることから、ペピ1世治世に年代づけられている（Kanawati *et al.* 1984: 15–16）。以上の相対年代と次から次へとマスタバが建設されたことを考慮に入れると、［6］ウレヌウ、［13］セメデント、［17］デシのマスタバは［9］メレリより少し後のペピ1世の治世中期、［5］アンクがペピ1世の治世末期、［3］イヒエムサエフがそれよりも少し後のペピ1世の治世終わり頃に年代推定できる。

［19］メレルウカのマスタバの北側2列目のマスタバでは、［12］クウイのマスタバが最初に建てられた。ついで［12］クウイのマスタバ西壁に接して［7］メミ（*mmi*）のマスタバが建てられた。発掘者によれば、［7］メミのマスタバが接している［12］クウイのマスタバの西壁には、漆喰が塗られており、［12］クウイのマスタバが先に建てられたことは明らかである（Kanawati *et al.* 1984: 10）。［12］クウイはテティの葬祭殿ケンティシュであったと同時に、ペピ1世の葬祭神官でもあったから（Lloyd *et al.* 1990: 35）、［7］メミのマスタバはペピ1世の治世以降に建てられたはずである。発掘者は、［7］メミの偽扉に彫られたウジャトがペピ1世とペピ2世の治世のエドフのカル（*k3r*）とイシ（*isi*）の偽扉に類似しているとし、ペピ1世の治世かそのすぐ後に年代づけている（Kanawati *et al.* 1984: 26）。［7］メミのマスタバの北側には［16］チェティ／カインニ（*ṯṯi*/ *k3-in-n*(*.i*)）のマスタバが位置する。両者の西壁の下方部分の日干煉瓦積みはつながっているが、上部では分かれており、同時に建築しはじめ、完成時期がずれたようである（Kanawati *et al.* 1984: 10–1）。［1］イルエンアケト／イリ（*ir-n-3ḫt*/ *iri*）のマスタバは、［16］チェティの漆喰の塗られた東壁に接し（Kanawati *et al.* 1984: 43）、［12］クウイの北壁を支え壁として利用している。［1］イルエンアケトのマスタバの東壁北端には、［2］イルエス／イイ（*iri.s*/ *iy*）のマスタバ西壁の一部がくい込んでいる。［2］イルエスの墓室の南壁は、［12］クウイのマスタバの北壁をそのまま利用している。［2］イルエスのマスタバは、マスタバとマスタバの間にある北側の通路を塞ぐように墓室を造っており、その北壁は、漆喰

の塗られている［14］テティセネブ／イリ（再利用者[6]）（*tti-snb/ iri*）と［10］メヒのマスタバのファサードに接している（Kanawati *et al.* 1984: 43)。したがって［２］イルエスのマスタバは隣接するマスタバのなかでもっとも後に建てられた。［１］イルエンアケト、［２］イルエス、［16］チェティの墓には、絶対年代を推定する基準が少なく、報告者も偽扉の形式などから第６王朝時代中期あるいはその後もありうるとしている（Kanawati *et al.* 1984: 37, 43, 48)。

［19］メレルウカのマスタバから３番めの列では、［10］メヒと［11］ヘシ（*ḥsy*）のマスタバがもっとも早く建築されたと考えられる。なぜなら、北側の［４］イシェノィ／イシェノウ（*ỉšfi/ ỉšfw*)、東側の［14］テティセネブともに［10］メヒの壁を支え壁として利用しているからである。さらに［10］メヒのファサードのくぼみが［11］ヘシのファサードまで続いており、おそらく両者はほぼ同時に建てられた。［10］メヒのアーキトレーヴには、テティの王名の彫られた部分だけが後からはめ込まれている（El-Khouli and Kanawati 1988: pl. ６)。発掘者の解釈によれば、［10］メヒがこの王名部分をテティ治世の後に仕えた王の名前に入れ替えた後、この王名を記していることが好ましくなくなり、再びテティの名前に入れ替えたという。その見解にもっとも適する王は、テティの後ごく短期間統治していたウセルカラーであり、テティの息子ペピ１世が玉座を奪回した後にこの現象が起きたとされている（El-Khouli and Kanawati 1988: 12)。この解釈に従えば、テティにも仕えていた［10］メヒはペピ１世の治世初期に年代づけられ、［10］メヒとほぼ同時に墓を建造した［11］ヘシも同様の年代と考えられる。

［14］テティセネブは複数の名前を持っていたようだが、アーキトレーヴに彫られた［14］テティセネブのもうひとつの名前は墓の再利用者イリに削られてしまった（El-Khouli and Kanawati 1988: pl. ３)。したがって［３］イヒエムサエフのように、［14］テティセネブは仕えていた王名にちなんでつけた名前テティセネブを別名として持っていたと推測できる。［10］メヒより後に墓を建てたものの、それほど年代は離れておらずペピ１世の治世初期と考えら

れる。［4］イシェフィのマスタバの南壁の一部は、［14］テティセネブの北壁を支え壁としており、さらに［11］ヘシのマスタバの東壁を墓室の壁として利用していることから、［4］イシェフィは［14］テティセネブと［11］ヘシよりも後から墓を建設した。しかし偽扉の類似した形式からは三者の建築年代はそれほど離れているわけではなさそうであり、発掘者は［4］イシェフィを称号などからペピ1世治世中期に年代づけている（El-Khouli and Kanawati 1988: 18–19）。

以上の墓の建てられた時期を概観すると、最初にテティピラミッドの北側正面に［22］カゲムニなどの大規模マスタバが建てられたテティの治世、次に大規模マスタバの北側に小規模なマスタバの建てられはじめたペピ1世の治世初期、そしてそれらの初期のマスタバの壁によりかかって別のマスタバがさらに建てられたペピ1世の治世中期、最後にマスタバの複数の壁が複数の方向で古いマスタバによりかかって造営されたペピ1世の治世末期あるいはそれ以降の4期に分けられる。以後本論ではこれらの時期を古い順に第Ⅰ期、第Ⅱ期、第Ⅲ期、第Ⅳ期として記述する。

宰相のみの第Ⅰ期では、王の葬祭殿のケンティシュ（表2、表3では「*ẖnty-š* Pyramid」）しか観察されないが、以後もこの称号は保有され続けている。第Ⅱ期で *imy-r ẖntyw-š pr-ʿꜣ* と *imy-r ẖntyw-š* が初めて観察される。第Ⅱ期がもっとも考察対象の墓が多い時期であることを考慮に入れても、この時期には *imy-r ẖntyw-š pr-ʿꜣ* と *imy-r ẖntyw-š* が4期を通じてもっとも多い。王の葬祭殿のケンティシュは、一説によれば王室に所属するケンティシュよりも後の第6王朝テティ治世に導入されたといわれており（Helck 1954：107–110）、以上の現象は王の葬祭殿のケンティシュの導入時期とは関係なさそうである。この現象を除けばケンティシュの各称号は各時期に分布し、考察対象のなかでは墓の年代とケンティシュの称号との関連よりも、墓の年代とほかの建築要素との関連のほうが深そうである。

(3) 墓の建築要素

1　墓の位置

ギザのケンティシュ墓地では墓の位置は称号と関連しているとされているが (Roth 1995: 52)、サッカラのテティピラミッド北側のマスタバ群では、墓の位置は墓の建造時期にかなり影響を受けているようである。大規模マスタバでは、位置と入口の向きが年代に関係しているらしいことはすでに前項で指摘した。小規模マスタバ群では、第Ⅱ期（ペピ１世治世初期）に造営された［８］メルウ、［10］メヒ、［11］ヘシ、［12］クウイ、［15］チュテツウのマスタバは、テティピラミッドの方向に入口がある列に位置している。ただし、これらと同時期のマスタバとしては例外的に［９］メレリのマスタバの入口は東側にある。第Ⅱ期のマスタバの被葬者は、*imy-r ḫntyw-š pr-ʿꜣ* あるいは *imy-r ḫnt-yw-š* であったが、［11］ヘシはケンティシュの称号を保有せず、その少し後に建てられたマスタバの被葬者［14］テティセネブはこれら以外のケンティシュの称号を保有する。

その後に造られたマスタバは、第Ⅱ期のマスタバの入口と反対側あるいは横の外壁を支えとして利用している。また、後に建てられたマスタバでは、被葬者が *imy-r ḫntyw-š pr-ʿꜣ* あるいは *imy r ḫntyw-š* を保有している場合、２基（［５］アンク、［13］セメデント）がテティピラミッド側に入口を持ち、１基（［３］イヒエムサエフ）はテティピラミッドと反対側に入口を持つ。それ以外のケンティシュの称号保有者の場合、マスタバはすべてテティピラミッドに背を向ける側の列に建てられている。しかし称号による墓の位置の違いは、年代による違いほど明確ではないといってよいだろう。

2　マスタバと墓室の面積

本項では、表１と表２の例のマスタバと墓室の面積について論じる。表３には、マスタバと墓室両方の面積の判明する16例について、６種類のケンティ

表3　テティピラミッド北側のマスタバと墓室の面積

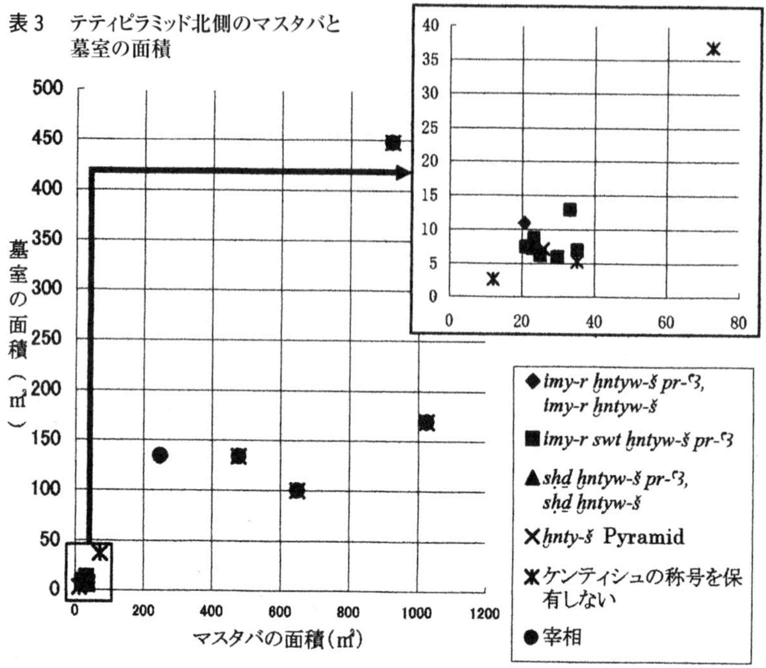

シュの称号保有者、ケンティシュでない被葬者、宰相のマスタバと墓室の面積を表している。墓室の面積にはセルダブを含むが、地下の埋葬室は含まない。表1と表2ではケンティシュの称号を8種類に分類したが、マスタバの面積の判明する被葬者は、表3のように6種類のケンティシュの称号しか保有しない。ただし、表3では表1と表2で分けている *imy-r ḫntyw-š pr-ʿꜣ* と *imy-r ḫntyw-š*、*sḥḏ ḫntyw-š pr-ʿꜣ* と *sḥḏ ḫntyw-š* を同じ職階として便宜上同一分類にした。なお、後述の図2でも同様とした。表3で複数の条件にあてはまる被葬者のマスタバと墓室面積は、重複して記載した。

表3からは、どの種類のケンティシュの称号を保有していても、マスタバと墓室の面積はほとんど変わらないことが判明する。*imy-r ḫntyw-š pr-ʿꜣ*、*imy-r ḫntyw-š*、*imy-r swt ḫntyw-š pr-ʿꜣ* の称号保有者が、宰相を除けば、30㎡以上のマスタバを持つことが多いといえなくもない。しかし、ケンティシュの称

号を保有しない人物のマスタバでも30㎡以上の例が2例あり、ケンティシュの称号保有者のマスタバの面積は40㎡以下、同じく墓室の面積も15㎡以下であり、顕著な違いは認められない（表3）。それに対して宰相のマスタバは、ケンティシュの称号を保有しようと保有しまいとずばぬけて大きく、宰相のマスタバの面積はすべて200㎡以上、墓室の面積もすべて100㎡以上の広さである（表3）。

本論の考察対象となった小規模マスタバのうち、判明している限りのマスタバの面積の平均値は、第Ⅱ期41.6㎡、第Ⅲ期29.4㎡、第Ⅳ期23.7㎡である。同じく墓室の各時期の平均値は第Ⅱ期10.5㎡、第Ⅲ期7.5㎡（[17] デシを含む)、第Ⅳ期6.5㎡である。ケンティシュの称号を保有しない［11］ヘンが第Ⅱ期の平均値を押し上げていることを割り引いて考慮すると、小規模マスタバが建てられたペピ1世の治世の間に少しずつマスタバと墓室の面積が小さくなる傾向にあったようだ。

本論の考察対象とした官僚のマスタバと墓室の面積からは、ロスがギザのケンティシュ墓地で確認したような（Roth 1995: 51）ケンティシュ内部の細かい職階の違いは導けず、宰相と宰相でないケンティシュのマスタバの面積が顕著に違うことぐらいしか判明しなかった。また、ペピ1世の治世の間は、小規模マスタバのなかで劇的なマスタバの面積の変化は起きていなかったが、徐々に面積が縮小する傾向にはあった。

3　墓室の形態

墓室の形、入口の向き、部屋の数によってタイプⅠaからⅧまで9タイプに分類し、被葬者の称号別に墓室の形態をタイプごとに図2で示した。なお、3室までの墓室は概略図で示したが、地下の埋葬室は部屋数に含まなかった。ひとつの図で2基以上のマスタバの墓室を表すときは、どちらかの墓室の形に似せ、入口の向きと部屋の数が同じで部屋の組み合わせ方がほぼ同じであれば、多少の部屋の広さの違いは無視した。4室以上の墓室は入口から奥へ向かう方向と部屋数のみ示した。図2で扱う称号を複数持っている被葬者の墓室はその

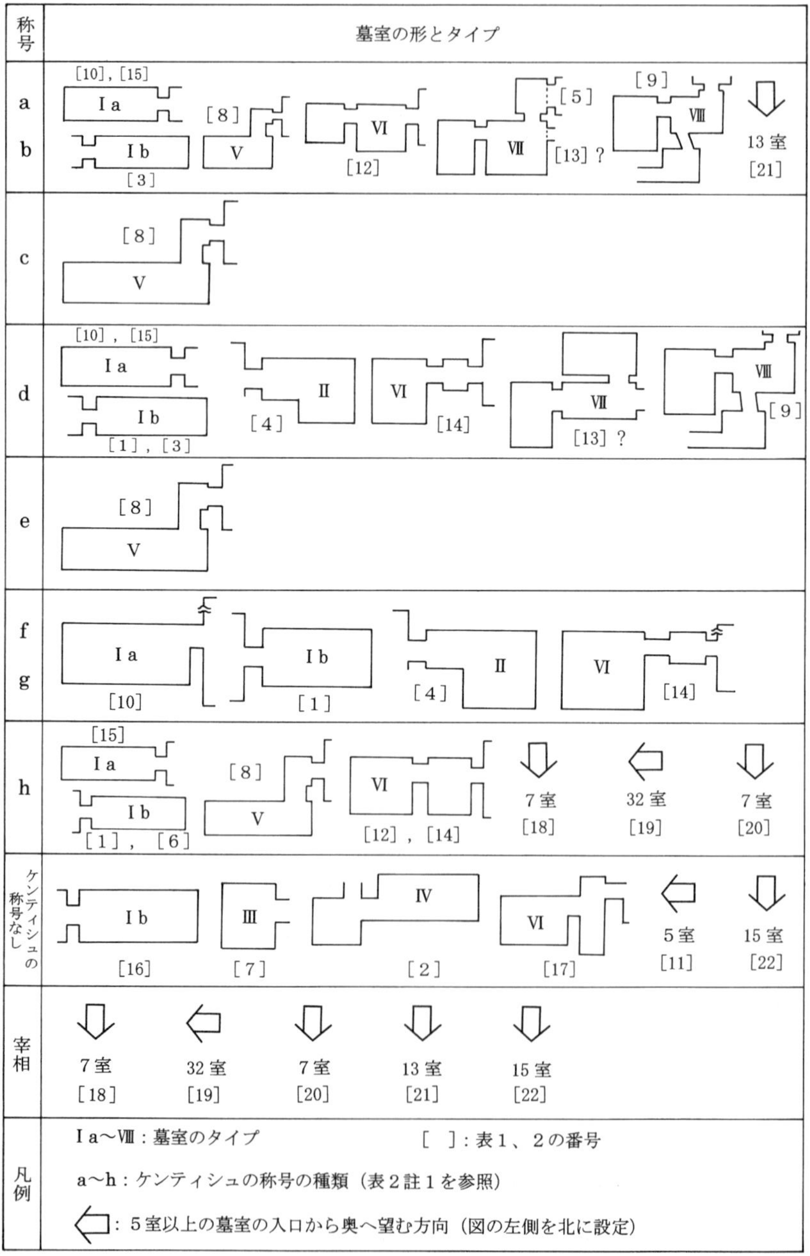

図2　称号別墓室のタイプ

都度図に示した。

本稿で扱う小規模墓室のうち、ペピ1世治世初期（第Ⅱ期）には［9］メレリを除き、テティピラミッドの方向に入口をほとんど持っているが、ペピ1世治世中期（第Ⅲ期）からテティピラミッドと反対向きの入口を持つ墓室が登場している。小規模マスタバと異なり、宰相の墓室の入口は［19］メレルウカを除き、すべてマスタバの東側に位置している（図1）。前述したように、小規模マスタバの入口の向きの変化も［19］メレルウカのマスタベ南側の入口もおそらく立地の条件が原因であろう。

宰相は、例外なく5室以上の墓室を保有する。宰相以外で5室の墓室を保有するのは、ケンティシュの称号を保有しない［11］ヘシだけであり、本稿の宰相以外でケンティシュで5室以上の墓室を保有する者はいない。［11］ヘシの保有する *imy-r šmʿw*（上エジプト長官）の称号は、ほかのケンティシュでは［12］クイ以外に持たない称号であり、上エジプト長官職が墓室の形態に影響を及ぼした可能性もある。

imy-r ẖntyw-š pr-ʿꜣ あるいは *imy-r ẖntyw-š* はタイプⅠa、Ⅰb、Ⅴ、Ⅵ、Ⅶ、Ⅷとほとんどすべての墓室のタイプに観察される。*imy-r swt ẖntyw-s pr-ʿꜣ* もタイプⅠa、Ⅰb、Ⅱ、Ⅳ、Ⅵ、Ⅶ（？）、Ⅷのように多くの墓室のタイプにみられる。*sḥḏ ẖntyw-š pr-ʿꜣ* あるいは *sḥḏ ẖntyw-š* もタイプⅠa、Ⅰb、Ⅱ、Ⅵに観察され、ケンティシュの称号の種類で墓室の形態に相違は生じないようである。

同地区のケンティシュの称号を保有しない人物の墓室も、タイプⅠb、Ⅲ、Ⅵ、5室以上の墓室と様々である。ケンティシュの称号を保有しない人物で5室以上の墓室を保有するのは、宰相［22］カゲムニと上エジプト長官［11］ヘシであり、ケンティシュの称号を保有するか保有しないかで墓室の形態に違いはあまりないようである。

墓室の形態は、宰相の大規模なマスタバ以外は、マスタバの面積に特に左右されるわけでもないようである。25㎡以下でも3室構成の墓室（［5］アンク）が観察される一方で、［16］チェティのように35㎡以上のマスタバでも一室構成の墓室もある。墓室の形態は、ケンティシュ内部の細かい職階のような称号の細かな違いや面積にそれほど左右されないようである。

(4) 結　　論

本論では、ロスのように、墓の要素からケンティシュの称号のなかに階層性を観察することはできなかったが、ケンティシュと宰相の墓の要素には明確な違いがあることが判明した。ほかに考察対象とできる墓の要素としては、竪坑の体積、外装材、装飾と碑文などがあろうが、それらの要素からケンティシュのなかの階層性のような、細かい職階までは導き出せる可能性は少ないだろう。宰相のような上層の官僚と、おもにケンティシュ称号しか保有しないような官僚の違いといった、官僚制全体のなかのおおまかな階層ならば、墓の要素から導き出せるだろう。したがって細かい階層を墓の要素から推測するのは危険であるといえる。

註

（1） 古王国時代の社会構造を墓地の構造から復原する研究の代表的な例としては、以下のものがある。Helck 1956; O'Connor 1974; Reisner 1942; Roth 1988; 1993; 1995.

（2） ロスは「ケンティシュ墓地」の報告書（Roth 1995）でケンティシュを "palace attendant" と訳し、それにちなんでこの墓地を "cemetery of palace attendants" と命名した。本論ではこの点を考慮して "cemetery of palace attendants" を「ケンティシュ墓地」と訳してみた。

（3） [　] 内の番号は、表1と表2で各被葬者につけた番号である。なお、表1は小規模マスタバの被葬者、表2は宰相（*t3ty s3b ṯ3ty*）の称号を保有する大規模マスタバの被葬者の一覧である。

（4） ケンティシュの称号の各職階の訳は、屋形 1975に倣った。

（5） 当初、カナワティらは［10］メヒの台輪の碑文1行目をこのように解釈していたが、のちに出版した［10］メヒの報告では、同じ碑文の類例箇所を参考にして、*wn im3ḫ.f ḫ* [*r*] *tti*「彼の栄光はテティの前にある」と解釈を変更した（El-Khouli and Kanawati 1988: 15）。

（6） 発掘者は［14］テティセネブのマスタバがイリによって再利用されたとは考え

ず、テティセネブとイリを同一人物と考えている。しかし偽扉とアーキトレーヴのイリの名前は明らかに削られた跡に彫りなおされており（El-Khouli and Kanawati 1988: pls. 3, 4）、ここではイリを再利用者の名前とみなす。

参考文献

Badawy, A. 1978 *The Tomb of Nyhetep-Ptah at Giza and the Tomb of 'Ankhm'ahor at Saqqara.* Berkeley, Los Angeles, and London.

Davies, W.D., A. El-Khouli, A. B. Lloyd and A. J. Spencer 1984 *Sâqqara Tombs I: The Mastabas of Mereri and Wernu.* London.

Drioton, É. 1943 "Description sommaire des chapelles funéraires de la VIe dynastie récemment découvertes derrière le mastaba de Mérérouka a Sakkarah", *Annales du Service des Antiquités de l'Égypte* 43, 487–513, pl. 47.

Duell, P. *et al.* 1938 *The Mastaba of Mereruka,* 2 vols. Chicago.

Helck, W. 1954 *Untersuchungen zu den Beamtentiteln des ägyptischen Alten Reiches.* Glückstadt.

Helck, W. 1956 "Zur Entstehung des Westfriedhofs an der Cheops-Pyramide", *Zeitschrift für ägyptische Sprache und Altertumskunde* 81, 62–65.

James, T. G. H. 1953 *The Mastaba of Khentika called Ikhekhi,* London.

Kanawati, N. 1977 *The Egyptian Administration in the Old Kingdom: Evidence on its Economic Decline.* Warminster.

Kanawati, N., A. El-Khouli, A. McFarlane and N. V. Maksoud 1984 *Excavations at Saqqara: North-West of Teti's Pyramid.* Vol. 1, Sydney.

El-Khouli, A. and N. Kanawati 1988 *Excavations at Saqqara: North-West of Teti's Pyramid.* Vol. 2, Sydney.

Lloyd, A. B., A. I. Spencer and A. El-Khouli 1990 *Sâqqara Tombs II: The Mastabas of Meru, Semdenti, Khui and Others.* London.

O'Connor, D. 1974 "Political systems and archaeological data in Egypt", *World Archaeology* vol. 6, no. 1, 15–38.

Reisner, G.A. 1942 *A History of the Giza Necropolis.* Vol.1, Cambridge, Mass.

Roth, A.M. 1988 "The Organization of Royal Cemeteries at Saqqara in the Old Kingdom", *Journal of American Research Center in Egypt* 25, 201–214.

Roth, A.M. 1993 "Social Change in the Fourth Dynasty: the Spatial Organization of Pyramids, Tombs, and Cemeteries", *Journal of American Research Center in Egypt* 30, 33-55.

Roth, A. M. 1995 *A Cemetery of Palace Attendants: Including G 2084–2099, G 2230 +2231, and G 2240,* Giza Mastabas vol. 6, Boston.

Sethe, K. 1933 *Urkunden des Alten Reiches,* Leipzig.

Strudwick, N. 1985 *The Administration of Egypt in the Old Kingdom: The Highest Titles and their Holders.* London, Boston, Henley, and Melbourne.

尾形禎亮 1975「ケンティシュについて」『三笠宮殿下還暦記念オリエント学論集』日本オリエント学会編、講談社。

古王国時代における「来世の審判」

内田杉彦

(1) はじめに

来世を現世の「継続」とみる思想は古代エジプトの来世観念の基礎をなしていたと言える。古王国時代には、貴族の私人墓装飾として墓主の現世における地位や富を題材とした浮彫や壁画が隆盛を迎えるが、これはある意味では現世の好ましい側面を来世に持ち込もうとする試みであり、そのような来世の思想が頂点に達していたことを示している。古王国が崩壊すると、「マアト」という言葉で表現される倫理上の規範に合致する生涯をおくった者が来世に再生するという「死者の審判」の思想が出現し、以後の来世思想の主流になるが、これもまた、個人の来世が死という「通過点」を経て現世とつながりを持つとみる点で、伝統的な思想の延長線上にあると言えるだろう。

来世と現世との「つながり」にはさらに、生者と死者の相互関係という側面もある。現世における人間同士の絆は一方の死後も、生者による供養によって保たれた。遺族は墓主に供物を捧げ供養文を唱えるとともに様々な祈願を行い、そのような願い事は、遅くとも古王国末期には、しばしば墓主にあてた書簡（「死者への書簡」[1]）に書かれるようになっていた。古王国第6王朝以降の私人墓碑文にしばしば見られる「生者への呼びかけ」[2]は墓主の供養を行った生者に対して報酬を約束する内容を持つが、これもまたそのような生者と死者の関係を示す資料と言える。

しかし両者の関係は必ずしもそのような互恵的なものばかりではなかった。

第4王朝末期以降の古王国の私人墓碑文に、生者の悪行に対する報いの記述を記した「訪問者への勧告」[3]が数多く見られ、古王国末期から第一中間期の「死者への書簡」に、悪意を持つ死者から守ってくれるよう願うものがしばしば含まれていることは、生者と死者の間に想定される緊張関係もまた、古王国時代の来世思想の根底にあったことを示している。これらの「勧告」や「書簡」をはじめとする当時の資料には、現世と来世の境を越えたこのような緊張・対立関係を裁く「来世の審判」に関する言及がしばしば見られ、それが当時の生者と死者の関係において大きな位置を占めていたことがうかがえる。本稿では、古王国時代の「来世の審判」の概念を検討し、それが生者と死者の相互関係に果たした役割と、そこに見てとれる現世と来世の関わりについて示したいと思う。

(2) 「来世の審判」における生者と死者

葬祭神官をはじめとして墓の供養室に立ち入る人々に向けられた「訪問者への勧告」は、死者のための善行に関するもの[4]も含むとはいえ「大神」（*nṯr ꜥ3*）とその法廷による審判に言及した「勧告」が大部分を占める。この「大神」が具体的にどの神を指すのかは必ずしも明確ではないが、少なくともテキストCの「西方の主」（*nb imnt*）のように来世に言及した称号を伴う例があることからみて、この神が来世の支配者であり、審判が来世で行われるものとされていたことは疑いない[5]。この「来世の審判」が、ここでは原告（死者）と被告（生者）の間で行われる「係争」の性格を持っていたことは「私の訴えと彼との間で裁きがなされるだろう」（*wnn wḏꜥw mdw(.i) ḥnꜥ.f*）（テキストA[6]）、「私の訴えが彼とともに聞かれる（審問される）ことになるだろう」（*iw(.w) (r) śḏm mdw(.i) ḥnꜥ. f*）（テキストC[7]）という表現から明らかであり、それはすでに来世への復活を遂げた死者（墓主）が当事者とされている点で、第一中間期以降の「死者の審判」とは異なっている[8]。

審判の対象となる生者の行為として「訪問者への勧告」に挙げられているも

のの多くは墓自体に関するもので、それには墓やその一部に対する「悪事」、具体的には墓に対する破壊・横領行為[9]や、「不浄なままで」墓に立ち入る行為[10]が含まれる。

墓に対する破壊・横領行為としては、建築材料（石材、煉瓦）の切り出し（テキストC・D・R参照）や、墓の内部に刻まれた碑文を抹消する行為（テキストE参照）などが言及されている[11]。実際の供養が途絶えた場合にその代わりとなるもの、すなわち供物とそれを墓主に捧げる召使の姿、供養のための呪文（供養文）が壁面に表された墓は、墓主が死後の永生を確保するために重要な意味を持っており、それゆえ、墓を対象とした悪事、とりわけ破壊行為が脅威とされたのも当然と言える。事実、「訪問者への勧告」とほぼ同時期の第5、6王朝時代には、このような破壊行為がしばしば行われたと考えられるが、それも「勧告」にそうした行為が言及された背景とみなせるだろう[12]。墓あるいはその一部の再利用、墓主に対する敵意から行われたその種の行為によって、しばしば墓主の名だけでなく墓壁に表された墓主像の顔面が削り取られ、墓主は墓の所有権だけでなく、来世における生存の権利までも脅かされることとなった。テキストDに示されているように、そのような行為を行った人々のなかには、貴族などの有力者が含まれており、現世の法廷が私人墓の破壊行為を防ぐうえで必ずしも有効に機能しなかったであろうことは想像に難くない[13]。したがって当時の人々は、自らの墓を守り、あるいは少なくともそれが破壊され奪われた場合に補償を得る手段として、現世の法廷ではなく「来世の審判」に頼らざるを得なかったと考えられる。

また、墓は単に死者の財産だっただけでなく神聖な場所として清浄さが保たれなければならず[14]、供養のために墓を訪れる生者にもそれにふさわしい「清浄さ」が要求された。「訪問者への勧告」には、「不浄なままで」(*mʿbw*)[15] 墓を訪れる者への警告が記されているが（テキストG・S参照)、そこではアク(*ꜣḫ*) すなわち墓に住む死者にとって禁忌となるものを食べた状態[16]や、あるいは「大神」の神殿に入るときと同じ清浄さを持たない状態[17]などが「不浄」とされており、墓に立ち入る際には、一定の規範に従った清浄さが要求されていたことは明らかである。

しかし墓に立ち入る人間が「不浄」であるか否かは、J. アスマン（Assmann）が指摘しているように必ずしも外見から立証できるものではなく、それゆえ「不浄」は、有力者による「墓荒し」とならんで現世の法廷が扱えない問題であり、「来世の審判」に裁きをゆだねざるをえない行為であったと言える。[18]

「訪問者への勧告」のなかにはさらに、遺児に対する悪行について墓主が「来世の審判」に訴えるとするものもあるが（テキスト H）[19] 死者が遺族を守るため来世の法廷に訴えるというこのような考え方は、「死者への書簡」にも示されている。係争としての性格を持つ古王国の「来世の審判」は、後に第一中間期の『棺柩文』に引き継がれており、「死者への書簡」は、その中継点をなすものと言えるが[20]、そこでは生者が自分の身に起こった災難について、責任者に対する訴訟（「（相手と）ともに裁かれること」〈*wḏꜥ mdw ḥnꜥ*...〉）の代行あるいは支援を、亡き肉親に求めるというパターンが見られる。それはたとえば亡父の遺産の一部である農地を奪われた人物が、その責任を負うべき（と彼がみなした）兄弟に対する訴訟を亡父に依頼するというもの[21]や、息子の相続すべき遺産を奪われた未亡人が、後見人など 2 人の人物を訴えるよう亡夫に依頼し、あわせて亡き親族や友人たちにも支援を求めるよう伝えるというものである。[22] 最初の例の場合、「被告人」である兄弟は、同じ書簡に彼の埋葬に関する記述があることから[23]死者であることが明らかであり、死者が（生者のために）他の死者を訴えるという構図が示されているが、次の例では 2 人の被告が死者であるかどうかは必ずしも明白でなく[24]、彼らはともに生者かもしれない。だとすればそこでは死者が（身内の）生者のために、他の生者を「来世の審判」に訴え、訴訟の支援をするのが期待されていることになるだろう。死者が生者に対する訴訟を来世の法廷で行うというパターンは「訪問者への勧告」に示されているものと一致する。また、他の「書簡」では、ある人物に「不服申し立て」（*śmi*）すなわち告訴をほのめかされ脅された母親が、それに対抗する「申し立て」を亡き息子へ依頼したくだりが見られる（テキスト I）。ここで脅迫者が「不服申し立てをする」としている法廷は、死者がそれについて訴訟を起こすのを求められているのと同じ来世の法廷と考えられる。この脅迫者が、自分の死後に行われる告訴や身内の死者による告訴の代行をほのめかす生者なのか、それとも何らかの手段で「書簡」の書き手に告訴の意志を伝えた死者であるのかは明確でない(25)。いずれにせよここでは「来世の審判」に訴えられた生者が身内の死者の支援を受けてそれに対抗できるという考え方が示されている。すなわち「来世の審判」においては、原告だけでなく被告とされた側も、それぞれ自分の代弁者ないし弁護人となる死者の支援を期待できたのである(26)。

亡き肉親にあてられた「死者への書簡」の場合、そのような支援が期待されるうえで生前の墓主との親密な関係が意識されていたことは疑いない(27)。しかし他の「書簡」の「人がアクのために祈願供物を捧げるのは、地上にある者（生者）の味方になってもらうためなのです」（*irr.tw prt-ḫrw n 3ḫ ḥr sbt ḥr tpy-t3*）というくだりは、死者からの支援が基本的には供養の返礼とされていたことを示している(28)。死者の供養を遺族や子孫だけで維持するのは困難であり、それは結局、葬祭神官など墓地を訪れる他人に委ねられることになるため、供養と返礼からなる生者と死者の互恵関係は家族の枠を越えたものへと拡大される。それは不特定の人々にあてられた「生者への呼びかけ」のなかに、供養への返礼として墓主が墓地で「味方となる」（*sbi ḥr*）と約束したくだりが見られること(29)で示されており、そのような支援行為は、「訪問者への勧告」では、しかるべき清めを受けて供養を行う生者のため、墓主が「墓地」あるいは「来世の審判」の場で「後ろ盾」（*ḥ3y*）となる行為とされている（テキストF・G）(30)。これは「死者への書簡」で求められていた訴訟の代行・支援と一致するものであり、「来世の審判」が「供養」を軸とした生者と死者の互恵関係のなかで果たしていた役割の大きさをうかがわせるものと言えるだろう。

「来世の審判」は、生者と死者の相互関係――互恵的なものも、そうでないものも――のなかにおいて「要」の役割を果たしており、生者と死者相互の積極的な行為とその対応のなかに位置づけられていたと言える。墓を荒らす者や不敬なやり方で供養を行う者は死者の告訴の対象となり、一方、定められた清めを受けて敬虔に供養を行う者は、自分が「来世の審判」に訴える場合、あるいは訴えられたときでさえも、死者の支援をあてにすることができたのである。

(3) 「来世の審判」とマアト

「訪問者への勧告」に見られる「来世の審判」のくだりでは、裁きが大神の法廷にゆだねられるとされているのみで判決については言及されない場合がほとんどである。しかし原告である墓主の勝訴は自明のことであり、勝訴の判決、すなわち大神の法廷において「声（陳述）が正しい」（*m3ʿ ḫrw*）とされることに[(31)]触れたものも少数ながら見られる（テキストJ・K)。来世における訴訟に触れた「死者への書簡」でもその筆者の勝訴が想定されていることは言うまでもなく、来世の法廷が「『声の正しさ』の場」（*śt m3ʿ-ḫrw*）と呼ばれている例（テキストI参照）のほか、亡夫に「訴訟」を依頼する未亡人が、危害を加える「いかなる死者に対しても、私の声は正しい」と主張している例が見られる（テキストL)。

どのような相手に対しても自分の「声が正しい」とする主張はテキストJでも見られるが、これは告訴の対象となった行為の善悪のみではなく、原告と被告の立場の「正当性」が争われたことを示しており、「来世の審判」の「係争」としての性格が表されている。亡き兄弟への訴訟を依頼した前述の「死者への書簡」（註（21）参照）では、この人物が「書簡」の筆者から大麦や衣類などを借りたままであり、筆者に対していわれなく不当な仕打ちをしたこと、そしてそれにもかかわらず筆者は彼を埋葬したことが語られている。[(32)]来世が現世の「続き」である以上、現世で生者に負った恩義や生者に対して犯した不義理もまた来世に持ち越され、「来世の審判」の判決に影響すると考えられていたのである。

同様の考え方は私人墓碑文にも見てとれる。「訪問者への勧告」や「生者への呼びかけ」には、そこに書かれた内容、すなわち墓に対する生者の行為に対し相応の報いがなされるという記述について、その理由・根拠を述べた「理由づけ」が添えられることが多く、それには、墓の造営をはじめとする墓主の生前の行為が正当であり、非難の余地がないことを示す「自伝碑文」が含まれるのである。

まず墓の造営については、墓主がそれを許可する「権利証書」(*ẖry-ʿ*) を持つとする主張[33]のように墓主の法的な権利に言及した例もあるものの、墓の造営に際して他人の財産が奪われなかったこと、生前の墓主が王や社会と保っていた密接な関係の結果として墓が作られたことが主張されるのが一般的である。たとえば墓主は墓を作るのに「私（墓主）の正当な財産」(*išt(.i) mꜣʿt*) を利用し、他人の「財産」を奪わず（テキストA参照)、他の墓（やその一部）を再利用するようなことをしなかったと主張（テキストD）する[34]。これは「訪問者への勧告」の内容、とりわけ「墓荒し」に対する警告と同じく、そのような行為がしばしば行われた当時の状況を示すとともに、そうした警告に対応した内容を持つと言えるだろう。自分の墓を神聖な財産として尊重するよう要求するからには、墓主自身も、他人の財産、特に死者の財産を尊重したことを示す必要があり、さもなければ彼もまた、「来世の審判」の場に立たされることを覚悟しなければならなかったのである。他人の墓の石材を自分の墓の造営に再利用しなかったと主張し、その理由として「来世の審判」の存在を挙げている例（テキストM）がこの種の「理由づけ」のなかに見られることは、墓主の側のそのような意識を示すものと言える。一方、他の死者の財産を尊重して「処女地」に墓を造営する行為（テキストD、註（34）参照）は、墓主にとって誇るべきことであり、テキストEに示されているように、現世と来世の幸福（幸福な人生を長く楽しみ、来世の支配者「大神」との絆に結ばれて再生を遂げる）につながる行為とみなされていた。

テキストMにはさらに、墓を作った職人へ充分な報酬の支払いがなされたことが「理由づけ」のひとつとして挙げられており、同様の例は他にもしばしば見られる（テキストB参照)[35]。これは墓の所有権の正当性を補強するとともに、墓主の寛大さを示すものでもあり、墓そのものに対する権利だけでなく、墓主の生前の人格や生き方が「理由づけ」とみなされていることがうかがえるが、それは墓主が、墓の造営を「私が人々と神のもとで良き絆によって結ばれた者であった結果」（*m-šwy imɜḫ(.i) nfr ḫr rmṯ ḫr nṯr*）とするくだりにも示されている[36]。墓や供物など死後の準備は、生前の墓主（貴族）による忠勤の代償として主君である王が行うのが建て前で、実際に墓あるいはその一部が下賜される場合もあった[37]。墓の造営がしばしば墓主と王との「絆」の賜物とされているのは（テキストＢ参照）それに即したものであり、ここでも墓主の生前の生き方、とりわけ王の臣下としての模範的な生き方が、その墓が尊重されるに足る当然の「理由」のひとつとされているのである。

「理由づけ」として添えられる「自伝碑文」は、墓主の人生が倫理規範であるマアトに沿った理想的なものだったことも強調している。そのなかには「善を語り、善を繰り返した者」（テキストＦ・Ｈ・Ｔ参照）や「マアトを語り、マアトを実践した」のような包括的な表現[38]にくわえ、墓主の官僚としての経歴や業績を物語ったものもあるが[39]、両親や周囲の人々の愛と賞賛を受け（テキストＴ参照[40]）、官僚として公正な裁定を行い、弱者を保護したなどの類型的表現[41]が一般的である。特に多く見られるのは生前の悪行を否定する内容を持つものであり、そこでは悪行をなさなかった理由として、来世の支配者である「大神」との良好な関係、「絆によって結ばれた」関係を望んだためとしている例（テキストＮ・Ｏ）が見られる[42]。この「大神」との関係は、現世における王との関係と対をなすものであり、来世が現世の「連続」とみなされていた当時にあってこれらが相互に密接なつながりを持つものだったことは、墓主が、王と「大神」のもとで「絆」に結ばれていると主張し（テキストＥ参照）、生者の間に名声を保ち、死者（アク）との絆に結ばれていると主張した例[43]によって示されている。

現世で他人に危害を及ぼすことなく社会との調和を守り、人々や神、王との「絆」に結ばれた者、つまりマアトに即した人生をおくった者は、来世では「大神」や他の死者との絆に結ばれ、幸福な生活を送ることを期待できるとされたのである。この来世における幸福を脅かす可能性があるものがすなわち

「来世の審判」であった。テキストFには、墓主が生前に悪行をなさなかったのは、人々との良好な関係だけでなく、「来世の審判」で自分のために「正しい裁きがなされる」(*m3ʿ*) ことを望んだためであると記されている。現世で悪行に手を染めなかったからには「来世の審判」に訴えられるいわれがなく、たとえ審判の場に立たされるとしても正当な裁定を期待できたのである。

これに対して他人から悪意を持たれるような行為を現世で行っていたとすれば、死後に相応の報いがなされることを覚悟する必要があり、「訪問者への勧告」が防ぐことを目的としていた生者の行為、すなわち墓に対する冒瀆・破壊行為でさえ、テキストPに暗示されるように、そのような応報として「正当化」された[(44)]。これは墓に対する破壊行為が墓主に対する悪意から行われていたことを反映したものとみることができるが、それは同時に「来世の審判」で敗れた者が死後にたどる運命を暗示しているとも言える。「訪問者への勧告」には、人が他人の墓に対して行うことが同じ結果をもたらすというくだりを含むものがあるが（テキストG参照)、これは他人の墓を尊重する者の墓が同様に尊重されるのに対して、墓を荒らし冒瀆する者の墓は同じ被害を受けることを意味しており[(45)]、それが「来世の審判」で敗れたものに対する報いとされる場合があったことをうかがわせるのである。

(4) 「審判」と「報い」

「訪問者への勧告」には、「来世の審判」への告訴の言及とともに、墓主が「彼（悪行をなした者）の首を鳥（の首）のようにつかむ」(*iw(.i) r iṯt ṯs.f mi 3pd/ś*) というくだり[(46)]が多く見られる（テキストC・D・F・G参照)。この墓主の行為については、テキストFの「私は、大神の法廷で彼とともに裁かれた後に、彼の首を鳥の（首の）ようにつかむだろう」(*iw(.i)* (*r*) *iṯt ṯs. f mi ś wḏʿ.kwi ḥnʿ.f m ḏ3ḏ3t nṯr ʿ3*) というくだりから、「審判」で勝訴した墓主が敗れた敵に対して行う報復とされていたことは明白である[(47)]。E. エーデル (Edel) は、古王国の私人墓浮彫の供犠場面に水鳥の首がひねられ屠殺される様子を表した例があることを指摘し、この行為は墓主が、悪行をなした者の首を、まさに犠牲の水鳥のそれのようにひねって殺害することを意味するとした。[48] S. モーシャウザー（Morschauser）は、この表現が示しているのは墓主がそのような罪人を捕える行為であるとしているが、[49] 第一中間期の「訪問者への勧告」に、「審判」の表現（「私は彼との間を裁いていただくだろう」（*iw* (*.i*)(*r*) *wpt ḥnʿ. f*)）に続く報復の表現として「私は彼の首を鳥の（首の）ように切り落とすだろう」（*iw*(*.i*)(*r*) *sẖt.f ṯs. f mi ꜣpd*）とした例が見られることは、[50] エーデルの解釈が妥当なものであることを示している。事実、第一中間期と中王国の「勧告」のなかには、墓や死者の像に対して悪行をなした者の腕が、犠牲に供される雄牛の前肢のように切断されるとしている例が見られ、[51] そのような罪人に対する罰がいわば「供犠」と解釈されていたことがうかがえるのである。この種の報復が意味していたのはおそらく人生の半ばで突然に訪れる死だったのであろう。それは死者の財産を尊重した者が天寿を全うしてつつがなく来世に旅立つとされていたこと（テキストE）からも推測できる。報復の対象となった者は現世で生きる楽しみを奪われるだけでなく、おそらくは墓の完成を待たず葬祭・供養の手配も済ませないうちに死を迎えるとされたのである。古王国の「訪問者への勧告」には、墓主が「有力なアク」（*ꜣḫ iḳr*）あるいは呪文の知識を持つ「朗唱神官」（*ẖry-ḥbt*）として優れた呪力を備えているという主張が添えられ（テキストC・F・G・T参照）、[52] 墓主が敵の首をつかむという報復の記述のあとに、そのようなアクの恐怖を他のアクや生者に思い知らせるとするくだりがしばしば続く（テキストC・D・G参照）。[53] これは来世に復活を遂げた死者（アク）の呪力がその報復行為の裏付けになっていたことを示しているが、前述のテキストFの表現によって示され、アスマンも指摘しているように、墓主が報復を行うには「審判」で勝訴することが前提となっていた。[54] 墓主による報復が可能になるかどうかは、「来世の審判」において彼の生前の生き方が正しいものと認められるか否かにかかっていたのである。

「訪問者への勧告」にはさらに、墓に対し悪行をなす者について「水中では鰐、地上では蛇が、彼に向かえ！」(*msḥ ir.f m mw ḥf3w ir.f ḥr t3*) とする墓主の呪詛が「審判」の言及とともに記された例が見られる（テキストQ）[55]。アスマンはこの表現について、報復のために呪術を用いて鰐や蛇に変身し、仇敵を殺害して来世の法廷へと召喚する死者の能力を表したものとみなし、中王国時代の「勧告」に、死者が自分の影像から供物を奪うものに対して、そのような生物となって立ち向かい、墓地で敵対するとしたものがあることを指摘している[56]。しかし鰐や毒蛇によってもたらされる「死」は「不慮の死」であり、その点で前述の「供犠」としての報復行為が暗示するものに等しい。しかも鰐の餌食となって死ぬことは、埋葬すべき遺体が失われることを意味しており、来世への復活の道が閉ざされる「第二の死」につながる[57]。「来世の審判」が当事者間の「係争」であったことを考えれば、たとえ被告とはいえ、判決がなされる前にこのような方法で「来世の審判」に召喚されるというのは考えにくく、したがって鰐と蛇に触れたこの種の表現も「来世の審判」に勝った墓主による報復を示すとみるほうが自然である。当時、墓主自身が鰐や蛇に変身すると信じられていたのかどうかは必ずしも明らかでなく、この報復の表現が「呪詛」の形をとっていることからすれば、『ウェストカー・パピルス』に登場する呪術師のように復讐のため、呪術によって鰐を作りだす[58]とされていたのかもしれないが、いずれにせよここでも墓主の持つ「有力なアク」としての呪力が裏付けとされていたであろう。この報復もまた、つつがなく生涯を終え来世に復活するという希望を「審判」に敗れた者から奪うという意味で、「供犠」としての報復と共通するものであり、墓から建材を奪った者について「彼のために終わりがもたらされるだろう」(*irw n.f pḥw*) とした「勧告」（テキストR）にも、おそらくはそのような意味合いが込められていたと思われる[59]。

墓主による報復のくだりとしてはさらに「私は彼らの遺族を根絶し、地上にある彼らの家を破壊するだろう」(*iw(.i) r dr tpyw.śn t3 ʿrrwt.śn tpyw t3*) というもの（テキストS参照）がある[60]。「死者への書簡」のなかには子宝を授けてくれるよう亡き肉親に祈願した例が見られ[61]、死者が子供の誕生を左右する呪力を持つと信じられていたことがうかがえるが、その点から見ると「遺族を根絶する」(*dr tpyw-tɜ*) とは、おそらく相手の一族に子孫ができるのを妨害して家系を断絶させることを意味しているのかもしれない。また、モーシャウザーはこの表現を「遺族を圧迫する」と解釈し、遺族による遺産相続を妨げることを指しているとするが[(62)]、遺産である農地が奪われたことについて、墓に埋葬された死者(アク)がその責任者とされる場合があったこと(註(21)、(23) 参照)からすれば、このモーシャウザーの解釈が当を得ている可能性もある。「家を破壊する」(*dr ʿrrwt*) という表現については、それを含むくだりの代わりに「彼らの家が設けられないようにする」(*ny rḏi(.i) grg ʿrrwt.śn*) という言い回しが使われる場合があることから、経済上の破綻あるいは遺産相続の失敗がもたらされることを意味していると思われる[(63)]。いずれにせよここでは「来世の審判」に敗れた者の一族が、家系の断絶にせよ、相続や経済上の問題にせよ、存続の危機に直面することが示されていると言えるだろう。

子孫の「没落」は、「審判」で敗れた当人が死後にたとえ墓地に埋葬され得たとしても、墓の維持・管理や供養の継続を妨げる一因となったであろう。しかし何よりもそのような罪人については「彼らに対する記憶は墓地で悪しきものとなる」(*śḫ̮ɜ.śn ḏw m ẖrt-nṯr*) とあるように(テキスト T)、生前の悪行は死後も人々の記憶に留まるとされており、墓に対する敬意やしかるべき供養を期待できないとされた[(64)]。他人の墓に悪行をなせば同様の報いが自分の墓にもたらされるとする前述の考え方と同様にこれもまた、私人墓が横領や再利用の被害を被っていた現実をひとつには説明するものと言える。しかしそのような「当然の報い」と、「来世の審判」に訴えられる「悪行」が、いずれも墓に対する横領・破壊行為として形に現れるとすれば、「審判」の勝者を敗者から区別するものは何だったのだろうか。それはおそらく生前に王や社会との「絆」を保つ正しい人生をおくれば、そのような現世との「絆」が死後も保たれるだけでなく、来世では他の死者や「大神」との「絆」も生じ、再生が保証されるはずだとする確信だったと思われる。自分が正しい人間であったとすれば、たとえ誰かが墓を冒瀆し破壊したとしても、「審判」に訴えてそのような不心得者の人生や死後の運命、その家族の人生までも左右できるだけでなく、自らの名声が後代に伝わるかぎり、来世での「支援」をあてにした生者による供養が継続されると信じられていたのであろう。冒瀆と破壊を受けた墓が復旧され、再び清められるなどとした記述がどこにも見られないのは興味深い。「来世の審判」で問題とされたのは、実はそのような形式の背後にあるもの、すなわち「審判」の場に立たされた者たちと現世の人々との間の関わりであり、それが左右する来世の運命だったと言えるだろう。

(5) おわりに

古王国時代における「来世の審判」の概念は、来世と現世がつながりを持つとする当時の来世思想のひとつの現れと言える。生者と死者は現世と来世の境を越えて互いに影響を及ぼしあうとされたが、このような両者の相互関係においては、現世における場合と同じく一方が他方に害をもたらすことがあるとされ、それを解決するための法廷が来世において必要とされるに至ったのはむしろ当然であった。死者の神聖な財産である墓を冒瀆や破壊から守るという点では地上の法は必ずしもあてにならず、それゆえ死者はそのような危害を生者から受けたときに「来世の審判」に頼らざるを得なかったのである。

生者もまた、死者からの訴えで被告の立場に立つだけでなく、死者の悪意によって引き起こされた（と信じられた）災難に見舞われたとき、この「審判」に頼ったが、自ら「出廷」するわけにはいかず、自分の「後ろ盾」になってくれる死者の助力を仰ぎ、訴訟の代行や弁護を依頼せざるをえなかった。この死者による「支援」は生者による「供養」のいわば返礼であり、それゆえ「来世の審判」は、生者と死者の対立・緊張関係ばかりでなく、互恵関係においても大きな位置を占めていたと言える。

「来世の審判」の勝者となった死者は「有力なアク」として備えた呪力を用いて敗者に報復することを許されたが、勝訴の決め手となったのは、審理の対象となった行為そのものの善悪よりもむしろ、原告と被告の現世における生き方が正しいものだった——マアトに合致したものだった——かどうかであったと思われる。そこでは墓の保全や生者による供養の継続に依然として関心が向けられていたとはいえ、勝訴の裏付けとなり、また勝訴によって守られるとされたのは現世との「絆」であり、それによって支えられた来世との「絆」であった。来世に復活を遂げるための関門であった後代の「死者の審判」とは明らかに異なる性格を有していたとはいえ、そこで重視されていた倫理的な価値観は、この古王国の「来世の審判」においても少なからぬ意味を持っていたと言えるのである。

テキスト（[　] 内は復元個所、(　) 内は意味を明確にするための補足説明）

テキスト　A

私はこれ（墓あるいはその一部）を私の正当な財産で作った。私はそれについていかなる者の財産も奪ったことはない。私は誰に対しても悪事をなしたことはない。これに対して悪事をなすいかなる者についても、大神によって、私の訴えと彼との間で裁きがなされるだろう。私は誰にも自分の権力を笠に着て不正をなしたことはない。(65)

テキスト　B

これ（墓あるいはその一部）に悪事をなす者については、神によって、私の訴えと彼との間で裁きがなされるだろう。私がこれを作ったのは、私の主（王）が、彼のもとで私が絆によって結ばれていたことに従い示してくださった寛大なお心によるものである。職人たちもそれについて不平を口にしたことがなかった。(66)

テキスト　C

墓地のこの私の墓に対してどのような悪事をなすいかなる者についても、（そして）石材をしかるべきところから取り去るいかなる者についても、「西方の主」であられる大神の、あの高貴で優れた法廷において、私の訴えが彼とともに聞かれる（審問される）ことになるだろう。私は彼の首を鳥の（首の）ようにつかむだろう。私の恐怖が—生きて地上にある人々が（それを）まのあたりにし、有力なアクたちを恐れるように—彼のうちに与えられるだろう。私は有力なアクであり、いかなる有力な（？）呪術も、私にとっては秘密ではない。私は有力であり、知識を持つ朗唱神官である。(67)

テキスト　D

私が西方の墓地に作ったこの私の墓については、私はそれを、そのなかの「清い場所」（他の墓のない場所）に作った。この私の墓からいかなる石材、いかなる煉瓦を切り出すいかなる貴人、いかなる高官、いかなる者も、私は彼との間を大神に裁いていただくだろう。私は彼の首を鳥の（首の）ようにつかむだろう。私は地上のあらゆる生者をして、彼らから遠く隔たった西方に住まうアクたちを恐れさせるだろう。(68)

テキスト　E

しかしこれ（墓あるいはその一部）に対して悪事をなすいかなる者、これに対して何らかの破壊行為をなすいかなる者、そこにある碑文を削り取るいかなる者も、それについて「訴えの裁き」の主であられる大神により、訴えが裁かれる場所で、私の訴えと彼らとの間で裁きがなされるだろう。しかし、自分の財産で埋葬されることを望み、「自らのカァのもとに赴いた者」（来世へと赴いた者。死者）の財産の保護をなす者は誰でも、大神のもとで絆によって結ばれる者となり、良き天寿を全うして「自らのカァのもとに赴いた者」となるだろう。私は王のもとで、絆によって結ばれていた者である。私は大神のもとで、絆によって結ばれた者である。私は善を好み、虐待を嫌悪する。「正しいこと」をなすのは神の望まれることである。(69)

テキスト　F

私は知識を持つ有力なアクであり、善を語り、善を繰り返した者である。私は誰に対しても、どんな悪事も口にしたことがなく、なしたこともないが、これは、神のもとで私のために正しい裁きがなされ、人々のもとで私にとって良い状態が生じるのを望んだからである。さて、私の墓に対していかなる悪事をなすいかなる者も、不浄なままでそこに立ち入るいかなる者も、私は、大神の法廷で彼とともに裁かれた後に、彼の首を鳥の（首の）ようにつかむだろう。しかし私のために祈願供物を捧げ、水を注ぎ、神のための清浄さに従って清め

られるいかなる者も、私は墓地で彼の後ろ盾となろう。(70)

テキスト　G

汝らが墓地の私のこの墓になすいかなることも、[それと同じことが、] 汝らの財産（墓）にも [行われる。] 私は、知識のある有力な朗唱神官であり、いかなる有力な（?）呪術も、私にとっては秘密ではない。有力なアクが嫌悪する禁忌であるものを食べ、有力なアクであり主人に讃えられることをなすのが常であった者に対するのにふさわしく清浄であるようには私に対して清浄でなく、私のこの墓に、不浄なまま立ち入るいかなる [者も、私は、] 彼の [首を] 鳥の（首の）ように [つかみ、] 私の恐怖が彼に与えられアクたちと地上の者たちがそれをまのあたりにして、有力なアクを恐れるようにするだろう。[私は] 大神のあの高貴な法廷で、彼との間を [裁いていただくだろう。] しかし、私が満足できるように清浄な状態で、[私のこの墓に] 立ち入るいかなる者についても、私は、墓地と大神の法廷で彼の後ろ盾となるだろう。(71)

テキスト　H

私は私の町から来た。私は私の州から下った。私は善を語り、善を繰り返した者である。私の子供たちに対して（悪）事をなすいかなる者も、私は、そのようなことが裁かれる場所で、大神に彼との間を裁いていただくだろう。(72)

テキスト　I

あなたも知っての通り、彼が私に「おまえとおまえの子供たちに対して不服申し立てをする」と告げたのです。あなたは、それについて不服申し立てをしてください。ご覧なさい！あなたは「声の正しさ」（勝訴）の場にいるのです。(73)

テキスト　J

このアスネカイ（墓主の妻）からそれ（墓坑）を奪ういかなる者に対しても [私の声は] 正しい。私は「天空の主」であられる大神に、彼らとの間を裁いていただくだろう。(74)

テキスト　K

[この私の墓、] この私の墓碑に対していかなる悪事をなすいかなる者も、「天空の主であり、この墓地の主」であられる大神に、[私は彼らとの間を裁いて

いただくだろう。］神の御前で、私が「声正しき者」であることが判明するだろう。[75]

テキスト　L

私たちの苦痛を引き起こす者とともに審判に臨んでください。なぜなら、私の娘にこのようなことをするいかなる死んだ男女に対しても、私の声は正しいからです。[76]

テキスト　M

私のこの永遠の墓については、私はそれを、私が人々と神のもとで良き絆によって結ばれた者であった結果として作った。私のこの墓には、いかなる者の石材も断じて運ばれてはいないが、それは「訴えの裁き」（審判）が西方にあることが思い起こされるからである。私はこの墓を、この私の墓を作ったあらゆる職人に与えたパンとビールを引き換えにして造営したが、そのうえ私はすでに、彼らに極めて潤沢な報酬を支払っており、それは彼らが要求し、それについて神を讃えた（感謝した）あらゆる品物から成っていたのである。[77]

テキスト　N

私は、誰についても、権力者のためどんな悪事も口にしたことがないが、それは大神のもとで 私にとって良い状態が生じるのを望んだからである。[78]

テキスト　O

私は「小人」（庶民）や「大人」（貴族）のいかなる財産も、盗んでであろうと、権力を笠に着てであろうと奪ったことはないが、これは私が「西方の主」であられる大神のもとで、絆によって結ばれる者となることを望んだからである。[79]

テキスト　P

そのうえ私は、誰に対しても、彼らが私のあらゆる財産（墓やその一部）に対してどんな悪事といえども犯せるような（犯して当然と言えるような）いかなる（悪）事もなしたことがないのだ。[80]

テキスト　Q

これに（悪）事をなす者には、水中では鰐、地上では蛇が、彼に向かえ！私は彼に対して（悪）事をなしたことはない。神が裁いてくださるだろう。[81]

テキスト　R

この私の墓から石材や煉瓦を奪い、切り出すいかなる者についても、私は彼との間を大神の法廷で裁いていただくだろう。地上にいる者たちが（それを）見ることができるように、彼のために終わりがもたらされるだろう。[82]

テキスト　S

おお、この私の墓のそばを通りすぎる地上の生者たちよ！王が汝らを讃え、汝らが絆に結ばれた状態が大神のもとにあるのは、汝らにとって好ましいことではなかろうか？汝らが汚れており、不浄の状態にあるときに、この私の墓に立ち入ってはならない。それにもかかわらず、不浄のまま、ここに立ち入るいかなる者も、私は彼との間を大神に裁いていただくだろう。私は彼らの遺族を根絶し、地上にある彼らの家を破壊するだろう。[83]

テキスト　T

私は私の町から来た。私は私の州から下った。私は善を語り、善を繰り返した者である。私は父に愛され、母に讃えられた者である。私は誰の財産も強引に奪ったことはない。私のいかなる財産といえども強引に奪ういかなる者も、私は墓地で、大神に彼らとの間を裁いていただくが、その時、私は西方におり、彼らに対する記憶は墓地で悪しきものとなる。私は有力なアクである。私は墓地でアクとなるためのあらゆる呪術を知っている。アクとなるためのあらゆる儀式が私のために行われた。[84]

註

（１） cf. *LÄ*, Vol. 1, 864-870；内田杉彦 1986「古代エジプトの『死者への書簡』における死者」『オリエント』29-２、15-30。

（２） cf. *LÄ,* Vol. 1, 293-299.

（３） cf. *ibid.*；Edel, E. 1944 “Untersuchungen zur Phraseologie der ägyptischen Inschriften des Alten Reiches”, *MDAIK* 13（以下、Edel, *MDAIK*), §§６-20.

（４） 善行に言及したものについては、註（32）およびテキストＥ参照。

（５） cf. Edel, *MDAIK*, §12；Uchida, S. 1991 “The Local Deities in the Funerary Beliefs at the End of the Old Kingdom and the First Intermediate Period", *ORIENT* 27,（以下、Uchida, *ORIENT* 27）138 f. ; Uchida, S. 1993 "The Destruction of Tomb Reliefs in the Old Kingdom", *ORIENT* 29（以下、Uchida, *ORIENT* 29), 83.「大神」は単に「神」(*nṯr*）と呼ばれる場合もある（テキストB・F参照)。

（6） cf. Edel, *MDAIK*, § 12, A, 1. この表現についてはしばしば「彼に対して判決が言い渡される」(*wnn wḏʿw mdw ḥnʿ.f*）と解釈されており（Edel, *ibid.* ; idem., 1955/1964 *Altägyptische Grammatik*, Rome, §900)、筆者もかつてその解釈を踏襲した（Uchida, *ORIENT* 29, 83)。しかし、ここで用いられている前置詞（*ḥnʿ*）は、「来世の審判」を表す表現として同じ文脈に見られる「私（墓主）は彼（生者）との間を裁いていただくだろう」(*iw(.i) r wḏʿ ḥnʿ.f*）(cf. Edel, *MDAIK*, §12, A, 2）で、原告と被告を対置するのに使われている。それゆえさきの表現は墓主の訴え（*mdw*「言葉」）と被告（「彼」）とを対置させているとみるほうがむしろ自然であろう。この解釈については、cf. Morschauser, S. 1991 *Threat-Formulae in Ancient Egypt*, Baltimore, 73–74. 註（8）参照。

（7） 「来世の審判」における「審問」については、cf. Edel, *MDAIK*, 87, § 12 D. 註（8）参照。

（8） 来世で行われる審判の概念については、cf. *LÄ*, Vol. 3, 249–252. グリースハマー（Grieshammer, R.）は、係争を含む「来世の審判」の概念が第一中間期以降の『棺柩文』にも受け継がれており、特に第149呪文に確立した形で示されていることを明らかにしている（Grieshammer, R. 1970 *Das Jenseitsgericht in den Sargtexten*, Wiesbaden, 11–45, 131–148)。そこでは死者の「言葉」(*mdw*）が被告人（「敵」(*ḫfty*)）とともに「裁かれ」、「聞かれる（審問される)」とされている（Grieshammer, *ibid.*, 31, 34.)。cf. Assmann, J. 1992 "When Justice Falls : Jurisdiction and Imprecation in Ancient Egypt and the Near East", *JEA* 78, 152. n.17.

（9） cf. Edel, *MDAIK*, §§ 6–7, 46 ; Uchida, *ORIENT* 29, 81–82. 墓あるいはその一部（「勧告」が刻まれている部分）は、しばしば「これ」(*nw* あるいは *nwy*）と表現されている（テキストA・B・E)。cf. Edel, *MDAIK*, §46 ; Uchida, *ORIENT* 29, 90, n. 41.

（10） cf. Edel, *MDAIK*, §§ 8–11.

（11） 墓や墓碑、葬祭神官に対して害をなす者にくわえ、墓主の妻のために用意された墓坑を横領する者も「来世の審判」に訴えるとした「勧告」も見られ、それには墓坑を与えられた妻自身による「勧告」も添えられている。Edel, E. 1981 *Hieroglyphische Inschriften des Alten Reiches*, Opladen,（以下、Edel, *HIAR*), Abb. 1–4. テキストJ・P、註（33）参照。

（12） Uchida, *ORIENT* 29, 78–81.

（13） Assmann, *op. cit.*, 152 ff.

(14)　cf. Hoffmeier, J. K. 1985 *Sacred in the Vocabulary of Ancient Egypt*, Göttingen, 16–18.

(15)　cf. Blumenthal, E. 1991 "Die 'Reinheit' des Grabschänders", Verhoeven, U. und E. Graefe (ed.), *Religion und Philosophie im Alten Ägypten*, Leuven, 47–56. テキストFでは同じ意味を表す言葉として*sb*が用いられている。cf. Fischer, H.G. 1979 "Review of Excavations at Saqqara, 1937–1938, By Selim Hassan", *JEA* 65（以下、Fischer, *JEA*), 182.

(16)　cf. Edel, *MDAIK*, §9.「アク」については、cf. *ibid.*, §21 ; Friedman, F. D. 2001 "Akh", in Redford, D. B. (ed.), *The Oxford Encyclopedia of Ancient Egypt*, Oxford, Vol. I, 47–48.

(17)　cf. Edel, *MDAIK*, §10.

(18)　Assmann, *op. cit.*, 152 ff. cf. Uchida, *ORIENT* 29, 84.

(19)　そのような例は「訪問者に対する勧告」では稀であり、他に一例を数えるのみである（*Urk. I*, 30, 11–13)。これはこの種の「勧告」が本来は墓を守り、供養を維持することを第一の目的としていたためであろう。

(20)　註（8）参照。『棺柩文』以前の「審判」、特に「死者への書簡」の「審判」については、cf. Grieshammer, *op. cit.*, 12–18.

(21)　Gardiner, G. and K. Sethe 1928 *Egyptian Letters to the Dead*, London,（以下 Gardiner and Sethe), Pls. II, IIA., ll.7–9. cf. Wente, E. 1990 *Letters from Ancient Egypt*, Atlanta, 211–212 (no.341).

(22)　Gardiner and Sethe, Pls. I,I A, ll.9–11. cf. Wente, *ibid.*, 211 (no. 340).

(23)　Gardiner and Sethe, Pls. II, IIA., ll. 4–5.

(24)　ただし文中に何度か記された被告の1人の名前には、1個所だけ「死者」を表わす決定詞が伴う（Gardiner and Sethe, Pls. I, I A, l. 3)。cf. 内田、前掲論文、28, 注40.

(25)「死者への書簡」には、死者が夢枕に立ったことを記しているものがあり、死者が自分の意志を夢によって生者に伝えるとされていたと思われる。Simpson, W. K. 1966 "The Letter to the Dead from the Tomb of Meru (N 3737) at Naġ ed-Deir", *JEA* 52, Pls. IX, IX A, ll. 2–3. cf. 44–45. cf. Wente, *op. cit.*, 212–213 (no. 343).

(26)「来世の審判」に関する『棺柩文』第149呪文には、そのような死者に支援された敵に勝訴し、報復するための呪文が含まれる（*CT II*, 230c–236a. cf. Grieshammer, *op. cit.*, 136)。

(27)　cf. 内田、前掲論文、24.

(28)　Gardiner and Sethe, Pls. IV, IVA. ll. 3–4; Wente, *op. cit.*, 215 (no. 348). cf. 内田、前掲論文、27, 注32。死者に捧げられる「祈願供物」(*prt-ḫrw*) については、

cf. Lapp, G. 1986 *Die Opferformel des Alten Reiches*, Mainz am Rhein, §167.

(29) Edel, *MDAIK*, §18. cf. *Urk. I*, 122, 9-12.

(30) Edel, *MDAIK*, §16.

(31) cf. *LÄ*, Vol. 3, 1107-1110 ; Grieshammer, *op. cit.*, 38-39.

(32) Gardiner and Sethe, Pls. II, IIA., ll. 4-6. cf. Wente, *op. cit.*, 212. この「書簡」は陶製の鉢の内側に筆記されており、外側には亡母にこの兄弟との仲裁を依頼するもう1通の「書簡」が記されているが、そこにも兄弟の埋葬についての記述が見られる。内田、前掲論文、20-21（Gardiner and Sethe, Pls. III, IIIA., ll. 4-5. cf. Wente, *op. cit.*, 212 (no.342).）。

(33) Edel, *HIAR*, 23-24, Abb. 4, l. 7. 註（11）参照。「権利証書」については、cf. Fischer, H. G. 1978 "Five Inscriptions of the Old Kingdom", *ZÄS* 105, 52-56.

(34) cf. *Urk. I*, 50, 13-15（「私はこの私の墓を西岸の崖の上、誰の墓もない『清い場所』に作ったが、それは自らのカァのもとに赴いた者（死者）の財産が守られるようにするためだった」）; Uchida, *ORIENT* 29, 85.

(35) cf. *Urk. I*, 50, ll. 3-7.

(36) 「絆によって結ばれた」(*im3ḫ*) の訳については、この言葉を「束」(*m3ḫ*) と同属のもの（「束ねられること」）とみなし、死者と供養を行う者の間や親密な集団間の密接なつながりを示す概念としたヤンゼン=ヴィンケルン（Jansen-Winkeln, K.）の説に準拠した。cf. Jansen-Winkeln, K. 1996 "Zur Bedeutung von *im3ḫ*", *BSEG* 20, 29-36. この言葉が親密な関係を意味することはすでに指摘されている（Lapp, *op. cit.*, §§371-373 ; Uchida, *ORIENT* 27, 136）。

(37) cf. Uchida, *ORIENT* 27, 137. 王による私人墓あるいはその一部の下賜については cf. *Urk. I*, 18 ff., 38 ff.

(38) cf. *Urk. I*, 46, 9 ; Edel, *MDAIK*, §§32, 43 ; Lichtheim, M. 1992 *Maat in Egyptian Autobiographies and Related Studies*, Göttingen, 9-15.

(39) たとえば第6王朝時代の貴族ネケブの私人墓碑文の場合、「生者への呼びかけ」（*Urk. I*, 217, 15-218, 4 ; 218, 7-11 ; 218, 15-219, 2）と「訪問者への勧告」（*Urk. I*, 218, 12-14 ; 219, 4-5）には、王の建築家としての彼の経歴と業績に関する詳細な記述（*Urk. I*, 215, 10-217, 9; 219, 14-221, 10）が伴っている。cf. Dunham, D. 1938 "The Biographical Inscriptions of Nekhebu in Boston and Cairo", *JEA* 24, 1-8.

(40) cf. Edel, *MDAIK*, §§41-42.

(41) e. g. *Urk. I*, 121, 11-122, 8.

(42) Lichtheim, *op. cit.*, 15.

(43) 「[さて私はといえば、] 絆によって結ばれた私の地位は墓地のアクたちのもとにあり、[私への賞賛は]（今もなお）高官たちの口の中にある」Kaplony, P. 1968 "Eine neue Weisheitslehre aus dem Alten Reich", *Orientalia* 37, 39-40, Tav. III,

II. 7–8.

（44） cf. Uchida, *ORIENT* 29, 86.

（45） cf. Edel, *MDAIK*, §20 ; Uchida, *ORIENT* 29, 85.

（46） この表現については cf. Edel, *MDAIK*, §13.「鳥」はおおむね「鷲鳥」（*ȝpd*）であるがテキストFでは「小鴨」（*ś*）となっている。cf. Edel, *ibid.*, 87–88.

（47） Uchida, *ORIENT* 29, 83. cf. Edel, *MDAIK*, 87–88.「来世の審判」における勝訴に続いて死者による報復がなされるというプロセスは、この「審判」について記した『棺柩文』第149呪文にも示されている（*CT II*, 230c–247a. cf. Grieshammer, *op. cit.*, 136–145）。

（48） Edel, *MDAIK*, §13 B. 例としてあげられている場面（Junker, H. 1934 *Gîza*, Vol. II, Wien und Leipzig, Abb. 18）のほか、cf. Vandier, J. 1964 *Manuel d'archéologie égyptienne*, Vol. IV（1）, Paris, fig. 36, 101–103.

（49） Morschauser, *op. cit.*, 78–79, 155.

（50） この報復の表現はエーデルが中王国時代の例として指摘していたものである（Edel, *MDAIK*, §13 C.）。この表現を含む「勧告」が記された墓碑は、最近になって刊行されたが（cf. Kubisch, S. 2000 "Die Stelen der I. Zwischenzeit aus Gebelein", *MDAIK* 56, 256–260, Abb. 2）、問題の個所は「彼の首が鷲鳥の（首の）ように切り落とされるだろう」と、受身として訳されている（Kubisch, *ibid.*, 258）。『棺柩文』第149呪文には、類似の報復として死者が相手の「喉を切る」（*ḏȝd*）というものが見られる（*CT II*, 240b. cf. Grieshammer, *op. cit.*, 140）。

（51） Vandier, J. 1950 *Mo'alla*, Le Caire 206–207（inscription no. 8）; Habachi, L. 1985 *Elephantine IV : The Sanctuary of Heqaib: Text*, Mainz am Rhein, 36–37（No. 9）, ll. 21–23. cf. Uchida, *ORIENT* 27, 144 ; Willems, H. 1990 "Crime, Cult and Capital Punishment（Mo'alla Inscription 8）", *JEA* 76, 30–31. 中王国時代の例（Habachi, *ibid.*）には、同じ下手人の「首が鳥の（首の）ようにねじられる（あるいは「切断される」）」（*mn.tw ṯs. f*）とするくだりが伴っている。cf. Habachi, *ibid.*, 37, n. t ; Willems, *ibid.*, 34, n. 29.

（52） cf. Edel, *MDAIK*, §§21–24.「アク」については註（16）参照。

（53） cf. Edel, *MDAIK*, §13, D–G.

（54） アスマン（Assmann, *op. cit.*, 152）は、墓主は「審判」における勝訴によってはじめて報復のための「力」（*śḫm*）を与えられたとしているが、古王国の「訪問者への勧告」にはそのような「力」の授与に関する記述は見られない。墓主の報復能力は「有力なアク」に本来備わったものであり、勝訴によって得られるとされたのはそれを用いる「許可」であったとみるのが自然であろう。またアスマンはテキストFに見られる記述について言及していない。

（55） cf. Uchida, *ORIENT* 29, 86. 同じ呪詛の例としては cf. *Urk. I*, 226, 13–15.

（56） Assmann, *op. cit.*, 152-153. 彼が挙げた中王国の例は註（51）に言及した報復の表現と同じ資料に見られる（Habachi, *op. cit.*, l.25)。

（57） cf. Eyre, C. 1976 "Fate, Crocodiles and the Judgement of the Dead : Some Mythological Allusions in Egyptian Literature", *SAK* 4, 112-113 ; Morschauser, *op. cit.*, 112, 157.

（58） cf. Eyre, *ibid.*, 106. このエピソードを含む物語については、cf. Blackman, A. M. 1988 *The Story of King Kheops and the Magicians*, Reading, 1-5 (*p Westcar* I, 17-IV, 17).

（59） モーシャウザー（Morschauser, *op. cit.*, 154-155）はこれを来世の法廷で言い渡された「死刑宣告」とみなしている。

（60） Edel, *MDAIK*, §14.『棺柩文』第149呪文に含まれる類似の報復表現については、cf. *CT II*, 244d-245b. cf. Grieshammer, *op. cit.*, 143.

（61） Gardiner, A. H. 1930 "A New Letter to the Dead", *JEA* 16, 19, (4)(8a). cf. Wente, *op. cit.*, 213 (no. 345).

（62） Morschauser, *op. cit.*, 123-124, 156.

（63） *Urk. I*, 256, 8. cf. Edel, *MDAIK*, §15. モーシャウザーは、遺族が財産上の権利を奪われることを意味するとみなしている（Morschauser, *op. cit.*, 156.)。

（64） cf. Morschauser, *op. cit.*, 118-119. 葬祭記念物に対して悪行をなす者が死後に供養を受けられなくなることを明示した「訪問者への勧告」は第一中間期以降の私人墓碑文に見られるが（cf. Morschauser, *op. cit.*, 118-120)、古王国時代の「勧告」にも、墓地の神アヌビスや死者（アク）に悪行をなす者には供物のパンが捧げられないことを記したと思われる例（Kaplony, *op. cit.*, Tav. Ⅲ, Ⅱ. 4-6. cf. pp. 38-39）がある。

（65） *Urk. I*, 71, 17-72, 7.

（66） *Urk. I*, 225, 16-226, 1.

（67） Hassan, S. 1975 *Excavations at Saqqara, : 1937-1938*, Vol. Ⅱ, Cairo, fig. 4. cf. Fischer, *JEA*, 180.

（68） *Urk. I*, 260, 11-18.

（69） *Urk. I*, 70, 15-71, 10. cf. Kanawati, N. and A. McFarlane 1993 *Deshasha*, Sydney, pl. 39.

（70） Hassan, S. 1975 *Excavations at Saqqara, : 1937-1938*, Vol. Ⅲ, Cairo, fig. 39. cf. Fischer, *JEA*, 182.

（71） *Urk. I*, 202, 1-11. cf. Kanawati, N. and A. Hassan 1997 *The Teti Cemetery at Saqqara*, Vol. Ⅱ, Warminster, pl.35.

（72） *Urk. I*, 150, 9-11.

（73） Clère, J. J. and A. Piankoff 1934 "A Letter to the Dead on a Bowl in the Louvre", *JEA* 20, pls. XX, XXI, p. 158, [17] [18]. cf. Wente, *op. cit.*, 214 (no. 347).

(74) Edel, *HIAR*, Abb.4, ll. 2–4. 註 (11) 参照。

(75) Edel, *HIAR*, Abb.6 und 9. cf. S. 29, 32.

(76) Gardiner and Sethe, Pl. IV, IVA. ll. 4–6.「……とともに審判に臨む」(*ir wpt ḥnʿ*……) についてウェンティ (Wente, *op. cit.*, 215 (no. 348)) は、「……を裁く」と解釈しているが、この表現は係争を表わす表現 (*wḏʿ ḥnʿ*……) の変形と見ることができる。cf. Edel, *MDAIK*, §12 E.

(77) Hassan, S. 1936 *Excavations at Giza*, Vol. II, Cairo, fig. 206. cf. Uchida, *ORIENT* 29, 85.

(78) *Urk. I*, 123, 1–2. cf. Edel, *MDAIK*, §27.

(79) Goyon, G. 1959 "Le tombeau d'Ankhou á Saqqarah", *Kêmi* 15, 17, pl. III, ⑤⑥, ll. 3–4.

(80) Edel, *HIAR*, 10, Abb. 1, ll. 13–17. cf. p. 15. 註 (11) 参照。

(81) *Urk. I*, 23, 12–16.

(82) Simpson, W. K. 1980 *Mastabas of the Western Cemetery : Part I*, Boston, fig. 15. cf. Morschauser, *op. cit.*, 155.

(83) *Urk. I*, 218, 7–14. cf. Dunham, *op. cit.*, 3–6.

(84) *Urk. I*, 263, 5–15.

「社会道徳の発見」

——古王国時代末・第一中間期の思想——

吉成　薫

(1) はじめに

第一中間期の最末期の教訓「メリカラー王への教訓」には、新しい価値観として「社会道徳の発見」がもり込まれたとされる。それは、神の秩序に最もふさわしい行為は、権力の行使や富の誇示ではなく、「正義（マアト）の遂行」であるというもので、その具体的内容は次の一節に示されているとされる。(1)

「お前は、お前の家でマアトを語れ。国の役人たちはお前に畏敬の念を持つだろう。心のまっすぐなことが、支配者にふさわしい。……

地上にいる限りマアトを行え。泣く者を泣き止ませ、未亡人を虐げず、人をその父の財産から遠ざけず、役人をその地位から追い払うな。誤って罰しないよう気をつけよ。(2)……」

これを見ると「正義（マアト）の遂行」の重心は「弱者への目配り」にあると言えよう。この視点は、社会正義の実現を一貫して求めている「雄弁な農夫の物語」の主張、「権力と地位ある者はすべての人間に公平でなければならぬ、いや貧しい者、弱い者の味方でなければならぬ」と共通するものでもある。そしてこの「社会正義」の価値が発見されたのは、第一中間期における「社会革命」の結果であるとされる。(3)

「弱者への目配り」を中心課題とする「社会道徳」あるいは「社会正義」の価値が第一中間期の「社会革命」の結果として「発見された」とするならば、

その発見者は誰だったのだろうか。

古王国時代には存在せず、第一中間期に出現した勢力は「州侯」である。この州侯によって新しい価値が発見された可能性がまず考えられよう。州侯の代表格とされるアンクティフィの碑文を検討してみよう。

「私は行動する国の指導者であり、言葉が力強く、考えが正しい者であった。……私は並ぶ者なき勇者であった。私が手を貸した者には、不幸は訪れなかった。なぜなら、私の心は動揺せず、私の助言は優れていたからである。私に逆らう愚かな者や邪悪な者には、私はそれ以上のものを返した。……私と並ぶ者は、かつても今後も存在しない。……私は並ぶ者なき勇者であった。(4)」

これを読む限り、アンクティフィは自分が有能で有力な指導者であると述べるばかりで、「弱者への目配り」と言えるものは見られない。「正義の遂行」とは相反する「力の誇示」に終始している印象がある。しかし、同じアンクティフィの碑文には別の面も見られる。

「私は困窮した者を有力な者から守り、未亡人の味方だった。」「私は飢えた者にパンを、裸の者に衣服を与えた。私は油のない者に塗油した。私は裸足の者に履物をはかせた。私は妻のない者に妻を与えた。(5)」

これは「弱者への目配り」の表明にあたると言えよう。

アンクティフィとほぼ同じころに上エジプト第12州の州侯であったとされるヘンクゥの墓の碑文には次のようにある。

「おお、『角のある蛇の山』州（＝上エジプト第12州）のすべての者たちよ。……私は父親たちに愛され、母親たちに称賛された者である。私は老人たちを埋葬した。私は汝らの若者たちを、汝らが運河（の船）を引く、曳き綱から解放した。見よ、汝らは役人たちの役所で老年を迎えた。汝らの誰一人の娘も奴隷にされなかった。……私は自分のいるこの場で……誰一人にも枷をはめなかった。私は、『角のある蛇の山』州のすべての飢えた者たちにパンを、その裸の者に衣服を与えた。さらにその川岸を畜牛で、その牧場を山羊・羊で満たした。さらに山の山犬、空の鳶までも山羊・羊の皮で満足させた。……私は決して人から、その財産を奪わず、そのことで彼が町の神に不満を述べることはなかった。私は良いことを述べ、繰り返す者であった。私は決して人の悪口を、その上役に言いつけず、そのことで彼が神に不満を述べることはなかった。……私はそこで嘘は述べなかった。私は父に愛され、母に称賛された者であり、私は兄弟にとって性格が優れ、姉妹にとって優しい者だった。(6)」

ヘンクゥはこの碑文で、いかに自分が有能な施政者であるかを述べているが、その一方でやはり「弱者への目配り」が表明されている。また、「メリカラー王への教訓」の一節、「人をその父の財産から遠ざけず」と共通する「人からその財産を奪わす」という言いまわしが現れていることも、注目されよう。

「弱者への目配り」を端的に表した「飢えた者にパンを、裸の者に衣服を与えた」という言いまわしは、しかし、アンクティフィやヘンクゥに代表される州侯の時代に生まれたものではない。「弱者への目配り」を「発見」したのが州侯でないとするならば、その発見者は誰だったのであろうか。

「弱者への目配り」が表現されている碑文は、古王国時代からすでに見られるのである。その典型が、第6王朝初期の役人ネフェル・セシェム・ラー／シェシの墓の偽扉の碑文である。

「私は私の町から来た。私は私の州から下って来た。私はその主にマアトを行い、彼の愛することで彼を満足させた。私はマアトを語り、マアトを行った。私は良きことを語り、良きことを繰り返した。私は機会をとらえるのがうまく、人々とうまくやってきた。私は2人の間を、そのどちらもが満足するように、とりなした。私は、自分の力のおよぶ限り、弱者をより有力な者から守った。私は飢えた者にパンを、(裸の者に) 衣服を与えた。私は舟のない者を渡した。私は息子のない者を埋葬した。私は渡し舟のない者に、渡し舟を作った。私は父を畏敬し、母を喜ばせ、その子供たちを育てた。(7)」

ネフェル・セシェム・ラー／シェシは宰相であり、テティ王のピラミッドの神官団の査察官の地位にあり、その墓はサッカーラに作られた。この碑文には、「メリカラー王への教訓」から引用した一節にあるのとまったく同じ言いまわしである「マアトを語る」「マアトを行う」が見られ、さらに「弱者への目配り」の表現が碑文の後半部分を占めていることがわかる。このように、「社会正義」「社会道徳」的表現と考えられるものは、第一中間期に至る以前にすでに見られるのである。これと第一中間期の「社会正義」的表現とは、どういう関係にあるのだろうか。それを検討するのが本稿の目的である。

(2) 「マアトを語る」「マアトを行う」

まず「メリカラー王への教訓」と共通する言いまわしである「マアトを語り、マアトを行う」について、それがいつから使われるようになったか、またこの言いまわしで表現される具体的内容がどのように変化していったかを検討してみよう。

「マアトを語り、マアトを行う」という言いまわしは、少なくとも第５王朝にまでさかのぼる。ギザにあるウル・クウの墓の碑文には次のように記されている。

> 「私は私の町から来た。私は私の州から下って来た。私はそこでマアトを語り、私はそこでマアトを行った。……私は人々が苦しむことを、決して誰にもなさなかった。私は生まれてこの方、人々に、何かを不満に思いながら、夜を過ごさせることは、決してなかった。……私は父に愛され、母に愛される者だった。……私は兄弟の前で優しく、召使たちに愛される者であった。[(8)]」

ウル・クウは第５王朝のネフェル・イル・カー・ラー王の太陽聖殿の神官の地位にあった。ウル・クウはこの碑文のなかで、自分が墓に葬られる以前、すなわち地上に生きているあいだ、自分が正しくあったと総括しているのである。そして、マアトを語り、行うことは、他人を苦しめたり、他人に不満を持たせないことと言いかえている。[(9)]

「マアトを語る」という言いまわしについては、次の碑文が問題になる。ギザにある、第5王朝後半の王の秘書官の称号を持つセシェム・ネフェルの墓の碑文である。

「私は私の町から来た。私は私の州からやって来た。私はこの墓に埋葬された。私は毎日、マアトと神が欲することとを語った。……私は陛下に、誰の悪口も決して言わなかった。[10]」

ここではマアトと「神が欲すること」との関係が問題になろう。「マアトと神が欲すること」という言いまわしが、エジプト特有の対句的表現の一種だとすれば、この2つ、すなわちマアトと「神が欲すること」とは同じ内容を持つと言えよう。つまり、マアトこそが神の欲することと考えられた、と言えるのである。

「マアトと神が欲することとを語る」という言いまわしは、第6王朝後半のイテティ／シェドゥの墓の碑文にも見られる。

「私は良きことを言う者、良きことを繰り返す者であった。……私は毎日、マアトと神が欲することとを語った。[11]」

イテティ／シェドゥは上エジプト第20州の *sšm-t3* であり、任地に墓を持っている。中央から派遣された役人が、この言いまわしを任地へ広めるきっかけを作ったという可能性を考えることができそうである。

自伝に現れたマアトについて研究を行ったリシュタイムによれば[12]、「マアトを行う」という言いまわしは、上にも述べたように、第5王朝のウル・クウの碑文から見られ、埋葬される死者が生前を振り返り、自分が正しく生きたことを主張する総括的表現として採用されたという。マアトの語は、また、自分が正当な手段で墓を作ったことを表明するためにも使われていたとする。その例として引かれているのが、第5王朝のヘテプ・ヘル・アケトの墓の碑文と第6王朝のインティ墓の碑文とに見られる、次の言いまわしである[13]。

「私はこの墓を私の正当な手段で作った。私はどんな人の財産も奪わなかった。」

言うまでもないが、「正当な手段」は *ist m3ct* と綴られている。ちなみに、ここでも「財産を奪う」という言いまわしと、「メリカラー王への教訓」の「人をその父の財産から遠ざける」という言いまわしとを関連づけることができそうである。

リシュタイムによると、さらに時代が進むと、自分が正当な手段で墓を作ったという表明のほかに、マアトを具体的に表現する個別の内容が付け加わっていったという(14)。「弱者への目配り」的表現が現れるのはこの時期であるとされよう。

リシュタイムの言うとおりであれば、「弱者への目配り」は「マアトを行う」という表現の内容として古王国時代末からすでに存在していたことになろう。問題はそれが「メリカラー王への教訓」の「マアトを行う」に直結するかという点であろう。

リシュタイムは、マアトに言及している墓の自伝資料が第一中間期に入ると激減したとし、「マアトを大神に差し出すために」という表現を持つ墓の碑文を3例示すにとどまっていて、この時代のマアトの具体的な内容の検討は行っていない。

ちなみに、この「マアトを大神に差し出す」という表現については、マアトが太陽神ラーの創造物であり、正しく生きることが大神にマアトをささげることになるという解釈が加えられている(15)。また、マアトを行わなければならない理由として、リシュタイムは、それを神々、王、人々が望むからで、そのもとには、マアトが神代から存在し続け、世界の存続に不可欠と認識されていたからだと、古王国時代の碑文を総括した部分で述べている(16)。マアトと「神が欲すること」とが同値であるという上で述べた考え方は、支持されたと言えよう。

それはともかく、古王国時代の「マアトを行う」という表現が、そのまま「メリカラー王への教訓」へと結びつくのかを論証する上で、ポイントとなる第一中間期の状況については、このように「マアト」を手がかりとしただけでは確かなことは言えそうにない。そこで、古王国時代から現れている「マアトを行う」に対応する個々の言いまわしを見ていくことにしよう。

(3)「飢えた者にパンを、裸の者に衣服を与える」

「マアトを行う」という言いまわしに加わってきた個別の内容表現として、最も代表的かつ、当面の問題である「弱者への目配り」の端的な表現と考えられる「飢えた者にパンを、裸の者に衣服を与えた」について、検討してみよう。

この言いまわしについては、上記のネフェル・セシェム・ラー／シェシとほぼ同時期のネフェル・セシェム・プタハ／シェシの墓の碑文にその例が見られる[(17)]ものの、それよりさかのぼる例は見つからなかった。この言いまわしは第6王朝初期（多分テティ王の治世）に現れた表現と言えよう。

この言いまわしはエレファンティネの、いずれも第6王朝時代のヘル・クフ、ペピ・ナクト／ヘカ・イブ、サブニの墓の碑文に現れている。

> 「私は今日私の町から来た。私は私の州から下って来た。……私は父に愛され、母に称賛され、すべての兄弟に愛される者だった。私は飢えた者にパンを、裸の者に衣服を与えた。私は舟のない者を渡した。……私は良いことを言い、欲されることを繰り返す者だった。私は、どんな人についても、その悪口を、それより有力な者に決して言わなかった。私は大神とうまくいくよう望んだ。私は兄弟のあいだに、息子をその父の財産から遠ざけるような判決を下すことは、決してなかった。」（ヘル・クフの墓の碑文[(18)]）

> 「私は良いことを言い、欲されることを繰り返す者であった。私はどんな人についても、その悪口を、それより有力な者に決して言わなかった。私は大神とうまくいくよう望んだ。私は飢えた者にパンを、裸の者に衣服を与えた。私は兄弟のあいだに、息子をその父の財産から遠ざけるような判決を下すことは、決してなかった。私は父に愛され、母に称賛され、兄弟に愛される者だった。」（ペピ・ナクト／ヘカ・イブの墓の碑文[(19)]）

> 「私は飢えた者にパンを、裸の者に衣服を与えた。私は舟のない者を渡し

た。私は誰のものも盗まなかった。私は誰の持ち物も羨ましがらなかった。」(サブニの墓の碑文[20])

これら3人はいずれも「交易隊長」の称号[21]を持ち、メンフィスの王と親密な関係を保ち、忠実な下臣であったことが知られている。

1つ目のヘル・クフの碑文と2つ目のペピ・ナクト／ヘカ・イブの碑文には、「メリカラー王への教訓」とほぼ同じの「息子をその父の財産から遠ざける」という言いまわしが現れていることが、注目されよう。さらに注目されるのは、3つの碑文のうち、特に最初の2つについては共通の言いまわしが随所に見られ、碑文の表現内容に地域的特色といったものが存在した可能性が示唆されることである。

第一の碑文の主であるヘル・クフとほぼ同時期に生きたとされる、上エジプト第2州のカル／メリ・ラー・ネフェルの墓の碑文には次のように記されている。

「私は、この州で私が見つけた飢えた者にパンを、裸の者に衣服を与えた。……私は、この州の息子のいないすべての者を、私の財産を使い、衣服を着せて(?)埋葬した。……私は父に愛され、母に称賛され、兄弟に愛された者だった。[22]」

このように、第6王朝の中頃には上エジプト最南端で、この「飢えた者にパンを、裸の者に衣服を与えた」という「弱者への目配り」を表す言いまわしが広く使用されていたことがわかる。

「飢えた者にパンを、裸の者に衣服を与えた」という表現は、これらの例以外にざっと探しただけでも、第6王朝のギザの例[23]のほか、上エジプトのフ付近(第4州)の石碑[24]、ゲベレイン(第4州)の石碑[25]、デンデラ(第6州)の4つの墓の碑文[26]、ナガ・エル・ディール(第8州)の2つの石碑[27]、メシャイク(第8州)の石碑[28]、ハガルス(第9州)の墓の碑文[29]、さらにハト・ヌブ(第15州)のグラフィット[30]に見られる。それらの年代は、問題のあるハト・ヌブの例を除けば、どれも第一中間期のものとされている。これらのうちで特徴のある碑文としては、

「私は飢えた者にパンを、裸の者に衣服を与えた。さらに私は、舟のない者を自分の舟で渡した。私は知り合いにも、知り合いでない者にも同じように物を与えた。[31]」

と、自分の公平さを表明するもの、

「さらに私は飢えた者にパンを、裸の者に衣服を与えた。大人は私を告発せず、小人は私を勇気づけた。[32]」

と、自分が弱者の味方であることを表明するもの、

「私は飢えた者にパンを、裸の者に衣服を与えた。私は弱者をより有力な者から守った。私は争う2人の間を、そのどちらもが満足するようにとりなした。[33]」

と、弱者の味方であることと公平さの両方を表明するものがある。

いずれにせよ、「弱者への目配り」の端的な表現である「飢えた者にパンを、裸の者に衣服を与える」という言いまわしは、第一中間期に広く流布しており、そうした考え方が一般的に好ましい、あるいはマアトに叶うものと受け入れられていたことがうかがわれる。

注目されるのは、ヘラクレオポリス朝の同盟者としてテーベ朝との戦いに尽力したアシュート侯の墓の碑文である。3代にわたる州侯の最後に位置し、メリカラー王と同時代に生き、この王に仕えたケティ（2世）の碑文には、次のように記されている。

「私は私の町から来た。私は私の州から下って来た。私は人々が愛し、神々が讃えることをなした。私は飢えた者にパンを、裸の者に衣服を与えた。私は未亡人の願いを聞き届け、孤児に家を与えた。私は嘘を愛する者に背を向け、その証言によって罪のない者を裁くことはなかった。私は、この地上で永続し栄光ある者となるために、悪しきことに良きことで答え、悪しきことを見つけ出そうとしなかった。[34]」

この碑文には、「弱者への目配り」の表現としての「飢えた者にパンを、裸の者に衣服を与えた」とともに、「メリカラー王への教訓」にある「未亡人を虐げず」とあい通じる「未亡人の願いを聞き届ける」という言いまわしが現れ

ていることが、注目される。

未亡人への言及は、ケティの2人の前任者の墓の碑文にもある。

「さらに私は、小人とその妻、未亡人とその息子に大麦を持たせた。」（ケティ1世の碑文[(35)]）

「（私は）未亡人の『戦場』に立ち、彼女の困窮を追い払う者（であった）。」（イト・イブ・イの碑文[(36)]）

この2人の碑文にはケティ2世のものとは異なり、「飢えた者にパンを、裸の者に衣服を与えた」という表現はなく、むしろ州侯の碑文に特徴的な「自分の有能さ・有力さ」の表明がその中心を占めていて、わずかにこの未亡人への言及から「弱者への目配り」の感覚が読みとれるのみである。アシュートで「弱者への目配り」の本格的表現が生まれたのは、メリカラー王の時代であったと言うことができそうである。アシュートの碑文に、エレファンティネの「交易隊長」の碑文に認められた地域的伝統といったものを見るとすれば、弱者の表現として「未亡人」の語が使用されたことだろうか。ちなみに「未亡人」への言及は、引用したアンクティフィの墓の碑文のほか、ハガルス（第9州）の碑文にも見られる[(37)]。

ここで問題にしなくてはならないのは、第一中間期の時代の流れの中で、「弱者への目配り」という古王国時代以来の思想が、どのように引き継がれ、維持され、「メリカラー王への教訓」の一節として表現されるに至ったかという点であろう。

(4) おわりに——第一中間期の状況

リシュタイムはその自伝の網羅的研究で、注目される見解を述べている。彼女は第一中間期の自伝として10例を挙げ、訳出しているが、そのうち最初の3例と最後の1例を州侯、残りの6例をより低い地位の「市民」のものと分類している。「市民」とは新興の中産階級の典型であり、市長あるいは都市役人の地位にあり、つつましい墓に葬られ、その碑文も壁面自体ではなく、偽扉の一種の石碑に刻まれ、壁にはめ込まれていたとする。そして、彼らに共通する思想が「良き市民」でありたいということだとする。さらに、彼らの碑文は第6王朝の王の役人たちの自伝とは異なる関心事を示しているとし、それを「役人への昇進、精力的な奉仕、私有財産の獲得」と定義している[(38)]。

6例の碑文のみの分析だけで、このように一般化することが妥当かというと、それぞれの碑文のニュアンス自体にかなりのばらつきがあり、州侯の碑文に通じるものや、第6王朝の役人の碑文に通じるものが見られ、第一中間期に独特の共通性は希薄であるように感じられ、一般化はできないように思われる。今まで何度か触れてきたように、各地域の碑文には独特の言いまわしや、重点の置き方に差異が存在するのであり、それが各地域それぞれの状況を反映しているように思われるのである。第一中間期の碑文を検討するときには、そうした差異にこそ注目する必要があると考える。この点に注意をすると、「市民」的発想は、どうもテーベ周辺で発見された碑文に共通しているように感じられる[(39)]。

最後にこれまでの碑文の検討によって想定されうる状況をまとめておこう。

第6王朝に王の中央の役人たちの間で生まれた「弱者への目配り」を大切にする考え方は、早い時期から上エジプトの最南端に根づき、南部を中心に広まっていった。そのなかで覇権を主張する州侯、たとえばアンクティフィなどは自己の力の誇示を重視する性向を示すものの、「弱者への目配り」的表現から完全に自由になって、それを捨て去ることはしなかった。「弱者への目配り」の思想は、デンデラあたりの中部エジプトにも根づいていったようで、それが最終的にアシュート州侯の碑文に定着するのが「メリカラー王への教訓」の成立前後の時期であった。以上のような図式が想定できそうである。ちなみに、ヘラクレオポリス朝と対抗するテーベ朝の下臣たちも、本来は第6王朝の王の役人的発想を持っていたものの、テーベ朝の王権の、なにか独特の支配体制といったもののもとで、リシュタイムの主張するような新しい「良き市民」的思想を育んでいったと推定することはできよう。これについては、今後の検討課題としたい。

「社会道徳」「社会正義」は第一中間期を経て、初めて「発見された」ものではなかった。それは、古王国時代の王に仕えた中央の役人たちによって生み出された思想だった。そして、それは、第一中間期を通して捨て去られることなく、人々の意識のなかに、価値あるものとして生き続けていた。「メリカラー王への教訓」に現れた「社会道徳」「社会正義」に、もし新しさがあったとしたら、それは、王の役人や下臣ではなく、王自身の口から語られたという点であろう。そして、もし、このことに第一中間期がかかわっているとするならば、それは州侯というヘラクレオポリス朝に先行する「ミニ王権」がそうした思想を捨て去らずに、自分のものとして表明するという前例をつくっておいたということが、貢献していると言えるのかもしれない。

註

（1） 杉勇・三笠宮崇仁編 1978『古代オリエント集』筑摩世界文学体系 1　519～520頁（屋形禎亮訳「メリカラー王への教訓」の解説）。

（2） Helck,W. 1977 *Die Lehre für König Merikare*, Kleine Ägyptische Texte, Wiesbaden, 26-27.

（3） 註（1）の文献、439頁（屋形禎亮訳「雄弁な農夫の物語」の解説）。

（4） Lichtheim,M. 1988 *Ancient Egyptian Autobiographies chiefly of the Middle Kingdom, A study and an anthology*, Orbis biblicus et orientaris 84, Freiburg, Schweiz. 25-26.

（5） Schenkel, W. 1965 *Memphis. Herakleopolis. Theben, Die epigraphischen Zeugnisse der* 7. -11. *Dynastie Ägyptens*, Ägyptologische Abhandlungen 12, Wiesbaden. S.53-54. I

（6） *Urk. I*, 76-78. 註（4）の文献、23～24頁。

（7） *Urk. I*, 198-199. 註（4）の文献、6頁。

（8） *Urk. I*, 47-48.

（9）「マアトを行う」との関連で注目されるのが、ともに第5王朝前半の2つの碑文に見られる言いまわしである。

「私はどんな人々にも、悪いことは決してしなかった。」(*Urk. I,* 40.)

「私はどんな人々の財産に対しても、悪いことは決してしなかった。」(*Urk. I,* 49.)

後者は宰相で、ウセル・カー・フ王のピラミッドの神官団の査察官ペヘン・ウイ・カーのサッカーラの墓の碑文である。前者はニ・アンク・セクメトという人物の偽扉の碑文であるが、その出土地やこの人物の称号は不明である。「悪いことをする」は *iri ẖt nbt ḏwt* と表記されているが、*ẖt nbt ḏwt* はマアトの反対概念であると考えられることから、「悪いことは決してしなかった」は「マアトを行った」と同じ意味を示す言いまわしとして扱われるだろう。

(10) *Urk. I*, 57.

(11) *Urk. I*, 90.

(12) Lichtheim, M. 1992 *Maat in Egyptian Autobiographies and related Studies*, Orbis biblicus et orientalis 120, Freiburg, Schweiz. 9-19.

(13) 註(12)の文献、10～11頁。*Urk. I*, 50, 69.

(14) 註(12)の文献、13頁。

(15) 註(12)の文献、20～21頁。

(16) 註(12)の文献、19頁。

(17) *Urk. I*, 201. 註(12)の文献、13～14頁。

(18) *Urk. I*, 122-123.

(19) *Urk. I*, 132-133. 註(4)の文献、16頁。

(20) 註(4)の文献、17頁。

(21) *imy-r cw*. この称号については、内田杉彦1983「ヌビアにおける *imy-r ic3ww*―エジプト第6王朝のヌビア政策―」『オリエント』第26巻第1号、1～18頁を参照。

(22) *Urk. I*, 254-255.

(23) *Urk. I*, 204, 7

(24) 註(5)の文献、37頁。

(25) 註(5)の文献、59頁。

(26) 註(5)の文献、128、136、149、158～159の各頁。

(27) 註(5)の文献、175、182頁。

(28) 註(5)の文献、192頁。

(29) 註(5)の文献、39頁。

(30) 註(12)の文献、28頁。

(31) 註(24)の碑文。

(32) 註(25)の碑文。

(33) 註(26)のうち128頁の碑文。

(34) Edel, E. 1984 *Die Inschriften der Grabfronten der Siut-Gräber in Mittelägypten aus der Herakleopolitenzeit*, Abhandlungen der rheinisch-westfälischen Akademie der Wissenschaften, 71, Opladen, Fig. 15, Zeile 62-65, S. 96-108.

(35) 註(5)の文献、72頁。註(4)の文献の28頁。

(36) 註(5)の文献、76～77頁。この墓の主の名は古くはテフ・イブとされたが、ここでは註(5)の文献の読みを採用した。

(37) 註（29）に同じ。「私は、審判の日に（？）、未亡人のために発言する者である。」このほか「未亡人」への言及は、ハト・ヌブの4例のグラフィットにも現れているが、その年代に問題があるため取り上げなかった。ただし、もしこれらの碑文が、W. K. シンプソンの言うように、テーベ朝の侵攻の直前にあたる時代のもので、ヘラクレオポリスの下臣のものとすると（*Lexikon der Ägyptologie*. II. 1044. Hatnubの項)、「未亡人」を弱者の表現とする伝統がこの王朝関係者にあったと結論づけることもできよう。

(38) 註（4）の文献、22頁。

(38) 註（4）の文献、碑文10、13がその例。

古代エジプトにおける「ねむり」

秋山慎一

(1) はじめに[1]

「ねむり」とは覚醒との対局をなす位置づけであり、ほとんどすべての脊椎動物にみられる働きであり、基本的には休息を与えるという役割であるが、そのメカニズムは非常に複雑なものであるらしい。このように睡眠はもっぱら自然科学のテーマで議論されているものであるが、こうした一方で哲学的な意味はどうなのであろうか。仏教学の世界では眠りとは悟りを妨げる煩悩のひとつであり、また唯識論においては、心が定まらない状態とされている。しかしこうした東洋哲学系での言及とはうらはらに、オリエント学において眠りを取り上げた論考がこれまであまり見かけられなかった。『宗教学事典[2]』でも睡眠に関する項目は見あたらない。LÄ では非常に手際よく纏められたわずかに2コラムの項目があるくらいで、Redford (ed). *The Oxford Encyclopedia of Ancient Egypt,* Oxford 2001でも立項されていない。しかしさらに細かく見ていくと、ねむりというテーマ自体はそれなりの関心が寄せられた形跡はある。グラポーが医術パピルスの包括的な考察のなか[3]で、「ねむり」に関してごく簡単に言及している。しかし包括的にこの問題を扱ったものではなかった。

眠りという概念は我々の日常的観念からすると「死」や「夢」に結びつくが、あくまでもこれは、われわれのいわば勝手な先入観であるかもしれず、死や夢、あるいは夢占いなどとどのように関連性を持っていたのか具体的な実例に則してみていくことも無駄ではあるまい。古代エジプト資料としては、図像資料と文献的資料とに大別できると思われるが、図像資料でのねむりは、解釈そのものが難しく、直感で資料を選別することになりかねず、しばしば資料選定そのものが困難なケースもある。この点、文献的資料はコンテキストによってある程度客観的に捉えることが可能であると思われるので、ここでは文献的資料によって語彙論的な分析によってアプローチを試みたい。

(2) 「ねむり」に関する語彙

フォークナーの辞書[(4)]によって「ねむる」に関連する語根を調べると、*sḏr* が見いだせる。しかしこの辞書は語彙採録範囲が限定されており、エジプトの全時代を網羅的に集めた語彙集ではない。エジプトの全時代の語彙を網羅的に集めた語彙集は Wb[(5)]とハニヒの辞書[(6)]の 2 つが挙げられよう。しかし後者は最新の研究を織り込んでいるものの、現状では出典が挙げられておらず語義についてはともかくあまり役立たない。Wb に「ねむる、ねむり」に関連する語彙としてあげられているのは次の10語に絞られるだろう。LÄ の中[(7)]で R. シュリヒティングが挙げている語彙も Wb 中から抽出しているものなので基本的には同一のものである。

ibꜣn (Wb. I, 62)

この語は葬祭テキスト、特にピラミッド・テキストで見いだせるのみである。

wrš wr pn ḫr kꜣ=f	これなる大いなる者が彼のカーの許で昼を過ごせば
ibꜣn r=f wr pn ḫr kꜣ=f	彼なる大いなる者は彼のカーの許で夜を過ごし (*ibꜣn*)
wrš (王名) *pn ḫr kꜣ=f*	これなる王が彼のカーの許で昼を過ごせば
ibꜣn r=f (王名) *pn ḫr kꜣ=f*	これなる王も彼のカーの許で夜を過ごす (*ibꜣn*)

sḏr r=f wr pn	これなる大いなる者が夜を過ごし
ib3n r=f	まったく寝た状態で、

こうしたコンテキスト以外、この語はほとんど見いだされず、上の例より *wrš* の反意語として用いられており、下の例からは *sḏr* と類義語であることが見て取れるが、語義それ自体に問題はないであろうが、極めて特異な語であることが窺われる。(8)

3ʿʿw（Wb. I, 196）

この語は、中王国時代以降みられる語で、Hab nub Gr. 49、P. Turin P&R（中王国時代）、レクミッフ自伝碑文、カルナク神殿大列柱室アーキトレイブ、ルクソール神殿にあるラメセス3世ステラ（RT 15, 5）、トトメス4世のスフィンクスステラ、ライデンアメン讃歌などでみられる。こうしたフレーズのいずれもが、王あるいは役人の正確さを表現するくだりで用いられ、このためか否定的なコンテキスト（すなわち“眠ることのない”）で用いられている。

ʿwn（Wb. I, 173）

この語が見られるのは第19王朝の碑文 Louvre C 57でのみ知られるいわゆる hapax legomenon であるが、*nn ʿwn n=f ḥr ḥḥy mn[ḫ]*.「陛下は素晴らしいことを探しっつ眠らずに目覚めて……いた」というくだりで用いられている。同様なフレーズはカルナク神殿のセティ1世のアラバスターステラでも知られている。(9) 決定詞も同じサインが使われていること、両者の音が類似している点を考慮すると、Wb. での *ʿwn* という語は *ʿʿw* と同一語の異綴りと解釈するのが首肯できよう。(10)

mkmk（Wb. II, 159, 1）

この語は、エドフのテキストで太陽神の夜の航行を述べたくだりで、2例の言及例があるとされるが、*mkmk=f im=s r ḥḏ t3*「彼は朝までそこでやすむ」という文言、もう一例も同様に太陽神の夜の航行を意味するコンテキストでしか用いられていない。特殊な語であると思われるものの言及例が少なく詳細は不明と言う他はない。[11]

nmʿ (Wb. II, 266, 7-10)

アマルナ時代以降みられる語である。[12] 決定詞はベッドのみが書かれる場合が多いが、人物が横たわったベッドのサインが用いられることもある。ネフェルヘテプの墓（TT 49）の例では女性や子供達が嘆き悲しんでいる場面で“横たわる、眠る”を意味すると思われる場面で用いられている。[13] またカイロ博物館所蔵 Wb.Nr. 46 ホリの彫像では死者がアメン神に呼びかけている場面で、[14] BM 147のタアイムヘテプのステラでも西方との関連でこの語の言及がなされている。[15] またアビドスの碑文では *rs tp* の反対概念として言及されており、[16] 夜の闇を駆逐して朝太陽が昇るくだりで Pap. Berlin 3049では見られ、[17] Pap. Louvre 3129, J., 24-27（= Urk. VI, 119)では植物神への呼びかけのくだりでの言及も[18]見られる。一方で文学作中でもこの語は見られ、「ホルスとセトの戦い」[19]や「運命の王子」[20]の物語などでも見られる。こうした例から見ると、基本的には死の床という概念があり、二次的に眠るという概念を含んで用いられており、その関連でこの動詞の名詞形で「(死の) 床」という語が存在するのもそのためなのではあるまいか。この「死」との関連で「闇」や「夜」の概念と結びつき、さらには文学作品中に見られるように、ごく一般的なねむりの概念で用いられた例もあるように思われる。

nmnmw (Wb. II, 268, 1)

第19王朝のアビドスの例のみ[21]で見られるいわゆる hapax legomenon である。決定詞の違いがあるが、*nmʿ* の派生語で *nmm* という語を用いた例であるが、カルナクの例で類例があるため、[22] 上記の *nmʿ* と同一語根から派生した形と解釈するのが妥当であろう。

nḳdd (Wb. II, 345)

この語の用例は3例あり、すべて *sḏr* という語と共に見られる。afformative prefix の *n-* のこと[23]であり語根としては下記の *ḳd* という語と同一のものと考えて良いのではあるまいか[24]。

ḏd n3 mi sḏr=k r tnw rwh3 iw ʿn s3g3 ḥr=k iry=k nḳdd iw=k whs=ti

「私に毎晩どのように眠っているか話しなさい。お前の上には一枚の覆いしかなく、それでもお前は眠らねばならない。お前は疲れ切っているのであるから」(Pap. Anastasi I, 25)

mḏ3y sḏr nḳd[25]

「警察官は寝て横たわる」(Israel Stela, Cairo CGC 34025＝ KRI, IV, 12-19)

wʿ rnpw ʿḥ3 ḥr t3š=f tm rdi wrd mrt=f rdi sḏr pʿt r šsp ḏ3mw=f nḳdd=sn ḥ3ty=f m mkty=sn

「ただ一人の若々しいお方、自分の国境を護るお方、自分の人々を疲れさせないお方、朝まで人々を眠らせるお方、若者は眠れども、彼の心が彼らを護る」(Pap. Kahun I, 8-10)

sḳdd (Wb. IV, 310, 2)

この語は、その存在そのものが疑問であり、用例としては「メリカラー王への教え」の中で1例しかもひとつの写本 (Pap. Petersburg 1116A, 134) でのみ見られる。しかし P.Carlsburg VI. が刊行されて以降、決定詞の誤りと解釈するのが一般的となりつつあり、*ḳd* に関連する使役語根と解釈するのは適切ではないものと思われる[26]。

ḳd/ḳdd (Wb.V,78)

この語は、宗教テキスト[27]をはじめとして、自伝碑文[28]、王碑文[29]、讃歌[30]、書簡[31]、文学[32]のそれぞれのジャンルにわたる非常に広い範囲で見られる。しかしコンテキストとしては、自伝碑文にしろ、王碑文にしろ讃歌にせよ、同一のコンテキストで、それぞれ主体者の性質を表現する文言で用いられ、エピセットのような用法が大多数を占める。書簡では１例しか見られないが、ほぼ同様の意味内容と理解してよかろう。決定詞については最も頻繁に見られるのが𓁺であるが、𓁹のみのこともある。ピラミッド・テキストでは瞳が描かれない例もある。

sḏr（Wb. IV, 390）

この語は、用例は上記の全単語を合わせた数よりも多く250例を越える例が挙げられ、Wbでの解釈に従えば、語義分類としてまず *wrš*「昼を過ごす」の反対概念として「夜を過ごす」というのがあるというのを挙げている。代表的な例を挙げてみていってみると、

rdiw hnw im n ẖrd	それの１ヒン量が子供に与えられるべし
irr=f hrw grḥ sḏr=f snb	その子は健やかに寝ながら昼も夜も過ごすべし（M u K, VII, 4－5）

ir sḏr=tw iw=tw ḥr/// mtrt=k	人は夜、お前を鍛え
wršw=tw iw=tw ḥr sbꜣy=k	昼はお前を教える
iw bw sḏm=k mtrt nb	しかしお前はどんな教えにも耳をかさず
iw i:ir=k pꜣy=k sẖrw	気ままなことばかりしている。（Pap. Bologna 1094, 3, 7－8）

あるいは、

…sḏr ḥḳr	夜は餓えて過ごし
wrš ḥḳr=tw	昼も餓えて過ごす
grḥ ḳrs wsir	夜オシリスを葬る… （Pap. Turin P & R, 137, 3－4）

ほぼ同じ時代の例であるが、

wrš m st tn　　夜はこの場で過ごし
sḏr m p3 ḫr　　昼はパケルで過ごす

（Gardiner, *RAD*, 52, 2－3）

という例を挙げておこう。この3つの例をみてみると、「寝る」というよりもむしろ「夜を過ごす」というイメージに近いと解釈した方がよいことがわかるであろう。

ついで一般的に広い意味で「寝る」というのがあり、この中で「死の床」を意味する用例も挙げられている。さらに *ʿḥʿ*「立つ」の反対概念として「横たわる」という意をあげ、この中で主体者が人である例と、動物である場合とに分類している。

iw=f sḏr mr m r-ʿ mwt　　彼が瀕死の病床にあったとき
……gm n=i nb nṯrw iw m mḥyt　　神々の主が北風としてわが許にやって来、
ṯ3w nḏm r-ḥ3t=f　　甘き息吹が彼の前にやって来た事が分かった
šd=f PN　　そしてそれがPNを救ってくれたのだ（Berlin Stela 20377, 8）

iw－n gm p3 nṯw sḏr m pḥ tɔy=f st ḳrs
私たちはこの神が埋葬室の後壁によこたわっているのがわかった

（Pap. Leopoldt II, 2, 9－10）

この例では、神（像）が横たわってまさにそこにあるという意味を示すものであろう。

iry imntyw i3w n ḥ3t=k　　西方にいる者達が汝を讃え
n3 sḏrw ḥr sn t3 n ḥr=k　　横たわる者達が汝にひれ伏す

（TT 65, Tomb of Iy-mi-seba,Wb. Zetteln Nr. 87）

横たわる者というのが西方にいる者達とパラレルでおかれ、この場合横たわる者というのは死者を意味していると考えるのが妥当であろう。

一方で *sḏr* という語彙では眠る者が動物であることを示す場合もある。

sʿḥʿ.n=k sḏrw ḥr-gs=sn 汝（アメン神）は彼らと共に眠れる蛇[(33)]を起こした
(Brugsch, Grosse Oase, 26, 16)

di=s sḏr p3 rmw ḥr ḥ3yt 彼女（イシス女神）は魚を流れの中に寝かせた
(Pap. Mag. Harris VII, 9)

このように例をみてくるとWb.では語義は大きく3つに分類しており、「夜を過ごす」や「横たわる」というのが本来の意味としてあり、そこから派生して「死の床」を含んだ「ねむる」という意味が生じたと考えるのが妥当であろう。一方でこの語彙を決定詞を見ると、ピラミッド・テキストで目の決定詞を用いた例があるがこれを例外として他はベッドの上に人物が横たわっているものやベッドの上にソカル神が描かれているもの（第19王朝以降みられるがグレコ・ローマン時代には頻繁に見られる）をはじめとしてベッドだけを描いたもの、あるいは決定詞をともなわない例も稀にある。

(3) 結　　論

以上の「ねむり」に関連すると思われる語彙を集めてみてきた。いかなる言語であれ、意味するところは同じでも言い方が複数存在するのは周知の事実であるので、むしろ本稿ではどのように「ねむり」という行為が捉えられているのかという事実を考えることに注目をし、どのような意味合いで用いられることが多いかをみて纏めていってみたい。

このようにみてくると「ねむる」という動作そのものを表現する語彙は、

ib3n　*ʿʿw*　*mḳmḳ*　*nmʿ*　*ḳd/ḳdd*

の5語ということになろう。そのうち最初の *ib3n* は用例数が少なすぎること、葬祭テキストのみに用いられる語彙であることから元来は冥界との意味関連を包含したものである可能性はあるものの、現段階での立ち入った言及はあまり意味をなさないであろう。さらに *mḳmḳ* もエドフテキストに限定されていること、特定のコンテキストでのみ見いだせるといったこと以外にはこれといった特徴を検出することはできない。

次の *ʿʿw* という語であるが、ほとんど全ての用例で、否定的なコンテキストで用いられている。この語彙が認められるテキストのジャンルは中王国時代以降のテキストで見られるものの、葬祭テキストでは認められず、讃歌にせよ、自伝碑文にせよ、王碑文にせよ、その主体者が「眠りを知らぬ者」というような意味合いで、*rs tp* の反対概念を表現したコンテキストで用いられる。

次に *nmʿ* という語であるが、おそらくは「死の床」というイメージがあり、そこからの派生語として眠りという語義が生じたものであろう。したがって、葬祭テキストにおいてこそ見いだされていないものの、葬儀の場面で用いられたり、太陽神の航行を述べたコンテキストで用いられたりという用法があり、そこから文学作品に見られるような一般的な「眠り」の意味合いが生じてきたものであろう。

残るは *ḳd* という語である。いくつかの *n*-formation や語根の reduplication を用いた formation を用いた語が併存するが本来は *ḳd*/*ḳdd* がもっとも基本的な語根そのものであって、あらゆるテキストに広範囲に用いられている。このため「ねむり」一般を表す本来の語はおそらく *ḳd* であり、*sḏr* は「夜を過ごす、横になる」という意味からの派生語としての用いられるのが本義なのではないかと解釈できよう。

上記の語義に関して、それぞれに語彙に共通している用法は、眠りが「死」の概念に結びついていると同時に、「眠りのない」「目を見開いている」といったおもに動作主体者となる人物などの性質を表現しているコンテキストで用いられることが最も多く、これは自伝碑文などで現れる *rs tp*「起きている」、「目を見開いている」、「怠りのない」、「油断のない」、「抜け目のない」と並んで述べられているものである。もうひとつ例を挙げて述べるならば、

tw r isḳ m3ḳt m grḥ 　　人は夜、梯子をもって

tw r ʿḳ [r] ẖnrt	砦に入り込み
tw r snb=t [i] ḳdd m irty	眼から眠りを追いだすだろう
sḏrty ḥr iw=i rs=kwi	眠っていた者達はいう「私は起きていた」のだと

(Pap. Peterburg 1116B 34-35=Helck, *Nfr. tj*, VII)

という例においても示されているとおり、逆説的にいうならば、寝ているというのは、「油断の」「怠りのある」状態を言っていると解釈するのが妥当なのではあるまいか。

さらに、動作の意味上の主体者が動物で用いられるのは *sḏr* という語のみであり、この場合、蛇が寝ることもあれば魚であることもあり、他の語においては動物が「ねむる」という動作をするということが語られる例は見あたらない。この事実は、「ねむり」の属性が人間であり、動物の属性ではないことを示唆しているものと解釈してもよかろう。

最後に、しばしば語られる、今日で言う眠りと夢との関連であるが、本稿では、ねむりそのものを表現する語彙に限定して考察を試みたのであり、夢、夢告との関連の考察は他日を期したいが[(34)]、たしかに *in sḏrw m33 r rswt*「眠れる者は夢をみる」(Peas. B1, 216) という例や、*iṯ n sw ʿʿwy nḳdd m 3t m wpt*「正午ころに眠りが彼をおそった」(Helck, Urk. IV, 1542, 13) というくだりから始まるトトメス4世の夢のお告げ碑文がある。いわゆる dream Book[(35)]でみられる「もし汝が夢の中で……をみたら、それは吉／凶であり、……が……であるのを意味している」という文言の中で見られるように、明らかに眠りと夢との関連についてはその示唆はあるものの、それらは、むしろ夢告を意味しているのであって、眠りという語との連関において用いられるのは、ほとんどが文学的な言い回しで用いられるに限定されるものと思われる。

註

(1) 本稿の略語は原則として、E. Otto-W. Helck (hrsg.), *Lexikon der Ägyptologie*, 7 Vols. Wiesbaden 1972-1992に従った。本稿上梓にあたり Erman-Grapow の辞書

を作成する際にあつめられたカードを自由に使わせていただいた。使用の許可を与えてくださった W. Reinecke 教授ならびに S. Seidlemayer 博士、難読カードの「解読」を手伝っていただいた S. Gruener 博士、有益な示唆を与えてくださった M. Eaton-Krauss 博士をはじめとする Wörterbuch Zetteln のスタッフの皆様ならびに、文献を自由に利用する許可を与えて下さったベルリン自由大学の J. Osing 教授をはじめとするスタッフの皆様には多大なる恩恵をこうむった。記して謝意を表する次第である。

（2） 小口偉一・堀一郎監修 1973『宗教学辞典』東京大学出版会。

（3） Grapow, H. 1954 *Anatomie und Physiologie, Grundriss der Medizin der alten Ägypter I.*, Berlin. 34–35. 特に Eb. 99. 6 ff の引用があり「目の中で眠る者 ..」と解釈しており、同一フレーズが「メリカラー王への教え」にもあるとしている。しかしこの箇所は以下で見るとおり、今日では決定詞の誤りと解釈をした方が適切であり、Eb. 99,6 も本文の方では「目の虹彩 ...」というふうに改められている（H. von Deines, H. Grapow und W. Westendorf 1958 *Übersetzung der medizinischen Texte, Grundriss der Medizin der alten Ägypter IV 1*, Berlin 1）。

（4） Faulkner, R. 1962 *A Concise Dictionary of Middle Egyptian*, Oxford.

（5） Erman, A. und H. Grapow, 1926–71 *Wörterbuch der ägyptischen Sprache*, Berlin u. Leipzig.

（6） Hannig, R. 1995 *Die Sprache der Pharanonen, Grosses Handwörterbuch Ägyptisch-Deutsch*, Mainz am Rhein.

（7） Schiliching, R. 1984 "Schlaf" in W. Helck u. E. Otto (hrsg.) *Lexikon der Ägyptologie*, Wiesbaden, Band V, 642ff.

（8） Meeks, D. 1978 *Anée Lexicographique*, II, 119 (78. 1237).

（9） *tmʿʿw m grḥ mi hrw ḥr ḥḥy sp nb mnḫ ḥr dʿr ḫrt ȝḫt*「昼と同じように夜も眠らない者、あらゆる素晴らしきことを探しつつ、輝かしいことをさがしつつ」

（10） Wb. I, 173,1.

（11） Wb. Belegstellen II–1, 234, の159, 1の該当個所で、Edfu I, 35に2例の言及例を挙げている。

（12） Davies, Amarna I, 36; III, 29に *ʿnh=sn mȝ=sn tw nmʿ=sn ḫft ḥtp=k*「彼らが汝を見れば彼らは生き、汝が沈めば彼らも眠る」という同様のフレーズが用いられているのが初典例である。

（13） Davies, 1943 *The Tomb of Neferhotep at Thebes*, pl. 23. Lüddeckens, “Untersuchungen über religiösen Gehalt, Sprache und Form der ägyptischen Totenklagen”, *MDAIK* 11, 1943, 2–188., esp. 115–6. Lüddeckens は該当個所の脚注で *nmʿ* は死の床を意味し、ここで状態形で用いられているのは永続する状態を表現するためであったと解釈している。

(14) *in ʿntyw =k srs=f tp=i snhs=f ʿḥ nmʿ*「汝のミルラは我が頭を起こし、それは眠りの体を起こさせる」

(15) *ir imntt tꜣ m nmʿ*「西方はといえば、大地は眠りの中……」

(16) *nb špsy tp rs ḥr nb nmʿ*「あらゆる人が眠る時に、目覚めている素晴らしき主……」Abydos, Inscription dédicatoire, 38.

(17) *šwty=k sṯs=sn tp=w ṯs=sn ḥr nb nmʿ*「汝の陰が彼らの頭を起こし、全ての人をねむりから起こす」Pap. Berlin 3049, col. 7, 7.

(18) *i nb nmʿ ḥr nmit=f*「おお、彼のねむりの上でねむる主よ」

(19) *ʿḥʿ.n pꜣ nṯr ʿꜣ ḥr irt wʿ hrw iw=f nmʿ ḥr psd=f m pꜣy=f sḥ* (Gardiner, *LES*, 41, 5-6)「それからこの大いなる神は一日中彼のあずま屋で仰向けになって過ごしました」

(20) *ist tꜣy=f ḥmt ḥms=ti r-gs=f nn nmʿ=s* (Gardiner, *LES*, 7, 15)「妻は眠ることなく彼の傍らにいました」

(21) *nhs=k wn m nmnmw*「汝は眠れる状態にある者を起こす」Mariette, *Abydos* I., 51, 27.

(22) *srs n=f wn m nmm*「眠れるものを起こした者」Theban Tempel Gr-Röm. Zeit, Karnak Bab el-Amara.=Wb. Zetteln Nr. 140b, 1089.

(23) GG §276.

(24) Vycichl, W. 1983 *Dictionnaire étymologique de la langue copte,* Leuven 142.

(25) ただしKarnak版では 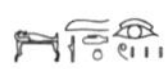 *sḏr m ḳdw* となっている。

(26) Faulkner, *CD* ではこの語は（という決定詞が附いている語としても、という決定詞が附いている語としても）双方で立項されていない。Volten によるPap. Carlsburg VI の刊行以前の1936年にすでにA. Scharff は *Die historische Abschinitt der Lehre für König Merikare,* Muenchen 1936, 61, n. 4 で決定詞の誤りと解釈して「航行する」意として解釈をしている。

(27) PT 247（=Tb Nav., 174）; PT 258; PT 421; PT 576；門の書第6時；口開き第9シーン。

(28) Cairo CGC 20765; Petrie, *Koptos*, 20 a 16; BM 147.

(29) Petrie, *Koptos* 12, 3; Urk. IV 363, 11-12（ハトシェプストのオベリスク西側）; Karnak, Israel Stela.

(30) カルナク神殿ラメセス3世のアメン神讃歌に見られるものの、欠損が激しくコンテキストの把握は困難。

(31) Pap. Turin 1973, 2-3 =Pap. Turin P & R, 130=LRL 4, 3-4.

(32) Merikare 80; Amenemopet Kaptel 22.

(33) 

(34) *rswt*（Wb. II, 452, 1-4）今日までにほぼ30例余りの用例が数えられる。初典は

Pap. Prisse であり主に文学テキストにおいて見いだせる。

(35) Gardiner 1935 *Hieratic Papyri in the British Museum, Third Seires, Chester Beatty Gift,* London.

テーベの誕生

近 藤 二 郎

(1) は じ め に

エジプト・アラブ共和国の首都カイロ市の南南東約500km[1]に位置するルクソール市とその対岸は、古代の上エジプト第4ノモスの中心都市であったウアセト（*w3st*）の所在地であった。この地は、一般にテーベ（テーバイ Thebai）の名[2]で知られ、中王国時代以降には、北部のメンフィス（Memphis）と並ぶ古代エジプトを代表する都市となった。特に、新王国第18王朝時代には、ナイル川東岸にカルナク（Karnak）・アメン大神殿とルクソール神殿とが位置し、さらに西岸には諸王の葬祭殿・記念神殿をはじめ、王墓や高官の岩窟墓が造営された広大なネクロポリスを形成していた。

筆者は、かつてテーベの領域がどのようにして確立されていったかを検討したことがある（近藤 1996：43-57)。その結果、新王国第18王朝時代から第19王朝時代かけての時期に、ナイル川東岸の北端にカルナクのアメン大神殿、そして南端にルクソール神殿を配し、両神殿は古代エジプトで最も重要な祭礼である「オペトの大祭」の際の起点と終点になった。そして、ナイル川を隔てた西岸には、北にアメン神の聖地カルナクに対応してデール・アル=バフリー神殿を配し、さらにカルナクとデール・アル=バフリー（al-Deir al-Bahrî）神殿を結ぶ延長上に王の埋葬地である「王家の谷」を確立した。一方、南部ではルクソール神殿と対応する場所にマディーナト・ハーブ（Madînat Hâbu）神殿を配し、ルクソール神殿とマディーナト・ハーブ神殿を結ぶ延長上に王妃の埋葬地である「王妃の谷」が確立されていく状況を検討した。このようなテーベ地域の神殿配置の問題を考慮する過程で、新王国時代に確立されたと推定されたいわゆる「テーベの領域」が、実は新王国時代以前の中王国時代にまでさかのぼる可能性が示唆された。

そこで、本稿では、アメン・ラー神の聖地であり、古代エジプトの宗教や政治の中心地であったこのテーベの地が、その最初の時代（先王朝・初期王朝時代）から新王国時代までの間に、どのような経緯のもとで誕生・成立していったかを概観することを目的としたい。

(2) 先王朝時代・初期王朝時代

古代エジプトの先王朝時代後半から第1王朝の成立期において、上エジプト地域は中心的働きをなした。特に、この時期の墓の数を見ると3000基以上のヒエラコンポリス（Hierakonpolis）と2000基以上のナカーダ（Naqâda）の2カ所が規模としては圧倒的に大きい（高宮 1998：130-131）。テーベ地域は、この2カ所に挟まれた場所に位置しており、同じ上エジプト第4ノモスに属するアルマント（Armant）付近にも比較的大規模な墓地遺跡が発見されている（Mond and Myers 1932）。先王朝時代や初期王朝時代においても多くの遺跡が発見される可能性が十分に考えられる。今のところ、偶然の機会により発見されたナカーダII期、III期、初期王朝時代に属する彩文土器や石製容器が存在しているが（American Research Center in Egypt 1979 : 6-10）、この地域の先王朝・初期王朝時代の調査・研究は大きく立ち遅れているのが現状である。僅かにアル=ターリフ（al-Târif）地区から先王朝時代末期から初期王朝時代に属する彩文土器や石製容器が報告されており、この地区に当該時期の墓域や居住区があったことを想起させる（Arnold 1974：155-164）。

アル=ターリフ地区の西方に位置する崖の頂の通称「トトの丘」において、ハンガリー調査隊が第11王朝メンチュヘテプ3世（Mentuhotep 3）の日乾レンガ製神殿址を調査したところ、第11王朝時代の遺構の下から石造の神殿址を発見している。ハンガリー隊は、メンチュヘテプ3世神殿下部から検出したこの石造神殿の年代を、天文考古学を使用して決定している。下の神殿の軸線が、第11王朝の神殿の軸線より2度17分南にズレていることから、石造神殿址の年代を紀元前3000年頃にまでさかのぼらせている（Vörös 1998：60-61）。

しかしながら、報告書を見る限り、報告者が初期王朝時代の神殿址としている根拠は、この天文考古学的手法だけであり、考古資料も示されていないことから、現時点で報告者の説に同意することは困難である。第11王朝時代の神殿址と下部の神殿址との軸線の差である2度17分の数値で計算していることは説得力に欠ける。もし、初期王朝時代にまでさかのぼる石造神殿であると確定されれば、エジプト最古の石造神殿となるのであるが、今後のさらなる検討が必要であろう。いずれにせよ、この「トトの丘」の神殿の起源と機能を究明することは、テーベの歴史を考える上で不可欠である。

(3) 古王国時代のテーベ

アル=ターリフ地域には、古王国時代に属する2基のマスタバ墓がドイツ考古学研究所の発掘調査で確認されている。発掘者は、これら2基のマスタバ墓を第4王朝と第6王朝時代のものとして報告しているが（Arnold 1976：11-18)、ストラドウィック（Strudwick, N.）は、これら2基のマスタバ墓をともに第3王朝あるいは4王朝時代に属するものとしている（Strudwick 1999：20)。

アル=ギーザ（al-Giza）の第4王朝メンカウラー（Menkaura）王のピラミッドの葬祭殿で発見された王がハトホル女神とノモスの神を従えている4体のトリアード（3体像）のひとつに、王がハトホル女神とともに上エジプト第4ノモスの標章を頭上に戴く男神の像（JE 40678）が含まれており（Reisner 1931：pls. 41-42)、テーベがハトホル女神の崇拝の地として、国家の中央においても重要な存在となっていったことを示唆している。

カルナクのアメン大神殿の「彫像の隠し場」(Cachette）で発見された彫像

の中に、古王国第5王朝のニウセルラー（Niuserra）王の彫像が含まれており（Bothmer 1974：165–170）、カルナクの起源を古王国時代にまでさかのぼらせようとする考えもあるが、アメン大神殿では古王国時代の神殿址を示す直接的な資料は明らかではない。

テーベ西岸のアル=コーカ（al-Khôkha）地区からは、古王国第6王朝ペピ2世治世初期の上エジプト第4ノモスの長であるとされるイヒ（Ihy）の岩窟墓（TT. 186）が存在している。同地区には、イヒの息子であるケンティ（Khenty）の墓（TT. 405）が、イヒ墓に隣接して造営されている。また、このほかに「ノモスの長」、「上エジプトの監督官」等の称号を持つペピ2世治世末期のウニス・アンク（Unis–ankh）の岩窟墓（TT. 413）も発見されている（Saleh 1977; Kanawati 1980：132–142）。さらに、アル=コーカ地区には第1中間期初期に属すると見られるセニ・イケル（Seny-iqer）の岩窟墓（TT. 185）も造営されている（Saleh 1977：132–142）。このように上エジプト第4ノモスの長という地方行政上の責任者の墓が、ネクロポリス・テーベのほぼ中央にあるアル=コーカの独立丘陵の東側斜面に位置していることは極めて重要である。

(4) 第1中間期から中王国時代にかけてのテーベ

アル=ターリフ地域には、第1中間期における重要な墓域が存在している（Arnold 1976）。これまで、この地域から第11王朝の支配者であるアンテフ1世（Antef 1）、アンテフ2世（Antef 2）、アンテフ3世（Antef 3）の墓が見つかっている。これらの墓は、「サフ（Saff）墓）と呼ばれる独特の形式のものである。

時期的に最も古いアンテフ1世墓は、3基の中で最も北に位置している。「サフ・アル=ダワバ（Saff al-Dawaba）」と呼ばれており、前庭部の規模は南北約75m×東西約70mである。他の2基と比較して東西方向の長さが短いが、おそらくこれは元来のプランを示しているのではなく、東側部分が隣接する運河により破壊を受けているためと考えられる（Arnold 1976：19-22）。

サフ・アル=ダワバの南に接するように位置するサフ・アル=キサーシヤ（Saff al-Kisasiya）は、アンテフ2世墓である。前庭部の規模は南北約70m×東西約250mである。東西方向の軸線が長く明瞭であり、軸線の東への延長線はカルナクのアメン大神殿の方向を向いているように思われる（Arnold 1976：25-32)。

そして最も南にあるものがサフ・アル=バカール（Saff al-Baqar）で、前庭部の規模は南北約65m×東西約330mとなっている。アンテフ3世墓であるサフ・アル=バカールは、3基の中で最も新しい時期のサフ墓であるが、前者の2基に比べて前庭部の規模が南北方向でいちばん短く、そして東西方向で最も長くなっている。すなわち時代とともに、前庭部の形態が細長いものへと変化していくのである（Arnold 1976：33-38)。

何故、第11王朝の3人の支配者たちが、自らのサフ墓をアル=ターリフ地区に造営したのであろうか。現在のところ、その理由は明らかではないが、アル=ターリフ地区が、ナイル川東岸のカルナク、アメン大神殿の対岸に位置することから、アメンの聖地との関連が推定されるが確証はない。

アンテフ3世の次の王は、エジプトを再統一し中王国を樹立したメンチュヘテプ2世（Mentuhotep 2）であった。メンチュヘテプ2世以前の第11王朝の支配者たちのサフ墓がテーベ西岸の北に位置するアル=ターリフに造営されていたのに対して、王墓は南のデール・アル=バフリーへと移されたのであった。デール・アル=バフリーは、テーベ地域で最も特徴的な地形を有し、東岸のカルナク、アメン大神殿のほぼ対岸に位置している。

ナイル川東岸のカルナクが、どのような経緯でアメン・ラー神の聖地となったかは不明であるが、デール・アル=バフリーの対岸に設定されたと考える方が理解しやすいように思える。しかしながら、アメン大神殿の中王国時代の神殿址から発見され、現在、ルクソール博物館に展示されているアンテフ2世の名を持つ石柱片には、はっきりと「アメン・ラー（Amen-Ra)」と記されている。このことから、テーベ地区で最古のアメン神の名を持つ資料は、第11王朝のアンテフ2世時代にまでさかのぼり、しかも最初から「アメン・ラー神」の名で表記されていることが判明した。アメン神の起源を考える上で極めて興味深い事実である。さらに、この最古のアメン・ラー神の名を刻した第11王朝のアンテフ2世墓がアル=ターリフ地区にあることから、アル=ターリフとカルナクとの間には何らかの関連性が指摘できるかもしれない。

さらにアンテフ2世の前任者であるアンテフ1世墓であるサフ・アル=ダワバが、アンテフ2世墓のサフ・アル=キサーシヤの北側に隣接して位置することから、アンテフ1世もアンテフ2世と同様にナイル川東岸のカルナクのアメン神殿へ向けて自らの墓を造営した可能性がある。また、アメン・ラー神や聖地カルナクの起源もアンテフ1世までさかのぼることができるかもしれない。

また、アル=ターリフのサフ墓の周囲には、同時代のものと考えられる小型の岩窟墓が多数存在している。中央に1本ないしは2本の角柱を持つ奥室を特徴とする形式の岩窟墓である。これらの岩窟墓は、ほとんどがアル=ターリフ地区に集中して分布しているが、岩窟墓の一部はアル=ターリフの南にあるセティ1世葬祭殿の西側にも分布している。

テーベ西岸の北に隣接するアル=ターリフ地区が、第11王朝アンテフ3世時代まで王墓を含む重要な墓域として機能していたにもかかわらず、その後、意識的に放棄されたかを考慮することが、都市としてのテーベの性格や配置を決める上で重要なポイントであろう。

メンチュヘテプ2世の墓所が造営されたデール・アル=バフリーは、テーベの都市のレイアウトを語る際にキーとなる場所である。デール・アル=バフリーの自然の抉れた地形に造営されたメンチュヘテプ2世墓の長い参道は、アンテフ3世墓と同様に方向性を強調した構造を示している。

カルナクの中王国時代に存在したアメン神殿とその周辺部の規模や構造は明確ではない。しかしながら、王宮などが付属する大規模なものであったと予想される。中王国時代のテーベに関しては、不明な点が多い。アル=ターリフの南にある新王国第19王朝時代のセティ1世葬祭殿の調査でも第11王朝時代末期から第12王朝時代にかけての土器が発掘されており（Mysliwiec 1987：27–

32)、神殿の起源が中王国時代にまでさかのぼる可能性が存在している。新王国第18王朝時代に、カルナクやデール・アル=バフリーとともにテーベの重要なランドマークであったルクソール神殿やマディーナト・ハーブ神殿なども、それぞれの神殿の起源が中王国時代にまでさかのぼるのではないかと想像されている。(3)

第11王朝最後の王であるメンチュヘテプ4世の宰相であったアメンエムハトは、クーデターにより王位を簒奪して、第12王朝を樹立しアメンエムハト1世となった。王は、それまでのテーベ1極中心支配体制を変更して、王都を北のファイユーム地域のイチ・タウイに移している。そのため第12王朝時代の王たちは、王都が北に移されたこともあり、ファイユーム地方からダハシュールにかけてのナイル川西岸にピラミッド型式の王墓を造営している。テーベ西岸には、この時期の王の葬祭に関する遺構は残されていないが、デール・アル=バフリーのメンチュヘテプ2世墓に付属する神殿からは、第12王朝センウセレト3世の等身大の立像やステラが発見されている。カルナクのアメン大神殿からは、センウセレト1世のキオスクをはじめ王像なども出土している。中王国時代のテーベの全体像は依然として不明な点が多い。

(5)　第2中間期のテーベ

第13王朝に始まる第2中間期のテーベ地域の様相については不明な点が多い。テーベにおいては、第17王朝が「ヒクソス」追放の勢力として重要な役割を果たしたことは良く知られているが、それ以前の特に第13王朝時代のテーベに関しては情報が限られている。マネトー（Manetho）による「王朝区分」のために、第13王朝と第17王朝時代との年代差がかなり存在しているように錯覚してしまうが、実際には第13王朝が前1794/93～1648/45年であり、第17王朝が前1645～1550年となっている（Beckerath 1997）。すなわち、第13王朝に続いて第17王朝が存在しているのである。

第17王朝時代の王や王族の墓に関しては、19世紀後半以降、長年にわたり所在場所不明となっていた。

しかしながら、2001年夏になり、ドイツ考古学研究所のポルツ（Poltz, D.）は、最も北にある第17王朝のアンテフ５世（即位名ネブウ・ケペル・ラー）の墓を再発見することに成功した。ネブウ・ケペル・ラーの墓は1860年に、マリエット（Mariette, A.）が発見したもので、前面に小型の１対のオベリスクを付属する構造をしたものであった。

その後、このアンテフ５世墓の位置に関して、ウインロック（Winlock, H.）はアボット・パピルス（The Abbotto Papyrus: B. M. 10221）の中に記された同墓の記述を検討することにより、不明であったアンテフ５世墓の位置を具体的に推定した。アボット・パピルスには、アンテフ５世墓が「アメンの供物運びの長であるイウロイ（Iwroi）の墓から盗掘者たちによって掘られたトンネルによって繋がっている」とある（Peet 1930：38, pl. 1）。イウロイについて、ウインロックはテーベ西岸岩窟墓 TT. 13の被葬者であるシュロイ（Shuroi）の誤記であると推定したのである。そしてアンテフ５世墓は、必ずやテーベ西岸のシュロイ墓のすぐ近くから再発見されるであろうとの見通しをたてた（Winlock 1924：226-230）。

そして、ウインロックは、この説を検証するために1919/20年の冬にルクソールに出向き、ドゥラ・アブー・アル=ナジャー（Dra Abu al-Naja）地区にあるシュロイ墓（TT. 13）の碑文を検討した。その結果、アボット・パピルスに記されたIuroiはShuroiの誤りであることを確認したが、肝心のアンテフ５世に関しては、付近に何の痕跡も見出せなかったとしている。しかし、ウインロックはアンテフ５世の位置としてはシュロイ墓付近という考え方を変えなかった（Winlock 1947：113-115）。

2001年にポルツが再発見したアンテフ５世墓は、まさにアボット・パピルスに記され、ウインロックが正しく推定したシュロイ墓に隣接するやや急な斜面上に位置していた。日乾レンガ製のピラミッドの基部は、巨大な岩が表面に顔を出す狭い地点で検出されている。斜面に傾斜角約68度の小ピラミッドを建造することは非常に不安定であり、長期にわたり維持することは困難であったと推測されるが、アボット・パピルスには、このアンテフ5世墓はピラミッドを示すメル（*mr*）と記されており、この不安定な状態で約350年間にわたりピラミッドが存在していた可能性がある。ピラミッドの正面は、東のカルナクに向いて建造されていた。ピラミッドの基部の東側正面部分には、1対の小オベリスクの石製台座も再発見されている(4)。

発掘者のポルツによれば、発掘作業によりアンテフ5世墓のピラミッドの基部の中心部分から規模の大きいシャフト（竪坑）が検出されており、内部からは第13王朝時代の土器片等の遺物が出土しているという。このことから、ポルツは、第17王朝初代のアンテフ5世の墓が、第13王朝時代の支配者と見られる者の墓と推測されるシャフトの真上に造営されていると推定している。アンテフ5世のピラミッド墓の造営場所として、急な岩のある墓を造営するには条件が良くない斜面が選ばれたことも、この場所が特別な場所であったためであろうとしている。

アボット・パピルスには第17王朝時代から第18王朝初期にかけての王や王族の墓に関する記述が残されており、それらの記述の中で再発見されたアンテフ5世墓は最も北に位置している。ドイツ考古学研究所の今後の発掘調査によって、かつてウインロックが推測したように、南西方向にデール・アル=バフリーに至るまでの斜面上でこれらの墓が次々と再発見されることが期待される。

第17王朝の王や王族の墓の分布に関しては今後の調査を見守る必要があるが、ドゥラ・アブー・アル=ナジャーからデール・アル=バフリーに至るテーベ西岸の斜面が使用されたということは、ナイル川東岸に位置するアメンの聖地カルナクとの関連が強く窺われる。また、アンテフ5世墓の例のように第13王朝時代の支配者（王）の墓が造営されていた場所を再利用していることから、第17王朝時代の王が第13王朝時代の支配者を重要視していることがわかる。

上エジプト第4ノモスが、エジプトの中心として誕生していく背景には、やはりアメン・ラー神の存在が重要な要素である。アメン・ラー神の聖地カルナクの発展とともにあったと考えられる。前述したように、アメン・ラー神の信仰の起源も第11王朝アンテフ1世時代にまでさかのぼる可能性があることを指摘することができた。また、テーベの誕生と発展の歴史を考慮する際には、アル=ターリフ地域の検討が不可欠であり、今後の詳細な検討が必要であろう。

第18王朝を生み出した第17王朝は、自らを第11王朝—13王朝の継承者として意識していたとみられる。そのためにも、新王国第18王朝時代を考える際には、その原点として第11王朝以来の歴史を概観していかねばならないであろう。

註

（1）カイロ（東経31度15分、北緯30度04分）とルクソール（東経32度38分、北緯25度42分）との間の距離に関しては、従来700km などの数値が使用されることが一般的であった（Kamil 1983：11）。また、主要都市間の道路距離を基準としたカイロ—ルクソール間の距離としては651.5km という数値が示されている（Fauvel *et al.* 1979：461）。しかしながら、エジプトの地図からスケールを使用して直接測定すると、おおよそ500km 程度となる。そこで地球を球体として球面三角法によりカイロとルクソールの経度と緯度の値を用い2地点間の距離を計算してみる（長谷川 1978：24-31）と算値は504.238km となる。この計算では地球の平均半径は6371.0km としている。

（2）ギリシア語起源の名称テーベ（テーバイ）は、有名なホメーロスの『イーリアス』の中に次のような記述があることに由来していると考えられる。「(中略）……。現在彼が持ち合わすもののすべて、また何処からか取り込もうとて、またオルコメノスに納まる貢、あるはエジプトのテーバイの富、—あの家毎にとても沢山財宝が納まっていて、また百の城戸がそなわり、その各自を二百人ずつもの武士が馬や車の数を尽して、出てゆくという　その都だとて、……（略)」(ホメーロス 1956：中96)。古代エジプトのテーベ（テーバイ）が、何故、ギリシアのボイオーティア地方の代表的な都市であるテーバイと同じ名称で呼ばれるようになったのを考える際に『イーリアス』の引用箇所の記述は興味深い。「百門の都テーベ」と謳われた「エジプトのテーバイ」は、ボイオーティア地方のテーバイと覇権を争っていたオルコメノスの記述のすぐ後ろに登場している。このことからもイーリアスの「エジプトのテーバイ」は、元来、ボイオーティア地方のテーバイであった可能性がある。ウアセトがテーバイの名で一般的に呼ばれるようになる契機としては、ヘロドトスの『歴史』の存在をあげることができる。ヘロドトスの『歴史』は、紀元前5世紀に成立した作品であるが、文中ではウアセトを終始一貫して「テーバイ」の名で記している（ヘロドトス

1971巻2)。テーバイの名は、ストラボン(Strabo)の『地理書』にも引用されているため、広範に使用されるようになったものと思われる。ストラボンは『地理書』の中でホメーロスの『イーリアス』に記された「エジプトのテーベ」を紹介するとともに、「今はディオスポリス(Diospolis)と呼ばれている」と記している(Strabo 1932:17. 1. 46)。通常、古代ギリシア人は、この地を「ゼウス(Zeus)神の都」の意を持つディオスポリス(Diospolis)の名で呼んでいたからである。このストラボンの記述を見る限り、当時、ディオスポリスの名で呼ばれていた町を「テーベ」と呼ぶことはホメーロスに由来していたものと結論づけられる。伝承によれば、ギリシア本土ボイオーティア地方のテーバイは、ギリシアに初めてアルファベットを伝えたフェニキアの王子カドモス(Cadmus)により建設されたとされている。カドモス王子は、ゼウスに誘拐された彼の妹のエウローペ(Europe)を探しに行くように父である王アゲーノール(Agenor)に命令され、諸国を捜し回った後に、神託に従ってテーバイを建設したのであった。そのため、ギリシアのテーバイのアクロポリスはカドモス王子の名にちなんでカドメイア(Cadmeia)と呼ばれている。このような故事から、エジプトのテーバイの語源を合理的に説明する手段として、カドモス王子が、エジプトのテーバイの出身であるとする記述が、紀元前1世紀のディオドロス(Diodoros)の『歴史叢書』に登場しているのは興味深い(Murphy 1985:23)。

(3) シカゴ大学のジョンソン氏(Jhonson, R.)、カルナク神殿フランス・エジプト調査隊のガボルテ氏(Gaborte, L.)らからの情報による。

(4) テーベ西岸ドゥラ・アブー・アル=ナジャー地区のアンテフ5世墓の発掘現場を訪れ、発掘責任者であるドイツ考古学研究所副所長のポルツ氏からは直接的に再発見の経緯に関する説明をしていただいた。また筆者の質問についてもいろいろと答えていただくことができた。記して感謝したい。

参考文献

American Research Center in Egypt, Cairo 1979 *Catalogue of the Luxor Museum of Ancient Egyptian Art,* Wiesbaden.

Arnold, D. 1974 "Bericht über die vom Deutschen Archäologischen Institut Kairo im Winter 1972/73 in El-Tarif durchgeführten Areiten", *Mitteilungen des Deutschen Archäologischen Instituts Abteilung Kairo*, Band 30.2, 155-164.

Arnold, D. 1976 *Graber des Alten und Mittleren Reiches in El Tarif*, Mainz am Rhein.

Baines, J. and J. Malek 1980 *Atlas of Ancient Egypt.*

Beckerath, J. von 1997 *Chronologie des pharaonischen Ägypten,* Mainz am Rhein.

Bothmer, B. V. 1974 "The Karnak Statue of Ny-user-ra", *Mitteilungen des Deutschen Archäologischen Instituts Abteilung Kairo*, Band 30.2, 165-170.

Fauvel, J-J. *et al.* 1979 *Égypte: le nil égyptien et soudanais du delta à Khartoum,* (*les guides bleus*), 461.

Gardiner, A. H. 1947 *Ancient Egyptian Onomastica*, Vol. II, Oxford, 24–25.

Kamill, J. 1983 *Luxor: A Guide to Ancient Thebes*, 3 rd edition, London, 11.

Kanawati, N. 1980 *Governmental Reforms in Old Kingdom Egypt*, 132–142.

Mond, R. L., O. H. Myers 1932 *Cemeteries of Armant I,* London.

Murphy, E. 1985 *Diodorus Siculus: Diodorus On Egypt*, Jefferson, 23.

Mysliwiec 1987 *Keramik und Kleinfunde aus der Grabung im Tempel Sethos'I. in Gurna*, Mainz am Rein, 27–32.

Peet, T. E. 1930 *The Great Tomb-Robberies of the Twentieth Egyptian Dynasty*, Oxford.

Reisner, G. A. 1931 *Mycerinus: The Temples of the Third Pyramid at Giza*, Cambridge, Massachusetts, pls. 36–46.

Saleh, M. 1977 *Three Old-Kingdom Tombs at Thebes*, Mainz am Rhein.

Strabo (translated) by H. L. Jones 1932 *The Geography of Strabo*, Loeb Classical Library No. 267, VIII, 121, (Book XVII, 46).

Strudwick, N. and H. Strudwick 1999 *Thebes in Egypt: A Guide to the Tombs and Temples of Ancient Luxor*, London, 20.

Vörös, G. 1998 *Temple on the Pyramid of Thebes*, Budapest.

Winlock, H. E. 1924 "The Tombs of the Kings of the Seventeenth Dynasty at Thebes", *The Journal of Egyptian Archaeology* Vol. 10 (1924), 217–277.

Winlock, H. E. 1947 *The Rise and Fall of the Middle Kingdom in Thebes*, New York.

近藤二郎 1996「ネクロポリス・テーベの領域の確立—その歴史的変遷と基本構成に関する覚書—」『エジプト学研究』第4号、早稲田大学エジプト学会、43〜57頁。

高宮いづみ 1998「ナカダ文化論」『岩波講座　世界歴史 2　オリエント世界』岩波書店、130〜131頁。

長谷川一郎 1978『天文計算入門』恒星社厚生閣、24〜31頁。

ヘロドトス（松平千秋訳）1971『ヘロドトス　歴史（上)』岩波文庫、巻2。

ホメーロス（呉茂一訳）1956『イーリアス（中)』岩波文庫、第9書380、96頁。

望郷のシヌーヘ

小山雅人

(1) 定型文体について

エジプト中王国文学の傑作『シヌーヘ物語』の魅力のひとつは、多様に変化する文体である。墓誌自叙伝の形式を採った一人称の物語文に登場人物の台詞があり、必要に応じて王の讃歌を高らかに歌い上げる。また何度か内面の独白を挟み、感情が高まると詩歌にもなる。勅書や書簡の直接の引用で物語が展開し、儀礼歌などが効果的に使われている。

この物語が全編定型文体で書かれていることについては、かなり以前に何度か論考を発表した(1)。古代エジプトの文学作品を読み続けていると明瞭に分かることであるが、大きく2種類の文体が識別される。一定のリズムを持つ定型的な文体とそれがない散文体である。前者は、狭義の詩歌だけでなく、教訓や弁論に使われているので、これを2分して都合3種類の文体がエジプトの文学作品にはあることになる。筆者はこれらを、M.リシュタイムの呼称を参考にして、「詩歌体」「弁論体」「散文体」と呼んでいる。リシュタイムの比喩を借りれば、「踊る詩歌体」「歩く散文体」、そして両者の中間に「行進する弁論体」がある(2)。

日本語でたとえるなら、和歌と散文、その中間の五七調の散文(『源氏物語』の「須磨」巻の有名な一節などを思い出していただきたい)ということになるが、エジプト文から五七調を感じ取ることはできない。文法構造も語順も全く異なる両言語であるから、これは当然である。ところが、読んで美しいと感じるエジプト語の詩歌体や弁論体とほとんど同じ味わいをもつものが日本の文学にもある。それは漢文、ないし漢文に影響された作品である。聖徳太子の「十七条の憲法」は、古代エジプトの教訓文学にそっくりであるし、次に引く『平家物語』の冒頭(3)こそ、まさにエジプト語の美文の再現である。

1　祇園精舎の鐘の声、
2　諸行無常の響きあり。
3　沙羅双樹の花の色、
4　盛者必衰の理をあらはす。
5　おごれる人も久しからず、
6　唯春の夜の夢のごとし。
7　たけき者も遂にはほろびぬ、
8　偏に風の前の塵に同じ。

各行の終わりで読点と句点が交互になっていることに注意していただきたい。2行ずつで連句になっており、1・2行目で一つの文、3・4行でまた一つの文。しかも1～4行目の4行で一つにまとまる。後半も2行ずつ同じ構造になっており、5行目の「おごれる人」と7行目の「たけき者」、6行目の「唯…のごとし」と8行目の「偏に…に同じ」はそれぞれ同じ意味を違う言葉で表現している。5～8行目の4行も一つにまとまることは言うまでもない。以上のような技法は、エジプト語の弁論体で見られるレトリックとまったく同じである。そしてラメセス朝の写本に見られる朱点は、ちょうど句読点の位置に打たれているのである。

筆者がエジプト語作品の分析で使う用語を上の例で説明する。2行からなる「連句」は後続する2行連句とで4行の「節」を作る。節が2つ連続して一つの「段」ないし「連」を成している。つまり、(2＋2)＋(2＋2)＝8行構成段ということになる。エジプト語の定型文体では、3行連句、4行連句も見られ、節も(2＋3)や(4＋2)などがあり、(3＋3)＋3という段も存在する。上の『平家物語』の続きも(2＋2)の連続だけでは分析できなくなる。全体に日本語の文章は長く、なかなか句点がこない。

この文体構造の解明の副産物として、文法的な分析に一つの視点が加わったと考えている。2行あるいは3行で連句を成すので、各行について主文節か従属文節かがわかりやすくなり、また段落の切れ目に関しても新しい見方ができたと考えている。各行末で韻を踏んでいたかどうか、1行の音節の数はどうなのかというような、現在は何とも言えない問題についても、エジプト語の文法や音韻の研究がさらに進展して、各語形の子音に挟まれる母音の長短や有無の推定ができるようになれば、四言四句とか七言絶句という用語が、古代エジプト詩の解説に使われる日がくるかもしれない。

30年ほど前にエジプト文学のアンソロジーが相次いで出版されたが、「教え」や「弁論」など定型文体の作品を句単位で行を変えて訳出したものが現れた。リシュタイムの3巻からなるエジプト文学3千年の英訳本（1973〜1980）[(4)]である。『農夫の嘆訴（雄弁な農夫の物語）』の物語部分と農夫の弁論部分の文体構造の違いがようやく現代語訳で示された。しかし、『シヌーヘ物語』については、物語部分のごく一部（レチェヌウの豪傑の挑戦の段）のみが行を揃えた形で訳出されただけであった。最近のアンソロジーとして最も流布しているR. B. パーキンスンの本（初版は1997年）[(5)]は、『シヌーヘ』も含めて定型文体の作品が全て行を変えて訳されているが、『シヌーヘ物語とその他の古代エジプトの詩歌』という書名どおり、上記の『農夫の嘆訴』でも物語部分と弁論部分も区別なく、全部詩として訳され、果ては『クフ王の宮廷の物語（ウェストカー・パピルス）』という散文物語の代表作品も全編詩として訳出されてしまっている。これは行き過ぎというより誤りであろう。エジプト文学のアンソロジーとして、リシュタイムの業績が依然最良のものとしてとどまっている。

前置きが長くなったが、本稿では『シヌーヘ物語』の一部について、定型文体を意識した試訳を提示し、必要に応じて解説をしてみたい。採り上げるのは、冒頭で触れた文体の変化が最も際立っている部分、レチェヌウの豪傑との決闘の直後から、シヌーヘの望郷の思いの吐露に至る数段である。

(2) 叙事詩的定型文体と詩歌体

以下は、決闘の最終段階から、アァムウネンシが勝利したシヌーへを抱擁するまでの第32段に続く部分である。[6]

第33段（B143-149）

1　そして私は彼の物を持ち去り、
2　彼の家畜を奪い取った。
3　彼が私にしようとしたこと、
4　それを私は彼にしたのだ。
5　私は彼の幕舎の中を荒らし、
6　彼の宿営地を剝ぎ取った。
7　かくて私は強大になり、財は莫大、
8　わが家畜は夥しい。
9　これは神が許そうとしてなさること、
10　かつてはお怒りになった者を、
11　異国へとさ迷わせになった者を（許そうと）。
12　今日御心は晴れているのだ。

6行目と7行目を境に、共に6行から成る前半節と後半節に分かれる。前半は前段を受けて、勝利の後のシヌーへの行動を語っており、叙事詩的な文体である。文法的には6行中5行まで *sḏm. n. f* 形が使われ、行動の連続と時間の経過、つまり物語の地の文となっている。同時に、1・2行目と5・6行目の2つの連句は、いずれも同じ意味内容を同じ文型の別の語を使って繰り返す対句で、先に引用した『平家物語』冒頭の後半と全く同じ構造である。3・4行目では、4行目の動詞文の目的語が3行目として先置されている。これはエジプト語では不可能な語順なので、4行目に「それを」という再呼の代名詞で受けて、文法違反を避けるとともに目的語の強調も同時に行う技法で、同じく『平家物語』の前半、「鐘の声（には)、…響き（が）ある」、「花の色（は）…

あらはす」に見られるような副詞句や主語の扱い方と同じである。これらの技巧は、各行の長さを揃える場合にも多用される。

後半節は、豪族ないし族長として大きくなった自分の勢力を述べ、神の怒りがとけ始めたことをモノローグで語る。最後の4行には動詞文はなく、時間の経過は停止する。現在の成功を語る感情の高まりが、次の段で過去の放浪生活との対比の詩歌となってほとばしるのである。

第34段（B149-156）

1　逃亡者、逃亡するは事情ゆえ。
2　いま我が令名故国にあり。
3　彷徨者、彷徨するは空腹ゆえ。
4　いま我、隣人に糧を与う。
5　男子、国を去るは裸にて。
6　白布も亜麻も我が物たり。
7　男子、走り回るは使用人なきゆえ。
8　我は奴婢ども数多あり。
9　我が家美わし、領地は広し。
10　いま我が思えは宮殿にあり。

『シヌーへ物語』のこの部分は、古くから詩として認められ、翻訳でも各行が改行されて訳されてきた。しかし、文法的にも構造的にもこの物語の他の部分と何の違いもないのである。詩歌体と弁論体との差についてリシュタイムは、内容や雰囲気、伝わる感情の違いと言っている(7)。筆者にもそうとしか言えない。あえて付け加えるなら、同じ文型の繰り返しと対句の多用、そして時間の停止が挙げられる。この第34段には動詞が *sḏm.f* 形で多く使われているように見える。しかし、*wꜥr*「逃げる」、*sꜣꜣ*「さ迷う」、*rww*「去る」、*btꜣ*「走り回る」は、*sꜣi* と *rwi* の畳音した語形と同じ文型の繰り返しから見て、いずれも動詞の体言形と判断できる。体言形は日本語では「逃げるのは周囲の事情のせいです」「さ迷うのは空腹のためです」の「逃げるの」「さ迷うの」という「の」をつけて体言化した形に相当する。したがってこれらの動詞文と見える文型は実はいずれも副詞述語文であり、上記の試訳がやや妙な日本語になっているのもこの文型の直訳を試みたためである。日本語の体言形は副詞文では未発達であるが、「逃げるのは難しい」とか「さ迷うのは宿命だ」のように形容詞文や名詞文では、普通の言い方である。

この詩は、(2+2)+(2+2)+2=10行構成と見ることができる。最終行の「思え」は「おぼえ」と読み、「良い評判、うわさ」がエジプトの宮廷にも伝わっているという意味にとっていただきたい。

(3) 祈願の弁論体

筆者の分析では『シヌーヘ物語』は66段から成る。したがって、前の第34段の詩の1行目がこの物語の真ん中になる。一方、写本によって異同があるので正確ではないかもしれないが、この物語の分量を単語数で数えたところ、2732語であった。この数字の半分の1366語目は第36段の下から2行目にくる。いずれにしても、前段の詩からこの第35段あたりがこの物語の丁度中央に位置し、内容から見ても最高潮にあたっている。この物語は、ここを頂点とするピラミッド形に構成されているのである。前半は、逃亡から異国での成功、その絶頂からエジプトへの帰還という後半部分が展開する。このように見れば、この段冒頭の「名も知らぬ神」への呼びかけは、『シヌーヘ物語』というピラミッドの頂上に位置しているのである。

第35段(B156-161)

1　いずれの神か、この遁走を定め給いしお方、
2　慈悲を垂れ、私を都に帰し給え。
3　必ずや私にお見せ下さります、
4　我が心が日暮らし住まいするところを。
5　一体何がこれ以上の大事でありましょう、
6　我が肉体と我が生まれし土地との結合以上の。
7　お守り下さい、宜しきこと(死)が起これば如何に。

8　神が私にご慈悲を垂れ給わんことを。

構造的には（2＋2）＋（2＋2）＝8行の整美な形である。前段の詩にはなかった望郷の思いがこの神への祈りで初めて表わされる。それは故郷で死に、その土地に埋葬されたいという願望である。

第36段（B161–164）

1　（神よ、）しかるべく為し給え、

2　お苦しめになった者の最期を良くする為に。

3　強いられた者を哀れと思せ、

4　異国に生きることを（強いられた者を）。

5　今日こそ鎮まりおわすのか。

6　されば遠方にある者の祈りを聞き給え。

7　その者のさ迷ったところから帰し給え、

8　連れ出された元のところへと。

この段も前段と全く同じく（2＋2）＋（2＋2）＝8行構成で、前段と段同士で対になっている。このように同じ構造の段の連続は、この物語の各所に見られる。なお、以上の2段には以前から解釈上の困難があったが、構造がここに示したようにきれいな形で復原できる以上、この構造に沿う形で解釈や翻訳を行うべきであろう。上の試訳は、2行連句の連続と見、2行目は1行目と平行するか、従属文節となるはずという理解の結果である。

第37段（B165–173）

1　エジプトの王が私に慈悲を垂れ給わんことを、

2　そのお慈悲で生きられるように。

3　宮殿に坐す国の奥方様にご挨拶できるように、

4　その御子たちの御用を承れるように。

5　されば我が身は若返ろう。

6　というも、まこと老年が降りかかったのだ。

7　衰弱が私を責め立てて、

8　我が目は重く、腕は萎えた。

我が脚はついて来なくなり、
心は疲れ、旅立ちは近い。
それらが私を永遠の都に送り、
万界の女王に従わんことを。
されば彼女は良きことを御子たちにお話しになろう、
我が上で永遠を過ごし給いつつ。

14行の長い段であるが、（２＋２）＋｛２＋（２＋２)｝＋（２＋２）＝14行構成と理解している。５行目から10行目までの６行から成る節は、内容も使われている語彙も『プタハホトペの教え』の冒頭部分[8]を思い出させる。表現は月並みで、『シヌーヘ』らしい独自性に欠けているようにも思われる。全くの推測であるが、この６行を抜いた（２＋２）＋（２＋２）＝８行構成がこの段の本来の姿であったのかもしれない。というのも、11行目の「それらが」と訳した３人称複数の代名詞がどの語を受けるのか曖昧であるからである。上の試訳では言うことを聞かなくなった肉体の各部分とみて「それらが」としたが、６行がなかったとすれば、「御子たち」を受けることは確実で、「彼らが」シヌーヘを永遠の都に送る方が11行目以降の内容からしても適切であろう。

この段で王妃に言及していることで、この物語の冒頭になぜ王妃の称号が並んでいるのか、この後に引用される王の勅書でなぜ「宮殿に坐すかの汝の天」「その御子たち」という形で王妃とその子供たちの消息をシヌーヘに伝えているのかが判明する。シヌーヘは王よりも王妃の近くに仕えていたのである。その許に帰るべき主人は王妃なのである[9]。とはいえ、この段の後半では、王妃は棺の蓋に描かれる天の女神と同一視されている。

第35段から第37段までは、シヌーヘの神と王への祈りである。この種の文章は、エジプト語としては得意とするところであり、他の弁論文学でも珍しくないし、むしろ弁論体としては本来の目的とする文章である。

(4) おわりに

『シヌーヘ物語』の最大の独自性とは、本来「教え」や「弁論」の表現に使用されていた弁論体を物語の叙述に使用した点である。そのために墓誌の自伝という枠構造をとったが、その目的は１人称で叙事詩を書くことであった。エジプトのどこにも、これほど長い墓室内自伝は存在しない。『シヌーヘ物語』は本来、シヌーヘの墓の壁に書かれていたとする説は認められない。

シリアに亡命したシヌーヘを晩年、故国エジプトに召喚したセンウォスレ１世の寛容とシヌーヘの感謝の念を描くことが『シヌーヘ物語』の主題であり、同時に、この作品が暗殺に倒れた王朝創始者の後継者の自信と第12王朝の確立の表現であったことは、ジョルジュ・ポズネール[10]が明らかにしたとおりである。それは、王朝の開始にあたっての『ネフェルティの予言』、創始者の暗殺という王朝の危機に際しての『アメネムヘー１世の教え』と同様の極めて政治的な意義をこの作品に認めることでもある。

文体も目的も『ネフェルティの予言』や『アメネムヘー１世の教え』と一致する『シヌーヘ物語』は、後世の享受においても他の物語とは異なり『予言』や『教え』と同様、新王国以降にも読み続けられ、子供たちが学校で学ぶ教材にもなり、パピルスの他、タブレット、オストラコンといった形で多くの写本に恵まれることになった。一方、他の中王国の民話系の物語、『クフ王の宮廷の物語』や『ネフェルカレエ王とシセネ将軍の物語』は、新王国の『二人の兄弟』や『運命の王子』などと同様に唯一の写本しか残っていない。これらの物語が我々に残されたのは、ほとんど奇跡に近いのである[11]。逆に、千年にわたって読み継がれた『シヌーヘ物語』は、残るべくして残ったとも言えよう。

註

（1）　小山雅人 1980「『シヌーヘ物語』の文体構造」『オリエント』第23巻第１号、23～44頁。

Koyama, M. 1982 “Essai de réconstitution de la composition de l'Histoire de Sinouhé,” *ORIENT*, XVIII, 41–64.

（2） Lichtheim, M. 1973 *Ancient Egyptian Literature. A Book of Reading*, Vol. I, Berkeley, p. 11–12.

（3） 斎藤孝 2001『声に出して読みたい日本語』草思社、22頁。

（4） 註（2）文献の第3（最終）巻が1980年に刊行された。

（5） Parkinson, R. B. 1998 *The Tale of Sinuhe and other Ancient Egyptian Poems 1940–1640 BC*（Oxford World's Classics), Oxford University Press.

（6） 以下各段ごとにベルリン本（B）の行数で本文の位置を示した。テキストは、Gardiner, A. H. 1909 *Die Erzählung des Sinuhe und die Hirtengeschichte*（Literarische Texte des Mittleren Reiches, hrsg. v. A. Erman, II）Leipzig, Nachdruck: 1970 を使用した。なお、本稿では原文を引用しなかったが、註（1）文献 Koyama 1982を参照されたい。

（7） Lichtheim, M., *op. cit.*, 11.

（8） Pap. Prisse 4, 2–4; Devaud, E. 1916 *Les Maximes de Ptahhotep*, Fribourg.

（9） 王妃ネフルゥについては、小山雅人 1983「『シヌーヘ物語』の王妃について」『角田文衞博士古稀記念古代学叢論』角田文衞先生古稀記念事業会、641～654頁に詳述した。

（10） Posener, G. 1956 *Littérature et Politique dans l'Égypte de la XIIe Dynastie*, Paris; 小山雅人 1984「『アメネムヘー1世の教え』の構造」『日本オリエント学会創立三十周年記念オリエント学論集』刀水書房、241～258頁参照。

（11） 小山雅人 1979「古代エジプト文学の古典」『古代文化』第31巻第5号、54～62頁。小山雅人 1985「古代エジプトの文芸作品目録」『オリエント』第28巻第1号、145～157頁。小山雅人 1978「ネフェルカレエ王とシセネ将軍の物語」『古代文化』第30巻第5号、57～61頁参照。

古代エジプトのアジア人問題に関する一考察

田澤恵子

(1) はじめに

古代エジプトの文献資料のいくつかに目を通すと、翻訳時に全て同じ意味になってしまう単語に出くわすことが度々ある。今回取り上げる*ʿзm, Styw, Sṯtyw* もそのひとつであり、いずれも〈Asiatics（英語）Asiatique（仏語）Asiaten（独語）アジア人（日本語)〉とされる。これらは、同一文書中に併用されている場合もあり、そこにはなんらかの違いが含まれていると考えられるであろう。現代語訳では同じ意味になってしまうものの、3種類存在する（確認できる）ということは、それなりの区別があってのことだと思われる。もちろん各語については以前より様々な研究・考察がなされているが、本稿では各語を資料で実際に検分しながら改めて考察する作業を行った上で、筆者なりの定義を施してみたい。

また、ほかにも翻訳すると全て同じ意味になってしまう単語がいくつかあるなかで、今回この3語を取り上げたことについてであるが、筆者はエジプト人の心性(1)について考察を重ねていく所存であり、その心性形成の過程における「外の世界」からの影響というものは非常に重要な位置を占めていると考えている。そこで、エジプト人がその「外の世界」をどのように認識していたのか、それが彼らの精神世界にどのような影響を与えたのか、について順を追って考えることで、本来の目的へ近づきたいと思っているのである。

本稿はその作業の一部であって、まずは文字資料を用いて、エジプト人と

「外の世界」としての「アジア人」との関係を考える端緒にしたいと思う次第である。

(2) 各語の一般的解釈

R. O. フォークナー（Faulkner）はどの語にも一様に〈Asiatic（s）＝アジア人（達）〉をあてており、特別な見解を示していない。(2)

一方、*Wb. I.* 167. は、*ʿ3m* がエジプト(人)にとって“アジア側の隣人”を意味しており、ヌビア人（*Nḥsy*）と対置されること、*Wb. IV.* 328. は、*Styw* がアジアのベドゥインを指しており、中王国時代の文学作品に見られ、後述する *Sṯtyw* の代置は不可能なものであること、*Wb. IV.* 348. は、*Sṯtyw* がエジプトより「北」に住む人々としてのアジア人を指すことをそれぞれ示している。

(3) 対象とする時代・単語の限定と資料の種類

ここにおいて、本稿が対象とする時代を古王国時代〜中王国時代までに限定する。何故なら、新王国時代以後、とくに第18、19王朝のいわゆる「帝国主義」時代のエジプトの西アジアへの関心は、それ以前のものとは大きく異なっており、(3)当然認識の差異もそれなりに大きいものと思われるからである。したがって、まずは中王国時代までを考察することとし、新王国時代以降については別の機会を設け、いずれ通史的な考察を行うつもりである。

また、今回取り扱う資料については、文学資料（＝文学作品）と非文学資料に分けて考察することにした。というのは、*ʿ3m, Styw, Sṯtyw* の 3 語のうち、*ʿ3m* は文学資料にも非文学資料にも確認できるのであるが、*Styw* は文学資料、*Sṯtyw* は非文学資料においてのみそれぞれ確認できるからである。そして本稿では、紙幅の関係から非文学資料のみを扱うこととするので、考察対象となる語は、*ʿ3m* と *Sṯtyw* に限定されることになる。

(4)　これまでの見解

ʿ*3m* と *S<u>t</u>tyw* についての先学者達の考察は、圧倒的にʿ*3m* についてのものが多い。*S<u>t</u>tyw* が、元々「アジア」を指す *S<u>t</u>t* に「〜な人々」を意味する「*yw*」がついて成立した単語（したがって「アジア人」）であると考えられるため、それほど問題にならないのかもしれない。一方でʿ*3m* に関しては、R. ギヴェオン（Giveon）[4]が「パレスチナとレヴァントの沿岸地方で、セム語を話す民族集団」と定義してから、その語源を巡って様々な見解が示されるようになった。G. マスペロ（Maspero）、B. フロツニー（Hrozný）、K. ザーテ（Sethe）[5]らはセム語の **עמ**（「人々」）と関連づけるようになり、A. エンバー（Ember）、J. フェヴリエ（Fevrier）、J. ヴェルクテール（Vercoutter）、P. モンテ（Montet）[6]らは、同じくセム語の**ערב**（「アラブ」）と関連づける見方を提唱した。一方セム語とは関係がないとする考えも強く、M. ミュラー（Müller）、H. ゴーシエ（Gauthier）、E. ブロヴァルスキー（Brovarski）、W. J. ムルネン（Murnane）、T. L. トンプソン（Thompson）[7]らはʿ*3m* という単語は、その表記の一部に用いられるヒエログリフ〉（ガーディナー・サインリスト〈以下 GS〉T14）に由来するとして、ʿ*3m* は元々「ブーメラン族」のような人々を指していたという見解を示した。このような語源的な考察のほかに、その居住地や出身地、生活様式を示そうというものもある。A. M. ブラックマン（Blackman）はʿ*3m* を、ナイル川と紅海沿岸の間の地域に住む[8]ベジャ族と同一視し[9]、トンプソンは東部砂漠で結成された「地方同盟」であると示唆した[10]。また、H. ゲディケ（Goedicke）や A. ニッビ（Nibbi）[11]は東デルタもしくはシナイからさほど遠くない地域をʿ*3m* の居住地に設定するなどしている。

これらの諸見解に対して D. レッドフォード（Redford）は非常に懐疑的であり、いずれの場合も諸要因を考えると受けいれられないとしている[12]。そして、ʿ*3m* の居住地や出身地を同定できるような資料はなく、中王国時代に至るまでアジアを指していたとしているが、ここで彼はそのアジアが具体的にどの地域を含んでいるのかを明らかにはしていない[13]ため、やはりはっきりしない。また彼は、「*ʿꜣm* はヒエログリフ」（T14）との関連はなく、「*ʿꜣm* と呼ばれる人々が西アジアに分布したという条件の下で、この *ʿꜣm* はセム語の *ʿlm*（עלם）もしくは *ǵlm*（גלם）（ともに「若者」の意味で、ヘブライ語とフェニキア語で עלם、ウガリット語とアモリ語で גלם と子音表記された[14]）がエジプト語として表記される際に、対応関係にあるエジプト語の子音に変換されたことによるものだとした[15]。これは既に S. イェイヴィン（Yevin）も提唱していたこと[16]であるが、セム語の *l* は古王国、中王国のエジプトでは *ꜣ* と表記され、セム語の *ǵ* は中王国、新王国では *ʿ* で表記されていたことから、そのような子音の変換即ち *ǵlm*→*ʿꜣm* が起こったとする[17]。そして、*ʿꜣm* は本来 *ǵlm* であって、エジプト人は沿岸部のパレスチナやフェニキアの人々の間で耳にした言葉をそれらの人々に対する呼称にしたと、彼は結論づけたのである。最近、この子音の対応関係に関して、O. レッセラー（Rössler）[18]を受けた T. シュナイダー（Schneider）が、*ʿ*（エジプト語）⇔*d*（セム語）、*ꜣ*（エジプト語）⇔*r*（セム語）、*m*（エジプト語）⇔*m*（セム語）というエジプト語とセム語の音節比較から、*ʿꜣm* はセム語の *drm*「南、南の国」であるとの見解を示し、レッドフォードの考えを訂正した[19]。

日本では、*ʿꜣm* は地理的な概念であり、現在のシリア・パレスチナ周辺を漠然と表した方向概念的なもので、具体的な境界や民族名ではないとされ、一方 *Sṯtyw* は、*Sṯt* が神話的呼称としてのアジアであるとの見解が発表されていることから、それに従えば、ある人々の集団に対する神話的呼称ということになる[20]。

(5) 非文学資料に見られる *ʿꜣm* と *Sṯtyw*

1 検討要素

各資料に登場する *ʿꜣm* と *Sṯtyw* を検討するにあたっては、以下の 2 点について考察することにする。一つ目はその表記についてであり、つまり資料中に確認できる*ʿ3m* と *Sṯtyw* のヒエログリフを比較検討する。二つ目は、資料の内容についてであり、*ʿ3m* と *Sṯtyw* がいかなるコンテクストの中で用いられているかを確認することで、*ʿ3m* と *Sṯtyw* の性格を明らかにする。

2　ヒエログリフからの検討

それぞれのヒエログリフを検討する際には、決定詞について注意を払う。何故なら、決定詞はメタ言語としての機能を有し、当該言語についての付加情報を与えてくれるからであり[21]、認識体系のある種の側面を表していると考えられるからである[22]。つまり音声的には不変であっても、決定詞によって、表現されているニュアンス（本稿では、肯定的・否定的・中立的の 3 種類を想定する）が違うのではないかと考え、それが古王国から中王国にかけてのエジプト人達の「アジア人観」を、全てとは言わないまでも、少なからず反映しているのではないか、と考えるのである。

ʿ3m の初出は第 6 王朝ペピ 1 世時代のウェニの碑文で、という表記であったが[23]、この決定詞は GS の A49と思われる[24]。これは「外国人」を示すものであり、そこに何らかの感情は感じられず、中立的と言える。同様に中立的な印象を抱かせる表記は、中王国時代、とくに第12王朝のシナイ碑文に見られる である[25]。シナイ碑文に登場する*ʿ3m* の大半が と表記されており、そこには当該アジア人の性質を表すような決定詞がない。この表記はシナイ碑文の特徴の一つと言えるかもしれないが[26]、いずれにしても、ここからは肯定、否定のどちらのニュアンスも感じられない。その他にもなどの表記があるが[27]、これも中立的であると言えよう。また、第13王朝のソベクホテプ 3 世時代の奴隷リストでは[28]、「アジア人奴隷」を示すために*ʿ3m*（*t*）が使われているが、ここでもシナイ碑文のように、が使われている。ここではあくまでも、エジプト人と区別して単にアジア人であることを示す記号にすぎないといえ、やはり中立的である。

一方、シナイ碑文の中には 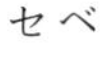[29]や[30] という表記を確認できるものもある。センウセルト 3 世時代のセベク・クウの遠征碑文[31]にも見られる

（）は、GS の A 1 を決定詞にしているのだが、A 1 は「エジプト人」であることを言外に含んでおり[32]、仲間意識・身内意識があったと考えられる。したがって、肯定的な含みがあると言えるだろう。また、 は決定詞に GS の A50が用いられている。ここでは、当該碑文の書き手であるアメニの母親イプウェルへの言及なのだが、A50は祝福を受けた死者の決定詞であることから、「死者」への敬意とはいえ、*ʿ3m* への否定的な感情は皆無もしくは非常に薄いと考えられるのではなかろうか。

逆に、[33] や [34] など、明らかに否定的な感情を想起させる表記も確認できる。これらの決定詞は GS の A13であり、明らかに捕虜（敵）を意味している。この決定詞はワディ・ハンママート碑文にも見ることができるのだ[35]が、ここでは後にも触れるように役職名（エピセット）の中に用いられていることが想定できるので、ある種のステレオタイプととらえることもでき、敵の象徴としての *ʿ3m* を示しているにすぎないのかもしれない。

以上の他に、一概に分類できないものもある。ペピ 2 世時代のペピナクトの碑文に見られる [36] は決定詞が GS の A12で、これは兵士を意味しているのだが、それだけで肯定的か否定的かは断言できない。当該場面では *ʿ3m* は敵として描かれているので、ここでは否定的なニュアンスを感じ取れるが、そこに普遍性をもたせることはできない。また、カーディナーが第11王朝の資料とするアクトイの碑文[37]では  と表記[38]され、決定詞が GS の A 1 になっている。A 1 は座っている男性であるが、前述の通り「エジプト人」を指すから、*ʿ3m* に対する仲間意識・身内意識の表れと考えられなくもないのだが、実際の碑文ではその *ʿ3m* が *ẖsf*（滅ぼす）の対象になっているため、明言はできない。これらのように、実際の表記から読み取れるニュアンスとそれが記されている場面の間に不一致が見られる場合もあるのである。

いずれにしても、*ʿ3m* という単語（音声）そのものには何か特定のニュアンスは含まれていないようである。

Sṯtyw は *ʿ3m* に比べて確認数が少ないのであるが、初出は第一中間期末のニブヘテプラー・メンチュヘテプのジャバライン・フラグメントで、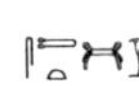 と

表記されている[39]。ここでは決定詞として、GSのS22が用いられているが、これは元々*Sṯt*（アジア）に使われていた文字なので、形はともかく、内容としては前述のように「アジア」という単語に「〜な人々」を示す「*yw*」が続いただけの非常にオーソドックスな形と言えよう。S22は肩で紐を結んでいる様子を示したものだが、これが当時のエジプト北東地域の人々の服装習慣と結びついてアジアを表すようになったとされており、前3千年紀にすでに同地を言及する際に用いられていたようで[40]、*Sṯt* はピラミッドテキストにも確認できる[41]。このほかに、中王国時代の州侯クヌムホテプ1世の碑文に確認できる*Sṯtyw* は、S22が用いられず、敵の決定詞であるA13とその他*ʿȝm* に頻用されたT14が用いられている[42]。

数が少ないので断定することは難しいが、*Sṯtyw* には、少なくとも肯定的なニュアンスは含まれていないのではないだろうか。

3　コンテクストからの検討

ʿȝm 初出のウェニの碑文（註（23）参照）では、*ʿȝm-ḥryw-šʿ*「砂漠のアジア人達」が*ḥsf* の目的語になっており*ʿȝm* がエジプトにとって倒すべき相手であることは間違いなく、またその分布地域は南パレスチナもしくは北シナイであることが読み取れる。また第11王朝ニブヘテプラー・メンチュヘテプ時代の記録であるチェヘマウの碑文[43]には、彼が*Dȝty* の*ʿȝm* を倒したことが述べられているが、この*Ḏȝty* は明らかに*Ḏȝhy* の間違い[44]であってパレスチナの沿岸部を指しており、確かに*ʿȝm* は、パレスチナに存在していたことをうかがわせる。

しかし、必ずしもパレスチナを想起させる資料ばかりではない。ペピナクトの碑文(註(36)参照)には、プント行きの船を建造していた*ʿn-ʿnḥt* が*hȝst ʿȝm*（アジア人の地)で*ʿȝm nw ḥryw-šʿ*（砂漠のアジア人達)に襲われたため、その救助に向かったペピナクトの様子が描かれているが、ここに見られる*ḫȝst ʿȝm* は、プント貿易用の造船所があったことから考えて、おそらく東部砂漠のどこか、紅海沿岸であろうと思われる。つまり、ここで言及されている*ʿȝm* はシリア・パレスチナのそれではない。また、ミールの州侯ウクホテプ（アメンエムハト2世時代）の墓壁画（註（27）参照）に見られる彼の家畜と耕地の場面では、ベジャ族が長角牛を連れている姿が描かれ、*kꜣ nw ʿꜣm in m*…との説明が施されている。ここからは、ベジャがʿ*ꜣm* の、少なくとも一部を成していたことも考えられる。中王国時代、「ʿ*ꜣm*＝奴隷[(45)]」とも言えるほど“アジア人奴隷”がエジプト社会に浸透していたが、そこにはベジャ族も含まれており、彼らもʿ*ꜣm* と呼ばれる人々の集団の構成メンバーだったと言えるのではないだろうか。

さらに、中王国時代初期に至るまでは、ʿ*ꜣm* は単独で用いられるのではなく、ʿ*ꜣm-ḥryw-š*ʿ、ʿ*ꜣm nw ḥryw-š*ʿ、ʿ*ꜣm-ḥr-ḫꜣswt* といった複合語を形成している。このことから、少なくとも同時期までは、「どこそこのʿ*ꜣm*」というように、当該ʿ*ꜣm* の分布地域を明示する必要性があったと考えられる。たとえば、ベニ・ハサンのクヌムホテプ2世の墓壁画に描かれているʿ*ꜣm* は *Šw*（*t*）の出身（註（34）参照）であると説明されている。この *Šw*（*t*）は、アラビア半島北部の山、シナイ半島、南パレスチナのいずれかに位置づけられている[(46)]が明確ではなく、楔形文字の遊牧民名 Sutû や旧約聖書の民数記24章17節にある שֵׁת（地名セツ：モアブの高地）との関連も提唱される[(47)]など様々な可能性が考えられるが、いずれにしろ、ʿ*ꜣm* の分布地域のひとつを示しており、また、シナイ碑文110[(48)]はシナイ遠征に*Ḫꜣmi* のアジア人が20人従軍したことを記録している。これらのことは、ʿ*ꜣm* が、限定された狭い地域に存在していたのではなく、かなり広範囲に分布していた人々の集団であることを示している。

そして、この状況は中王国時代の中期、後期に至って変化したと考えられる。第13王朝のソベクホテプ3世時代の奴隷リスト（註（28）参照）に掲載されているアジア人奴隷の名前が前1900～1300年の北西セム語に属する人名である[(49)]ことから、少なくともこの時代およびその直前に至っては、ʿ*ꜣm* は北西セム語地域の人々が主流もしくはそれに限定されていたことが想定できるであろう。つまり、時代が下るにつれてʿ*ꜣm* はエジプトの北東部の人々を指すようになっていったと考えられるのである。第一中間期以降、多数のアジア人がデルタを通過してエジプト領内に入りこんだのは周知のことで、テル・エル＝ダバア(50)やカフーン(51)の資料から、中王国時代に多くのアジア人がいたことが確認できるのだが、*ʿ3m* と言及されている彼らの内訳はレヴァントからの遊牧民が一部で、大半はビブロス周辺の北シリア地域出身者が多い(52)。また、アメンエムハト1世、2世とセンウセルト3世がエジプトの北東方面へ軍事遠征を起こしたことを考えれば(53)、エジプトの北東部の人々を *ʿ3m* として意識する度合いが高まるのも自然のことであろう。このことが、認識の変化に作用しているのではないだろうか。また、アメエムハト3世治世第2年のハンママート碑文（註(35) 参照）に見られる「*wn ʿɜ tɜ ʿɜm*」は「アジアの地のドアを開く者」というエピセットと考えられるが、その直前の「ヌビアを倒す者」というエピセットに続くこの表現は、「南」のヌビアと対をなして *ʿ3m* が「北」を象徴しているとも言え(54)、これも、*ʿ3m* についての認識が変化している様子を表しているのかもしれない。

ちなみに、シナイ碑文からは(55)、採鉱遠征に *ʿ3m* が従軍したことが確認できるのであるが、チェルニーによれば、これらのアジア人は実際の採鉱業務に携わっていたわけではなく、土地勘のある者として交渉役になるなどの仕事をしており(56)、*ʿ3m* と呼ばれる人々は、ベドウィンと異なる一つの特殊な役割を担っていたと言える。

一方、*Sṯtyw* についてであるが、ジャバラインの神殿跡に残されているニブヘテプラー・メンチュヘテプの碑文（註（39）参照）は古代エジプトに普遍的な王のプロパガンダで、王は白冠を被り、棍棒を振り上げ、捕虜の髪を束ね摑んで立っており、その前にリビア人、ヌビア人、アジア人（*Sṯtyw*）が跪いている様子が描かれている。この場面で説明されている王は、エジプト人、ヌビア人、リビア人と共にアジア人を征圧することになっており、ここでのアジア人（*Sṯtyw*）は王の権威を表すための、明らかに概念的な表現である。また、クヌムホテプ1世の伝記碑文（註（42）参照）にも *Sṯtyw* を確認できる。この碑文では、アメンエムハト1世に認められたクヌムホテプ1世の出生の様子が語られているのだが、その中でアメンエムハト１世が政敵を追放したという記述の後に、「ヌビア（*Nḥsy*）とアジア（*Sṯtyw*）が服従し、彼（アメンエムハト１世）は低地、高地を共に掌握した」との記述が続いている。しかし戦闘に関する詳細な描写はなく、また南のヌビアと北のアジアという対になっていることからも、おそらくこれは、アメンエムハト１世が王としてエジプトの内外を統治したことを示すプロパガンダの一種と考えられ、この *Sṯtyw* も概念的な敵を示していると考えられよう。ニブヘテプラー・メンチュヘテプの碑文と同時代のチェヘマウの碑文（註（43）参照）やそれと大体同時期とされるハトヌブ碑文[57]では、「倒される」べきアジア人は *ʿ3m* と記されており、概念上の存在と実体を伴う存在という意味において、両語の使い分けがなされていたこともうかがわせる。

ちなみに、*Sṯt* そのものが概念的な対象物とされていたことがうかがえる場合がある。ピラミッドテキスト§1837（註（41）参照）では、王の息子が王のために行う諸行動が列挙されているが、それによれば王の息子は上エジプトと下エジプトを平定し、アジアの要塞を破壊し、全ての敵を平定することになっている。ここで言及されているアジアが概念的なものであることは明らかであろう。また中王国時代のシナイ碑文の中で、指揮官と思われる人物の奉納碑文[58]や供養碑文[59]に見られる人物説明「〜する者」に使われるのは *Sṯt* であり、自伝碑文[60]に確認できる王宮に関連したエピセット「王宮にいる者のためにアジアを〜（する者？[61]）」に用いられるのも *Sṯt* である。このことと、*Sṯtyw* が *Sṯt* に「〜な人々」を意味する「*yw*」がついて成立した単語であることを併せて考えてみれば、*Sṯtyw* が概念的な存在を表していると考えても無理はない。

4　小　　結

使われたヒエログリフからは、エジプト人が *ʿ3m* に対して一貫した見方を採っていなかったことがわかる。自分達にとって被害をもたらす存在である一方、奴隷としての利用価値があり、重要な鉱物産出地にいる人々ということで、その時々によって変わる相手への認識により、表記を変えたのかもしれない。一方 *S<u>t</u>tyw* 対しては、少なくとも肯定的なニュアンスを感じさせるものは見つけられなかった。コンテキストからの検討を併せ考えてみても、概念上とはいえ、「敵」というとらえ方が普遍的だったのではないだろうか。

また、各資料の内容から考えると、*ʿ3m* の居所を1カ所に、集団の中味を1種類に、それぞれ限定しなくてもよいと思われる。広範囲に分布した、雑多な種類の人々の集団と考えられよう。そして *S<u>t</u>tyw* は、*ʿ3m* に比べ、実体を伴うような記述が見当たらない。どちらかといえば概念的な存在であり、まさに神話的呼称といえよう。彼らの分布地域や構成メンバーに関しての情報が非常に乏しいのは、このような事情によるものと言えよう。

(6) おわりに

以上の考察の結果から、*ʿ3m* と *S<u>t</u>tyw* にはやはり差異があることは確実であり、*ʿ3m* は現実世界に実存する「アジア人」を、*S<u>t</u>tyw* は概念上の「アジア人」をそれぞれ指す傾向が感じられる。

そして、*S<u>t</u>tyw* に対しては「敵」「対抗勢力」という認識が強いものの、*ʿ3m* に対してのそれは一定ではない。また、*ʿ3m* は元々移動している人々の集団であって、その意味ではベドウィンと重なる部分があるが、彼らがベドウィンと異なるのは、シナイ遠征などの際に現地で案内役や通訳の役割を担ったり、家畜の世話に長けているという特別な役割を担っていた集団であったという点である。確かに *ʿ3m* の起源については明確ではないが、先学者達が行ったように、ある一定地域にその範囲を限定するのではなく、東部砂漠〜シナイ〜パレスチナの広範囲にわたって分布し、定住民とは異なる集団であったと考えれば、ある資料では東部砂漠と思われる場所で確認され、別の資料ではシナイで確認され、さらに他の資料ではパレスチナ地域で確認されるようなことがあっても、不思議ではない。それほどの広範囲に分布しているからこそ、チェヘマウの碑文やクヌムホテプ2世の墓壁画、シナイ碑文110のように、その居所と思われる地（域）名がついて「どこそこの *ʿ3m*」という表記が必要となるのである。そういう意味では、秋山慎一の指摘通り、具体的かつ限定的な民族名を想定する必要はないだろう。

しかし中王国時代以降、時代が下るにつれて、デルタから入りこんでエジプト北東部に分布していた人々の集団が徐々に大勢を占め、そのためにʿ3m はエジプトの北東部出身の人々に限定して使われるようになった可能性がある。そしてその集団が残した諸々により、「*ʿ3m*＝シリア・パレスチナ」というような公式が成り立ったのではないだろうか。

このように同じ「アジア人」と訳される単語でも、違いがあるということがはっきりした。したがって、いままで漫然と使ってきた「アジア人」という訳語をみなおす必要があるのではないだろうか。

今後は文学作品に表れる*ʿ3m* と *Styw* の問題を検討することで、中王国時代までの「アジア人」についてさらに考察を深めるとともに、引き続き新王国時代以降についても同様の作業を行いたいと思う。また、新王国時代には、地中海岸の諸地域を指す様々な地名、地域名が確認されることから、それらと*ʿ3m*、*Styw*、*Sṯtyw* の関係について考えることで、当時のエジプトを巡る国際関係の新たな一面を明らかにしていきたいと考えている。

註

（1） この場合の「心性」とは、フランス歴史学アナール派マルク・ブロックが言うところの「感じ、考える、その仕方」(façons de sentir et de penser) というような広い概念ではなく、むしろその細部に相当する「価値観」「世界像」「事物の分類法」にあたるかもしれない。しかしこれらの一つに限定するのはいささか狭量に感じるので、「心性」という言葉を使うことにする。cf. 二宮宏之 1995「集合心性」『全体を見る眼と歴史家たち』平凡社、118〜143頁。

（2） Faulkner, R. O. A 1962 *Concise Dictionary of Middle Egyptian,* 38, 253, 255.

（3） Redford, D. B. 1986 “Egypt and Western Asia in the Old Kingdom”, *JARCE* 23, 132.

（4） *op. cit.,* 127. Giveon, R. 1971 *Les bédouins Shosou des documents égyptiens*, Leiden, 170, n. 8.

（5） マスペロ、フロツニー、ゼーテに関しては、Redford, D. B. *op. cit.,* 127, n. 18を参照。

（6）　エンバー、フェヴリエ、ヴェルクテール、モンテに関しては、Redford, D. B. *op. cit.,* 127, n. 19を参照。
（7）　ミュラー、ゴーシエ、ブロヴァルスキー、ムルネン、トンプソンに関しては、Redford, D. B. *op. cit.,* 127, n. 20を参照。
（8）　Herzog, R. 1975 "Bedja", *LÄ I*, 676–677.
（9）　Blackman, A. M. 1953 *The Rock Tomb of Meir,* Ⅱ, London, 18.
（10）　Thompson, T. L. 1974 *The Historicity of the Patriarchal Narratives: The Quest for the Historical Abraham*, Berlin.
（11）　ゲディケやニッビに関しては、Redford, D. B. *op. cit.,* 131, n. 62を参照。
（12）　Redford, D. B. *op. cit.,* 126–131.
（13）　Redford, D. B. *op. cit.,* 131.
（14）　各語の出典については、Redford, D. B. *op. cit.,* 132, n. 72–75.
（15）　Redford, D. B. *op. cit.,* 131.
（16）　Redford, D. B. *op. cit.,* 131. Yeivin, S. 1959 "Topographic and Ethnic Notes", *Atiqot* 2, 163.
（17）　これらの音節表記に関しては、Redford, D. B. *op. cit.,* 131–132の議論を参照。
（18）　Rösslers, O. 1971 "Das Ägyptische als semitische Sprache" in F. Altheim and R. Stiehl, *Christentum am Roten Meer*, Berlin-New York, 263–326. レッセラーは同著で、エジプト語とセム語の重要な比較研究方法を新たに提唱したが、エジプト学においては、あまり知られることはなかった。
（19）　Schneider, T. 1997 "Beiträge zur sogenannten 'Neueren Komparatistik'", *Ling Aeg* 5, 195–196. また、このシュナイダーの定義に対し、タカシュ（G. Takacs）が呈している疑問については、Takacs, G. 1999 *Etymology Dictionary of Egyptian*, Leiden. を参照。
（20）　秋山慎一 1998『やさしいヒエログリフ講座　辞典編』原書房、160、234頁。氏によれば、*Stt* が神話的呼称であることについては、Brunner, H. 1967 *Abrss der mittleägyptischen Grammatik*, 2, erweitere und verbesserte Auf., Graz の巻末の語彙定義にもとづいているとのこと。また、欧米では氏の見解がなかば常識化しているとのこと。
（21）　Goldwasser, O. 1995 *From Icon to Metaphor: Studies in the Semiotics of the Hieroglyphs*, Fribourg, 52. また彼女は同時に、メタ言語的機能のほかにも決定詞が、ヤコブソンの 6 つの言語機能分類のうち、表示（叙述的）機能（Referential function）と表出（心情的）機能（Emotive function）も有しているとしている。メタ言語については、亀井孝他編著 1996『言語学大辞典』第 6 巻、三省堂、1336〜1338頁参照。
（22）　Goldwasser, O. *op. cit.,* 81.

（23） *Urk.* I, 101.

（24） A47の可能性も考えられるが、いずれにしても、本来手にしているはずのものがなく、羽のようにも見えるものが頭上に伸びている。本来手にしているはずの羽が頭上にあると考え、また A49が外国人の決定詞であることを考えれば、A49とするのが妥当のように思われる。

（25） Gardiner, A. H. and T. E. Peet 1952 *The Inscriptions of Sinai*, Pt. 1., London, pl. 24, 81, 85, 95（女性形の t がついている), 110, 112, 123B.

（26） 同王朝のその他の碑文に、これと同じ表示がなされているものもあることはある。それについては、Blackman, A. M. 1953 *The Rock Tomb of Meir*, II, London, pl. V. 参照。

（27） Blackman, A. M. 1953 *The Rock Tomb of Meir*, III, London, pl. IV. 決定詞については、F23、F42、F51、N21、T31、U19などの可能性もあるが、いずれにしても肯定・否定をうかがえるとはいえない。

（28） Hayes, W. C. 1955 *A Papyrus of the Late Middle Kingdom in the Brooklyn Museum Papyrus Brooklyn 35. 1466*, USA.

（29） Gardiner, A. H. and T. E. Peet, *op. cit.,* pl. 114.

（30） Gardiner, A. H. and T. E. Peet, *op. cit.,* pl. 93, 98（同一人物に関する碑文).

（31） Sethe, K. 1928 (1990), *Ägyptische Lesestücke zum Gebrauch im akademischen Unterricht*, Leipzig, 82–83.

（32） Goldwasser, O. *op. cit.,* 31.

（33） Newberry, P. E. and F. Ll. Griffith *et al.,* 1893 *Beni Hasan*, I, London, pl. XXX.

（34） *op. cit.,* pl. XXXVIII.

（35） Couyat, J. and P. Montet 1912 *Les inscriptions hiéroglyphiques et hiératiques du Ouâdi Hammamat*, Cairo, 43. および、Lepsius, C.R. 1849 ff *Denkmäler aus Aegypten und Aethiopien* II, Berlin, 138a.

（36） *Urk.* I, 134, 135.

（37） 第一中間期には国内の混乱のためか *ʿ3m* を確認できず、中王国時代になって再び確認できるようになった。

（38） Gardiner, A. H. 1917 "The Tomb of A Much-Travelled Theban Official", *JEA* 4, pl. IX. なお、W. ワード（Ward）はガーディナーの年代同定を是認し、ニブヘテプラー・メンチュヘテプの治世に想定している（Ward, W. 1971 *Egypt and the East Mediterranean World 2200–1900 B. C.*, Beirut, 59.)。

（39） Frazer, J. J. 1893 "El Kab and Gebelên", *PSBA* 15, 494, pl. XV. van Seters, *JEA* 50 (1964) 15によれば、これが中王国時代以前の唯一の例である。

（40） Redford, D. B. *op. cit.,* 125.

(41) Sethe, K. 1962 *Uebersetzung und Kommentar zu den altaegyptischen Pyramidentexten* 4, Glückstadt, § 1837.

(42) Newberry, P. E. and F. Ll. Griffith *et al.* 1893 *Beni Hasan*, I, London, pl. XLIV.

(43) Weigall, A. 1907 *A Report on the Antiquities of Lower Nubia*, Oxford, pl. 19; Roeder, G. 1911 *Debod bis Bab Kalabsche*, Cairo, pl. 45b, 46c, 107a-c, 108a. 等。

(44) Säve-Söderbergh, T. 1941 *Ägypten und Nubien. Ein Beitrag zur Geschichte aitägyptisches Aussenpolitik*, Lund, 59.

(45) Leahy, A. 1995 "Ethnic Diversity in Ancient Egypt", in Sasson, J. M. *et al.* (ed.), *Civilizations of the Ancient Near East*, New York, 229.

(46) Gauthier, H. 1975 *Dictionnaire des noms geographiques contenus dans les textes hieroglyphiques*, Osnabruck, V 130.

(47) Görg, M. 1997 "Zur Rezeptionsgeschichte der Asiaten-Szene von Beni-Hassan", *BN* 88, 15. なお、この論文には、クヌムホテプのこの墓壁画と旧約聖書との関連に関する研究史が簡単にまとめられている。

(48) Gardiner, A. H. and T. E. Peet, *op. cit.,* pl. 110.

(49) Albright, W. F. 1954 "North-West Semitic Names in a List of Egyptian Slaves from the 18th Century B. C", *JAOS* 74, 232.

(50) Bietak, M. 1996 *Avaris: The Capital of the Hyksos, Recent Excavations at Tell el-Dab'a*, London.

(51) Petrie, W. M. F. 1890 *Kahun, Gurob and Hawara* および、Petrie, W. M. F. 1891 *Illahun, Kahun and Gurob*, London. また、Griffith, F. Ll. 1898 *Hieratic papyri from Kahun and Gurob*, London.

(52) Bietak, M. *op. cit.,* 14.

(53) アメンエムハト1世については、Sethe, K. 1928 (1990) *Ägyptische Lesestücke zum Gebrauch im akademischen Unterricht*, Leipzig, 81–82. 同2世については、Farag, S. 1980 "Une inscription memphite de la XIIe dynastie", *RdE* 32, 75–82, pl. 3–5. および Goedicke, H. 1991 "Egyptian Military Actions in《Asia》in the Middlc Kingdom", *RdE* 42, 89–94; Dantong, G. 1998 "The Relations of Egypt and The Western Asia during the Middle Kingdom reflected in the Inscription of Amenemhet II from Memphis", *JAC* 13, 83–90. センウセルト3世についてはセベク・クウの碑文を参照。

(54) Doxey, D. M. 1998 *Egyptian Non-Royal Epithets in the Middle Kingdom A Social and Historical Analysis*, Brill. によれば、"*wn tꜣ Ṯḥnw*"「リビアの地を開く者」は採鉱活動に関するエピセットなので (*op. cit.*, 76)、"*wn ʿꜣ tꜣ ʿꜣm*" も同じように考えて、採鉱活動に関するエピセットとした。ハンママートへの採鉱遠征は広く知ら

れるところであり、不思議はないと思われる。ちなみ彼女は、*“wn ʿ3 t3 ʿ3m”* の直前の *“sḫ Nḥsy”* に関しては軍事行動に関するエピセットと考えている（*op. cit.,* 74)。

（55） Gardiner, A. H. and T. E. Peet, *op. cit.,* pl. 24, 24A, 81, 85, 110, 112, 114.

（56） Cerny, J. 1935 “Semites in Egyptian Mining Expeditions to Sinai”, *ArOr* 7, 385.

（57） Anthes, R. 1928 *Die Felseninschriften von Hatnub*, Leipzig.

（58） Gardiner, A. H. and T. E. Peet, *op. cit.,* pl. 91.

（59） Gardiner, A. H. and T. E. Peet, *op. cit.,* pl. 121.

（60） Gardiner, A. H. and T. E. Peet, *op. cit.,* pl. 54.

（61） Doxey, D. M. *op. cit.,* 122. では、Gardiner, A. H. and T. E. Peet, *op. cit.,* pl. 54. を取り上げ、王宮に関するエピセットとしている。

「大王妃」再整理序

――第17王朝末から第18王朝アメンヘテプ3世まで――

佐々木純子

(1) はじめに

古代エジプト第17王朝末期から第18王朝にかけては「大いなる王の妻（*ḥmt nsw wrt*）」即ち「大王妃」（以下「大王妃」）称号を持つ女性たちの名が知られている。史料からは、「大王妃」たちが、王と密接に結びつき、カウンターパートとしての役割を果たしていたことを読み取ることができる。「大王妃」称号は、王族女性を代表する称号と考えられ、多くの研究書や論文でも言及されてきた。しかしこれらの言及は、いずれも「大王妃」の個人論あるいは断片的な名前の羅列にとどまり、「大王妃」たちがどのような出自や立場にいたのかを整理不十分のままに引用しているため、彼女たちが時代の流れから遊離した存在となっていることは否めない。わずかに、Cambridge Ancient History[1]やOxford History of Ancient Egypt[2]あるいはRobins[3]の記述では「大王妃」たちが継続して扱われているが、いずれも部分的な記述に終わっている。第17王朝末から第18王朝という古代エジプトの最盛期のひとつをより正確に把握するためには、活躍が顕著と言われながらも漠然とした存在になっている王族女性たち、特に代表格とされてきた「大王妃」それ自体に焦点を当てて整理することが必要なのではないだろうか。幸い「大王妃」については史料の量にも恵まれており、時系列の検証が可能であると考えられる。本稿では第17王朝末から第18王朝アメンヘテプ3世までの「大王妃」たちについて、称号を手がかりに王の治世に沿って整理再考し、「大王妃」理解を試みたい。

(2) 「大王妃」の称号

第1王朝からプトレマイオス朝までの王族女性の称号を集めたトロイ（Troy）のリストには、56人の「大王妃」の称号を持つ女性の名がある[4]。「大王妃」称号には、「彼の愛する大王妃（*ḥmt nsw wrt mrt・f*）」および「陛下の第一大王妃（*ḥmt nsw wrt tpt n ḥm・f*）」、「上下エジプト王、二国の主の大王妃（*ḥmt nsw wrt n nsw-bit nb t3wy*）」、「カムテフの大王妃（*ḥmt nsw wrt n k3 mwt・f*）」などのバリエーションもあり、この異形称号の保有者を加えると64人にのぼる[5]。「大王妃」称号をもつ最初の女性について、ザイペル（Seipel）はガベー（Gabet）の説に従い、第11王朝のメンチュヘテプ2世王妃ネフェル[6]、トロイは第12王朝のセンウセルト3世王妃メレトセジェルを挙げ[7]、カッチマン（Kuchmann）は第13王朝の可能性を指摘しながらも、確実視されるのは第17王朝のジェフテイの王妃メンチュヘテプ[8]と考えており、意見は一致していない。ただ第17王朝時代になると「大王妃」称号を保有する王族女性たちの数は急増しており[9]、この称号が同期以降王族女性たちの間でかなりの頻度で保有されていたことが推察できる。残念ながら第17王朝の王族女性たちと王の関係には不明な点が多く、王と「大王妃」との親族あるいは婚族関係を確認することが可能なのは、同時代末期になってからである。したがって本稿においても王との関連が確実な第17王朝末期の「大王妃」テティシェリから検証を始めたい。

テティシェリから第18王朝アメンヘテプ3世時代までには、16人[10]の王族女性が「大王妃」称号を保有している。この16人の「大王妃」たちと王との関係を示す親族および婚族称号の「王の娘（*s3t nsw*）」（以下王女[11]）、「王の姉妹（*snt nsw*）」（以下王姉妹[12]）、「王の妻（*ḥmt nsw*）」（以下王妃[13]）、「王の母（*mwt nsw*）」（以下王母[14]）を整理すると別表のようになる。

表　大王妃とその親族・婚族称号

ḥmt nsw wrt 保有者	*s3t nsw*	*snt nsw*	*ḥmt nsw*	*mwt nsw*
1.テティシェリ			◎	◎
2.アハヘテプ	◎	◎	◎	◎
3.アハメス・ネフェルタリ	◎	◎	◎	◎
4.サトカメス	◎	◎		
5.アハメス・メリトアメン	◎	◎	◎	
6.アハメス		◎	◎	◎
7.ハトシェプスト	◎	◎	◎	
8.イシス				◎
9.サトアハ			◎	
10.メリトラー・ハトシェプスト			◎	◎
11.ティア			◎?	◎
12.イアルト（ウアジェト）	◎	◎		
13.ネフェルタリ				
14.ムテムウイア				◎
15.ティイ			◎	◎
16.サトアメン	◎		◎	

(3) 称号整理

さらにこの16人の「大王妃」を称号別に再整理すると以下のようになる。

1：「王女」、「王姉妹」、「王妃」、「王母」――アハヘテプ[(15)]、アハメス・ネフェルタリ[(16)]。

2：「王女」、「王姉妹」、「王妃」――アハメス・メリトアメン[(17)]、ハトシェプスト[(18)]。

3：「王女」、「王姉妹」――サトカメス[(19)]、イアルト（ウアジェト）[(20)]。

4：「王女」、「王妃」――サトアメン[(21)]。

5：「王姉妹」、「王妃」、「王母」――アハメス[(22)]。

6：「王妃」——サトアハ[23]。

7：「王妃」、「王母」——テティシェリ[24]、メリトラー・ハトシェプスト[25]、ティイ[26]。

8：「王母」——イシス[27]、テイア[28]、ムテムウイア[29]。

9：「大王妃」称号のみ——ネフェルタリ[30]。

(4) 時代別整理

別表および上記の再整理からテティシェリからサトアメンまでの「大王妃」については、結論から言えば称号の保有状況から、(A) テティシェリからハトシェプスト（表1〜7)、(B) イシスからムテムウイア（表8〜14)、(C) ティイおよびサトアメン（表15、16）の3区分が可能になると考えられる。

A テティシェリからハトシェプストまで

この時期の「大王妃」7人のうちタオ2世王妃アハヘテプ、アハメス王妃アハメス・ネフェルタリ、サトカメス、アハメス・メリトアメン、トトメス2世王妃ハトシェプストの5人が、「王女」、「王姉妹」などの称号を持つことから王の親族であったことが史料から認められる。また、彼女たちは、サトカメスを除き「王妃」称号も保有していることから親族王族出身の「王妃」であったこともわかる。アハヘテプ[31]、アハメス・ネフェルタリ[32]、ハトシェプスト[33]については、それぞれ叙述史料からも王との具体的な親族関係が確認できる。サトカメス、アハメス・メリトアメンの具体的な親族関係については議論が分かれるところであるが、両者ともアハメス朝の血縁者であることについては異論がない[34]。

アハメス王の祖母である「王妃」テティシェリには、「王女」、「王の姉妹」の称号はなく、「父は判事（*s3b*）チェンナ、母は主婦（*nbt pr*）ネフェル」と記されており[35]王族以外の出身であることが確認される。ただ、出典史料がいずれもアハメス王以降のものであることから[36]、配偶者の生存中にテティシェリが

「大王妃」称号を得ていたかは不明である。このことは、親族王族出身のアハヘテプの「大王妃」称号についても、同じく史料がアハメス王時代のものであることから、夫のタオ２世在位中に保有していたかには疑問が残る。トトメス１世「王妃」アハメスの「王姉妹」の称号は、前王朝であるアハメス朝との親族関係を証明するものはなく、夫であるトトメス１世との関係による称号と考えられている[(37)]が、王の親族出身の「王妃」であることには変わりない。アハメスの「大王妃」の称号は、デル・エル＝バハリの「誕生碑文」[(38)]、ヘリオポリス出土の碑文（Berlin 15699）[(39)]、テーベ125号墓出土の碑文[(40)]に記されているが、いずれもハトシェプスト以後のものであり、「王母」となることによって与えられたものと見られる。ヴァンデルスルエン（Vandersleyen）はアハメスについて夫トトメス１世の治世初めから「大王妃」であったと考えている[(41)]が、典拠としているワディ・ハルファ出土の「即位碑文」のアハメスの称号部分は欠損しており[(42)]、これを「大王妃」の根拠とするのは肯定し難い。

テティシェリからハトシェプスト期までは、大別して「王女」「王姉妹」「王妃（サトカメスを除く）」の親族王族出身の「大王妃」と、非王族出身の「王妃」「王母」の「大王妃」との２パターンが見られるが、親族王族出身者が「大王妃」称号を圧倒的に多く保有している時期であった。ヒクソス追放と新王朝の創立という混乱の時期に最も信頼関係を築きやすい親族王族出身者が「大王妃」であることは、王にとって理想的な状態であったと考えられる。事実、「大王妃」たちは王に対して積極的な支援と補佐を行っている。タオ２世王妃アハヘテプは、国内統一戦の中で息子アハメスを積極的に補佐している[(43)]。アハメス王妃アハメス・ネフェルタリは、祖母のテティシェリの葬祭殿建立にあたってアハメス王から意見を求められている[(44)]。その他、息子のアメンヘテプ１世とともに後世神格化されたこと[(45)]、さらにトトメス１世の即位の碑にもアハメス・ネフェルタリの名が刻まれている[(46)]ことなども知られている。換言すれば、テティシェリからハトシェプスト期までは「大王妃」は主として「王女」「王姉妹」「王妃」出身者であり、彼女たちが、王権の期待に沿った役割を果たし、王の側からも存在を高く評価されたことが、称号および叙述史料からも確認できる時期であるといえる。

B　イシスからムテムウイアまで

イシスからムテムウイアまでの時期では、「王女」、「王姉妹」の称号を持つ「大王妃」が、イアルト（ウアジェト）を除き見られない。また、配偶者であることを示す「王妃」の称号のない者もいる。ハトシェプストと同時期に位置づけられるトトメス3世王母イシスは、「大王妃」称号のバリエーションである「(彼の愛する) 大王妃、*ḥmt nsw wrt*（*mrt・f*）」[(47)]称号を保有しているが、トトメス2世時代の「王妃」の称号が確認できないことから、「王妃」から「大王妃」になったとは考えにくく、「大王妃」称号は、息子トトメス3世の即位によって「王母」となることによって得たと考えられる[(48)]。さらに、トトメス3世の「王妃」で「大王妃」であるサトアハは、アビドス出土の供物卓の銘文に「大いなる乳母、神の養育係り（*mnʿt wrt šdt nṯr*）イプの娘[(49)]」と記されており、父親の名は不明であるが、母親が「王の養育係り」であることから非王族出身であることが確認できる。また、同じくトトメス3世王妃でアメンヘテプ2世の母である「大王妃」メリトラー・ハトシェプストについても「王女」「王姉妹」称号はない[(50)]。

なお、トトメス2世とハトシェプスト女王の王女であるネフェルラーについては、「両国の女主人、上下エジプトの貴婦人（*nbt tȝwj, ẖnwt šmȝ mḥw*）」の称号から[(51)]、トトメス3世との婚姻説もあった。しかしこれらの称号は支配権に関わる称号であり[(52)]、ネフェルラーには「王妃」「大王妃」称号もなくトトメス3世との婚姻関係もなかったと称号からは考えられる。

トトメス4世時代には、王母であるティアのほか、配偶者としてアメンヘテプ3世の母ムテムウイア、イアルト（ウアジェト）、ネフェルタリと計4人の「大王妃」が知られている。ティアについては、「王母」以外に王との親族関係を示すものがなく、「王母」故に息子トトメス4世の時代になって「大王妃」の称号を得たと考えられる。アメンヘテプ2世の在位中に既に「大王妃」であった可能性のある史料としてカルナック出土の碑文があるが[53]、ジトン（Gitton）はこの碑が断片であり、アメンヘテプ2世時代のものと断定する史料としては不十分であると考えている[54]。また、カルナック神殿北の門の横石[55]に刻まれた「王妃（*ḥmt nsw*）」ティアの名は、メリトラー・ハトシェプストの名前の上に刻んだものであり、ティアの「王妃」称号の確実な典拠とは考えにくい。

ムテムウイアについては、「王妃」称号はなく、またトトメス4世時代と推定される史料も現在まで未確認であることから、「大王妃」称号はアメンヘテプ3世の「王母」として息子アメンヘテプ3世の時代に与えられたと考えられる[56]。

ネフェルタリについては、ギザ[57]およびルクソールから出土の碑[58]に「大王妃」の称号があると報告されているが、ギザ出土の碑についてハリス（Harris）は、トトメス4世の祖先崇拝の碑であり、碑文に表れるネフェルタリは、アハメス1世王妃アハメス・ネフェルタリであると考え[59]、彼女の存在自体を疑問視する説もある。

イアルト（ウアジェト）は「王女」「王の姉妹」の称号を保有しており、王族出身であることは確実であるが、アメンヘテプ2世王女説とトトメス4世王女説があり[60]、具体的な親族関係は不明である。

イシスからムテムウイアまでの時期は、前期の親族関係によるバランスが、ハトシェプスト女王の即位により変化した時期と考えられる。王に対する影響力が過剰になり、ついには名実ともに実権を握るまでになったのが、ハトシェプスト女王であった。トトメス3世時代サトアハ、メリトラー・ハトシェプストと2人の「大王妃」が、非王族出身であったことは、ブライアンも指摘するように[61]ハトシェプスト女王即位の反省にたって、王族出身の「大王妃」冊立を王が「意識的に回避した結果」であると見られる。「王妃」サトアハと「王妃」メリトラー・ハトシェプストが「大王妃」の地位に就いていた時期が多少とも重複するか、あるいは死亡等の理由で前後しているかについては不明である。

しかし、前期では王を支える最も近い存在であったはずの「王女」「王姉妹」「王妃」称号を持つものが、王位を奪取する可能性を含んでいるという危機感が、非王族出身の2人の「大王妃」の出現となったのは確実であろう。ここには明らかに前代の王族血縁者を否定する意図が生まれている。さらにトトメス3世の子、アメンヘテプ2世については、現在までトトメス4世の母であるティア以外の配偶者はわかっていない。アメンヘテプ2世の王子王女の名はトトメス4世以外にも知られており[(62)]、その中でトトメス4世は、「スフィンクス碑文」の記述から判断すると王位継承者としての順位は低かったとも推察されている[(63)]。したがってティアと同位あるいは上位に位置する女性たちの存在が充分に考えられるが、現在までティア以外は不明である。このことは、アメンヘテプ2世時代、配偶者としての「大王妃」が不在だった可能性を考えて良いのかもしれない。ハトシェプスト女王の名が、記念物から削除されたのが、トトメス3世の治世末期であったことを考慮すると[(64)]、「大王妃」を親族王族以外から冊立した父王の時代にも増して「大王妃」への警戒感を引き継ぎ、「大王妃」が不在の時代であったとも推測できる。トトメス4世時代の「大王妃」もイアルト（ウアジェト）を除いて王族出身を表す称号はない。したがってイシスからムテムウイアまでの「大王妃」7人のうち6人が非王族出身であることから、この時期「大王妃」称号は、「王母」を除いて親族王族とは無関係の称号になっていたと考えるほうが妥当であろう。しかも、ティアやムテムウイアのように前王の治世にはなんら言及がないにもかかわらず、「王母」として息子の時代に一足飛びに「大王妃」になった例をみると、「大王妃」称号はこの時期「王太后」と同義語になっていた場合も考えられる。

また、非王族出身の大王妃の冊立を王の専制化と結びつけて論じるケースは多いが、その例はトトメス3世時代のサトアハに始まっている。サトアハ「大王妃」冊立の主原因はハトシェプストの即位ではあるが、非王族出身の「大王妃」をもって専制化の証左のひとつとするならば、トトメス3世時代から専制化は始まったとみることも可能である。

C　ティイおよびサトアメン

アメンヘテプ3世の時代には、ティイと実子の「王女」であるサトアメンという2人の「大王妃」が冊立されている。アメンヘテプ3世の治世第2年には、すでに「大王妃」であった[65]ティイの「父はユヤ、母はトゥヤ[66]」であり、ティイが非王族の出身であることは、前期の流れに沿ったものである。しかし、実の娘が「大王妃[67]」となったことは、過去に例のないことであった。また、アメンヘテプ3世とティイの娘で、サトアメンの姉妹である王女イシスも、同じく「王妃」となっている[68]。

実の娘が父の「大王妃」になる例は、この後アメンヘテプ4世や第19王朝のラメセス2世にも見られる[69]。アメンヘテプ3世の親子婚については、専制君主化の例とされるが、同時に王にとって「実子」を「大王妃」の地位に就けたことは、当時の情勢を反映した政略的配慮のひとつではないかとも考えられる。同じく実子の「王女」イシスが「王妃」になっている[70]ことを考慮に加えると、女性親族内に「大王妃」や「王妃」の地位を積極的に確保しようとする意図があったとみられる。実の娘たちを「大王妃」や「王妃」の地位に就けることは、古代エジプト王家の「血統」重視から生じたというのも確かにひとつの理由である。サトアメン「大王妃」やイシス「王妃」が王と実質的な婚姻関係にあったか否かは不明であるが、バッハオフェンが論じたような母系優先から生じた血筋への執着は確かに底流に流れていたと考えられる[71]。加えてこの時期、アメンヘテプ3世が、アメン神官団との緊張関係の中で対抗手段として、自らの親族や側近を重職に任じていることとサトアメン「大王妃」、イシス「王妃」を連動して考えることも可能ではないだろうか。アメン神官団と対立する中でアメンヘテプ3世は、実子でメンフィスのプタハ神の大司祭であるトトメスを「上下エジプト神官長」[72]に、王妃ティイの兄弟であるアネンを「アメンの第2神官」の職に就け[73]、王のコントロールのもとにいれようとしている。サトアメンとイシスの「大王妃」「王妃」就位の確実な時期については、確定はしていないが、サトアメンについては治世第30年前後まで、イシスについては、第34

年以降とベールマン（Bermann）は述べており[74]、いずれもアメンヘテプ3世の晩年である。残念ながらこれを具体的に裏づける叙述史料はなく、筆者の推測の域をでないが、他の親族の重職就任時期を考慮すると、王の影響力強化の動きが王族女性にも波及していた可能性も考えてよいのではないだろうか。

(5) ま と め

第17王朝末から第18王朝アメンヘテプ3世までの「大王妃」称号は、配偶者、王母、王女に与えられている。さらに時期も三区分することができる。すなわちテティシェリからハトシェプストまでは、多くの場合、親族である王族出身者が保有し、王権の樹立と安定に積極的に貢献した。しかし、ハトシェプスト以降ムテムウイアまでは「大王妃」の影響力排除に端を発し、非王族出身者の保有が圧倒的になり、しかも王の配偶者としてではなく、「王母」として息子の即位後に「大王妃」称号を得る、いわば「王太后」として保有しているケースが目立っている。さらにアメンヘテプ3世時代になると、配偶者としての「大王妃」ティイと娘「大王妃」サトアメンの二重冊立となり、王権の地歩固めの手段であろうか、「大王妃」称号は「王女」にも与えられていた。「配偶者」、「母」、「娘」という限定はあるものの、「大王妃」称号は時代によって保有者が変化する称号であり、この変化は治世者の政治状況を多分に反映していると考えられる。

註

（1） Edwards（ed.）1973, 305-308.
（2） Shaw（ed.）2000, 226-231, 248, 253, 258-260, 267.
（3） Robins 1986, 67-77, 1993.
（4） Troy 1986, 159-179.
（5） Troy 1986, 193-194.
（6） Seipel 1980, 475.
（7） Troy 1986, 159.

（8）　Kuchmann 1982, 239, 247, 272.

（9）　Troy 1986, 160–161.

（10）　Troy 1986, 160–166. このほかアハメス・ネフェルタリの娘と推定されるサトアメンについても、「大王妃」であったとゴーチェ（Gauthier 1915, 193）は記している。シュミット，F. J.（Schmitz, F. J. 1978, 54, 55）も同意見であるが、ジトン（Gitton 1984, 57）はこの史料に操作があると考えており、シュミット，B.（Schmitz, B. 1978, 289），トロイ（Troy 1986, 162）も同じくサトアメンの「大王妃」称号を否定していることから、本稿でも除外した。

（11）　Troy 1986, 152. 第 2 王朝に最古の例がある。

（12）　Troy 1986, 157. 第12王朝に最古の例が見られるが、頻繁に使われるのは、第17王朝末期からである。

（13）　Troy 1986, 152. 第 3 王朝以降見られる。

（14）　Troy 1986, 152. 第 3 王朝以降見られる。

（15）　*Urk. IV*, 21, 29。カルナクの出土の碑には「支配者（ity）の姉妹」と表現されている。

（16）　*Urk. IV*, 25. 26 ; Gitton 1975, 11.

（17）　Troy 1981, 93–96.

（18）　Legrain, 1908, 55. PM. I-2, 591, II, 135 ; *Urk. IV*, 144.

（19）　Gauthier 1915 ; 194, 195. なお、ラメセウム出土の碑文に「王妃▒*ms*」（LR. II, 195）とあり、トロイはサトカメスのものと考えているが（Troy 1986, 163）、脱字部分が確認できないためリストから除外した。また、「王姉妹 *snt*」については、ジトンは「王妃」の同義語の可能性を示唆している（Gitton 1984, 48）。

（20）　*Urk. IV*, 1555, 1564 ; Gauthier 1915, 302.

（21）　*Urk. IV*, 1773, 1774, 1828 ; Hayes 1951, pl. 8 ; Legrain 1908, 272.

（22）　*Urk. IV*, 144, 220, 225 ; Legrain 1908, 39 ; Gauthier 1915, 225.

（23）　*Urk. IV*, 602, 604, 605.

（24）　*Urk. IV*, 26, 27 ; Stewart 1976, 1, pl. 1.

（25）　*Urk. IV*, 602, 603 ; Legrain 1908, 101 ; Gauthier 1915, 271, 287.

（26）　*Urk. IV*, 1769, 1770, 1775 ; Reeves (ed.) 1990, Pl. XXXV ; Legrain 1908, 126, 134.

（27）　Legrain 1908, 67, 68, 69 ; Weigall 1906, 134.

（28）　Legrain 1908, 117, 285, 286 ; *Urk. IV*, 1564.

（29）　*Urk. IV*, 1772 ; Gauthier 1915, 331.

（30）　*Urk. IV*, 1562 ; Shaw（ed.）2000, 260.

（31）　*Urk. IV*, 21.

（32）　*Urk. IV*, 24–29.

（33）　*Urk. IV*, 144, 193, 259.

(34)　サトカメスについて、ジトン（Gitton 1984, 48)、ヴァンデルスルエン（Vandersleyen 1995, 230）は王アハメスの王妃、シュミット，F. J.（Schmitz, F. J. 1978, 49）はカーメスの王女と考えている。アハメス・メリトアメンについては、ジトン（Gitton 1984, 55)、ベッケラト（Beckerath 1982, 89)、ブライベルグ（Bleiberg 2001, 71)、シュミット，F. J.（Schmitz, F. J. 1978, 52, 53)、トロイ（Troy 1986, 163）は王アハメスと王妃アハメス・ネフェルタリの娘であり、アメンヘテプ１世の王妃と考えているが、ヴァンデルスルエン（Vandersleyen 1995, 240)、ブライアン（Bryan 2000, 229）は、アハメス・メリトアメンとアメンヘテプ１世との婚姻関係を示唆する史料はないと考えている。

(35)　Daressy 1908, 137, 138.

(36)　UC14402（Stewart 1976, 1, Pl. 1.); Gauthier 1915, 159, 160 ; *Urk. IV*, 26, 27.

(37)　Vandersleyen 1995, 247 ; Gitton 1984, 60, 61.

(38)　*Urk. IV*, 225,

(39)　*Urk. IV*, 144.

(40)　*Urk. IV*, 452.

(41)　Vandersleyen 1995, 247.

(42)　*Urk. IV*, 80.

(43)　*Urk. IV*, 21.

(44)　*Urk. IV*, 24–29.

(45)　Gitton 1975, 76–83.

(46)　*Urk. IV*, 79–81.

(47)　Legrain 1908, 68（前出).

(48)　Gauthier 1915, 235 ; Legrain 1908, 69に「王妃」称号のある像が挙げられているが、制作年代が第20王朝であり、トトメス３世王母イシスがトトメス２世の「王妃」であった証左とはならない。

(49)　*Urk. IV*, 604. Cairo 23202

(50)　メリトラー・ハトシェプストの母としては、「アメンの礼拝者（*dwꜣt nṯr n Imn*）フイ」の可能性が挙げられている。Gitton 1984, 79–85.

(51)　*Urk. IV*, 391.

(52)　Troy 1986, 195.

(53)　*Urk. IV*, 1316.

(54)　Gitton 1984, 86, 92.

(55)　Barguet et Leclant 1954, 54.

(56)　Vandersleyen 1995, 348 ; Shaw（ed.）2000, 260.

(57)　*Urk. IV*, 1562.

(58)　PM. I–2, 538.

(59) Harris 1975, 95–98.

(60) ショウ（Shaw（ed.）2000, 45）、マヌエラン（Manuelin 1987, 174）、シュミット，B.（Schmitz, B. 1976, 309）、ヴァンデルスルエン（Vandersleyen 1995, 340）は、アメンヘテプ2世王女説、トロイ（Troy 1986, 109, 165）は、トトメス4世王女の可能性も残している。

(61) Shaw（ed.）2000, 253.

(62) Gauthier 1915, 288–290; Manuelin 1987, 172–181.

(63) *Urk. IV*, 1539, 1544.

(64) Shaw（ed.）2000, 248 ; Vandersleyen 1995, 278.

(65) *Urk. IV*, 1739, 1740. *LÄ*. IV, 307.

(66) Legrain 1909, 127, 128.

(67) *Urk. IV*, 1773, 1774; Shaw（ed.）2000, 267.

(68) Van de Walle 1968, 36–54; Kozloff, Bryan and Berman（eds.）1992, 207, 208.

(69) Troy 1986, 167–170.

(70) Van de Walle 1968, 36–54; Kozloff, Bryan and Berman（eds.）1992, 207, 208.

(71) バッハオフェン 1991, 294頁以下。

(72) 屋形 1998, 477, 479.

(73) O'Connor and Cline(eds.) 1998, 210.

(74) O'Connor and Cline(eds.) 1998, 7.

参考文献

Barguet, P. et J. Leclant 1954 *Karnak-Nord IV*, Le Caire.

Beckerath, J. V. 1982 *Lexikon der Ägyptologie.*（*LÄ.*）*IV*. Wiesbaden.

Bleiberg, E. 2001 *The Oxford Encyclopedea of Ancient Egypt I*, Oxford.

Daressy, M. G. 1908 "Les Parents de la Reine Teta-Chera", *Annales du Service des Antiquites de Égypte*（*ASAE*）8, Paris.

Davies, N. G. 1925 "The Tomb of Tetaky at Thebes（No.15）", *Jounal of Egyptian Archaeology*（*JEA*）11, London.

Edwards, I. E. S.（ed.）1973 *Cambridge Ancient History II–1*, Cambridge.

Gauthier, M. H. 1915 *Livre des Rois II*（*LR. II*）, Le Caire.

Gitton, M. 1975 *L'Épouse de Dieu Ahames Néfértary*, Paris.

Gitton, M. 1976 "La Résiliation d'une Fonction Réligieuse", *Bulletin de l'Institute Français d'Archaeologie Orientale*（*BIFAO*）76, Kairo.

Gitton, M. 1984 *Les divines épouses de la 18e dynastie*, Besançon.

Harris, J. 1975 "Contributions to the history of the eighteen dynasty", *Studien zur Altägyptischen Kultur*（*SAK*）2, Hambourg.

Hayes, W. C. 1951 "Imscriptions from the Palace of Amenhotep Ⅲ", *Journal of Near Eastern Studies* (*JNES*) 10, Chicago.

Helck, W. 1957 *Urkunden des Ägyptischen Altertums* IV (*Urk. IV*), Berlin.

Kozloff, A. P., B.Bryan and M.Berman (eds.) 1992 *Egypt's Dazzling Sun*, Cleveland.

Kuchmann, L. 1982 *The development of the titulary and iconography of the ancient Egyptian queen from dynasty one to early dnasty eighteen,* Toronto.

Legrain, G. 1908 *Répértoire Généalogique et Onomastique de Musée du Caire*, Geneve.

Manuelin, P. 1987 *Studies in the Reign of Amenophis II*. Hildesheim.

O'Connor D. and Cline (eds.) 1998 *Amenhotep III*, Michigan.

Porter, B. and R. Moss (PM.) 1964(Re-issued 1973) *Topograghical Bibliography of Ancient Egyptian Hieroglyphic Texts, Reliefs, and Paintings*, London.

Robins, G. 1986 "A critical examination of the theory that the right to the throne of ancient Egypt passed through the female line in the 18 dynasty", *Göttinger Miszellen* (*GM.*) 62, Göttingen.

Robins, G. 1993 *Women in Ancient Egypt*, Massachusetts.

Reeves, N. (ed.) 1990 *The tomb of Queen Tiyi*, San Francisco.

Schmitz, B. 1976 *Untersuchungen zum Titel S3-Nyswt*, Bonn.

Schmitz, F. J. 1978 *Amenophis I*, Hildesheim.

Seipel, W. 1980 *Lexikon der Ägyptoligie* (*LÄ.*) *III*, Wiesbaden.

Shaw, I. (ed.) 2000 *The Oxford History of Ancient Egypt*, Oxford.

Stewart, H. M. 1976 *Egyptian Stelae, Reliefs and Painting from Petrie Collection,* Part 1, Warminster.

Troy, L. 1981 "One Meritamun too many", *GM.* 50, Göttingen.

Troy, L. 1986 *Patterns of Queenship*, Uppsala.

Vandersleyen, C. 1995 *L'Égypte,* Paris.

Van de Walle, B. 1968 "Princess Isis, fille et épouse d'Amenophis III", *Chronique d' Égypte* (*CdE*) 43.

Weigall, A. 1906 "A Report on the Excavations of the Funeral Temple of Thutmoses Ⅲ at Gurneh", *ASAE.* 7, Paris.

Winlock 1929 "Note on the reburial of Tuthmosis Ⅰ", *JEA*. 15, London.

Winlock 1932 *The Tomb of Queen Meret Amen at Thebes*, New York.

バッハオーフェン（岡道男・河上倫逸監訳）1991『母権論』みすず書房。

屋形禎亮 1998『世界の歴史』Ⅰ、中央公論社。

アメンヘテプ3世の建築活動と彫像

桑原佳奈

(1) はじめに

アマルナ美術を研究していく上で、アクエンアテンの前任の王であるアメンヘテプ3世の時代を考察することは重要である。アマルナ美術の特異な表現は、どのようにして形成されたのであろうか。アメンヘテプ3世の時代に起きた事柄にその問題解決の糸口がみつけられるのであろうか。そしてその事柄がどのように作用したのであろうか。

アメンヘテプ3世時代には建築活動が顕著にみられ、それにともない彫像が製作された。本稿ではその時代の建築活動と彫像についてまとめたい。

(2) 建築活動

エジプト史において、アメンヘテプ3世と同様に顕著な記念建築活動をした王はわずかであるといわれている。

アメンヘテプ3世の記念建造物は、北のデルタ地域から南はヌビアの第3急湍にまで分布している。これらの記念建造物は、アメンヘテプ3世の継承者による広範囲の破壊や再利用のために今日ではその断片を残すのみとなっている。

ブバスティス[1]とアトリビス[2]のデルタ遺跡、ヘリオポリス[3]、メンフィス、サッカーラ[4]に王の記念建造物があり、ファイユームのコム・メディーナト・グラブには、ハレムの宮殿の一部に断片が残存する[(5)]。南のエル=ミニアに近いヘベヌウには王の神殿が建築され、これは後にラメセス3世によって再利用された[(6)]。ヘルモポリスにも神殿が建築され、さらに南のアビュドスではオシリス神殿内で建築遺構が発掘されている。デンデラのハトホル大神殿でのレリーフは、アメンヘテプ3世の建築物について示唆している。テーベには、特に新王国時代の記念建造物が集中している。王は東岸にルクソール神殿を建築し、カルナック神殿に第3塔門とスフィンクス参道を増築、ムト神殿には600体にのぼるセクメト女神像を据えている。カルナック北のモントゥ神殿、西岸にはアメンヘテプ3世葬祭殿が挙げられる。さらに南のエレファンティンの神殿、ヌビアではソレブ、セダインガ、セセビ、カワに巨大な神殿を造営した[(7)]。

ヌビアのソレブ神殿のレリーフには、王を「ヌビアのネブ・マアト・ラー」という王自身の像の崇拝を描き、生ける王の神格化、生存中の王の神としての崇拝を示している。また、アメンヘテプ3世とアマルナ時代との結びつきは、第1回セド祭の後に自ら「ネブ・マアト・ラーは輝くアテンである」と称したことに端的に表れる。この称号はすなわち第1回セド祭以降に公的・私的な記念建造物にみいだされる。セド祭は30年間統治した後に行われ（30年目に祝い）、その後原則として3年ごとに繰り返される王位更新のための祭である。その様子は、テーベのケルエフの墓（TT192）に描かれている[(8)]。

以上のようなアメンヘテプ3世の建築活動に伴い多数の彫像が製作されている。その中でもテーベに作品が集中していることから、これらを中心として彫像について考察する。

(3) 彫　　像

アメンヘテプ3世の第1回セド祭にいたる10年間に、莫大な量の彫像が製作された。その数はおそらく中王国時代以来みられないものであった[(9)]。

これらの奉納用彫像は様々な神の姿をとり（多神形式）、これは生ける王の神格化を示している。

王と王の家族像、王に似せた神々の像、数百体ものライオン頭部セクメト像、男性頭部スフィンクス群、雄羊頭のスフィンクス群、雄羊群、ジャッカル群、ライオン群、隼群、ハゲワシ群、蛇群のような動物の姿の彫像が、数キロメートルにわたって王の神殿複合体に誘導する広い参道を警護した。[10] この彫像の大部分は、王のセド祭のために、治世30年の前に準備され、碑文・様式・図像学的に示された。ブライアン（B. Bryan）は、王の葬祭殿、ルクソール神殿、ソレブなどで、アメンヘテプ3世がメンフィス神学で示された神々の創造神プタハの役割を体現し、また神々の像を集めたのは王のセド祭あるいは神格化のためとしている。[11][12]

ジョンソン（R. Johnson）は、アメンヘテプ3世を神格化した通例でない様式の彫像群は、王の第1回セド祭の後に製作されたと述べている。そのひとつに挙げられる、ルクソール神殿で発掘された珪岩製像、現在ルクソール博物館所蔵の「ソリに乗るアメンヘテプ3世像」（ルクソールM838）は、「若返り」あるいは、王の後期10年の様式である「神格化」様式で王を示している（図1—1、2）。[13]

ソリの上に立つ、若い男性の力強い身体と誇張された両目は、王の若々しさを効果的に強調しており、二重冠、ウラエイと円盤とが伴った花綱状に結んだプリーツキルト、背には隼の羽をつけていて、すべて新しい様式の太陽に関連する姿である。彫像は、本質的に太陽神として王の身体を表現する。この彫像は、ルクソール神殿に据えられ、アメンヘテプ3世を奉る崇拝の中心となった。他の神格化された王の彫像は、エジプトの主要な崇拝の中心地において、この時期に据えられ、それらは、ほとんどが珪岩製で太陽と関連づけられた。[14]

これら珪岩製彫像の主要なものを挙げる。「メムノンの巨像」は、アメンヘテプ3世葬祭殿入口に現存する。「支配者達のモントゥ」と称された巨像の断片は、カルナックのアメン大神殿第10塔門南側に対し建立された。ヘルモポリスで発掘された「ヒヒの巨像群」は、月の神トトを装ってアメンヘテプ3世を表現する。2体のプタハ神の巨大立像が、メンフィスから出土し、現在カイロ・エジプト博物館に所蔵されている（JE38439）。クリーブランド美術館の

1

2

図1　ソリに乗るアメンヘテプ3世像
珪岩製　H249cm
ルクソール神殿隠し場より出土（ルクソール美術館）
no. J838.
1（Freed 1999, p. 45），2（Kozloff 1992, p. 132）

王小頭部像（61. 417）（図2―1）は、コンス・ネフェルヘテプ神と関連する。[(15)] その誇張した若々しさと、つり上がった両目から、王の治世後期に製作されたものであることがわかる。[(16)] ブリュッセルの王立美術・歴史博物館所蔵の「アメンヘテプ3世座像」(E. 5188) は、ヴァン・リンスヴェルト (B. Van Rinsveld) によると、カルナックのコンス神殿で発見されたけれども、元々はアメンヘテプ3世の葬祭殿に据えられたものであるとされる。[(17)] またアメンヘテプ3世とその家族の奉納用小像が驚くべき数で残存する。つぎに小像について述べる。

図2

1

太陽王冠を付けたアメンヘテプ3世頭部像
珪岩製　H17.3cm，W17cm，D25.3cm
出土地不明（クリーブランド美術館）
no. 1961. 417.
（Freed 1999, p. 203）

2

アメンヘテプ3世奉納像
凍石製　H13cm，W3.8cm，D5.3cm
出土地不明（ボストン美術館）
（no. 1970. 636.）
（Freed 1999, p. 203）

⑷　奉納用小像

ブルックリン博物館の「アメンヘテプ3世小像」（no. 48. 28）は、隼尾のスポーランを付けた金のキルトを着用している（図3―1）[18]。この「神格化した」彫像は、王の治世の最後の10年間に奉納されたものである[19]。メトロポリタン美術館の「豊饒神としてのアメンヘテプ3世」（no. 30. 8. 74）は、セド祭と「アマルナ」の装いを示し、王の両手は前で重ねられており、背中にジェド柱がありオシリス神に関連する（図3―2）[20]。大英博物館の「アメンヘテプ3世小像」（EA2275）は黒色凍石製で、右手でヘカの笏を右肩に対し垂直に握り、繊細なスポーラン、長いプリーツキルトを着る姿である（図3―3）[21]。こちらも、最

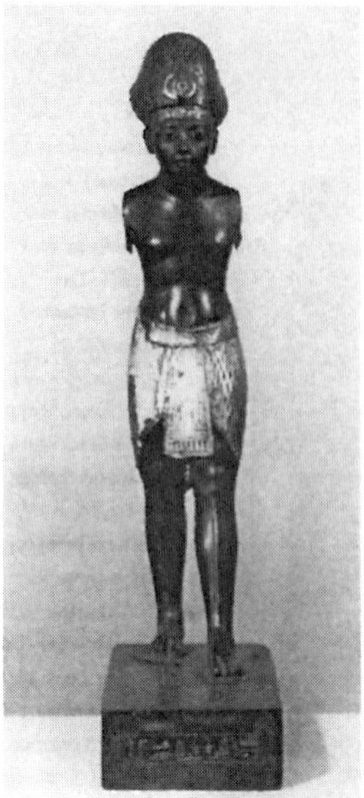

1
アメンヘテプ3世小像
黒檀、金、ガラス製
H26.3cm
(ブルックリン博物館)
no. 48. 28.
(Kozloff 1992, p. 194)

2
豊饒神としてのアメンヘテプ3世
H22.5cm, W7.3cm, D. 台座10.2cm
(メトロポリタン美術館)
no. 30. 8. 74.
(Kozloff 1992, p. 204)

3
アメンヘテプ3世小像
凍石製　H14.0cm
(大英博物館)
no. EA2275.
(Kozloff 1992, p. 205)

図3

後の10年の「神格化」様式である[22]。ボストン美術館の「アメンヘテプ3世奉納像」(1970. 636) は、凍石製である (図2—2)。その腕輪、シェブゥの首飾り、膝の上のウラエイは、すべて太陽を象徴する[23]。

これらの小彫像は王の神格化の行事に役立てられた。奉納用小像は、自然主義的な様式でアメンヘテプ３世を描き、誇張された若々しさによって王の神格化を示している。[24]

(5) 美術様式

アメンヘテプ３世の治世初期の30年間はトトメス美術様式で、擬古的なメンフィス流儀を基本としている。ルクソール神殿にあるアメンヘテプ３世像は、主としてこの様式で製作された（図４―１）。美術的な様式と図像学は、王の治世最後の10年にあたる３回のセド祭すなわち治世第30、34、37年で急激に変化した。王の治世最後の８年間は、王は若々しい姿で表現され、崇拝像にふさ

図４

1

アメンヘテプ３世闊歩像
花崗閃緑岩　H259cm
テーベ、ルクソール神殿（ルクソール美術館）
no. J. 131.
（Kozloff 1992, p. 145）

2

アメンヘテプ３世肥満像
花崗閃緑岩　H115cm
アメンヘテプ３世葬祭殿（カイロ・エジプト博物館）
no. JE33901.
（Kozloff 1992, p. 146）

わしい服装は、シェブゥの首飾りあるいはロータス形ワフの首飾り、隼尾のスポーラン、結んだ飾帯で表現されている。これは、死の前の太陽神との同化を表したものとされる。[25]

アルドレッド（C. Aldred）によれば「アメンヘテプ３世の治世最後の10年は、肥満した彫像（図４―２）を製作した」としている。[26]これは、ジョンソンの提唱する「若返り」の表現と異なっているが、それぞれの「製作目的」の違いであり、リアリズムを追求しての肥満像と私は解釈した。いずれにせよ治世最後の10年以前とは異なる様式なのである。

「若返り」の顔の表現は、次のような特徴を示す。王は、傾斜したアーモンド形の両目をしばしば持ち、肉づきの良い丸顔、小鼻の広がったずんぐりした鼻をし、口は、口唇の線によって肉感的に縁付けがしてある（図１―１）。このアーモンド形の目、そして肥満像のふくよかな身体はアマルナ美術で見受けられる。この治世最後の10年間でアマルナ美術の前衛ともいえる表現が形成されたと言ってもよいかもしれない。これらの変化をアルドレッドは、「第１回セド祭のころ新しい彫刻師の長の任命をしたことに原因がある」とし、「メンとバクは、王の彫刻師の長であり父子である。この２人の彫刻師と宮廷の間で製作案のやりとりがあったかもしれない」としている。[27]いずれにせよ自由な表現がこの時代の傾向として取り入れられている。

治世最後の10年間は、美術において変化がみられたが、それはどのような治世であったのだろうか。

芸術の変化は、治世の変化に対応する。ここでアメンヘテプ３世と次の王アクエンアテンの治世の問題を取り上げてみる。

(6) 共同統治の問題

多くの学者が、アクエンアテンは治世の初期において父と共同統治を行ったかどうかについて議論している。[28][29]

ジョンソンが提唱するところによれば、アメンヘテプ３世が様々なエジプトの神々に似せて神格化された時、アメンヘテプ4世は、まだ生存する父の高位の神官として機能していたとしている。2人の共同統治は、アメンヘテプ3世の第1回セド祭の前、アメンヘテプ3世が即位記念式を行ったその治世29年にはじまる。アメンヘテプ4世は、王の治世5年にその名前をアクエンアテンに変え、それはまたアメンヘテプ3世の第2回セド祭の挙行に合致する[(30)]。アクエンアテンが治世9年までに新都へ移ったことは[(31)]、アメンヘテプ3世の第3回セド祭の時期と一致する[(32)]。

この一致の根本的な理由が、ヘリオポリスの創造神話に見出すことができる。エジプト人は、天地創造がアトゥムによってシュウを生み出された時に始まったと信じていた。アトゥム自身その時、大地から離れ天を意識するようになった。シューは生命を与える空気や光であり、湿気である双子の妹テフヌトを分離した。アクエンアテンの美術様式と図像学は、王の役目をこのシューのものとしている。神格化した王がアトゥム、その息子がシュー、アトゥムはシューなしでは存在できないことから、息子との共同統治が必要とされたのではないだろうか。またアクエンアテンの「父」である生きるアテンの崇拝は、神格化した生きる父アメンヘテプ3世を対象とし、アクエンアテン自身が高位の神官として統轄したと言えるのではないだろうか[(33)]。

アメンヘテプ3世の治世最後の10年間は、アクエンアテンとの関わりがみられ、おそらく美術の面においても同様のことがいえるのではないだろうか。

(7) ま　と　め

アメンヘテプ3世の建築活動により、大量の彫像が製作された。そして治世最後の10年で美術の変化があったことがわかった。

彫像には、セド祭の儀式と関連するものもあり、それらは、王の治世30年の前から準備されたが、新たな表現は第1回セド祭の後に行われた。それは「若返り」または、「神格化」した様式で王を示している。アメンヘテプ3世は、トト神やコンス神など様々な神の姿で表された。太陽としての象徴である服飾や装飾は、特に珪岩で作られている。

アメンヘテプ3世の建築活動と彫像について取り挙げたが、活動内容によって彫像の様式や象徴するものの意味合いが変わることが理解できた。アメンヘテプ3世のセド祭の前後において、彫像に変化が起こり、また、これは奉納用小彫像にまで至ることが分かった。原料の石や象徴するものを手がかりに、意図されたことを把握することが必要であるということも理解できた。

ジョンソンの説によれば、アメンヘテプ3世治世最後の10年間は、アクエンアテンとの関わりがみられる。ここで共同統治が問題となる。共同統治があったとすれば、美術の面においてオーダーする（製作を指示する）側に変化（アメンヘテプ3世からアクエンアテンへ）があり、美術に影響があったとする説が提示されよう。共同統治がなかったとすればオーダーする（アメンヘテプ3世）側の意識の変化があったとする説が提示されよう。またいずれの場合でも、オーダーされる（製作を指示される）側である彫刻師が変わったことにより大きな変化が生じたと言うこともできよう。

アメンヘテプ3世時代の美術とアマルナ美術とのつながりは、治世最後の10年の表現にアマルナ美術と類似する点がみられたことにある。アクエンアテンの介入があったとすれば、この頃からアマルナ前期の美術が始まったといえるのではないだろうか。

今回はレイモンド・ジョンソンの新しい説を中心に取り上げた。その説では「若返り」や「神格化」の表現、共同統治が問題とされた。そこでは、その時誰が先導者となったかが重要なポイントとなる。この問題を解決するには、類例を多く考察していくこと、編年についてさらに比較検討していくことが必要であろう。これらを今後の課題とし、アマルナ美術とポストアマルナ（アマルナ宗教改革の影響を受けたトゥトアンクアメン王の美術）についてより深めて考えていきたい。

註

（1） Naville, E. 1891 *Bubastis* (*1887–1889*). Egypt Exploration Fund, Memoir 8,

London. 31–34.

（2） Fairman, H. W. 1960 "A Block of Amenophis Ⅳ From Athribis", *JEA* 46, 80–82.

（3） Moursi, M. I. and M. Balbousch 1975 "Funde aus dem Tempel Ramses' Ⅱ. im Tell sl-Hisn bei Heliopolis", *MDAIK* 31, 85–91, figs. 1–3, pls 29b-d and 30a.

（4） Porter, B. and R. L. B. Moss 1974 *Topographical Bibliography of Ancient Egyptian Hieroglyphic Text, Reliefs, and Paintings,* Vol. 3, Memphis. Part 2, Saqqara Dahshur. 2nd ed. Oxford, 780.

（5） Kemp, B. J. 1978 "Imperialism and Empire in New Kingdom Egypt (C1575–1087B. C.)", in Agarnsey, P. D. and C. R. Whittaker (ed.), *Imperislism and Empire in the Ancient World,* Cambridge University Press, 122–133.

（6） Kessler, D. 1981 *Historische Topograhie der Region zwischen Mallawi und Samalut.* Beihefte Tübinger Atlas des Vorderen Orients, ser B, vol. 30, Wiesbaden, 215–222.

（7） Johnson, R. 1998 "Monuments and Monumental Art under Amenhotep Ⅲ: Evolution and Meaning" in O' Connor, D. and E. H. Cline (eds.), *Amenhotep III: Perspectives on his Reign,* The University of Michigan, 64–80.

（8） Wente, E. F. 1969 "Hathor at the jubilee", in R.Anhes *et al., Studies in Honor of John A. Wilson,* SAOC 35, 90.

（9） 疑いもなくアメンヘテプ3世彫像製作計画はハワラにあるアメンエムハト3世の葬祭複合体を手本にしている。cf. PM Ⅳ, 100–1 (Labyrinth. AmenemhetⅢ); Petrie *et al.* 1912 The Labyrinth, Gerzen and Mazghuneh, London.

（10） アメンヘテプ3世の彫像生産の最良の解説としては、Kozloff, A. P. and B. M. Bryan 1992 *Egypt's Dazzling sun*, Cleveland, 125–228. がある。

（11） *Ibid*, 135–136.

（12） Johnson, W.R. 1996 "Amenhotepand Amarna", *JEA* 82, 67–68.

（13） Luxor M838; Mohanned el-saghir 1991 *The Discovery of the Statuary Cachette of Luxor Temple,* Mainz, 21–27, figs. 45–59.

（14） これらの群像の石材はラーの崇拝の中心地ヘリオポリス付近にある、主要な珪岩の採石所ゲベル・アフマルから採石されたのかもしれない。

（15） Johnson 1996, 68–69.

（16） Freed, R. E., Y. J. Markowitz and Sue H. D'Auria 1999 *Pharaohs of the Sun,* Museum of Fine Arts, Boston, 42–43.

（17） Rinsveld, B. Van 1991 "Le dieu-faucon égyptien des Musee's Royaux d'Art et d'Histoire", *BMRAH* 62, 15–45; idem 1993 "Redating a Monumenntal Hawk Sculpture in the Musee's Royaux, Brussels", *KMT* 4 /1, spring, 14–21.

(18)　アメンヘテプ3世のマルカタにあるセド祭宮殿について台座の碑文で言及しておりおそらくそこから出土した。R. Fazzini *et al.* 1989 *Ancient Egyptian art in the Brooklyn Museum*, London, no44; Hayes, JNES10, 86n. 75, 178.

(19)　アメンヘテプ2世以後、王はしばしば私人墓にこれらの装身具を着て厨子に入ったラー神として表される。cf. Hornung, E. 1982 *Conceptions of God in Ancient Egypt: the One and the Many,* Trans. John Baines, New York, 139.

(20)　Kozloff, Bryan and Lawrence *Egypt's Dazzling Sun,* 204–206; Chassinat, E. 1909 "Une statuette D'AmenophisⅢ", *BIFAO* 7, 169–172.

(21)　高さ14㎝、アメンヘテプ3世の名前が刻まれている。Hall, H. R. 1928 "Objects of Tut'ankhamun in the British Museum", *JEA* 14, 76–77, pl. 11.

(22)　Johnson 1996, 69–70.

(23)　Freed, Markowitz and D'Auria 1999, 42–43.

(24)　Johnson 1996, 71.

(25)　Freed, Markowitz and D'Auria 1999, 43.

(26)　Aldred, C. 1980 *Egyptian Art*, London, 170.

(27)　*Ibid.*, 170.

(28)　Aldred, C. 1988 *Akhenaten King of Egypt,* London, 169.

(29)　Redford, D.B. 1984 *Akhenaten*, Princeton Univ., 62–63.

(30)　Gohary, J. 1992 *Akhenaten's Sed-Festival at Karnak,* London; Aldred, C. 1959 "The Beginning of the El-Amarna period", *JEA* 45, 31–33.

(31)　Aldred 1988, 273.

(32)　Johnson 1996, 81–82.

(33)　Freed, Markowitz and D'Auria 1999, 46.

図版出典

Freed, R. E., Y. J. Markowitz and S. H. D'Auria 1999 *Pharaohs of The Sun*, Museum of Fine Arts, Boston.

Kozloff, A. P., B. M. Bryan and M. B. Lawrence 1992 *Egypt's Dazzling Sun,* The Cleveland Museum of Art, Cleveland.

アクエンアテン統治論再考

森際眞知子

(1) 問題の提起

歴代のファラオにおける支配の正統性の根拠は常にその神格性と深く結びついていた。この常識を疑う者はいないだろう。18王朝における統治の正統性もむろんその例外ではない。しかし、18王朝の場合、このテーゼがもつ曖昧さを露わにする事態が生じた。それはアクエンアテンにおけるアテン信仰の国教化である。周知のように、このアクエンアテン現象[1]とでも呼ぶべき事態を除けば、18王朝歴代の王の神格性はアメン・ラーと結びついたものであった。問題は、「ファラオの神格性がアメン・ラーのそれでなければならなかったのか否か」である。アクエンアテンの営みによって、その答えは否、であることが明白になった。が、アクエンアテンによる断絶がなければ、神格性テーゼは曖昧なままに留まり、神格の特定性問題、すなわち、「ファラオの神格性は特定の神格と結びついたものか、それとも何であれ神格性を持っていればよいのか」は問われ難かったであろう。

しかし、特定性の問いに対する「否」という答えは、その表面的な単純さと裏腹に、パンドラの箱を開けてしまう。王による支配の正統性を巡るさまざまな問題が新たに発生するのである。「特定の神格との結びつきの否定は、なぜ自らの王たる正統性の否定を意味しないのか」、「王の政治的権威は王ないし王権の神格性以外にどのような根拠をもつのか」、とりわけ「アメン・ラーと結びついた自らの神格に頼ることなく、王はいかにして王として支配する正統性と権威とを維持し、新たな神格との結びつきを確保できるのか」、といった問題である。本稿では問題を具体的に次の形で考察する。「アクエンアテンが一代とはいえ正統性の根拠たるアメン・ラーとこの神に結びついた自らの神格性に頼ることなく、新たな神格性を打ち立てることを可能にした支配の正統性はいかなるものであったのか」。この視座から、アクエンアテンによる統治の構造がいかなるものであったかについて、これまでの常識的理解を批判的に検討し、いくつかの問題提起と若干の試論の提示を行いたい。

(2) 正統性と神格性

まず行うべきは、支配の正統性に関わる神格性テーゼの限定である。私たちに遺されている遺跡の大半が墓・神殿等の宗教施設であること、そこでの王と神との密接な関係を述べたレリーフ、そして王の執務における祭事が有したであろう重要性などを考慮すれば、王の神格性が王による支配の正統性根拠の総てであったかのようにも考えられる。が、もしそうであればアクエンアテン現象は起こりえなかっただろう。確認すべきは、少なくともアクエンアテンにおいて「アメン神と結びつけられた神格性の否定は、王の王としての正統性の否定を意味しない」という限定である。

ここから、王はいかにして自らの正統性を保持したかを巡る3つの考慮すべき問題が発生する。第一は、抽象的神格による神的正統性の可能性問題である。すなわち、アメン神など特定の神格と結びつかない、抽象的一般的な神格というものを当時の人々が観念でき、しかも王がそのような神格であると判断し得たか、という疑問である。第二は、神格性以外に王の支配を正統化するいかなる根拠があったか、という問題で、これは、第一の問いに消極的に答えれば答えるほどその重要性を増す。第三の、もっとも解明を要する問題は、この点も含めた、第一、第二の2つの問題の相互連関、である。

第一の問題については、王個人の神格性とは区別された王位の神格性という観念が仮に可能であったとしても、それが単独で王権の正統性を支えるほどの力を持ち得たとは考え難い。このような抽象的神格性は、王がいずれかの神の息子とされる(2)など、何らかの形で神格を持つであろうという予期と、その予期が事実上、王位の正統性に与えうる支えからなるものであろう。しかし、現実には、18王朝の王は、アクエンアテンを除けば、アメン・ラーという具体的神格との関係でその神格性が捉えられた。アクエンアテンの場合も、常に具体的神格との関係でその神格性が把握されている。注文にあうような抽象的神格性が成立していたとは考えにくい。第二、第三の問題については、すでにトトメス3世に即して旧稿である程度の考察を加えた(3)。要約すれば、第二の問題については、屋形の指摘する戦士・勇者として王個人がもつカリスマ的権威(4)を王に認め、さらにその世俗的性格に注目し、遠征に伴う戦利品の適切な分配がこの文脈における正統性を de facto 条件として支えていた、と主張した。

第三の、王のもつ宗教的権威と（実力に裏打ちされた）世俗的権威との関係については、レドフォードを批判しつつ、王とアメンの神官たちとの複雑微妙な利害関係を取り上げて述べた。すなわち、レドフォードは、王の権威の根拠につき、トトメス3世が行った数々の遠征が、それをアメン神との結びつきから、王の一身専属的カリスマ的特質に関わるものへと比重を移行させたと主張した(5)。しかし、レドフォードが正しいとすると、王の権威の世俗化はその「脱―聖化」を意味するので、それが成功すればするほど、王の神的権威が虚ろなものとなっていくはずである。しかし、「移行期ないし確立期における神的権威の重要性を考えれば、このようなあれかこれかのトレードオフに軍事行動に伴う高いコストとリスクを負担するだけの合理性を見いだすのは困難である(6)」。遠征による戦利品などの収穫とそれを原資とした神殿建立や寄進が、それを受け取るアメン神官団をして王に依存する度合いを高めさせ、同時に、王の神格的権威を増大させたことを見落としてはならない。「王は、単に軍人・勝利者としての世俗的権威だけでなく、神官団による祝福を通した自らの神的権威の向上をも、軍事遠征の成功に期待することができる。すなわち、世俗的権威と神的権威とは、あれかこれかの関係ではなく、遠征という一石で得られる二鳥であることになる(7)」。アクエンアテンにおける神格性と正統性の関係についても、トトメス３世が実現したこのシステムを含む、18王朝の王権にとっての戦略的視座から考察することが重要であると考える。

(3) 18王朝の正統性戦略

上記のように、トトメス３世の時代にあっては、アメン神との結びつきを切ってまでもアメン神官団に対抗する、という方針は成立し難く、アメン神官団を利用し自らの神的権威を高めつつ、他方で神官団の王への依存度を高めることにより実質的にそれの弱体化を図ることがもっとも合理的であったと考える。旧稿で提示したように[8]、私は、アクエンアテンにおける統治の特質は彼の特異な性格や時代状況だけでは説明できるものではなく、「彼の活動を第十八王朝における王制の発展の文脈に位置づけ、ここに王が神意の解釈権を独占する親政君主制が完成する、と見るのである[9]」。すなわち、アクエンアテンの統治を、歴代の王による正統性調達の積み重ねの上に開花したものとみなし、その積み重ねを「親政君主制への道程」と捉える。むろん、形式的にはファラオの支配は常に親政であった。しかし、その実態は、王の勢力の伸張に伴って強大化したアメンの神官たちが官僚化し、それは近代的官僚制と比べれば非組織的なものであった[10]にせよ、結局は独自の集合的意志をもつ神官団として機能するに至り、日常の政務のみならず、ときには王位継承者の選定権までも手中にした[11]、というものであった。したがって、王権にとっての問題は、いかにして王の支配を実質化するか、そのために支配の正統性構造をどのように展開するか、であった。

この観点から旧稿での議論を用いつつ、18王朝の正統性戦略とその具体的現れを素描してみよう。王による親政が可能になる階梯として、トトメス３世からアメンヘテプ３世に至る、王権のアメン神格性からの分離の過程がある。というのは、戦略形成のポイントは、王の支配に国内で対抗しうるほぼ唯一の勢力であるアメンの神官たちの権限をいかに弱体化するか、であるからである。神意を解釈する権限が王以外にあれば、神の名において支配する秩序においては、その権限をもつ者が実質的な支配を行いうる。そのような者を排除するには、王にとっては神意解釈権限の独占が唯一ではないが主要な目標となる。ところが、トトメス3世の時代にあっては、ハトシェプストの負の遺産もあって、そのために取りうる戦術は限られており、結局は「与えられた条件の中で、アメン神官団との関係を最も制御しやすい形にすることに腐心[(12)]」することしかできなかったのである。アメンの神官たちが支配構造から疎外されても報復ないし対抗ができないまでに弱体化した段階ではじめて、彼らを取り込む、という戦略から、彼らを切る、という戦略に展開することが可能となる。トトメス3世からアメンヘテプ3世までの統治をこのような展開が行われる過程として読み直すことができると考える。

旧稿ではトトメス3世による遠征の分析を通して、王個人の世俗的権威がいかにして王権の正統性根拠となるものの選択肢を拡大したかを述べた。すなわち、その権威とは「アメン信仰に代替する国教を準備し、それが受け入れられるようにするという選択肢を実現可能なものにする手段である。遠征はそのために王個人が必要とするだけの規範的権威と現実的な利益供与能力を提供するための営為と位置づけられる。遠征は今や、王個人にとっての権威の問題ではなく、国制における王位のもつべき政治的権威という問題領域において位置づけられるのである[(13)]」。

王のカリスマ性を王権の政治的権威確立の文脈で捉える視座のもと、本稿でも旧稿での次の見方は変えない。「新王国の第十八王朝は、この流れの中で、アクエンアテンによる上からの体制内革命を頂点とする特異点をなす。勿論アクエンアテンによるアマルナ遷都とそこでのアテン信仰の国教化を中心とした王権の絶対化の試みは、彼一代でできたものではない。この体制が現実のものとなったのは、直接には父王のアメンヘテプ3世による環境設定がある。が、そもそもこの革命を必要とさせる事情を生じさせたのはハトシェプストである。また、テーベの神官団という組織と一線を画し、新たな宗教のもとに王の宗教的権限を再定義し、それを中心とした王権の正統性構造の再構築を可能にする一連の条件整備が始まったのは、アメンヘテプ3世の曽祖父トトメス3世の時代であった[14]」。

確かに、「従来の考え方では、このような動きはトトメス4世時代から始まったとされている。彼を王位につけた神がラー神（ギザ、スフィンクス碑）であるとされ、また、上下エジプト神官長の任命に際しては彼がアメン大司祭を当てなかった最初の王であり、また、アテンの名でアジア征服を行っているからである。これに続いて、アメンヘテプ3世がアテン信仰を育成し、そしてアクエンアテンに至ってアマルナ遷都とアテン信仰の国教化、それに伴うアメン信仰の禁止が実現したとされるのである[15]」。本稿は、この流れがさらにトトメス3世まで遡りうるものであると考える。これまでの概説的説明では、このような流れがいかにしてアクエンアテンの諸改革を可能にしたか、という点が十分に注目されず、これら一連の改革がもっぱらアクエンアテンのともすればエキセントリックに描かれがちな性格の現れとして描写され、それらがいかにして可能であったか、という問題がなおざりにされがちであった。本稿はそのような傾向に対し、アクエンアテンの性格が注目すべきものであることを認めつつも、この王の営為を18王朝における王制の発展の文脈において位置づけることの重要性を強調する。その上で、アクエンアテンの治世において王の実質的親政がいかにして可能となったかを問いかけ、それへの応答を試みる。すなわち、アクエンアテンのアテン信仰を巡る営為を、彼独自のカリスマ性を王権の正統性強化手段とするための合理的な戦略の実践として捉える。また、アテン信仰を中心とした新秩序を、王位にある者が神意の解釈権を独占し、王権が持つに至った世俗的正統性と相まって、親政君主制を完成させた形態、と見るのである[16]。

(4)　アクエンアテンの政治的権威

アクエンアテンの政治的権威のもっとも顕著な特質は、それがきわめて強力な権力行使を実現しうるものであったことである。それは国教を変更できるほどの力であった。したがって、まず説明すべきことがらは、いかにしてこのように絶大な権威が可能であったかということである。

ところが、この問題意識はこれまであまり重視されてこなかった。一般的には、絶大で無二の権勢を誇るファラオのイメージ、そして専門家の間では、18王朝における実質的親政へと至る王権強化の歴史認識が主たる原因となって、アクエンアテンが絶大な権力を振るうのが当然視されたためであろう。しかし、これが問題である。権力が強大であったとの認識は、必ずしもその原因や理由の認識を含意しない。しかし、まさにこの因果的認識こそが18王朝理解の鍵であり、それを抜きにしては、なぜ国教の変更や遷都といった権力行使が可能であったかが正確にはわからない。それどころか、アクエンアテンの権力についてのこれまでの概説的記述は矛盾しているのに、それに気づくこともない。すなわち、彼は宗教に没頭し、政治に関心がない王として描かれる一方[(17)]、他方では、彼の事績として遷都とアテン信仰の国教化が挙げられている。政治に関心がない者にどうしてこれらの大事業が成し遂げられようか[(18)]。

アクエンアテンは、政治と無縁の宗教に没頭したのではなく、絶大な政治力があったからこれに没頭できたのである。彼は政治に関心がなかったのではなく、他に関心が向かないほど宗教政策に集中したのである。この点は、以下の周知の事実からも明らかである。王の死後、アテン信仰がただちに崩壊し[(19)]、メンフィスへの遷都が行われた。この事実は、概説などで、アテン信仰がいかに表面的限定的であったかの説明に用いられる。が、むしろ、これほど脆い信仰であるのに、王の死を待たずにはそれに手がつけられないほど、王自身ないし王権の権威が高かったということに注目すべきである。政治的関心がない者に対してこのような遠慮が働くのはなぜか。それを説明しようとするよりも、アクエンアテンに政治的関心がなかったとするのは事実に反することを認めるか、より苦しい説明となるが、政治的関心の有無と政治権力の有無とは別問題である、とする方が有益であろう。

このような混乱した状況に対して、明確な問題意識をもち、わが国で考察を進めてきたのは屋形である。屋形はいう[(20)]。

帝国は王の親征によって建設された。トトメス３世を代表とする第18王朝前半の諸王はいずれも勇敢な戦士であり、優れた軍事指導者である。帝国の保持もまた王の個性に負うところが大きい。このようにして、従来の神王理念が慣例を重んじ、王はファラオという地位の所有者であるとみなし、人よりも地位を優先させているのに対して、王はまた将軍でなければならないとする新しい理念が加わった結果、王の人格が前面におしだされ、王の意志はなにものにも優越するという専制君主観が、現実の権威に支えられて急激に成長してくる。これは神である王の意志を絶対とみなす意味において、神王理念の純粋な実現をめざすものである。

この系譜に連なり、これら歴代諸王の蓄積を活用したからこそアクエンアテンは「王の意志はなにものにも優越するという専制君主」たり得たのである。本節で掲げた「いかにしてこのように絶大な権威が可能であったか」という問いには、このように応えるのが順当であろう。すなわち、「王はファラオという地位の所有者である」との神王理念が現実化すると同時に、「王はまた将軍でなければならないとする新しい理念が加わ」り、王個人の「人格が前面におしだされ、王の意志はなにものにも優越するという専制君主観が、現実の権威に支えられて急激に成長し」たのである。

ところが、屋形は、戦士としての勇猛さといった個人的崇敬を呼び起こすような属性はアクエンアテンにはなかったとの見方を紹介する。しばしば指摘される王の女性的な肉体は、戦場を駆けめぐる勇者のそれとはかけ離れたものである。

病弱で醜悪なこの王については、非政治的、専制的、自己中心的、野心家、夢想家などの評価がなされている。東洋的専制君主への道をたどった父王の宮廷に育てられたこの若い王にとって、王の意志は絶対であり、これに対抗する勢力の存在は容認できるところではなかった。したがって王は王権とアメン神官団との対立を、妥協によってではなく、二者択一という形で解決しようとした。しかもそのための手段として、アテン信仰に対する狂信というきわめて非政治的な手段がとられている。このように自らの意志を強制する専制君主的思考こそ、王がまさに時代の産物であることを示している。[21]

すると、アクエンアテン個人はいかにして「王はまた将軍でなければならないとする新しい理念」に応えたかを問わねばならない。確かに、アクエンアテンの治世において、彼自身が軍を率いたわけではないが、ヌビア遠征が行われたことが知られている。[22]また、アマルナにはアクエンアテン自身が2頭立て戦車を操る表現が多く残っている。[23]しかし、王が敵を打ちすえる伝統的な場面の描写が欠如し、またアマルナ文書によればシリア・パレスティナの都市国家からの援軍の要請を無視していた[24]ことなどアクエンアテンが非戦闘的であったことをうかがわせる材料が少なくない。彼の意志をなにものにも優先させる彼の権威は、将軍というような、彼個人の軍人的資質にあったのではない、と考える方が無難である。では、なにゆえに彼の意志は絶対のものとして尊重されたのであろうか。

(5) アクエンアテンの権威の検討

しばしば行われる典型的な説明は、ファラオは自らの宗教的な地位がもつ権威によってその権力を行使した、というものである。ところが、アクエンアテンの場合、ファラオが行ったのは宗教改革であり、自らの地位の根拠を破壊することであった。つまり宗教的権威は、この場合、操作する力ではなく、操作される対象であったので、問題は、いかなる権威がそのような操作を可能にしたのか、という点にある。

宗教的権威がいわば自らの靴の紐を持って自らを持ち上げたという論理も、不合理であることが信じる理由となりうる信仰の世界にあっては不可能ではない。しかしより一般的で受け入れやすい説明はメタレベルのものであり、宗教的権威を超える権威があり、その権威にもとづいて宗教改革を実現したとするものである。ではその超権威とはなにか。

ひとつは、ファラオの地位が持っていた宗教的権威にかかわらない独自の権威である。そのようなものとして何が同定できるであろうか。可能性としては、儀式化され制度化された、王位自体が有する権威というものである。第二は、このアクエンアテン個人が持つ、軍事能力などの伝統的根拠とは別の、見落とされていたカリスマ性である。第三に、もしどれひとつをとってもこのような超権威を説明するのに十分でなければ、これらの様々な根拠が相乗効果をもたらして超権威を生み出したとする考えが可能である。宗教改革を可能にする権威は何であったのか、という問題に対して以上の3つの答えが考えられる。

王が自らの権威を試さねばならなくなる状況についてはいくつかの可能性がある。屋形説によれば、アメンの神官たちの王権に対する影響力が強大になってきたので、テーベのアメン神官団と距離をとるために、アクエンアテンは遷都を強行した。[(25)] これは王の権威が試される状況には違いない。が、いかなる意味で試されるのであろうか。2つの可能性があり、それぞれ検討が必要である。

第一に、これは遷都を強行しなければ自らの専制君主としての権威を保つことができない状況であったとするものである。しかし、遷都と宗教改革をするだけの力があれば、遷都をしなくとも十分にアメンの神官たちを制御できるはずである。考えられるのは、遷都をしなければ、中・長期的には専制権力の衰退が避けられないとの判断があった場合である。第二に、その専制的権力は安泰であったが、それをさらに強固なものにしようとした、とも考えられる。これらは同じ事態を、どの程度の余力をもって行ったと見るかどうかで分かれる見解である。

いずれにせよ、現実には遷都が行われたのであるから、それをどう説明するかが問題となる。前者の考えによれば、それは王が起死回生の勝負に出て、宮廷内クーデターを起こしたということになる。このクーデターの特質は、王が自らの権力を再確立するクーデターであったという点である。つまり通常のクーデターは、既存の支配者を排除し、自らがその地位につくものだが、このクーデターは、自らの権威を再確立するために行ったとするものである。[(26)] すでにそれだけのことを行う権威や権力は衰えつつあったが、アメン神官団を巧みな仕方で割って、その一部をアマルナに伴い自らの配下として十分に掌握しえたので、アメン神官団が内部分裂を起こし、このクーデターが成功したとする考え方である。後者は、余力をもってクーデターを起こし、王の絶対的権力を遷都と宗教改革を通していよいよ強力なものとした、とするものである。

遷都を余儀なくされるほどアメンの神官たちの影響力が強大化してきていた、という点に注目すれば、起死回生説が適切だろう。一方アメンの神官たちに対抗するのに、遷都と宗教改革を行うだけの力があったという点に注目すれば、余力説が適切で、その後、宗教改革を貫徹した王の事績を見れば[27]、後者が正しいように思われる。すると、この王の統治にこの余力をもたらすいかなる要因があったのかが問題となる。すでに確認したように、それはアクエンアテン個人の軍事的特質などではない[28]。では、何がこのような絶対的権力を可能にしたのであろうか。

(6) アクエンアテンの正統性テーゼ

まず、考えられるのは、アクエンアテン自身の個人的資質ではなく、歴代のファラオ、とくに先王アメンヘテプ3世が築き上げた統治システムの威力であろう。これは単に、統治を可能とする軍事・政治・祭祀の体制だけではない。それらを安定的に維持する財政システム、また、王の意志を絶対のものとする専制的秩序観とそれを正統のものとしてその維持発展を自己の利害とする官僚たち、そしてそれらのもとでの生活を幸福で名誉あるものとして観念させるイデオロギーと象徴体系を含む。これらが全体としてひとつの生活体系をなし、王権の正統性と相補的な関係にあること。私たちが王の親政の完成した姿を想像すれば、それはこれらの条件が満たされている状態であろう。この秩序の安定の秘密は、それが王権を中心とし、王の専制を支えるという形を取りながらも、それを支える人間たちにとっても、自己利害の維持発展をもたらすシステムとなっている点にある。王のわがままは必ずしも自己の利害に反するわけではなく、むしろ、それを促進することが多いからである。

問題は、この秩序が、一見盤石のものに見えつつも、意外に脆いものである、ということであろう。このタイプの秩序は、専制者が自らを支える者の利害をどれだけ素早くかつ正確に把握できるかに多くを負うからである。専制にあっては、支配者は傍若無人に振る舞おうと誰も抗議などできないと思われがちである、が、それは支配の正統性がきわめて強力であるか、または、支配者個人の資質が盲目的服従を要求できるほどカリスマ性がある場合、もしくはそれぞれについてそれほどではなくともその両方が備わっているとき、これらの場合にのみ言えることである。そうでない場合は、利害以上に被治者を権力に結びつける強い要素がないので、容易に離反を生み、統治の瓦解を導く。このような支配者は「専制君主」、「独裁者」といった名称とは裏腹に、法によって地位が守られている民主制における長に比べても、自分に付き従う者に多くの注意を払わねばならない。

宗教改革を断行しうるほどの権威をもったアクエンアテンの場合はどうか。王権の正統性、王自身のカリスマ性、そして両者の混合のいずれが見出されるのであろうか。本稿のアクエンアテン・テーゼは、第三のもの、一種のモザイク説である。すなわち、アクエンアテンにおいてはこれらすべての要素があり、そのいずれをとっても単独で統治を可能にするほど強力なものではないが、それぞれの要素が適切に布置されることによって少しずつ作用しあい、全体としては稀に見る有力な専制君主像が浮かび上がる、というものである。いくつかの要素について、簡単に検討しておこう。

(7) アクエンアテン・テーゼの検討

王権の正統性についてはすでに18王朝の正統性戦略として略述した。その結論だけを繰り返せば、「アクエンアテンのアテン信仰を巡る営為を、彼独自のカリスマ性を王権の正統性強化手段とするための合理的な戦略の実践として捉え、アテン信仰[29]を中心とした新秩序を、王位にある者が神意の解釈権を独占し、王権がもつに至った世俗的正統性と相まって、親政君主制を完成させた形態、と見るのである」。これまでの議論をまとめつつ、これとカリスマ性との相互依存関係について以下、敷衍する。

18王朝の王権の権威は、王の親政を実質化する秩序の中心的要素である。この権威は神学的世界観と世俗的正統性の両要素を含む。親政体系は、これを中心としつつ、自らの祭政にわたる活動によってこれらのイデオロギーを再生産しつつ、それがもたらす有形無形の利益を享受する王のカリスマ性によって、また王と利害を共有する神官・軍人および役人たちの実務遂行によって支えられていた。モザイク説は、この秩序を形作る諸要素が適切な仕方で存立すれば、それは一方で絶大な権力集中を可能とする親政体制を実現する、と主張する。が、他方で、これらの要素がひとつでも欠ければ、あるいは、それらが不適切な配置にあれば、それは脆くも崩れるような親政体系でしかない[(30)]、とも主張する。

アクエンアテンの親政体系の場合、問題は彼個人のカリスマ性である。トトメス3世と異なり将軍としてのそれでなければ、それに代わる彼のいかなる特質が遷都と宗教改革までも可能にするような秩序の要素として働いたのか。本稿は、それは「見落とされていたカリスマ性」であり、その内実は、彼の神学的天才と政治力である、と主張する。前述したように「アクエンアテンは、政治と無縁の宗教に没頭したのではなく、絶大な政治力があったからこれに没頭できたのである。彼は政治に関心がなかったのではなく、他に関心が向かないほど宗教政策に集中したのである」。これは神学と政治に卓越した者についてのみ言えることであろう。その神学的能力とその開花・実践についてはその意義が正確に捉えられていた訳ではないにしても、その事績自体は広く知られている。したがってここでは想定される彼の政治力についてのみ検討する。それは対内的には人事と報償を通した人心掌握[(31)]であり、対外的には平和攻勢による外交能力として出現したと考える。これらはいずれも18王朝の正統性戦略の果実を活用するもので、この戦略から見てきわめて合理的な政策判断であることに注意したい。すなわち、アクエンアテンが人心掌握のために用いた方法は、歴代王が蓄積した富の分配、とくにその富裕を象徴する金細工品の下賜とそのための饗宴、そして歴代王が苦心して掌中にした人事権の行使である[32]。一方外交面では、アクエンアテンは帝国経営の最も優れた政策が遠征であったトトメス3世を頂点とした時代から、そのおかげで可能となったトトメス4世以来の平和攻勢が主流となる時代への移行を受けて、「朝貢貿易」・婚姻・大量の金の贈り物などを武器とした平和政策を引き継ぎ、国際化[33]と宴会外交[34]を行った。

ところが、アクエンアテンの治世代は、内政・外交ともに破綻した、と「信仰復興碑[35]」には記されている。確かに、アクエンアテンの統治に不満があった勢力、とくにアメンの神官たちはそのように受け取ったであろう。また、アクエンアテンに代わって統治する勢力は、アテン神を否定し、アメン信仰の正統性を再確立するためにもそう言わねばならなかったであろう。しかし、これは文字通りに受け取ってはなるまい。というのは、アクエンアテンは、とにもかくにもこれだけの怨嗟を生む宗教改革と遷都とを実現したからである。この点を忘れてはなるまい。このような観点から改めてその「失政」に目を向けると、彼は内政に情熱がなかったわけではなく、むしろ関心が強かったために混乱した、と言うべきであろう。すなわち、宗教的な事業が内政において他を圧倒する優先順位に置かれたため、経済をないがしろにする方向に社会変動が生じ、それを自己利害に反すると判断したものが多数発生したと考えられる。また、宗教的ファナティックだったから外交を行わなかったのではなく、平和外交の限界が彼の時代に露呈した、つまり誰が行ってもこうなったであろう、という説明が考えられる。これには「それではどうして後代の者が直ちにそうしたように軍事外交に方針転換しなかったのか」との疑問が提起されるだろう。それに応えるためには、時代がアクエンアテンに与えていた選択肢を考慮しなければならない。アクエンアテンには遠征への回帰という復古の道以外に、「普遍宗教化した」アテン信仰の伝播による世界秩序維持という新たな道が格段に優れた政策として見えていたかもしれないのである[36]。

また、アクエンアテンは、自分の手足となる官僚たちの選抜についても、人を見る目がなかった、という批判もある[37]。しかし、事実が示しているように、遷都を行うだけの行政手腕をもつ者を現に彼は選んでいるのである。政治に無能・無関心な者が遷都と宗教改革を行うために必要な人間を動かし、このような大改革を遂行したとは考え難い。

この主張に対し、「アイやホルエムヘブはアクエンアテンを支えていた官僚であった。彼らはアクエンアテンの死後、直ちに彼を裏切り、権力を簒奪し、トゥトアンクアメンを動かして再度の遷都を行ったではないか」との反論が想定される。しかし、既述のように、彼らはアクエンアテンの生前には反旗を翻すことができなかった、彼らをして忍従せしめるだけの力がアクエンアテンにあったことに注目したい。確かに、面従腹背していた者を選んだというのは彼の限界かもしれない。しかし、別の見方をすれば、後に王の地位を襲い、新たな王朝を建てるまでの力量を持つ人間たちを選び、さらに、自らの治世にあってはその実力を自分のために使ったわけであるから、それを人事の失敗というのは不適切ではないか、との再反論も可能である。

(8) 結びに代えて

本稿はアクエンアテンの統治の特質が彼の専制君主としての事績だけで捉えられるものではなく、それを実現した権力構造の合理性の解明があってはじめて十全に捉えられるものであることを明らかにし、その合理性の内実を「18王朝の正統性戦略」を中心に論じようとした。その結論は、一言で言えば次の通りである。「アクエンアテンの統治は18王朝における親政路線の到達点である」。

到達点、それは没落の始まる点でもあることを意味する。それは持続できるタイプの統治ではなかったのだ。[38] これは18王朝の統治戦略が王の個性と能力に多くを負う複雑微妙な均衡を要求するものであったこと、そしてアクエンアテンがまがりなりにもそのバランスを実現できたことを意味する。それはまた、他にも親政路線の実現形態が、そしてそれらの中にはより安定的な統治もあり得た、ということも含意する。そのような安定した統治は、定義により、到達点ではなく、経過点となる。歴史の把握はこのような可能世界との比較で現実の意義を確認することをも要求する。この点を想起すれば、アクエンアテンの統治には「異端王」や「光の宗教」といったレベルでの捉え方とはまた違った次元での評価が可能となろう。

註

（1） 王名変更、遷都、アメン信仰からアテン信仰への国教の変更等を指す。cf. Hornung, E. 1999 *Akhenaten and the Religion of Light,* translated by D. Lorton, Ithaca and London: Cornell University Press, 52-86; Baines, J. 1998 "The Dawn of the Amarna Age", in D. O' Conner and E. H. Cline (eds.), *Amenhotep III: Perspectives on His Reign,* Ann Arbor: The University of Michigan Press, 271-273.

（2） 参照、屋形禎亮 1994「ファラオの王権」屋形禎亮編『古代オリエント』有斐閣新書、111～145頁。畑守泰子 1998「ピラミッドと古王国の王権」『岩波講座世界歴史：オリエント世界』2、211～219頁。

（3） 参照、森際眞知子 1996「第十八王朝の正統性とトトメス三世のアジア遠征」『西洋史論叢』第18号、6～7頁。

（4） 屋形禎亮 1969「イク=エン=アテンとその時代」『岩波講座世界歴史』第1巻、岩波書店、208～209頁。

（5） cf. Redford, D. 1995 "The Concept of Kingship during the Eighteenth Dynasty", in D. O' Conner and D. P. Silverman (eds.), *Ancient Egyptian Kingship,* Leiden, New York, Köln: E. J. Brill, 166-169. 森際 1996, 6.

（6） 森際 1996, 6-7.

（7） 森際 1996, 7.

（8） 参照、森際 1996, 6.

（9） 森際 1996, 12.

（10） cf. Murnane, W. J. 1998 "The Organization of Government under Amenhotep III", in D. O'Conner and E. H. Cline (eds.), *Amenhotep III: Perspectives on His Reign,* Ann Arbor: The University of Michigan Press, 206-212.

（11） 参照、森際 1996, 11.

（12） 森際 1996, 12.

（13） 森際 1996, 11-12.

（14） 森際 1996, 12.

（15） 森際 1996, 4.

（16） 森際 1996, 12.

（17） cf. Hornung 1999, 51.

(18) 矛盾しないとするために、時期をずらして考えることができよう。政治力があるアクエンアテンが遷都と国教変更を行い、しかる後に政治的関心を失い、宗教に没頭するようになった、と。しかし、だとすればそのように語るべきであり、なぜそのような転向が起こったかについて説明を試みるべきであろう。

(19) 参照「信仰復興碑」*Urk.* IV, 2025-32.

(20) 屋形 1969, 208-209.

(21) 屋形 1969, 214-215. 参照、屋形 1998, 56.

(22) cf. Hornung 1999, 105.

(23) cf. Hornung 1999, 44-45; Hari, R. 1985 *New Kingdom Amarna Period,* Leiden: E. J. Brill, Pls. XIX, XX.

(24) 参照　森際眞知子 1981「アマルナ時代末期におけるエジプトのシリア領土喪失の原因」『史観』第105冊、49〜61頁。

(25) 屋形 1969, 216.

(26) アクエンアテンが、即位直後にセド祭を行おうとしたのはなぜか。それは謎とされているが、ここに問題を解くための糸口があるかもしれない。cf. Redford, D. B. 1984 *Akhenaten: the Heretic King,* Princeton: Princeton University Press, 62, 122-127.

(27) 王名変更、遷都、「アテン讃歌」に見られる新国教の教義の完成。

(28) 屋形は、アクエンアテンが専制君主として養育されたという点を指摘する。が、それはアクエンアテンがこの権威の行使を当然視する理由として挙げているのであって、この権威の可能根拠の説明としてではあるまい。参照、屋形 1969, 214-215.

(29) 参照「アテン讃歌」Davies, N. D. 1908 *The Rock Tombs of El Amarna,* VI, London, Pl. XXXVII.

(30) アクエンアテンの死後における改革の頓挫を想起せよ。

(31) アクエンアテンには数多くの助言者や官僚が多数いたことが知られている。たとえば、ヘリオポリスの大司祭のアネン、ハプの息子アメンヘテプ、アメンヘテプ3世の治世末期の宰相ラーメスとアペル・エル、ヌビア総督の宰相メリメス、ティの兄弟アイ、パルエンネフェルおよび建築技師。cf. Redford 1984, 59-60; Hornung 1999, 58-60. 宗教改革と遷都に伴う膨大な政治的・行政的および都市計画・土木技術的課題は優秀な人材によるサポート抜きには実現不可能で、これら以外にも多数の人材の存在が考えられる。

(32) cf. Redford 1984, 165-166.

(33) Murnane, W. J. 2000 "Imperial Egypt and the Limits of Power", in R. Cohen and R. Westbook (eds.), *Amarna Diplomacy,* The Johns Hopkins University Press, 109.

(34) 外交団を迎えては歓迎の宴を開き、外交に必要な示威、情勢認識の交換、懇談と決定を行う外交スタイルが確立していた。cf. Redford 1984, 166, 193–194.

(35) *Urk.* IV, 2025–32.

(36) この点に留意し、これまでのアテン信仰のキリスト教との比較作業を、これら国制的側面の考察へと拡大すべきではないだろうか。

(37) Redford 1984, 165–168.

(38) どのような要素が欠如していたかについて、多くの導きの糸を与える考察として、屋形 1969, 225–226.

アマルナ住居の空間構成

――反復される空間構成――

伊藤明良

(1) はじめに

長い歴史を持つエジプト学において、住居・都市に関する研究は近年関心を集めるようになった新たな研究領域と言っても過言ではないだろう。その関心の高まりは、テル・アル=ダバア（Tell el-Dabᶜa)、エレファンティネ（Elephantine)、メンフィス（Memphis)、デール・アル=バラース（Deir el-Ballas）といった居住地遺跡、都市遺跡における発掘調査の増加に反映されている。

このように住居・都市研究に関する新たな資料が追加されている中でも、現在にいたるまで古代エジプトの住居研究において中心的位置を占めている遺跡は、第18王朝のファラオ、アクエンアテン（Akhenaten）の王都址が残るアマルナ（El-Amarna）である。エジプトにおける発掘調査の歴史の中でも、都市のほぼ全面にわたって調査が行われたのは唯一アマルナのみであり、その調査範囲の広大さと調査された住居数によって住居・都市研究における中心的遺跡となっている。

アマルナの住居に関する研究は、発掘成果に基づく平面プランや出土遺物からの各室・付属施設の機能の推定、建築学的観点からの住居構造の復元(1)という基本的作業が主流を占めていたが、1970年代のエジプト探査協会（the Egypt Exploration Society）によるアマルナ調査の再開とL. ボルヒアルト（Borchardt）が率いたドイツ・オリエント協会（Deutsche Orient-Gesellschaft）による「南郊」の発掘調査成果の公刊[(2)]を契機として新たな研究の動向が生まれてきた。従来の研究は主に各室・付属施設の用途論に偏重していたのであるが、近年の研究では住居に反映される社会・経済的情報に注目が集められ、住居規模と建築構造・建築要素との関係を統計学的方法を用いて分析することによって、社会・経済的ステータスの表象として建築要素を捉えている[(3)]。

こうした統計学的方法を用いた分析によって、アマルナの社会・経済的階層区分やステータス・シンボルとしての建築要素の意義が認められたが、このような研究では個々の特定の建築要素のみが抽出される傾向にあり、各要素間の関係性については十分な論及がなされていない。また、他の先行研究でも母屋平面プランの空間構成の把握に重点が置かれ、母屋を取り巻く付属施設の間での関係性、母屋と付属施設との関係性については軽視されがちであった。そのため本稿では、上述の統計学的分析の成果に独自の分析による成果を併せて付属施設の機能的・象徴的側面についての考察を行い、次いで母屋と付属施設間の配置的関係からアマルナ住居の全体的空間構成について考察を加えたい。

(2) アマルナ住居の概要

アマルナは19世紀末の「アマルナ文書」の発見を機に注目を集めることとなり、1891年の W. M. F. ピートリ（Petrie）による発掘調査を始めとして、20世紀初頭に行われたドイツ隊とイギリス隊の発掘調査によってアクエンアテンの王都アケトアテン（Akhetaten）のほぼ全容が明らかにされている[(4)]。発掘されたアマルナの都市域の中でも「南郊」と「北郊」の両区域では他の遺跡に類を見ないほどの数の住居が調査されたことによって、アマルナの住居建築の詳細が明らかとなり、アマルナにおいて広く採用されていた特徴的な住居プランが認識されるにいたった。

そのアマルナの特徴的な住居プランについて、発掘者が「アケトアテンの最も驚くべき特徴は住居の建築プランの統一性である[(5)]」と述べているとおり、

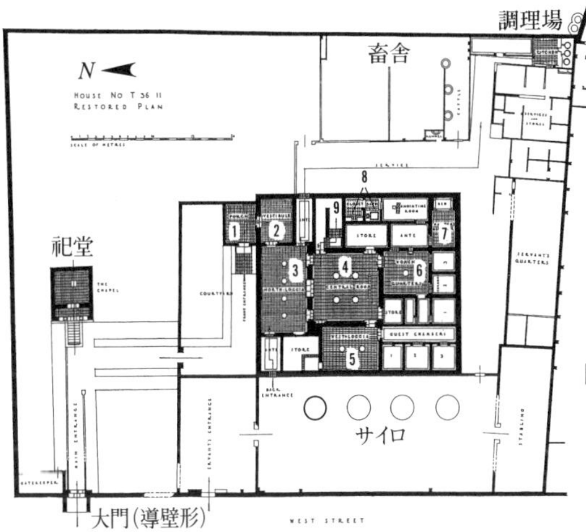

1：玄関ホール
2：前室
3：「ロジア」
4：「中央広間」
5：「第二ロジア」
6：「奥の間」
7：寝室
8：浴室・便所
9：階段

図1　アマルナ住居平面プラン（T. 36. 11）H. Frankfort and J. D. S. Pendlebury, *The City of Akhenaten II,* PlateⅫ.

個々の建築要素や平面プランにおいて極めて高い統一性が認められる。その統一性は大規模住居から中規模住居で特に顕著である。また小規模住居であっても規模やプランの複雑さにおいて大型住居との相違が認められるものの、基本的構造では非常に高い類似性を示している。したがって、ここではアマルナ住居建築の粋を結集した典型的大型住居のプランを一例として採り上げることによって、アマルナ住居を構成する基本的建築要素の概要、特に母屋のプランについて述べてみたい。

典型的な大型住居は、広大な敷地の周囲を周壁で囲み、その敷地内には母屋を中心として、祀堂、庭園、サイロや倉庫、調理場、井戸、畜舎、従者の住居等の付属施設が配置されている（図1）。母屋の平面形はほぼ方形を呈するが、プランの一角に突出するような形で玄関ホールが付加されている。大型住居では基壇上に建造される場合が多いため、この玄関ホールには戸口へと上がるための階段や斜路がつけられる。玄関ホールを抜けると方形の小部屋（前室）を経て、いわゆる「ロジア（Loggia）」に到達する。同室は北に面した配置となることが多く、住居内に涼風を入れるために北に向かって大きく開かれた窓を有する部屋と推測されたことから、この名称が与えられている[6]。「ロジア」の奥には、平面プラン中心に位置する「中央広間（Central Hall)」が続く。この「中央広間」には、椅子等を据えて座る場所と考えられるレンガ製基壇(dais)、水を入れた土器を置いた排水設備の付いた石製水盤（lustration-slab)、暖をとるための平面鍵穴形の炉などの設備が整えられていることから、居間として利用されていたと推定されている。この「中央広間」の脇には階段、「第二ロジア（Secondary Loggia)」と呼ばれる部屋等が配置されている。さらに住居奥部には、「中央広間」と接して同様な平面形と設備を有する、より規模の小さい部屋、「奥の間（inner reception-hall)」が置かれる。この「中央広間」を小型化したような部屋は、その設備と配置から、より私的性格の強い居間と考えられている。「奥の間」周囲には、ベッドを設置した場所と考えられる壁龕状の構造、ベッド・ニッチ（bed-niche）を備えた主人用寝室、浴室・便所などの私的部屋群が隣接している。その他の部屋は主人以外の家族用の寝室、来客用の部屋、倉庫等と推測されている。

このように様々な部屋で構成される母屋の平面プランについては、玄関・「ロジア」を含む前方部、「中央広間」を中心とする中央部、寝室・浴室など私的な諸室が存在する後方部という3つの帯状の区域へと区分が可能であることが指摘されている[(7)]。この「三部構成」のプランは住居内における公的空間／私的空間という性格の相違と深く関連していると想定されている[(8)]。

(3) アマルナ住居の建築要素に関する統計学的分析

アマルナ住居を統計学的方法により分析を行った研究には、大きく分けて2つの動向が認められる。ひとつは、住居面積と部屋数、住居構造との関係を統計的に分析し、アマルナの人口を社会・経済的階層に区分するという研究[(9)]であり、他方は住居を構成する様々な建築要素と住居規模との関係を統計的手法により分析を行い、特定の建築要素と社会・経済的ステータスとの関係性を探る研究[(10)]である。後者の研究の中でも、P. T. クロッカー（Crocker）が総数782戸のアマルナ住居をデータベース化して行った研究では、アマルナの住居建築に特徴的な様々な要素が個別に分析され、アマルナの住居全般に普遍的に見られる要素と居住者のステータスと深く関係すると考えられる要素とが明らかにされている[11]。本項では、このクロッカーによる分析の成果を中心に、独自の統計的分析も加えて、アマルナ住居を構成する建築要素、特に付属施設の機能的・象徴的側面についての考察を行う。なお、筆者の分析は「南郊」・「北郊」・「北市街」の計722戸の住居を対象にして、特に平面プランでの配置の観点から分析を行っている[12]。各建築要素の同定については報告書の記述にもとづいているが、記述がないものについては平面図に図示されているプラン的特徴から筆者が推定した。

分析の結果、母屋を取り巻く様々な付属施設の中で特に重要な成果が得られたのは大門と祀堂である。

大門は住居の敷地を取り囲む周壁に、通りに向かって開かれた特別な構造を持つ門のことである。クロッカーの統計によると母屋面積100㎡以上の住居368戸中で71基が確認され、その所有率は300㎡以上では50%に達し[13]、大門の所有が居住者の社会・経済的ステータスと深く関係していることは明白であろう。

大門はその構造から2型式に分類される。ひとつは、門の外側もしくは内側に周壁と直交するように低い壁体が付加されている型式であり、B. J. ケンプ（Kemp）はこの型式を、門を傷つけることなく戦車を敷地内に導き入れるための壁体がつけられたもの（導壁形）と推定している[14]。この仮説が正しいとするならば、この型式の大門を有する住居は、戦車を所有できるほどの社会・経済的状況にあったか、その住居に出入りする人物の中に戦車の所有者がいたことになり[15]、いずれにしても居住者の地位や身分と大いに関係していると考えられる。もう一方の大門は、塔門に似た構造を有する型式（塔門形）である。この型式の大門には装飾が施され、居住者の名前やタイトルが記されていた可能性が考えられるため、第三者に居住者の身分や地位などを誇示するという象徴的な側面を持っていたとも推定される[16]。

この2型式の大門について筆者が行った分析では、導壁形は51例確認できたのに対して塔門形は7例のみであり、双方を併せ持つ例は5例にとどまる。また、塔門形７例中の６例が祀堂と対置して配置されており、塔門形の大門は祀堂と密接な関係にあったことが示唆される。これらの点から考えると、実用的な機能を有する導壁形に比して塔門形の大門の方がより象徴的重要性が大きかったと言えるであろう。

祀堂は平面方形の小型の建造物で、太陽円盤を礼拝する王族の姿を描いた壁画が発見されたこと[(17)]などから、住居敷地内に建てられたアテン神信仰に関わる私的祀堂と推定されている。母屋・付属施設からは独立して建てられ、独自の周壁で囲まれる例や池などを伴う例も確認されている。

筆者の分析にて確認できた祀堂の数は33基と少なく、クロッカーによる統計では全住居の５％にあたる最大級の住居群中の28％にしか所有が認められず[(18)]、I. ショー（Shaw）による統計でも母屋面積300㎡以上の住居でも所有率は50％を超えることはなく低い値を示している[(19)]。このような低数値となった理由として後代に破壊された可能性も指摘されてはいるが[(20)]、ショーの統計からみると、大規模住居では所有率の上昇が平均して認められるため、やはり祀堂の所有はある程度の身分や地位、富裕さと関連していると考えられる。

祀堂を住居内での配置の点からみると、敷地内への入口や母屋の玄関口近くに置かれている例が多数確認できる。また、祀堂の軸線方向を調べると、東西方向のものが全体の６割強であるのに対して、残りの３割ほどの軸線は北西―南東あるいは南北方向と一定していない[(21)]。祀堂の前面が向く方向も東西南北の全方向にわたり、軸線方向同様にバラつきが認められる。この結果からみれば、祀堂の建立にあたって、信仰により厳格に規定されたオリエンテーションは存在しなかったと言うことができるであろう。祀堂については住居内での配置や他の建築要素との関係の観点から次項においてさらなる分析を行いたい。

上記以外の付属施設で居住者のステータスと深く関連すると考えられる結果が得られたのは倉庫である。ここでは平面形が細長い長方形になる部屋が複数並列する構造を有する建物を倉庫として扱った。倉庫を持つ住居は全体の約４％にとどまり、その所有は大型住居に限られることから、倉庫の所有は居住者の社会的・経済的ステータスと関わりがあると考えられる。また、倉庫を有する住居の一例に、倉庫の前に屋根付きの基壇を備えたホールを併設するものがあり（V. 36. 7）、このホールには母屋の「中央広間」から通用口を経由して直接行き来が可能であることから、倉庫は居住者の職務と密接な関係を持つとの推測もされている。(22)

調理場と作業場については配置の点で共通する特徴が認められた。調理場・作業場ともに母屋の背後、敷地の最奥部に位置することが多く、特に大型住居の調理場は調理の際の煙や臭気が北風によって母屋へと流れないように敷地の南側に配置されている。

(4)　アマルナ住居の空間構成——母屋と付属施設の配置関係から——

アマルナ住居では、様々な機能と象徴的意味を持った付属施設が母屋を取り巻いている。その中心に位置する母屋では「中央広間」を中心として諸室が密接に結びつき合うことによって「三部構成」のプランが形成されているのである。「三部構成」の前部には玄関ホール、「ロジア」が配置され、特に大型住居においては、「ロジア」の柱、壁面、戸口などに壮麗な装飾が施され、来訪者に対するステータス顕示の場として重要な空間であったと考えられる。また前部には、サイロや調理場といった付属施設へ通じる通用口が開かれている場合も多く認められることから、住居前部は居住者以外の外部の人間との接触の場であると共に、母屋とそれを取り巻く生活を維持するための様々な施設とをつなぐ場でもあり、居住の中核となる場と外部とを結ぶ空間となっていたと言えるだろう。一方後部には、特に大型住居では「奥の間」を中心として、寝室、浴室、便所などの諸室が配置され、私的性格の強い空間が広がっていた。その中間にあたる平面プランの中心には「中央広間」が置かれ、生活の中心となる主室であると同時に、外部との接点となる公的空間の前部と私的空間である後部とを結ぶ空間として空間構成においても中心的な位置を占めていたのである。この「中央広間」を中心として前部に公的空間、後部に私的空間が広がるという「三部構成」の構造は小住居においても採用されており、アマルナ住居の普遍的空間構成となっているのである。

アマルナ住居の母屋についてはこのような「三部構成」の普遍的空間構成が見られるのであるが、母屋と付属施設との間ではどのような関係性が見出せるのであろうか。そして、そこにはどのような空間構成の原理が働いているのであろうか。

1　祀堂の配置からの分析

前項の分析から、祀堂は住居前部に配置され、信仰に関わるような厳格なオリエンテーションは認められないという結果が得られた。この点に留意しつつ、さらに祀堂の配置を母屋・他の建築要素との関係、敷地内における位置などの観点から見ていくと、祀堂の配置は3パターンに大別可能であることが明らかとなった。その配置のパターンは以下のとおりである。

1）住居敷地の一角が祀堂を中心として池や木々を配する庭園風になる（図2a）。

2）敷地を取り囲む周壁内にさらに祀堂独自の周壁構造を有する（図2b）。

3）周壁等を有さず祀堂が単独で建てられる（図2c）。

これら3パターン中最多数確認できたのは3）であり、祀堂33基中の64%を占め、1）・2）は各15%、21%であった。

上記2）・3）のパターンでは、祀堂は住居前部、敷地内への入口から母屋に向かう進路に面して配置されるという特徴が共通して認められ、前項で指摘したように祀堂のオリエンテーションが一定しないのは敷地への入口と母屋の配置が祀堂の配置に大きな影響力を持っていたためと考えられる。O. 49. 9やT. 36. 11では門の正面に、門の中心線と軸を同じくして祀堂が配置され、また2）の配置パターンの場合、祀堂を囲う周壁に塔門状の門を開く例も認められる[(23)]など、祀堂はその住居を訪れる来訪者を意識した配置・構造となっているように見受けられる。1）の配置パターンは、アマルナの最大級の住居においてのみ認められ、祀堂を中心とする庭園部分もQ. 46. 1では全敷地の5割近く、Q. 46. 2では3割以上と広大な面積を占めている。また、前項で指摘した塔門

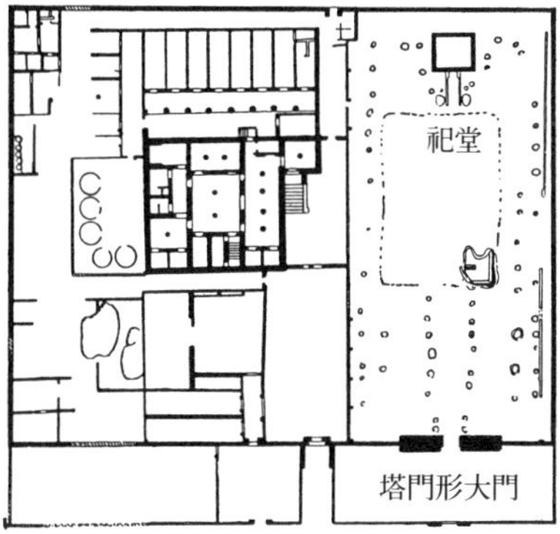

2 a

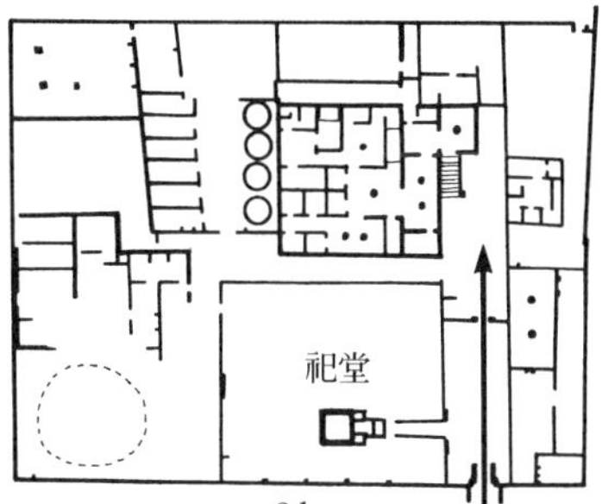

2 b

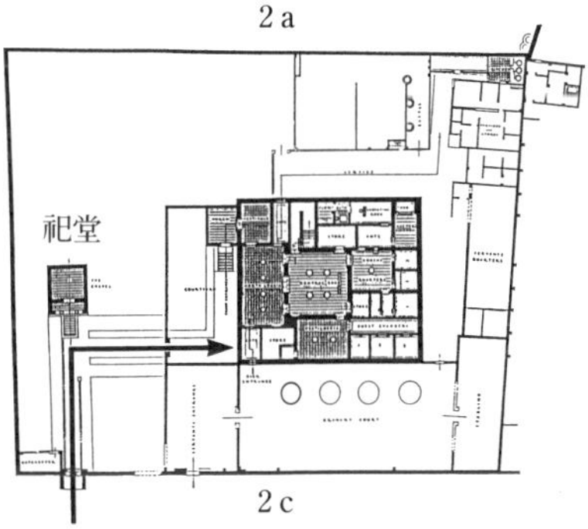

2 c

図 2　祀堂の配置パターン（S＝1/1500）矢印は母屋へのアクセス・ルートを示す。

2 a：Q. 46. 1（Ricke, H. *Der Grundriss des Amarna-Wohnhauses,* 44, Abb. 41.）

2 b：P. 47. 17（Borchardt, L. and H. Ricke, *Die Wohnhäuser in Tell el-Amarna,* Plan 31.）

2 c：T. 36. 11（Frankfort, H. and J. D. S. Pendlebury, *The City of Akhenaten II,* PlateⅫ.）

形の大門が伴うのは、この配置パターンとなる祀堂であり、広大な庭園に加えて、象徴的重要性が大きいと推測される塔門形の大門を通りに向かって開くことによって、来訪者に限らず、通りを行き交う人々をも意識した構造となっていたと言えよう。

以上のような点からは、居住者は祀堂を人目に付く配置や構造にすることによって来訪者・居住者以外の第三者に対して何らかのアピールとして祀堂を利用していたとも推測できるのではないだろうか。(24) 祀堂のオリエンテーションに信仰的な規範を積極的に認めることができず、外部に対する顕示と見受けられるような配置と構造となることからは、祀堂には居住者のアテン信仰に対する立場の物的なアピールとしての役割が意図されていたとも考えられるのである。

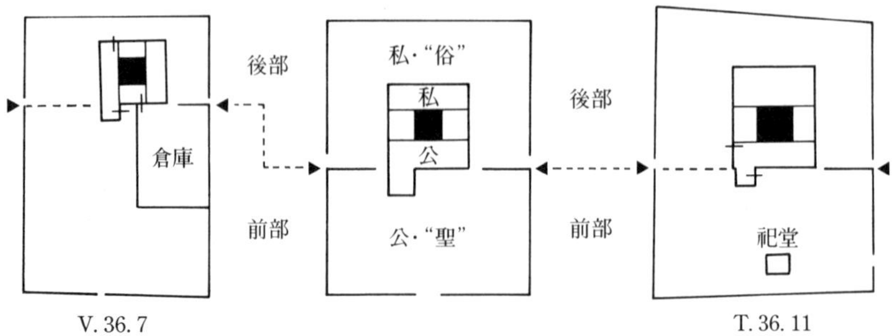

図3　アマルナ住居の空間構成

2　アマルナ住居の空間構成

アマルナ住居、特に富裕層の大型住居では、母屋を中核として様々な機能と象徴的側面を持った付属施設が配されている。住居敷地の前方部には祀堂を中心とする空間が広がる。祀堂が対外的に居住者のステータスや立場を顕示するための役割を担っていたとしても、そこが"聖"なる空間であることに変わりはない。そして、祀堂が位置する住居前部は母屋へのアクセス・ルートでもあり、住居外部と母屋とをつなぐ公的な空間でもある。また、住居前部にはV. 36. 7のように居住者の職務や地位と結びつくような建物が認められる例もあり、住居前部は居住者の公的な活動と密接に関係していたと考えられる。

一方、母屋を挟んだ住居後方には調理場・作業場・従者の住居などが置かれ、居住者の生活を維持するために必要不可欠な施設を配する空間となっていた。この空間は居住者のごく私的な活動に深く関わることから、"俗"なる空間とも捉えられよう。

このようにアマルナ住居では、母屋を中心に前方に公的・"聖"なる空間、後方に私的・"俗"なる空間が広がる（図3）。この空間構成は、「中央広間」を中心として前部に公的空間、後部に私的空間が広がるという母屋の「三部構成」のプランと全く一致する。住居全体の空間構成においては、それ自体「三部構成」のプランを有する母屋を中核として前部と後部とが結び付けられており、二重構造の「三部構成」と言うべき形となる。つまり、アマルナ住居では、母屋を中心として「入れ子」状に「三部構成」の空間構成が反復されていると考えられるのである。

(5) おわりに

アマルナ住居は、様々な機能と象徴的意味を持った付属施設が母屋を中心に相互に密接につながることによって形成されている。その相互の関係にも、母屋の平面プランに見られる「三部構成」の空間構成原理が働いており、母屋が中心となり公的・“聖”なる空間の前部と私的・“俗”なる空間の後部とが結び付けられていることが明らかとなった。アマルナの住居では母屋から住居全体へと規模が拡大されながらも、「三部構成」の空間構成原理が同心的に反復されているのである。母屋においても、住居全体においても「三部構成」の絶対的中心は「中央広間」であり、同室がアマルナ住居の空間構成において最も重要な位置を占めていたことがうかがえるであろう。

註

（1） Lloyd, S. 1933 “Model of a Tell el-'Amarnah House”, *JEA* 19, 1–7; Peet, T. E. and C. L. Woolley 1923 *The City of Akhenaten I,* Egypt Exploration Society; Ricke, H. 1932 *Der Grundriss des Amarna-Wohnhauses,* Leipzig.

（2） Borchardt, L. and H. Ricke 1980 *Die Wohnhäuser in Tell el-Amarna,* Berlin.

（3） Crocker, P. T. 1985 “Status Symbols in the Architecture of el-'Amarna”, *JEA* 71, 52–65; Tietze, C. 1985 “Amarna: Analyse der Wohnhäuser und soziale Structur der Stadtbewohner”, *ZÄS* 112, 48–84; Tietze, C. 1986 “Amarna（Teil II）: Analyse der ökonomischen Beziehungen der Stadtbewohner”, *ZÄS* 113, 55–78.

（4） Borchardt, L. and H. Ricke, *op. cit.*; Frankfort, H. and J. D. S. Pendlebury 1930 *The City of Akhenaten II,* Egypt Exploration Society; Peet, T. E. and C. L. Woolley, *op. cit.*; Pendlebury, J. D. S. 1951 *The City of Akhenaten III,* Egypt Exploration Society; Petrie, W. M. F. 1894 *Tell el Amarna,* London.

（5） Peet, T. E. and C. L. Woolley, *op. cit.*, 5.

（6） Petrie, W. M. F. *op. cit.*, 21.「ロジア」という名称を用いずに「応接間」という名称もあてられるが（Crocker, P. T. 1992 “Uses of Space in Amarna Architecture: Domestic and Royal Parallels”, *The Bulletin of the Australian Center for Egy-*

ptology 3, 11–22.)、本稿ではこの名称を用いる。

（7） Ricke, H. *op. cit.*

（8） Lacovara, P. 1997 *The New Kingdom Royal City*, London, 58.

（9） Janssen, J. J. 1983 "El-Amarna as a Residential City", *Bibliotheca Orientalis* 40, 273–288; Tietze, C. 1985 *op. cit.*; Tietze, C. 1986 *op. cit.*

（10） Crocker, P. T. 1985 *op. cit.*; Shaw, I. 1992 "Ideal Homes in Ancient Egypt: the Archaeology of Social Aspiration", *Cambridge Archaeological Journal* 2（2）, 147–166.

（11） Crocker, P. T. 1985 *op. cit.*

（12） 本稿では、伊藤明良 1997「古代エジプトの住居―アマルナ住居の再考察―」（南山大学提出卒業論文）で行った分析を基として、新たな資料の追加と大幅な分析項目の変更を行っている。

（13） Crocker, P. T. 1985 *op. cit.*, 54–55.

（14） Kemp, B. J. 1989 *Ancient Egypt: Anatomy of a Civilization,* London, 296.

（15） Crocker, P. T. 1985 *op. cit.*, 54.

（16） Crocker, P. T. 1985 *op. cit.*, 54.

（17） アテン神を礼拝する王族の姿を描いた壁画は、「大神官」の住居の祀堂（Borchardt, L. 1911 " Ausgrabungen in Tell el-Amarna 1911: vorläufiger Bericht", *Mitteilungen des Deutschen Orient-Gesellschaft* 46, 15.）と P. 47. 32の祀堂（Peet, T. E. and C. L. Woolley, *op. cit.*, 48.）で出土している。

（18） Crocker, P. T. 1985 *op. cit.*, 56.

（19） Shaw, I. *op. cit.*, Table 2.

（20） Crocker, P. T. 1985 *op. cit.*, 56.

（21） 祀堂の軸線方向は東西:22、北西―南東:10、南北:1であり、祀堂正面が向く方角は東:11、西:11、南東:6、北西:3、南:1、不明:2である。

（22） Frankfort, H. and J. D. S. Pendlebury, *op. cit.*, 30–31.

（23） 祀堂を囲む周壁に塔門状の門を有する例は、P. 47. 17、P. 47. 22、T. 36. 36などの住居に見られる。

（24） クロッカーもアマルナの富裕層の間ではアテン信仰は単なる私事ではなく、他者へのアピールとしての側面を持つことを示唆している。Crocker, P. T. 1992 *op. cit.*, 20.

古代エジプトの倉庫
――アマルナ住居付属例を中心に――

和喜美穂子

(1) はじめに

かつてはエジプト考古学において、神殿や埋葬施設といった葬送・祭祀にかかわる遺跡が主たる研究対象とされてきた。古代エジプトの都市集落遺跡に関する研究は比較的新しく、また資料的にも乏しいのが現状である。その背景として、神殿や墳墓のように永続性が問われる建物と違い、たとえ王宮といえども石造りではなく日干煉瓦でつくられるのが常であったことなどによる。そして、神殿とは異なり、地上に露呈している場合日干煉瓦建物は風雨による侵食や後世の居住等による再利用により破壊されることもあり、今日まで保存状態が良いまま残っていることは稀である。

エジプト中部に位置するアマルナは、19世紀末からW. M. F. ピートリをはじめ、ドイツオリエント研究所や英国エジプト探査会（通称EES）等により、広範囲に調査が行われ、王宮を中心とする都市構造がおおむね解明されている。都市の領域も境界碑により確定しており[(1)]、エジプト王朝時代の都市を研究する上で、基準資料に位置づけられる遺跡でもある[(2)]。そこで、本稿では、780軒以上もの私人住居があるというアマルナ遺跡の住居に付属する倉庫を中心に論を進める。

余剰食糧が生まれると、定住社会には穀倉などの倉庫が造営されるようになる。アマルナでは、王宮や神殿に付属する公共性のある倉庫だけではなく、私人住居に付属する倉庫も多数みられることからも、個人の財産所有が認められる社会であった。物品を集積し収納して所有するという行為の背景は、富裕層の存在を抜きに語ることはできない。そこで倉庫を対象とする本研究が、倉庫遺構の発展段階や類型を明かすだけにとどまらず、アマルナ社会における経済や階層について光をあてるうえで効果的であると考える。

(2) 先アマルナ時代における倉庫の変遷

アマルナ遺跡の倉庫は充分な発展を経ており、洗練されたプランを呈している。そこで、アマルナ時代に至るまでの、倉庫の発展段階についてみることとしたい。実際の遺構については、とりわけ絶対数が少なく、あらましを追うにとどまることは避けられないが、アマルナ時代の倉庫を到達点とみなした場合、発展過程というべき段階にある属性を抽出する。先史時代にも円形・方形とも倉庫はつくられていたようだが、ここでは、王朝成立以後よりアマルナ時代以前に限定している。

ダハシュールにある古王国時代のスネフェル王の河岸神殿に隣接してつくられた集落である「ピラミッド・タウン」のなかに、日干煉瓦造りであろう直径1.2m 程の円形倉庫が 4 、5 基検出されている(3)。住居が建ち並び、それらの空いた空間（すきま）に 2 基の円形倉庫が重なり合いＬ字状に並んでいる。この段階では、とくに倉のために空間を確保したという印象はもてず、「穀倉中庭」“granary court” の存在は見出すことはできない。実際に、倉のための空間を意識し、いわゆる「穀倉中庭」が形成され、そのなかに円形プランが並ぶのは中王国時代あるいは第二中間期以降のことであり、これがひとつの画期となるであろう。

アビドス南に位置する、中王国時代の王センウセレト 3 世の葬祭複合体に伴う町のなかにある建物Ｃの東側に、直径約3.2m の円形プランが 3 基並んだ区画がある(4)。このほか、テル・アル=ダバのＧ層（中王国時代後期）では多数の住居が発掘されており、壁で仕切られた区画のなかから円形倉庫 2 基が検出さ

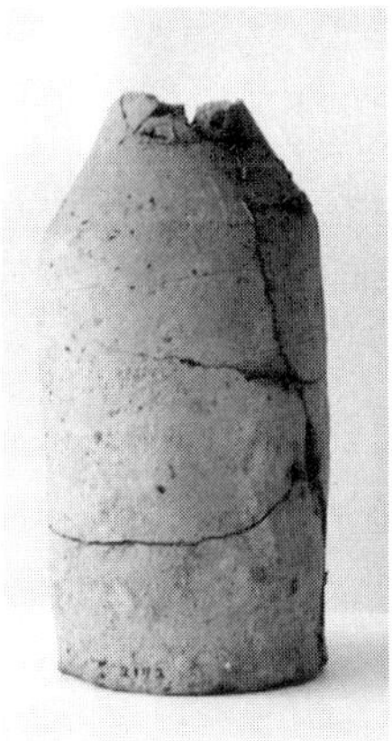

図1　土製円形穀倉模型（初期王朝時代）

図2　土製円形穀倉模型（古王国時代）

れている。[5]同じくテル・アル=ダバでは、第二中間期になると、明確に倉庫を囲む区画が形成されるようになる。[6]そしてそこには直径３ｍ前後の円形プランが２基残存している。

方形の倉庫に至っては、資料の絶対数がより乏しく、中王国時代まで下る。[7]先に挙げたアビドス南遺跡の建物Ａの裏口を出てすぐ南側には、穀倉とされる方形プランの建物が２棟並んでいる。[8]同じく中王国時代には、カフーンにある住居址や、ヌビア各地方にある要塞にも方形倉庫が造られていた。[9]

遺構資料を補うものに、日常生活の様々な場面を写しとってつくられた模型がある。模型資料は、遺構に比べると資料数も豊富で時代ごとの特徴が追いやすくなる。模型は大抵の場合副葬品であり、円形の倉庫（穀倉）模型では第１王朝まで遡る。京都大学博物館所蔵の土製模型（No. 2172）はアビドス出土で、大きさは、直径10㎝、高さ20.5㎝である（図１）。バダウィが著した『エジプトの建築史』のなかにも類例がある。[10]初期王朝時代には、このような円筒形を呈し、頂部付近が窄まっており天井部分が開口している、単独の円形穀倉模型がつくられていた。

古王国時代になると、同じく土製模型で、円形で丸天井（キュポラ）をもち、複数室から

図3　ラメセウムの倉庫群

図4　木製方形（箱形）穀倉模型

図5　レクミラの墓壁画に描かれた神殿倉庫

なる一種の「穀倉中庭」ともいえる穀倉区画を形成するものが登場する[(11)]。図1の初期王朝の模型同様、穀倉の天井部分には注入用と思われる孔がある（図2）。

中王国時代には、円形穀倉模型は方形倉庫に移行し、方形の穀倉模型が主流となる。これらの模型の屋根は、現存するラメセウムの倉庫群のようなヴォルト天井（図3）とは異なり、屋根がないか、あるいは平らな屋根が覆う例が大半を占めている。ルーブル美術館にある方形穀倉模型（No. E283）は彩色木製で、倉の周囲を壁が囲み中庭を構成している（図4）。中庭奥壁に接して、長方形の部屋4室が1列に並んでいる。ここでも天井部分には円い注入孔があり、胴部にはとり出し用とみられる扉がついている。倉の奥壁と中庭を囲む壁が一体化しており、周壁の四隅は上方向に突出している。

ヴォルト天井の倉庫の例と

しては18王朝時代の墓壁画にも登場する。テーベ100号墓、宰相レクミラの墓には、戸口上部に「神殿の倉」などと記された部屋が４室描かれている。その屋根は蒲鉾状の丸みを呈しており、ヴォルト天井を表すものと思われる（図５）。それらの部屋の中にはアンフォラ容器や外国産の貴金属、ワイン壺や油や蜂蜜等の食料品、動物の毛皮などが納められた様子が描かれている。

本節のまとめとして、倉庫の区画構成という観点から整理しておきたい。倉庫の中庭という発想は、模型のなかでは既に古王国時代からあったが、実際に遺構として出現するのは中王国時代以降であった。しかもそこでは厳密には中庭を形成せず区画を保有するのみであった。より洗練された倉庫の区画を形成し、中庭の形態をとるのは、後述するアマルナ時代以降であろう。また、遺構・図像資料ともに、円形プランが方形プランに対し先行してつくられていた可能性も指摘しておきたい。

(3) 倉庫遺構抽出とその問題点

ケンプやバダウィらの先行研究[12]から倉庫遺構の形態について輪郭をとらえ、報告書を参照しつつ倉庫遺構を抽出した。さらに模型資料や壁画などへの描写から次のような倉庫遺構像を特定した。まず円形倉庫では、多くの場合複数基からなり、倉庫と他の施設を区切るための区画を形成する。それに対し方形倉庫については、対面２列室からなる倉庫は大規模なものに限られており一般的な住居には１列室のみで編成される倉庫区画が大半を占める。ここで模範となる倉庫区画をとりあげ、アマルナ住居に伴う倉庫遺構の類型となる３つのタイプを紹介する（図６）。規模について、円形プランでは平均径2.5mである。方形プランについては、部屋の形が長方形に限らず、台形や平行四辺形などであり、円形より計画性を要したことは想像に難くない。方形プラン１室あたりの幅は２～３ｍで、長さ６～９ｍが多い。母屋にあたるアマルナ住居に付属する倉庫遺構は、祠堂や庭、厩舎や牛小屋、作業所や台所など他の付属施設同様、敷地内に設けられていた[13]。これらの類型と住居敷地内の位置関係に鑑み、

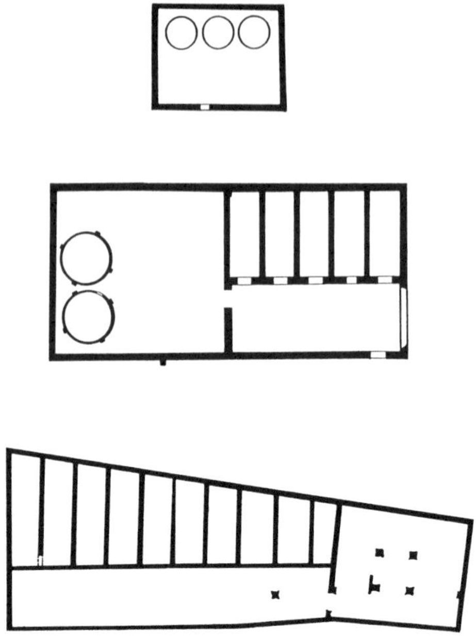

上；円形プラン（R46.3を一部改変）
中；円形・方形両有プラン
（N51.3を一部改変）
下；方形プラン（T36.2を一部改変）
縮尺：1／300

図6　アマルナ住居付属倉庫　3類型

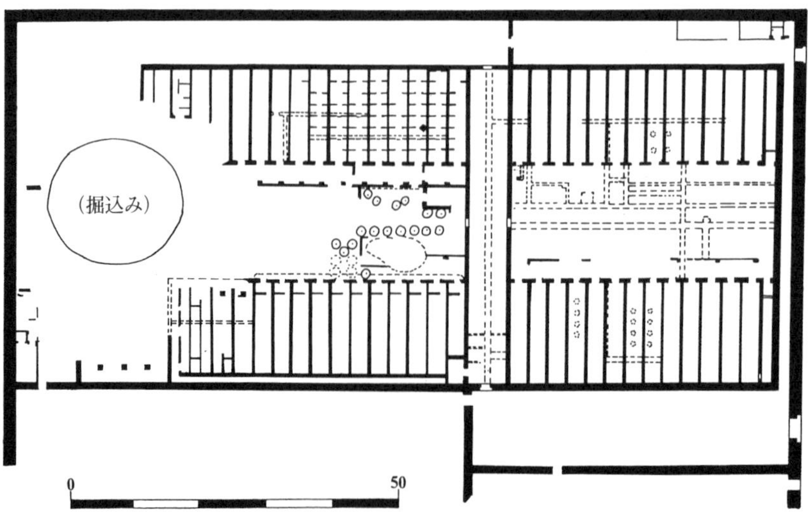

図7　王の私邸付属倉庫（P42.2）

EES によって作成された地図[14]をもとに遺構を抽出し、倉庫に相応するプランを抜き出し一覧表を作成した（表１）。

しかしながら、プランの形態と位置関係および規模による遺構の認定は、状況判断にすぎない。メリラーの墓（EA２）に描写された神殿に付属する倉庫は、しばしば王の私邸（P42.2）に付属する倉庫と比較されるようにプランの形状が類似している（図７）。そして、王の私邸に付属する倉庫遺構には物品を収納するための棚が残存しており、それが倉庫であることの蓋然性を高めている。しかし、多くの場合、目に見えるかたちでの確証を残していることは稀である。民族例を参照すると、イラン中部のバーム（Bam）には中世の円形倉庫がみられ、その機能は穀倉に限定できるという。シリア国境に近い、トルコ南東部に位置するハラン（Harran）には、古代エジプトの円形穀倉（サイロ）群を思わせる集落があり、それらの円形建物は住居として使われており、現在は倉庫に転用されているようだ。またイラクのテル・サラサートを調査した江上波夫は、円形ドーム状の穀倉を「トロス」形穀倉と呼んでおり、穀倉以外にも、ハラン同様に住居としてのほか、聖所や墳墓として用いられたことを指摘している[15]。また、方形プランについては、倉庫と断定するのに確実な証拠を提示するのはより一層難しいことが指摘できよう。民族考古学や古代エジプトの図像資料をもとに紀元前2000年紀におけるパレスチナの住居の機能について研究をしたP. M. デヴィアウ（Daviau）が作業室兼物置部屋というような複数の用途をもつ部屋の存在を指摘しているが[16]、このことは、倉庫区画にゆとりの空間を生ずる前室を有するエジプトの方形倉庫の用途にも当てはまるであろう。

そしてより確実に倉庫としての機能を証明するための方法として、メソアメリカ考古学で長い経験があるという土壌試料分析が有効となるであろう[17]。今後の発掘調査で倉庫と認定された遺構に対し化学的方法を用いて検証されることが期待される。

表1　アマルナ住居に付属する倉庫一覧表

住居	住居タイプ	住居面積	部屋数	敷地面積	倉面積	倉敷地面積	倉形態
J53.1	3 e	675㎡	27	1083㎡	164㎡	408㎡	両
K51.3	2 e	179	14	?	6	明確に形成せず	円
L48.1,2	3 e	307	〔20〕	?	143	173	両
M50.8	2 d	113	12	?	8	93	円
M50.9	?	?	?	7791	205	517	方
M51.1	3 e	279	23	3786	41	211	方
N47.1	?	83	〔12〕	158	6	残存せず	方
N47.2	2 e	127	15	372	6	明確に形成せず	円
N47.3	2 e	118	15	?	6	明確に形成せず	円
N48.1	3 d	264	18	2994	55	218	円
N48.3	2 e	160	13	?	7	30	円
N48.14	3 e	249	17	?	27	221	円
N49.18	2 e	178	〔16〕	?	29	87	円
N50.14a	2 e	203	〔16〕	?	27	形成せず	円
N51.1	?	残存せず	残存せず	〔784〕	119	?	方
N51.3	2 e	216	20	701	80	279	両
O47.14	1 c	39	7	〔256〕	3	〔30〕	円
O47.19	3 e	316	18	415	19	99	円
O47.20	2 d	128	13	?	13	形成せず	円
O48.1	2 e	223	20	3427	〔9〕	形成せず	円
O48.4	2 e	163	14	〔609〕	6	?	円
O48.14	3 e	439	23	?	12	形成せず	円
O49.1	3 e	501	25	8799	123	340＋α	両
O49.6	3 e	392	24	2262	65	243	両
O49.19	1 c	65	6	?	〔13〕	〔形成せず〕	円
P47.2	3 e	270	16	1880	33	149	円
P47.17	3 e	303	24	3392	94	〔364〕	両
P47.19	3 e	373	20	3433	83	371	両
P47.22	3 e	238	17	2990	17	172	円
P47.24	2 e	161	〔16〕	439	27	156	円
P47.27	1 d	52	9	95	4	43	円
P47.28	3 e	248	20	1617	11	90	円
P48.1	2 e	142	〔13〕	?	3	50	円
P49.2	2 d	133	12	1266	8	形成せず	円
P49.4	1 d	81	〔10〕	?	9	形成せず	円
Q44.1	3 e	351	20	5508	97	311	両
Q46.1	3 e	301	17	5138	182＋α	494＋α	両
Q46.10	2 d	137	13	194	3	24	円
Q47.1	3 e	333	18	1706	158	〔306〕	方
Q48.3	残存せず	残存せず	残存せず	?	116	251	方
R44.2	3 e	533	23	1648	123	〔676〕	方
R46.3	2 e	184	18	761	11	82	円
S33.1	3 e	466	24	772	21	308	円
S35.2	?	?	?	?	36	126	両
S35.5	残存せず	残存せず	残存せず	残存せず	46	?	円
S39.1	?	?	?	?	89	?	円
T33.1	2 e	153	13	〔2773〕	9	明確に形成せず	円
T34.1	3 e	327	22	2693	95	381	両
T35.3	2 d	137	〔15〕	379	6	32	円
T35.6	3 e	305	18	928	83	127	両
T35.9	3 e	249	19	686	61	193	円

住居	住居タイプ	住居面積	部屋数	敷地面積	倉面積	倉敷地面積	倉形態
T35.18	3 e	[228+α]	?	?	63	251	両
T36.2	3 e	321	19	1525	118	249	方
T36.3	3 e	205	17	1661	15	167	円
T36.11	3 e	477	27	3377	4	363	円
T36.21	3 e	215	16	[1674]	7	166	円
T36.25	3 e	230	14	972	36	196	両
T36.36	3 d	282	16	1454	85	394	両
U24.1	3 e	261	17	[3754]	265	[716]	両
U24.3	2 e	193	15	544	32	101	円
U24.4	?	?	?	?	4	39	円
U25.7	3 e	452	24	[3539]	118	531	両
U25.9	?	?	?	?	52	303	円
U25.10	2 e	158	18	[1183]	29	202	円
U25.11	3 e	997	30	[10578]	367	1443+α	両
U33.1	2 e	116	13	1073	9	34	円
U33.2	3 e	204	15	1704	31	251	円
U33.4	1 e	96	11	143	2	47	円
U33.8	3 e	233	17	2884	99	146	両
U33.9	2 e	141	11	857	15	形成せず	円
U33.11	2 e	165	17	1983	65	315	両
U33.12	?	?	?	?	52	125	方
U33.13	?	?	?	?	29	45	方
U35.1	2 e	186	19	624	12	73	円
U35.3	3 e	210	19	1816	9	168	円
U35.9	1 d	70	9	101	3	31	円
U35.13	2 e	132	14	1685	9	42	円
U35.20	2 e	107	14	295	8	143	円
U36.12	[2] e	[180]	[13]	[323]	5	60	円
U36.15	3 e	233	18	2346	26	244	円
U36.17a	?	?	?	?	12	?	円
U36.54	3 e	289	17	1663	23	190	円
V35.4	2 d	120	11	336	9	180	円
V36.5	3 e	277	22	3270	121	300	両
V36.7	3 e	252	18	3076	152	340	方
V36.9	3 e	241	19	1638	58	140	方
V37.1	2 e	185	15	?	40	?	方
V37.4	2 e	186	18	?	4	[80]	円

(4)　アマルナ住居に付属する倉の類型と様相

民族考古学者のC. クレイマー（Kramer）は、建築上の特徴と経済および社会階層（ランク）間の因果関係に着目し、住居をもとに、貧富の差を判断するひとつの基準に倉庫の絶対数を考慮することを提案している[18]。クレイマー同様に、ドイツのC. ティーツェ（Tietze）はドイツオリエント研究所が調査した南郊外に所在する532軒の住居プランをもとに分析を行っており、住居（母屋）の面積および建材となった日干煉瓦の壁厚と間取りを判定基準とし、アマルナ社会を上・中・下流の３つの階層に分化した[19]。彼は、翌年の研究で、同じく南郊外にある住居を対象に、位置と容量について議論をした後、付属施設としての円形サイロは、アマルナの社会経済性を示唆するものと結論づけている[20]。しかしながら、この研究はアマルナ遺跡の南郊外住居に限られており、北市街や南郊外に位置するアマルナ住居が対象外となっているだけではなく、倉庫に関しても、用途が穀倉に断定できるであろう円形サイロのみを扱っており、方形倉庫について考慮されていない点で不十分である。そこで、それらの不足を補うために作成したのが、前出の表１である。この表からは、ティーツェの住居タイプ２ｅクラス（中流の上階層）より上層の住居に倉庫が付属している点が明らかである。

イギリス隊が調査を行った、北市街にある住居を10軒抽出し、それらのうち６軒の住居の規模と付属する倉庫の規模との間に相関関係があると指摘したのが、イギリスのI. ショー（Shaw）である[21]。しかしながら、母屋の面積が350㎡以上ある７軒目以降の、第一神官や第一書記官などの称号をもつ上層階級の人物の住居に関しては、芳しい結果が得られなかった。その背景として彼は、それらの住居の持ち主は別宅を構えていたか、あるいは財産や領土の保有地をアマルナのなかにではなく外に所有していたと想定している。しかしながら、北市街地に位置する住居は、アマルナ遺跡にある住居のなかでも、とりわけ大邸宅に位置づけられるものが多く、なおかつ北市街の性格について特殊であるとの指摘もなされている[22]。倉庫と住居の規模の相関関係についてのショーの研究もまた、北市街の住居に限られており、アマルナ全域の住居ではない点で不足がある。ここでも、補足するために、表１のデータをもとに、80数軒の住居と付属する倉庫区画の面積について相関関係を見るためグラフを作成した（図８）。予想に反して、このグラフ上には集中は認められるが、厳密に相関関係を見出すことができない。この結果、倉庫の規模は必ずしも、住居サイズと関わりがないことが判明した。しかし、ケンプなど他の学者が、倉庫が社会階層と富の指標であると述べていることや、表１にみられるように、玄関を有し比

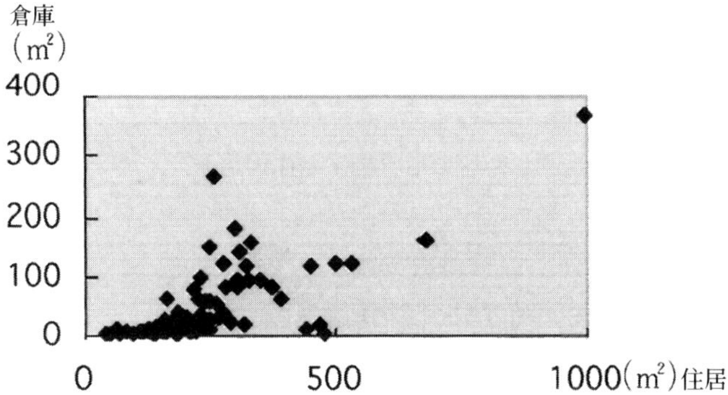

図8　アマルナ住居と倉庫の規模相関関係

較的大規模な住居である3e、2eクラスの住居に倉庫が造られていることからも、住居の階層については、規模だけではなく建材や玄関の有無などの間取りに関わりがあることがうかがえる。

表1に挙げた住居のうち、54軒が円形タイプの倉庫（サイロ）を保有し、13軒が方形プランの倉庫を保有しており、残りの21軒が円形・方形とも両方のプランの組み合わせからなる倉庫を保有していることがわかる。このことはアマルナの住民が円形倉庫（サイロ）をより必要としていたことを示すといえるだろう。

次に、具体的な例を挙げて、円形プランと方形プラン倉庫の差異を説明する。まず、円形プランについて見ていくと、南郊外に位置するN48.1住居に付属する倉庫に代表されるように、比較的乱雑な配置をとり、十分な計画性をプラン上読み取ることはできない。つまり、円形倉庫プランは雑然と並び、径（サイズ）にも規格性があまり認められず、P47.19住居内の倉庫区画にはそれぞれ内径の異なる円形プランが4基並んでいる。また、N48.1住居に造られた円形倉庫は合計8基残存しているが、それらのうち2、3の円形プランが互いに重なり合っていることから、これらの円形プランが異なる時期にとり壊され、増改築を加えられたことが示唆される。他にも増改築された痕跡の残る遺構があり、N48.1、N49.18、T35.9およびT35.6、L48.2などであり、いずれも円形プランから方形プランに改築あるいは増築されている。このことから円形倉庫の運用時期については、同一の倉庫区画内で造営と廃棄が繰り返し行われた可能性があり、すべての円形プランが同時期に使用されたとは断言できなくなり、残存する倉庫遺構についても、母屋の住居が所有していた倉庫の一時的な基数を示すにすぎないことが明らかとなる。

一方、方形倉庫では、複数の部屋が整然と建ち並んでいる。大抵の場合1列の配置をとり、部屋列の前庭部には作業所として用いられたであろう前室と呼ばれる部屋もあり、庇がつくこともあったようだ。王の私邸に付属する例（図7）に見られるような2列対面式の配置をとる倉庫は住居に伴うものとしては最大規模のものである。より厳密な意味における私人住居のなかで2列対面式倉庫として、M51.1住居に伴うものが今のところ唯一例である。基本的に方形倉庫は複数室で構成されており、建築構造がより複雑になることが考えられる。さらに増改築も殆ど見られないことから、長年の使用に耐えうる造りで、耐久性もより高かったと思われる。また規模を比較した場合、方形倉庫1室当たりの面積が円形倉庫1基に対し3.7倍であることからも、方形倉庫はより大量の物資を収めることが可能であったことがわかる。[(23)]

図9に挙げたグラフは倉庫が造られた地域を住居域だけでなくアマルナ全域に拡大し、公的建造物等に伴う倉庫をも含め、対象となる倉庫遺構を改めて抽出し、円形、方形、円・方両形混在型からなる3つの倉庫類型ごとに分布割合を地域別に示したものである。図9をみると王家の、あるいは公的建造物が中心である北区域と中央市街では主体となる建物自体が大きく、それに伴い付属する倉庫群も大規模なものが目立ち、なかでも方形倉庫の占める割合が圧倒的である。このようにそれらの地域で大規模な保管場所を必要としていたことが読み取れ、同時に大規模収納に適した方形倉庫の割合が著しいことも理解しやすい。そして南北郊外に所在した住居群について、類型別倉庫の割合に大差がないことから、双方の住居域の性格が似通っていたといえそうである。しかしながら、北市街で方形倉庫が存在していないことは注目すべき点であり、すでに同様の指摘もあるが、北市街は南北郊外と性格を異にするという見解に追従

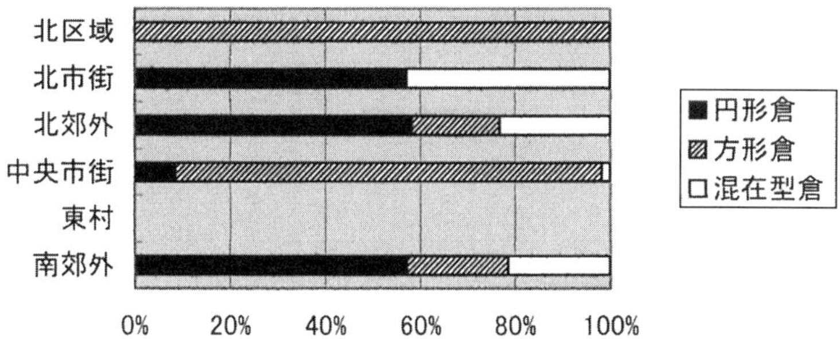

図9　アマルナ全域における倉庫の分布

する結果となった。また、「労働者村」という別称をもつ東村において、本稿で対象とする、別棟で独立して建つ倉庫遺構は検出されておらず、現時点で皆無であるのは重要である。というのも、ケンプらによる再調査の際、労働者村と呼称されていながらも、後に東村という呼称に改められた経緯があり、筆者としても東村が労働者の集合住宅であったとみなしているからである。東村で王の墓造りに従事したであろう住民たちは、労働の対価として日々配給手当てを受けていたであろうが、彼らには蓄える余裕がなかったか、あるいは蓄える必要がなかったために倉庫を保有しなかったのではなかろうかと考えられる。このことからいわゆる労働者村には倉庫がなかった可能性があるという仮説を提示し、検証については今後の課題としたい。

(5) おわりに

以上、倉庫遺構を認定するうえでの問題点を指摘し、倉庫遺構認定についての蓋然性を高めるべく、図像資料を参照して倉庫の形状を理解し、実際に住居に伴う倉庫を抽出し、形態から倉庫を3つのパターンに分けたのが図6であった。

また、アマルナ時代以前の倉庫遺構における画期は、「倉庫中庭」としてはやや未熟ではあるが、倉庫専用に区画を敷地内に設けた中王国時代であったこ

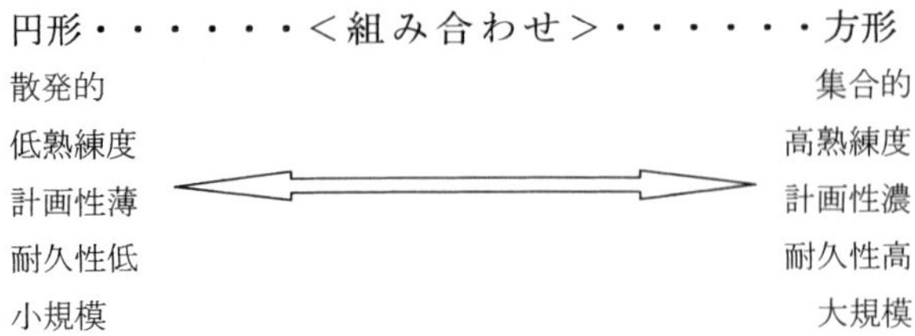

図10　円形・方形倉庫遺構の特色比較概念

とが明らかとなった。

アマルナ住居に伴う倉庫遺構のまとめとして、円形プランと方形プランについての相違を図10に整理した。ここでは円形プランの増改築が行われたことを念頭においている。

先の表1からも明らかなように、ティーツェによるアマルナ住居の分類で2e、すなわち中流階層以上が倉庫を所有できた。また、住居の規模だけではなく、母屋の配置や敷地区画なども家主の階層を判断する要素となる。従来の指摘に言及はみられないものの、家屋全体の敷地が大きいほどより多くの敷地を要する方形倉庫や、円形・方形倉庫が配される余地が生じたようである。このことからも、倉庫区画の規模と倉庫プランの配置の仕方（デザイン）との間にも一定の連関性があるといえるだろう。

さらには、倉庫の有無と類型をもとに、グラフ（図9）を作成することにより、アマルナ市街で地域別に性格の違いをも浮き彫りにすることができた。

また、すでにケンプやショーなどが指摘しているように、住居に付属して造られた井戸や祠堂について、これらを所有しない小規模な住居の住人達と共同で利用していた可能性が生ずる。同様に、倉庫も共同利用されていたと仮定すると、アマルナ住人は、①倉庫を所有する階層、②いわゆる「スラム街」の住人などをはじめとする所有しない階層、そして③倉庫を持たないものの、他者の倉庫を利用したであろう階層という3つの階層に分けることができるだろう。

アマルナ住居に伴う倉庫遺構には、家主や設計者あるいは工人の嗜好が反映していたと見られ、住居の規模との明確な相関性は認められないものの中流階層が倉庫を所有することができたことが明確となった。このことからも倉庫遺構は富をはかるうえでの粗いものさしと考えることができよう。そして倉庫プランのあり方をより綿密に追うことにより、アマルナ社会における経済や階層（ステイタス）をより詳細に解明できるものと思われる。

註

（1） ナイル川東西両岸に境界碑が建立され、都市の領域を示している（Kemp, B. J. 1989（1991）*Ancient Egypt,* London and New York, Fig. 88）。

（2） アマルナ遺跡は、アテン神への改宗を達成すべく遷都した「異端」的都市であり、概念上は、エジプトの「基準」的な都市とはいいがたい。しかしながら、少なくとも古王国時代から首都として機能しており、アマルナ時代以後も長年の都であったメンフィスにおける都市遺跡の調査は進んでおらず、汎エジプト的都市として機能していたであろうメンフィスの都市全体像はいまだ明らかにされていない。都市としてのメンフィス遺跡の調査はエジプト王朝時代の都市構造を明らかにしていくうえで将来的にも必要となってくる。

（3） Kemp, B. J., *op. cit.,* fig. 52.

（4） Wegner, J. 1998 "Excavation at the Town of Enduring-are-the Places-of-Khahaure-Maa-Kheru-in-Abydos. A Preliminary Report on the 1994 and 1997 Seasons", *JARCE* 35, fig. 3.

（5） Bietak, M. 1986 *Avaris and Piramesse,* London, fig. 2.

（6） Bietak, M. 1996 *Avaris,* London, fig. 41 and pl. 21A.

（7） この背景には、集落や都市の調査が少ないこともあるだろうが、方形プランを呈する独立建物あるいは部屋の機能の同定が困難だということが挙げられるのではないだろうか。

（8） Wegner, J., *ibid.*

（9） Kemp, B.J. 1986 "Large middle kingdom granary buildings (and the archaeology of administration)", *ZÄS* 113, 120–136.

（10） Badawy, A. 1990 *A history of Egyptian architecture I,* Carifornia, fig. 19.

（11） イタリア、トリノ博物館に所蔵されている No. Suppl. 15802、および、イギリス、アシュモレアン博物館所蔵の No. E408など。

（12） Badawy, A. 1990, 1966, 1968, *A history of Egyptian architecture I, II, III.,* Carifornia; Kemp, B. J. 1986 *op. cit.*

（13） アマルナ住居の邸宅ともいえるものは、屋形禎亮「オリエントの国際政治のなかで」 大貫良夫ほか 1998『世界の歴史１　人類の起原と古代オリエント』中央公論社487頁のなかで紹介されており、敷地内の配置関係の一例がうかがえる。

（14） Kemp, B. J. and S. A. Garfi 1993 *A survey of Ancient cities of el-Amarna*, London.

（15） 江上波夫 2001「テル・サラサートの穀物倉について」『江上波夫文化史論集６　文明の原点オリエント』山川出版社、262～276頁。

（16） Daviau, P. M. 1990 *Artifact Distribution and Functional Analysis in Palestinian Domestic Architecture of the Second Millennium B. C.,* University of Toronto Ph. D. Dissertation, 537-538.

（17） 土壌または堆積物サンプルをふるいにかけ、フローテーション（flotation）分析により、サンプル中の花粉などの有機物や元素などの化学分析により、倉庫としての機能があることを証明する方法。Manzanilla, L. 2000 "Corporate Groups and Domestic Activities at Teotihuacan" in Smith, M. E. *et al.*（eds.）*The Ancient Civilization of Mesoamerica,* New York, 85-88. 他に、ジョーゼフ・B・ランバート（中島健訳）1999「第２章土壌」『遺物は語る　化学が解く古代の謎』青土社、53～74頁も参照されたい。

（18） その他の判定基準に、敷地面積や部屋数、家畜小屋や建材を挙げている（Kramer, C. 1982 *Village Ethnoarchaeology. Rural Iran in Archaeological Perspective,* New York, 135.

（19） Tietze, C. 1985 "Amarna I", *ZÄS* 112, 48-84. ティーツェはアマルナ住居を１a～３eまで15に細別している。３は上層にあたり、基準は、住居の面積が200㎡以上で、建材となったレンガの厚みが1.5個以上（50～118㎝）、２は中層にあたり面積が100～200㎡、レンガの厚みが１個分（30～38㎝）で、１は下層にあたり面積100㎡未満で、レンガの厚みが0.5個分（13.5～18㎝）としている。a～eについては中央の間を囲む部屋の位置関係により１aから３dへと充実度が増す。eは、クラッカーがステイタスシンボルとなる32の属性のなかで採用している玄関をもつ住居のことである（Crocker, P. T. 1985 "Status syimbol in the Architecture of el-'Amarna", *JEA* 71, 52, 53)。３eは最大規模で間取りの上でも充実した住居といえる。

（20） Tietze, C. 1986 "Amarna II", *ZÄS* 113, 55-78.

（21） Shaw, I. 1992 "Ideal homes in Ancient Egypt: the Archaeology of social aspiration", *CAJ* 2（２）, 147-166.

（22） Crocker, P. T. 1992 "Uses of space in Amarna Architecture: domestic and royal parallels", *BACE* 3, 11-22.

（23） 円形倉庫と方形倉庫の用途が必ずしも同一ではないため単純に規模を比較するには危険性がある。だが、筆者は独立する棟として建てられた倉庫が存在する意味を重要視し、倉庫を即ち、所有財産ひいては富とみなし一律に扱う立場である。しかしながらより厳密に資産評価するためには、以後の発掘において倉庫の収納品目に注意を払い調査される必要がある。

セティ１世〜ラメセス２世時代における「王妃の谷」

——その壁面装飾の変遷——

片岸直美

(1) はじめに

現在では「王妃の谷」と名づけられ、古代において Ta Set Neferu と呼ばれた涸れ谷は、第17王朝末あるいは第18王朝の初めから墓の造営地として利用され、その歴史は少なくとも第20王朝まで続く。当初は、王族だけではなく、宮廷の官僚もこの地に墓を造営する（QV30、QV46）が、第19王朝以降は王妃や王子・王女の墓が中心となる。墓の様相は時代ごとに異なり、セティ１世〜ラメセス２世に関連する王族たちの墓は、その特徴において、その後に建造されるラメセス３世以降の墓と明確な相違を示している。

「王妃の谷」に関する研究は、20世紀初頭のトリノ・エジプト博物館の E. スキアパレッリ（Schiaparelli）以降、目立った成果が見られず、1970年代に入ってようやく、フランスの学者を中心に本格的な研究が行われるようになり、各墓の再調査が進められている。特に、Ch. ルブラン（Leblanc）は19世紀初頭からの踏査の記録をたどり、「王妃の谷」の各墓を写真で紹介すると共に、墓の構造による区分を試み、その論文の中で改めて墓の詳細を検証している。セティ１世〜ラメセス２世時代に建造された墓の中には、かなりの程度完成しているにもかかわらず、被葬者の名前が刻まれていないものが複数存在するが、ルブランはそれらの墓がいつ頃建造されたかという時期の特定も試みている。

概して、「王妃の谷」の墓は、カルトゥーシュに王妃・王女の名前が記され、その称号が記録されているものの、時代を決定するもとになる王名はいっさい記されていない[(1)]。そのため、墓の構造や内部に施された壁面装飾の比較が、被葬者名の残されていない墓の建造時期を決定する大きな助けになっている。近年の研究によって、カルトゥーシュに王妃名が記され、ラメセス4世の王妃の墓とされるQV74も、墓の位置や構造、装飾モティーフの類似から第19王朝の建造物と位置づけられている。しかしながら、同時代に建造された墓ではあるものの、モティーフを詳細に比較してみると、建造計画に関わる段階的な特徴が見られる。

本稿では、ルブランの研究を踏まえ、「王妃の谷」における墓の構造と壁面装飾を相互に比較すると共に、第19王朝時代の墓とQV74を再検証し、その建造時期に焦点をあててみたい。

(2)「王妃の谷」の墓の構造と壁面装飾

1　ラメセス朝時代における墓の構造の比較

ルブランの研究によると、「王妃の谷」の墓はその建造時期から（a）第17～18王朝時代の墓、（b）セティ1世～ラメセス2世時代の王妃や王女の墓、（c）ラメセス3世以降の王族の墓、以上の3つのグループに大別できる。初期の墓（a）は垂直に下に向かって墓を掘り進めた竪坑墓であるのに対して、ラメセス朝時代の墓（b）、（c）は岩盤を斜めに掘り進めていく岩窟墓という点で一致し、内部には色鮮やかに装飾が施されている。

ルブランは、その構造から（b）～（c）のラメセス朝時代の墓を、さらに大きく3タイプに分類した。［タイプⅠ］は、主室に入るための階段を持ち、主室には1つないし2つの副室が付属する単純な構造だった（QV31、33、34、36、38、40、73）。［タイプⅡ］は、主室と同規模の前室を備え、副室あるいは側室が発達しているのが特徴で、主室ないし前室の天井は2本（多い例では4本）の支柱で支えられていた。入口には墓に入るための階段が設けられ、

表１ 「王妃の谷」における第19〜20王朝時代の墓

墓番号	被葬者名・血族関係	建造時期	墓タイプ
ＱＶ３１	No name	第１９王朝	Ⅰ
ＱＶ３３	Ta-Nedjemy （おそらく）セティ１世王妃	第１９王朝	Ⅰ
ＱＶ３４	＊資料不足		Ⅰ
ＱＶ３６	No name	第１９王朝	Ⅰ
ＱＶ３８	Sat-ra ラメセス１世王妃	第１９王朝	Ⅰ
ＱＶ４０	No name（未使用）	第１９王朝	Ⅰ
ＱＶ４１	＊資料不足		Ⅲ
ＱＶ４２	Parahirwenemef ラメセス３世王子	第２０王朝	Ⅲ
ＱＶ４３	Set-hir-khopshef ラメセス３世王子	第２０王朝	Ⅲ
ＱＶ４４	Kha-em-weset ラメセス３世王子	第２０王朝	Ⅲ
ＱＶ５１	Isis ラメセス３世王妃、ラメセス６世の母	第２０王朝	Ⅲ
ＱＶ５２	Tyti （おそらく）ラメセス３世王妃	第２０王朝	Ⅲ
ＱＶ５３	Rameses ラメセス３世王子	第２０王朝	Ⅲ
ＱＶ５５	Amen(hir)khopshef ラメセス３世王子	第２０王朝	Ⅲ
ＱＶ５８	No name	第１９王朝	Ⅱ
ＱＶ６０	Nebet-tauy ラメセス２世の娘・王妃	第１９王朝	Ⅱ
ＱＶ６６	Nefert-iry ラメセス２世王妃	第１９王朝	Ⅱ
ＱＶ６８	Merit-amon ラメセス２世の娘・王妃	第１９王朝	Ⅱ
ＱＶ７１	Bentanta ラメセス２世の娘・王妃	第１９王朝	Ⅱ
ＱＶ７３	Henut-tauy ラメセス２世の娘・王妃	第１９王朝	Ⅰ
ＱＶ７４	Dua-tent-opet ラメセス４世王妃	第２０王朝	Ⅱ
ＱＶ７５	Henut-mi-ra ラメセス２世の娘・王妃	第１９王朝	Ⅱ
ＱＶ８０	Tuya セティ１世王妃・ラメセス２世の母	第１９王朝	Ⅱ

前室と主室は斜路あるいは階段でつながっていた（QV60、66、68、71、74、75、80）。また、主室に大きく発達した複数の部屋を持つQV58を、彼はタイプⅡに属する特異な例として挙げている。このタイプの墓は、特定の名前を持たないQV58と、ラメセス４世の王妃名が記されたQV74以外は、すべてラメセス２世時代に属する。これに対して、［タイプⅢ］はラメセス３世時代以降に建造され、タイプⅠやタイプⅡと比較して、王家の谷の王墓がそうであるように直線的で細長い構造をしている（QV41、42、43、44、51、52、53、55）。

さらに、ルブランは、タイプⅡが集中する涸れ谷北側をラメセス２世が墓の造営地として父王から継承したと考え、この地区を手がけた彼の建造計画を2段階に分けてとらえている。つまり、母后トゥヤ Tuya の墓（QV80）を皮切りに、王妃ネフェルタリ（QV66）やイシス・ネフェルト（墓不明）、のちに王妃に上がった娘達の墓（QV71、QV68、QV60）の造営を第一段階と位置づけ、QV73、74、75より優先的に着工されたと考えた。反対側にあたる涸れ谷の南には、タイプⅠに属する、セティ1世に関連の深い女性達の墓の造営地が残されているが、この南側の造営にたずさわっていた職人集団に、父セティ1世の死後、ラメセス2世がQV73、74、75の造営を命じたと、ルブランは推測している。

2　セティ1世〜ラメセス2世時代とラメセス3世以降の壁面装飾の比較

セティ1世〜ラメセス2世時代の墓を検証するにあたって、壁面装飾における表現様式の特徴を明確に把握し、ラメセス3世以降の墓との差別化を行う必要がある。本稿では、テーマに従って対象をしぼり、王族の女性に関連した墓の壁面装飾を比較するに留める。

第一の特徴は、碑文をほどこす際の表現方法の相違である。セティ1世〜ラメセス2世時代に建造された墓では、碑文は縦に引かれた2本の枠線の間に記されており、描かれた神々の姿や死者の周囲にも空白を埋めるかのように隙間なく記されている。それに対して、ラメセス3世以降の墓では碑文は主に2本の枠線の間に限られ、人物像の周囲には記されない(2)。かつ、壁面の地色は一様に白く塗られているものの、概して、碑文を施した2本の枠線の間だけが黄色に塗りつぶされている。

第二の特徴は、被葬者である王妃や王女の図像に見られる表現様式の違いである。

まず、衣装の点で、セティ1世〜ラメセス2世時代には、死者たちがまとう白い長衣には細かく襞が描かれ、肌が淡く透けて見える。長衣の裾はふんわりとふくらみ、腰には紅色の細長い帯が二巻きされたあと、前でゆるく結ばれ、真っ直ぐ下に垂れ下がっている。ラメセス3世以降、長衣の裾はさらに豊かにふくらみ、下にいくにつれて広がりを増す表現様式へと変化する。腰に二重に巻かれた帯も前で結ばれたあと、裾の広がりに沿って左右に広がって表現されている。

冠の表現方法にも複数のヴァリエーションが存在する。セティ1世〜ラメセス2世時代には、(a) ハゲワシ（ムゥト女神）の姿をかたどった冠本体の上に台座が据えられ、その上に2枚の大きなダチョウの羽根、中央に紅色の日輪が配されているもの、(b) ハゲワシの冠本体に台座のみが配されたもの、以上の2種類の冠が見られる。ラメセス3世以降の冠は、(c) ハゲワシの冠本体に台座があり、ダチョウの羽根と日輪を配している点では（a）と同様だが、ハゲワシの頭部はコブラに置き換えられる。その他、(d) ハゲワシの冠本体（頭部はコブラ）のみ、あるいは台座が配されたもの、(e) ハゲワシの冠本体（頭部はコブラ）と台座の上に様々な飾りを戴いたものがある。

第三の特徴は、複数の墓の壁面装飾に共通のモティーフが見られること(3)で、その近似的な類似は、同時代の同時期にそれらの装飾が施されたことを物語っている。

以上の観点をもとに観察すると、QV74がセティ1世〜ラメセス2世時代に建造・装飾されたものであることがわかる。

(3) QV74における墓の構造と壁面装飾の特徴

1 QV74の墓の構造

ルブランの分類に従えば、QV74はタイプⅡに属する。階段状の入口、短い斜路でつなげられた同程度の大きさの前室と主室を有する、タイプⅡの中でも比較的単純な構造のものである。前室の東側に側室を備えているものの、主室は副室を持たない。前室と主室の両方に天井を支える柱が各2本立っており、QV75と比較しうる構造となっている。

次に、QV74の碑文や装飾は、高浮き彫りで表現されている。碑文は2本の枠線の間に記され、漆喰がかなり剝落しているものの、壁面は碑文やモティー

表２　19王朝時代の壁面装飾モティーフの比較（※註１）

	QV38	QV40	QV60	QV71	QV73	QV74	QV75
墓の構造	タイプⅠ	タイプⅠ	タイプⅡ	タイプⅡ	タイプⅠ	タイプⅡ	タイプⅡ
Ir-renef-zesef 神他の神・女神の群像	主室左壁	主室左壁 ※註3			(主室左壁) ※註2	前室左壁	前室左壁
２頭のヒヒと尾長猿 (in kiosk)	主室左壁	主室左壁				前室左壁	前室左壁
供物を捧げる死者 ＊死者は座り正面には祠	主室正面左壁	主室正面左寄				前室正面左寄	前室正面 (左右壁)
供物捧持者・カー像	主室正面右壁	主室正面右寄				前室正面右寄	
２隻の太陽神の船	主室正面右壁	主室正面右寄				前室正面右寄	
Hapy, Qebef-senu-ef 他の神・女神の群像	主室右壁	主室右壁			(主室右壁) ※註2	前室右壁	前室右壁
Hememet, Thoueris, Full Face Deity	主室右壁	主室正面右寄				前室正面右寄	前室右壁？ (破損)
Neb-nery, Hery-maat						前室手前右壁	前室手前右壁
守護神アヌビス、獅子 ＊祠堂型の上に横たわる姿						前室手前左壁	前室手前左壁
ハトホル牝牛		前室正面左壁			主室手前右壁 ＊ヌン、女神と共に	主室手前右壁	
西方の山のホルス (ラー・ホルアクティ)		前室正面右壁					主室手前左壁
寝台（獅子型・牝牛型他）カノピス容器		側室手前					主室手前右壁
ラー＝オシリス神			側室手前左壁 ＊背後にジェド柱			側室右壁	
セケム笏を（神々の）前に差し出す死者			主室右壁			側室右壁	
ホルスの４人の息子 ＊個々の神ではなく１組で表現			側室手前〜右壁		側室左右側壁 ＊アヌビスと共に	側室入口	
神々に導かれる死者				前室全体 ＊主室に向かって	主室正面右壁 ＊アヌビスに		

※註１：入口が谷に向かう形で墓が放射状に点在していることから各墓の軸線の方角が一致していないため、本表では、各モティーフが施されている位置の表示は東西南北ではなく、墓の入口を背に奥に向かった場合を想定して、便宜的に「左右、正面、手前」で表記している（ただし、側室に関しては部屋の入口から内部に向かった場合）。

※註２：QV38、40、74、75のモティーフとは異なり、死者は、主室左壁ではイシス・ネフティス、およびイムセティ・ドゥアムトエフを、主室右壁ではハピ・ケベフセヌエフを礼拝している。

※註３：タイプⅠの墓は主室に１つないし２つの副室を持つが、ルブランはタイプⅠの中で、QV40だけ奥の部分を主室ととらえ、手前を前室としている。規模の点では前室の方が主室よりやや大きい。

図１　QV74見取り図

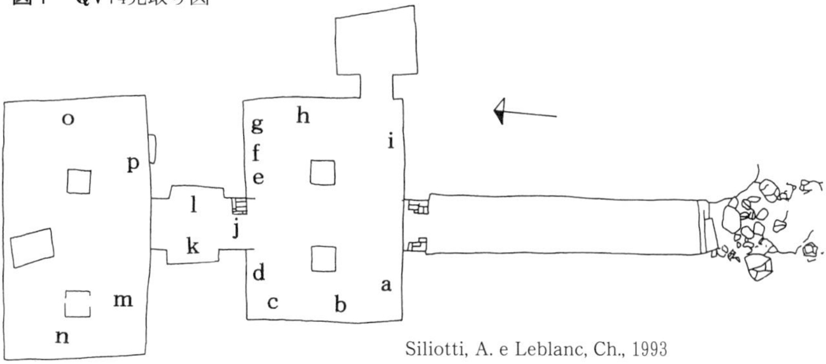

Siliotti, A. e Leblanc, Ch., 1993
Nefertari e la Valle delle Regine, Firenze.

フで隙間なく埋め尽くされているような印象を受ける。王妃の長衣はふんわりとふくらみ、腰に二重に巻かれた帯は前でゆるく結ばれ下に垂れ下がっているが、裾も腰帯も左右に広がっている様子はない(4)。冠の本体はハゲワシで、頭部もコブラに置き換えられてはいない。主室西壁には、台座から植物が生える冠を戴く王妃の姿も見られる(5)。QV74の墓の構造や壁面装飾は、概観的にはセティ１世〜ラメセス２世時代の特徴を備えているといえよう。

被葬者はラメセス４世の王妃とされるドゥアテントオペト（Dua)–Tentopet(6)で、実際にはセティ１世〜ラメセス２世時代の王妃ではない。しかし、墓内のカルトゥーシュのいくつかは空白のままで残され、本来あるはずの縄模様の内側の枠線が刻まれずに楕円の中が平らなまま未成形のカルトゥーシュも存在する。このことは、QV74がセティ１世〜ラメセス２世時代の多くの王妃の墓と同時期に造営が開始され、半ば完成したものの、QV40やQV58などと同様に名前が記録されることなく放置されて、のちにラメセス４世の王妃によって利用されたことを物語っている。

2　QV74における壁面装飾のモティーフ

QV74の前室南壁（西寄り）では、横たわるアヌビスと獅子（図１a）が、南壁（東寄り）では、ヘリ・マアト Hery-maat とネブ・ネリ Neb-nery（図

1 i）が死者を出迎えているかのように描かれている。前室西壁には、マアト・イトエフ Maa-it-ef 神や、イル・レネフ・ゼセフ Ir-renef-zesef 神、イシスやネイトを含む7柱の神々が居並び（図1 b）、祠堂の中に尾長猿と2頭のヒヒが座る場面が続く（図1 c）。東壁でも通路に向かってハピやケベフセヌエフ、ケリー・バケフ Khery-bakef 神などの7柱の神々が並び（図1 h）、北壁（東寄り）にはハゲワシの姿のヘメメト Hememet 神、トゥエリス、前向きの顔をした神（Full-face Deity）のモティーフ（図1 g）が東向きに表現されている。図1 b と図1 h の神々の行列は、「死者の書」の呪文17にある「オシリス神の棺を守護するためにアヌビス神によって据えられたもの」に関連する神々を含み、彼らはセンムトの墓の天体図やセティ1世の墓の北天図にも登場する。(7) 図1 g や図1 i は、ラメセス3世時代に造営された王妃や王子の墓にも引き継がれる。(8) 北壁には主室への通路があり、西寄りの壁面には通路に向かって供物卓を前に座る死者の姿（図1 d）が、東寄りにも同様に通路に向かって供物を手にひざまずく2人の人物とカー（図1 e）、2隻の船（図1 f）が描かれている。供物を捧げ持つ2人の人物は、南のナイルと北のナイルを、2隻の船は、太陽の昼の船と夜の船を表現しており、「死者の書」の呪文15に関連すると考えられる。

前室の天井を支える2本の角柱の側面には、アヌビス神、ジェド柱、プタハ神と共に、それぞれ神官の姿のイウンムトエフ神あるいはホルネジェトエフ神が表されている。

通路入口の両側にはハトホル（図1 j）、東西の壁にネイトとイシス（図1 k）、セルケトとネフティス（図1 l）の女神たちが登場する。イシスとネフティスはシェンに手を置き、跪いており、QV66やセティ1世王墓の通廊に見られるモティーフが期待される。(9)

主室の南壁（西寄り）では、ドゥアムトエフ（図1 m）が、反対側では西の山から現れるハトホル牝牛とケベフセヌエフ（図1 p）が死者を迎える。主室の丸天井に沿ったかまぼこ型の壁上部（Tympanum）には、2匹のウラエウス蛇が向い合い、広げた翼で王妃名を記すはずだった空白のカルトゥーシュを守護している。その様子は自らの翼で生命の息吹きを送っているかのように見える（図1n、図1o）。北壁の装飾はほとんど残っていない。

主室の丸天井を支える2本の支柱のうち、現存するのは東側の柱1本だけで、ハトホル、ペの精霊、ジェド柱、メレトセゲル蛇が登場するが、失われた西側の柱にネケンの精霊が描かれていたであろうことは、セティ1世王墓から推しても想像に難くない。

表2に見られるように、QV74と比較しうる墓としてQV38、QV40、QV75がある。特に、QV74の図1bから図1hと同様のモティーフが、QV38の主室、QV40の主室、QV75の前室にも同じような位置関係で配置されている。QV73も部分的にこれらのモティーフを採用しているように見えるが、表現方法は全く異なっている。同時代のほかの墓と比べてみるとなおいっそう、この4基の墓のために選ばれた壁面装飾のモティーフが際立って類似していることが理解できよう。構造的には、QV38とQV40はいずれもタイプⅠに属する墓だが、ルブランも指摘しているようにQV40はタイプⅡに近い構造を持ち、QV38も主室[(10)]と同規模の部屋が予定されながら、未完成のまま放置されている。とりわけ、QV74とQV75は構造も含め、モティーフの位置関係もより酷似している。この類似性から、この4基の墓の主要部分に施された装飾は、ある程度まで同一の計画を基盤にしていると推測される。A. M. ロアレット（Loyrette）とM. サイード（Sayed）はその論文の中で、谷の南側に造営されたQV36とこの4基の墓との類似も指摘している。そして、南の各墓の構造をより拡張させ、前室に同様の装飾を施したのが、谷の北側のQV74、75であると説いている。

ルブランの指摘する優先的に着手されたという谷の北側の墓は、主要部分の装飾モティーフに共通性を見出しにくく、それぞれの墓ごとに異なったモティーフを選択し着工した様子がうかがえ、あらかじめ被葬者を想定して建造されたと考えられる。それとは対象的に、谷の南側の墓はあまり個性を与えられることなく、装飾モティーフのヴァリエーションも限られている。多くの墓が、被葬者の名前も記録されず建設途上で放棄されたり、完成間近でありながら使用されず放置されている。これらの墓は、もともと被葬者を特定しない状態のまま作業が進められ、埋葬の必要が生じた時に、つまり王妃や王女の死に際して、王から下賜されたと思われる。同様にQV73、74、75の一連の墓も、南の墓の計画を踏襲する形で、谷の北側に着手した比較的早い段階に順次着工されたと推測される。谷の北側でQV60の造営地だけが一直線に並ぶ墓の列から外れていることも、墓の着工順を暗に示しているように思える。

さらに、一見同じ計画にもとづいて装飾されたかに見える4基の墓も、共通のモティーフ以外の装飾を比較していくとそれぞれ独自の特徴を持っていることがわかる。QV74には、ルブランのいう優先的に着工された墓に類似すると思われるモティーフが散見され、同時進行する他の墓の装飾も取り入れながら作業が進められたことがうかがえる。表2の下欄に挙げているように、神々はそれまでのように死者を出迎えるだけではなく、死者の手をとって積極的に先導するようになり、「ホルスの4人の息子」も、個々の独立した神ではなく、互いに関連する群神として登場するようになる。

3　QV74の側室の壁面装飾

QV74の壁面装飾でさらに注目されるのが、前室に附属する側室壁面のモティーフである。側室の入口の両脇を「ホルスの4人の息子」が守護する。西壁にはジェド柱とティトの結び目が大きく表現され、南北の壁には神官の姿のイウンムトエフが立ち、その前にアヌビスが横たわる。東壁には、山積みにされた供物を前に手にしたセケム笏を差し出す王妃の姿が見られ（右）、その前には羊頭の神が王妃と向き合うように立ち、両側からこの神をイシスとネフティスが守護している（左）。神の手足は長衣ですっぽりと包まれており、その姿はオシリス神そのものである。この壁面から連想されるのが、QV66の「ラー=オシリス神」の合体した姿である。ここでも神は羊頭だが、これは神が太陽神だということを暗示しており、ミイラ型の長衣は彼が同時にオシリス神でもあることを示している。

「王家の谷」では、セティ1世の王墓で「太陽神への連禱」が復活し、太陽神を称え、迎え入れるかのように墓の入口に刻まれる。太陽の運行に参加することで、日々再生・復活する太陽の活力にあやかり、王自身も若返ろうとする傾向は、こののち「王家の谷」で連綿と引き継がれる。この「太陽神への連禱」に呼応するかのように、QV66でも前室全体が「死者の書」呪文17で装飾され、ホルス神とイシス女神に導かれて死者が足を踏み入れる側室には、「ラー=オシリス神」像が描かれている。このモティーフは、「太陽神への連禱」の一部を取り入れた「死者の書」の呪文180と関連を持つと考えられ、呪文の冒頭部分にある「それはオシリスの中で憩うラー」(*Rʿ pw ḥtp m Wsir*) という一節を図像化していると言われている[(11)]。QV66ではこの一文に加えて、「(それは) ラーの中で憩うオシリス」(*Wsir* (*pw*) *ḥtp m Rʿ*) というヒエログリフも添えられている。

QV60の側室でも、オシリスの白い長衣をまとった羊頭の神がジェド柱を背にして立つ類似のモティーフが採用されているが、残念ながら胸部から下は壁体が剥落していて判別しにくい。しかし、わずかに残されているイシスの名前から、イシス女神が羊頭の神と向き合って立っていたことがわかる。

この「ラー=オシリス神」像は、ディル・エル=メディーナの私人墓TT335[(12)]やTT336[(13)]でも確認されているが、2つの墓の被葬者ナクトアメンNakht-amenとネフェルレンペトNeferrenpetは同腹の兄弟で、共に「真理の場所の奉仕者」の称号を持つ墓職人の出身だった[(14)]。彼らの姉妹のひとりはラメセス2世の治世前半に活躍した墓職人を夫に持つが、彼ら兄弟もまた同じ時期に活動していたと考えると、彼らが「王妃の谷」の墓の造営に関わり、QV60やQV66の「ラー=オシリス神」像に接する機会があったと仮定することもできよう。この「ラー=オシリス神」像は以上に挙げた5例が確認されるのみで、特に、QV74、QV66、TT335、TT336のモティーフが酷似している。また、最も完成度の高い墓QV66の被葬者ネフェルタリが、ラメセス2世の治世24年頃には記録から消え、その後に死亡していると思われることからも、「ラー=オシリス神」像が一時期、同時多発的に利用されたモティーフであったとも考えられ、それは時期的にラメセス2世の治世前半頃ではなかったかと推測される。

(4) おわりに

「王妃の谷」の第19王朝の墓を詳細に検証すると、タイプⅡに属するQV74が、タイプⅠのグループとは異なる地域に造営されているものの、QV75と共に、谷の南側の比較的初期の墓QV38やQV40と同一の計画にもとづいて装飾が施された可能性に気づかされる。また、ラメセス2世時代に造営された他の墓と同種のモティーフが随所に見られるという事実からも、セティ1世の死を期に、QV74とQV75はラメセス2世の手で修正が施されて、拡張部分に新たな装飾モティーフが加えられたと推測される。さらに、QV74の着工時期は、ルブランが主張するほど遅いものではなく、ラメセス2世の治世前半に位置づけられるべき可能性を指摘することができよう。

本来、王家の埋葬に関連して、遺体周辺に使用されたと思われる(15)「死者の書」が、第19王朝以降、特にディル・エル=メディーナを中心にして壁面装飾に取り入れられるようになる。「王妃の谷」においても、「死者の書」からの抜粋や挿絵の図像化と思われるものが散見され、その傾向はネフェルタリ王妃の墓で最も顕著になり、第20王朝の墓へと引き継がれていく。ニヴィンスキー(Niwiński)は、私人墓についてパピルスの副葬と壁面装飾との相互補完を説いている(16)が、「王妃の谷」でも、副葬品を補う意味で「死者の書」を好んで取り入れる傾向が生じていたと考えることもできよう。ウセルアメンUser-amenという特例はあるものの、「太陽神への連禱」が王にのみ許されていた当時にあって、その影響を色濃く受けていると思われる「ラー=オシリス神」像が、「王妃の谷」だけではなく墓職人の墓でも取り入れられている事実は、このモティーフに限らず、壁面装飾としての「死者の書」の伝播を探る上でも興味深いものである。

註

(1) ラメセス3世の王子達の墓には、息子を導く王の姿と王名が記されている。

（2） Jehon Grist 1985 “The Identity of the Ramesside Queen Tyti”, *JEA* 71, 71-81.

（3） Grist 1985, 71-76. グリストは、ラメセス3世時代に属するQV42、43、44、53と年代の確定していないQV52を比較して、それらの壁面装飾に共通性を見出し、さらに、ラメセス3世自身の墓KV11とも共通していることを指摘している。

（4） かなり剥落が進んでおり、王妃の大腿部から下を確認できない。

（5） ズィクレン（C. Van Siclen Ⅲ）によると、これと同種の冠はQV51、52、60で見られ、ディル・エル=メディーナで発見されたオストラコンでも確認される。その特徴はアメンヘテプ3世時代の王妃サトアメンの墓まで遡ることができる（Van Siclen Ⅲ, C. 1974 “A Ramesside Ostracon of Queen Isis”, *JNES* 33, 150-153）。

（6） Kitchen, K. A. 1982 “The Twentieth Dynasty Revisited”, *JEA* 68, 125.

（7） イシス、イムセティ、ドゥアムトエフ、ハピ、ケベフセヌエフ、「その父を見るもの（Maa-itef）」、「自らの名を作ったもの（ir-renef-zesef）」等（Neugebauer, O. and R. A. Parker 1969 *Egyptian Astoronomical Texts*, Ⅲ. Text, London, 194-199）。

（8） Grist 1985, 73.

（9）「死者の書」呪文151の挿絵にも見られる女神達の表現で、ラメセス朝に入り王墓などに取り入れられるようになった。残念ながら、QV74のこのモティーフは写真、図版共に発表されていないため、推測の域を出ない。

（10） QV38の未完成の部屋が副室だったのか、本来の主室だったのかは不明だが、本稿では着工部分を主室とした。

（11） パピルスの巻物に呪文180が登場する例は稀少で、ラメセス2世の前後では、ケンナQenna（La）やネフェルレンペトNeferrenpetのものが存在し、私人墓ではTT3があるが、呪文だけで挿絵はない（Milde, H. 1991 *The Vignettes in the Book of the Dead of Neferrenpet,* Leiden, 66-67; Hornung, E. 1976 *Das Buch der Anbetung des Re im Westen,* Ⅱ, Genève, 53-54）。

（12） PM Ⅰ-1, 335（18）; Bruyère, *Rapport*（1924-1925）, fig. 92.

（13） PM Ⅰ-1, 336（13）; Bruyère, *Rapport*（1924-1925）, fig. 67.

（14） Bierbrier, M. L. 1975 *The Late New Kingdom in Egypt*（c. 1300〜664 B. C.）, Liverpool, 24-25, 30-31.

（15） たとえば、トトメス3世の経帷子には「死者の書」呪文1、17、18の他、20もの呪文が記されている。その他、ハトシェプスト女王の石棺に呪文72、ツタンカーメンの黄金のマスクに呪文151、セティ1世の棺に呪文72、89、180が施されている（Niwiński, A. 1989 *Studies on the Illustrated Theban Funerary Papyri of the 11th and 10th Centuries B. C.,* 1-3）。

（16） Niwiński 1989, 29-34.

参考文献

Leblanc, Ch. 1983 "Les Tombes No 58 [Anonyme] et No 60 [Nebet-taouy] de la Vallée des Reines [Rapport Préliminaire]", *ASAE* 69, 29–52.

Leblanc, Ch. 1985 "Les Tombes No 58 [Anonyme] et No 60 [Nebet-taouy] de la Vallée des Reines—Achévement des Dégagements et Conclusions", *ASAE* 70, 51–68.

Leblanc, Ch. 1986 "Ḥenout-taouy et la Tombe No 73 de la Vallée des Reines", *BIFAO* 86, 203–226.

Leblanc, Ch. 1988 "L' Identification de la Tombe de Ḥenout-mi-reʿ, Fille de Ramsès II et Grande Épouse Royale", *BIFAO* 88, 131–146.

Leblanc, Ch. 1989 "Architecture et Évolution Chronologique des Tombes de la Vallée des Reines", *BIFAO* 89, 227–247.

Leblanc, Ch. 1989 *Ta Set Neferou, Une necropole de Thebes-ouest et son histoire,* Vol. 1, Caire.

Leblanc, Ch. et I. Abdel-Rahman 1991 "Remarques Relatives à la Tombe de la Reine Douatentipet", *RdE* 42, 147–170.

Loyrette, A.M. et M. Sayed 1992–93 "La Tombe d'une Princesse Anonyme (N 36) de la Vallee des Reines", *ASAE* 72, 119–134.

Schiaparelli, E. 1924–27 *Relazione sui lavori della Missione archeologia italiana in Egitto* (1903–20), 2 vols, Torino.

Siliotti, A. e Ch. Leblanc 1993 *Nefertari e la Valle delle Regine,* Firenze.

Sourouzian, H. 1983 "Ḥenout-mi-re, Fille de Ramsès II et Grande Épouse du Roi", *ASAE* 69, 365–371.

「テーベの第23王朝」成立の背景
——リビア王朝時代のアメン大司祭の検討から——

藤井信之

(1) はじめに

今日、リビア王朝（エジプト第22・23王朝：前945—715年頃）の支配体制については、1985年にリーヒによって提唱された学説が支持される向きにある。リーヒは、リビア王朝時代においては、支配層を形成したリビア人に馴染み深い権力体系がエジプト支配に移入されたとし、その支配体制を血縁関係にもとづく分権的な支配であったとした。この支配体制の下で、各地に分散した諸勢力は平和裡に共存していたのであり、確認される戦乱はテーベの反乱と侵入したクシュに対するものであって、支配層間に争乱はなかったとしている[(1)]。しかしながら、本当に分権的支配体制はうまく機能し続け、支配層間に争乱はなかったのであろうか。

同じくリーヒを中心とする、いわゆる「バーミンガム学派」の「テーベの第23王朝」論は、リビア朝中期にデルタの第22王朝から分岐した上エジプトの並立諸王の存在を主張する[(2)]。しかもこれら並立諸王は、テーベの反乱とされる争乱の勃発とほとんど期を同じくして出現しており、さらに並立諸王の何人かは即位以前にテーベのアメン大司祭であったと考えられてもいるのである[(3)]。この「テーベの第23王朝」成立という歴史事象は、平和裡に推移した分権的支配という学説の中で、矛盾することなく整合的に説明できるのであろうか。

本稿では、こうした疑問から、特に争乱期に至るリビア王朝時代のアメン大

表　アメン大司祭の称号所持形態

アメン大司祭名	軍事称号	上エジプト長官	ヘラクレオポリス関係の称号	出　自
①ユプト	＋	(＊)		シェションク1世の王子
②シェションク(2世)	＊			オソルコン1世の王子
③ユエロト	＋			オソルコン1世の王子
④ネスバネブジェドⅢ	＋			オソルコン1世の王子
?ホルサアセトA	アメン大司祭であったかどうか不明(本文註(6)参照)			不詳
⑤ニムロトC	＊		＊	オソルコン2世の王子
⑥タケロトF		＊		ニムロトCの子
ⓐホルサアセトB	＊	＊		不詳
ⓑタケロトE				不詳
⑦オソルコンB	＊	＊		タケロト2世の王子
⑧タケロトG	＊	＊	＊	オソルコン3世の王子
⑨オソルコンF	＊?	＊		王子
アンクタケロト	年代不詳　息子アメンルジュがエル=ヒバに関係していた			不詳
シェションク	年代不詳			パマイの子

※ⓐ,ⓑのアメン大司祭は⑦と並立していた。＋は上エジプトに限られた軍事称号を持つ者。

紙幅の都合から、ここでは出典としておもにChevereau, P.-M. 1985 ***Prosopographie des cadres militaires égyptiens de la Basse Époque***, AntonyのDocument番号を、必要な改訂事項を添えて挙げる。①ユプトDoc. 8,「ラメセスの王子」が漏れている（本文註⒃の拙稿30頁)。「上エジプト長官」は死後の史料にしか見られないので（＊）としてある。②シェションク（2世）Doc. 9。③ユエロトDoc.10, BM1224から「上エジプト長官」を挙げるが、これは「上エジプトにおける良き法の布告者」の誤り（cf. Jansen-Winkeln, K. 1990 *SAK* 17, 215–219)。④ネスバネブジェドⅢ Doc. 11。⑤ニムロトC Doc. 12。⑥タケロトFはTemple Jの碑文より知られる（本文註(29))。ⓐホルサアセトB Doc. 14,「上エジプト長官」が挙げられていないが、「カルナク神官年代記」断片2より所持していることが知られる（cf. Kruchten, J.-M. 1989 *Les annales des prêtres des Karnak*, Leuven, 36–37,40)。ⓑタケロトEは「カルナク・ナイル水位記録」nos. 25, 29より知られる（本文註(20))。⑦オソルコンB Doc. 13。⑧タケロトG Doc. 15,「テーベのラー・アトゥーム神の大司祭」(cf. *Cahiers de Karnak* Ⅵ, pl. 13-b）と「ラメセスの王子」(前掲拙稿32頁）が漏れている。⑨オソルコンFについては、Meulenaere, H. De 1978 *SAK* 6, 63–68; Leahy, A.(ed.)1990 ***Libya and Egypt c1300–750 BC***, London, 133–134参照。軍事称号を持った可能性については、*ibid*., 163。この人物はタケロト3世ないしアメンルジュの王子であったと考えられている。アンクタケロトについては、前掲拙稿32頁の⑿を参照。最後のシェションクについては、Yoyotte, J. 1988 ***RdÉ*** 39, 155, 177参照。

司祭を通時的にその変化に注目して考察することによって、「テーベの第23王朝」成立の背景を探ってみたいと考える。また、「テーベの第23王朝」成立の背景をアメン大司祭権の推移と関連づけて検討することによって、「テーベの第23王朝」論自体の有効性を確認する一助ともしたい。

(2)　軍事称号の変化と「采地のステラ（Stèle de l'apanage)」

そもそもリビア王朝時代に先立つ第21王朝期には、エル=ヒバ以南の上エジプトは事実上アメン大司祭によって支配されていたと考えられている。いわゆる「アメン神権国家」である。リビア朝第22王朝初代のシェションク1世は、嗣子オソルコン（1世）とアメン大司祭家出身と考えられるパセバカエンニウト（プスセンネス）2世の王女マートカラーの婚姻を取り結び、さらに自身の王子ユプトをアメン大司祭に任じることによって、この「アメン神権国家」の体制内化を図ったのであった。その後アメン大司祭には代々王子が任命され、第21王朝期と異なりその世襲は避けられた(4)。それ故、これまでアメン大司祭権の変化でおもに注目されてきたのは、世襲開始との関連であった(5)。ホルサアセトAは、シェションク（2世）の子とも推測されるが、最近の研究の結果、彼がシェションク（2世）の子であった確証がなくなると同時に、アメン大司祭であったかどうかも不明となった(6)。したがって最初の確かな世襲の例は、ニムロトCからタケロトFへの継承ということになる（表)。これは「テーベの第23王朝」成立の直前のことである。

それでは、この間、体制内化された「アメン神権国家」を治めるアメン大司祭権はどのように推移したのであろうか。第21王朝期との比較で注目されているもうひとつの点が、軍事称号の変化である。リビア王朝時代のアメン大司祭は、第21王朝期のアメン大司祭と同様に、（大）将軍（*imy-r mšc*（*wr*)）や司令官（*ḥ3wty*）という軍事称号を所持していた。注目されているのは、リビア王朝時代のアメン大司祭は、軍事権がしばしば上エジプトに限定される軍事称号を所持しているということである。リビア王朝時代には、ファイユーム地方が戦略的に重視されるようになり、この地方の中心都市ヘラクレオポリスにも将軍がおかれることになった。さらに２代オソルコン１世は、このヘラクレオポリス近郊に新たにペル・セケムケペルラーと名づけられた要塞を建造し、以後この地にも軍事指揮権を持つ長官が配置されることになった。これらのことから、テーベの反体制派に備え、「アメン神権国家」時代よりアメン大司祭の持つ軍事権の及ぶ範囲を縮小しようという王側の意図を読みとる向きがある[7]。この比較的支持されている考えの史料的根拠となってきたのが、いわゆる「采地のステラ[8]」に現れるアメン大司祭ユエロトの軍事称号である。

問題の軍事称号は、ステラの１～２行目にかけてみられるもので、*ḥꜣwty ʾIwwrt mꜣꜥ ẖrw nty ḥꜣt nꜣ mšꜥw ꜥꜣw n Šmꜥw r ḏrw n tꜣ ḳꜥḥ(t) Sꜣwty* と読まれ、「アシウト地区に至る上エジプト全域の大いなる軍勢の先頭にある司令官ユエロト声正しき者」と解釈されてきた[9]。そしてこの解釈に従ったケースが、この時期のアメン大司祭の軍事権はアシウトを北限としていたと論じ、以後この所説が支持を得て、アメン大司祭の権限は縮小されていったと考えられるようになった[10]。しかしながら、この称号の解釈自体に疑問を呈する向きもあるのである。

1973年の論文で、今日の「テーベの第23王朝」論につながる第23王朝の上エジプト王朝説を提示したベアは、同論文の中でこの称号に関する興味深い解釈を提示している。ベアは、言及されるアシウト地域は、ユエロトの所領の位置に関して言及されているのであって、それ故にこの史料から当時のアメン大司祭権の北限をアシウトと考えることはできないとし、アメン大司祭権は引き続き上エジプト全域に及んでいたと主張したのであった[11]。その後この解釈が注目されることはなかったが、1987年にヤンゼン・ヴィンケルンが、どういうわけかベアの研究に触れないのだが、同様の主張を提示している[12]。問題の「采地のステラ」は、未だ若者であったユエロトが、父オソルコン１世治下の第10年に設立した所領を、息子のカーエンワセトに譲渡する旨を記したものである。したがって碑文の第１行目から、譲渡される所領の説明が始まる。問題の箇所、１～２行目のエジプト語は次のようになっている。

ir tꜣ st n sẖwt i·grg ḥm-nṯr tpy n ’Imn-Rꜥ nswt nṯrw imy-r mšꜥ wr ḥꜣwty ’Iwwrt mꜣꜥ ḫrw nty ḥꜣt nꜣ mšꜥw ꜥꜣw n Šmꜥw r ḏrw n tꜣ ḳꜥḥ(t) Sꜣwty nty m swꜣw n tꜣ ḳꜣꜣ mḥty imnty Nt-iw ’Iꜣt-nfrt

これをベアやヤンゼン・ヴィンケルンの所説に従って訳出すると、「神々の王アメン・ラー神の大司祭、大将軍、上エジプト全域の大いなる軍勢の先頭にある司令官、ユエロト声正しき者が、イアトネフェルト（地名）のネトイウ（地名）北西の高地の区域に所在する、アシウト地区に設立した所領（*tꜣ st n sẖwt*）に関して」、となる。注目のアシウトが言及される部分では、エジプト語が *n tꜣ ḳꜥḥ(t) Sꜣwty* と前置詞 *n* を用いて表現されていることが問題となりそうだが、この時期のエジプト語では場所を示す前置詞 *m* は、しばしば *n* に置換される[(13)]。このことは所領を譲渡される彼の息子の名カーエンワセト（*Ḫꜥ(w) n Wꜣst*）によく示されている。「テーベに現れし者」を意味するこの名は、ラメセス2世や同3世の王子と同様、本来であれば「カーエムワセト（*Ḫꜥ(w) m Wꜣst*）」とあるべきものである[(14)]。また、*n tꜣ ḳꜥḥ(t) Sꜣwty* を称号の一部とすると、その後の *nty* は、ひとつ目の *nty* とその先行詞 *ḥꜣwty* よりさらに前の *sẖwt* を修飾していると考えなければならないが、ベアらの説を採れば、*n tꜣ ḳꜥḥ(t) Sꜣwty* 以下すべてが、*i·grg* にはじまる関係形の副詞句と理解することができるのである。このように、ベアやヤンゼン・ヴィンケルンの解釈も成り立つのである。それ故、この史料を根拠に、当時のアメン大司祭の軍事権の北限をアシウトと確言することはできないのである。

アメン大司祭の軍事称号の変遷をみてみても、全体としてみれば、アメン大司祭の権限が縮小されていったとは言えないように思われる。「上エジプトの」と軍事称号が上エジプトに限られる称号の存在が注目されているのだが、注意しておきたいのは、この上エジプトに限定される軍事称号を持つのは、現況ではリビア朝前半のユプト、ユエロト、ネスバネブジェドⅢの3人に限られており、以降のアメン大司祭には見られないということである（表）。こうした変化は、むしろアメン大司祭権の増長を示している可能性すらあるのではないだろうか。この問題を検討するために、次節ではアメン大司祭とヘラクレオポリスに至る中部エジプトとの関係を考察してみたい。

(3) アメン大司祭と中部エジプト

第21王朝期のアメン大司祭は、中部エジプトのエル=ヒバをその勢力の北限としていた。そしてリビア朝成立当初においても、アメン大司祭権がこの地にまで及んでいたのは確かだと考えられる。それは、リビア王朝期最初のアメン大司祭ユプトが、このエル=ヒバに建造された神殿レリーフに現れるからである。[(15)]次のシェションク（2世）に関しては、今のところ中部エジプトとの関係を示してくれるデータを欠いている。しかしながら、その次のユエロトとネスバネブジェドⅢについては、中部エジプトとの関係を示す興味深い史料が存在する。ユエロトの「采地のステラ」が、彼とアシウトとの何らかの関係を示すものであることは先にみたとおりである。通説に従うなら、彼の時代になって、アメン大司祭権はエル=ヒバからアシウトに後退したことになる。しかしながら、通説となっている称号の解釈に問題があることから、この所説には再考の余地が十分にあるはずである。

ここではまず、近年のスペイン隊によるヘラクレオポリス発掘で出土した、ネスバネブジェドⅢの子オソルコンに関わる史料を検討しなければならない。[(16)]このオソルコンは、ヘリシェフ司祭、（ペル・）セケムケペルラーの大長官、将軍、司令官の称号に加え、ラメセスの王子とされている。私見によれば、ラメセスの王子は中央と地方の橋渡しが期待された地方管轄者に授与される特別な称号である。[(17)]シェションク1世治下、ヘラクレオポリスを治めるべく派遣された王子ニムロトBは、ヘラクレオポリスの将軍であると同時にラメセスの王子ともされていた。[(18)]したがって、この新発見のオソルコンは、ニムロトB同様、事実上ヘラクレオポリスの支配者であったであろう。もしアメン大司祭が息子オソルコンをヘラクレオポリスの要職に任命したのであれば、この新史料は、通説に反して、むしろアメン大司祭権がエル=ヒバを越えヘラクレオポリス方面にも及びはじめたことを示すものだということになる。

そこで、この時期の大司祭権を考えるにあたって興味深い関連史料を検討しておこう。ひとつは、ユエロトの子ワサカワサが「アメン大司祭の子ワサカワサ」、と「アメン大司祭の子」をまるで「王子」のように用いている刻銘の存在である[(19)]。このような例はおそらく稀で、管見の限りでは、今のところ他に知られていない。アメン大司祭の子であることが、王の子であるのと同様に、特別なステイタスと位置づけられた可能性がある。もうひとつは、「カルナク・ナイル水位記録」の紀年である[(20)]。リビア王朝期の紀年では、争乱期のように王名に加えアメン大司祭の名も記されることがあるのだが（nos. 22-25, 27-29）、3代タケロト1世治下の記録と考えられる nos. 16-19[(21)]では王名が省略され、アメン大司祭の名しか記されていないのである。そのアメン大司祭がユエロトとネスバネブジェドⅢである。振り返れば、「采地のステラ」においても統治中の王の紀年は記されることがなかった。これらのことから、ユエロト、ネスバネブジェドⅢ期には、王が無視される傾向にあったと考えることができるだろう。

このように、この時期のアメン大司祭が王を無視していることを考えれば、オソルコンをヘラクレオポリスの要職に任命したのは、父であるアメン大司祭自身であった可能性が高いと考えられるだろう。王権を分与され地方の代行支配を委ねられたことを示すと考えられるラメセスの王子という称号も、王にあやかって大司祭自らが息子に与えた可能性がある。もしそうであるのなら、この時期にテーベ—ヘラクレオポリス間の統合が、息子の派遣という手段でもって、アメン大司祭を中心に進められたとみることができることになる。これは、まるで王が地方支配のために息子をアメン大司祭やヘラクレオポリス将軍に任じるのと同様の行為である。

このようにみてくると、「采地のステラ」に関しても、また違った解釈を提示することが可能となる。ベアらの解釈に従えば、ユエロトはアシウト所在の所領を息子カーエンワセトに与えたことになる。ここで注目されるのは、そのカーエンワセトの称号である。彼はアメン司祭とされると同時に地区の長（*ꜥ3 n ḳꜥḥ(t)*）ともされている[(22)]。後者の地区の長も、第21王朝期に地方を管轄するために創設された称号だと考えられているのである。[23]第21王朝期のアメン大司祭メンケペルラーの子パセバカエンニウトは、アメン神父というテーベのアメン神官称号を持ちながら地区の長とされ、アビドスからコプトスに至る地域の管轄を任されていた。なぜなら彼はさらに、コプトスのミン神、ホルス神、イシス神の司祭、ティスのアメン神の司祭とされているからである。[24]ユエロトがアシウト地区の所領をカーエンワセトに譲ったのは、地区の長として息子にこの地を管轄させるためではなかったであろうか。[25]

現段階では、彼らに先立つシェションク（2世）が、息子を地方長官にした事例は知られていない。[26]またユプトの息子がブバスティスで要職に任じられた可能性もあるが、[27]かの地はリビア朝の中心地であり、大司祭権の伸張と関連づけるわけにはゆくまい。したがって現段階では、ユエロト、ネスバネブジェドⅢ時代になって、アメン大司祭が息子を勢力圏の管轄者に任じる例をみることができる、ということになるのである。

それでは、テーベ—ヘラクレオポリス間の統合はその後どうなったであろうか。次の4代オソルコン2世治世の前半、テーベにはホルサアセトA王の存在が知られるのだが、彼とアメン大司祭権の関係は現在では不明となり、また彼の権威がどこまで及んだのかも今のところ史料を欠きわからない。しかし、ホルサアセトA没後のオソルコン2世治世の後半にアメン大司祭に任じられたニムロトCは、もともとヘラクレオポリス将軍だった人物であることから、この時期になってもテーベ—ヘラクレオポリス間の統合は維持されていたことがわかる。[28]次のニムロトCの子タケロトFは、後のタケロト2世と同一人物であったかもしれない人物だが、この人物から、またアメン大司祭の称号所持形態に変化がみられる。カルナク神殿内のオソルコン2世治下のTemple Jの碑文で、タケロトFはアメン大司祭であるとともに上エジプト長官ともされているのである。[29]すでに指摘されているように、ユプトもこの称号を持つが、それは彼の死後、彼の子孫が残した系図においてであって、生前この称号を称した例は知られていない。[30]以後、争乱期のタケロトEを除き、リビア朝末のオソルコンFに至るまでアメン大司祭はこの称号を持っている（表）。タケロトFは、アメン大司祭権が初めて世襲された例であり、テーベ—ヘラクレオポリス間の統合と相まって、事実上、上エジプトの盟主たる存在になったことを反映しているのではないだろうか。

さらに争乱期においても、紆余曲折はあったであろうが、テーベ—ヘラクレオポリス間の統合はそれなりに維持されていたように思われる。アメン大司祭オソルコンBは、「年代記」の中でアメン神殿への物品の献上制度を再整備したことと、毎年の献上品のリストを記録しているが、それらの記述からヘラクレオポリス北方のアフロディトポリス（アトゥフィーフ）の住民やペル・セケムケペルラーの市長（*ḥ3ty-ˁ*）がこの献上制度に関わっていたことが知られるからである。[31]

この後、「テーベの第23王朝」の王とされるオソルコン3世の治世が始まるのだが、彼の治世下のアメン大司祭タケロトGもアメン大司祭であると同時にヘリシェフ［大］司祭であり、テーベ—ヘラクレオポリス間の統合を維持している（表)。「テーベの第23王朝」は、ヘラクレオポリス以南の上エジプトを統合支配したと考えられているのだが、以上に見てきたように、この統合はアメン大司祭権を中心に進められてきたものであった。そしてオソルコン3世もタケロト3世も、アメン大司祭であったと考えられているのである。したがって、「テーベの第23王朝」成立の背景、それはリビア王朝期を通じて進んだアメン大司祭権の伸張とその結果招来されたテーベ—ヘラクレオポリス間の統合に求められるのではないだろうか。最後に、デルタの第22王朝から上エジプトが分岐してひとつの政治的統合体となり得た背景を考察しておきたい。

(4)　おわりに

リビア王朝時代におけるアメン大司祭権の変化は、現況史料の限りでは、ユエロト、ネスバネブジェドⅢ期にみられる。従来、アメン大司祭権の増長はその世襲の開始と関連づけられる傾向にあり、この時期のアメン大司祭権は、ヘラクレオポリス一帯の重要性が高まったのに伴って、アシウトへとその勢力を後退させたとみられていた。しかし事態は逆で、この時期にアメン大司祭を中心としたテーベ―ヘラクレオポリス間の統合へ向けた動きがみられたのである。

それでは、なぜこの時期にこうした動きがみられたのであろうか。注目されるのは、オソルコン1世治下におけるテーベ行政の変化である。この時期から、テーベでは高級神官に在テーベの家系出身者が任命され、テーベの要職に就くことになった。以前はアメン大司祭に加え、高級神官にもリビア系の首長が軍政官として任じられていたのである。テーベの諸家系はほとんど軍事称号を持たないことから、テーベにおける軍事力はアメン大司祭に集約されていったと考えられるだろう。また高級神官となるテーベの諸家系は、婚姻関係を結んでリビア朝に結びつけられていたが、テーベにおける婚姻関係の基点には、テーベにあった王族、特にアメン大司祭が位置することになり、アメン大司祭とテーベの諸家系は密接な関係を築いていくことになる[(32)]。こうした変化が、アメン大司祭権の増長につながっていたのではないだろうか。

テイラーは、この時期の南北分裂傾向は民族的な差異によるものだとし、下エジプトではリビア人人口が優勢で、これに対して上エジプトではエジプト人人口が優勢であったとする[(33)]。第22王朝が所在した下エジプトでは、各地にマの大首長などのリビア系首長が出現し、王は「第一人者」として大首長達に臨む、「大首長体制」に移行していった[(34)]。これに対しエジプト人人口が優勢であった上エジプトを統合していったのがアメン大司祭権だったのである。この上エジプトにおける支配体制は、リビア朝前期同様、要地に一族を長官や大司祭として任じる分権体制であった。リビア朝後期では、上エジプトと下エジプトで支配体制が異なっていたのである。このことも、並立諸王が上エジプトの王であったことを示しているように思われる。つまり「テーベの第23王朝」は、様相を異にする2つの社会が2つの支配体制に再編されてゆく中で、下エジプトを中心とした「大首長体制」に組み込まれなかった地域が分岐して成立したものだった、と考えることができるのではないだろうか。

テーベの反乱とされる争乱は、この再編過程を象徴する事件であり、結局上エジプトを分岐させることになった。この事件は、上エジプトにおけるリビア朝支配層の有力者が主導権争いを起こした結果、それぞれが王を称してアメン大司祭を任命し覇を競ったものであったと考えられる(35)。争乱勃発前に在位したオソルコン２世の請願碑文(36)の11～12行目には、次のような一節がある。

「兄弟が兄弟にねたみ心（*bḳꜣ-ib*）を抱かないように、余（オソルコン２世）が彼らに与えたそれらの［地位］に、汝（神）は余の子供達をしっかりと据えるであろう。」

オソルコン２世は、明らかに兄弟間に紛争が起こり得ることを憂慮していたのである。碑文に言及される王子達が据えられるべき地位とは、直前の碑文８～９行目に言及される、エジプト王、公（*r-pꜥt*）、アメン大司祭、マの大首長、異国人の［大首長］、ハリシェフ司祭である。これらは、リビア朝期の支配層が占めるべき分権的支配の要となるポストであった。したがって予期された兄弟争いとは、必然エジプト各地の支配層間の紛争ということになるだろう。確かに、「分権的支配」はリビア朝の支配原理ではあったであろう。しかし上述のようなことを考えあわせれば、問題がなかったわけでもあるまい。リーヒの「分権的支配」論は、この時代を静態的にみたとき有効だが、この結論を優先させてこの時期の王朝史を考えると、この時代にみられる歴史事象の幾ばくかを捨象してしまいかねないようにも思われる。こうした見地から、リーヒの「分権的支配」論を前提としながらも、今後はリビア王朝時代の動態的な把握を目指してゆかなければならないだろう。

註

（1） Leahy, A. 1985 “The Libyan Period in Egypt, An Essay in Interpretation”, *Libyan Studies* 16, 51-65, esp. 58-59.

（2） Aston, D. A. 1989 “Takeloth Ⅱ-A King of the 'Theban Twenty-third Dynasty'?”, *JEA* 75, 139-153; Aston, D. A. and J. H. Taylor 1990 “The Family of Takeloth Ⅲ and the 'Theban' Twenty-third Dynasty”, in A. Leahy (ed.), *Libya and Egypt c. 1300-750BC,* London, 131-154; Leahy, A. 1990 “Abydos in the Libyan Period” and “Appendix: The Twenty-third Dynasty”, in A. Leahy (ed.), *op. cit.,* 155-200.

（3） タケロト２世とタケロトＦの同一性については、拙稿 1992「古代エジプト、アメン大司祭の歴史的変遷」(関西学院大学提出修士論文) 316; Dautzenberg, N. 1995 "Bemerkungen zu Schoschenq II, Takeloth II und Pedubastis II", *GM* 144, 24; Jansen-Winkeln, K. 1995 "Historische Probleme der 3. Zwischenzeit", *JEA* 81, 138–139。オソルコン3世とオソルコンBの同一性については、Aston 1989, 150; Leahy 1990, 192–193; 前掲拙稿 1992, 317; 大城道則 1998「オソルコンIII世のプロフィール」『古代文化』50、559〜619頁。タケロト3世とタケロトGの同一性については異論がない *e. g.* Kees, H. 1964 *Die Hohenpriester des Amun von Karnak von Herihor bis zum Ende der Äthiopenzeit,* Leiden, 146.

(4) Kitchen, K. A. 1996 (1st ed. 1972) *The Third Intermediate Period in Egypt (1100–650 BC)*, 3rd rev. ed. Warminster, 195–197.

(5) *Ibid.,* 197–198; Edwards, I. E. S. 1982 "Egypt: From the Twenty-second to the Twenty-fourth Dynasty", *CAH*[2] III–1, 555; O'Connor, D. 1983 "New Kingdom and Third Intermediate Period, 1552–664 BC", in Trigger, B. G. *et al. Ancient Egypt: A Social History,* Cambridge U. P., 240; Taylor, J. 2000 "The Third Intermediate Period (1069–664 BC)", in Shaw, I. (ed.) *The Oxford History of Ancient Egypt,* Oxford U. P., 336.

(6) Jansen-Winkeln 1995, 129–136.

(7) たとえば Kitchen 1996, 311; Edwards 1982, 543, 553; Chevereau, P.-M. 1985 *Prosopographie des cadres militaires égyptiens de la Basse Époque,* Antony, 13, 16.

(8) Legrain, G. 1897 "Deux stèles trouvées à Karnak en février 1897", *ZÄS* 35, 12–16.

(9) Erman, A. 1897 "Zu den Legrain'schen Inschriften", *ZÄS* 35, 19–20; Breasted, J. H. 1906 *Ancient Records of Egypt*, Vol.4, Chicago (New York, rep. 1962), 405.

(10) Kees 1964, 95–97.

(11) Baer, K. 1973 "The Libyan and Nubian Kings of Egypt: Notes on the Chronology of Dynasties XXII-XXVI", *JNES* 32, 14.

(12) Jansen-Winkeln, K. 1987 "Zum militärischen Befehlsbereich der Hohenpriester des Amun", *GM* 99, 20.

(13) Jansen-Winkeln, K. 1996 *Spätmittelägyptische Grammatik der Texte der 3. Zwischenzeit,* Wiesbaden, 164.

(14) Gauthier, H. 1914 *Le livre des rois d'Égypte*, Vol.3, Le Caire, 84–90, 177.

(15) Ranke, H. (ed.) 1926 *Koptische Friedhöfe bei Karâra*, Berlin and Leipzig, 51, pl. 21.

(16) Perez-Die, M. and P. Vernus 1992 *Excavaciones en Ehnasya el Medina,* Vol.1, Madrid, 47–53, 82–83, figs.15–16, pls. 13b–15 (Docs. 19–21). また拙稿 2002「「ラメセスの王子」について」『関学西洋史論集』25、31〜32頁参照。

(17)　同上拙稿参照。

(18)　同上拙稿、30頁。

(19)　同上拙稿、29頁。

(20)　Beckerath, J. von 1966 "The Nile Level Records at Karnak and their Importance for the History of the Libyan Period (Dynasties XXII and XXIII)", *JARCE* 5, 43–55.

(21)　*Ibid.,* 46; Kitchen 1996, 121. 欠損しているが、nos. 20–21も同王治下のものであろう。

(22)　ステラ23, 25行目。Cf. Legrain 1897, 15.

(23)　Yoyotte, J. 1977 "«*Osorkon fils de Mehytouskhé*» un pharaon oublié?", *BSFE* 77/78, 42.

(24)　Kitchen 1996, 270–271.

(25)　論拠は示されないが、ヨヨットもカーエンワセトはリコポリス（アシウト）にいたと述べている。Cf. Yoyotte 1977, 52, n. 9.

(26)　知られる2人の息子ホルサアセトとオソルコンは、テーベのアメン司祭であった。Cf. Jansen-Winkeln 1995, 146.

(27)　前掲拙稿 2002, 25頁。

(28)　Kitchen 1996, 316. 子孫の系図を除き、同時代史料でニムロトCがアメン大司祭とされる例がないことに注意が促されることがあるが（*ibid.,* 199; Jansen-Winkeln 1995, 138)、北カルナク出土の建築資材の断片にオソルコン2世と共にその名が記されていることから、彼のテーベでの活動に疑問を呈するには及ばないであろう。Cf. Barguet, P. and J. Leclant 1954 *Karnak-Nord IV (1949–1951)*, Le Caire, 66–67, pl. 60.

(29)　Kees 1964, 113.

(30)　Kitchen 1996, 289; Vernus, P. 1975 "Inscriptions de la Troisième Périod Intermédiaire (II)", *BIFAO* 75, 72.

(31)　「年代記」Col. A, l.44; Col. C, l.20, cf. Epigraphic Survey, 1954 *Reliefs and Inscriptions at Karnak III: The Bubastite Portal,* Chicago, pls. 16, 22; Caminos, R. A. 1958 *The Chronicle of Prince Osorkon,* Roma, 58, 60, 143, 176.

(32)　拙稿 1998「リビア王朝の支配とアメン神官団」『西洋史学』192、23〜47頁。

(33)　Taylor 2000, 345–346.

(34)　Leahy 1985, 59.

(35)　拙稿 1996「タケロト2世治下におけるテーベ反乱」『地中海学研究』19、3〜35頁。

(36)　Jacquet-Gordon, H. K. 1960 "The Inscriptions on the Philadelphia-Cairo Statue of Osorkon II", *JEA* 46, 12–23; Kitchen 1996, 317.

古代都市アコリスの軌跡
——生産と流通——

川西宏幸

(1) はじめに

中エジプトの古代都市アコリスは、南北600m、東西300mの都市域を擁し、外囲に墓域、その外側に生業域を伴っている（図1）。西方にナイルをのぞむ崖面に第6王朝期の地下墓1基が残り、これが現状で眼にすることができる最古の人間活動の痕跡である。そうして、都市の存在を確かめることができるのは第三中間期およびそれ以降であり、イスラム政権の樹立から半世紀後の西暦700年頃に終焉を迎えたことがすでにわかっている。したがって、人間活動としてならば3000年、都市としてならば1700年に及ぶ長い歴史の跡を、われわれはこの地でいま見ることができるわけである。都市域の広さは、盛期でも15haほどであるから、近在のヘルモポリスやアンティノエに遠く及ばない。しかし、墓域と生業域が付随し、しかも、人間活動の痕跡をこれほどの長期にわたって辿ることができる条件に恵まれている点で、アコリスは、エジプト古代文明の動態をはかる、中エジプトの定点観測地であるといってよい。

(2) 末期王朝期

都市域の北西縁で、プトレマイオス朝期に石灰岩の石材加工場が営まれていた。その下層で出土した末期王朝期の都市の外壁のことから話を始めると、都

図1　アコリスの全景（北方から）

市域の北縁を限るこの外壁は、再建の痕をとどめていた（図２）。2.2mをはかる当初の厚さを、再建時に1.5mに狭めるとともに、壁の外側の一部にスカート状の付壁を添えて補強をしていた。また、壁の内外で下底の高さに差があり、外側の方が70cmほど低い。壁を壊すことになるので縦断面の観察は控えたが、このはなはだしい高低差からみると、段差のある地形上にこの外壁を築いたことがわかる。

一般に、都市をめぐる外壁に内部の居住者が期待した機能というのは、攻め寄せる敵に対する防備の用だけにとどまらない。都市の磐石さを表現する媒体として、あるいは、クーランジュが『古代都市』で強調したような宗教上の意味を込めた結界として機能していた例を、世界の古代都市の中からあげることができる。また、複数の機能を兼ねそなえた例も珍しくないし、砂漠に接するところでは砂避けの用も果たしたであろう。

ところが、末期王朝期のアコリスをめぐっていた外壁の場合、結界としての意義はあったにせよ、防備や磐石を示す機能はなく、ひたすら洪水の侵入を防ぐための備えであった。もっとも、夜間に家禽を狙う害獣の侵入や、人間をも

図2　末期王朝期の都市外壁（東方から）

殺傷する毒蛇やサソリの災厄を免れるうえでも、効果はあったであろう。いずれにせよ、寄せ来る外敵を壁頂に立って防ぐほどの規模や堅牢さに乏しいことに加え、壁の外側には洪水による生なましい破毀の跡を残し、しかも容易に登攀しうるスカート状の付壁まで外面に添えてあったことは、この外壁の機能がどこにあったかをよく物語っている。また、壁の再建を余儀なくされた原因も洪水であったことが、新旧両壁間を上下に隔てる砂層の存在から察せられる。したがって、防備用としても申し分のない外容をそなえている、エル・ヒベーなどの第3中間期ないし末期王朝期の重要都市の外壁とは、機能が違っていたのである。

なお、都市域の南東縁に、隆然とした長い小山状の高まりが残っている。ローマ時代の外壁である。規模こそ違うが、これが洪水対策用であったことは、すでに報告書で述べた通りである(1)。東方砂漠に降る局地的な雨がワディを流れ下るこの洪水は、近在の村では20ないし30年に一度といわれており、生涯に少なくとも一度はこの被害に見舞われる計算になるから、その対策はないがしろにできなかったであろう。

さて、外壁の内側で検出した住居址の一部は、外壁の構築に先んじて営まれ、すでに集落の体裁を整えていた。パン焼き用と覚しいカマドを付設してあるので、外壁構築前のこの住居群が公共の特別な用に供されたものでないことは容易に想像がつく。外壁の基礎を高低差の著しい地盤上においてあることは述べたが、洪水によって既存の住居群が抉られたところに外壁を構築したとみると、このように高低差の生じた原因が理解しやすい。

外壁の延長を確認し、住居群の実態をさらに解明するために、4カ所の発掘区を新しく設けて掘り下げたところ、各区で住居址が姿を見せた(2)。また、外壁の一部もかろうじて遺存していた。その結果、都市域の北縁を外壁が周回するらしいこと、都市域の広さは盛期のローマ時代に匹敵すること、住居の指す方位が定まっていないこと、住居をさかんに改造していることが明らかになった。

エジプトにおける古代都市の外容の変遷をとりあげて、第三中間期ないし末期王朝期にいっそう非定型化が進むことを、ベルシェーなどの例をあげて論じたことがある(3)。そうして、盗掘などによって地表に露出していた同期のレンガ壁に手がかりを求めながらアコリスをその一例に加えておいたので、住居群が不規則な配列をとるのは、予想されたことであった。これに対して、都市域が広く、かつ外壁で縁取られていた点、住居が度重なる改造の跡をとどめていた点は、末期王朝期のアコリスに、ひいては実態の解明が充分でない同期の都市社会像に、新しい光を当てる知見として注意を引く。

そもそも末期王朝期というのは、アッシリアや再度にわたるアケメネス朝ペルシアの侵入を被って政治的に混迷状態に陥り、ギリシア人傭兵に過度に依存して軍事上の実権を失い、さらに文化面でも、サイス朝の「ルネッサンス」が擬古調に終始するなど、新味に乏しい時代であったといわれている。ところが、ヘロドトスが『歴史』で活写したブバスティスなどの伝統的な都市の祭礼の熱気から察すると、当時の都市社会が停滞していたようには思われない。たとえばアコリス近傍の、トト神の聖地であるヘルモポリスでは、地下墓から夥しい数のトキのミイラが発見されており、当時の動物信仰のすさまじい高揚ぶりを窺わせる。祭礼や動物信仰にちなむ都市がかくも活況を呈していたことは、祭礼に加わり巡礼に赴くことができる経済力をもつ中間層が、各地で抬頭していたことを示唆しているかのようである。

サイス朝アハモセ2世の頃に総数2万の都市があったことを、ヘロドトスが記述している。これには誇張が含まれているとしても、中間層の多くは都市住民であったにちがいない。アコリスが垣間見せた当時の都市社会の姿は、たしかに停滞と程遠いものであった。規模の大きさや住居の改造ぶりもさることながら、土器に地中海域からの移入品が少なからず含まれていることも、それを物語っている。

末期王朝期というと、デルタやテーベ方面のような先進地では、ようやく鉄器時代に入っていた可能性がある。鉄資源に乏しいので、それを地中海方面に仰いだのか南のクシュ王国に求めたのか、あるいは両方面から輸入したのか、定かにはなっていないが、いずれにせよ、鉄製品や鉄素材が流布するためには、流通のネットワークが形成されていなければ難しい。2002年度のアコリス南端における末期王朝期の集落調査の結果によると、発見された釣針や鑿などの金属製の道具類はことごとく銅または青銅製であり、鉄製品は含まれていなかった。アコリスのような後進地の中小都市ではなお鉄器の普及が遅れたようである。しかし、1500余個を数える装身具類やそのなかに含まれる多量の宝貝の未成品が、交易のさかんであった当時の様子を伝えている。

鉄にとどまらず青銅や装身具の流通についてもまた、王朝政府の主導があれば、問題はなかったかもしれないが、しかしそれを完遂する行政力は、当時の政府にもう残されていなかった。各都市はいやおうなく、自律化の傾向を強めたであろうし、都市間のネットワークがいちだんと重要性を増していったであろう。

そうして、自律化した都市が存続をはかろうとすれば、祭礼や動物信仰のような潤う手だてをもたない都市の場合には、特産物の生産や流通に活路を見出さざるを得なかったであろう。サイス朝下でプサメティコス１世が交易港市としてナウクラテスを営造し、ネコ２世がナイルと紅海を結ぶ運河の開鑿をはかったことは、対外交易上の便を目的としたにせよ、宗教上の権威を掲げて統治する時代が去り、交易上の富利に王朝の基盤を求めるようになった末期王朝期の変化を、象徴的に物語っているように私には思われる。

末期王朝期のエジプトは、このように、特産物の生産と流通に傾斜した都市社会であったとする私見が容れられるとすると、中小都市の部類に入るアコリスに隆盛をもたらした特産物とは、いったい何であったのか。全貌の解明にはさらに調査を重ねなければならないが、それは石灰岩の採掘と加工であったとみている。この点は次節の叙述と関連するので、そこでもう少し詳しくとりあげることにする。

(3)　プトレマイオス朝期

プトレマイオス朝期に都市域の北縁で営まれた石材加工場の遺址に、石灰岩の石材９個が放置されていた（図３）。４個は末期王朝期の外壁上に並び、北方に外れた残る５個も、並ぶ方向が外壁に沿っている。加工度に相違があり、外壁上の４個の方が劣っている。加工場に石材を運び入れる運搬路の基礎として、前代の外壁を利用した、と考えたいところである。

９個の石材のうちで最大のものは、全長14.7m、幅3.0m、推定重量200tをはかる、円柱の半成品である。両端と中央は1.5m幅で方形を呈し、方形にはさまれた２個所はさらに削り込んで円筒形をなしている。方形部の下底を積み石で支えており、旧地表との間に高さ１m足らずの間隙があるが、方形・円筒部とも下底にまでは加工が及んでいない。両端面は一辺３mのほぼ正方形で、対角線の交点に当たる個所を方形に小さく彫りくぼめている。正確な円柱を造形するうえで欠かせない中心を示す刻印であろう。両端に残る方形部の一方をみると、両側面の下半にそれぞれ２個の円孔を穿ってある。各孔は直径約20㎝、深さ約30㎝ほどに達するから、これらの孔に丸太を挿入して運搬の便をは

図3　プトレマイオス朝期の石材加工場（北西から）

かったと考えてもさしつかえない寸法ではある。この石材は、一方の端近くで横に割れている。加工を途中で放棄したのは、この破損のせいであるかもしれない。

さて、この半成品と同じ糸巻形をした石材が、もう一つある。現存する道路の下に半ば埋もれているので、精確な大きさはわからないが、同寸とまではいえないまでも近い寸法であることは疑いない。また、同種の半成品で、かなり小型のものがある。長さ6.9m、直径1.2mをはかり、この例の場合には、両端のみが方形で、中間が円筒形である。

末期王朝期の円柱の標準的な比率は、直径と長さが1対6であるという。アコリスの半成品は大小とも、円筒部の横断面がなお正円でなく、削ってさらに整えなければならない状態である。この点を考慮すると、両例とも仕上がりは、この比率に合わせるつもりであったのであろう。ところが、王朝時代の石柱の製作は一般に、ドラムを積み上げる方式である。また岩窟墓の場合なら、かならず柱は岩盤から削り出している。これに対して、一個の独立した石材を円柱に加工するアコリスのような方式は、例が皆無ではないにせよ、一般的でないことはたしかである。しかも半成品としては、これらが唯一の発見例である。したがって、直方体の石材から眼前にあるような半成品に作出した経過を辿ることは、比較的容易であるけれども、半成品を円柱に仕上げる工程を完全に復原するためには、なお時間の経過が必要である。

それはさておき、外壁上の巨石群は、多量の土器を包含するプトレマイオス朝期の土層で被われていた。発掘によって出土した膨大な量の土器の破片の約1／3がアンフォラで、そのなかに製作地を示すスタンプを把手に押したワイン容器が含まれていた。その数は調査を重ねるたびに増え、2001年度調査を経て総数三百数十点に達する。スタンプが示すアンフォラの製作地からワインの産地が推定されており、その結果にもとづくと、70〜80%がロードス島で、他にクニドスやコス島があげられる。これらはいずれもエーゲ海方面であるが、さらにわずかにせよラテン語圏が加わるので、産地の範囲は地中海東部一帯に及んでいたことになる。

アコリスに限らず他遺跡でももっとも出土量が多いロードス島のアンフォラ・スタンプは、グレイスが編年を行い、それが広く利用されている(4)。この編年案を適用すると、アコリスのアンフォラ・スタンプには年代幅があり、Ⅲ〜Ⅴ期すなわち前200〜100前年頃に当たるという。同じ層から出土している土製ランプの年代が、前3世紀末から前1世紀に及んでおり、アンフォラ・スタンプから導かれた年代とおおむね一致しているので、ワイン流入の盛期が前2世紀であったことは動かないであろう。

図抜けて多いロードス島産を筆頭にして、地中海東部一帯からエジプトにワインが運ばれたことを物語るスタンプ付アンフォラの出土数は、アレクサンドリアでは万余に達するらしい。またナウクラテスでは、ピートリの発掘で約1200点にのぼっていたことが近年明らかになった(5)。出土数からいうとアコリスは、ナウクラテスに次いで第3位を占めている。アレクサンドリアは当時の首都であり、ナウクラテスといえば、地中海方面との交易港として、末期王朝期ほどの殷賑は失われていたにせよ、ギリシア人の居住した重要都市である。したがって、これらの都市で出土数が多いことは、充分に頷ける。それでは、ア

図4　プトレマイオス5世銘磨崖碑

コリスのような、ナイル河口から400kmも遡った中小都市に、少なからぬ量のワインが前2世紀全体に及ぶ長期にわたってもたらされたのは、いったいどこにその理由があったのか。

この疑問に答えを出すうえで、プトレマイオス5世（在位前204―前180）がイシスモキアス神に捧げた磨崖碑が、アコリスに残っていることは、示唆的である（図4）。すなわち、同王治下には、第5次シリア戦争でシリアやアナトリア方面の支配権を失い、時を同じくして、国内でテーベを中心に反乱が勃発した。前206～200年のこのヘルウェンネフェルによる反乱こそ鎮圧したものの、後継のアンクウェンネフェルを中心にふたたび反乱が起き、その軍は北上してアシュートにまで達した。そこで将軍コマノスが鎮圧に差し遣わされ、その司令部がアコリスに置かれた、というのである(6)。前187年のことであるというから、プトレマイオス5世銘の奉献碑がアコリスの地に刻まれた特別な事情があったとすれば、司令部の設置をおいては見当らない。そう考えると、地中海産のワインが異例なほど流入していることも頷けるし、その後に流入が続いたことも、あり得ないことではない。

さて、前2世紀初頭に遡る遺物を含む土層が、加工場の石材の表面を被っているというと、前3世紀に操業を行っていたとみるのが穏当であろう。また、前代の外壁を埋めた砂が浅い点からみて、外壁の廃絶からほどなく操業が始まったことも知られる。つまり操業年代としては、これを前3世紀のうちに限定してさしつかえないことになるわけである。前3世紀というとすでに、プトレマイオス朝が樹てられて多数のギリシア人がエジプト各地に居住していた時である。したがって、巨大神殿の建築部材として、アレクサンドリアのような重要都市に運ばれる予定であったにちがいないアコリスの石材は、その切り出しや加工に、ギリシア人が関与していたとしても不思議でない。

(4) 初期ローマ時代

アコリスの外縁に、古代の石灰岩の採石場が遺存している。一つは、都市域の北方に当たり、東方砂漠に続く山塊の谷間いにある。もう一つは、南方の、ナイル川に面した高い平頂の段丘上にあり、南北5㎞にわたってそこここに操業址が残っている。そうしてこれらの採石場址には、鑿（ノミ）で削り、楔（クサビ）で割ろうとした意志が白い石灰岩の岩盤に生なましい痕跡をとどめており、当時の採石技術を復原し、操業の規模や体制をも推定するうえで、恰好の場を提供している。

調査は緒についたところであるが、それでも、岩盤から所定の寸法の石材を切り出す採石の方法が一様でなかったことは、容易にみてとることができる。その方法を大きく二つに分けると、その一つは楔による方法である。すなわち、楔を打つための方孔を上下左右に連ねて穿ち、それぞれに楔を打ちこんで石材を割りとる。「石の目」を顧慮せず、楔同士の間隔を密にして直線的に割るのである。これは南方の採石場址に限られている（図5）。

もう一つは、鑿を使う方法である。鑿を駆使して岩盤を削り、こうして石材を切りとるのである。この方法は一様でなく、編年も可能であるかと思われる。詳しくは共同研究者の著述に委ねることにして、この方法を代表する二つのうちで一つをまずとりあげよう。これは、岩盤を溝状に深く掘り下げて「コ」の字形の区画を設け、区画した岩に鑿でさらに溝を穿って細分する方法

図5　楔による採石

である（図6）。これも南方の採石場址に限られている。

以上述べた二つの方法は、両者を併用していた可能性があるが、いずれにせよ、ともに寸法の定まった方形の石材を採るのに適している。もっとも、作業の効率からいうと、手作業に頼る鑿よりも、楔の方が優れていることは疑いない。ところが、南方の採石場址に両方法がみられ、しかも、初期ローマ時代にはこれらが共存していたことが、散乱する土器片の年代から推測されるのである。それでは、どのようにしてこれらを使い分けていたのか。岩質によるのか、岩盤の立地によるのか、そうではなく石工集団の流儀の違いなのか、解決を後日に残している問題である。

ところで、アコリス出土の数多い石碑のなかに、採石に関する内容を刻んだ異色の一基がある。その銘文によると、ドミティアヌス帝の2年（82～83）に、ローマ帝国の第3軍団が石灰石を切り出し、道路の敷石用にアレクサンドリアへ送ったという(7)。この石碑はいまは所在が不明で、銘文の写しが残り、北方の採石場址ないしその近傍で発見されたらしいことが、当時の記録から推測されているのみである。

銘文の内容を裏づける証拠が、北方の採石場址に残されている。小型の石材を採った段状の切り出し面が、多数みとめられるのである。その切り出し方法について、まだ充分には復原が行き届いていないが、鑿痕をとどめているので、鑿を駆使したことは疑いない。これが鑿による方法を代表するもう一つである。南方の採石場址にも同じ方法をとった一画がある。操業個所の岩質がい

図6　鑿による採石

ずれも軟らかい点で、この方法は軟質石灰岩から小型の石材を切り出すのに適していたことがわかる。

軟質というと、北方の採石場址の一部には、モルタル用の石灰を採った痕が、洞穴になって残っている。手斧または刃幅の広い鑿で削りとっており、その岩質は手揉みでも粉末になるほど軟らかい。

さて、アコリスにおける石灰岩採掘の歴史は、新王国時代に遡る可能性がある。中エジプト南半に残るラムセス3世銘の大型磨崖碑をとりあげたハバシが、アコリスの同碑も例の一つに加えて、それぞれに採石場址が伴う点に注目している(8)。中エジプト南半はたしかに建築部材にふさわしい石灰岩の敷存地帯であり、新王国時代というと石造神殿の造営に拍車がかかった時である。ただどの採石場址にもまだ発掘の鍬が入っていないので、ハバシの弁は推測の域を出ない。また、南方の採石場址の片隅にかろうじて残っている円形の楔孔が、ローマ時代の方形の楔孔と違い、アマルナの採石場址で発見されたそれと同じである点も、この場合注意を引く(9)。もっとも、アマルナの採石場の操業年代が、はたして第18王朝期に当たるのかどうか、厳密にいうと問題がないことはない。アコリスで西方神殿域からラムセス3世銘の入った石材が発見されており(10)、ウィルボー・パピルスによればアモン神殿が営まれていたことになっている。いまはもう失われてしまったこの神殿の造営に、当地の石灰岩を使ったと想像したいところであるが、たしかめる手だてが乏しい。

建築部材用の石灰岩に恵まれた中エジプト南半における採石の操業年代は、

王朝時代の流通史にとって重要であり、それだけにいっそう確かな裏づけが欲しいところである。

第三中間期ないし末期王朝期の採石のことは、操業の有無さえわかっていない。新王国時代の神殿造営熱が冷め、全土的に建築石材の需要が停滞した時代であるから、操業を行っていたとしても、進展は望めなかったにちがいない。岩窟墓の地下墓室の入口を塞いでいた石灰岩の薄板が、アコリス石工の技術の冴えを伝えていること、末期王朝期のアコリスの都市社会を隆盛に導いた生産があるとすれば、採石以外に見当たらないことを指摘して、実態の究明をまちたい。

プトレマイオス朝期に入ると、すでに述べた北縁の加工場の存在が明示しているように、石を切り出して加工まで行っていたことは疑いない。そうして、巨柱の半成品から推測したように、アレクサンドリアを筆頭とする下流の重要都市がその供給先であったと目されるので、石材供給というかたちで全土的な社会分業の一端に連なったアコリスの姿を、プトレマイオス朝期になれば、われわれははっきりとみることができるわけである。

なお、ピートリがすでに指摘しているように、同朝期に鋸歯鑿の使用が始まった(11)。石材加工用に工夫されたこの種の鑿を使えば、粗削りと仕上げを同時に行うことができる点で、その登場は、加工効率の向上に画期をもたらしたにちがいない。

エジプトがローマに降り、まもなく皇帝直轄領に編入されると、各地でにわかに都市の新造や改造がさかんになった。アコリスでも新たに神殿２基が造営され、街路が整備された。この造都熱を受け、神殿や公共建造物の部材として、さらに道路の敷石として、石材の需要は急速に高まったであろう。また、軽量の素材を構造的に組み上げるローマ風の工法には、接着剤として大量のモルタルを必要としたから、その需要も大いに高まったにちがいない。先に紹介した代表的な採石方法は、いずれもこれらの需要に応える手だてであったといえる。石材の用途によってふさわしい岩質と採石方法を選び、こうして多様な需要に応えた証拠を残す採石場址の姿は、アコリスの採石全体が一つのシステムのもとで稼動していたことを推測させる。

周辺の採石場がかつてないほどの熱気に包まれていた初期ローマ時代のアコリスの人口を、5ないし6千人と推算しているが、石材業にかかわった人員の数は、石材の加工や運搬、物資供給などの補助労働者まで入れると、千人を下回らなかったとみて大きなずれはないであろう。そうすると、成人男子の少なくとも6割ほどがこれに関与していた計算になるから、石材業はアコリスを支えた文字通りの主産業であったといってよい。初期ローマ時代におけるアコリスの繁栄を、先の報告書では、当時隆盛をきわめていた南海交易と関連づけた[12]。これは臆測ではなく、石碑奉献者のなかに三段櫂船の船長2人が含まれていたこと、ナイルの航行の安寧を祈って西方神殿のソベク神に捧げたワニのミイラが、大量に発見されたことによる。しかしそれだけにとどまらず、石材業もまた繁栄を支えていたことが、近年の調査でこのように明らかになりつつあるのである。

(5) コプト時代

ローマ帝国内が混迷をきわめた3世紀を境に、エジプトでも造都熱が冷めていった。アコリスの採石場址に立つと、操業を途中で放棄した形跡が随所にみとめられる。櫛の歯が抜けるように次第に衰退したということではなく、最後の日は突然に訪れたようである。操業全体が一つのシステムで結ばれ、方針の変更で急拠停止したと考えれば、採石場址が昨日まで喧しい鑿音が響いていたような錯覚を抱かせることも、納得がいくのである。散在するアンフォラ片の特徴からみて、操業を打ち切った年代は、3世紀初頭を隔たらない頃であったと思われる。東方砂漠のモンス・ポルフィリテスで営まれた帝室採石場の衰滅年代ともこれは一致するから、アコリスの場合だけにとどまらなかったことが知られる[13]。

こうして主産業の石材業が停止しただけにとどまらず、利益をもたらしていた南海交易もまた3世紀に衰微し、さらにナイルの増水不良による農業の不振が加わった形跡があるので、アコリスの受けた打撃は尋常でなかったであろう。われわれの調査の結果もまた、この時期に都市活動が停滞していたことを示している。ところが、4世紀に入ると再び、アコリスは活況をとり戻した。そうしてその後は、人口を増し隆盛を辿ったことが、居住域の拡大ぶりから察せられる。

それでは、石材業を止めたあとは、いったい何に次の生き残る手だてを求めたのであろうか。

潰したオリーブの果実から油を搾る方卓状の石灰岩製の装置があり、西方の神殿域内で4基、都市域内で6基の計10基がアコリスで見出されている。神殿域を中心にして都市の各所で、オリーブ油の生産が行われていたのである。詳細は共同研究者の論述に委ねるが、この種の装置の発見数としてはエジプト最多で、これに次ぐのが、アコリス南方30kmのザウイット・エル=アムワートの5基であるという(14)。さらに、アコリス南方15kmのザウイット・エル=マイエティンで1基、対岸南方の州都ヘルモポリスでも1基発見されているということなので、アコリスを筆頭にして、その近在がエジプト有数のオリーブ油生産地であったことが察せられるわけである。その最盛期は、アコリスでの発掘結果からみて、4～5世紀に当たる。

修道僧のシェヌートなどに率られた過激派キリスト教徒がローマ宗教を否定して神殿や神像を破壊し、この運動は5世紀後半に中エジプトで激化したという。アモンやスーコスを祀ったアコリスの西方神殿が廃絶したのはちょうどこの頃であり、オリーブの搾油装置も同じ頃に他に転用されている。宗教運動の煽りをうけて、オリーブ油生産は命脈を絶たれたらしい。

こうして6世紀に入ると、廃絶した西方神殿域で、製粉や毛織物などの手工業生産が興起したことを、発掘調査の結果が伝えている。また、都市域の北縁で銅製錬が行われたのも、この頃からである。製錬工房の規模は広く見積もっても50m ほどの範囲にとどまるから、大きいとはいえない。坩堝や炉壁の破片とともに、銅滓やガラス状の溶解物が大量に出土しており、滓の分析結果によると、鋳銅ではなく、製錬を行っていた可能性が高いという。製錬というと鉱石の調達地が問題になるが、すでに枯渇してしまった廃鉱が近傍に見出されて理想的に解決されるのか、はるか東方砂漠の鉱山からワディ伝いで運んできたのか、いまは自由に考えておこう。

南北５㎞に及ぶ南方の採石場址群中の南西端で、６または７世紀とおぼしいコプト時代の採石場の遺址が2002年度の調査で発見された。実態の詳細については今後の精査の結果をまたなければならないが、この採石場址が400m余りの広い操業域を有することは、オリーブ油生産衰滅後に再び石材業がアコリスを支える基幹産業として復活したことを示している。またここでは、軟質の石灰岩に鑿をふるい、一人で容易に運搬しうる直方体の小ブロックに分割して規則的に切り出す画一的な方法で、全域が統一されており、この採石方法は、楔や鑿を駆使して硬質の石灰岩に挑み、協業と分業とによって巨石を採る初期ローマ時代の方法とは、あきらかに一線を画している。つまり、小規模経営を基盤とし、これを加算的に総和した操業の形態をとっているのである。

初期ローマ時代からコプト時代にかけて展開された生産活動について、以上述べたところから、二つの点を指摘したい。その一つはオリーブ油生産にせよ、製粉や毛織物にせよ、これらは農業に支えられている点である。その意味で、農業に基盤をおく業種の抬頭が目立つようになった、といえるであろう。もう一つは、石材業にせよ、後続するオリーブ油生産にせよ、主産業は存在するが、その操業形態や労働編成に変化がみられ、すなわち、分業と協業の組織的運用によって支えられた大規模経営から、小規模経営を基盤とする形態へと移行する点である。この変化は、新しく抬頭した地域的需要に応じるための製粉業や織物業や銅製錬はもとより、全土的な社会分業や流通網に連なるオリーブ油生産や石材業のような主産業についてもいえる。

遺跡に隣接するテヘネ村の住民をみていると、大半は、農業に従事するかたわら、採石場で時間労働に携わり、あるいは、役所勤めや理髪業や電気修理など得意の分野を生かして生計を立てている。ローマ時代においても、業種の転換や産業構造の変容が、一部の熟練専業者にとっては、たしかに深刻な打撃を与えたであろうし、渡り工人として他地へ移住せざるを得ない事態を生んだかもしれない。しかし就労者の大半がテヘネ村民のような状況であったとみると、職業の固定した社会に生きているわれわれが考えるよりもはるかにしなやかに、その変化に対応することができたのではないか。そうしてそのしなやかさがまた、3世紀の混迷を越えて都市社会を隆盛に導いた原動力の一つでもあったとみたいのである。

註

(1) Kawanishi, H. and S. Tsujimura (eds.), 1995 *Akoris 1981–1992*, Kyoto.
(2) 平成13年度の発掘調査による。
(3) 川西宏幸 1996「エジプトにおける都市文明の誕生」 金関恕・川西宏幸編『都市と文明』講座文明と環境 第4巻、朝倉書房。
(4) Grace, V. G. 1934 “Stamped Amphora Handles Found in 1931–1932”, *Hesperia III*, 197–310. など。
(5) Coulson, W. D. E. 1996 *Ancient Naukratis, Vol II Part I: The survey at Naukratis,* Oxford, 147.
(6) Hölbl, G. 2001 *A History of the Ptolemaic Empire*, London.
(7) Bernand, E. 1988 *Inscriptions Greques et Latines d'Akoris,* Le Caire.
(8) Habachi, L. 1974 “Three Large Rock-Stelae Graved by Ramesses Ⅲ near Quarries”, *JARCE* 11, 69–75.
(9) Harrell, J. 2001 “Ancient Quarries near Amarna”, *EA* 19, 36–8.
(10) 註(1)に同じ。
(11) Petrie, W. M. F. 1917 *Tools and Weapons*, London, 42.
(12) 註(1)に同じ。
(13) Maxfield, V. and D. Peacock 2001 *The Roman Imperial Quarries,*London.
(14) 辻村純代2001「古代エジプトにおけるオリーブ油生産」『食文化助成研究の報告』11、味の素食の文化センター、65～72頁。

参考文献

Kawanishi, H. and S. Tsujimura (eds.), 1998, 1999, 2000, 2001 *Preliminary Report Akoris 1997–2001,* Tsukuba.

アコリス遺跡の金属生産址

――立地に関する一考察――

山花京子

(1) はじめに

中エジプトに位置するアコリス（図１）の発掘成果の中で、注目に値すべきものにコプト時代と思われる金属生産址がある[1]。エジプトでは金属生産址の発見はきわめて珍しく、製（精）錬[2]という古代技術の解明に重要な貢献をするものである。発掘された遺物には製錬滓（スラグ）、坩堝片などがあり、関連遺構として炉址も発見された。しかし、アコリスには鉱山もなければ燃料も乏しい。このような場所になぜ金属生産の施設が作られたのだろうか。

当時のエジプトがどのような社会であったのか、その復元を試みる研究はまだ進んでおらず、王朝時代よりは豊富に残っている文献史料も契約に関する文書が主で、その都市の機能や都市内の経済、社会的様相について知ることは難しい。エジプトの主要都市とも言い難いアコリスでは、なおさらのことである。しかし、金属生産祉やこれまでに発見された土器焼き窯やオリーブ油搾装置などが、地方都市であるアコリスの人々の生活について、少しずつ解明の手がかりを与えてくれている。

本稿ではおもに2001年までの発掘成果をもとに、アコリスで行われていた金属生産の概要を紹介する。また、この場所でなぜ金属生産が行われていたのか、という問題をローマ崩壊後の経済システムと照らし合わせながら考察してみたい。

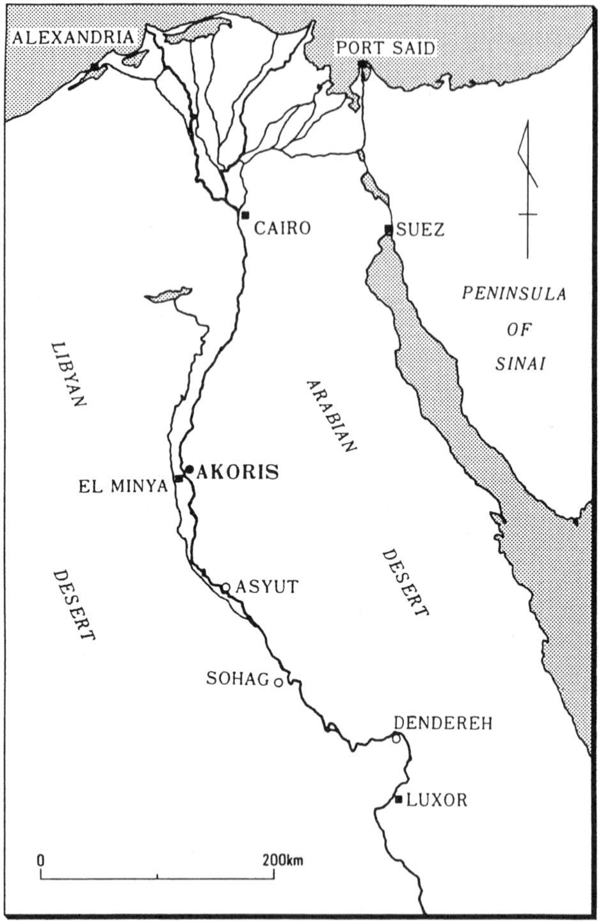

図1　エジプト地図とアコリスの位置
Kawanishi, H. and S. Tsujimura (eds.), 2002 *Preliminary Report Akoris 2001*, Tsukuba, Fig. 2

(2)　製錬址と出土遺物

エジプトでの金属生産遺跡は発見例が乏しく、ケルマで中王国時代に属する青銅生産用炉(3)、カンティールで銅合金の熔解炉(4)が、そしてナウクラティスで紀元前600年頃の鉄精錬址[5]が発見されているくらいである[6]。考古学的な物証や文献資料が少ないために、古代の金属生産の全容を推測することは難しいのが現状である。したがって、このアコリス遺跡での発見は、古代の金属生産の技術や工程を解明する上で大きな貢献をすると確信している。

最初の炉址に関連する遺物は1999年の発掘で発見されている。巨石柱が出土した発掘区（図２）の覆土に混じって、赤褐色でガラス質光沢のあるスラグが出土していた。2000年夏の発掘で巨石柱区から北東に150mほどの、アコリス都市址の縁辺部のワディに接する場所に約４m四方のトレンチを入れた。そこからは、1999年に発見していたものと同質のスラグがより大量に発見され、さらに別の形状をしたスラグや、坩堝片らしきものが発見された。2001年の発掘では、前年のトレンチの範囲を北と東に拡げ、約280㎡の範囲を発掘した（図３）。前年と同じようにさまざまな形態のスラグ、スラグの付着した土器片や坩堝片と思われるものが特にＡ区とＤ区から大量に出土し、さらに炉址と思われる遺構も同区から発見された。Ｄ区からは直径１mほどの焼土と焼けた煉瓦数個をともなう地点が３カ所確認され（図４）、Ａ区では長径約５mにも及ぶ焼土の範囲の中に直径約２mの黒灰が堆積している個所が確認された。灰の堆積を囲むように被熱煉瓦面があるが、洪水により北西部分が削り取られているため、全体の広がりを推察することは難しい。しかしこの地点の近辺に炉が存在していた可能性は高い（図５）。Ｄ区のいずれの遺構もワディの洪水によって著しく破壊をうけており、基底部の一部のみしか残存していないため、炉址全体を正確に復元するのは不可能である。小型の炉はおそらく高温熔解のための設備だろう。Ａ区の、この地点より２mほど離れた地点の下層より、同じように強い火をうけた煉瓦遺構の部分が残存していることが確認されているため、この辺りでは繰り返し炉の操業が行われていたと考えられる。したがってＡ区出土の被熱煉瓦も金属熔錬のための高温熔解炉の一部である可能性がある。しかしながら、これらの炉址と出土しているスラグなどを結びつける直接の手がかり――遺構そのものにスラグや金属が付着しているような証拠――はない。

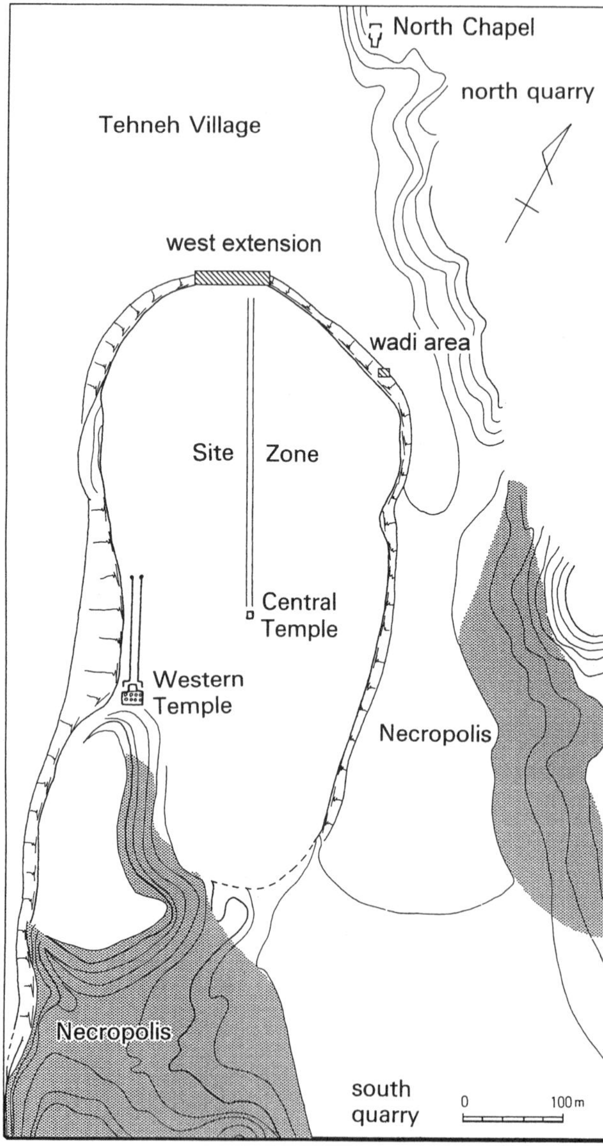

図 2　アコリス遺跡図

Kawanishi, H. and S. Tsujimura (eds.), 2002 *Preliminary Report Akoris 2001*, Tsukuba. Fig. 1

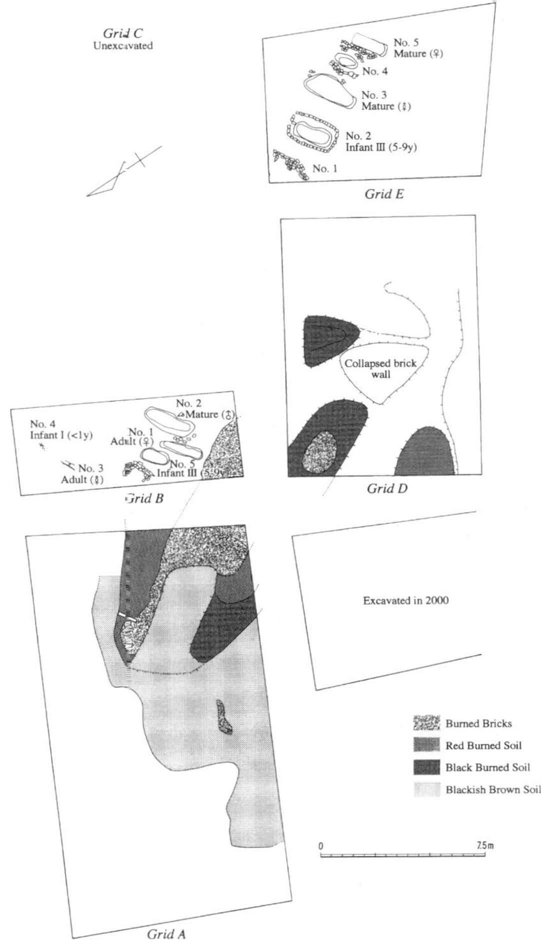

図3　2001年アコリス遺跡　ワディ発掘区遠景(上)と平面図(右)

図 4　2001年東-D 区

図 5　2001年東-A 区の被熱煉瓦と灰の出土状況

これらの炉址の年代だが、先にも述べたとおり、度重なる洪水のため、壁は倒壊し、遺物はすべて押し流されており、原位置に残存するものはないに等しい。ただ、スラグに覆われた土器片にはコプト時代の特徴を持ったものが多い。遺構の覆土からは、ローマ時代（紀元後１世紀後半）のガラス製品破片やファイアンス器片などがコプトの土器片に混じっていることから、年代の上限をコプト時代後期（紀元後6世紀頃）と考えてよいだろう。これ以降のコプト時代になると、A区からB区に拡がっていた炉址の焼土を切りこんで家族墓が造られている。A区にあった炉が放棄された後、あたり一帯がコプト教徒の墓として利用されていたことが判明した。さらに、この炉址の操業年数は比較的短期間だったと考えられる。後期青銅器時代に操業していたエンコミ（キプロス島）のスラグは現在でも推定体積が10〜100トンあり[7]、4ｍほどのスラグの山がいたるところにできている。これに比べると、2001年夏の発掘でワディ区より出土したスラグや金属関連遺物の総重量は約65kgで、スラグ密度も低いため、アコリスでの製錬は比較的小規模の操業だったといえよう。

さて、発掘で出土したスラグ（図6）と坩堝と思われる遺物の破片試料は、明治大学理工学部工業化学科の中村利廣と同大学院の梅田寛によって分析が行われた[8]。分析したスラグは16点、坩堝片は2点である。分析の結果、スラグは鉄系スラグ、ガラス質スラグ、ケイ酸スラグ、鉛ガラススラグ、そして錫石スラグの5種類に分別できた。このうち、鉄系スラグ、ガラス質スラグ、ケイ酸スラグは、日本の銅製錬址から出土するスラグと類似点が多く、これらのスラグは銅製錬と関連深い遺物であると推測することができる。しかし、スラグのうち鉛ガラススラグと錫石スラグは、他の銅製錬址からは発見例がなく、アコリス遺跡に唯一みられる特異な物質であることがわかった。分析に携わった中村・梅田によれば、これらのスラグは銅、鉛が金属の状態で析出しており、しかも錫を高濃度に含んでいることから、鉱石を還元した後、再度熔錬して得られる粗銅である可能性もある。一方、ロンドン大学のT. レーレンは、これらのスラグは青銅を熔解する際にでる滓と考えることもできる、としている[0]。熔解したもとの物質が何なのか、また、造滓剤として何を混入したのかが明らかになれば、生産した金属の推定やスラグの組成の理解も進むのだが、それらの手がかりがない現状ではスラグからもとの物質を探ることは非常に困難である。

さらに、坩堝もしくはトリクチと考えられる土器の内外壁に金属銅が高密度

図6　アコリス出土スラグの例

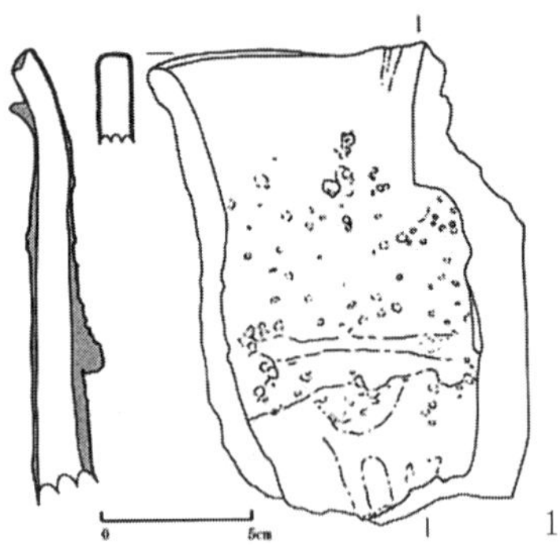

図7　アコリス出土　坩堝片の例

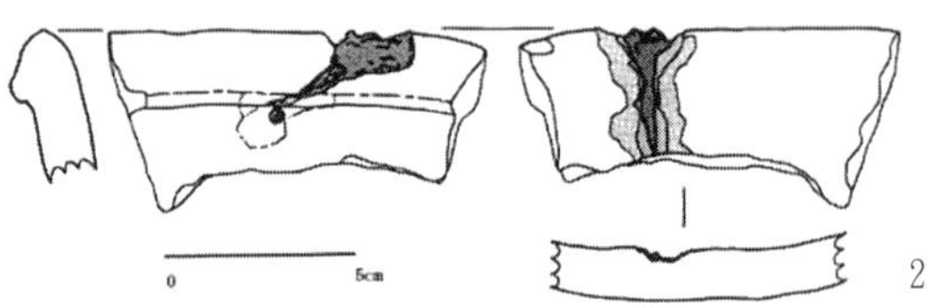

に析出していたことから、この土器は銅精錬を示唆している。また、付着物からは亜鉛化合物がいくつか検出されており、もしこれが精錬前の鉱石であるとすれば、亜鉛が多く含まれる硫化鉱であると考えてよい。あるいは、この銅と亜鉛の合金――真鍮である可能性も否定できない[(10)]。これらの試料全体に共通するのは金属銅の存在であるが、土器中に付着したスラグと分析したスラグの成分に若干相違する点があり、すべての出土遺物が銅精錬を示唆しているとはまだ言い難い状況にある。銅精錬以外に、上述の真鍮など、別の金属の生産が行

われていた可能性も否定できない。手がかりとなる炉址が破壊されているため、生産物を特定することができないのが残念である。生産された金属が出土すれば新たな糸口になるのだが、生産址が放棄された場合、商品価値のある製品はことごとく持ち去られるのが常である。アコリス遺跡のワディＡ区からもＤ区からも製品らしき金属は見つかっていない。ただ、ワディの下流にあたる別の発掘区（西区）からはシート状の金属が数片出土しており、梅田氏の分析により、金属銅であることがわかった[(11)]。西区の金属片と150m離れたワディ区出土の生産関連遺物と何の関連があるかどうかはわからないが、これら遺物の共通項が銅であるため、銅の生産場所であった可能性が高いといえよう。

発見された坩堝はすべて破片の状態で、精錬した銅を取り出した後、廃棄されたものだろう。坩堝の形状には数種類あり、はじめから坩堝としての使用のために作られたもののほかに、既存の土器の外側に植物を多く混ぜた土を外貼りして坩堝に転用している例が多く確認された。転用した土器の胴部の径は約15～20cm といったところだが、中には例外的に大きいものもある。これらの土器のオリジナルの厚みはまちまちだが、外貼りによって約１cm～1.5cm の厚みになっている例が多い。はじめから坩堝として作られたものは、口縁部直径が約12～15cm（内径）、高さ約17cm、厚さ１cm 前後の丸底円筒形状で、ほぼ形がそろっていた（図７－１）。しかし、口縁部のつくりや胎土の緻密さなどには個体差が大きく（図７－２）、大量生産された坩堝の規格品を使って精錬を行ったというよりも、手に入るもの、あるいは使えそうなものを集めて精錬を行った、という印象を受ける。

さらに、坩堝と類似した形状をもつもので、トリクチである可能性のある土器も出土している。坩堝は容器の外面には金属の付着があまり見られないのが一般的であるが、アコリスで出土しているものの中には、土器の内外面全体にスラグや金属銅が付着しているものがあり、これは大きな熔解炉から熔けた金属を取り出すときに使うトリクチであったことを示しているのかもしれない[(12)]。

(3) 古代の金属銅生産技術

古代の金属銅生産技術には、酸化銅鉱石や炭酸銅鉱石から製錬する方法と硫化銅鉱石を製錬する方法という、大きく分けて2つの方法がある。赤銅鉱や孔雀石に代表される酸化および炭酸銅鉱石は比較的簡単な手順で銅を抽出することができる。炭などの高い火力が得られる燃料と鉱石を混ぜて加熱すると、炉の上部には、熔解の際に出るスラグや燃え残った炭や鉱石などが固まり、下部には金属銅が析出する（床尻銅）。この方法を素吹という。さらに純度の高い銅を得るには、これを再熔錬し、不純物を取り除く。そして坩堝で熔湯にしたものを鋳型に流し込んで成形するのである。一方、輝銅鉱や黄銅鉱に代表されるような硫化銅鉱石は、まず、硫化銅を酸化銅にするための焙焼炉で加熱しなければならない。別子銅山での銅製錬では、薪を並べた上に鉱石を敷き詰め、これを交互に繰り返して、最終的には藁で覆い下から火をつけて30日～50日間燃やした。そうすると、硫化銅鉱石は脱硫して2～3割目減りし、銅と鉄の酸化物になる。これを再び炭ともに加熱し、石英や石灰岩、または粘土といった熔媒をくわえて熔錬する。この工程で得られた銅はマットとよばれ、不純物が多く含まれているため、再度再熔錬し、より不純物の少ない粗銅（あるいは半製品）にする。金属銅はマットの段階では得られず、粗銅の段階で析出しはじめる。これをさらに熔錬して、銅品位90％以上の黒銅を作る。そして最終的には坩堝の中で熔解し、鋳型に流し込んで製品をつくる。

銅製錬に使われた炉址の形状には、大きく分けて3種類ある。ひとつは地面にくぼみを作っただけの袋状の火床（ほど）形式炉で、土器の野焼き施設にも共通する。もうひとつは、断面は袋状だが、長方形のくぼみとコの字型の壁を持つ焙焼炉である。そして、3種類目は竪炉と呼ばれるもので、円形もしくは方形の壁で炉を囲い、炉壁に湯口や送風口などがあけてある。前者2種類の炉址は後期青銅器時代のティムナ(13)やキティオン(14)などで発見されている。エジプトでも、高温焼成を必要とするファイアンス用の炉址らしきものがアビュドスにある中王国時代の遺跡より見つかっているが、これも地面のくぼみに石を敷き詰めただけの簡単な火床形式炉であった。王朝時代の墓の壁画や浮き彫りに描かれているのも、すべて火床形式の炉である[(15)]。火床形式炉は、高温が得られる条件さえ満たしておけば、もっとも簡単に築け、効率がよい。したがって、青銅器時代に限らず、ローマ時代に入っても、このような炉は使われつづけた。他方、竪炉は炉壁を築くため、袋状炉よりは手間がかかるが、炉内の空気の流入と温度管理を調節することができる。竪炉はエジプトでは古王国時代より、パン焼きかまどとして存在[(16)]しているが、金属を精錬する際に使用した証拠は絵画や浮き彫りにも残されていない。また、ケルマやカンティールで発見されている炉址については、上部構造がほとんど残存していないため、上記のどちらに属する炉であったのかは不明である。ブリテン島のバク・ミク・コネイン遺跡（紀元後200年頃[(17)]）や中国湖北省の銅緑山遺跡[(18)]（紀元前800年頃）、日本では山口県の長登銅山遺跡（紀元後750年頃）など、世界各地の製錬址でも同様の炉址が発見されている。ただし、どちらの炉を使ったとしても、析出した床尻銅をとりだすために、炉壁を部分的あるいは全面的に破壊しなければならない。したがって、炉址は破壊された状態で発見されるのが常で、地面の焼け跡しか残っていない場合も多く、炉址の認定は困難を極める。アコリス遺跡で出土した炉址についても同様で、煉瓦壁の１段目が所々残存している程度で、炉の範囲は焼け土によって判断する以外になかった。さらに残念なことには、もともと残存状態の悪かった炉址に洪水が押し寄せ、遺構が削りとられただけではなく、範囲を示す灰の広がりさえも認識し難くなってしまった。2002年夏に行った発掘では、楕円形のくぼみ上部に堆積している被熱煉瓦を調べたが、これらの煉瓦はすべて遺構が洪水によって破壊された後の二次的な堆積であることがわかった。煉瓦の下層は焼土が堆積しており、この地点の近くに炉があったことを示唆している。焼土の範囲が半径５ｍほどに広がっていることから、比較的大きな炉ではなかったかと推測できる。比較的大規模な炉であれば、鉱石の焙焼炉や複数の坩堝を同時に熔錬することができる施設[(19)]だった可能性もある。

銅の製錬址から出土する関連遺物には、炉址のほかに、選鉱に使った石皿もしくは要石、叩き石、坩堝、ふいご、羽口、送風管、鋳型、スラグや生産に使われた道具などがある。これらすべての遺物が1カ所から出土することは稀で、生産場所や炉の形態などによって出土する遺物が違う。つまり、山製錬のような粗銅を得るための製錬の際には石臼や要石などの選鉱道具が必要になるが、最終段階の製品となる銅を作るための坩堝や鋳型は必要ない。出土した遺物は、その場所でどのような製錬が行われていたかを知る手がかりにもなる。アコリスの現時点での出土遺物には、数種類のスラグ、粗銅の可能性のある小塊、坩堝の破片、スラグの付着した土器片、土製鋳型もしくは炉壁の破片があり、これらは炉址の周辺から出土しているため、金属製錬と関連のある遺物であることがわかる。その他に、アコリスからは石灰岩製石臼、石灰岩製水盤、石灰岩製小杵などが出土したが、これらと製錬址とのかかわりは不明で、まったく別の用途に使用されたものかもしれない。

アコリス遺跡の遺物には鉱石がふくまれていない。通常、銅鉱石から粗銅をつくるところまでは、鉱石が採掘される鉱山で行われることが多い。ティムナの銅山で発見された炉址も、銅を製品に加工する場所に運ぶ前に粗銅を造った施設である。鉱山で生産された粗銅は、製品の生産地に運ばれ、さらなる熔錬をへて製品になる。したがって、アコリス遺跡から鉱石が発見されないとしても不思議ではない。アコリスは粗銅をさらに純度の高い銅に精錬する場所だったと考えてよいのではないだろうか。ローマ時代の税関の記録によると、アルシノエ・ノモス（メディネト・エル・ファイユーム）では、製錬滓（スラグ）を鉄もしくは青銅とともに輸入していた[(20)]。スラグは再度熔錬することによって、さらに金属が抽出できるため、スラグ自体も交易対象となったようだ[(21)]。つまり、鉱石でなくても、鉱石を熔錬して得られる粗銅やスラグが、このアコリス遺跡での精錬の原材料となった可能性は十分ある。

経済効果を最大限に集約するため、一般には製錬址は鉱石が得られる場所の近くにあり、精錬址は燃料が供給しやすく、輸出しやすい場所に立地する。アコリス周辺では銅鉱石の産出地や粗銅の産出地は知られておらず、さらに大量に必要な燃料が供給できた証拠はない。現代広く普及している燃料には家畜の糞とサトウキビやナツメヤシの葉を乾燥させたものがあるが、それだけでは高い火力を長時間保てたとは考え難い。アマルナのガラス熔解炉と考えられている遺構からは炭化した植物が発見されており、分析により、イチジク（*Ficus Sycomorus*）の木であると同定された。しかし、この木が木炭の状態で使用されたかどうかについては、さらなる研究の余地があるようだ[(22)]。燃料として最も炭素を供給できる木炭や石炭は当時使用されていたのだろうか、また、どのように供給されていたのだろうか。今回発見された炉址からは、炭化した木片が出土しており、森林総合研究所の能城修一らの分析によると、3試料のうち2試料がマツ科（マツ科マツ属 *Pinus Negro* とマツ科ヒマラヤスギ属 *Cedrus*）、1試料がヤシ科の木（*Phoenix dactylifera*）であることがわかった[(23)]。マツ科の木はエジプトで自生するものもあるが、今回検出した *Pinus Negro* は、現在までにどの遺跡からも発見されていない。さらに、ヒマラヤスギ属の *Cedrus* は、シリア・パレスチナ方面から輸入していたと思われる。しかし、燃料は大量に必要なはずである。輸送コストをかけてわざわざ燃料を輸入し、さらに銅金属の原材料も外部からアコリスにもたらされたとすると、はたしてなぜ、この場所で製錬が行われたのか、という疑問が起こってくる。自然の立地条件に合致しない場所で敢えて金属生産が営まれる背景には、人的意図（政治および経済的理由に起因する）があったとしか考えられない。

(4) 考察と問題提起

それでは、なぜ地方都市アコリスに金属生産という特殊な技術を要する産業が立地していたのだろうか。当時のエジプト社会の中のアコリス、という巨視的な視点で考察してみたい。

ローマ時代以降の文字記録は、おもにエジプト探査協会が発刊しているグレコ・ローマンメモワールに収録されている。現在ではオキシリンコス、ヒバ、アンティノオポリス、ヘルモポリスなどの記録が収められており、当時の社会システムを研究する上で貴重な史料である。記録のおもなものは徴税記録、土地借款の契約書や物品受け渡しの受領書などで、個人の職業などが記されている場合が多い。しかし、産業を構成する職種はわかっても、その産業の工程や技術などが推察できるような記録は乏しい。そこで、当時の文書などから復元できるエジプトの経済的状況から、アコリスの金属生産施設立地にはどのような背景があったのか考察してみたい。

アコリスという、金属生産の基盤のない地方都市に、突如として金属生産施設が現れた背景には、以下の3点があげられよう。

第1番目の背景は、貨幣経済システムが劣化したことにある。つまり、プトレマイオス朝時代に平定された貨幣経済システムはローマに受け継がれた後も、紀元後3世紀中葉までは比較的安定していた。ところが、紀元後260年〜290年にかけて、エジプトは急激なインフレ状態に陥った[(24)]。貨幣の流通は滞りがちになり、農村部では伝統的な物々交換経済に戻っていく。この時期は、ちょうどファイユーム地方の都市が急激に廃れる時期と重なる。運河が維持不能状態に陥ったことと、疫病の流行とが原因となって人々はファイユームを棄てた。急激なインフレのあおりを受けて、税金を支払うことができなくなり、耕作地を棄てる農民が多数いたようだ。土地を追われたこれらの人々は都市部を目指し、アレクサンドリアなどでは雇用を求める棄村民であふれかえっていたという[(25)]。多くの農民が土地をすててしまったため、エジプトの農業生産は急激に落ち込み、さらなる物価高騰を招いている。ローマ政府は質の悪い貨幣の流通量を増加させてインフレを解消しようとしたが、慢性的なインフレはその後コプト時代にまで続いていくことになった。

アコリスの主要な生業は農業と石灰岩の石切りであった。石灰岩の崖側面に残されているラメセス3世の名から、この場所での石切りは少なくとも新王国時代にさかのぼるといわれている。ローマ時代にはいってからは、大型のクサビを使用した大規模な石切りが行われた形跡がある。しかし、この石切り場も紀元後3世紀を境に操業を停止してしまう。アコリスで金属生産が始まったのはこの後の時代である。つまり、金属生産はローマ帝国の貨幣経済が形骸化し、経済基盤だった流通網もすたれ、アコリスの生業の柱である石切りも廃れてしまったあとに始まったことになる[26]。さらに、もうひとつの主要な生業である農業は、物価が急激に高騰する中では大きな収益が見込めない。したがって、アコリスに住んでいた人々は新たな町おこしの材料としてより商品価値の高い金属生産を始めたと推察してもよいのかもしれない。

アコリス以外の都市でも商品価値の高い金属工業が町の産業に大きく貢献している例がある。マッコウルの研究によると、紀元後6世紀のアフロディトでは、徴税した人口に対して約11.2%の人々が手工業製品生産——おもに金属器——の産業に携わっていたとしている[27]。ヘルモポリスでも同様に、金属加工職人の割合は高い。ここでは大都市とそれを支える近郊の小都市の関係が表れているように思う。つまり、アフロディトやヘルモポリスなどの大都市ではすでに製品化されている金属を加工する仕事に携わっている。一方、金属を精錬する産業は、消費地である大都市内というよりも大都市に物資を供給する近郊に立地していただろう。この当時の経済圏は、ローマ帝国最盛期ほどの広がりはなく、ナイルを軸にして大都市と近在の小都市や村の結びつきを一単位とする、比較的小規模なものだったのではないだろうか。

アコリス遺跡の神殿域や居住区に残るオリーブ油搾装置は紀元後4世紀初頭以降に設置されたようだ[28]。さらに、同区域には製粉、土器焼きなどの生産に関連する遺構も目立つようになる。ワディ地区の金属生産址は厳密な編年は難しいものの、紀元後4世紀から6世紀頃に位置づけることができるようだ。もし、この遺跡全体の編年が正しければ、アコリスはローマ崩壊後、徐々に産業の幅をひろげ、商品価値のある土器やオリーブ油、金属を他の都市に輸出できるだけの力を備えていたことになる。辻村純代は紀元後3世紀までファイユーム地方が中心だったオリーブ油生産が下火になり、代わってアコリスなどの中部エジプトで生産活動が行われていたと考察している[29]。この現象も、大都市に生産物を供給する地としてのアコリスの役割を物語っている。

第2番目の背景には、流通ネットワークの崩壊が挙げられよう。ローマ時代後期までは、ファイユーム地方の運河も適切に管理されていて、ローマ帝国の大動脈ともいえる物流を支える道路網が十分に整備されていた。エジプトおよび地中海沿岸で作られた交易品は、紅海沿岸の港から偏西風を利用してインド方面に輸出されていた。ナイル河から紅海に抜ける砂漠の道は上エジプトルート[(30)]と中エジプトルート[(31)]の両方が開拓され、これらのルート沿線では鉱物資源などが積極的に開拓された。さらに、ナイル河畔には船で半日の距離（約50km）ごとにノモスの都がおかれ、交易の拠点となっていた[(32)]。アコリスはちょうどヘルモポリスもしくはアンティノオポリスから下流の州都キノポリスまで（約100km）の中間に位置しているため、船の交通の中継点としての役割を果たしていた可能性もある。しかし、ローマ帝国も後期になると、運河・道路網の維持が困難になる。それまでは長距離の流通網に乗ってアコリスに運ばれていたさまざまな交易品も、次第に滞るようになっていったと考えられる。アコリスに住んでいた金属加工職人たちは、ローマ後期以降、流通ネットワークの崩壊により、それまでは遠くの供給源から運ばれてきていた金属を加工するだけの産業から、さらに金属そのものも作り出さなければならなくなったのかもしれない。しかし、金属生産の技術には温度管理や炉の構築方法など、さまざまな知識と経験を必要とする。このような技術をアコリスにもたらしたのは、次の3番目の背景に挙げる職人集団の移動によるものと考える。

王朝時代のエジプトでは、農民も職人も一様に土地を離れることに対しては制約が設けられていた。しかし、ローマ時代に入ってこの制約は緩和されたようで、職人が受注をうけて移動する記録が多くなっている。紀元後253年にはパナポリスの公衆浴場の防水処置を施すために、コプトスから3人のガラス職人が赴き、さらにオキシリンコスには靴職人と金細工師が呼び寄せられている[(33)]。元来基盤となる産業がなかった場所に突然新しい産業がおこる背景には、このような受注を受けて移動する職人たちの存在もあったようだ。ローマ後期にはヘルモポリスで大規模な公共施設建設工事が行われていて、このために生じた需要がヘルモポリス[(34)]の街中に、あるいはアコリスのような近郊の都市に産業の発展を促したのかもしれない。

(5) ま と め

アコリスで発掘された金属生産関連遺物の分析から、ここではコプト時代初期に金属銅を生産する施設があったことが推定された。出土した炉址やスラグ、坩堝などの遺物は、古代の金属生産技術の解明に大きな貢献をしてくれた。また、類例のない元素組成を持つスラグがあることから、古代の金属生産は現代の私たちが想像する以上に多様な工程を経ていた可能性もあることがわかった。

ローマ時代後期になるまで、アコリスではローマ帝国による採石が盛んに行われ、採石に携わる人々の数も農業に次いで多かったのだろう。しかし、ローマ帝国の崩壊により、アコリスの人々は生活のために農作物よりも商品価値の高いオリーブ油や金属生産を試みたのではないだろうか。長距離の流通網が機能しなくなり、経済圏が狭まる中、アコリスの生産物は近郊の都市の需要を満たしたのだろう。コプト時代後期に入り、ナイル河畔の多くの都市では都市活動が停滞し、経済的にも冷え込んだ状況が続いた。その大きな波を受けてアコリスでの生産活動も滞った、と解釈することができないだろうか。

今後さらなる発掘成果により、アコリスやアコリス近郊の都市との関連が解明できることを願っている。

註

(1) Yamahana, K. and A. Ito 2002 "Wadi Area", in Kawanishi, H. and S. Tsujimura (eds.), *Preliminary Report Akoris 2001,* Tsukuba, 7–14, Fig. 7.

(2) 金属製錬と精錬は厳密に使い分けされるべき語だが、アコリス遺跡において、どちらの工程が行われたのか明確になっていないため、本稿では明らかに精錬を意味している箇所を除いては、「製錬」という語で統一する。

(3) Bonnet, C. 1982 "Les fouilles archéologiques de Kerma (Soudan)", *Geneva* 30, 29–53; Bonnet, C. 1990 *Kerma, royaume de Nubie, A*, Genève, 50.

(4) Pusch, E. B. 1990 "Metallverarbeitende werkstätten der frühen Ramessidenzeit in Qantir-Piramesse/Nord", *Ägypten und Levante* I, 75–113.

(5) Petrie, W. F. 1886 *Naukratis,* Part I, 1884–5, London, 36.

(6) デルタ西部のプトレマイスのローマ期に高温浴室のあった場所から金属を熔解した痕跡がある、と報告されているが、これは後のビザンツ期に入って、ローマ邸宅周辺に残されていた金属を鋳熔したためと解釈されている。Kraeling, C. H. 1960 *Ptolemais: City of the Libyan Pentapolis,* Chicago, 271–272.

(7) Zwicker, U. 1990 "Archaeometallurgical Investigation on the Copper-and Copper-Alloy-Production in the Area of the Mediterranean Sea (7000–1000BC)", *Bulletin of the Metals Museum,* vol. 15, 7.

(8) 梅田寛 2001「エジプト、アコリス出土金属精錬遺物の分析」2001年度 明治大学理工学部環境分析化学教室（中村利廣教授研究室）修士論文；Umeda, H. and T. Nakamura 2002 "Slags and Crucibles", in Kawanishi, H. and S. Tsujimura (eds.), *Preliminary Report Akoris 2001,* Tsukuba , 20–23, Fig. 15.

(9) ロンドン大学ユニバーシティ・カレッジ教授 Dr. Thilo Rehren との私信による。

(10) ロンドン大学ユニバーシティ・カレッジ教授Dr. Thilo Rehrenとの私信による。真鍮の生産は紀元前1世紀には始まっており、ローマ時代には確立した生産技術があったようだ。

(11) 梅田寛 2000「エジプト出土遺物の測定—金属片の測定—」明治大学理工学部環境分析化学研究室発表レポート。

(12) 広島大学大学院文学研究科古瀬清秀教授との私信による。

(13) Rothenberg, B. 1988 *The Egyptian Mining Temple at Timna,* London; Tylecote, 1962 *Metallurgy in Archaeology: A Prehistory of Metallurgy in the British Isles,* London, 27, Fig. 3.

(14) Zwicker, U. 1990 "Archaeometallurgical investigation on the Copper-and Copper-Alloy-Production in the area of the Mediterranean Sea (7000–1000 B. C.)", *Bulletin of the Metal Museum,* vol. 15.

(15) Tomb of Rekhmira (TT100); Tomb of Puyemra (TT39); Tomb of Khaʿy at Saqqara.

(16) Arnold, D. 1976 "Wandbild und Scherbenbefund", *MDAIK* vol. 32, 1–32, Abb. 5.

(17) Callander, J. G. 1931–32 "Earth house of Bac Mhic Connain", *Proceedings of the Society of Antiquaries of Scotland,* 66, 42–66.

(18) 池田善文 1993『長登銅山遺跡II』山口県美東町教育委員会、213頁。

(19) ローマ時代のワイルダースプール遺跡では、風口と煙突のついた2.22m×91cmの長方形竪炉が発見され、炉内には坩堝を嵌め込む土台が据付けてあった。Tylecote 1962, 36.

(20) Sijpesteijn, P. J. 1987 *Customs Duties in Graeco-Roman Egypt,* Studia Amstelo-

damensia ad Epigraphicam ius Antiquum et Papyrologicam Pertinentia, Holland, 62.

(21) Sijpesteijn, P. J. *ibid.*

(22) Nicholson, P. T. 2000 "Egyptian Faience", in Nicholson, P. T. and I. Shaw (eds.), *Ancient Egyptian Materials and Technology,* Cambridge, 192f.

(23) Noshiro, S. and H. Abe 2002 "Identification of Charcoals", in Kawanishi, H. and S. Tsujimura (eds.), *Preliminary Report Akoris 2001,* Tsukuba, 23, Fig. 16.

(24) West, L. C. and A. C. Johnson 1967 *Currency in Roman and Byzantine Egypt,* Amsterdam, 84.

(25) カラカラ帝がアレクサンドリアに居住していたエジプト人に対して、もともと帰属していた村に帰るよう、勅令を出している。West, L. C. and A. C. Johnson 1967 *Currency in Roman and Byzantine Egypt,* Amsterdam, 83.

(26) 2002年夏に山口大学の堀賀貴が行ったアコリス周辺の石切り場に関する調査では、アコリス住居址から南に約6㎞の現アズバ村近郊にコプト時代と思われる露天掘りの石切り場があることを発見した。アズバ村近郊の石切り場の規模はローマ時代の「南の石切り場」に匹敵する。しかし、「南の石切り場」とアズバ村近郊の石切り場との年代差や、アコリスの町やそこに住んでいた石切り労働者との関わりは現在のところ不明である。

(27) MacCoull, L. S. B. 1993 *Coptic Perspectives on Late Antiquity,* Variorum, 69.

(28) 辻村純代 2001「古代エジプトにおけるオリーブ油生産」『食文化助成研究の報告』11、味の素食の文化センター、71頁。

(29) Tsujimura, S. 1995 "Olive Oil Production at Akoris", in *Akoris; Report of the Excavations at Akoris in Middle Egypt,* 1981–1992, The Paleological Association of Japan, Inc., Koyo Shobo, 464–470.

(30) ケナ～ミオス・ホルモス道、ケナ～フィロテラス（サファガ）道、コプトス（テーベからも可能）～レウコス・リメン（クセイル）道、コプトス～ベレニケ道、アポリノポリス（エドフ）～ベレニケ道などが挙げられ、これらの道の沿線周辺には金鉱やアメジスト採掘場、ローマ人が好んだ花崗岩の採石場などが分布している。Murray, G. W. 1925 "The Roman Roads and Stations in the Eastern Desert of Egypt", *JEA* 11, 138–150; Sidebotham, S. and R. E. Zitterkopf 1995 "Routes through the Eastern Desert of Egypt", *Expedition* 37, No. 2; Murray, G. W. 1967 *Dare Me to the Desert,* London; Meyer, C. 1992 *Glass from Quseir al-Qadim and the Indian Ocean Trade,* SAOC 53, 50.

(31) アンティノオポリスからミオス・ホルモスへいたるルートで、ハドリアヌス帝の治世（紀元後130年頃）に整備された新しい道である。アンティノオポリスが起点となり、ワディ・タリファを通って紅海側に達し、ビィル・アブ・ハナラを経て、ミオス・ホルモスに至る。

(32) Bagnall, R. S. 1993 *Egypt in Late Antiquity,* Princeton, 18–19.

(33) Bowman, A. K. 1986m *Egypt after the Pharaohs, 332BC-AD642,* California, 108.

(34) ヘルモポリスでは、紀元後260年から270年に大規模な公共事業が遂行されている。West, L. C. and A. C. Johnson 1967 *Currency in Roman and Byzantine Egypt,* Amsterdam, 83.

末期王朝時代における宗教の変容
——プトレマイオス朝時代のテラコッタの淵源を求めて——

辻村純代

(1) はじめに

中エジプトの県都・ミニアの対岸から北に15km、ナイルの沃野と砂漠とを分ける河岸段丘上にギリシア・ローマ時代の都市アコリスはある。1981年から実施した2つの神殿を中心とした発掘調査によりアコリス市の沿革を明らかにした（財）古代学協会の成果[(1)]を引き継いで、1997年からは筑波大学を主体とする調査チームが都市の北端部において発掘を再開した。北端部分では都市壁が未確認であったことに加えて、大型石材が散乱していたために都市門の存在が期待されたからである。しかし発掘の結果、これらの大型石材はいずれも未製品であって、門を構成していたものではないことが判明し、その下層から末期王国時代の都市壁を検出した[(2)]。

石材はほぼ水平を保ち、沈下を防ぐための装置も備わっていたことから、この場所は近隣の岩山から切り出してきた石灰岩の加工場と推定された。ローマ時代にアコリスから切り出された石材が首都アレキサンドリアに運ばれた記録は残っているが、この加工場の操業はそれよりも古い時代に遡る。というのは、これらの石材を埋めていた焼土層からプトレマイオス朝時代の遺物が大量に出土したからである。

厚さ2mほど堆積していたこの焼土層は、発掘区からそれほど遠くない場所で焼失した家屋の土砂が廃棄されたものと考えられ、アコリスのような小都

図1　アコリス出土のテラコッタ
1：ベス（残存高10.3cm）、2：ハルポクラテス（残存高5.2cm）、3：イシス神官（高さ17.5cm）

市では想像できないほどの数にのぼるロードス産のアンフォラ、ランプ、そして様々の神像や人物を象った中空のテラコッタを含む遺物を含んでいた。アンフォラは紀元前3世紀末～2世紀初頭のものが多いのに対して、ランプは紀元前2世紀～1世紀とやや年代の降るものが多いといったように、遺物によって主たる年代にはずれがあるものの、ローマ時代に降るものはなかった。

アコリスでこれほどまとまってプトレマイオス朝時代の遺物が出土したことはなく、神殿域の調査でも型作りのテラコッタが発見されたのはわずか2例にすぎない。ひとつは西方神殿の東に接した地区から出土した裸体のアフロディテ女神像である。この地区では末期王朝時代から後期ローマ時代までの遺構が検出されたが、テラコッタは攪乱層から出土したので時期が判然としなかった。これに対して、他の1例は初期ローマ時代に築造された中央神殿の東方に設けたトレンチから発見されたベス神で、プトレマイオス朝時代の土器と共伴した。これによって、従来ローマ時代と考えられていた小型で型作りのテラコッタは、プトレマイオス朝時代に遡って製作されていた可能性が出てきたのであるが、遺跡北端部における焼土層からの大量の出土は、その年代を確実なものとしたのであった。エジプト古来の神とギリシアの神からなるこれらのテラコッタはエジプト社会が異なる宗教を受容したことを示しているだけなのか、あるいは新しい信仰の所産なのだろうか。小稿ではプトレマイオス朝時代のテラコッタを取り上げ、長期にわたって維持された独自の宗教世界に起きた変化について考察してみたいと思う。

(2) アコリス出土のテラコッタ

テラコッタとは土製の人形であるから、王朝時代から作られていた手捏ねの製品も、もちろん含まれる。しかし、ここで取り上げるテラコッタは、表裏それぞれを鋳型で作り、そのあとに合体させる中空タイプであり、型作りのランプと同様にギリシア起源の遺物である。神をモチーフとしたものが多いのもこのタイプの特徴である。表面が精緻に作られるのに対して、裏面は後ろ姿を描くものと何も描いていないものとがあり、どちらも共通して成形後に小さな孔を背面に開けて焼成を良くし、断裂を防ぐための工夫がみられる。また、焼成後に白いスリップをかけて彩色するが、この手法はアレキサンドリアで始まったのではないか、と言われている。

3シーズンにわたる焼土層の発掘によって120点余りのテラコッタが出土したが、その多くは破片である。2つの神殿域から出土した2例を加えると、同定できたものに関しては以下のグループに分類される。

1　エジプトの神々：ハルポクラテス、ベス、イシス（女性神官を含む）、ファラオ。

2　ギリシアの神々：アポロン、アテナ、アレス、(ヘルメス)、バウボー、アフロディテ。

3　人物像：婦人、小人。

4　動物：ワニ。

このうち、もっとも点数の多いのはエジプト古来の神々であるハルポクラテスとベスである。ハルポクラテスはオシリスとその妻にして妹であるイシスとの間に生まれた子供である。“子供のホルス”とも呼ばれ、鳥や馬に乗ったり、壺を抱えていたり、その姿態は様々だが、片方に三つ編みにした髪を垂らす子供のヘアスタイルで、人差し指を口にくわえた仕草が共通している。また、しばしば蓮の蕾みを象徴する２つの突起をもった髪飾りを付けている。いっぽう、ベスはもともとライオンと結びついた神で、ヤシの葉の冠を被り、剣と盾をもった裸像として表される例が多く、大きな目と舌、濃くて長い鬚、さらには太鼓腹とガニ股の短く太い脚など、特徴のある体つきをしているために破片であっても同定しやすい。

これら特徴のある２神に対して、女神は人間の女性と区別することが破片の場合は難しい。唯一の完形品である女性像は、頭にはハルポクラテスと同様の２つの蕾の飾りと花冠を被り、長衣（Himation）の上から掛けた襷に“イシスの結び目”を表している。この前結びの帯は、イシスがハルポクラテスを身ごもった時、お守りとして締めたとされ、特に“イシスの結び目”と呼ばれている。プルタルコスの説明によると、冥界の王オシリスが死者に与える裁きの言葉を宣告するイシスの力を結び目は象徴しており、それは“言葉は真実なり”という意味をもっているという(3)。イシスの表象を有しているにもかかわらず、この像をイシス女神ではなく、イシスを祀る女性神官と推定したのは左手にタンバリンを持っているからである。他に王朝時代の神々として、門柱を背後に、ウラエウス付きの頭巾を被ったファラオの頭部を表現した例がある。

ギリシアの神々では、竪琴を弾くアポロンのほか、ヘルメットを被ったアテナとアレスの頭部がある。アレスはゼウスとヘラの間に生まれた軍神である。あまりの凶暴さのために嫌われ者であったが、その激しさに惹かれたアフロディテは彼の数少ない味方であった。エジプトではアフロディテはアテナよりも人気のあるギリシアの女神であり、そのテラコッタは少なくないが、アコリスでは1例にとどまる。このほかに、頭部と下肢を欠いているけれども、若々しい身体を包む短外套（Chlamys）を肩にかけた姿からヘルメスの可能性がある例が出土した。

裸体で大きく脚を広げて座る女性は、デーメテール女神が愛したコレー（冥界に連れ去られてのちはペルセポネーと呼ばれる）を探すのに疲れてエレウシスに辿り着いた時に、猥褻な身振りで女神の笑いを引き出した人妻バウボーと推定される。豊満な身体と性器を晒したこの女性の役回りは、ギリシア版アメノウズメといったところであろうか。

婦人像には頭部に宗教的装いである花冠を被ったものと、何も被らないものとがある。婦人像のなかには大型品も含まれる。顎から前髪の生え際までの高さが通常、2～3㎝であるのに対して、大型品は5㎝もあるから、これを復元すると大型品の全体の高さは30㎝近くになる。一般に、大型品は小型品よりも古く、プトレマイオス朝時代初期に位置づけられる。

小人の顔は太い眉と深い皺を刻んでいて、ギリシア演劇に現れるグロテスクな仮面とは異なる。ギリシア神話に登場する小人には、ケルコペス、プリアポス、シレノスがあげられる。いずれもいたずら好きで、プリアポスとシレノスはエジプトでも人気のあったディオニュソスとの関係が注目される。特に牧羊神パンの息子で森の神であったシレノスはディオニュソスに葡萄酒の魅力を教え、彼とともに旅をして地中海沿岸の国々に葡萄酒の作り方を広めたとされている。常に禿頭で布袋腹の老人として描かれるが、出土品は被りものをしている頭部だけなので、この神であるとまではいえない。

動物としてはワニがある。エジプトではワニはソベクと呼ばれるナイルの神であり、アコリスの都市神でもあった。末期王朝時代以来、神殿には大小のワニのミイラが大量に奉納されたが、神殿地域からそのテラコッタは出土していない。

(3) 他の遺跡から出土したテラコッタとの比較

アコリスと同じく、中エジプトの都市遺跡アンティノエの墓地から250個という大量のテラコッタが出土している。このアンティノエ出土品に加えて、タニス（45個)、エレファンティン（5個)、エドフ（5個）などエジプト各地から出土したテラコッタがルーブル博物館に収められているが、これらの収蔵品の総数484個のうち、ハルポクラテスがその45％（218個)、イシス20％、ベス6％を占め、ギリシアの神としてはもっとも多いアテナ女神でさえ4％に満たなかったのである。[(4)] 9柱のエジプトの神々に対して、ギリシアの神々は13柱とバリエーションに富んでいるけれども、量的にはエジプトの神々、わけてもハルポクラテス、イシス、ベスが卓越しており、その点でアコリス出土のテラコッタと共通した傾向を持っている。そしてテーベの最高神であったアモン、イシスの夫であるオシリスおよびセラピス、ギリシアの最高神であるゼウスなど高位の男性神がことごとく稀少であることも注目される。また、アコリスでは明確な例がなかったが、ルーブル博蔵品には神々の習合例が多い。特にイシスに関して顕著で、たとえば松明やコルン・ヌコピアを抱くイシスは明らかにデーメテールとの習合を示しているし、裸体や裾をたくし上げて陰部を露出しているそれがアフロディテとの習合を示していることは明白である。

アンティノエ出土品は1897年と1910年の調査、カラニス出土品は1929年調査、タニスは1929-40年と1946-51年調査でそれぞれ得られたもので、アンティノエとカラニス出土品はすべて初期ローマ時代とされており、タニス出土品のなかにプトレマイオス朝時代の可能性のあるものが含まれているだけである。つまり、不明とされた例を除くと収蔵品のほとんどはローマ時代と推定されている。しかし、発掘された時期が古く、加えてアコリスのように明らかにプトレマイオス朝時代の層から出土した例がでてくると、従来の年代観をそのまま受け入れるには問題がある。また、アンティノエのように墓地から出土しているテラコッタがあるいっぽう、神殿（カルナック）や居住地（エドフ、カラニス）から出土した例もあって、テラコッタが特定の遺構と結びつかないことはその宗教的性格をつかみ難くしている理由のひとつにあげられる。アコリスでは、ほかに神殿域から出土したものがあるが、ごく稀であることはすでに述べたとおりである。そして遺跡の南部に分布するギリシア・ローマ時代の岩窟墓についてはそのほとんどが盗掘されているので、テラコッタが副葬されていたかどうかは不明である。そこで、年代と出土状況がわかる最近の発掘例について検討してみよう。

アトリブ（Tell Atrib）

カイロから北に約40㎞、現在はベンハと呼ばれるデルタ中央部に位置する都市遺跡。

遺物包含層：前2～1世紀の土器、ランプ、プトレマイオス6世のコイン（180～168B.C.)。喜劇役者のマスクは、ディオニュソス崇拝に関係する劇場劇の模倣品であろう。女性と男性の頭部（男性が被っている花飾りは儀礼的な目的をもつ)。ハルポクラテス，ホルス、ベス。[5]

プラスター張りの床：前3世紀末～2世紀初頭の土器、ランプ、ロードス産アンフォラ、テラコッタ。“メロンの髪型”をした婦人像、小人と神官の頭部、壺を抱いたハルポクラテス。

部屋263：キュベレ女神、両足を広げた裸の女性座像（バウボー）

下層の壁に囲まれた部屋：プトレマイオス2世のコイン、ベスと“ホルスの眼”の護符と共に、マドニア兵士のテラコッタ。3世紀初頭。

プトレマイオス朝初期の壁：ベスのテラコッタ。

バラムン（Tell El-Balamun）

東北デルタにあるダミエッタの西方にある末期王朝時代からローマ時代かけての都市遺跡。[6]

プトレマイオス朝時代の住居：トレンチA南西端からプトレマイオ3世と4世のコイン、ランプ、ギリシア語のスタンプ付きアンフォラが出土。西端からは裸体のアフロディテのテラコッタ。

トレンチB攪乱層からはハープをひく女性のテラコッタ。トレンチC、同住居の内部からはロードス産アンフォラが出土。

ガザ（Kom Gaza）

アレキサンドリア近傍の遺跡。

墓：柱頭、壺から何かを飲んでいる豹、女性像（前3世紀第4四半紀、高さ23㎝）、女性頭部、犬を連れて駆け出す子供の各鋳型と、女性像（左手には何か長いもの、右手には翼をたたんだ鳩を抱く。このモチーフは前4世紀に遡る。高さ15㎝）、2つの女性頭部のテラコッタが出土。(7)

出土点数こそ少ないが、これらのテラコッタはいずれもプトレマイオス朝時代と推定され、墓からだけでなく住居からも出土しており、アコリスでの年代観および出土遺構が例外的ではないことがわかる。そして、やはり神像としてはハルポクラテスやベスが多いけれども、性別では女性（神）が卓越する。鳩はアフロディテの聖なる動物であるから、鳩を持つ着衣の女性はその信仰者かもしれない。珍しいテラコッタとしてはキュベレ女神があげられる。彼女はもともとプリュギアの大地母神であったが、のちにアルテミスと習合した月の女神である。

このように、プトレマイオス朝時代からローマ時代にかけて大量に作られたとみられるテラコッタにはエジプトとギリシアの神々のいずれもが形象化されていて種類は多いが、比率からみてその形象化は無作為ではなく明らかに選択的である。そうならば、なぜエジプトの神が選ばれたのか。そして、なぜ、それらは高位の男神ではないのだろうか。

⑷　末期王朝時代のテラコッタ

約300年間に及ぶ政治的混乱期（第三中間期：第21～第24王朝）を経て、ヌビア系の第25王朝第2代のファラオ、シャバカがテーベとデルタに分立していた政権を統一して以降、アレクサンドロスの入城までを末期王朝時代と呼んでいる。統一を果たしたのは第25王朝だが、2度にわたるアッシリアの攻撃に耐えられずエジプト支配を放棄したため、デルタの王侯の一人であったプサメティック１世が全エジプトを掌握し、第26王朝が成立した。全国制覇の際にギリシア人傭兵の活躍もあって、この時期には多くのギリシア人がエジプトに流入し、王は西部デルタにギリシアとの交易のために植民都市・ナウクラティスを建設して地中海世界との経済関係を強め、エジプトに久方ぶりの政治的安定と繁栄をもたらした。この繁栄の下でギリシア人がエジプト文化に触れる機会は格段に増えたはずであるが、ナウクラティスには意外なほどエジプト文化の影響が希薄である。

ナウクラティス市内にはアポロのほか、アフロディテやヘラなどギリシアの神を祀った神殿しか造られていない[8]。ここから発見された手捏ねのテラコッタはアフロディテ神殿への奉献品とみられる比較的早い時期のもので、アポロ神と競技者、奏者（ハープ、フルート）、狩人などの男性像とアフロディテ女神を含む女性像があり、これらはギリシア文化そのものといってよい。ただひとつの例外はイシス女神が息子のホルスを抱いている例であるが、エジプト国内に住んでいるギリシア人コミュニティーにはほとんどエジプトの神々への信仰は浸透していなかったという見方を変えるには至らない。

当然ながら、２つのパンテオン間では神々の習合も行われていない。すなわち、未だギリシアとエジプトの両パンテオンは独立した世界を形成していた可能性が大きい。もしそうだとすれば、２つの文化の並立は第26王朝のもついまひとつの政策を反映しているのかもしれない。それは強力に国内の中央集権化を推進したことであり、その理想が古王国時代に求められた結果、この時期の彫像に復古主義が目立つことは多くの美術史家が指摘しているところである[9]。すなわち、第26王朝は国家統合のためにエジプトの伝統的宗教への純化を奨励したのだから、ギリシアの神々との習合は図られようもなかったというわけである。

興味深いのは、優品ではあるけれども没個性的と言われている彫像群のなかにあって、神の化身である動物の造形には驚くほどの写実性と独創性が認められることである。これに関して、第三中間期から末期王朝時代にかけてアコリスのような新たな都市が生まれ、動物神が都市神として熱狂的に信仰されたことが想起される。もちろん、ホルスがそうであるように動物神は王朝の開闢以来、エジプトの神話世界を構成していたが、特定の都市と結びつくところにこの時期の特徴がある。例えばアコリスの岩窟神殿の入口に残る第26王朝かやや降る時期に書かれたと思われるグラフィティがあり、そのなかに都市神であるソベクの形容辞が繰り返し出てくる。神殿域から大量に出土したソベクの化身であるワニのミイラの年代が末期王朝期にまで遡るかどうかは問題があるけれども、トト神を祀るトウナ・エル=ゲベル(10)ではイビス鳥のミイラ、バステト女神を祀るブバステス(11)ではネコのミイラがそれぞれ大量に発見されているのと軌を同じくする動きをアコリスでもそのグラフィティからみてとることができる(12)。

第三中間期における政治的混乱は都市の自立化を促し、王権を支えてきた伝統的宗教は都市を対象としてそれまでとは異なる面を持ちはじめたことを、これらの動物信仰の隆盛が物語っているのではないか。すなわち末期王朝は国家の統合と同時に、その内部に自立化した都市を抱え込んでしまったのであり、社会の重層化は人々の宗教観にも少なからぬ変化を与えたことが推察されるのである。

その意味で、末期王朝時代の宗教を特徴づけるものに、イシスの聖婚とハルポクラテスの誕生を祝う儀式が執り行われたといわれる誕生殿（manmmisi）と(13)、災いを意味するワニを押さえ込んで立つハルポクラテスと彼の頭上にベスの顔を描いた小型の奉献碑ホルス・ステラ（Horus-Cippus(14)）とが末期王朝時代に流行したことは、同期の宗教の性格を如実に示している。誕生殿はデンデラやフィラエなど上エジプトの神殿に付属する小神殿である。ともにローマ時代まで継続し、ハルポクラテスを主要なモチーフとしており、奇しくもここにはプトレマイオス朝時代のテラコッタを代表する3神が揃っている。ナウクラティスのテラコッタのなかで例外としたエジプトの神もイシスとハルポクラテスであることから、この時代の信仰のテーマはDr. デービッド・フランクフォルターが“癒しのカルト”と呼んだように母子関係、特に子供の誕生と成長に関わっていることが推察される(15)。ホルス・ステラのハルポクラテスは蛇やサソリなど庶民の日常生活に危害を加える動物を両手に摑み、ワニを踏んで立っており、子供にとっては一層危険なこれらの動物から守ってくれることへの期待が伝わってくる。背後からハルポクラテスを見守るベスにも、同様の期待がかけられたことは疑うべくもなく、もはや王家の守護神としての性格は失われているようにみえる。こうした伝統的宗教の世俗化の流れのなかでプトレマイオス朝時代のテラコッタに登場するベスをみると、彼のもつ剣と盾は出産の危険から母子を守り、彼が打ち鳴らすタンバリンは出産の喜びを表しているようである。

(5) ヘロドトスがみた前5世紀の庶民的祭祀

末期王朝時代の民衆の宗教観を知ることのできるものに祭祀がある。末期王朝時代後半のエジプトは再び異民族からの攻撃に晒されるようになり、小アジア生まれの歴史家ヘロドトスがエジプトを訪ねた前450年にはペルシア王朝がエジプトを統治する時代になっていた。当時、エジプトで行われていた幾つかの庶民の祭りについて、彼はこう記している（松平千秋訳、ヘロドトス『歴史』（上）岩波文庫より）。

1．野のディオニュソス祭：“その祭の前夜、エジプト人はそれぞれ家の前で仔豚を屠って（ディオニュソスに）ささげ、……長さ1ペキュスほどの糸で操る像（を）、女たちがかついで部落を廻るのであるが、胴体と余り変わらぬほどの長さの男根が動く仕掛けになっている。笛を先頭に、女たちはディオニュソスの賛歌を歌いつつその後に従うのである。”

2．アルテミスのためにブバスティスの町に集まって祝う祭り：男女一緒に船に乗り込んでブバスティスに参集する。“カスタネットを手に持って鳴らす女がいるかと思えば、男の中には船旅の間中笛を吹いているものもいる。残りの男女は歌をうたい手を叩いて拍子をとる。……他の町を通る時には、……その町の女たちに呼び掛けてひやかし、踊るものもあれば、立ち上がって着物をたくしあげる者もいる。……ブバスティスの町に着くと、盛大に生け贄を捧げて祭りを祝う。”

3．ブシリスの町におけるイシスの祭り：生け贄の牛が焼ける間、“一同は自分の身体を打って哀悼の意をあらわす。……イシスはギリシアでいえばデメテルに当たる。”

4．サイスにおけるアテナの祭り：犠牲祭の行われる夜に各自燭台に火を灯すことから、“点灯祭”とも呼ばれる。

5．ブトにおけるレトの祭り：生け贄を捧げる（レトはアルテミスとアポロンの母)。

6．ヘリオポリスにおけるヘリオスの祭り：生け贄を捧げる（ヘリオスは太陽神)。

7．パプレミスにおけるアレスの祭り：神殿を守る神官とアレスの神体を運び込もうとする群集が殴り合いを演じる。幼くして別れた母親に会おうとして、それと知らぬ母親の召し使いに阻まれる、という話を再現したものと思われる。

ここには末期王朝時代に伸長してくるハルポクラテス、ベスを祀る祭祀は紹介されていない。一見すると、ブシリスのイシス祭を除くとすべてギリシアの神々に対する祭りのようであるが、しかしエジプトの神々への信仰が忘れられたわけではない。なぜなら、ヘロドトスはゼウスとアモン、奪われた肉親を求めて諸国をさすらう運命を共有したイシスとデーメテールを同一神であるとみなしているほか、ディオニュソスとオシリスもまた同一神と認識していたからである。

前6世紀以降、アテナイで盛んになったと言われている4つのディオニュソス祭のうち、“野のディオニュソス祭”は村の祭りであった。アテナイでは儀礼的余興として、競技やコンクール、仮面行列が加わったらしいが、ヘロドトスはそれについては触れていない。ディオニュソスはゼウスとテーバイ王の娘との間に生まれた、オリュンポスの神々とは若干性格を異にする神である。生まれて間もなく嫉妬深いヘラによって殺され、ゼウスによって再び生を与えられる。迫害を受けて海の底に消えたかと思うと、船に乗って再び現れる。彼の身に起こる死と再生の物語が植物神としての属性を表していることは、M. エリアーデが指摘するとおりであろう[16]。迫害、死と再生という共通したテーマをもつディオニュソスとオシリスの神話から2神を同一とみるのは容易である。

それにしても、なぜディオニュソスの男根が用いられるのだろうか。その理由については、ローマ時代の歴史家プルタルコスが次のようなエピソードを伝えている。テュポン（セト）に殺され、さらに切断されて捨てられたオシリスの遺骸を捜しまわるイシスにも最後まで彼の男根だけは見つけることができなかった。魚に食べられてしまったのである。そこでイシスは“生き写しの似像を作って、これを崇め、これを奉じて行列を行えと命じ”た。おそらく祭りはこのエピソードに倣ったものであろう、と思われる。これにからんで彼が伝えるオシリス神話をモチーフとしたローマ時代の祭祀は水辺で執り行われる。聖櫃に入れられたオシリス発見の再現である。オシリスがみつかった、と宣言されると、参列者は“土を水と高価な香料と香でこねて三日月形にまとめ、それに衣装を着せてお化粧をします。”そして、この人形を彼等は神と信じるのだと述べている。

テラコッタとしてはほとんど登場することのないオシリスだが、オシリス神話はこのようにローマ時代まで伝承され、その祭祀が実修されていたのである。そればかりか、ヘロドトスは次のように指摘している。“すべてのエジプト人が一様に同じ神々を尊崇するというわけではな”く、“ただイシスとディオニュソス（オシリス）の2神とは例外で（あった）”。つまり、人々が参加する祭祀は彼等が住んでいる都市によって異なっているけれども、イシスとオシリスだけは都市の枠を越えて信仰されていた、というのである。そして、この2神の特異性は次のプトレマイオス王朝にも引き継がれていくことになる。

(6) イシス女神の二面性

プトレマイオス朝はオシリスと聖牛アピスを習合して、新たにセラピス神を創出し、セラピスとイシス2神の関係を王と王妃の関係に投影した。王だけでなく、王妃たちも死後は新たに独立した神として祀られ、エジプト人はアルシノエ女王もベレニケ女王も共にイシスと同一視したのであった。このように2神への信仰は直接に王権と結びついていたので、プトレマイオス朝時代にイシス信仰を地中海世界に拡大したのは王家の宗教政策であったとする説もある。

大量に流入したギリシア人や“プトレマイア”と呼ばれる国家的大祭に招待されるギリシア各地の支配者たちを通じてイシスやセラピスが海外に紹介される機会はあったけれども、大戸千之が指摘しているように、イシスとセラピスがギリシア世界で広く信仰されるようになるのはプトレマイオス4世以降、すなわちテーベの反乱によってプトレマイオス朝が積極的な対外政策から手を引き、国内対策に総力を挙げなければならなくなって以後のことだったのである。しかも、2神がともにその信仰を順調に勝ち得ていったのではなく、プトレマイオス朝によって創出されたセラピス神の停滞を後目にイシス信仰のみが拡大したという(17)。したがって、プトレマイオス王朝がエジプトの神々の海外進出を政策として推進したとは考えられないとする氏の意見には説得力がある。確かに、プトレマイオス朝時代前期にはその支配下にあった南レバノンでさえも、イシスは興味を引かない女神であった。

アレクサンドロスとの壮絶な戦いに敗北するまでフェニキアきっての有力な都市であったテュロスの北にカラエブ（Kharayeb）という遺跡があり、ここから1130点にのぼる型作りのテラコッタが発見された(18)。このうち、同定可能な161点の分類結果によると、最も多いのはヘルメス（41個）で、シレノスやサテュロスを従えたディオニュソスも人気があった。これに対してエジプトの神々はアピス1、ベス6、ハルポクラテス25を数え、分類対象からはずれている4点のオシリスを加えて全体の約2割を占める。

ハルポクラテスとベスへの集中はエジプト国内から出土するテラコッタと共通している反面、女神に関してはフェニキア土着の神である“海の女神”14、デーメテール9、アフロディテ5、アルテミス2で、イシスの姿はない。注目されるのはハルポクラテスの衣にイシスの結び目が表現されていることであり、イシスに関してはオシリスやセラピスよりもハルポクラテスとの関係を重視していることがここから見て取れる。従って、ベスとハルポクラテスにイシスを加えたこれら3神の結びつきこそは先述した如く、家族の安寧や子供の出産・成長を祈念する信仰に他ならず、エジプトに生まれたこの信仰がナイル流域を越えて広がったことを示している。

なおテラコッタに限っていえば、プトレマイオス朝の支配下にありながらここではギリシアの神がエジプトの神を凌駕しており、それだけでなくディオニュソスをはじめ他のギリシア神像をみてもエジプトなどより遙かに本来の属性が忠実に守られているように思われる。

(7) ローカリズムと王権

エジプトの強大な王権とそれを支えた独自の宗教観は、デルタとテーベに王権が分立し争いの続いた第三中間期を境に大きく変化する。その時期は国家の側からみれば衰退期にあたるが、都市という視点に立つと必ずしもそうではなかった。それまでエジプトには宗教都市、軍事都市、ピラミッド建設のための都市など王権の統治機構に直接依拠した特殊な都市が都市の主役を占めており、この点でメソポタミアとは違っている。エジプト文明が“都市なき文明”と称せられた所以である。

しかし、弱体化した国家が秩序を失い、覇権を競う勢力の攻撃から防衛しなければならなくなった状況がようやくエジプト人に都市建設に対する意欲をかき立てたのだろう。それは自ずと国家や国家宗教からの自立化を指向させることになった。すなわち、各都市が固有の都市神として動物神信仰を生み出してローカリズムを促進するいっぽう、王権と結びついたそれまでの宗教とは違って、家族や個人の健康と安全をもたらしてくれる神が求められた(19)。そのようななかで脚光を浴びはじめたのが子供の姿をしたハルポクラテス、異形の神ベス、母イシスのような生活に密着した現世利益をもたらす神々だったのである。

エジプト王朝最後の光芒であった第26王朝は古王国時代を理想として中央集

権的な政策をすすめたが、すでにエジプト社会はローカリズムと世俗化に向かって動いていたのであり、その流れを止めることは最早できなかった。交易を通じてギリシアとの関係が深まるにつれ、当初はギリシア人コミュニティーに祀られていただけのギリシアの神々も次第にエジプト人の間に知られるようになる。そして属性の類似によってエジプトの神々と習合し、都市ごとに異なる神を奉じて行われる祭りを通じてエジプト社会に定着していった。

2つの異なる神話世界が融合されていく過程で、個々の神格が少なからず曖昧になっていくのは仕方ないことである。アレクサンドロスが“ゼウス・アモンの息子”と自ら称し、コインの肖像にアモンの角を描いて以来、プトレマイオス朝の王たちもこれに倣ったが、アモンの持つ多様な属性のためにヘリオス、ディオニュソス、パンの特徴も加えられたように、イシスもまた複数の神と習合した女神であった。

王と王妃はゼウスとヘラの聖婚を真似て兄弟姉妹婚を繰り返したが、この2神に相当するのはオシリスとイシスである。デーメテールと同一視されていたイシスはこうして国母として異民族の王権とも結びついたが、そのいっぽうでホルスの母という属性は宗教の世俗化に伴って、子を守る母として普遍化された。神殿よりも一般住居に祀られることの多かったテラコッタのモチーフとして人気を得たのもイシスが国母に擬せられたからではあるまい。無論、幾つかの属性を完全に分離してしまうことはできないけれども、立場や集団によって強調される属性が異なるのは不思議ではない。東地中海世界にその信仰が広まっていくに従い、各地の女神と習合してイシスの性格はさらに渾沌としたものになっていったのである。

イシスをはじめ多くの神が習合するいっぽう、王権とはあまり所縁はないけれどテラコッタには最も多く登場するハルポクラテスやベスは保守的である。エロスやシレノスなどとも習合した形跡はなく、この2神の結びつきと保守性は末期王朝時代からローマ時代に至るまで変わっていない。しかし、イシスのように習合する場合もどちらかの神に吸収されることはなかったから、神々は習合を繰り返しながら共存するし、習合によって新たな属性を獲得することもあった。宗教的にはアナーキーともみえるプトレマイオス朝時代の状況であるが、それはギリシア文化との出会いや影響によって引き起こされたものではなく、末期王朝時代あるいはそれ以前の政治的混乱によって惹起された伝統的宗教の変質に起因するのであって、ひとえに国内的な事情によるものだったのである。

註

(1) Kawanishi, H. and S. Tsujimura (eds.) 1995 *Akoris 1981–1992,* Kyoto.
(2) Kawanishi.H. and S. Tsujimura (eds.) 1998, 1999, 2000 *Preliminary Report Akoris 1997–1999,* Tsukuba.
(3) プルタルコス（柳沼重剛訳）1996『エジプト神イシスとオシリスの伝説について』岩波文庫。
(4) Dunand, F. 1990 *Catalogue des terres cuites gréco-romaines d'Egypte*, Musée du Louvre département des antiquités égyptiennes .
(5) Szymanska, H. 1999 "Report on Activities of the Polish-Egyptian Archaeological Mission at Tell Atrib, 1998", *ASAE*, Tome LXXIV, 75–82.
(6) Spencer, A. J. 1996 *Excavations at Tell el-Balamun 1991–1994*, London.
(7) Abd el-Fattah, A. and D. K. Tezgör 1998 "Quelques nouveauxs lexandrins à Kôm Gaza," *alexandrina* 1, 65–73, Cairo.
(8) Petrie, W. M. F. 1886 *Naukratis* Part 1, 1884–5, London.
(9) 鈴木まどか 1992『エジプト美術の謎』丸善ライブラリー、182～191頁。
(10) Gabra, S. 1971 *Ches les derniers du Trimégiste: la nécropole d'Hermopolis-Touna el Gebel*, Cairo.
(11) Habachi, I. 1957 *Tell Basta,* Cairo; Jamssen R. and J. Jamssen 1989 *Egyptian household Animals*, 17–18, Bucks.
(12) Uchida, S. 1995 "Philological Studies-Pharaonic", in Kawanishi, H. and S. Tsujimura (eds.), *op.cit.,* 322–326.
(13) Chassinat, E. 1939 *Le mammisi d'Edfou Vol.*, 2. Cairo; Daumas, F. 1959 *Les mammisi de Dendera,* Cairo; Junker, J. and E. Winter 1965 *Das Geburtshaus des Tempels der Isis in Philä*, Vienna.
(14) Daressy, G. 1903 *Textes et dessins magiques*; Seeles, K. C. 1947 "Horus on Crocodiles", *JNES* 6, 43–52.
(15) Frankfulter, D. 1998 *Religion Roman Egypt*, Princeton.
(16) ミルチア・エリアーデ（荒木美智雄他訳）1991『世界宗教史 1』筑摩書房、416

〜434頁。

(17) 大戸千之 2000「ヘレニズム時代における文化の伝播と受容—地中海東部諸地域におけるエジプト神信仰について」『古代地中海世界の統一と変容』青木書店、89〜116頁。

(18) Chéhab, M. 1951-1952 "Les Terres cuites de Kharayeb", *Bulletin du Musée de Beyrouth* Tome X, 125-181.

(19) 政治的混迷による宗教の世俗化と外来宗教の受容との関連については、古代中国における仏教の受容に際して類似した過程をみることができる（川西宏幸 1999「三角縁仏獣鏡」『古墳時代の比較考古学』同成社、157〜194頁）。

エジプト第18王朝における神官任命
――王の任命権と神官団――

屋 形 禎 亮

(1) はじめに

第18王朝における「帝国」の形成は、政治・経済・社会・文化のあらゆる分野にわたって、大きな影響を与えた。保守的・現実的なエジプト人が従来とってきた新しきものを旧きものと共存させるという方式では、この新しい情勢がもたらした問題の多くは解決されず、新旧の矛盾対立は蓄積され、激化した。とくに国家の中心をなすファラオの理念と現実とにおいて、この矛盾の進行過程は明瞭である。すなわち、古王国に完成された王権観によれば、国家体制の中心は「神王」であるファラオとされているのであるが、今やファラオは、この大帝国の建設者・維持者として、そのイデオロギーにふさわしい実力と権威とを獲得し、それに伴って、伝統的な体制の遵守というかつての統治理念をこえて、王の私的な意志を国政上に反映させようとする専制主義的傾向を強めてくる。しかし一方、このような大帝国の建設はひとり王のみの功績ではなく、神の加護によるものであるとされ、国家神アメンに対する尊崇の念は強まり、王による貢納寄進とあいまって富と勢力とを獲得していく。こうしてアメン神殿とその神官団は自律性の度合いを増し、「国家の中の国家」として国政にも介入し、ついには王位継承に干渉するようになる。ここから生じる王権とアメン神官団との緊張関係こそが第18王朝史の基軸をなしているといえよう。

本論は、この両者の緊張関係を、神官任命のあり方を通じてみていこうとする試みである。教義上古代エジプトの神官は、ファラオより委任された神の祭祀の執行・確保という任務を果たす、いわば王の名代ともいうべき地位にあった。エジプトにおいて、祭祀とは、まず第一に国家の果たすべき義務とされている。神は自己の支配する地域の主として、その運命を手中に握っており、あらゆる国家的秩序の究極の保証は神によっていた。したがって、国家の繁栄のよりどころである神々との関係を完全な状態のまま保持していくことは国家生命にかかわる一大関心事であり、祭祀の正しい執行運営の責任は、必然的に、国家をみずからの中に具現し、神々の前において人類を代表する存在である王の手におかれることになる。しかも王は祭祀をみずから行う義務がある。神の礼拝の正当な資格を有するのは、神王であるファラオだけであるからである。現実において神殿における勤行が神官によってなされるとしても、それは単に現実の要請に対する譲歩にすぎず、神官は王の名代として、王に委任された権利および任務にもとづいて神々に奉仕するのである。その限りにおいて、神官の地位は、世俗上・行政上の任務を王より委任された官僚と等しく、国家機関の一員であるとみなすことができよう。したがって神官の地位は、王による任命にもとづくということになる。この場合、祭祀上の必要とともに、政治上の顧慮がはたらくのは必然であり、とくに大帝国の建設によって、官僚制的な中央集権的統治体制の維持が強く要請される当時においては、アメン神官団に代表される「国家の中の国家」に対し、王の神官任命権を有効に行使しつつ、腹心を指導的な神官職に任命して、王権による一元支配を貫徹しようとの試みがくり返される。これに対してアメン神官団の側もその富と勢力を背景にして、組織および活動の自主性を確保しようとする。このことは神官任命のあり方としては、相続あるいは神官団側の自由な処置にもとづく神官職への就任を意味する。王の任命権の形骸化が図られるのである。しかもこの主張もまた教義上の正当性をもっている。すなわち、エジプトにおいては、故人の葬祭は相続人に課せられた神聖な義務であった。葬祭は、日々の供物をはじめ一定の物質的基礎を必要としたから、葬祭費用の確保のためにも父の地位の相続は強い願望であり、つねに慣習化していく傾向をもっている。王権そのものも同じ相続の原理にもとづいて「神王」の地位を正当化しているがゆえに、ファラオもまたこの慣習の尊重を強制されるのである。このようにして神官任命のありかたをめぐる王権と神官団（とくにアメン神官団）との葛藤は、第18王朝という激動の時代を背景に激化していくことになるのである。

史料として用いたものは、主として岩窟墓・石碑・彫像などに刻まれた神官たちの地位・称号である[(1)]。伝記風の碑銘もわずかながら存在するが、むしろこの地位・称号にもとづいて経歴の復原を試み、そこから、その人物がいかなる事情によりある神官職に就任したかを推察し、それらを時代順に配置してみることによって全般的な動向をさぐっていくこととする。伝記風碑文の場合、銘文の調子はあまり問題としていない。このような碑銘文を記すこと自体が王の好意にもとづくものであるとみなされていた以上、そこには常に王に対する感謝が表明されているからである。神官職就任の事情の多くが推論に頼らざるをえない点は、大きな弱点といえようが、当時の政治・経済・社会状勢を考慮していくならば、大きな誤りはさけられると考える。このような試みは従来ほとんどなされておらずわずかに類似の関心にもとづくものにH. Keesの「エジプト国家における神官制度[(2)]」があり、立論に際して多くの有益な示唆をうけた。ほかに官僚に関する類似の試みとしてW. Helckの「中王国および新王国の行政制度について[(3)]」がある。

⑵　第18王朝前半期における神官任命

第18王朝前半期に関しては史料は極度に乏しく、HatshepsutおよびThutmes Ⅲ世の時代になってはじめてまとまった考察が可能である。したがって、さしあたり、神官任命のありかたの歴史的変遷をみることは断念し、この両者の治世を中心として、前半期における神官任命方式の類型を探ることにする。便宜上考察の対象となる神官を⑴アメンの神官、⑵葬祭殿の神官、⑶地方神殿の神官、⑷祝祭執行官に分けて順次取りあげてみることとする。

1　アメンの神官

第18王朝前半期の末期が以下の考察の中心であるが、第18王朝初頭におけるひとつの法律文書(4)は、新王国、とくに第18王朝におけるアメン神官団と王家との関係の出発点をなすものとして重要である。それはヒュクソスを駆逐し、第18王朝を創設したAhmes（Ahmose）と、「大いなる王妃」（*ḥmt-nsw wr*）「アメンの神妻(5)」（*ḥmt-nṯr n 'Imn*）Ahmes-Nefertiriとのあいだにかわされた「アメン第2司祭（*ḥm-nṯr*(6)）」職の譲渡にかかわるものである。「アメンの神妻」「アメン第2司祭」ともに最古の例であるが、「アメンの神妻」は当時においては単なる称号にすぎず、以後正妃の称号の一つとなる。これに対し「アメン第2司祭」はアメン神官団ヒエラルキーの整備を示しており、高級神官である「司祭」内部の位階分化を物語っている。この文書はエジプトの法的慣習に反して、いかなる理由からAhmes-Nefertiriがこの地位を所有するにいたったかについては全く沈黙しているが、この神官職は、遺贈にもとづく世襲的な私有財産とされている。古王国以来神官職が女性に与えられることはなかったから、神に由来する王家の正当性の所有者としてのAhmes-Nefertiriの特殊な地位（「アメンの神妻」の称号の創設もこれと関連する）は明瞭である。後代、彼女は、息子Amenhetep I世とともにテーベの死者の都において神格化されている。

しかしながら、「アメンの神妻」と「アメン第2司祭」とが王家内の同一人に所有されている状態は明らかに好ましいものではなかったようである。アメン神官団の反対が介在していたかどうかは不明であるが、この文書によって、Ahmes-Nefertiriは、1,010*šnʿ*と見積られる穀物収入および耕地とひきかえに、夫Ahmesに「第2司祭」の地位を譲り渡した。これによって「アメンの神妻」が自由に処理しうる私有の資産および収入の基本部分が成立したことになる。譲渡契約の証人にはアメンの神官も含まれている。このようにして王に委譲された「アメン第2司祭」の地位は以後王家内部で世襲されることはなく、いわゆる「常人」に与えられている。しかしこの文書にみられる王家とアメン神官団との密接な関係および「第2司祭」に対する王の処分権の歴史的基盤は、以後の神官任命のありかた、とくに「アメン第2司祭」の性格を大きく規定し、神官団内部での神官職相続権の否定、王による任命の原則の主張の根拠の一つをなしているとみられる。

Ahmes-Nefertiri 以後に確認される最古の「アメン第2司祭」は、Puyemre（*Pwiꜣ-m-rꜥ*）である。[(7)] Hatshepsut 第9年にはすでにこの地位にあり、Thutmes Ⅲ世の単独統治時代にもなおその地位を保っている。その活動をみると、「アメン牧牛長（*imj-r Kꜣw*）」「アメン耕地長（*imj-rꜣḥt*）」として神殿の主要財産の管理にあたり、アメン神殿の手工業の監督にもあたっている。いずれも以後の「アメン第2司祭」の慣例的な職務である。墓銘によれば、王が神殿に寄進したアジアおよびオアシスよりの貢納品・戦利品・捕虜などの受領にもたずさわっている。「上エジプトの長」（*imj-r Šmꜥw*）の称号はかつての「州侯」の所有していたもので、世俗上の権力を表し、当時においては稀である。王の特別な寵愛を示すものであろう。だが Puyemre の活動の中心は「首席建築師」（*imj-r kꜣt*）としてテーベにおける大建築事業に従事したことであり、歴代の「アメン第2司祭」中最も顕著である。Hatshepsut の治世には Mut 神殿において礼拝堂の建築にあたったほか、Der el Bahri 葬祭殿の建築にも従事したようである。Thutmes Ⅲ世の治下においても Karnak のオベリスク建立に参加している。なおこのオベリスク建立を記録した墓銘においては「神父」（*it-nṯr*）とのみ記されており、「第2司祭」の称号はない。あるいは Hatshepsut の寵臣であったため、Thutmes Ⅲ世に疎んじられた結果であろうか。いずれにせよ、これらの建築活動こそ、Puyemre の主要任務であり、功績のよってきたるところであったとみられる。ほかに「首席典礼司祭」（*ḫrj-ḥbt tpj*）の称号があるが、新王国においてはしばしば、「典礼司祭」に対するよりはむしろ文字に精通している学者や官僚に対して用いられている。

しかし Puyemre の素姓は卑しく、父は単に *sꜣb*（「氏」）とのみ記されている。だが母は Hatshepsut の下に「大乳母」（*ḫmt wr*）であり、彼の昇進はこの母を通じての宮廷の私的関係によるところが大きいとみられる。第18王期の支配者達は、まさにこのような人物をこそ、有能で忠実である限り、好んで登用したのである。この点ではアメン神官も官僚と異なるところはない。

母を通じての王家との私的関係は、ほぼ同じころ、Hatshepsut 治下の「アメン大司祭」(*ḥm-nṯr tpj n 'Imn*) Hapuseneb (*Ḥpw-śnb*) についても同様である。[(8)] 父の Hapu (*Ḥpw*) は「アメン第3典礼司祭」という低い神官職しかもたず *s3b* と記されているが、母 Ahhetep はハレムの成員である。王の乳母であろうか。Hapuseneb の活動も Puyemre と多くの共通点がみられ、「アメン牧牛長」「上エジプトの長」の称号をもつほか、建築活動に従事し、Der el Bahri の岩窟墓の造営、Karnak での建築活動などを指揮している。「アメン神殿の全官職の長」(*imj-r i3w tnb(w) n pr 'Imn*) の称号は、神殿の最高責任者としての大司祭の地位に必然的に付随する職能を表している。しかし Hapuseneb は、Puyemre とはちがって政治的活動に身を投じており、王位をめぐる Hatshepsut と Thutmes Ⅲ世との争いの時代において、Hatshepsut 党の最有力メンバーの一人であった。「アメン大司祭」の地位と並んで「宰相 (*ṯ3tj*)」とも称していることから、彼は聖俗両界の最高の地位を同時に所有したと考えられたこともあったが、Hatshepsut 治下における Ahmes・Useramun (*Wśr-'Imn*) と続く宰相職の継承は Hapuseneb が現実に宰相として活動する余地を残していない[(9)]から、おそらく宰相は名誉職であったとみられる。「アメン大司祭」としてアメン神官団を率いて Hatshepsut の即位に貢納したことに対する代償であろう。ゆえに Hapuseneb は、老年における地位として高級神官職を与えられる平均的な高官の生涯とは逆のケースを示している。アメン神官団の勢力を背景として政治においても大きな権力を行使したこのような人物に対して「上下エジプト神官長」(*imj-r ḥmw-nṯr n Šmʿw Mḥw*) といういわば「教皇」にあたる地位が与えられたのも当然である。これによってはじめて、ただ1人の長をいただく全国にわたる神官層が形成されたのであり、以後この地位は原則として「アメン大司祭」が所有することになる。Hapuseneb はいわば、第18王朝初頭よりたえず勢力増大に努めてきたアメン神官団および「アメン大司祭」の努力が一応の成果を収めた姿を体現しているのである。これは同時に王権とアメン神官団との対立の萌芽をも生みだしたといえる。

以上の2例からみても、王家との私的な関係が神官職においても高位に昇任する重要な要素である。Hapuseneb の場合は父が下級神官であったが、Puyemre には神官の血筋はない。このことは冒頭の「アメン第2司祭」の歴史的基盤とも関係するであろう。当時においては、アメン高級神官職の世襲相続権は認められなかったのである。

Thutmes Ⅲ世から Amenhetep Ⅱ世にかけての「アメン大司祭」Menkheperresseneb（*Mn-ḫpr-rʿ-śnb*）も、その素姓の卑しいこと、神官の血統ではないこと、宮廷との私的な結びつきなど、前二者、とくに Puyemre との類似が著しい(10)。父 Amenemhet（*ʾImn-m-ḥ3t*）は単なる *s3b* にすぎないが、母は王の乳母の一人であり、その父は王の戦車戦士（*snn*）、母は王の乳姉妹である。こうした婦人の子弟は王のハレムで育てられることが多く、寵臣としての生涯を送っている。「大司祭」就任前の地位は「アメン第2司祭」である。Puyemre や後述する Amenhetep-Sise, ʻAnen の例も示すように、この地位は王家と私的な結びつきのある寵臣に優先的に与えられているのである。Menkheperreseneb は寵臣の特典として「アメン第2司祭」に任命され、Thutmes Ⅲ世の大帝国建設に応じてその富も莫大なものとなったアメン神殿の多方面にわたる任務を遂行し、ついにはこの功績によって Karnak の「アメン大司祭」に昇進したのである。その活動をみると、まず当時の「アメン大司祭」の通例としての「上下エジプト神官長」の称号をもつ。同時に管理活動を示す種々の称号、たとえば「アメン金銀両庫長」（*imj-r prwj-nb imj-r prwj-ḥḏ*）、「上下エジプトの村々（すなわち全国に散在するアメン神殿領）にあるものを見積る者」（*ḥsb wnnt nḫt nıwwt Šmʿw Mḥw*）もみられ、その墓壁には、アジアの貢納品や鉱山よりの金の受納の場面が描かれている。この描写は帝国神アメンにとってアジアの富がいかに重要な地位を占めていたかを示唆するとともに、アメン高級神官の地位といえども現実には宰相や財務長官とさして異なるところはないことを示している。「上下エジプトの王の織工の長」（*imj-r ḫndt-nsw n Šmʿw Mḥw*）は、神殿付属工房の作業、とくに女性が国家に奉仕する官営事業にも携わっていたことを示す。官営事業が神殿に付属することもまた、神官と官僚との相違を希薄にする一要素である。「*Wṯs-ḫʿw-'Imn* における労働長 (*imj-r k3wt*)」の称号はこうした工房での作業に関する任務とそれに関連した建築上の任務とを表している。

以上のような行政官的活動は、「アメン大司祭」よりはむしろ寵臣から任命される「アメン第2司祭」の特徴のようである。この印象は少し時代は下るが Thutmes Ⅳ世下の「アメン第2司祭」Amenhetep-Sise（*'Imn-ḥtp S3・s*）の墓においても同じである。[11] 指物師・彫刻師・金属細工師・製革工などの作業、畑の収穫の見積りおよび納入を監督し、それに応じて「金銀両庫長」「アメン穀倉長（*imj-r šnwt*)」の称号をもっている。王墓の造営にも参加した。視察の際の服装も廷臣や官僚と異なるところはないし、「第2司祭」任命をアメンの前で確認する儀式のための神殿入構の場面においても、宗教的な調子を全く欠いており、高官任命後の神への紹介の儀式と同じである。当時においては、王の意志がある個人を宮廷に対する奉仕におくか、あるいはアメン神殿に対する奉仕におくかは大した問題ではなかった。いずれも神の意に適う行為であったのである。Amenhetep-Sise の素姓については全く不明であるが、王の側妾との婚姻を通じて王家との結びつきをもっている。「上下エジプトの Heliopolis（＝テーベ）における王の眼」の名誉称号も王の信任を表している。

アメンの高級神官にはほかに「第3司祭」「第4司祭」があったが、第18王朝においては数例しか確認されておらず、その内容も不明確である。「アメン第3司祭」としては Thutmes Ⅲ世から Amenhetep Ⅱ世にかけて在職した Kaemheriibsen（*K3-m-ḥrj-ib・śn*）がいる。[12] Amenhetep Ⅱ世の乳兄弟で、有力な王の「首席管財官」(*imj-r pr wr*) である Kenamun（*Ḳn-'Imm*）の兄弟で、王のハレムの成員と結婚している。第18王朝に確認されるもう一人の「アメン第3司祭」Amenemhet は、Amenhetep Ⅲ世第20年の、ある神殿官吏の昇進と新任とを記録した彫像銘に確認されるだけでほかは全く不明である。[13] 同じ碑銘には「アメン第4司祭」Simut（*S3-mwt*）もみられる。[14] のち「アメン第2司祭」に昇進した人物で、王のハレムの一員と結婚している。以上からみると、アメン第3司祭、第4司祭においても、王家との私的な結びつきが任命の重要な要因であるようである。しかし例が少なく確言はできない。

中級および下級のアメン神官については第18王朝前半期の例は皆無である。Haremheb時代の「アメンの神父」Neferhetepの家族[(15)]およびAmenhetep Ⅲ世時代の「アメンのウアブ司祭（*wʿb*）」Pairi（*Pꜣ-irj*）の家族[(16)]より推測すれば、高級神官とはちがって国家の影響は少なく、比較的安定した自己の生活を営むことができ、家族伝統形成の方向を推進できたようである。これらの家族については後述しよう。

2　葬祭殿の神官

王の葬祭殿はすべてアメンに捧げられていたから、葬祭殿の神官もまたKarnakのアメン神殿と同じ組織をもち、同じ称号が用いられている。したがって、たとえば「アメン第2司祭」とのみ記されている神官については、Karnakのアメン神殿の神官であるのか、葬祭殿の神官であるのかの判定は簡単にはなしえない場合が多い。ここでは比較的容易に確認できる葬祭殿の神官についてのみ記しておく。

アメンの高級神官には原則として世襲権の要求は認められてはいないが、高級神官の子を葬祭殿の神官職に任命することはなされている。「アメン大司祭」Hapusenebの子Aakheperreseneb（*ʿꜣ-ḫpr-rʿ-śnb*）は「Thutmes Ⅰ世の大司祭」としてDer el Bahriの王の葬祭堂に奉仕し[(17)]、「アメン第2司祭」Puyemreの長男はThutmes Ⅲ世の葬祭殿（*Ḥnkt-ʿnḫ*）の「司祭」であり、「アメンのウアブ司祭」と称している別の息子も同じ葬祭殿の神官であったとみられる[(18)]。Thutmes Ⅰ世の宰相Useramen（*Wśr-ʾImn*）の子Horiは「Thutmes Ⅰ世の首席典礼司祭」としてDer el Bahriの王の葬祭殿に勤務した。この家族においては他にHoriの甥（兄弟？）MerimaatやUseramenの弟Neferhetepも「アメン第2司祭」としてDer el Bahaiに仕えていた[(19)]。

以上の例が示すように、葬祭殿の神官職は、寵臣の家族に生計の資を与えるための地位としての意義をもっている。古王国にさかのぼる伝統によれば、廷臣や官僚の最高の名誉は、諸王のピラミッド神殿に神官として仕えることにあった。新王国においても、国家に対する影響力は失っているとはいえ、古い「王族」の子孫はなお葬祭神官（*ḥm-kȝ*）としてピラミッド都市に奉仕している。葬祭殿の神官にはある程度の世襲性が認められるのも、この伝統にもとづくものとみられる。

「アメン第4神父」Neferhetepも葬祭殿に勤務していたようである。その兄弟Amenhetepは「Thutmes I世の第一王子（*sȝ-nśw tpj*）」という葬祭に関連する称号の所有者であり、Amenhetepの妻*Rnȝj*は「アメンの歌手」である。[20] Neferhotepはまた「下エジプト王の宝庫長」（*śḏȝwtj-bitj*）であり、「上エジプトの王が偉大にした者」「下エジプトの王が優れたる者とみなした者」などの形容辞からみて、功労に対する報酬として葬祭殿における地位を与えられたとみることができる。「Hrai-hi-Amenのアメン大司祭」としてDer el BahriのHatshepsut葬祭殿のアメン祭祀に従事していたAmenhetep-Haja（*Ḥʿj*）は、親戚に「副官（*idnw*）」Amenemhebをもっている。[21] Thutmes Ⅲ世時代の「王の首席報告者」「老練兵（*mnfȝt*）」であるIamunedjeh（*ʾIȝmw-nḏḥ*）の兄弟Khaemwaset（*Ḫʿ-m-wȝśt*）も、Thutmes I世葬祭殿の「ウアブ司祭」「第4典礼司祭」である。[22]

Ahmes-Nefertiri葬祭殿の大司祭Amenhetepは同時に「アメン支配人（*imj-r pr*）」である。[23] このような大司祭職と管理職との併任は（多くの場合祭祀義務を伴わないのであるが）葬祭殿および地方神殿にはよくみられる。Amenhetep Ⅱ世の「南都（テーベ）市長」Senneferも、「アメン穀倉長」「アメン牧牛長」としてアメン神殿の管理行政にたずさわるとともにAhmes-NefertiriおよびAmenhetep I世の葬祭殿（*Mn-iśwt*）のアメン大司祭である。[24] いずれも「支配人」としての任務が主であり、神官職は付随的である。

葬祭殿の神官任命においても王の信頼は大きな要素である。しかしアメンの高級神官とは異なり、婦人を通じての宮廷との結びつきは必要ではなく、ある程度世襲性も認められている。注目すべき点は、葬祭殿の神官が称号を記す場合その勤務神殿名を挙げないことが多いためKarnakの神官と混合されやすいとはいえ、実際には両者のあいだに厳密な区別がなされており、同一人物が葬祭殿の神官からKarnakの神官になったり、その逆の場合が生じたりすることはあまりなかったとみられることである。

3　地方神殿の神官

地方神殿の神官に関する史料はきわめて乏しく、比較的大きな神殿の高級神官に関する考察のみが可能である。

Thutmes Ⅲ世時代のAbydosの「Osiris大司祭」Nibua（*Nb-wʿj*）は、彫像銘の調子からみてOsiris神殿の支配人としての功労によって大司祭に任命されたものとみられる。[25]のち「祝祭執行官（*sšm-ḥb*）」としてAkhmîmに派遣されているが、これもその官僚としての経歴から生じたものである。Akhmîmにおいては祭祀上の義務はもたず、6年間の管理行政事務を王から委任されているからである。その際の称号「Akhmîmの主Minの家の神官長」は「州侯」時代の「州侯」の代行ともいうべきものである。ほかにAhmes Ⅰ世葬祭殿の管理にも従事しており、Hermopolis州起源の古い女神Heketの「司祭」でもある。このように主要神殿の大司祭が、同一都市あるいは近隣の小神殿に兼職して奉仕する例はよくみられることで、古王国の盛時すでにMemphisにおいて、新王国においてはテーベの付属祭祀の場合に規則的にみられ、慣習化しているものと考えられる。

Amenhetep Ⅱ世の治下の「Thinis州のあらゆる神々の支配人・耕地長」Panonhureは同時に「Onuris第2司祭」であった。[26]この例のようにその地方の官吏から神官を選ぶことは、地方神殿の高級神官任命の通常の手続きであったようである。正確な年代は不明であるが、「アメン耕地長」Neferheb（Abydos勤務と思われる）の子Minmose（*Mnw-msw*）も「Osiris第1司祭」「（Abydosの）あらゆる（他の）神々の神父」である。[27]その兄弟の1人は「アメンのウアブ司祭」、1人は戦車兵、他の1人は書記である。やや特殊な例として、第18王朝中期に属する「首席彫刻師」Iaが挙げられる。[28]「下エジプトのDiospolis（*Smꜣ-Bḥdt*）におけるアメン大司祭」の地位は功労ある工人に対する給養としての性格をもつものである。かつてこの神殿に工人として勤務していたものと推測される。

Hatshepsut から Thutmes Ⅲ世にかけて活躍した Thuti（*Ḏḥwtj*）も行政官職と大司祭職との結合例であるが、官僚としての性格のみが強烈である。[29] 中エジプトの Hermopolis 出身のこの人物も、Hatshepsut と Thutmes Ⅲ世との王位争いにおける女王の忠実な部下の一人であった。中心となる官職は「金銀両庫長」で、すべての宝庫を管理し、全土から集められる貴重な貢納品を統制下に置いていた。したがって「Karnak のアメン神殿において宝庫およびあらゆる宝石を封印」し、「王家の宝物を封印」し、「王印の保持者」と称している。Thuti のさまざまな活動はすべてこの財務長官としての地位から派生したものである。たとえば、「首席建築師」として多くの建築活動に従事したのも、建築材としての金属を提供したことによる。工房での作業の管理にもたずさわり、「指示を与える最高の口」「工人にいかに働くべきかを指示する者」「王のすべての手工業の長」と称し、その活動はアメンの聖舟、Karnak、Der el Bahri、故郷の Hermopolis にまで及んでいる。このようなテーベにおける高い地位にもかかわらず、故郷との結びつきは依然として強く、「州侯」の例に倣って「*Ḥr wr* の大首長（*ḥrj-tp wr*）」と称している一方、「Hermopolis の代官・神官長」「Kusai の Hathor 神官長」任命の栄誉を受けている。「アメン牧牛長」の職務も故郷の州における活動を中心としているとみられる。以上のような管理行政職とともに「Thot の家の五人の最大なるもの（*wr 5 m pr Ḏḥwtj*）」（＝Thot 大司祭）に任命され、祭祀義務をも負っている。こうした例は新王国においては稀である。財務長官に対するこのような寵愛は王位をめぐる争いの時代においては特別な意義を有していたが、そのため女王の死後、迫害を受けている。

Thuti の例は、中央において功労のあった人物が、故郷の神殿へ行政担当官としてばかりでなく神官としても派遣された例であるが、一般に中央政府に仕えて功労のあった地方人は故郷の神殿へ神殿管理の専門家として派遣されている。第18王朝における州侯割拠時代の伝統といえよう。以下いわゆる「神官長」として故郷の神殿の管理部門に活躍した地方人の例をいくつか挙げてみよう。

Thutmes Ⅲ世の従者Monthherkhepshefは「あらゆる異国における王の使者（*wpwtj*）」として宮廷に仕え、「羽扇持ち」（*ṯ3j ḫw*）へと昇進した。[30] テーベにおいてはただ「司法長官」（*imj-r ʿrjt*）という地位に甘んじており、その際「王子」「貴族（*špst*）の子」と称している。これに対して故郷においては「Antaiopolis州（上エジプト第10州）の大首長」「Antaiopolisの代官（*ḥ3tj-ʿ*）」（＝州都*'Ibw*市長）に任命され、かつての州侯にならって「上エジプト長官」（*imj-r Šmʿw*）と称している。そして「両つの主（州神'Anti）の代官・神官長」として神殿の管理職に就任する。そのテーベ埋葬にもかかわらず、この例には強い地方的伝統が認められる。Hatshepsut治下の「Thinis長官」（*ḥ3tj-ʿn Ṯnj*）Satepihu（*S3-tp-iḥw*）[31] は、Thinis州の徴用労働者部隊の指揮者として、女王のためにAssuanからKarnakへのオベリスク運搬を指揮し、おそらくはこのような功労の結果として「Thinisの代官・神官長」の地位が与えられたものとみられる。王の乳母である妻もまた特別の寵愛を確保することに貢献したであろう。

以上はいずれも神殿管理職と神官職とが結びついているが、その任命には個人的な行政処理能力が大きな比重を占めているため、世襲的色彩は認められない。しかし他方、中央権力の比較的滲透していない地方神殿においては、神官職を世襲的に相続している家族が存在していたことは想像に難くない。だが第18王朝におけるこのような例はきわめてわずかである。明瞭な例としては、第18王朝にはいってもなお「州侯」的色彩を強く残しているEl KabにおいてNekhbet女神に仕えているKhaemwaset（*Ḫʿ-m-w3śt*）の子Amenhetep-Hapuの家族がある。[32]「Nekhbetの第一王子」という称号はAmenhetep-Hapu、父Khaemwaset、祖父Amenhetep、曾祖父Thutmes、および親族のAhmes-Pennekhbetとその兄弟・息子にみられ、明らかに全家族が所有していたとみられる。Amenhetep-Hapuはさらに「すべての部（*s3*）に対する助手（*imj śt-ʿ*）」、「典礼司祭」、Nekhbet神殿の書記でもある。最初の地位は

Ahmes-Pennekhbetの兄弟・息子にもみられ、当時のテーベ神官には認められないほどの強固な名誉職の世襲性を示している。ファラオの葬祭もNekhbet神殿内のKaの家で執行されており、Amenhetep-Hapuは、Amenhetep Ⅰ世、神妻Ahmes-Nefertiri、王妃Ahmes（Amenhetep Ⅰ世の妹、Thutmes Ⅰ世の妻）およびAmenhetep Ⅱ世の「Ka司祭」である。この家族全体にみられる特色は、故郷における神官職と外における兵役との共存を示していることである。明瞭な土着の地方神官の典型を表す家族ということができよう。ほかにおそらく第18王朝に属する例として、Assuan近郊出身の「Anuket大司祭」Amenhetepの地位を息子Neferhebが継承している例[(33)]、およびHerakleopolisのHarsaphes大司祭Amenhetepの家族の例[(34)]がある。後例において、Amenhetepの父は王の書記、牧牛長で、いわば官僚であるが、その家は代々神官職を世襲してきている。

Memphisには、Thutmes Ⅲ世からAmenhetep Ⅲ世にかけてMemphis大司祭を歴任したPtahmoseという名前の多い指導的な一家族がみられる[(35)]。しかしその系譜がはっきりするのはAmenhetep Ⅲ世時代のNo. 4からであるから、この大司祭職が同一家族内で保持されてきたものであるかどうかは不明である。Amenhetep Ⅲ世時代におけるこの家族への権力集中は明白であるが、第18王朝前半期におけるMemphis神官の実状はほとんどわかっていない。しかしMemphisは、少なくともThutmes Ⅰ世以来、近衛兵団、とくに戦車隊の最高司令官としての皇太子の駐留地であり、下エジプト宰相の所在地としてエジプト第二の都であった。したがってその大司祭の任命には王によって特別な関心が払われ、Memphisにおける高官職の選任と関連するものであったことは推測に難くない。前に述べたHerakleoplisにおける神官職世襲家族Amenhetep家について記した記念碑には、Amenhetepの母方の祖父としてSenneferの名が挙げられている。おそらくThutmes Ⅲ世からAmenhetep Ⅱ世にかけて生存していたとみられるが、一方では「観る者の中最大なる者（*wr m33w*）」としてHeliopolis大司祭の地位を、一方では「Sem、工人長（*wr ḫrp ḥmwt*）」としてMemphis大司祭の地位を所有している。この2つの古い大司祭職の結合は注目に価する。もし同時に兼任していたとすれば、Sennefer の立場の重要性を示すというよりは、2つの大司祭職の意義の低さをあらわすものであろう。しかし、まず Heliopolis 大司祭、次いで Memphis 大司祭に任命されたとみる方が自然である。いずれにせよ、Memphis 大司祭家と Heliopolis 大司祭家とのつながりだけは明白であり、地方の高級神官における家族伝統形成の萌芽が認められる。だが Sennefer と後代 Memphis 大司祭を独占した Ptahmose 家との関係はないようである。

地方神官について特徴的な点をまとめておくと、(1)神官職と行政職（とくに神殿管理職）との結合。少なくとも高級神官については中央の統制力の強さが認められる。(2)これら神殿管理官の前歴はほとんどが純粋の書記（官僚）であること。これは次の時代以後に現れる軍人・軍属の著しい進出とは明白な対照をなしている。(3)下級神官およびわずかではあるが高級神官にも世襲化の傾向のみられること、である。

4　祝祭執行官、神殿の支配人、書記

これまで述べてきたのはいずれも継続的な王の名代として神官職に任命される例であるが、一時的な名代としての「祝祭執行官（*śšm-ḥb*）」についても記しておく必要がある。神の大祭への出席はファラオの最も重要な祭祀上の義務であり、Osiris 神話にもとづく祝祭劇において、王は Osiris の息子・相続人としての Horus の役を演じることになっていた。しかし数多い祝祭のすべてに王がみずから参加することは不可能である以上、いくつかの重要な大祭（たとえばアメンの Opet 祭）あるいは「王位更新祭（*ḥb-śd*）」を除いては、祝祭および神の勢力・意義に応じて、特別に任命された名代に自己の役割を委ねている。このことは同時に王が功労ある廷臣・官僚に報いる手段を手中に収めたことになる。祝祭への参加は単なる栄誉ばかりでなく、実際上の利益をももたらしたからである。少なくとも祝祭の食事において「王の分け前」が給されるが、さらに重要なことは、聖なる儀式の執行のためには、当然関連のある神官職に任命されねばならず、これが継続的な任命となりがちであるということで

ある。神殿側もまた宮廷の有力人物との結びつきによって、寄進その他の利益を期待したものとみられる。王の使者を地方に派遣して命令を伝え、その実行を監督させるという古王国にさかのぼる慣習もまた、王の名代派遣のもうひとつの基礎をなしている。

「祝祭執行官」の代表としては、名高い Hatshepsut の寵臣 Senmut（*Śn-mwt*）が挙げられる(37)。前述の Hapuseneb や Thuti などとともに女王を支持した有力官僚グループの一員であるが、なかでも特に強い権力の所有者である。「私は全土にわたって高位高官中の最高位者であった。王のおられるすべての場所において、王の秘密を守る者、陛下の右手にあり、寵愛を確立され、陛下より特別な謁見をうける私的な顧問官、不公平さを示さなかった『正義』の愛者、裁判官の耳を傾けさせ、その沈黙自体が雄弁である正義の愛者であった。その言は主君に信じられ、その意見は『両国の主婦』を満足させ、『神妻』の心を完全に満たす者であった。王の言を友人達に伝えたがゆえに、人々の耳を傾けさせた貴族であった。その歩みは宮廷において知られたる者、陛下の真の腹心の友であった」。このような大言壮語は当時の高官に共通であり、引用文もその固定化された表現にすぎないが、Senmut の場合には字句通りうけとってもさして間違いではないと考えるに充分な理由がある。たとえば、彼が建築を指揮した Der el Bahri 神殿の境内に第二の墓を営むことができたのもそのひとつである。

Senmut も父によるつながりなしに高位に昇進した人物の一人である。しかも父 Ramose（*Rʿ-mśw*）が単なる「氏（*s3b*）」であったばかりでなく、母 Hat-nefert にも宮廷との結びつきを示す称号はない。その前半生についてはあいまいであるが「南・北・東・西の異国において王に同伴せし強き腕の市民（*n ḏś*）」の称号からみると軍属として活動していたようである。しかし女王の決定的な信任を得るのは、Hatshepsut およびその娘の王位継承者アメンの「神妻」Nefrure（*Nfrw-Rʿ*）の養育掛・「支配人」としての活動によるものである。女王および Nefrure がアメン神殿より一定の収入を得ていることにより、Senmut はアメン神殿管理職と結びつくことになる。「アメン支配人」「(首都における）アメン穀倉長」「アメン耕地長」「アメン牧牛長」「アメン小作人長（*imj-r ḫntjw-š*）」の称号がそれである。しかし「アメンの聖舟（*Wśr-ḥ3t*）の支配人」「アメンの聖舟の穀倉長」「*Mn-iśwt*（Amenhetep I 世および Ahmes-Nefertiri の葬祭殿）におけるアメン耕地長」の地位は特別な任命によるものとみられる。Senmut は「アメン支配人」としての立場から建築師として活躍している。Der el Bahri 葬祭殿をはじめ、Karnak 神殿におけるオベリスク建立、Mut 神殿・Luxor 神殿・Hermonthis における建築活動などである。後の 3 例においては、おそらくは聖舟の建造、あるいは祝祭の行列の際の神の休息所である小神殿の建造にたずさわったものとみられる。このようなものとして前記の聖舟の管理職のほかに「アメンの聖舟の司祭」という神官職に任命されている。司祭への任命は神官側よりする建築師に対する尊敬の表示とみるべきであり、建築師に対するこうした例はしばしば認められる。この任命によって Senmut には神の行列への参加権が保証されたとみられる。以上のような「支配人」としての活動の後に Senmut は「祝祭執行官」に任命されている。アメンおよびその付属祭祀の祝祭に際しての任命が中心をなしているが、これはその「支配人」としての活動がテーベ周辺に限られていることと関連している。注目すべき点は、神殿管理面での活躍にもかかわらず、テーベにおいては「アメンの聖舟の司祭」という微々たる神官職しかもっていないことで、この時代の「祝祭執行官」に特徴的な点である。Hermonthis における「Month 神官長」の地位は、この地における建築活動の結果として任命された継続的な神官職であるが、結局のところこの地位は管理職でしかないとみられる。

Thutmes Ⅲ世の財務長官 Sennefer（*Śn-nfrj*）も「祝祭執行官」の官僚的性格をよく示している。(38) 父は Thutmes I 世の下の「Horus の道の長（収税吏？）」で、母は王の側妾であった。Sennefer もまた王子 Siamen（*S3-'Imn*）の養父・養育掛として王家との私的な信頼関係を結んでいる。活動の中心は耕地管理にあり、最初は父の関係によって下エジプトで活動している。当時の履歴は不明であるが、「穀倉長たちは私の監督下にあった」という表現からみて、穀倉の管理を委任されていたようである。Hatshepsut の治下、テーベにおける「財務長官（*imj-r śḏ3wtjw*）」および「穀倉長」への任命はSenneferを中央政府の要職にもたらす。「SuchosおよびAnubis（Gebeleinの主）の代官・神官長」の地位は、新しい職務というよりはむしろ生計の資を意味しているらしい。「財務長官」として、Karnakのアメン神の旗柱のためのレバノン杉材の搬入、「砂漠長兼アメンの黄金の長」「あらゆる宝石の首長」の称号にみられる東部砂漠の鉱山採掘の監督などを行い、「アメン御料地における支配人」と称している。このように種々雑多な公的活動は、王の意思が、権限に対する顧慮なしに腹心を任命していったことを示している。以上のような行政官としての活動によって神殿との関係が生じてくる。その地位はまず下エジプトに始まり「AtumおよびHeliopolisの（他の）すべての神々の祝祭執行官」および「Atumの代官・神官長」に任命され、ついでAkhmîmの代官に就任しながら「KoptosのMin神官長」の地位に就き、前述のGebeleinの「神官長」の地位とともにGebelein・Koptos・Heliopolisという相離れた3カ所の神殿管理職を兼任している。テーベのアメン神殿においても「アメン支配人」として活動したと称し、「日々の供犠に際してアメンの家にあり、月神Thotに対する贈納に際し清浄なる指をもつ者」と記しているが、アメンの黄金の収益の管理のような重要な職務を有する人物が、供物の分配や神卓における食事の権利をもつのは当然であるから、正式の称号とはみなし難い。Senneferは継続的な神官職には任命されていない。「祝祭執行官」の主要任務は祝祭のための必需品の調達にある以上、これに関係する行政官が任命されるのは当然である。「神官長」のような管理職を除けば、祭祀上の義務を伴う高級神官職が「祝祭執行官」に与えられることもなければ、高級神官が「祝祭執行官」に選任されることもないとみられる。

「祝祭執行官」に任命されてはいないが、Senneferよりやや遅れThutmes Ⅲ世からAmenhetep Ⅱ世にかけて活躍した「王の書記」Minmose(39)（*Mnw-mśw*）も神官職への特別任命の好例である。Senmutと同じく父*N3-ij*は単なる「氏」であり、「王が若年より大きくした者」の一人である。出身地はデルタ北東部のNebesheとみられる。その活動はThutmes Ⅲ世の戦友としてシリア（*Rṯnw*）およびヌビアに年々の貢租を課したことに始まる。したがって兵士としてではなく、軍属として従事したものである。ついで王の腹心の人物として「内膳頭（*wdpw-nśw*）」の地位に達し、2人の王女の養育掛として宮廷と私的な関係をもつにいたる。しかしMinmoseの活動の中心は神殿における建築工事にあった。その活動は、Karnakのアメン神殿およびMedamûdのMonth神殿からデルタまで広範囲にわたり、とくに下エジプトに顕著である。その終局は「上下エジプトの神々の神殿における首席建築師」である。このような建築活動と並行して神官職に任命されている。すでにThutmes Ⅲ世下において「テーベの主Monthの代官・神官長」に任命されているのは、功労に対する報酬としてばかりでなく、同時に、聖なる場所において建築に従事するため地方神の前に進むことを正当化する処置である。ほかに「Memphisの主Bastetの家の医師長（*wr-sjnw*）」「Letopolisの司祭、開口者」などいくつかの地方祭祀（とくに下エジプトの）の大司祭にも任命されている。原則としていくつかの地方にわたり大司祭職を兼任する例は第18王朝にはないといえるが、Minmoseはこの原則に対する例外である。しかしこの場合の神官職は、体面上与えられた一回限りの栄誉であり、神官としての継続的な義務は伴わず、ただ神の供物の分配を受けるためのものであったようである。

補足として神殿の管理部門に従事した「支配人」および書記について記しておく。神殿の「支配人」の多くは、例えばSenmutの例が示すように「さまざまな地位・官職の兼任」という原則に従って、純粋な神官ではなく「王の官吏」である。したがって「支配人」より就任したアメン大司祭、あるいは「支配人」に就任したアメン大司祭の例は新王国時代を通じてわずか3例しかないのである。新王国における神殿、とくにアメン神殿はきわめて広範囲にわたる任務を付されているため、神殿における書記の地位は、王の官吏に対する最良の訓練の場を提供している。そこにおいて自己の適格性を証明するならば、官僚としての成功は約束されたことになる。宰相Rekhmire（*Rḫ-mj-rʿ*）ですら「アメン支配人」と自称している(40)のもこの間の事情をよく物語っている。その伯父でThutmes Ⅰ世の宰相Useramenも青年時代は「ウアブ司祭」としてアメン神殿に奉仕し[41]、これと並んでアメン神殿の管理職に就任し、やがて父と同じ宰相職に任命されている。しかし神官としては全く昇進していない。神殿書記の地位はこの一家においては通例のこととなっている。

Thutmes Ⅲ世の「王の書記」Menkheperreseneb（*Mn-ḫpr-rʿ-śnb*）も、このような神殿書記の意義を示す好例である[42]。父 Nakhtmin は「真の王の書記」「上下エジプト穀倉長」「王の戦車隊の兵監」であった[43]。Menkheperreseneb は「アメンのウアブ司祭」という資格において、「神の供物の書記」として、書記としての訓練を*Ḥnkt-ʿnḫ* においてうけ、Heliopolis における王の穀倉長の地位を経て、父の後任としてテーベに戻り「上下エジプト穀倉長」に任命されている。しかも子供をふたたび同じ葬祭殿に書記見習いとして奉職させているが、こうした例は第18王朝の高官にはしばしば認められるところである。このような高官達が、伝記において、みずからの神官としての勤めを、本来あるべき宗教的関心なしに記しているのはなんら驚くべきことではない。彼等にとっては、神官職の履行も、すべてが規定に従ってなされる行政事務の遂行と全く同一なのである。

(3) 第18王朝後半期における神官任命

後半期に関しては史料もやや豊富に存在するため、神官任命のあり方の変化の動きをたどることが可能となる。以下各王の治世ごとに神官任命のあり方を考察し、その歴史的変化を明らかにしてみたい。

1　Amenhetep Ⅱ世時代[44]

当時のアメン大司祭は Meri である[45]。父は Koptos の Min の大司祭、母は「国君の大いなる乳母」である。したがって Meri は、「首席支配人」Kenamen や「アメン第3司祭」Kaemheriibsen と同じくこの王の乳兄弟であり、王家との私的な関係にもとづく腹心グループに属している。この点では前代のアメン大司祭と異なるところはない。しかし地方神殿出身者が Karnak の大司祭に就任した例は第18王朝においてはこのMeriだけである。あるいは王の意図的な処置であろうか。いずれにせよ、Meriは、王の信任にもとづいてKarnak神殿で生涯を送り、最高の神官職である「上下エジプト神官長」の地位および世俗的権力の称号である「上エジプト長官（*ḥrj-tp imj-r Śmʿw*）」についている。後者は第18王朝におけるごく少数例のひとつである。Meriのもつ「アメン支配人」の称号も「大司祭」が所有する例は稀である。一般に「アメン支配人」は、Senmutの例が示すように、たとえアメンの神官職を所有していたとしてもごく低い地位でしかない。ここにも前代のアメン大司祭との相違がみられる。

Meriの後任としてAmenhetep II世からThutmes IV世にかけて在職した「アメン大司祭」AmenemhatもMeri以上に従来のアメン大司祭と著しく異なる特色をもっている。(46) 父はアメンの「ウアブ司祭」、アメン神殿の「靴匠の長」（*imj-r ṯbw*）であり、神殿管理においても祭祀においてもなんら重要な役割を演じていない。Amenemhatはアメン神殿内に生まれ、育ち、50歳を過ぎてから王に認められ大司祭に任命されたもので、婚姻による宮廷の結びつきもないし、政治的な活動とも全く関係ない。「王の眼」や「両つの玉座の管理者（*ḫrp nśtj*）」はいずれも単なる名誉称号にすぎず、実際上の権利は伴わないものである。伝記の調子は、神官というよりむしろ王の従者の調子であり、本質的には王の官吏である「アメン支配人」の称号をもつことと確かに関連している。結局のところAmenemhatはHapusenebやMenkheperresenebの輝かしい活動に比較すればごく地味な存在であり、ここにアメン神官団に対する王権側の反撃の姿をみることは全くの空想ともいい難いものがある。しかし依然として彼は最高の神官職である「上下エジプト神官長」の地位を保持している。

葬祭殿の神官の例としては、前にもふれた「南都市長」Senneferが挙げられる。家族はKoptos州Kûsの出身で、母方の祖父NuはKûsの神Haroerisの第2司祭であった。(47) 父Hamiは王家の養育掛、神妻（Ahmes-Nefertiri）の支配人で、王の側妾と結婚している。Sennefer自身も妻は「Amenhetep II

世の大いなる王の乳母」であり、この意味において「神（王）より愛されたる神の父」とよばれている。その娘達は王の乳姉妹となるが、うち一人は王のハレムにはいっている。このように Sennefer は王家との強い私的関係にある。テーベ市長の地位と並んでアメン神殿の管理事務にたずさわり、「アメン穀倉長」「アメン牧牛長」としてとくに *Mn-iśwt* に仕えている。そして葬祭殿にはよくみられる現象であるが「*Mr-iśwt* の〔アメン〕大司祭」に就任する。注目すべきは、大司祭職のみならず「神妻の神官長」の地位をも所有していることである。原則として葬祭殿は独自の「神官長」をもっていない。葬祭殿はアメンの御料地に属しているため、その神官の統率権は「(テーベの）すべての神々の神官長」としてのアメン大司祭に属していたからである。Sennefer の例はこの原則に対する例外であり、しかも第18王朝においてほかに「Thutmes Ⅰ世のウアブ司祭兼神官長」Amenhetep の例だけである。[48] この Amenhetep の正確な年代は不明であるが、「Thutmes Ⅲ世像の Ka 司祭」であるから、少なくとも Thutmes Ⅲ世以後であることは間違いない。葬祭殿が独自の「神官長」をもつということは、アメン大司祭の権限に対する侵害であるから、この2例が第18王朝後半に属するのも単なる偶然とは思われない。さらに、王家との私的関係および兄弟 Amenemopet（*'Imn-m-ipt*）のテーベ宰相への昇進[49]は「アメンの祝祭執行官」「故 Thutmes Ⅰ世の祝祭執行官」の栄誉を Sennefer にもたらしている。「Kûs の主 Haroeris の神官長」への就任は、祖父 Nu がすでに Haroeris の第2司祭であったから要求権は有していたのであるが、あくまで王の意志にもとづいて任命されたものである。しかしこの任命は、この家族の出身都市にとっても大きな栄誉であったとみられる。ほかに Thutmes Ⅲ世の葬祭殿に仕えた Pehsucher はかつての陛下の副官・名代であり[50]、その「*Ḥnkt-ʿnḫ* のアメンのウアブ司祭」の地位は一種の恩給禄である。

「(Sais の神) Neith の司祭」Sebekmose はその地位を父 Min の活動によっている。[51] 家族の出身地は上エジプトの地方で、おそらく Thinis であるとみられる。Amenhetep Ⅱ世の武芸教師・養育掛 Min は「Thinis の代官」「オアシス（＝カルガ）の代官」と記され、「上エジプト長官」と称している。さらに Thinis において「Onuris の代官・神官長」、Abydos において「Osiris の神官長」として地方大神殿の管理官の地位にあった。これらの点で Thutmes Ⅲ世の侍従 Monthherkhepshef と著しい類似が認められる。Min はまた王に仕えた功労として「Osiris の祝祭執行官」にも任命されている。しかし Min の活動の中心は軍隊にあり「西の流れ（Kanopis 支流）の将軍」として、西デルタにおいて軍隊の指揮にあたっている。Sebekmose の「Neith の司祭」の地位はこの時得られたものであろう。これはある家族がその時々の任地と結びついたことを示す例のひとつである。

「テーベの主 Month の大司祭」Usi は王家との私的関係にその地位を負っている[(52)]。父 Userhat はかつての「小姓」「あらゆる異国における陛下の同行者」であり、王の側妾と結婚している。Usi の娘の一人も側妾として王のハレムにはいっている。他にあまり例のないテーベ付属祭祀の大司祭への就任もこのような事情によるものである。

Memphis における「王の首席支配人」Kenamen も、父は官吏であったが、母は「大いなる王の乳母」で、王と乳兄弟の関係にあり、この意味において「神より愛されたる神の父」とよばれている[(53)]。同時代の腹心の多くと同様兵士としての経歴をもち、「厩長（*imj-r śśmt*）」として王のシリア遠征に従軍している。のち Memphis 近郊の最も重要な王領地 *Prw-nfr* の「支配人」となり、同時に「アメン牧牛長」「王の牧牛長」「アメン穀倉長」の称号をもっている。このことは、その管轄地からもアメンに対する供物がなされ、さらにアメン神殿の家畜がその地に放牧されていたことを示している。王の寵愛はその兄弟にもおよび、Kaemheriibsen は「アメン第 3 司祭」、他の一人は「Thinis の代官」「Onuris の神官長」に任命されている。しかし Kenamen の場合は、王の葬祭のためとみられる「Sem 司祭」以外には神官職を所有していない。Senmut と同じく、彼ものち王の寵を失い迫害されているが、これは「首席支配人」をしばしば襲う運命である。その際の彼の兄弟の運命は不明である。

王の戦友 Suemnut（*Św-m-niwt*）は「南の異国・北の異国への王の進軍における王の副官（*idnw*）」であり、とくに王の御座船を指揮している[(53)]。「国君の厩長」として功労があり、「王の内膳頭（*wdpw-nśw*）」の名誉をうける。その親族の Iamnefer は「Nefrusi（Hermopolis 州）の代官」「Shmun の主 Thot の神官長」であり、Iamnefer の妻 Merit は「Thot の歌い手」である。地方家族の女性の成員がその他の神の歌い手となるのは一般的な傾向とみられる。この家族には、同時代の Amenhetep-Hapu 家にみられる故郷での神官職と外地での軍事職との結合との類似が認められる。

以下の 2 例は神殿管理に従事した例であるが、いずれも不明の点が少なくない。「テーベの主 Month の支配人」として Medamûd の Month 神殿に仕えた Manachtef は前身が王の小姓であることしかわかっていない(54)。「よき神の牧牛長」の称号からみると、かつて王領地の管理行政に従事していたようである。「Kush の王子」Usersatet は近衛軍の老練兵の出身で、「Meidum（*Mr-'Itmw*）の支配人」である(55)。この地位に任命された事情は不明であるが、老年の給養のためというよりむしろ地方人あるいは Memphis 人の経歴の開始の地位を表しているようである。

以上によって認められるように、当時の神官には何らかの形で軍隊と結びついている例が多い。これは次の時代以後顕著となる軍人・軍属の進出の萌芽が、すでにこの時代に始まっていることを推測させる。しかも明確ではないが、アメン大司祭に対する対抗措置も始まっている。

2　Thutmes Ⅳ世時代(56)

この時代のアメン大司祭は、前代に引き続き Amenemhat である。しかしここに大きな変化が生じている。「上下エジプト神官長」の地位がアメン大司祭の手より離れ、「徴兵書記（*śš-śḥwj*）」「あらゆる異国における王の副官」Haremheb に与えられるからである(57)。その活動は Amenhetep Ⅱ世より始まるが、中心はこの Thutmes Ⅳ世の時代であり、兵士としての活躍のかたわら、「徴兵書記」の常として、民兵として徴募された労働者部隊を指揮して国内における重要な国家土木事業に参加している。土木事業は神殿を主たる対象とすることから、神殿との関係が生じてくる。軍用馬の補充の管理のみでなく、「アメン牧牛長・耕地長」「アメンの首席建築師」にも任じられ、アメン神殿手工業の監督をも行っている。こうした活動は神殿側の感謝と神官職の授与とを余儀なくさせるものである。以上のような国家土木事業および神殿管理行政における功労、王女 Amenemopet の養育掛としての宮廷との私的なつながりの結果として「上下エジプト神官長」の地位が与えられたのである。この地位は収益の多い聖職禄であったとはいえ、理念上は「教皇」の地位に匹敵するものであったから、それがアメン大司祭より奪われたということは、単に経済上の問題であるばかりでなく、理念としてのアメンの優越的地位の侵害でもある。ここには意識的にせよ無意識的であるにせよ、アメン神官団の伝統に対して王の恣意をおしつけようとする政策の発露は顕著であり、これこそアメン神官団の非難した一連の処置の始まりともいえるものである。

しかし当時の「アメン第2司祭」Amenhetep-Sise には前半期の類型との相違は認められない(58)。その卑しい素姓、王家との私的な結合、王の官吏的色彩、広範な神殿管理事務の遂行はいずれも Puyemre や Menkheperreseneb と共通している。

Shedet の神 Suchos の司祭 Paser（*P3-śr*）は、その地位をこの一家の兵士としての活動に負うている(59)。家族はファイユム出身であり、その有能さの故に王の従者として奉仕した地方家族の好例である。すでに祖父 Min は老練兵（「王の勇者（*ḳnjt-nśw*）」）・財務長官、曾祖父（？）Kapu は「湖水地方（ファイユム）の代官」であったが、Thutmes Ⅳ世の母の乳母である Min の妻によって宮廷との結びつきが生じる。父 Sebekhetep は母の関係で王母と乳兄弟であり、王のハレム出身の娘を娶っている。故郷の湖において王の狩友達であり、「湖水地方の島々における王の同行者」とよばれている。父 Min と同じく老練兵として活躍し、その功労により牧牛長・穀倉長・耕地長および首席建築師に任じられ、父同様「財務長官」に就任している。宮廷において功労のあった地方人に一般にみられるように Sebekhetep も「湖水地方の大代官（Shedet の Suchos の神官長）」として故郷の神殿の管理行政のために派遣され、第18王朝における「州侯」時代の伝統に従って、湖水地方の代官にも任命されている。このような父の活動を背景としてPaserは「Suchosの湖（ファイユムの北半分）の代官」であるのみならず、「Suchosの司祭」としても神殿に奉仕したのである。すなわちPaserは、父が前代の州侯の方式にならって「神官長」として神殿に仕えたのに対し、実際の神官職に就任しているわけである。この家族は地方神官団の形成過程についてのひとつのタイプを示しているといえよう。

Sebekhetepは功労によって故郷における神殿の地位を与えられた例であるが、「ThinisのOnurisの大司祭」AmenhetepはThinisとは何のつながりもなかったようである[60]。この地位への就任前は「ヌビアからナハリンにいたるあらゆる異国における王の副官」「厩長」であり、したがって兵士である。このような全くの局外者を、その活動に対する老年の給養として神官職に任命する例は、第18王朝においてはごく例外的であり、Haremhabがはじめてこの方式を大規模に採用してアマルナ時代の空白を埋めたものである。この方式は、土着家族の世襲権の要求を侵害するものであるから、生れつき神官職への資格をもつ候補者から不信の眼を向けられたであろうことは想像に難くない。しかしこの慎重な力の混合によって第18王朝においては閉鎖的な神官階級の形成は妨げられたといえよう。それは王権と神官団との緊張状態をつくりだした。Amenhetepの任命はすでに危機の最初の徴候であるとみられる。

Haremhab・Sebekhetep・Amenhetepの例が示す武官の進出は、当時の王の寵臣にも認められる。「王の支配人」「王の右手にある羽扇持ち」「財務長官」Tjanune（*Ṯnwnȝ*）[61]、かつてのMatoi連隊長、「王妃の支配人」Nebi[62]、小姓隊の出身、羽扇持ちAmenemheb[63]、王の副官・王船旗手、のちの西テーベ長官Nebamen[64]、親衛戦車隊長、王の右手にある羽扇持ち、のち王子Amenhetepおよび王子たちの養育掛Hekaernhah[65]、陛下の耕地書記Menna[66]のようなハレム出身のかつての小姓隊の成員、こうした人物が王の側近を形成していたのである。

3　Amenhetep Ⅲ世時代[67]

この時代の神官については史料が豊富である。王の極端な専制主義を反映して、前代の類型とは明白に異なる姿を示している。

治世の前半のアメン大司祭は Ptahmose である[68]。一時「宰相」にも就任している点で注目に値する。その家族関係はよくわからず、当時 Memphis の大司祭職を独占していた Ptahmose 家との関係も不明であるが、名前は Memphis 風である。彼の任命は、王の治世後半とくに顕著となる Memphis 重用の先駆であろうか。その生涯をみると、行政官として昇進し、「王の右手にある羽扇持ち」として宮廷内での最高位に就任し、テーベ宰相に任命されている。他方有能な行政官としてアメン財産の管理が委ねられ、老年における地位として「アメン大司祭」に任命されたのである。したがって Hatshepsut のアメン大司祭 Hapuseneb とは全く逆の生涯を送ったことになる。王の信頼いちじるしかったとはいえ、王の官吏であるアメン支配人から、第2司祭の地位を経ることなくただちに「アメン大司祭」に任命されたのは全く異例であり、アメン神官団の権利を侵害するものである。なお「上下エジプト神官長」の地位は再び「アメン大司祭」に与えられるが、これは Ptahmose が腹心の人物であるからこそ、王が進んで与えたとみるべきである。次の「アメン大司祭」Meriptah は「上下エジプト神官長」に任命されていない。

Amenhetep Ⅲ世第20年に「アメン大司祭」の地位にあったこの Meriptah に関しては、史料に乏しく、その出現の意義は明確ではない[69]。しかし「王みずからが教えた者」という第18王朝の寵臣のタイプには属さず、宮廷との私的な結びつきは全くないようである。もはや「アメン大司祭」は宮廷における有力人物ではなかったことになる。Meriptah は単に「(テーベにおける) あらゆる神々の神官長」の称号に甘んじており、ここにも王権とアメン神官団との緊張関係が明確に表現されている。

ここで「上下エジプト神官長」の任命のありかたについて記しておこう。この地位は、第18王朝においては、原則として「アメン大司祭」に要求権があった。最古の所有者は Hapuseneb であり、その力によって「アメン大司祭」の国政上の優越的地位は確立されたといえる。以後「上下エジプト神官長」の地位には、Menkheperreseneb・Meri・Amenemhatと歴代の「アメン大司祭」が任命されてきたが、Thutmes Ⅳ世下にいたってはじめてHaremhabという「アメン大司祭」以外の人物に所有された。Ptahmoseによって一時「アメン大司祭」の手に戻されたが、Meriptah以後は再び奪われ、Rames Ⅲ世時代まで戻ることはなかったのである。

「アメン大司祭」Ptahmoseを継いで「上下エジプト神官長」に就任したのは、Memphis大司祭Ptahmose（Anthes, Nr. 4）である。[70] 父Thutmesは「下エジプト宰相」、兄弟MeriptahはMemphisにおけるAmenhetep Ⅲ世葬祭領の支配人である。当時Memphisにおいて一家族における権力集中が始まっていることは注目に値する。この家族は時として聖俗両界の最高権力を手中に収めているが、これがテーベにおける一個人への聖俗最高位の集中に続いて起こっている点と考え合わせてみると、純粋な意味における世襲的家族伝統の形成というよりは、王のMemphisに対する寵愛の結果であるとみるべきであろう。「上下エジプト神官長」の地位のMemphis大司祭への移譲は、伝統を誇るテーベに不信と嫉妬の念を起こさせるに充分であったとみられる。

次の「上下エジプト神官長」も、Memphis大司祭Thutmesである。[71] 彼はAmenhetep Ⅲ世の実子であり、しかも通例ならばMemphisにおいて最高司令官の地位にあるべき皇太子であったようである。王子の大司祭就任例は、新王国を通じてテーベには皆無であり、MemphisにおいてもRames Ⅱ世までこの１例のみである。このような任命を王権側は注意深く避けており、Ahmes-Nefertiri以来王家の私有財産視されている「アメン第２司祭」の地位でさえ、純粋な王族には与えられていない。ここにはAmenhetep Ⅲ世の専制君主的恣意が明確に表現されている。しかも「上下エジプト神官長」にまで任命されているのである。

Amenhetep Ⅲ世の晩年、「上下エジプト神官長」の地位は再びテーベに戻され、テーベ宰相Ramose（*Rʿ-mśw*）が就任する。[72] しかしRamoseは神官の出身でもテーベの出身でもない。父は下エジプトにおける「アメン穀倉長」

「アメン牧牛長」であるが、Amenhetep Ⅲ世の第1次ヌビア遠征に同行し、「Memphis市長」に就任した「真の王の書記」Hebiと同一人物であるとされている。「Memphisにおける王の支配人」「Memphisのすべての神々の祝祭執行官」であった「徴兵書記」Amenhetepは、明らかにRamoseの義理の兄弟である。すなわちRamoseは半ばMemphis人であり、神殿やテーベのアメン神官とつながりのある称号ももっていない。したがってRamoseの「上下エジプト神官長」への任命も、宰相PtahmoseやMemphis大司祭と同じく、アメン神官団に対する一連の措置にそったものであるということができる。

ふたたびアメンの神官に戻ると、「アメン第2司祭」'Anenは王妃Tiyeの乳兄弟であり、それ故先例とはやや異なる経路によってではあるが、王家との私的な関係にある。(37) その称号は興味深い。すなわち、HeliopolisのRe大司祭の称号と同じ「観る者の最大なる者」という称号をもち、同時に「上エジプトのHeliopolisのSem」であり、このようにしてReとPtahの特殊祭祀に従事している。「上エジプトのHeliopolis」はテーベ地域(*W3śt*)を指すとすれば、'AnenはKarnak神殿における祭祀に従事していたことになる。彼は偶然にHeliopolis大司祭の称号をテーベにおいて所有している人物の最初の確認例であるにすぎないのか、あるいはHeliopolis的精神にもとづく祭祀改革への意識的な第一歩を示す例なのであるのかは容易には決定できない。しかし王妃の兄弟がReの特別な祭祀に従事していたことは、アテン信仰助成の一側面を示すものであるとみてよかろう。

この時代のもう一人の「アメン第2司祭」Simutは、おそらくAmenhetep Ⅲ世第20年に確認される「アメン第4司祭」と同一人物であり、'Anenの後任であったとみられる。(74) 彼も王のハレムの成員を娶っている。このような人物は慣例によれば「第2司祭」に任命されるのであるが、'Anenが存在していたためとりあえず「第4司祭」に任命されたのであろうか。しかし当時の「アメン第4司祭」任命の原則は不明であるから、Simut任命の意義も明確ではない。Karnakのアメン神殿の「金銀両庫長」「Karnakにおいてあらゆる封印さるべきものを封印する者」であり、祭祀上の職務を表すものとして、「アメンの長子」「前方にあるウアブ」の称号をもっている。

アメン下級神官の例としては、アメンの「ウアブ司祭」Pairi（*P3-irj*）の家族がある。[75] Pairi はほかに「Karnak における Ptah 大司祭」「テーベの賓客となった Hathor の司祭」の称号をもっている。これはテーベ付属祭祀の大司祭はアメン大司祭の兼任であるという原則に対する例外である。その子 Amen-hetep は「大いなる神アメンのウアブ司祭」「テーベの主 Ptah および Hathor のウアブ司祭」であり、他の 2 人の息子は「小姓」として宮廷で養育されている。この家族は第18王朝に確認される唯一のアメン下級神官の例であるが、すでに閉鎖性の傾向を示している。しかしその地位が必ずしも神官職に限られていないことからみると、家族相続の伝統も王の寵愛に依存するものであるといえよう。

葬祭殿神官の例としては「Thutmes Ⅲ世のウアブ司祭」Kenamen がある。[76] 母は王女 Sitamen の乳母であり、兄弟 Hekanefer（*Ḥḳ3-nfr*）は Abydos の Osiris 神殿書記、「Osiris のウアブ司祭・神父」であった。しかしこれ以上の詳細は不明である。

正確な年代は不明であるが、王の治世後半からアマルナ時代にかけて生存していたとみられる Riya（*Rʿj*）の家族は、家族全体が葬祭殿、とくに Thut-mes Ⅲ世葬祭殿に奉仕している。[77] 父は「神父」「アメン大司祭」「神の家の書記」として *Ḥnkt-ʿnḫ*（Thutmes Ⅲ世葬祭殿）に仕え、王の側妾との結婚によって宮廷と結びついている。Riya とその兄弟達の地位は皆この両親のおかげである。Riya は「*Ḥnkt-ʿnḫ* における Thutmes Ⅲ世のアメン大司祭」の地位と並んで、「*Ḥnkt-ʿnḫ* の Thutmes Ⅲ世大司祭」「*Mn-iśwt*（Ahmes-Nefer-tiri 葬祭殿）のアメン大司祭」「*Dśr-3ḫt*（Der el Bahri の Hathor 礼拝堂？）のアメン大司祭」「*Ḥnkt-ʿnḫ* に賓客として潜在する Hathor の大司祭」であった。兄弟の 1 人は「典礼司祭」、他の 2 人は「アメン大司祭」としていずれも葬祭殿に奉仕している。

Thutmes Ⅳ世葬祭殿の「アメン聖舟長」Api の子 Pieja（*Pj3j*）も「Thutmes Ⅳ世の大司祭」であった。[78] この家族に対する王の異常な寵愛は、Apiのもう１人の子「小人」が「Hermonthisの主Monthの大司祭」「代官・神官長」、さらにこの神殿の「支配人」に就任していることに示されている。この家族はHermonthisとは何らの関係もなかったとみられるからである。

葬祭殿の管理官の例としては、Thutmes Ⅲ世葬祭殿の「王の書記」Merireがある。[79] 同時に「王家の養育掛長」の地位にあり、のちには「財務長官」に任命されている。

地方神官については、前代同様限られた地域の高級神官について知られるだけである。すでに上下エジプト神官長」の任命について論じた際、Memphis大司祭PtahmoseおよびThutmesにふれておいたが、Thutmesの後任としてMempnis大司祭に就任したのはPtahmose（Anthes, Nr. 5）である。[80] 父として（大）司祭Menkheperが挙げられているが、同じ浮彫中に、Nr. 4のPtahmoseとともに、下エジプト宰相Thutmesの２人の息子であるかのように描かれているから、両Ptahmoseは同じ家族に属していたものとみられる。しかしその後継者で、おそらく息子であるとみられるPahamnāta（*Pꜣ-ḥm-nṯr*）の奉納した立像の銘文においては、このような神官の血統であるにもかかわらず、神官職に対するなんらの要求権も所有しておらず、自己の有能さと信任とのみの故に王が大司祭に任命したと記している。すでにアマルナ時代の常套表現が始まっているのである。

王妃Tiyeの父で「神の父」とよばれているYuya（*'Iꜣꜣ*）は「Akhmîmの主Minの司祭」およびこの神殿の「神官長」として、祭祀にも神殿管理にも従事している。[81] おそらくこの地の出身者なのであろう。Yuyaのもつ軍事上の称号「戦車隊における陛下の名代」は、当時における軍隊の最高位であり神官職とは釣り合わないが、おそらく王妃の父にふさわしい地位として与えられたものとみられる。したがって第18王朝においては例外的であるが、この場合の軍事職は、神官職に対する形式的な名誉職であるということができる。

地方神殿における「神官長」任命の例を挙げると、「真の王の書記」「陛下の第１厩長」Iuniは、軍属としての活躍後、故郷Nefrusiの市長となり、同時に名誉職として、神名は記されていないが「神官長」に任命されている。[82] この任命は原則通りである。Athribis の Khentekhtai 大司祭 Teri も、同時にこの神殿の「代官・神官長」である。[83] 父も「代官」（市長）であったから、この家族は第18王朝には例の少ない下エジプトにおける家族伝統形成の例を示している。

この時代の特徴は、軍属、とくに「徴兵書記」の著しい進出である。以下その代表例としての Hebi の子 Amenhetep および Hapu の子 Amenhetep を中心として、神殿管理面におけるその活動について考察してみることとする。

「王の首席支配人」、かつての「徴兵書記」Amenhetep-Huy（*Ḥwj*）は主として Memphis において活動している。[84] 父 Hebi は「王の書記」として王のヌビア遠征に同行し、のち「下エジプトの諸州および村々におけるアメン穀倉長、アメン牧牛長」としてこの官庁の所在地である Memphis に定着することとなった。同時に「市長」でもあったようである。前述のテーベ宰相 Ramose もその子である。Amenhetep-Huy も、父同様「王の書記」より始まり、軍隊勤務の書記として「徴兵書記」の地位を得る。「徴兵書記」の通例に従い、みずから組織した労働者部隊を率いて Memphis における建築活動に参加し、「王のあらゆる工事の長」とよばれている。経歴の頂点は Memphis の「首席支配人」である。この地位に付随して「全土の穀倉長」「金銀両庫長」にも任命されている。このように活動の結果神殿における地位が与えられるが、「その壁の南にある Ptah および Memphis の（他の）あらゆる神々の祝祭執行官」ばかりでなく、「Sakhmet の家の神官長」として継続的な神殿との関係も生じている。しかし「王冠の司祭」の称号は、「セド祭」あるいは戴冠式の際における宮内職であるとみられる。死後は Memphis を現実に第２の都の地位にあげた功労者の１人として Memphis に埋葬されている。その子 Api もすでに父の存命中から「首席支配人」となり Memphis に勤務している。同時に宮廷においても「王の右にある羽扇持ち」として廷臣の最高位をも得ている。Amenhetep Ⅳ世第５年の記録に現れる「Memphis の支配人」Api はこの Api と同一人物であり、アマルナ宮廷にも仕えたとみられる。[85] この家族にみられる家族伝統の形成は、すでに政治的危機の不安定状態下にあるテーベにはみられないもので、Memphis 大司祭同様、王の Memphis 重用の表れのひとつである。

Hapu の子、「徴兵書記」Amenhetep は、新王国の同じ経歴の人物のなかでも最も傑出した例である[(86)]。Thutmes Ⅲ世の在位中 Athribis に生れ、父 Hapu はなんらの称号ももたず、*s3b* とのみ記されているから、当時の多くの腹心同様下層階級出身であったわけである。Amenhetep は「王の書記」としての訓練をうけ、「徴兵書記」として成功への道をふみだす。功労の中核は、王の行ったわずかな遠征におけるよりも、労働者部隊の組織者としての国家的土木事業の指揮統率によるものである。活動領域は主として下エジプトに限られていたが、「王のあらゆる工事の長」と称し、とくに、王の石棺材となる Gebel el Ahmar の珪岩採石場の監督や、名高い Memnon 巨像の下エジプトの Heliopolis から上エジプトの Heliopolis への輸送および建立に従事している。おそらくこの Memnon 巨像の建立が派手好みの王の寵愛をかちえたのであろう、「王の右にある羽扇持ち」として廷臣の最高位に昇り、王の長女 Sitamen の「支配人」に任命された。のちこの王女と結婚したようである。Amenhetep に与えられた栄誉は同時代のいかなる人物にもみられないほど大きなものである。故郷の都市 Athribis においては、みずから行った Herkhentekhtai 神殿の改修工事と関連して、地方出身者にとって最も好ましい栄誉である「Herkhentekhtai の神官長」に任命され、「上下エジプトのアメン牧牛長」と称している。テーベにおいては、Karnak のアメン神殿および Mut 神殿に顕彰像が奉置され、「アメン祝祭執行官」としての王および神に対する行為が記録された。老年においては、王の第1回「セド祭」(王の第30年)に際して、王の名代として Soleb のアメン神殿献堂式に派遣され、そこの「セド祭」の儀式において本来皇太子の演じるべき「王の代弁者」の役割を演じている。その最後の儀式においては、下エジプトの州長官の古い称号である「運河開鑿者(*ʿḏ-mr*)」が授与されている。第31年の日付けをもつその葬祭殿に関する保護令からみると、Amenhetep の死はこのあとすぐであったようである。このようにAmenhetepの葬祭殿を自分の葬祭殿の近くに建立させ、神である王の傍に置くことによって、王は彼に対する異常な寵愛ぶりをその死後においても表明している。しかもその葬祭殿は、隣接するThutmes Ⅱ世葬祭殿よりはるかに大きい。以後Amenhetepはテーベの死者の都の保護者として崇拝され、プトレマイオス朝には神格化されるにいたっている。

以上の2例においては、神殿管理活動はその輝かしい世俗的活動の影に半ば隠されてしまっているともいえるが、一般に軍属は、王の支配人の選任の場合同様、神殿管理においても、その軍隊における地位に応じた地位に就けられていたとみられる。当時の神殿支配人の素姓に関する典型例はかつての軍隊書記Nakhtsebekである。(87) 父Hayaも陛下の軍隊書記であり、のち「アメン支配人」として「アメンの穀倉を大きくし」ている。ほかに「徴兵書記」、将軍、王の副官Siese（*S3-3ś*）も、退役後は老年の給養のための管理職としてAbydosのOsiris神殿の「支配人」に任命され、さらにAhmes・Thumes Ⅲ・Ⅳ世の葬祭財団の管理も委ねられている。(88) 父Ahmesは「Osirisのウアブ司祭」と称しており、SieseもAbydosに埋葬されているから、この家族はAbydos出身者なのであろう。なおこの例は、神官の子弟にとっても、軍事職がいかに魅力的であったかをよく示している。神殿とは無関係であるが、「南の首都における支配人」Amenmoseもかつては王の副官であり、Tiyeの支配人Nakhtminもかつての軍属であった。(89)

前述のように「祝祭執行官」には祝祭の必要品調達に関係ある高官が任命されるのが原則であるが、Hapuの子Amenhetepにもみられるように、これは第18王朝を通じて遵守されている。「王の書記」Khaemhatが「Osirisの祝祭執行官」に任命されたのも同じ事情による。(90)「王の書記」である父Imhetepは「金銀両庫長」であったが、Khaemhatも「上下エジプト穀倉長」として地方の支配人および穀物計量書記の長であり、このようなものとして祝祭執行官に任命されたのである。この場合聖職禄の形で一定の神殿と結びつくことはなかったのである。

4　アマルナ時代

Amenhetep Ⅳ世[91]のテーベ在都時代のアメン神官団対策については、現在のところ具体的な史料を欠いている。このころ「アメン大司祭」から神の財産の管理権を奪ったともいわれている。アマルナ時代発端の例としては、「*Mn-iśwt* のアメン大司祭」Ramose がある[92]。「王の書記」「陛下の戦車隊長」「王の右にある羽扇持ち」の称号からみて、アマルナ時代の著しい特色である軍隊関係の出身者である。テーベ在都時代の地位としてはほかに、Amenhetep Ⅳ世が Karnak 神殿内に建立したアテン神殿の支配人の地位がある。のちアマルナに現れる「Amenhetep Ⅲ世の支配人」「王の書記」「陛下の将軍」Ramose とは同一人物であろう[93]。

アマルナ時代の神官については史料がきわめて少ない[94]。「宗教改革」においては、王である司祭の周囲に、この運動の協力者・弘布者であるべき神官の集団が形式されるはずであるのに、現実には神官の姿が少数であるという事実は、この時代においては、本来の意味における神官の役割がいかに微々たるものであったかをよく示している。このことは前代の「アメン大司祭」にも相当すべき「Akhetaten におけるアテン大司祭」Merire（*Mrj-rʿ*）についても同様である[95]。その素姓については不明であるが、アメン大司祭では Ptahmose および Herihor の例しかない「王の右にある羽扇持ち」の称号を所有しているから、官僚としての経歴、しかもおそらくは兵士としての経歴をもっていたことが推測される。Merire の任命の儀式において、王は「我、汝にこの地位を与う。そはアテンの家にて汝の主ファラオの食事を食せんがためなり」と述べており、「アテン大司祭」の地位は王の与える禄であることが強調されている。いわば「王の食卓」によって生活しているのである。Merire とともに「アテン神殿のアテン首席従者」としてアテンに仕えた Pentu（*Pnṯw*）も、「陛下の同行者」「侍従」「王の書記」であり、神官というよりむしろ王の副官、私設秘書ともいうべきものである[96]。

この時代公けに認められている祭祀は、アテンを除けば Re の祭祀である。「Re の家の観る者の最大なる者」Pareemhab は同時に「運河および要塞の長」と称しているから、デルタ（おそらくは東北国境）の兵士層の出身であるとみられる。[97] しかし「Reの家におけるアテンの観る者の最大なる者（＝アテン大司祭）」Pauah（*P3-w3ḥ*）の素姓については全く不明である。[98]

アマルナ時代の象徴的な事実は、神格化された王のための新しい神官が出現したことである。「アテン神殿における王の首席従者」「王の大司祭」Tutuは「侍従」であり、「全土の最高の口」「王の首席建築師」「アテン神殿の宝庫長」として宮廷における有力人物の1人であった。[99]「王の第2司祭」として「Akhetatenのアテンの家における首席従者」「アテン牧牛長」「アテン穀倉長」Panehesy（*P3-nḥśj*）がTutuを補佐している。[100] 彼は王との関係を「私が貧者（*nmḥ*）であったとき王は私を大きくされた」と告白している人物の一人である。

王が宮廷から地方神殿の管理のために派遣したのもまさしくこのような人物である。たとえば「王の書記」「王の右にある羽扇持ち」「将軍」「徴兵書記」Maya（*Mʿj*）は、アマルナにおいてもあるアテン財団の支配人・首席建築師として王に仕えていたが、「*Wʿ-n-rʿ*（Akhenaten）の支配人」「Heliopolisにおける Reの牧牛長」に任命されている。[101] 彼もまた貧者の身から、王によって教えられ、大きくされた人物である。

このようにAkhenatenの宮廷においては、素姓の卑しい「王の書記」および「王の支配人」が重用されている。しかもその多くが明らかな軍事上の称号の所有者であることは注目に値する。以下神官職とは直接関係しないが王の寵臣である人物を挙げてみると、「陛下の将軍」Paatenemhabは「王の支配人」「首席建築師」として活躍している。[102]「王の書記」「首席建築師」Ani（*3nj*）は「Amenhetep Ⅱ世領の支配人」「アテン神殿におけるアテンの供物卓および王の供物卓の書記」であり、[103] 明らかに前身はテーベにおける王の葬祭殿の「支配人」である。「王の書記」「将軍」RamoseはAmenhetep Ⅲ世の葬祭財団の「支配人」に任命され、[104] かつての「*Mg3* 大隊の旗手」Hayaは、「王妃Tiyeの支配人」、そのハレムの「支配人」および「宝庫長」に、[105]「王の書記」「王の右にある羽扇持ち」Ahmoseは、「アテンの家の支配人」[106] にそれぞれ任命されている。最後に王の寵臣層に現れる有力なテーベ人は「内膳頭」Parenneferのみであることに注意しておこう。[107]

結局において「アマルナ改革」は社会的にみて決して改革的であるとはいえず、ただ前代の傾向を強化しただけであるといえよう。その特徴は祭祀も行政も軍属のタイプに属する「王の書記」によって支配されていることである。王は閉鎖的な家族伝統の形成を完全に否定し、その支持者を下層兵士階級に求めたのである。

したがって、「信仰復興」が神官層によってではなく、兵士・軍属出身の王の寵臣層によって推進されたのも必然であるといわなければならない。彼等は王の外政上の失敗の故に、王の政策に対して決定的な不信感をもつにいたったのである。「信仰復興」の推進者は「真の王の書記」、最高の軍事職である「戦車隊監」、「神父」、「羽扇持ち」Ay（*'I3j*）[108]およびかつての「徴兵書記」、「最高司令官」Haremhab[109]である。

これらAkhenatenの直接の後継者の時代の神官については、当時の史料に乏しいため、わずか2例しかわかっていない。

「首席建築師」としてTutankhamen[110]およびAyに仕えた「王の書記」「連隊長」Nakhtminは、その活動をもっぱら故郷のAkhmîmに集中しており、Ayの第4年あるいは第5年にはいわゆるMinの岩窟神殿を建立している。[111]「Minの家の首席建築師」「Akhmîm州（*Ḫntj-Mnw*）におけるすべての神の穀倉長」ののち「代官」「MinおよびIsisの大司祭」の地位を得、同時に「Akhmîmの主の神官長」として神殿の管理を委ねられるなど、Akhmîmにおいて聖俗の高職に就任している。すなわち、Thutmes Ⅲ世下のMinmoseと同じく建築師と神官職とを結合している。前身が軍人であるという事実は、当時の祭祀行政の主導権が軍隊関係者の手に握られていたことを暗示している。

Haremhab時代の「アメンの神父」Neferhetepの家族は、明瞭な世襲神官層の成立を示しており、次のラムセス時代の先駆的形態をなしている。[112]この家族は「財務長官」Ahmose（Neferhetepの祖父または曾祖父）という高官の子孫である。祖父（？）は「アメン金細工師長」として神殿に仕えており、この地位はNeferhetepの父、「神父」Amenemhatも所有している。彼の全兄弟も「アメンのウアブ司祭」の地位にあり、兄弟の1人および息子の2人は「アメンの前方にあるウアブ司祭」である。妻は「アメンの典礼司祭」・「神父」の娘であり、家族の女性は皆アメンの「歌い手」である。こうしてこの家族の成員はすべてアメンに対する奉仕を義務づけられている。このような傾向は「信仰復興」後の時代の特色であるとみられるが、中下級神官は、中級官吏階級と同じく国家の影響をうけること少なく、安定した自己の生活を営みうることをも示している。

(4) 結　び

第18王朝全体を通じて顕著な特徴は、原則として神官の世襲的要求は認められず、神官は王の名代であり、したがって王の意志にもとづいて任命されるものであるという理念の優越していることである。このことはしかし、当時は神官職それ自体の価値が比較的低く、なんらかの意味で世俗的活動を行った高級神官のみが、王の好意にもとづいて碑文を残しえたという事情にもよっている。したがって下級神官に関する史料は乏しく、その実体はあいまいなままである。しかし世襲化の傾向は早くから認められるようである。このような王による任命の原則の優越においても、個々の任命の事情にはさまざまな差異があり、王権と神官団との隠された緊張関係を読みとることができる。

第18王朝の寵臣には婦人を通じて宮廷と私的な関係をもつ人物が多く、しかもその大部分の素姓は卑しいが、これはアメンの高位神官においても全く同じである。とくにAhmes-NefertiriのAhmes王への譲渡以来王家の私有職視されている「アメン第2司祭」の地位には、Puyemre・Menkheperreseneb・Amenhetep-Sise・'Anen・Simutと、第18王朝を通じて、王家との私的な結びつきをもつ寵臣が優先的に任命されている。その所有者はいずれも強い個性を示しており、Menkheperresenebのように「大司祭」に昇進した者もある。

「アメン大司祭」の任命は、その時々の王の政治姿勢を忠実に反映しているといえよう。同じく王家との私的な結びつきは必須である。Hatshepsutの忠臣であったHapusenebに与えられた「上下エジプト神官長」の地位には、以後原則として「アメン大司祭」が任命されるようになる。「アメン大司祭」は同時に葬祭殿の「神官長」、テーベ付属祭祀の「大司祭」をも兼任する。しかしAmenhetepⅡ世の下に「アメン大司祭」の権力に対する反動が生じる。一般に、アメンの「支配人」は「王の官吏」であるため、Senmutの例のようにたとえ神官職に任命されたとしても微々たる地位に甘んじていたが、ここにMeri・Amenemhatにおいて、「アメン大司祭」が「アメン支配人」を兼任するという例が出現する。これは「大司祭」の権力集中というよりは王権側の統制強化の表現であるとみるべきであろう。AmenhetepⅢ世下のPtahmoseは「宰相」「アメン支配人」としての活動後、老年の地位として「アメン大司祭」に任命されている。後半期における「アメン大司祭」にはAmenemhatやMeriptahのように王家とはなんらの私的関係をもたない人物が任命されるようになる。もはや「アメン大司祭」は宮廷における有力人物ではなくなるのである。Hapuseneb以後、Menkheperreseneb・Meri・Amenemhatと、歴代の「アメン大司祭」の手にあった「上下エジプト神官長」の地位も、ThutmesⅣ世によって「徴兵書記」Haremhabに与えられ、Amenhetep Ⅲ世下のPtahmoseにより一時的に「アメン大司祭」の手に戻るが、Meriptehには与えられず、Memphis大司祭Ptahmose（Nr. 4）、Thutmes、テーベ宰相Ramoseといった Memphis出身者が歴任している。Amenhetep Ⅱ世下にはまた、王家との私的関係によって葬祭殿の「神官長」に任命されたSenneferや同じ経路によってテーベ付属祭祀の「大司祭」に任命されたUsiのような例も出現している。

アメン下級神官については後半期の史料しかない。AmenhetepⅢ世下の「ウアブ司祭」Pairiの家族には世襲化への傾向が認められる。しかしその職業は変化に富み、王の寵愛が強く作用している。末期の「神父」Neferhetepの家族には閉鎖的な神官層の成立が明白であり、次の「ラムセス時代」との連関を形成している。このほかアメン神殿には、官僚としての訓練をうけるべく神殿書記として勤務している「ウアブ司祭」がみられる。第18王朝の高官は原則として、アメン神殿に限らず神殿における書記の地位からその輝しい経歴を始めている。この場合の「ウアブ司祭」も世襲化への傾向をもち、宰相 Rekhmire の家族、「王の書記」Menkheperreseneb の家族などはその好例である。

葬祭殿の神官の地位は、寵臣の家族に生計の資を給養するという意義をもっていた。これは遠く古王国に遡る伝統である。したがって「大司祭」職と「支配人」職との結合もみられ、ある程度の世襲性も認められている。彼等も葬祭殿においてアメンに奉仕したが、Karnak のアメン神官との交流はほとんどなかったと推測される。

地方神殿の高級神官は原則としてその地方の官吏から選ばれている。したがって葬祭殿同様「支配人」職と「大司祭」職との結合がみられ、「州侯」時代の伝統にならって、一般に「神官長」職と「代官」職とが結びついている。中央政府において功労のあった人物は、このような形式をとって故郷の神殿の管理のために派遣されることが多い。建築師がその建築に従事した神殿と結びつく例も多く、Senmut のように「神官長」に任命された例や Minmose のように「大司祭」に任命された例がある。このような前半期の文官の優越は、Amenhetep Ⅱ世以後は軍人・軍属の進出にとって代わられ、Sebekmose のような任地における軍人家族の神官職就任、さらには Thutmes Ⅳ世下の王の副官 Amenhetep の「Onuris 第 2 司祭」任命のように、全くの局外者の任命さえなされている。後半期にはとくに「徴兵書記」の進出が著しく、建築活動においては建築師にとって代わり、「神官長」就任など神殿管理に活躍している。Amenhetep Ⅲ世下の Hapu の子 Amenhetep および Hebi の子 Amenhetep はその代表である。

一方地方神殿においては比較的世襲化の傾向が強く、El Kab の Amenhetep-Hapu のような下級神官ばかりでなく、Memphis および Heliopolis の「大司祭」Sennefer のような高級神官においてもその傾向がみられる。しかしその場合においても、前者の例のように、外地における軍事職と結びついたいわば王の寵愛にもとづく場合が多い。Amenhetep Ⅲ世の下に Memphis 大司祭を歴任したPtahmose家も、純粋な意味における世襲的な神官層の成立というよりは、王のMemphis重用の表れとみるべきである。本来Memphisにおいて近衛兵の最高司令官たるべき皇太子ThutmesがMemphis大司祭となり、「上下エジプト神官長」に任命されているのもその一例証である。

ほかに一時的な王の名代としての「祝祭執行官」がある。これには祝祭の必要品調達に責任ある人物から選ばれ、原則として神官からは任命されていない。

アマルナ時代においては神官の役割はきわめて小さく、祭祀はすべて下層兵士出身の「王の書記」「支配人」が握り、家族伝統は完全に否定されている。すなわち、Amenhetep II世以降、とくにAmenhetep III世の下において強化された専制主義にもとづく王の恣意による任命の原則が完全に勝利を収めたのであり、王権による一元支配の貫徹という「アマルナ革命」の精神にもとづくものであった。「信仰復興」はAkhenatenの主として外政上の失敗に不信感をもったこれら兵士層出身の寵臣によって推進されており、「ラムセス時代」における世襲的神官層の成立にいたるまでの軍事独裁時代においても、依然として神官の意義は小さく、祭祀の主導権も軍人の手にあったとみられる。

以上第18王朝における神官任命のありかたについて考察してみたが、なおきわめて大まかなスケッチの域をでていないといえよう。個々の神官の経歴に関するより詳細な研究、立場の類似する王の官吏、とくにその権限に関する研究、他の時代の神官との比較、当時の社会・経済状態に関する論及など、まだまだ考察にいれるべき対象は多い。これらの総合によって「アマルナ革命」を頂点とする第18王朝史の一側面がより明らかにされるであろう。

註

（1） Urkunden des ägyptischen Altertums, IV: K. Sethe, Urkunden der 18. Dynastie, 2. Aufl., Berlin, 1927–58（以下 Urk. IV. と略記）は第18王朝時代に関する史料集成として最も有用である。

（2） H. Kees, Das Priestertum im ägyptischen Staat vom Neuen Reich bis zur Spätzeit, Leiden, 1953, 神官制度に関する個別研究としてはほかに次のものがある。G.

Maspero, Un manuel de hiérarchie égyptienne（Ètude égyptienne Ⅱ）Paris, 1888; G. Lefebvre, Histoire des Grands Prêtres d'Amon de Karnak jusqu'à la XXIe Dynastie, 1929; H. Gauthier, Le personnel du dieu Min, Le Caire, 1931; C. E. Sander-Hansen, Das Gottesweib des Amon, Copenhagen, 1940. 王朝末期を中心として神官制度を概括したものに S. Sauneron, Les Prêtres de l'ancienne Égypte, Paris, 1957.

（3） W. Helck, Zur Verwaltung des Mittleren und Neuen Reichs, Leiden, 1958. 同じ著者による Untersuchungen zu den Beamtentiteln des ägyptischen Alten Reichs, Glückstadt, 1954も有益である。

（4） Kees, Die Königin Ahmes-Nefertere als Amonspriester（Gött, Nach., phil. hist. Kl., Fachgr. I, NF. Bd. Ⅱ, 6), Göttingen, 1934; Kees; priestertum, S. 4 -7.

（5） Sander-Hansen, Gottesweib参照。神アメンの地上における妻をさす。王はアメンの顕現とされたから、当時は王妃を指している。

（6） 字義通りは「神の僕」の意、「司祭」と訳す。*ḥm-nṯr, it-nṯr*（「神の父」の意、「神父」と訳す）*wꜥb*（「清浄なる者」の意「ウアブ司祭」と訳す）*ẖrj-ḥbt*（「巻物をもつ者」の意、「典礼司祭」と訳す）と組織された新王国神官制度の最上位にあり、第一から第四までの序数をもつもの、およびひらの司祭があった。

（7） Urk. Ⅳ. 520–27; Davies, Tomb of Puyemrê, 1922–23; Kees, Priestertum, S. 10 –13.

（8） Urk. Ⅳ. 469–489; Lefebvre, Grands Prêtres, p. 55–6, 76–81, 228–31; Kees, Priestertum, S. 10–13: Helck, Verwaltung, S. 286–89; Militärführer, S. 66–67.

（9） Davies, Tomb of Rekhmirē'（1943）p. 101.

（10） Urk. Ⅳ. 926–36; davies, Tombs of Menkheperrasonb, London, 1932; Kees, Priestertum, S. 14–15; Lefebvre, Grands Prêtres. p. 82–89, 233–35.

（11） Urk. Ⅳ. 1208–14; Kees, Priestertum, 15–16,

（12） Kees. priestertum, S. 16; Fakhry, ASAE. 34, p. 836.

（13） Urk.Ⅳ. 1886（Nb-nfr の碑)。

（14）・（15）・（16） いずれも後註参照。

（17） Winlock, JEA. 15. p. 68; Lefebvre, Grands Prêtres, p. 230.

（18） Davies, Tomb of Puyemrê, Ⅱ. pp. 16, 39–40.

（19） Davies, Tomb of Rekhmirē at Thebes, New York. 1943.

（20） Urk. Ⅳ. 105-108; Kees, Priestertum. S. 76.

（21） Urk. Ⅳ. 889-919: Kees, Priestertum. S. 73.

（22） Urk. Ⅳ. 136: Kees, Priestertum. S. 74.

（23） Gauthier, BIFAO. 6, p. 131.

（24） Urk. Ⅳ. 1417-37; Helck, Verwaltung. S. 423-4, 525- 6 ; Kees, Priestertum. S. 71.

（25） Urk.Ⅳ. 207–10; Kees, Priestertum. S. 46–7.
（26） Kees, Priestertum. S. 22, 60, 73.
（27） カイロ博物館所蔵石碑、Nos. 34099, 34101.
（28） Gardiner, JEA 30, p. 41; Kees, Priestertum. S. 60.
（29） Urk. Ⅳ. 419–52; Kees, Priestertum. S. 54–55; Helck, Verwaltung, S. 397–400, 508–09; Herman, Stelen, S. 124, 130.
（30） Davies, Five Theban Tombs (Theben Gr. Nr. 20), Kees, Priestertum. S. 51–52.
（31） Urk. Ⅳ. 516–20; Kees, Priestertum. S. 53.
（32） Amenhetep-Hapu は Amenhetep Ⅱ世時代の人物である。Kees, Priestertum. S. 49–50.
（33） Kees, Priestertum. S. 60.
（34） Petrie, Sedment, Ⅱ. pls. 49–51; Kees, Priestertum. S. 60.
（35） Anthes, ÄZ. 72, S. 60–62.
（36） 註（34）参照。
（37） Urk. Ⅳ. 395–417; Kees, Priestertum. S. 43–45; Helck, Militärführer. S. 43–44; Verwaltung. S. 356–63, 473–78.
（38） Urk. Ⅳ. 528–48; Kees, Priestertum. S. 35–37; Helck, Verwaltung. S. 348–51, 467–68.
（39） Kees, Priestertum. S. 33–35.
（40） Urk. Ⅳ. 1072.
（41） Urk. Ⅳ. 1031.
（42） Urk. Ⅳ. 1190–1205; Helck, Verwaltung. S. 388–9, 498–9.
（43） Urk. Ⅳ. 1176–90; Helck, Verwaltung. S. 387–8, 497–8.
（44） 在位1438–12 B. C.（？）. E. Hornung, Untersuchungen zur Chronologie und Geschichte des Neuen Reiches (Wiesbaden 1964）による。なおこれによれば第18王朝は1552–1306 B. C.（？）. Hatshepsut の在位年代は1490–68 B. C.（？）. Thutmes Ⅲ世の在位年代は1490–36 B. C.（？）. 以下の年代はすべて本書による。
（45） Lefebvre, Grands Prêtres. p. 92–94, 235–37; Kees, Priestertum. S. 16–17.
（46） Lefebvre, Grande Prêtres. p. 94–97, 237–39; Kees, Priestertum. S. 17–18; Gardiner, ÄZ. 47. S. 87–8.
（47） 註24参照。
（48） Kees, Priestertum. S. 71.
（49） Urk. Ⅳ. 1439; Helck, Verwaltung. S. 297–8, 439–40.
（50） Kees, Priestertum. S. 76.
（51） Urk. Ⅳ. 976–82; Kees, Priestertum. S. 52–3.

(52) Kees, Priestertum. S. 17.

(53) Davies, Tomb of Kenamun, New York. 1930; Helck, Verwaltung. S. 365–7, 479–81; Kees, Priestertum. S. 46.

(53) Helck, Militarführer, S. 63; Kees, Priestertum. S. 53.

(54)・(55) Kees, Priestertum. S. 78.

(56) 在位1412–02 B. C.（？).

(57) Urk. IV. 1589–97; Helck, Militärführer. S. 15; Kees, Priestertum. S. 80–81.

(58) 註（11）参照。

(59) Kees, Priestertum. S. 51; Urk. IV. 1027–29 (Min), 1582-88 (Sebekhotep).

(60) Urk. IV. 1615–17; Kees, Priestertum. S. 59.

(61) Urk. IV. 1577–81.

(62) *ibid.* 1634–35.

(63) *ibid.* 1599–1601.

(64) *ibid.* 1618–29.

(65) *ibid.* 1572–4.

(66) *ibid.* 1607–09.

(67) 在位1402–1364 B. C.（？).

(68) Urk. IV. 1914–16; Kees, Priestertum, S. 82–3; Lefebvre, Grand Prêtres, p. 99–102, 241–3; Helck, Verwaltung. S. 299–302, 441–2; Anthes, ÄZ. 72, S. 62; Varille, ASAE. 40; p. 645–8.

(69) Lefebvre, Grands Prêtres. p. 98–99, 240–41; Kees, Priestertum, S. 18, 83; Varille, op. cit.

(70) Urk. IV. 1910–14; Anthes, ÄZ. 72.S. 65.

(71) Anthes, ÄZ. 67. S. 8. Nr. 7; Gauthier, Livre des Rois, III. p. 336.

(72) Urk. IV. 1776–92; Helck, Verwaltung. S. 302–4, 442–3; Davies Tomb f Ramose, London, 1941.

(73) Urk. IV. 1894–5; Kees, Priestertum. S. 16, 26-7.

(74) Urk. IV. 1950; Kees, Priestertum. S. 20; Varille, ASAE. 40, p. 242.

(75) Urk. IV. 1857; Kees, Priestertum. S. 29.

(76) Kees, Priestertum. S. 76.

(77) Lefebvre, Grands Prêtre, p. 109–110; Kees, Priestertum. S. 72.

(78) Kees, Priestertum. S. 76–77.

(79) *ibid.* 78; Davies, Tomb of Menkheperrasonb, p. 33, pls. 42, 44; Helck Verwaltung. S. 353–4, 470.

(80) Urk. IV. 1917–19; Anthes, ÄZ. 72, S. 62; Hall, JEA. 17, pp. 48–9; Kees, Priestertum. S. 65–6.

(81) Urk. Ⅳ. 1894-95; Kees, Priestertum. S. 57; Helck, Militärführer. S. 61–62.

(82) ASAE. 18, p. 53- 7 ; Urk. Ⅳ. 2018–20.

(83) Kees, Priestertum. S. 61.

(84) Urk. Ⅳ. 1793-1812; Hayes, JEA. 24, pp. 9–24; Bagnani, Aegyptus, 14, p. 33–48; Kees, Priestertum. S. 67–9; Helck, Militärführer. S. 15, 47, 50; Verwaltung, S. 368–70, 438–5.

(85) Helck, Verwaltung. S. 370, 485; Urk. Ⅳ. 1812; Davies, Amarna.Ⅳ. pp. 19–20.

(86) Urk. Ⅳ. 1813–39; Robichon-Varille, Le temple du scribe royal Amenhotep, I., Le Caire, 1936; Helck, Militärführer. S. 2–11; Glanville, JEA. 15, pp. 3–5; Sethe, Aegyptiaca, S. 107–16.

(87) Urk. Ⅳ. 1886–7.

(88) *ibid*. 1924–29; Helck, Militärführer. S. 15, 27.

(89) Davies, JEA. 26, pp. 131–6, pls. 22–5.

(90) Urk. Ⅳ. 1841–53; Helck, Verwaltung. S. 389–90, 499–500; Kees, Priestertum, S. 40–41.

(91) Amenhetep Ⅳ-Akhenaten, 在位1364–47. B. C.（？).

(92) Glanville, JEA. 15, p. 6 ; Kees, Priestertum, S. 73.

(93) Davies, Amarna Ⅳ; Kees, Priestertum. S. 86.

(94) 拙稿「アマルナにおけるアトンの神官について」『オリエント』8巻3・4号、1966年、17～31頁、参照。

(95) Urk. Ⅳ. 2003–5; Davies, Amarna, I (1903).

(96) Urk. Ⅳ. 2002, 8–11; Sandman, Texts pp. 47–50; Davies, Amarna, Ⅳ. pp. 1–6, pls. 1–12.

(97) Kees, Priestertum, S. 86. CG 34175

(98) Urk. Ⅳ. 2023, 9 ; Kees, Priestertum. S. 86.

(99) Urk. Ⅳ. 2008–17; Sandman, Texts, pp. 70–87; Davies, Amarna, Ⅵ. pp. 7–15, 25–8, pls, 11–21, 25–26.

(100) Urk. Ⅳ. 2002, 16–20; Sandman, Texts, pp. 47–50; Davies, Amarna, Ⅱ, pp. 9–32, pls. 2–26.

(101) Sandman, Texts, pp. 59–63; Davies, Amarna, Ⅴ. pp. 1–4, 16–18,

＊本稿は東京教育大学文学部紀要『史学研究』76（1970年）に掲載された。

アブシール文書研究

屋形禎亮

(1) はじめに

アブシール文書（Abusir Papyri）の重要性については前世紀末の発見以来しばしば指摘されてきたところである。(1) 第5王朝第3代Neferirkara Kakai（在位前25世紀）の葬祭殿址出土のこの文書は、現存する最古のパピルス文書であり、古王国の一葬祭殿の経営に関する唯一のまとまった史料として当時の社会経済の解明に寄与するところ大と期待されたのである。しかし不幸にして農民による発見という事情が災いして各地の博物館に分散所蔵される結果となり、(2) しかも一部は長期にわたり所在不明となるなど、ごく一部が断片的に刊行されたにすぎず、(3) この貴重な文書の史料的価値は全く利用不可能といえる状態が続いたのである。

ようやく1968年P. Posener-KriégerおよびJ. L. de Cenivalの多年にわたる努力の末全文書が整理刊行され、(4) 文書にもとづく研究の途が開かれた。私は1972年度日本オリエント学会大会においてこの文書の内容を紹介し、なかでも刊行者によって勤務表（duty-tables）と名づけられた文書群の分析からえられるであろう研究の成果について展望を試みたのであるが、(5) 本稿はこれをうけて、まず勤務表の分析を中心に、葬祭殿の聖務運営機構の基本原理ともいうべきもの、その構造および職務遂行のあり方について考察する。私はすでに「アマルナ革命」を神官制度の側面から考察して「アマルナにおけるアトンの神官について[6]」を、また「アマルナ革命」にいたる王権とアメン神官団との緊張関係を神官任命のあり方を通して考察した「エジプト第18王朝における神官任命―王の任命権と神官団―[7]」を発表し、これらの研究を通じて、神官制度の研究は、官僚制度の研究と並んで古代エジプトの国家構造の研究の主要な柱であるとの確信を深めた。アブシール文書の刊行によって、従来ほとんど取り上げられることのなかった古王国の神官制度に関する独自の研究が可能となり[8]、とくに勤務表というユニークな文書の存在によって、葬祭殿勤務の神官の職務について、とくに古代エジプト神官制度の特徴をなす「輪番制神官制度（Stundenpriesterschaft 神官の輪番勤務制[9]）」の実際の運用についての最古の、しかも唯一ともいうべき資料を与えられたのである。古王国においては官僚と神官との区別はとくに明確ではないし、またアブシール文書が提供するのは葬祭殿という特殊な神殿に関する資料にすぎないが、その分析より得られる成果は古王国の国家構造研究上の間隙の一部を埋めるものである。

(2) アブシール文書について

まず文書の年代および内容について簡単に紹介しておく[10]。この文書は Neferirkara 葬祭殿の記録庫に保管されていた葬祭殿経営上必要とされたさまざまな記録文書のごく一部が保存されたものである。文書の年代については、最初の紹介者 L. Borchardt[11]以来ほぼ定説化している第5王朝第8代 Djedkara Isesi（在位前24世紀前半）とする考えは前文書の刊行によってもほぼ妥当と考えられる。年代の明記された唯一の文書である Louvre E. 25416, a recto（＝1[12]）はホルス Djedkau（＝Isesi）の第16回家畜調査の年（治世第31年または32年）と記されており、また Berlin P. 10474, A―B verso（＝94―95）はホルス Se［heteptawy］（＝Teti）の第1回家畜調査の次年（治世第2年または3年）と復原可能である。王名のない家畜調査の回数の記録は第2回にはじまり、第3回、第4回、第6回、第7回、第8回、第10回、第10回の次年、第11回、第14回、第15回、第21回におよぶ。王名のみのカルトゥーシュは、年代決定の資料とはならないNeferirkara以前の諸王およびKakai（＝Neferirkara)、Neferefraを除くとIsesi 8例、Unas 1例、Teti 1例となる。以上のデータを比較考量すれば、文書の上限はIsesiの第3年または第5年、したがってNeferirkaraの没後少なくとも50年、また文書の下限はTetiの第2年または第12年となり、アブシール文書の記録された期間は最小限68年間、最大限80年間との結果が得られる。しかし書体の類似およびUnas, Tetiのカルトゥーシュの例の少ないことからみて、文書の大部分は40年余におよぶIsesiの治世に記録されたものとみなしうる。

文書の内容に関しては、大別して4種類の文書からなっている。4種類とは⑴勤務表、⑵備品目録、⑶会計文書、⑷その他である。勤務表については後に詳述するが、葬祭殿の宗務活動に参加する神殿職員の分担する任務の割当て表であり、日常勤務のためのものと祝祭など特別な場合のためのものとがある。前者は1カ月単位で作成され、まず使用済みのパピルスの裏側に下書きがなされ、ついで罫線をひいた表に清書されている。後者は独立に作成されたもの（この場合罫線はひかれない）と日常の勤務表に付加されたものとがある。第2の備品目録は祭祀具を中心とした葬祭殿備品の目録であるが、勤務班の交替ごとに定期的になされる検査の結果が赤インクで記入されている点に特徴がある。なお特殊な文書として建物の検査の記録が1例含まれている。第3の会計文書は葬祭殿の収入および支出を記録するもので、毎日のメモにもとづいて、1カ月ごとに供物・穀物など部門別に収入表、支給表が作成されている。とくに収入表は形式的にきわめて完備し、品目ごとに収入予定量、実際の収入量、差し引きの不足量が記入され、納入責任者名を明記している。なお織物のような葬祭殿付属工房の製品については、出納の記録が1枚の表に作成されたようである。第4の以上の分類に含まれない文書として、祭儀次第書、神官Irenptahに対する供物配分の許可状、書簡の写し、罫線のみの分類不可能な多数の断片がある。

以下アブシール文書中の勤務表にもとづき、表に現れる人名、称号、職務を手がかりに論を進めていきたい。その際アブシール文書中の他の文書およびその他の史料、とくに王の勅令および墓碑をできるだけ援用しながら、神官制度の側面から葬祭殿運営機構の構成とその運用のあり方の復原を試みるつもりである。

⑶ 勤務表文書

アブシール文書中に含まれる勤務表文書は小断片を含めて85点以上にのぼる。うち内容の相当部分を知りうる文書は17点ほどであり、これらは⑴１カ月の日常勤務の割当て表（通常勤務表)、⑵その作成のための下書き、⑶祝祭ための特別勤務割当て（祝祭勤務表）に分けられる。以下この順序に⑷その他の断片を加えて、それぞれに所属する文書の内容をみていくこととする。

1 通常勤務表

きちんと罫線がひかれ、上欄に職務（職務内容と勤務の場所）を記し、１カ月の日数分の欄に勤務者名を記入する。これに属する文書は Louvre E. 25416, a recto（＝１ A), BM 10735, 7 recto（３—４), Louvre E. 25279 recto（＝５ A), Louvre E. 25416, b＋25416, a＋Cairo 602, VIII（＝６ A—７ A), Cairo 58063, 6 （＝７ B), Berlin P. 15731 recto（＝84 A), Berlin P. 15726（＝84 C), Berlin P. 15722＋Berlin-West P. 21001（＝85 A—86 A_1, A_2), Berlin-West P. 21001＋Berlin P. 15727（＝87 A_1—A_3）の９点である。

○ Louvre E. 25416, a recto（＝１ A), Berlin P. 15731 recto（＝84 A), Berlin P. 15726（＝84 C)

この３点は断片ではあるが、併せて通常勤務表冒頭の書式を復原することができる。最初に勤務表の作成された年と題とが記される。Louvre E. 25416, a recto によれば「ホルス Djedkau〔陛下の〕第16回家畜調査の年」「*Bꜣ-Kꜣkꜣj*[(13)] の勤務者（*imj-st-ꜥ*）と夜衛（*sḏr*)」となる。次に罫線をひいた勤務表の本文がくる。縦の複線で区切られた最右欄の各行は表の説明となっており、上から「年月日」「職務（*sšm iḫt*)」「地位（*iꜣt*)」「勤務者名（*rn n ḥms*)」、その下に勤務表の当該月の名、1日から30日まで（夏季第4月の場合は閏5日まで）の日が記されている。Berlin P. 15726によれば、勤務者名の冒頭は「典礼司祭（*ḫrj-ḥbt*）」、つづいて宮廷よりの派遣（この場合は「王宮の理髪師（*irw šn pr-ʿ3*）」）、司祭（*ḥm-nṯr*）、*ḫntj-š* の順であったようである。

○BM 10735, 7 recto（＝3―4）

勤務表の後半部分である。縦の複線によって職務は3種類に大別されている。夏季第2月の勤務表であるから、30日分の日数欄が設けられ、10日目ごとに黒線の代りに赤線がひかれている[(14)]。しかしこの文書では勤務者名の記入は21日までである。第1の職務の部分（a欄[(15)]）はほとんど欠けており、わずかに1行日に「香膏」、2行目に赤インクで「夕の祭儀」、3行目に*ḫntj-š*[(16)]の称号が読みとれる。勤務の場所および勤務者は不明である。第2の職務は「*Ḥrj*（このピラミッド複合体の建造されているアブシール台地）にて祭儀をなす者」（b欄）と「王母 Khentkausのために祭儀をなしたるのち記録する者」（c欄）とからなる。b欄はさらに赤インクで「朝の祭儀」と「夕の祭儀」とに分けられ、さらにおのおの司祭（*ḥm-nṯr*）および*ḫntj-š* の欄に細分されている。勤務者名を記す6行目以下ではまず1日の部分に、以下の勤務者は *imj-nfrt* 班[(17)]*ḥ3t* 小班に所属する者であることが明記され、2日目より人名が記入されている。しかし勤務者の記入はみたところきわめて無秩序で、欄の区分によれば「朝の祭儀」「夕の祭儀」とも司祭1名、*ḫntj-š* 2[(18)]名の勤務者が記されるはずであるが、人名はこの欄を無視して記入され、同一人物の名が朝の祭儀と夕の祭儀にまたがっていたり、司祭と*ḫntj-š* にまたがっていたり、またある日は司祭の欄に、ある日は*ḫntj-š* の欄に記されるなど解釈上きわめて困難な問題を提起している。この解釈については後に譲るが、このb欄に現れる *imj-nfrt* 班*ḥ3t* 小班の構成員は11名（または12名）、Inkhi（*'Inḫj*）, Iri（*'Irj*）, Meri（*Mrj*）, Nybasu（*Nj-b3-sw*）, Neferiut（*Nfr-iwt*）, Neferkhu（*Nfr-ḫww*）, Nefersemen（*Nfr-smn*）, Nakhti（*N ḫtj*）, Sheddi（*Šddj*）, Kednes（*Kd-n-s*）, Kakai（*K3k3j*）である。勤務状況は最高の Neferkhu の21日中16日22回から Kednes および Kakai の1日1回までさまざまである。ただし Neferkhu の勤務回数はとびぬけて多いから、同一人物とみなしたNeferukhu（*Nfrw-ḫw*）は別人である可能性が強い。その場合でもNeferkhuの勤務は21日中11日13回で最高である。c欄の「王母Khentkausのために祭儀をなしたるのち記録する者」は2欄に分かれ、KakaiおよびNeferiutが1日から21日まで連日担当者とされている。職務の書き方と縦線との関係からみて、祭儀を執行するのがNeferiutで、記録するのがKakaiの分担と解釈できる。両者とも称号は記されていない。

第3の職務は「門を（守る）者」（d欄)、「屋上の（夜）衛をなす者」(e欄)、「*prw-šnʿ*の入口（を守る者)」(f欄)、「*Hwt-Nfr-ir-k3-Rʿ*にて昼夜警備する者」(g欄）からなり、いずれも葬祭殿各所の警備役であり、1日から21日まで連日勤務するものである。d欄の門は*ḫntt*門と*ḥ3t*門とからなり、前者にはNeferiutとIhebu（*'Ihbw*）の2名、後者にはMerri（*Mrrj*）が指名されている。この3名は*ḫntj-š*の称号をもっている。e欄の屋上の夜衛役は「南側」の番衛と「北側」の番衛とに分けられ、前者にはMeri, Kakaisheded（*K3k3j-šdd*), Akhiren（*3ḫir-n*), Neferudjet（*Nfrw-ḏt*）の4名、後者にはNisen (*Nisn*), Neferkhu, Nybasuの3名が割当てられている。いずれも称号は記されていない。f欄の「*prw-šnʿ*の入口」の欄も2分され、「西の（入口)」にはKakainakht (*K3k3j-nḫt*) およびKakaiemdjerset (*K3k3j-m-ḏr-st?*) の2名が、「東の（入口)」にもNefersemenおよびIriの2名が割当てられている。やはり称号は記されていない、g欄の「*Hwt-Nfr-ir-k3-Rʿ*にて昼夜警備する者」には5名が挙げられている。まず*ḫntt*門の警備責任者として司祭のSeankhenptah（*Sʿnḫ-n-ptḥ*)、*pr-wrw*の警備責任者として司祭次長（*imj-ḫt ḥmw-nṯr*）のWkhu（*Wḫw*)、輪番勤務隊書記（*sš ʿprw*）のRashepses（*Rʿ-špss*), *ḫntj-š*のMenkaukakai（*Mnk3w-K3k3j*)、司祭のInkhiの4名である。うちWkhuは、割当ては21日間であるのに実際に勤務可能な日は1日、2日、4日、5日、7日、21日の6日間にすぎないらしく、残りの日は赤い縦線がひかれている。おそらくかれは他の葬祭殿での地位を兼任していたものと考えられる。[19]

最後のh欄はこの勤務表の当該月である「夏季第2月」「18日」に行われる「王像」のための特別な祭儀の勤務割当てである。葬祭殿には墓主のファラオの像が数体安置されており、この祭儀はそれらの王像に対し執行されるもので、王像を「包帯でくるむ」のが*ẖntj-š* のIri、王像に「清祓をなす」のが同じく*ẖntj-š* のNeferiutkakai、王像を「衣服で飾る」のがやはり*ẖntj-š* のKakaishededi、王像を「香で清める」のが司祭のSeankhenptahとされている。その他の祭儀参加者として典礼司祭Tia（*Tiɜ*）および門衛としてNakhti, Nefersemen, Neferkhu, Menkaukakai, Inkhiの5名が指名されている。

○Louvre E. 25279 recto（＝5 A）

パピルスの前後が欠けているが、BM 10735, 7 rectoと同じく通常勤務表の後半部分で、6欄の職務が挙げられている。年末5日の閏日を含む35日分の行が設けられていることから、この勤務表の当該月はある年の夏季第4月であることがわかる。ただし勤務の割当ては閏2日までの32日間である。a欄はBM 10735, 7 rectoのe欄の前半にあたり、「屋上の北側〔で夜衛をなす者〕」と復原できる。勤務者名は4日までの1部（おそらく4名分）のみ残っているが、うち3名はNykhasutkakai（*Nj-ẖɜswt-Kɜkɜj*), Kakaimerira（*Kɜkɜj-mrj-Rʿ*）およびNeferkakakai（*Nrf-kɜ-Kɜkɜj*）と読みとれる。b欄もa欄と同じ警備役で「ピラミッド台地（*Ḥrj*）を巡回する司祭を補佐して*prw-šnʿ* の建物にて番衛をなす者」としてKakaimerira兄（*Kɜkɜj-mrj-Rʿ smsw*）[20]が指名されており、13日以降は欠落しているが、おそらく閏2日まで連日勤務したものとみられる。

c欄は「*'Ist-ib-Rʿ*[21]および王宮より供物（パンおよびビール）を運ぶ者」と記され、太陽神殿よりの運搬役として*ẖntj-š* のKakaimerimaat弟（*Kɜkɜj-mrj-mɜʿt nḏs*）およびNykhasutkakaiがほとんど毎日連名で割当てられている。王宮よりの運搬役については、称号にあたる部分に「プタハ、汝が永遠になし給う保護は強力なり（*? sẖm sɜ ptḥ ir. k ḏt*)」と書かれており、Ptahseankhu（*Ptḥ-sʿnẖw*）がこの月の勤務者である。この称号にかわる説明の意味はよくわからない。かれが神殿の正規の構成員ではなく、プタハを守護神とする王都メンフィスの官員であることを示す可能性もあるが、Louvre E. 25279 verso（=11）において*ḫntj-š*であることが明らかなKakaimerimaat 兄および Merikakai（*Mrj-K3k3j*）と共に聖舟 *bit* の夜衛役に任じられている以上、やはり*ḫntj-š* の一員であるらしいからである。d 欄は「*'Ist-ib-Rʿ* より肉および『生命の更新』[22]を運ぶ者」として *ḫntj-š* および *ḥrj-nst* の 2 欄があり、*ḫntj-š* の欄では Kakaimerira 弟がこの月の前半と後半に、Merikakai が中旬に指名されている。*ḥrj-nst* は「王座を（司）る者」を意味するが、称号として使われた例はなく、正確な意味は不明である[23]。この欄に記された 8 名はすべて他の文書には現れない。8 名の名は Ikauhorankh（*'Ik3w-Hr-ʿnḫ*), Renpinefer（*Rnpi-nfr*), Imemi（*'Immi*), Imam（*'Im3m*), Seshi（*Sši*), Tjetu（*Ṯtw*), Wserk-akai（*Wsr-K3k3j*), Djati（*Ḏ3tj*）で、同一日に複数勤務したり割当てのない日もあり、勤務はきわめて不規則である。

通常勤務割当て最後の e 欄は「神殿全体にて警備をなす者」で、司祭の欄と*ḫntj-š* の欄と分かれ、司祭としては Akhethetep（*3ḫt-ḥtp*), Ankhmanetjer（*ʿnḫ-mʿ-nṯr*), Fetekta（*Ftk-t3*), Neferkhu の 4 名が、Neferkhu の 1 日勤務以外はほぼ同じように勤務している。*ḫntj-š* の欄では大半の日が Neferkakakai の勤務で、他に Merinebmaat（*Mrj-nb-m3ʿt*), Merikakai, Mai（*M3j*）の 3 名の名も挙がっている。

この文書の最後の f 欄は「祝祭の日（に）王像に祭儀をなす者」と題され、BM 10735, 7 recto の h 欄と同じく通常勤務表に付加された祝祭のための特別勤務割当てであるが、右側の通常勤務表の罫線をそのまま利用し、当該祝祭日である17日および18日の欄に勤務者が記入されている。まず典礼司祭としてHaka（*Hʿk3*）の名が記されているが、これにつづく司祭監督（*sḥḏ ḥmw-nṯr*）および司祭次長（*imj-ḫt ḥmw-nṯr*）の当該日の欄には勤務者名は記入されず、代わりに赤インクで「新月祭」と祝祭の名が記されている。これ以後は称号の記載はなく、代わりにより詳しい職務内容が赤インクで書かれ、当該日に勤務者名が記入されたが、職務については「(包帯を）ほどく（*sḥ3*)」「清祓をなす（*ir ʿbw*)」の 2 項のみ、また人名は17日に Kakai を含む人名の一部が残っているだけである。

○Cairo 58063, 9 （＝5 B_1－B_2）

分類からいえば祝祭のための特別勤務表に属するが、BM 10735, 9 recto の h 欄、Louvre E. 25279 recto の f 欄と同じく通常勤務表に付記された王像のための祭儀の勤務割当ての断片であるから、ここに挙げておく。小断片で職務のみが記されている。祭儀の順序は「(王像の包帯を) ほどく (*sḥ3*)」「香で清める (*ir sntr*)」「(包帯で) つつむ (*nms*)」「衣服で飾る (*ḏbʿ*)」となっている。

○Louvre E. 25416, b＋25416, a＋Cairo 602, VIII（＝6 A—7 A）

通常勤務表の中央部分である。Louvre E. 25279 recto とは、同じく閏5日を加えた夏季第4月の勤務表であること[24]、人名のほとんどが共通することから、同一のパピルスの断片である可能性はきわめて高い。最後の j 欄を除いて、a—i 欄の上2行は空白で、おそらく欠けている右側のこの2行の部分に全体に共通する職務内容が記されていたとみられる。各欄の職務はいずれも司祭と *ḫntj-š* との欄に細分されている。

a—b 欄の職務は不明であるが、祭儀に関連したものであることは明らかである。a 欄はほとんど欠けており、*ḫntj-š* にあたるとみられる欄の人名がいくつか (Merikakai, Merinebmaat, Mai[25]) 残っているにすぎない。しかし空白のままの日が多い（22日中少なくとも13日）のが目立つ。b 欄もかなり欠けており、司祭の欄は11日以降、*ḫntj-š* の欄は5日以降が残っている。司祭では Fetekta, Neferkhu の2名、*ḫntj-š* では Kakaimerira 兄、Merikakai, Neferkakakai, Merinebmaat, Merimaat 兄 (*Mrj-m3ʿt smsw*), Mai の6名[26]の名が記されているが、とくに司祭の勤務の空白のままの日が多い[27]。c 欄となってはじめて「〔香〕膏」と職務が記され、司祭の欄は4日以降、*ḫntj-š* の欄は2日以降が保存されている。司祭として勤務するのは Fetekta, Ankhmanetjer, Neferkhu の3名、*ḫntj-š* としては Kakaimerira 兄、Merikakai, Neferkakakai, Mai の4名、b 欄とは逆に *ḫntj-š* の空白の日が多い[28]。頻度数からみて司祭の Fetekta がこの職務に関しては中心人物である[29]。d 欄は「櫃の封印

(*ḫtm ʿfḏt*)」と記され、司祭の Fetekta の名が 2 日から 5 日まで記入されているが[30]、6 日以降は人名の記入はなく、代わりに赤インクで「王母 Khentkaus の神殿にて封印をなす」と註記されている。*ḫntj-š* の欄は全く空白である。e 欄は「供物卓（*ḫ3t*）」と記され、司祭の欄には Akhhetep, Ankhmanetjer, Neferkhu の 3 名、*ḫntj-š* の欄には Kakaimerimaat 兄、Merinebmaat Merikakai, Kakaimerira 兄、Merimaat 兄、Neferkakakai, Mai, Kakaimerira 弟の 8 名の名が挙がっており、閏 3 日までの全期間に勤務者名が記入されている。f—g 欄は灌奠水の責任者である。まず f 欄は「封印された櫃（*ḫtm*）の水盤にて灌奠水を受けとる者」で、司祭としては Fetekta が閏 3 日までの全期間をうけもっている[31]。これに対し *ḫntj-š* はほとんど参加せず〔……〕Kakai（または Kakai〔……〕）が 4 日間、Mai が 1 日だけである。逆に g 欄の「*nmst* 容器にて灌奠水を受けとる者」では司祭は全く参加せず、*ḫntj-š* の任務とされている。Merikakai, Neferkakakai, Merinebmaat, Merimaat 兄、Mai, Kakaimerimaat 兄、Kakaimerira 兄弟の 8 名が名が挙がっている。h 欄の「再び[32]櫃（*hn*）にて灌奠水を受けとる者」の場合も司祭の欄は空白、*ḫntj-š* も最初の 3 日間に Kakaimerira 兄弟、Merikakai, Djedikakai（*Ḏdj-K3k3j*）の 4 名が割当てられているだけである。i 欄は「*Ḥri* の背後を巡回する者」で、葬祭殿周辺の警備役である。11日以降は欠けている。司祭では Fetekta および Neferkhu、*ḫntj-š* では Merikakai および Neferkakakai の名が記されている。最後の j 欄は「門を（守る）者」であるが、ほとんど残っていない。*pr-wrw* の門衛役として Iyni（*'Ij-ni*）がおそらく全期間勤務している[33]。つづいては警備の場所は欠損しているが、2 日から 5 日までの勤務者のみが残されている。しかし文字も小さく、記入も不規則で読解は困難である。Ankhmanetjer, Kednes, Akhhetep, Neferkhu の名がかろうじて読みとれる。

○Cairo 58063, 6 （＝ 7 B）

通常勤務表の警備役割当て部分の断片で、3 欄の職務分担が残っている。最右欄は「王母」「神」の文字が勤務者名記入の部部にみえるだけで内容は不明である。中央欄は「屠殺場（*ḥwt-šʿd*）」の警備役で「広間（*wsḫt*）にある *ḫntj-*

š」としてWashek（*W3šk*）およびNeferiutの2名が割当てられており、おそらく全期間を担当したものとみられる。[34] 左欄は「*ḫntt*門」の警備役で*ḫntj-š*のNeferkhau（*Nfr-ḫʿw*）ともう1人（氏名部分は欠損）が割当てられている。Neferiutの名が共通するから、この断片はBM 10735, 7 rectoと同じく*imj-nfrt*班にかかわる勤務表である可能性は強い。

○Berlin P. 15722＋Berlin-West P. 21001（＝85 A－86 A_1, A_2）

通常勤務表の上部の断片である。職務と勤務の場所とがいずれも赤インクで記されている点がこれまでの例と異なる。最初は「毎日、日中にソーダを〔……する者〕」で、Mendjefakakai（*Mn-ḏf3-K3k3j*), Kakaimerisopdu（*K3k3j-mrj-spdw*), Kakaikap（*K3k3j-k3p*), Nefer〔……〕tkakai（*Nfr-*〔……〕*t-K3k3j*), Kakaiankh（*K3k3j-ʿnḫ*), Wrbaukakai（*Wr-bʿw-K3k3j*）の6名が割当てられている。[35] ただし最後の2名は実際には勤務しないことを示す赤線で日付けの部分が埋められている。次は「〔……にて〕昼衛をなす者」で、最初にAnkhmara（*ʿnḫ-mʿ-Rʿ*）の名を称号なしで記し、次欄に「司祭次長（*imj-ḫt ḥmw-nṯr*)、王宮の理髪師（*ir šnʿ pr-ʿ3*)」の称号をつけて再びAnkhmaraの名を記し、この下の日付け欄に勤務割当てを示す短線が記入されている。つづいて6名の名が記されていたが、いずれも欠けている。勤務状況はかなり不規則で、2番目の人物は実際には勤務せず（8日以降欠)、4番目の人物は6日が空白、9日は勤務していない（10日以降欠)。また最後の人物は1日、2日が空白である（7日以降欠)。第3の職務は不明であるが、[36] Kakaimerisopduと Neferseshemkakai（*Nfr-sšm-K3k3j*）の2人が連日勤務している。第4は*pr-šnʿ*の入口の夜衛」役で、「西の入口」には司祭Neferseshemptah（*Nfr-sšm-ptḥ*）および称号なしのMendjefakakaiの2名が、「東入口」には〔　　〕kakai（またはKakai〔……〕）の名が記されている。ただしNeferseshemptahは11日の欄は空白、12日から実際には勤務していない（15日以降欠)。最後の職務は「門の昼衛をなす者」であるが、勤務者名の部分は欠けている。この断片に現れる人名は、これまでの勤務表と共通する例がなく、別の班に関するものとみられる。

○Berlin-West P. 21001＋Berlin P. 15727（＝87 A_1－A_3）

3つの断片からなり、直接にはつながらないが、刊行者にしたがって同一のパピルスの断片とみなしておく。職務は赤インクで記されている。A_1は「*pr-šnʿ*」の警備役で、Kakaiankhの名がみえる。A_2は「屠殺場を（守）る者」と「〔屋上にて？〕昼夜の警備をなす者」とからなる。前者には2名の*ẖntj-š*（Kakaiを含む1名の名のみ読みとれる）、門番（*sbẖt?*）Ptahhetep（*Ptḥ-ḥtp*）料理人（*fs*）Khnumhaistef（*H̱nm-ḥ3-ist・f*）が指名されており、後者では「南側」の担当者として*ẖntj-š*のAkhmerutnesu（*3ẖ-mrwt-nsw*）の名が残っている。もう1人割当てられているが称号の一部（*pr-ʿ3*）しか読みとれない。A_3には「北側」の担当者とし*ẖntj-š*のKakai〔……〕（または〔……〕kakai）の名がみえる。

2　通常勤務表のための下書き

通常勤務表作成のため使用済みのパピルスの裏側に記された下書きで、Louvre E. 25279 verso（＝11), BM 10735, 9 verso（＝12), Louvre E. 25416, d verso（＝14 B）の3点が残されている。罫線はひかれていない。

○Louvre E. 25279 verso（＝11）

最上段に「第4回（家畜調査）の年夏季第1月晦日、夏季第2月の助祭を割当てる」と記されている。これによって毎月の30日に次月の勤務表の下書きがなされ、表が作成されたことが推定できる。職務はいずれも警備役である。通常勤務表が示すように警備役に指名された者は1カ月間連日勤務することになる。第1は「屋上に（夜）衛をなす者」で「南側」についてはDjedikakaiとKakaimerira弟、「北側」についてもHetepkhasutenkakai（*Ḥtp-ẖ3swt-n-K3k3j*）とKakaimerimaat弟のそれぞれ2名ずつが指名されている。第2は「聖舟*bit*に（夜）衛をなす者」で、Kakaimerimaat兄、Merikakai, Ptahseankhuの3名、第3は「*prw-šnʿ*の入口に（夜）衛をなす者」で、Kakaimerira兄とMaiの2名がそれぞれ割当てられている。[37] 最後は「陶房（*?nḥp*）[38] の門（衛)」で、Kakaiserudjra（*K3k3j-srwḏ*（?)-*Rʿ*)、ウアブ司祭（*wʿb*）[39] のAnkhmanetjerおよびAkhhetepが指名されている。このパピルスの下段には「第4回（家畜調査）の年冬季4月2日」と記されたおそらく祝祭のための特別勤務割当ての下書きとみられるテクストが残されている。「陶房（？）門（衛）」として「法官（*s3b*）[40] 書記」Akhhetep、「踊手（*ib3*）」Ankhmanetjerおよび称号なしのKakaiserudjra（?), Merinebmaatの4名が勤務者とされている。これより4㎝ほど離れて「*pr-šnʿ*の入口（の警備役）」としてKakaimerimaatとKakaimeriraの2人の名が記されているが、これも同じ日付けの下書きに属するものであろう。人名の共通からみてこの下書きの2つのテクストはいずれも記述の通常勤務表のLouver E. 25279 rectoおよびLouvre E. 25416, b, a＋Cairo 602, VIIIから同じ勤務班に関するものである。

○BM 10735, 9 verso（＝12）

同じく警備役の割当てである。縦線により6欄（a—f）に分かれ、各欄は勤務の場所、勤務者、必要に応じての短いメモからなる。a欄は*pr-wrw*の警備役で、Inb（*'Inb*）とIrenptah（*'Ir-n-ptḥ*）の2名、b欄は「神殿の*ẖntt*門」の警備役で、Wrkhu（*Wrẖw*), Menhetepthetepu（*Mn-ḥtpt-ḥtpw*), Seankhenptah, Nedjemib（*Nḏm-ib*), 〔……〕ef, Merinetjererkakai（*Mrj-nṯr-r-K3k3j*）の6名が指名されている。c欄は「（神殿の）*ḥ3t*門」の警備役で、3名の名が記されていたが、Hagu（*Ḥ3gw?*）の名がかろうじて読みとれるだけである。d欄は「*prw-šnʿ*の入口」の警備役で、長（*b3ḥ*）としてIymka（*'Ij-m-k3*）、ほかにNeferhetepthetepu, Netjernefer（*Nṯr-nfr*), Washekkakai（*W3šk-K3k3i*）の4名の名が記され、下に「守護する（*ḥwj*）」と註記されている。f欄は「屠殺場（*ḥwt-šʿd*）」の警備役で、Autibenkakai（*3wt-ib-n-K3k3j*）とHepi（*Hpj*）の2名が指名されている。人名からみるとこれまでの勤務表と共通するところがなく、別の勤務班に関するものとみられる。

○Louver E, 25416, d verso（＝14 B）

やはり警備役の勤務割当てである。4つの職務が挙げられている。第1は「聖舟*bit*を（守る）者」で4名が割当てられているが、3番目のAkhneb（*3ḫ-nb*）の名だけが読みとれる。第2は「*prw-šnʿ*の入口」の警備役で「西（の入口)」には Kakaimeridjehuti（*K3k3i-mrj-Ḏḥwtj*)、「東（の入口)」には Tjemsi（*Ṯmsj*）および Iri が指名されている。第 3 は「屋上」の警備役で、*ḫntj-š* の Iri, Tjemsi, Ihikhent（*'Iḥj-ḫnt*）の 3 名が勤務者である[41]。最後は「(塔)門」の警備役で、最初の Renpinefert（*Rnpj-nfrt*）の名だけが残っている。

3　祝祭のための勤務表

祝祭のための特別勤務の割当ては通常勤務表の後に付加されることもある[42]が、大祭のためには独立に作成されたようである。この種の独立に作成された文書としては Louvre E. 25416, c verso＋Cairo 602, X verso（＝13－14 A), BM 10735, 13（＝15 A－16 A), BM 10735, 15 recto＋Cairo 58063, 2 recto（＝18 A_1－A_2), Berlin P. 15723 recto（82）の 4 点がある。

○Louvre E. 25416, c verso＋Cairo 602, X verso（＝13－14 A）

このパピルスには 4 つの異なるテクストが記されているが、うち刊行者が text 1 と名づけたものがソカル[43]の祝祭のための勤務割当てである。最上段に「第 3 回（家畜調査）の年増水季第 4 月25日」と祝祭の日付が記され、その下に「*t3-wr* 班についてソカルの祝祭の日の助祭を割当てる」とテクストの目的が規定される。勤務は縦線によって 3 欄に分かれる。第 1 は「神殿にて祭儀を行う（*wʿb*）[44]者で、Kemuab（*Kmwʿb*), Kakaimeridjehuti, Huakakai（*ḥwʿ-K3k3j*）の 3 名の名が記されている。第 2 はソカルの聖標「*wḫ* を（扱う）者」であるが、この *wḫ* は 2 本あり、1 本は *iʿn-rʿ*(?)、もう 1 本は *ttn-rʿ*(?) とよばれている。前者は司祭の Kakaiankh, *ḫntj-š* の Nytauykakai（*Nj-t3wj-K3k3j*）および小 Kakaimeridjehuti[45]、後者は司祭の Ipi（*'Ipj*), *ḫntj-š* の小 Kakaimeridjehuti および Ima（*'Im3*）のそれぞれ司祭 1 名、*ḫntj-š* 2 名（うち 1 名は兼担）が指名されている。ここにはまた *tb3* 樹（？）責任者として、Akhiren（*3ḫ-ir-n*）および Meni（*Mnj*）の名も記されている。第 3 は「広間（*sḥ*）において供物を（捧げる）者」で、供物を納める容器の材質によって「銀（器)」および「土（器)（*sṯt*)」に大別され、それぞれ容器の名前とそれを捧げる者とが記入されている。まず「銀器」については、「水盤（*šʿt*）一個」は司祭の Nedjemankh（*Nḏm-ʿnḫ*）、「注口大杯（*bd*）1個」は同じく司祭の Ipi、「注口甕形容器（*snbt*）1個」は *ḫntj-š* の Nytauykakai、「注口鉢（*ʿnḏw*）1個」は同じく *ḫntj-š* の Kakaiankh と指名されている。「土器」については「供物台（*ḫ3t*）1個」が Merikakai（?）、「水瓶（*ḥst*）1個」と「浅鉢（*ʿprt*）2個」が Ḥuakhat（*Hwʿ-ḫ3t*）の子〔……〕kakai の割当てとなっているが、以下の4種の容器「壺（*nmst*）1個」「*kpḥr*（?）1個」「注口高杯（*k3p-ḥr*）1個」「注口鉢（*ʿnḏw*）1個」および「櫃入りの香料（*sntr-ʿfḏt*）1」「綿布（*sšrw*）2枚」「上製パン（*nfrw*）8個」については扱者は指名されていない。なおちなみにこのパピルスの text 2はソカルの聖標 *wḫ* の検査記録、text 3は年末の閏日の穀物支給記録、text 4もおそらく支給文書である。

○BM 10735, 13(＝15 A－16 A)

この文書の性格については実のところ明確ではない。しかし前の文書の text 1の第3欄との類似はきわめて著しいから、祝祭に際しての祭祀具の担当責任者を割当てたものとみてよかろう。ただしこの文書においてはきちんと罫線がひかれている。最上段に材質、その下にこの材質でつくられた祭祀具の名が記され、おのおのの祭祀具の数だけ細分された各欄に責任者の名が記入されている。右から順番に品目と責任者名とを挙げると、材質不明の「容器（*?ḏḥ3*）」1個は Merihathor(*Mrj-ḥwt-Ḥr*)、もう1個は Khnumhetep（*Ḫnmw-ḥtp*）および Inkef（*'Inkf*）の子 Kakaiankh、「銀（製）」の「容器（*?ḏḥ3*）」2個はそれぞれ Neferirt（*Nfr-irt*）および Djedikakai、「粘土（*?sin*）」の「鉢（*ḫ3w*）」4個は責任者名なし、同じく「粘土（?）」の「容器台（*gn*）」2個はそれぞれ Neferirt および Djedidakai、「純金（*ḏʿm*）」の「笏（*?ib3*）」1本と「皮革（*?dḥr*）および陶製（*?ḳ3ḥ*）」の「笏（?）」2本は責任者名なし、「蓮花（*sšnw*）」の「香炉（*?k3p* あるいは香か）」1は Kakaiseneb（*K3k3j-snb*）となっている。

○BM 10735, 15, recto＋Cairo 58063, 2 recto(＝18 A_1－A_2)

中央の複線によって上下2段に分かれる。下段はごく一部しか保存されていないが、その限りでは上下とも全く同一である。内容は前2者の文書との類似から、祝祭に際し異なる標章を扱う責任者を指名したものとみなされる。聖標は1対ずつ各勤務班に割当てられている。右上隅に「神殿において」と勤務の場所が赤字で註記されている。最初の1対の聖標は、牡羊の角と2枚の羽根を頂くハヤブサ頭のスフィンクスが旗竿の先端の横木の上にのっているもので、スフィンクスの前には聖蛇が置かれている。勤務班の書かれる順序は常に一定であるから[(46)]、この標章の担当班が *tꜣ-wr* 班であることは明らかである。担当者は2名のうち Neferudjetkakai（*Nfr-wḏt-Kꜣkꜣj*）の名のみ残っている。以下の聖標はすべて旗竿がなく、横木のみである。第2の1対の聖標は、とぐろを巻き鎌首をもたげた聖蛇で、*wꜣḏt* 班の Kakaiuser（*Kꜣkꜣj-wsr*）および Ihi（*ꜥIḥj*）がそれぞれの担当者である。第3の1対はサソリで、*nḏst* 班の Kakai〔……？〕および Demedjkau（*Dmḏ-kꜣw*）が、また第4の1対はうずくまったヒヒで、*imj-nfrt* 班の Kakai〔……〕（または〔……〕kakai）および Kakai-merimaat がそれぞれ指名されている。この左側にも横木の跡がみえ、第5の1対の聖標の存在を暗示している。その場合は慣例に反して、先頭に挙げられるべき *imj-wrt* 班がこの聖標の担当班となる。あるいは第6の班が存在したのであろうか[(47)]。なお上下段に同一のテクストが記されている理由も明らかでない。

○Berlin P. 15723 recto（＝82）

縦線によって3欄（a―c）に分かれ、b欄の1行目に「ミン〔の祝祭に〕〈参加する（？）〉ため（勤務に）つく者」と赤字で註記されており、同じく祝祭のための特別勤務割当てとみなしてよいであろう。しかしac両欄ともそうであるかどうかは確かではない。各欄の構成はほとんど同一で、1行目に職務および勤務の場所、2行目に称号、3行目に人名、4行目に短い註、5、6行目は再び称号と人名、7行目は人名を表す決定詞となっている。a欄の内容は1行目の職務の部分が欠けているため明らかでないが、2、3行目の人物が行政官職（書記 *sš*）の称号をもち、しかも4行目に「永遠に（*ḏt*）」と註記されていること、それぞれの人物に対応した5行目の称号が空白な人物名が6、7

行目に書かれていることからみて、上段の人物は葬祭殿に自分の像を納置することを許された高官で、かれらの像に対して故王に捧げられた供物のおさがりが与えられるのであり、下段の人物はこの特別な機会（おそらく祝祭）に上段の人物の像に対し供物を捧げる任務を割当てられた者であると解釈できる。上段、下段各6名ずつ人名が残されている。上段の人物は⑴労働部隊書記監督官（*sḥḏ sšw-ʿprw*）Seshemu（*Sšmw*）、⑵宮廷〔書記〕（〔*sš*〕*Pr-ʿ3*）Nefermererek（*Nfr-mr*〔*r-k*〕）、⑶同じく宮廷〔書記〕Rawer（*Rʿ-wr*）、⑷ *ḏʿb*(?) の家の書記 Wa〔……〕（*W3*〔……〕）、⑸牧牛書記（*sš k3t*）Ka〔…〕[48]、⑹宮廷書記 Kanefer（*K3-nfr*）、これに対応する下段の勤務者は⑴〔……〕Hetep、⑵ Tjetju（*Ṯṯw*）、⑶Wa（*Wʿ*）、⑷Nebi（*Nbj*）、⑸Irenptah（*'Ir-n*（?）*ptḥ*）、⑹Inkaf（*'In-k3-f*）である。b 欄はおそらくミンの祝祭に派遣される（「勤務につく」と訳した *ẖ3i* には「降りてくる」の意味もある故）者を指名したものとみられる。宮廷（*pr-ʿ3*）からの 4 名、*ẖntj-š* からの 4 名の名が挙げられている。宮廷より派遣されるのは Nefermererek, Kaaper, Rawer, Kanebeb で、この Neferirkara 葬祭殿の *ẖntj-š* より指名されたのは Kamen〔……〕、Mendjefakakai, Kakaiankh, Kakaimerimaat である。c 欄は「*ṯ3w*、〔……〕[49] および王都より神の供物を運ぶ者」と題され、神の印璽官（*sḏ3wtj-nṯr*）seshemu の「監督下に（*ḥrj-ʿ*）」「*sḥḏ ṯ3w* の Duaptah（*Dw3-ptḥ*）3 名の *ṯ3w*」がこれにあたるとされている[50]。*ṯ3w* という称号はほどんど他に例がない。この文書によって、かれらが少なくとも神の供物の運搬をその任務のひとつとしていたことを知ることができる。採鉱等のための遠征隊の指揮官[51]である神の印璽官の指揮下にあることから、遠方よりもたらされる特別な供物の運搬にたずさわるのではないかと推測できる。

4　その他の断片

以上の17点のほかに70点以上の断片が勤務表文書に所属している。これらの断片から得られる情報はわずかであるが、葬祭殿において何らかの役割を演じた官僚の名と称号、および神殿職員の名を教えてくれる。以上主要な断片についてのみ述べておく。

BM 10735, 4 recto（=16 B_1）は官吏に対する支給表の一部であるが、最初に記されている「法官兼文書送受官（*s3b irj-mḏ3t*)」Khenu（*Ḫnw*）の称号の前に「(葬祭殿に）勤務中（*imj st-ʿ*)」と記されていることから、葬祭殿において何らかの任務を果たしたことにより支給をうけたものと推測できる。以下の人物の称号と名は労働部隊書記長（*imj-r sšw-ʿprw*）Nyankhkhnum（*Nj-ʿnḫ-Ḫnmw*)、法官兼書記監督官（*s3b sḥḏ-sšw*）Nykauamen（*Nj-k(3w)-'Imn*)、法官兼文書送受監督官（*s3b sḥḏ-irj-mḏ3t*）Khenu である。

神殿職員名のみを記す断片はかなり多数にのぼる。1点を除けば称号は残っていない。これらの断片の意義は以上の勤務表のどの断片にも現れない新しい人名を記している点にある。とくに Un. Col. B グループと Berlin グループとはそれぞれ1つの勤務班を形成していると推定できる。以下文書番号とそれに記された人名を列挙しておく、

Cairo 602, VIII（= 6 B）Fetekta

Cairo 602, VIII(52)（= 6 C）Neferkakakai

Cairo 602, XI（=10 B_1）Akhneb (*3ḫ-nb*), Irneferen (*'Ir-nfr-n*), Iri, Rudjkaukakai (*Rwḏ-k3w-K3k3j*), Wrkau (*Wr-k3w*)

Cairo 58064（= 9 V）Tjenhu (*Ṯn-ḥw*), Ptahhetep

Un. Col. B（= 8 A）Ptahhetep

Un. Col. B（= 8 B）Aa(*ʿ3*), Djefanesu (*Ḏf3-nsw*)

Un. Col. B（= 8 C）Khuenkhnum (*Ḫw-n-Ḫnmw*), Djedikakai, Seneb (*Snb*)

Un. Col. B（= 8 D）Ipi, Isi (*'Isj*)

Un. Col. B（= 8 E）Seneb, Djedi〔kakai〕

Un. Col. B（= 8 F）Neferhetepthetepu, Nedjemib

Un. Col. B（= 8 G）Neferirtkakai, Kakaihetept

Un. Col. B（= 9 B）Kairis (*K3-iri-s*)

Un. Col. B（= 9 C）Ipi, Kednes

Un. Col. B（＝9　D）Kednes

Un. Col. B（＝9　H）Djediankh

Un. Col. B（＝9　J）Neferirt〔kakai〕

Un. Col. B（＝9　K, M）Seneb

Un. Col. B（＝9　L）Nedjemib

Un. Col. B（＝9　N）Djaa（*Ḏʿʿ*）

Un. Col. B（＝9　O）Tjenti（*Ṯntj*), Nedjemib

Un. Col. B（＝9　U）Kedmer（*Ḳd-mr*), Djedi〔Kakai〕, Merira, Djaa

Un. Col. B recto（＝9　F, Q）Menhebu（*Mn-ḥbw*）

Un. Col. B recto（＝9　P）Ipi, Kednes

Berlin P. 15726（＝84 C）典礼司祭 Tau（*Tзw*), 宮廷の理髪師 Ankhmara

Berlin P. 15722（＝85 B）Nytauykakai, Nydjetpesi（*Ny-ḏt-psi*）

Berlin-West P. 21001（＝85 F）Mendjefa〔kaka〕i

Berlin-West P. 21001（＝85 G）Khuenkakai

Berlin P. 15727（＝87 B）Isesiankh（*'Issj-ʿnḫ*), Ipi

Berlin P. 15726＋Berlin-West P. 21001（＝87 E_1, E_2）Akhmerutnesu（*Зḫ-mrwt-nsw*), Kakaiankh

Berlin P. 15726（＝87 E_3）Nytauykakai, Kakaihetep

Berlin-West P. 21001（＝87 E_4）Mendjef〔akakai〕, Nytauykakai, Kakaihetep

(4)　輪番制神官制度

BM 10735, 7 recto の b 欄は *imj-nfrt* 班*ḥзt* 小班の祭儀への参加者を割当てたものである。また Louvre E. 25416, C verso＋Cairo 602, X の text 1 は *tз-wr* 班に対するソカルの祝祭における勤務割当てであり、BM 10735, 15 recto＋Cairo 58063, 2 recto はある祝祭における聖標の扱者を各班に割当てたものである。これらの資料は、この葬祭殿における神官勤務の基本体制が、班ごとに輪番で勤務するいわゆる「輪番制神官制度（Stundenpriesterschaft）」であったことを示している。勤務表という特異な文書もこの勤務体制の必要から生じたものである。最後に挙げた文書には *w3ḏt, nḏst, imj-nfrt* の3班の名が記されており、*t3-wr* 班と併せて4班の名がアブシール文書より確認される。しかし宰相 Mereruka の墓の貯蔵室の名前などから古王国においては上記の4班のほかに *inj-wrt* とよばれる第5の班が存在したことが知られている[53]。このNeferirkara 葬祭殿においても前述の文書に第5の聖標の痕跡が残されていること、また後述するように勤務表に記載された勤務者の数が第5班の存在に十分なだけあることなどから、5班輪番の勤務制度を想定して間違いないと考える。

このような葬祭殿神官の勤務体制は古王国における労働組織に起源をもつとされている。ピラミッドの建造には多数の農民が農閑期（すなわち増水季）に徴発され、石材の運搬等の労役に従事した。また一方では常時建造工事に従事する石工等の技術労働者も存在した。農民はその他水路の開鑿、維持に、あるいは採鉱のための遠征にも徴発されている。これらの労働者はすべて「部隊（*ʿprw*）」に編成され、各隊は5つの「班（*s3*）」からなっている。一隊の編成は1隻の船の乗組員にたとえられ、5班の名前はすべて船の見張りにその起源をもっている[54]。おそらくナイル河が主要な交通路という地理的環境によるものであろう。5班の名称と船との関連は Khufu のピラミッドの傍らに発見された聖舟の覆いの石材に記された黒インクの銘によって最終的に確立された[55]。それによれば *imj-wrt* は右舷前部、*t3-wr* は左舷前部、*w3ḏt* は右舷後部、*nḏst* は左舷後部のそれぞれ見張りを意味している。*imj-nfrt* の語源は不明とされてきたが、Helck の主張するように「舵綱（*nfrjjt*）」と関連があるようである[56]。ピラミッド建造その他の労働組織においては5班からなる部隊が複数で労役に従事したのであるが、この葬祭殿においては部隊は1隊だけである。この労働組織が葬祭殿の神官制度にも適用された理由について Helck は次のように推定している[57]。徴募されてピラミッド建造に従事する農民とちがって、石工等の工人は常時建造工事に従事し、したがってピラミッド近傍にはこれら工人のための集落が設けられた。ピラミッド建造の終了後も、修復作業の必要上少なくとも一部の工人が残され、みずからの技術を役立てるとともに、もともと部隊組織を維持して輪番で葬祭神官の務めを果たし、それによって供物をはじめ葬祭殿の収益の分配に与り、生計を保持することとなったというのである。Helck の説は、葬祭殿の神官組織と労働組織とに同一用語が適用されていることの説明としておそらく妥当であると考えられる。しかし葬祭殿の維持のために葬祭殿領の農耕もまた重要な要素であり、これに従事する農民の一部もまた葬祭神官の務めを要求されたであろうことは想像に難くない(58)。このようにして労働組織に由来する神官の勤務体制がまず葬祭殿に導入され、神殿の神官制度にまで拡大されていったものと推定される。しかしこの「輪番制神官制度」が現実にどのように運用されていたかについては従来直接の資料は皆無の状態にあった。アブシール文書の勤務表によってはじめて「輪番制神官制度」の実状、その組織、運用について、しかもその最古の段階の状況についてかなりの程度の解明が可能となったのである。勤務表の最大の史料的価値はここにある。

以下の考察においては、通常勤務表の Louvre E. 25279 recto（＝5 A), Louvre E. 25416, b, a＋Cairo 602, VIII（＝6 A－7 A）および通常勤務表の下書きの Louvre E. 25279 verso（＝11）の3点からなる文書群（以下 Louvre グループと称する）を中心に置くことにする。この3点は人名からみて同一の班に関するものであり、しかも前2点は同一のパピルスの断片であることはほぼ確実で、不幸にして班名は不明であるが、ある班の活動について最も豊富な情報を与えるものと期待できるからである。BM 10735, 7 recto（＝3－4）もかなりよく保存された文書であり、しかも班名（*imj-nfrt* 班）が明らかであるが、きわめて断片的な Cairo 58063, 6（＝7 B）を除けば同一の班に属するとみられる他の勤務表文書が存在しないこと、b 欄の記入は一見きわめて無秩序であり、解釈に困難を伴うこと、その他の欄においても称号と職務との関係が明確を欠くこと等により考察の出発点とするには適当でないと判断した。

資料の分析にはいる前に勤務表に記された職務についてまとめておく。これらは葬祭殿構成員が「非番」の際に従事する「俗務」に対して広い意味での「聖務」とよぶことができよう。通常勤務表に記されたものと祝祭のための特別勤務表に記されたものとでは、後者はきわめて祭儀に密着したものといえる。以下の考察においてはおもに前者が対象となるが、両者とも列挙しておこう。まず日常の葬祭殿活動に必要とされる職務は大別して⑴祭儀に関するもの、⑵供物の運搬に関するもの、⑶警備役（あるいは管理責任）に関するものとなる。

⑴ 祭儀に関するもの

1、葬祭殿内における祭儀(59)

（王像に）香膏（を塗布する？）あるいは香膏（を供献する）(60)

櫃を封印する(61)

供物を捧げる

灌奠を行う（3種の容器より受けとる）

2、ピラミッド台地（*Ḥrj*）において祭儀を行う（*ir iẖt*）

朝の祭儀（*iẖt dwȝjt*）

夕の祭儀（*iẖt ẖȝwj*）

3、王母 Khentkaus のための祭儀（おそらくギザの墓所において。記録をとることが要求されている）

⑵ 供物の運搬に関するもの

1、パンとビールの運搬（*'Ist-ib-Rʿ* および王宮より）

2、肉および「生命の更新（*rnpj n ʿnẖw?*）」の運搬（*'Ist-ib-Rʿ* より）

⑶ 警備役あるいは管理責任者

1、葬祭殿境内の警備役

2、葬祭殿周辺の警備役

3、葬祭殿の門（*ẖntt* 門および *ḥȝt* 門）の警備役

4、屋上における（夜）衛（南側および北側）

5、聖舟 *bit* の夜衛

6、*prw-šnʿ* の門衛（東門および西門、夜衛を含む）

7、屠殺場（*ḥwt-šʿd*）の警備役

8、陶房（*?nḥp*）の警備役

祝祭のための勤務表に記された職務は、(1)王像に対する祭儀と(2)神のための祝祭における祭儀とでちがいがある。

(1) 王像に対する祭儀

1、王像（の包帯衣服）を脱がせる

2、清祓（灌奠）をなす

3、香で清める

4、包帯でくるむ

5、衣服を着せ、飾る

(2) 神のための祝祭における祭儀

1、神殿にて祭儀をなす

2、神の聖標を扱う

3、広間（*sḥ*）にて供物を捧げる（容器により担当者が定められる）

4、王像に対し祭儀をなす

5、王都その他より神への供物を運ぶ

以上のようになっている。

以下の考察においては文書に現れる人名と称号を手がかりとして進めていきたい。前述のようにLouvreグループを出発点としよう。このグループの3点の勤務表に現れる勤務者のうち、名前が完全に残されている者の数は28名である。その称号別の内訳は、典礼司祭1名、司祭4名、*ḫntj-š*13名、*ḥrj-nst* 8名、称号不明2名となる。以下この順序に従って述べていく。

1 典礼司祭（*ẖrj-ḥbt*）

Louvreグループに現れる典礼司祭は、Louvre E. 25279 rectoのf欄に記されたHakaただ1人である。かれはこの勤務表の当該月である夏季第4月17日および18日の「新月祭」にのみ勤務が割当てられている。典礼司祭というのは、パピルスに記された典礼定式書の管理者であり、祭儀が定式に従って執行

されるよう見守るとともに、必要に応じて手にした巻物から規定の祭文を読誦する任務を与えられている[(62)]。とくに古王国においては、葬祭における典礼司祭の役割は相続者である長子の果たすべきものとされており、皇太子はしばしば「その父の典礼司祭」とよばれている[(63)]。アブシール文書においても、Berlin P. 15726（＝84 C）が示すように通常勤務表の冒頭に挙げられており、しかも勤務は必ずしも連日ではなく、祝祭など特別な機会に限られるなど特殊な地位を占めている。通常勤務表に典礼司祭の勤務が記されている唯一例であるこのBerlin P. 15726において、典礼司祭 Tau が勤務しているのは１日より６日までで、７日、８日（おそらくは欠けている９日、10日も）は実際には勤務しない印の赤線が記入され、11日以降は全く空白である（ただし17日以降欠）。しかもこの文書において、典礼司祭と司祭の間に「王宮の理髪師」Ankhmaraの欄が設けられていることも、典礼司祭が王宮との結びつきの強い特殊な神官であることを示している。

しかしその特殊な地位にもかかわらず、典礼司祭はこの葬祭殿において勤務班編成のなかに組み込まれ、各班に１名ずつ配属されていたと推定できる。その理由について述べると、勤務表全体を通じて典礼司祭として記されている人物は５名である。すなわち、Haka と Tau の他に BM10735, 7 recto（＝４）の Tia、Un. Col. B（＝９ B), BM 10735, 15 verso（＝19 A）および Cairo 58063, 8（＝31 A）の Kairis、Louvre E. 25416 c verso（＝14 A）の Kahetep である。偶然のことながら５名は５班編成に対応する。Haka は Louvre グループのある班に所属する唯一人の典礼司祭であり、Tia は *imj-nfrt* 班の所属である。その他の勤務表を人名にもとづいて Un. Col. B グループ（＝８－９)、Berlin グループ（＝84－87)、その他のグループに仮に分けるならば、Kairis, Tau, Kahetep はそれぞれおのおののグループに所属している。この情況証拠は、アブシール文書の大部分が Isesi の治世約40年間の記録であるという事情と併せ考えるなら、各班に典礼司祭１名が所属するという結論の蓋然性をきわめて高いものとしている。５名の典礼司祭の勤務表に現れる回数は各１回であり、しかも Haka および Tia は祝祭にのみ現れることは、葬祭における典礼司祭の主な活動の機会が祝祭にあったことを示している。Kairisが祭儀次第を記す文書（BM 10735, 15 verso）に登場することも前述の典礼司祭の役割を証明している。Kairisはまた Cairo 58063, 8 において、聖舟を納置する室の扉の鍵の保管責任者の1人として現れる。この場合には称号は記されておらず、別人の可能性もあるが、Kahetepが聖標の管理責任者として記されていることからみて、典礼司祭は少なくとも葬祭殿の祭祀上重要な聖器具の管理責任者であったのではないかと推定される。このことはしばしば皇太子が「その父の典礼司祭」とよばれるなど葬祭における典礼司祭の重要性を反映するものである。故王の死後50年以上経過したこの葬祭殿において、皇太子が祭礼司祭として祭儀に参加することはないが、その権威の一部は依然としてこの典礼司祭の職務に保持されているといえよう。

2　司　　祭（*ḥm-nṯr*）

Louvreグループに現れる4名の司祭の名は、Akhhetep, Ankhmanetjer, Fetekta, Neferkhuである。司祭こそが、本来の意味で葬祭殿において死せる神、ファラオに対する祭儀を主宰しうる唯一の資格者である。アブシール文書においてはこの司祭も勤務班の編成に組みこまれている。かれらの活動を前述の勤務表に現れる職務の分類に従ってみると、祭儀に関するものでは、香膏に関する行為、櫃の封印、供物の奉納、灌奠、警備役に関するものでは、葬祭殿境内の警備役（おそらく管理責任者としての役割を果たす）、葬祭殿周辺の警備役、陶房の警備役が司祭の任務とされている。以下それぞれの職務における司祭の勤務状況をLouvreグループの通常勤務表の当該月である夏季第4月を中心にみていくことにする。

香膏に関する祭儀上の任務の詳細は前述のように不明である。[(64)] 助祭としての*ḫntj-š*の欄が設けられているが、閏2日までの31日（1日は欠）中11日だけに勤務者が割当てられており、18日、19日、閏2日の3日間を除いて全期間（ただし1日—3日は欠）を埋めている司祭があくまでこの香膏に関する祭儀の主役である。Louvreグループの4人の司祭のうちAkhhetepを除く3人の司祭の名が記されている。1カ月の分担は、4日—8日 Fetekta、9日 Neferkhu、10日—12日 Fetekta、13日 Neferkhu、14日 Ankhmanetjer、15日—17日 Fetekta、20日—21日 Neferkhu、22日—閏1日 Fetekta（うち29日—30日は Ankhmanetjer と共同担当）で、Fetekta21日、Neferkhu 4日、Ankhmanetjer 3日間の勤務となり、Fetekta が主としてこの祭儀の担当者である。Fetekta は後述する櫃の封印、灌奠においても祭儀の主要担当者である。

櫃の封印は(65)、祭儀行為としてばかりでなく、聖器具を納めた櫃の管理をも委ねられていたことを暗示している。Fetekta の名が5日まで記入されており、以下は勤務者名の記入はなく、「王母 Khentkaus の神殿にて封印をなす」と朱記されている。王母 Khentkaus の墓はギザにあるが、Fetekta は6日以降もこのアブシールの葬祭殿において各種の職務を遂行しているから、11キロ北のギザまで毎日通勤しえたとは思われない。したがってこの王母 Khentkaus の神殿はアブシールの葬祭殿に付属して存在したものと考えられる。朱記の意味は、この月を通じて葬祭殿と付属の王母 Khentkaus の神殿の聖器具を納める櫃の管理責任者が Fetekta であることを示すものとみられる。

供犠は葬祭殿における祭祀の中心をなすものであり、「祭儀を行う（*ir iḫt*）」の「祭儀（*iḫt*）」はしばしば供犠と同義語とされている。勤務においては常に1人または2人の*ḫntj-š* が司祭を補佐している(66)。Fetekta を除く他の3名が割当てられており、1カ月の分担は、1日—7日 Ankhmanetjer、8日—11日 Akhhetep、12日 Neferkhu、13日 Akhhetep、14日—16日 Ankhmanetjer、17日—19日 Akhhetep、20日 Neferkhu、21日—22日 Ankhmanetjer、23日—24日 Akhhetep、25日 Ankhmanetjer、26日—29日 Akhhetep、30日—閏2日 Ankhmanetjer、閏3日 Neferkhu となっている。全33日の勤務日数内訳は Ankhmanetjer16日、Akhhetep14日、Neferkhu 3日で、前2者がほぼ均等に分担している。

灌奠そのものは司祭の自明の任務であるため勤務表には現れない。「封印された櫃の水盤にて灌奠水を受けとる(67)」司祭が同時に灌奠の執行者であるとみられる。この表現は、灌奠水の受けとりに関する他の2つの任務、*nmst* 容器お

よび *hn* 櫃より灌奠水を受けとるのは*ḫntj-š* の任務であるのに対し、司祭が葬祭殿の管理責任者として封印を保管する者であることを示唆しており、しかも櫃を封印する任務を与えられている Fetekta が再び20日、21日を除いて閏 3 日までの全期間の担当者とされている。空白の 2 日間は*ḫntj-š* の Kakai〔……〕(または〔……〕kakai) が代行したようである。同じ人物は12日、19日も Fetekta を補佐しており、29日には Mai が同じく補佐している。しかし後述するように祭儀における*ḫntj-š* の任務はあくまで助祭の地位にとどまるから、灌奠そのものを執行するのは、この日に他の祭儀担当者として記されている司祭、20日は Neferkhu、21日は Neferkhu または Ankhmanetjer (後述する理由からおそらく前者) の任務であろうと推測される。

「神殿全体にて警備をなす (*swʿ m ḥwt-nṯr mj ḳd. s*)[68]」および「ピラミッド台地の背後を巡回する (*pḫr m ḥ3 Ḥrj*)[69]」はいずれも警備役であるが、前者は葬祭殿の境内、後者はその周辺が担当区域とみられる。いずれも*ḫntj-š* が司祭を補佐している。まず葬祭殿境内の警備役には 4 名の司祭がすべて割当てられている。勤務の分担は 1 日—2 日 Akhhetep、3 日 Fetekta、4 日—5 日 Ankhmanetjer、6 日—9 日 Fetekta、10日—12日 Akhhetep、13日—14日 Ankhmanetjer、15日—17日 Fetekta、18日—19日 Ankhmanetjer、20日 Fetekta、21日—22日 Ankhmanetjer、23日—24日 Neferkhu、25日—26日 Akhhetep、27日—閏 2 日 Ankhmanetjer で、勤務日数の内訳は Ankhmanetjer14日、Fetekta 9 日、Akhhetep 7 日、Neferkhu 2 日となり、Ankhmanetjer が最も多いが、これは月末に 6 日連続して勤務したためで、それ以外は Neferkhu を除く 3 名が 2 — 3 日ずつ交替でほぼ均等に分担している。神殿周辺の警備役については、11日以降が欠損している。9 日に Neferkhu が指名されているほかは、1 日— 8 日、10日とも Fetekta の担当である。おそらくこの月を通じてかれが主たる担当者であったとみられる。

Louvre E. 25279 verso (＝11) には 2 つのテクスト (夏季第 2 月および春季第 4 月 2 日の警備役割当て) が記されているが、いずれの場合も「陶房(?)」の警備役として Akhhetep と Ankhmanetjer が指名されている。問題となるのはいずれも両者の称号が司祭ではないことである。text 1においては両者とも *wʿb* で、text 2においてはAkhhetepが「法官、書記（*s3b sš*）」、Ankhmanetjerが「踊手（*ib3*）」の称号をもっている。text 2の称号はこの両者の前身を示すものと解することができよう。Helckによれば、葬祭殿の司祭職は葬祭殿の管理あるいは祭祀に関係ある人物に与えられるのが原則である(70)。また「法官、書記」はAkhhetepが本来宰相府の司法部門に所属する官吏であったことを示している(71)。おそらくかれは行政官として葬祭殿の管理運営に参加することによって司祭の地位を獲得したのであろう。これに対しAnkhmanetjerは、前身は祭儀に際して要求される特殊な踊りを行う専門職であったとみられる。現王の葬祭殿の司祭職にはもっぱら行政官が任命されたのであるが、このNeferirkara葬祭殿のような故王の葬祭殿においては、祭祀に関係ある人物が任命されることも多いのである。それは葬祭殿の重要性の減少を反映するものである。

text 1において両者に記されている *wʿb* の解釈はやや困難である。神官の称号としての *wʿb* は「清浄なる者」を意味する下級神官（「ウアブ司祭」と訳す）で、祭儀においては司祭の補佐役を演じており、司祭とは別の神官職のはずである。しかしアブシール文書の勤務表においては助祭の称号としては *ḫnti-š* が頻用されており、*wʿb* の用いられているのはこの例のみである。神官Irenptahに対する葬祭殿の供物分賜の許可状(72)においても *wʿb ḫntj-š* に対し供物の配分がなされており、この葬祭殿においては *ḫntj-š* が *wʿb* の役割を果たし、したがって神官職としての *wʿb* は存在しなかったと推測される。とすればこの *wʿb* は神官職を表すものではない。*wʿb* には「神官の務めを果たす（すなわち祭儀を執行する）」という動詞の意味もある。したがってここでは、この2名が、前身は官吏および特殊な祭儀担当者であるが、祭儀を執行しうる地位にあることを示すものであろう。

ところでAkhhetepおよびAnkhmanetjerが指名されている「陶房の門衛」という職務は、後述するように個々の施設の警備役は *ḫntj-š* が担当するという原則に照らしてみれば、司祭としてはふさわしくないといえる。かれらは

Fetektaのような生えぬきの葬祭神官でなく、やはり後述するように葬祭殿の管理運営が主要任務であることによるものであろうか。しかしその場合でも「陶房」はその訳が示唆するような単なる付属工房のひとつにとどまらず、司祭が警備するにふさわしい特殊な祭祀施設である可能性もきわめて大きいのである。(73)

この葬祭殿における司祭の前歴を推定させる他の資料はBerlin P. 15726（＝84 C）である。この勤務表の冒頭部には典礼司祭と司祭とにはさまれて「王宮の理髪師（*ir šn pr-ʿ3*）」Ankhmaraの欄がある。他の葬祭殿の資料が示すように「理髪師」はしばしば葬祭殿の司祭に任命されている。これは祝祭に際し王像を飾り、衣服を着せるには「理髪師」の技術がきわめて有効であるとみなされたことによるものである。最も典型的な例はカイロ博物館所蔵石碑（No. 55）のNyankhrasheri（*Nj-ʿnḫ-Rʿ-šrj*）(74)で、WserkafおよびNeferirkaraの司祭に任命され、その子のRashepse(75)もWserkaf葬祭殿の神官次長（*imj-ḫt ḥmw-nṯr*）、Neferirkaraの司祭となって葬祭殿の神官職を継承している。Berlin P. 15726のAnkhmaraは、他にBM 10735, 4 recto（＝16 B_1）において葬祭殿よりの支給に与る高官の一人として「法官、書記監督官（*s3b sḥḏ-sšw*）」の称号をもって現れるだけで、アブシール文書においては司祭に任命されていないが、BM 10735, 4 rectoに記された他の3人の官僚とともに葬祭殿の司祭職への最短距離にあるといえよう。

再びLouvreグループにもどって、通常勤務表の2文書が同一パピルスの断片であるとの仮定の下に、夏季第4月における4人の司祭のそれぞれの勤務日数と職務とをまとめてみよう。もちろん以下の勤務日数を数字通りに受けとるのは誤りである。パピルスの欠損部分を無視しているからである。しかし相当部分は残存しており、これによって全体の傾向は把握しうると考えてよいであろう。

4人の司祭のうちFetektaの活動が最も目立っている。Louvreグループに現れる司祭の職務のうち、供物の奉納と「陶房」の警備役を除くすべての職務に顔をみせ、閏3日までの全33日中完全に休んでいるのは21日のみである。しかもほとんどの日が3—4種の職務を兼担している。職務の大部分が祭儀に関するものであるからこのことが可能なのであるといえよう。Fetektaの任務は祭祀の執行に重点がおかれているのである。しかし神殿周辺の警備役をほとんど1人で受けもっていることが示すように、この勤務班の事実上の統率者と考えられる。おそらく生えぬきの葬祭神官であろう。

これに対しAnkhmanetjerは8日—12日、20日、23日—24日、26日、閏3日は非番、勤務日数は22日、葬祭殿境内の警備（14日間）と供物の奉納（16日間）の他は香膏に関する任務とある施設の門衛役[76]らしきものに割当てられているだけである。書記の前身に対応して、祭儀への参加よりは葬祭殿の管理警備に比重がおかれている。したがってその任務の性格上、同1日に複数の任務を兼任する日数の割合はFetektaに比較すればはるかに小さい（22日中11日間）。

Akhhetepの任務はさらに限定されている。非番の日は3日、6日—7日、14日—16日、20日—22日、30日—閏3日と13日間にのぼり、したがって勤務日数は20日である。主要な任務は供物の奉納のみ（14日間）で、他に葬祭殿境内の警備役とある施設の門衛役[77]とを兼ねるが、職務兼担の日はわずかに3日間である。

最後のNeferkhuの勤務日はきわめて少なく、9日、12日、13日、20日—21日、23日—24日、閏3日の8日間にすぎない。職務は香膏に関するもの、供物の奉納、境内の警備役、不明[78]の4つにわたるが、それぞれ2日から4日の勤務で、前三者のような中心となるべき任務を与えられていない。本来はこの勤務班に所属していないようである。同名の人物はBM 10735, 7 recto（＝3）b欄のピラミッド台地にて祭儀を行う*imj-nfrt*班の割当てにおいて中心人物として現れる。おそらく同一人物である。この文書のb欄の問題については後述するが、この場合のNeferkhuは*ḫntj-š*である。Neferkhuは*imj-nfrt*班の成員として*ḫntj-š*より司祭に昇格し、それによって他班の応援にかりだされたものと推測される。この仮定をうけ入れるならば、BM 10735, 7 rectoはLouvreグループより年代的にさかのぼる文書であること[79]、すでにLouvreグループにおいては神殿職員の絶対数が不足していること、司祭には輪番勤務制が厳密には適用されないことが導きだされる。

4人の司祭の勤務状況を比較してみるならば、この勤務班本来の司祭はFetekta一人であり、AnkhmanetjerとAkhhetepとは管理運営の責任者あるいは特殊な祭儀の執行者としてこの班の勤務表に記入されたもののようである。とくにAkhhetepは、勤務表文書には所属しないがCairo 602, IX（＝72 C）やUn. Col. A（＝77 C）においては明らかにBM 10735, 7 rectoにおける*imj-nfrt*班の成員とともに記されており、輪番勤務班の枠外にあることを示唆している。Helckは司祭は輪番の枠外にあり、これにとらわれずに勤務したと考えている[(80)]。本来司祭が高官に対し与えられるものである以上、たしかに労働組織に由来する勤務班に組みこまれるとは考えにくい。しかしかれらの本務との関係を調整するためには勤務表に記入されることは必要であるし、Louvreグループにみる限り、少なくとも1人の司祭（Fetekta）は輪番勤務班に所属しており、聖務に密着した任務を遂行している。しかもこの聖務に関しても他班からの応援が必要とされているから、本来は1班に2名の司祭が所属していたと考えられる。*imj-nfrt*班の勤務表が示すように、本来各班は2つの小班からなり[(81)]、それぞれが一定期間の勤務を分担したとみられることも、1班2名の輪番勤務の司祭という推定の可能性を高くするものである。したがってLouvreグループにみられる勤務状況は司祭の絶対数の不足を反映することになる。王の死後50年以上が経過し、しかもNyuserra葬祭殿に従属していたとみられるこの葬祭殿の立場[(82)]をよく表しているといえる。

Louvreグループには4名の司祭が登場するにもかかわらず、1班あたりの司祭は本来2名、しかも1名はしばしば欠員と推測するもうひとつの理由は、アブシール文書の勤務表全体を通じて、この4名を除けばほかには7名の司祭しか現れないことである。7名の名は、BM 10735, 7 recto（＝4）g、h欄のSeankhenptah、同じくg欄のInkhi（いずれも*imj-nfrt*班所属）、Louvre E. 25416, c verso（＝13）text 1、b欄のKakaiankh[(83)]、同じくtext 1、b、c欄のIpi、同じくc欄のNedjemankh、BM 10735, 9 verso（＝18 A）のIrenptah、Berlin P. 15722（＝85 A）の Neferseshemptah である。7人は4点の文書に現れるが、これは偶然にも残った4班に対応する。BM 10735, 9 recto は本来の1班2名の司祭の姿を示している。しかし祭儀に関する部分がほとんど欠けているため両者の勤務分担はわからない。Seankhenptah は葬祭殿の*ẖntt*門の警備責任者とされているほか、夏季第2月18日の祝祭においては王像の灌奠役とされている。また Inkhi は *pr-wrw* の門衛役の1人であるほか、11日にはピラミッド台地における祭儀に*ḫntj-š* の1人として参加している。2人の司祭がいても、あくまで Seankhenptah がこの班の最高責任者であるようである。

Louvre E. 25416, c verso, text 1には3名の司祭の名が挙げられている。この文書は前述のように「第3回（家畜調査）の年増水季第4月25日」に挙行されるソカルの祝祭のための *tꜣ-wr* 班の勤務割当てであるが、ソカルの2本の聖標の取扱い責任者としてそれぞれの聖標につき Kakaiankh および Ipi が、また供犠に際し銀製水盤の扱者として Nedjemib が、銀製注口大杯の扱者として Ipi がそれぞれ指名されている。うち Ipi は Un. Col. B（＝9 C, P）において Kednes とともに現れる。この Kednes は Louvre E. 25416, b（＝7 A）の j 欄においてある施設の門衛役として Ankhmanetjer および Akhhetep とともに割当てられている人物である。したがって Ipi はこの2人の司祭と同じく葬祭殿の管理運営を主務とする司祭で、祝祭のため特別にこの班に配属されたものと推定することができる。すなわち *tꜣ-wr* 班に所属する司祭は Kakaiankh と Nedjemib の2名なのである。2名の司祭が所属するこの文書も BM 10735, 7 recto と同じく Louvre グループよりは古い時期の記録とみることができる。

3　*ḫntj-š*(84)

勤務表に記された葬祭殿の聖務活動の主要な担い手はこの*ḫntj-š* である。勤務班の編成は本来かれらを対象としたものと考えられる。Louvre グループに現れる*ḫntj-š* は13名である。すなわち、Mai, Merimaat 兄、Merinebmaat,

Merikakai, Nykhasutkakai, Neferkakakai, Hetepkhasutenkakai, Ptahseankhu, Kakaimerimaat 兄弟[85]、Kakaimerira 兄弟、Djedikakai で、Kakai（＝Neferirkara）の名を含む例の多いこと（8名)、2組の兄弟または親子がはいっていることが特徴である。職務については、祭儀に関するものでは、香膏に関する任務、供物の奉納、灌奠、警備役では葬祭殿境内および周辺の警備役がいずれも司祭の補佐役として記されている。そのほか個々の施設（たとえば *pr-šnʿ* や屠殺場など）の警備役は単独で遂行し、供物の運搬の宰領も *ḫntj-š* に委ねられている。司祭の場合と同じく夏季第4月における勤務状況をみていくこととする。

祭儀に関する行為では、灌奠における助祭が主要任務となっている[86]。「封印された櫃の水盤」にて灌奠水を汲むのは前述のように司祭 Fetekta の任務であり、わずかに13日、19日—21日に Kakai〔……〕（または〔……〕kakai)、29日に Mai が割当てられている。うち20日、21日は *ḫntj-š* が単独で任務を果たしている。しかし前述のように灌奠を行うのは他の司祭であったとみられる。これに対し *nmst* 容器にて灌奠水を汲むのは *ḫntj-š* の任務であった。1カ月の勤務割当ては、1日 Merikakai、2日—3日 Neferkakakai、3日[87]—4日 Kakaimerira 兄、5日—6日 Neferkakakai、7日—10日 Merikakai、11日—12日 Neferkakakai、13日 Kakaimerira 兄、14日 Kakaimerimaat 兄、15日—16日 Merikakai、17日 Merinebmaat、18日 Merimaat 兄および Mai[88]、19日—20日 Merikakai、21日 Neferkakakai、22日—23日 Merikakai、24日 Kakaimerira 弟、25日 Neferkakakai、26日—閏1日 Kakaimerimaat 兄、閏2日—3日 Kakaimerira 弟となっており、少数の例外を除き1、2日ずつ頻繁に交替している。指名されている8名を勤務日数順に並べると、Merikakai 11日、Neferkakakai 9日、Kakaimerimaat 兄7日、Kakaimerira 兄弟各3日、Merinebmaat, Merimaat 兄、Mai 各1日となる。最後の *hn* 櫃にて灌奠水を汲む任務もやはり *ḫntj-š* のみが指名されているが、1日—2日に Kakaimerira 兄弟、4日に Djedikakai および Merikakai が指名されているのみで、他は空白のままである。この任務は特定の日にのみ要求され、しかもその場合は2名必要とされたようである。全体として灌奠における助祭としては、Merikakai(14日間勤務)、Neferkakakai（9日間勤務)、Kakaimerimaat 兄（7日間勤務）の3人が主要な分担者である。

供物の奉納に関する任務は常に司祭とともに指名されており[89]、供物卓の実際の準備にあたり、祭儀においては司祭の助祭を演じたことを示している。1カ月の勤務状況は次の通りで、2日―5日、18日―20日、閏3日は2名指名されている。1日―3日 Kakaimerimaat 兄、2日―5日 Merinebmaat、4日―5日 Neferkakakai、6日―7日 Merikakai、8日―9日 Neferkakakai、10日 Merikakai、11日―13日 Neferkakakai、14日―17日 Kakaimerira 兄、18日 Merimaat 兄および Mai、19日―20日 Neferkakakai、19日―21日 Merikakai、22日―23日 Kakaimerira 兄、24日 Kakaimerimaat 兄、25日 Kakaimerira 兄、26日―27日 Merikakai、28日―閏1日 Neferkakakai、閏2日―3日 Kakaimerira 弟、閏3日 Kakaimerira 兄となる。8名のうち最も勤務日数の多いのは Neferkakakai の13日であり、以下 Merikakai および Kakaimerira 兄各8日、Kakaimerimaat 兄および Merinebmaat 各4日、Kakaimerira 弟2日、Merimaat 兄および Mai 各1日の順である。

香膏に関する任務では18日に Mai が単独で指名されているほかは、この月の勤務日全33日中10日間だけ司祭の補佐役として*ḫntj-š* が指名されている[90]。勤務日数順に挙げると、Neferkakakai が9日、11日、20日、21日の4日間、Kakaimerira 兄が13日―14日、閏1日―2日の同じく4日間、Mai が18日、29日の2日間、Merikakai が10日の1日だけとなっている。ちなみに、職務の詳細は不明であるがやはり祭儀にかかわるものであることはほぼ確実な Louvre E. 25416, b, a＋Cairo 602, VIII の ab 欄についてみておくと、a 欄は13日以降の*ḫntj-š* の欄のみ残り、14日〔……〕兄、19日―20日、21日―22日氏名の痕跡のみ、23日―24日 Merikakai、25日 Merinebmaat、26日 Mai となっている。b 欄の任務は司祭と交替で遂行したとみられる。両者の欄が残っている11日以降の23日間のうち、司祭のみ勤務7日、*ḫntj-š* のみ勤務12日、両者の共同勤務2日（22日―23日)、両者とも空白2日（19日、閏3日）となっているからである。*ḫntj-š* の欄が残る5日以降の*ḫntj-š* の勤務日17日間の内訳は、Merinebmaat 7日[91]、15日—17日の4日間、Mai 27日—30日の4日間、Neferkakakai、13日、22日、26日の3日間、Kakaimerira 兄5日、6日、14日の3日間、Merikakai21日、23日の2日間、Merimaat 兄18日の1日だけとなり、6名がかなり均等に勤務している。

ḫntj-š が中心となって果たすべき任務は、供物の運搬の宰領にあった[92]。Neferirkara の太陽神殿（*'Ist-ib-Rʿ*）よりの供物のパン・ビールの運般については、17日までの分が残っている。指名されているのは Kakaimerimaat 弟および Nykhasutkakai の2名で、前者は1日から17日まで、後者は2日からおそらく17日まで（15日以降欠）となっており、おそらくこの夏季第4月の供物運搬役はこの2人が共同で、あるいは単独で[93]分担したものとみられる。なおこの月を通じて王宮よりの供物のパン・ビールの運搬を割当てられている Ptahseankhu もおそらく*ḫntj-š* の成員である[94]。Neferirkara の太陽神殿よりの肉および「生命の更新（*rnpj n ʿnḫw*）」の運搬に指名されている*ḫntj-š* も Kakaimerira 弟と Merikakai の2名である。しかしパン・ビールの運搬の場合とちがい2人で交替に勤務しており、前者が1日—8日、18日—閏2日の23日間、後者が9日—17日の9日間となっている。この任務においては*ḥrj-nst* とよばれる一群の人員に補佐されている。

警備役にうつると、葬祭殿境内および周辺の警備役は常に司祭とともに割当てられており、実質的な勤務の担い手と考えられる。境内の警備役の勤務割当ては[95]、1日 Merikakai、2日—3日 Neferkakakai、4日—5日 Mai、6日—7日 Merinebmaat、8日—9日 Merikakai、10日—27日 Neferkakakai、28日—29日 Merikakai、30日—閏2日 Merinebmaat となっており、中旬の Neferkakakai の連続勤務とその前後の2日交替とが対比をなしている。4名のうち Neferkakakai の20日勤務が群を抜き、以下 Merikakai 5日、Merinebmaat 5日、Mai 2日である。周辺の警備役については11日までの分しか残っていない。しかし Merikakai および Neferkakakai がこの月をを通じて交替で勤務したようである。8日、9日、11日は Kakai のカルトゥーシュのみが残るため両者いずれとも決められない。その他の8日間の内訳は1日―2日Merikakai、2日―7日、10日Neferkakakaiとなっている。

個々の施設の警備役は原則として*ḫntj-š*に委ねられている。夏季第4月に関してはわずかに南側の屋上の夜衛役および*pr-šnʿ*の夜衛役の一部が残されているにすぎない(96)。屋上の夜衛役は1日―2日がNykhasutkakaiおよびKakaimerira、3日がNeferkakakai、以下欠となっており、*pr-šnʿ*の夜衛役は1日より12日までKakaimerira兄、以下欠で、この月を通じてかれが担当したと考えられる。夏季第2月のこの班の警備役を割当てたLouvre E. 25279 verso（＝11）において、称号は付されていないが他の2文書により*ḫntj-š*であることが明らかなDjedikakaiおよびKakaimerira弟が屋上の南側の夜衛役に、Kakaimerimaat弟が屋上の北側の夜衛役(97)に、Kakaimerimaat兄およびMerikakaiが聖舟*bit*の夜衛役に、Kakaimerira兄およびMaiが*pr-šnʿ*の警備役に、またMerinebmaatが司祭を補佐して春季第4月2日の「陶房」の警備役にそれぞれ指名されている。Louvreグループ以外の文書では、BM 10735,7 rectoにおいて、葬祭殿の*ḫntt*門および*ḥ3t*の警備役が、夏季第2月の1日から21日まで、前者は*ḫntj-š*のNeferiutおよびIhbu, 後者も*ḫntj-š*のMerriにそれぞれ割当てられており、また*pr-wrw*の警備役として労働部隊書記Rashepsesおよび司祭Inkhiとともに*ḫntj-š*のMenkaukakaiが指名されている。

次にLouvreグループに付属する13名の*ḫntj-š*の勤務状況と職務とを人物ごとに考えてみよう。最も重要な人物はNeferkakakaiである。1日を除けば閏1日までの30日間常に何らかの任務を与えられており、うち神殿境内あるいは周辺の警備役24日、祭儀への参加22日で、多くの場合警備役と祭儀参加とを兼ねており（17日)、警備役のみあるいは祭儀参加のみの日数は、前者が7日、後者が6日となっている。称号は別に付されていないが、事実上のこの班の*ḫntj-š*の統率者ともいえる地位にあったとみられる。次いでMerikakaiが重要である。神殿周辺の警備役を割当てられているのは、かれとNeferkakakaiのみである。勤務日数は3日、5日、18日、および30日以降を除く25日で、職務の内訳は祭儀への参加18日、供物の運搬8日、警備役6日となっている。Neferkakakaiとちがって祭儀参加、供物運搬、警備役の兼担の日は7日間しかなく（三役兼担1日、祭儀参加と供物運搬との兼担4日、祭儀参加と警備役との兼担2日)、残りの18日の内訳は祭儀参加11日、供物運搬4日、警備役3日となっており、明らかに祭儀における司祭の補佐がMerikakaiのこの月における主要任務であったことを示している。

この2人につづくのはKakaimerira兄であろう。明らかにこの月を通じて*pr-snʿ*の夜衛役であり、同時に1日—6日、13日—17日、22日—23日、25日、閏1日—3日の14日間は祭儀にも参加している。うち13日および14日は3または4種の祭儀行為に参加している。後でやや詳しく論じるが、このKakaimerira兄の例が示すように、ある施設の警備役を主務としつつ、必要に応じて祭儀に参加するというのが、当番月の勤務班の*ḫntj-š*における通常の勤務形態であったと考えられる。

Merinebmaatは2日—8日、15日—18日、25日、30日—閏2日の15日間勤務しているが、うち6日—7日、30日—閏2日の5日間が境内の警備役、他の10日間は祭儀への参加であり、両役を兼担する日はない。かれの任務は葬祭殿境内に限られている。Kakaimerimaat兄の場合はさらに徹底しており、11日の勤務日はすべて祭儀への参加となっている。すでにMerinebmaatの場合も、勤務は月初め、半ば、月末にかたより、連続して「非番」の日が設定されているが、このKakaimerimaatの場合も、1日—3日、13日、24日、26日—閏1日と13日を除けば月初めと月末に勤務日が集中している。Maiになると勤務日はさらに少なく、しかもかたよっており、4日—5日の2日間は境内の警備役、18日、26日—30日の6日間は祭儀の参加となっている。Merimaat兄およびDjedikakaiはこの月の勤務表には各々一度ずつしか現れない。とくに前者は新月祭にあたる18日にのみ祭儀の助祭として任じられており、Louvrc E. 25279 versoの警備役割当てにも現れないから、本来この班に所属しないが、祝祭当日の人員不足を補うために臨時にかりだされた可能性も大きい。またHetepkhasutenkakaiは逆に通常勤務表には現れず、警備役割当てにのみ指名されている。

残った4人の*ḫntj-š* Nykhasutkakai, Kakaimerimaat弟、Kakaimerira弟、Ptahseankhuは、この月においては供物運搬が主要任務であった。このうちKakaimerira弟は1日—2日、24日、閏2日—3日には祭儀への参加が割当てられており、太陽神殿よりの肉の運搬も月初めと後半（1日—8日、18日—閏2日）に指名され、月半ばの9日—17日はMerikakaiと交替している。またNykhasutkakaiは太陽神殿よりの供物のパン・ビールの運搬と並んで、明らかに屋上の南側の夜衛役をも割当てられている。他の2人、Kakaimerimaat弟およびPtahseankhuはそれぞれ太陽神殿および王宮よりの供物の運搬を月間を通じて命じられている。

以上13名の勤務状況をふりかえってみた場合、少数の例外を除いて、当番月であるにもかかわらず、任務の指定されていない「非番」の日の意外と多いのが特徴的である。かれらはこの「非番」の日には何をしていたのであろうか。その解答は、Kakaimerira兄およびNykhasutkakaiの勤務、およびとくにLouvre E. 25279 versoによって与えられる。この勤務表の下書きは*ḫntj-š*がさまざまな警備役に任命されたことを明らかにしている。Louvreグループの通常勤務表においては、警備役に関する部分はごく断片的にしか残されていないが、BM 10735, 7 rectoによれば、こうした警備役は1カ月連続して同一人物が勤めることになっている。したがってLouvreグループの場合も欠損した部分に、さまざまな警備役が夏季第4月を通じて*ḫntj-š*に割当てられていたと推定できる。臨時の祭儀参加者とみたMerimaat兄を除くこの班に所属する12名の*ḫntj-š*のうち、Neferkakakai, Nykhasutkakai, Merinebmaatの3名以外は夏季第2月の警備役割当てに記されていること、しかもMerinebmaatは同じパピルスの春季第4月2日の警備役に指名されており、おそらく夏季第2月の欠損部分に指名されていたとみられることも、この仮定の蓋然性をきわめて高いものとしている。Neferkakakaiの名が現れないのは、かれがこの班の*ḫntj-š*の事実上の統率者であり、個々の施設の警備役に任じられることはなかったことによるものであろう。Nykhasutkakaiの場合は全く保存の偶然によるものと思われる。

以上の結果をもとにしてLouvreグループの勤務班の*ḫntj-š*の編成とその職務とについてまとめてみると、この班には12名の*ḫntj-š*が所属しており、Neferkakakaiが事実上の統率者である。他の11名は門衛その他個々の施設の警備役を勤めながら、必要に応じて祭儀への参加、供物の運搬、境内周辺の警備にあたるが、供物の運搬を除けば、常に司祭の補佐役として、祭儀においては助祭、警備においては実務担当とされている。これらの任務へのかかわりかたは個々の*ḫntj-š*によって異なるが、供物の運搬を命じられた4名は明らかにこれに専従することをたてまえとしたようである。祝祭においては、必要に応じて他班からの応援をうけたとみられる。

さてわれわれがアブシール文書の勤務表によって*ḫntj-š*の勤務について考えるとき、最大の問題点はBM 10735, 7 recto（＝3）b欄の処理である。これは夏季第2月における*imj-nfrt*班*ḥ3t*小班のピラミッド台地で執行される祭儀への参加を割当てたものであるが、記入はきわめて無秩序に司祭と*ḫntj-š*との欄を無視してなされているからである。この欄には、NeferkhuとNeferukhuとを別人とみて、12名の人物の名が記されている。このうち同じ文書によって*ḫntj-š*の一員であることが明らかなのはIriおよびNeferiutの2人、また司祭の称号をもつのがInkhiである。これらの人物がb欄にどのように記入されているかをみると、まずIriは10日間に11度指名されている。しかしこれを細かくみると、3日は夕の祭儀の*ḫntj-š*、5日は夕の祭儀の司祭、6日は朝の祭儀の*ḫntj-š*、7日は夕の祭儀の司祭および*ḫntj-š*、8日と11日は朝の祭儀の*ḫntj-š*、13日と15日は夕の祭儀の*ḫntj-š*、19日と20日は夕の祭儀の司祭の欄にそれぞれ記入されており、全く統一がとれていない。この事情は他の2人についても同じで、Neferiutは5日間の勤務のうち、3日間は朝の司祭、1日は夕の司祭、もう1日は夕の*ḫntj-š*の欄に記入されており、逆に司祭のInkhiの場合は、夕の祭儀の*ḫntj-š*の欄に一度記入されているのみである。さらにLouvreグループにおいては司祭として現れるNeferkhuは、この欄において11日間に13度指名されているが、うち司祭の欄に4度、*ḫntj-š*の欄に9度となっている。結局次のように考えるほかはないと思われる。ここに記されている祭儀は葬祭殿の内部で行われるものではなく、ピラミッド台地の西側（台地の背後*ḥ3 Ḥrj*）で行われるものであるから、欄の構成が示すように朝の祭儀、夕の祭儀とも原則は司祭１名、*ẖntj-š* 2 名があたるべきものであるが、結局は*ẖntj-š* が必要に応じて司祭の任務をも代行するのが許されたのではなかろうか。そうだとすると、ここにも構成員の絶対数の不足が現れていることになる。

しかしこの b 欄によれば、*imj-nfrt* 班*ḥ3t* 小班の*ẖntj-š* の数は12名であり、したがって *imj-nfrt* 班全体では24名となる。この数字は１班の*ẖntj-š* の数としては決して少なすぎる数字ではない。ところでこの BM 10735, 7 recto には b 欄に現れない*ẖntj-š* として Ihbu, Merri, Menkaukakai, Neferiutkakai, Kakaishededi の５名の名が挙がっている。うち最後の２人はおそらく Neferiut および Shededi の正式名とみられるから除くと、b 欄に現れない*ẖntj-š* は３名となる。さらに屋上の夜衛役に指名されている Akhiren, Neferudjet, Nisen、*prw-šnʿ* の門衛に指名されている Kakaiemdjerset, Kakainakht の５名も、Louvre グループの職務との類推から*ẖntj-š* と考えて間違いない。b 欄に現れないこの８名は *imj-nfrt* 班の別の小班の成員と考えられるから、したがって小班の存在にもかかわらず、実際の勤務はひとつの班が全体として月番にあたったと考えてよいとみられる。このことは Louvre グループの夏季第４月の勤務割当てもある班の１小班に対するものではなく、ある班全体に対するものであることを導きだす。この班の*ẖntj-š* の数は12名である。さきに称号不明者とした Iyni および Kakaiserudjra はそれぞれ *pr-wrw* の門衛役および「陶房」の門衛役に割当てられており、職務の性格上明らかに*ẖntj-š* である。したがってこの２人を加えても、Louvre グループを構成する班に所属の*ẖntj-š* は14名であり、BM 10735, 7 recto に比較すれば、大幅な人員の減少が認められる。BM 10735, 7 recto の勤務表が21日までしか記入されていないのに、Louvre グループでは閏３日までの33日間が記入されていることも、この間に人員不足が進行し、１班の当番日数の延長など労働強化が必要とされたことを示している。

ḫntj-š に関する資料はアブシール文書によって大幅に増加した。*ḫntj-š* は第4王朝に出現したものである。当時は*ḫntj-š pr-ʿȝ* とよばれ、王宮において聖なるファラオの日常生活に要求されるさまざまな任務を遂行している[98]。この意味でかれらはかつての *irj iḫt nswt, rḫ-nswt, mjtr* の任務をうけついだものといえる。さまざまな任務といっても、語源的に「庭園（菜園)」と関係があるらしいことも示すように、本来の任務は王宮のための食糧生産にあったらしい。この制度は第5王朝にはいって葬祭殿に導入され、供物をはじめ供祭殿の維持運営に必要な食糧生産に従事している。従来葬祭殿の*ḫntj-š* に関する基礎史料とされてきたのは、時代はやや下るが、第6王朝の Pepi 1 世（在位前2300年ごろ）が Snefru のピラミッド都市（＝葬祭殿）に対して公布した保護の勅命である[99]。この文書から得られる第6王朝における*ḫntj-š* の地位は、いかなる国家の貢納賦役からも免除され、所属する葬祭殿領の耕地の唯一の用益権を保証され、いかなる国家による警察権の行使からも保護され、旧主のもとに連れ戻されることもなく、祭儀の執行とひきかえに葬祭殿の収益のほとんどを還元されるべきとされている特権的立場にある。この地位がアブシール文書の Neferirkara 葬祭殿所属の*ḫntj-š* にそのままあてはまるとは思われないが、少なくともかれらが一行政単位としてのピラミッド都市の住民であり、葬祭殿の経営に必要とされる労働に従事し、月番で聖務に参加し、それに対する報酬として供物の配分に与る[100]という状態はアブシール文書においても認められる。Pepi 1 世の勅令の目的が*ḫntj-š* に対する貢納賦役の免除にあったことは明らかである。これに伴って第6王朝において*ḫntj-š* の特権階級化が急速に進行するのである。この現象は当時全般的に進んでいる中央政府の統制の後退を反映している。

Pepi 1 世の勅令において、*ḫntj-š* の補充は葬祭殿の土地台帳に登録されている者の子供を充てるべきであることが定められている[101]。これは免租の特権を与えられた*ḫntj-š* の地位を保護するための規定であるが、伝統的な*ḫntj-š* の父子相続の原則をふまえたものである。かれらは葬祭殿の維持のために徴発されたのであり、葬祭の永続的な確保のため、神に仕える神官とは逆に父子相続が少なくとも黙認、おそらくは奨励、強制されたからである。もともとが徴発された労働者として葬祭殿の維持運営にあたったから、労働組織の勤務班編成の原理および名称がそのまま踏襲されたといえる。Louvre グループに現れる13人の*ḫntj-š* のうち、9名の名が葬祭殿の主 Kakai の名を含んでいること[(102)]、少なくとも2組（Kakaimerimaat および Kakaimerira）の父子または兄弟が存在すること（Merimaat 兄を考慮に入れれば3組）もこの*ḫntj-š* の家系の連続性を示すものである。Pepi 1 世の勅令の前記の規定は、新たに賦与された特権にかんがみ、家族の相続権を再確認したものといえよう。

しかしアブシール文書の*ḫntj-š* たちが、葬祭殿の設立当初から*ḫntj-š* として任じられていたのかという点については疑問である。というのも、アブシール文書は、葬祭殿における*ḫntj-š* の存在を示す最古の史料であるからである[(103)]。だがアブシール文書においてはすでにこの制度は完全に定着しており、しかも BM 10735, 7 recto と Louvre グループとを比較すれば、すでに制度の運用にかなりの変化が認められるし、時代的に古い前者もすでに完全に原則に従って運用されているとはいえない。したがって葬祭殿に*ḫntj-š* の制度が導入された時期は Isesi の治世よりも前に求められなければならない。導入の時期として考えられるのは2つである。1つは葬祭殿の機構改革のなされた証拠がある Nyuserra (Isesi の2代前）の時代であり、1つはこの葬祭殿の設立された Neferirkara の時代である。Nyuserra の葬祭殿機構改革は Helck によって指摘されている[(104)]。それは(1)「葬祭殿長（*imj-r niwt X*)」および「班書記（*sš n s3*)」の新設、(2)班長の名称変更（*ḫrp imjw s3w* より *mtr ns3* へ)、(3)司祭および *wʿb* の正式称号の変更（従来は王名のみ付加されたが、以後はピラミッド名を付加する）の3点となる。この改革の目的は、全体として進行しつつある中央政府の権威の後退によって、かつてファラオより与えられた地位を表した称号が空洞化し名誉称号となっていくのに対し、機構の改革によって中央よりの統制に有利な体制をつくりだすとともに、ファラオの権威に裏打ちされた新しい称号を確保しようとしたものと考えられる。この改革に際して、従来宮廷内の制度であった*ḫntj-š* の制度を葬祭殿に導入することは改革の目的に充分添うものであるといえる。一方 Neferirkara の時代に導入の時期を設定する最大の理由は、アブシール文書の *ḫntj-š* に Kakai の名を含む者が多く、したがってかれらは Neferirkara によってこの葬祭殿に徴発された人員の子孫である可能性は大きいからである。しかしたとえそうだとしても、かれらが最初から *ḫntj-š* の成員であったことにはならない。葬祭殿の下級神官のような父子相続の伝統の強い場合、制度の導入が構成員の交替をももたらしたとは想定しにくい。むしろ旧来の構成員が新しい地位と称号を得たと考える方が自然であろう。Neferirkara の時代に葬祭殿の機構が改革されたという証拠をほかにもたない以上、*ḫntj-š* 制度の葬祭殿導入の時期を Nyuserra の治世とみる方がよいと考える。

4 *ḥrj-nst*

この称号は Louvre E. 25279 recto（＝5）の d 欄にのみ現れるが、ほかに称号として用いられた例がなく、はたして称号とみなしてよいのかも疑問である。かれらの任務は、*ḫntj-š* とともに Neferirkara の太陽神殿より肉および「生命の更新（*rmpj n ʿnḫw*）」を運搬することにある。ここに指名されている8名は、アブシール文書中の他の文書には全く現れず、きわめて特殊な人達であるといえる。8人の勤務状況は、26日—27日、30日を除いて1日から閏2日までを埋めており、うち6日、10日—12日の4日間は2人勤務、他は1人勤務である。8人を勤務日数順に挙げると、Tjetu 11日、15日、17日、21日—24日、28日—29日、閏1日—2日の11日間、Renpinefer 2日、4日—5日、7日、12日、19日の6日間、Imemi 3日、6日、8日—9日、13日、18日の同じく6日間、Imam 6日、10日、14日、20日の4日間、Seshi 10日—12日の3日間、Ikauhorankh 1日、Wserkakai 16日、Djati 25日のそれぞれ1日限りとなり、勤務状況の個人差はきわめて大きい。

かれらは明らかに *ḫntj-š* ではない。私はかれらは勤務表に警備がなされるべき施設としてしばしば挙げられている *pr-šnʿ*（複数 *prw-šnʿ*）[(105)] に所属する人達ではないかと考える。以下この点について少し考えてみたい。古王国においては、新しい耕地の開発は国家の事業とされ、したがってこうして成立した「新村」は王領地とされた。*pr-šnʿ* はこうして各地に成立した王領地（*ḥwt*）の管理維持のために設けられた施設である。そこでは徴発された隷民（*mrt*）が「王の小作人（*nstjw*）」として耕作に従事している[106]。本来は王領地全体をカバーする唯一の *pr-šnʿ* が存在したらしいが、古王国の勅令でみると、すでに個々の「新村」が *pr-šnʿ* とよばれている場合が目立っている。しかも、葬祭殿の基本財産としてこのような *pr-šnʿ* が王の命令により設立され、葬祭殿に用益権および管理権が委ねられている。コプトス勅令 D および G は、Neferkara 王の像のためのこのような *pr-šnʿ* の設立を命じたものである[107]。アブシール文書において月番の勤務班に対し *pr-šnʿ* の警備役が割当てられていることは、このような *pr-šnʿ* がいくつかこの葬祭殿に与えられていたことを示している。葬祭殿所属の *pr-šnʿ* の成員がなんとよばれていたかについてはなお明確ではない。王領地の *pr-šnʿ* の成員は *nstjw* とよばれているが、これとほぼ同じ隷属状態にあるものとして *mrt* が知られている。*mrt* は *nstjw* とはちがって王以外の私人に隷属する人達をさし、たとえば前述のダハシュル勅令によれば、王妃・王族・高官に隷属し、その土地を耕作する者とされている。コプトス勅令 D および G によれば、Neferkara の像のための *pr-šnʿ* の *mrt* は、他の施設の *mrt* より集めよと命じられており、葬祭殿の *pr-šnʿ* もやはり *mrt* とよばれたと推定される。私人のための葬祭領（*pr-ḏt*）や神殿領（*ȝḥt-nṯr*）も *mrt* によって耕作されている[108]。*mrt* はさらに供物の運搬者としても史料に現れる[109]。*ḥrj-nst* の意味（玉座を司る者）は王家との関係を暗示すること、供物の運搬役を割当てられていることと、以上のような事実を併せ考えるならば、*ḥrj-nst* は葬祭殿の *pr-šnʿ* に所属する成員（*mrt*）と推論するに充分であろう。その場合、同様に農耕に従事して本来宮廷との関係の強い *ḫntj-š* と *mrt* との関係が問題となってくる。勤務表でみる限り、明らかに *ḫntj-š* の地位が優越しているが、なお残された問題点は多い。今後大いに追究すべき課題といえよう。

以上アブシール文書の勤務表、そのなかでも Louvre グループと名づけた 3 文書を中心として、Neferirkara 葬祭殿における神官の輪番勤務体制の運営の状況について考察してきたが、1班典礼司祭1名、司祭1―2名、*ḫntj-š* 十数名からなる5つの勤務班（*sȝ*）が、交替で聖務を担当したという結論を得ることができた。その際神殿構成員の絶対数の不足がすでに現れており、他班からの応援が必要とされたことも明らかとされた。しかし「司祭監督官（*sḥḏ ḥmw-nṯr*）」や「司祭次長（*imj-ḫt ḥmw-nṯr*）」、あるいは「労働部隊書記（*sš ʿprw*）」といった輪番勤務班には所属しないスタッフを含めた葬祭殿管理運営機構を全体として復原するまでにはいたらなかった。また勤務班所属のスタッフに関しても、勤務表文書そのものの分析に重点をおいたため、他の関係資料の活用が充分とはいえず、多くの問題点を残す結果となった。とくに *ḫntj-š* の法的・経済的・社会的地位をめぐる問題、たとえば下級神官としての *ḫntj-š* と *wʿb* の関係、あるいは耕作者としての *ḫntj-š* と *mrt* の関係など、についてさらに追究していきたいと考えている。

⑸　会計文書

ここでは、葬祭殿経営研究の直接資料ともいうべき会計文書の分析を試みる。

アブシール文書中会計文書に属するとみられるものは、小断片を含めて約200点の多数にのぼり、数的には勤務表文書の2倍強である[110]。うち内容の相当部分を知りうる文書は50点余に達する。内容は収入の記録、支出の記録、出納の記録に大別しうるが、記録作成の手順からみると、収支の都度記録されるメモ類、メモをもとにまとめられる正式の記録（表にされることが多い）、これらにもとづいて1カ月分をまとめた表に分けることもできる。以下大筋においてこの後者の区分に従いながら、書式上の区分（表とそうでないもの）によりつつ、主要な文書の分析を進めていくことにする。

1　1カ月の収入表と支出表

最も整った書式は葬祭殿における1カ月の収入および支出をそれぞれ表にま

とめたもので、きちんと罫線がひかれ、上欄に収入表ならば納入機関名と品目、支出表ならば受給者名と品目とを記し、縦軸に設けられた1カ月の日数欄に数量が記入される。形式的には通常勤務表の構成と全く同一であり、宗務の1カ月交替の勤務班による輪番制に対応して、葬祭殿の経営活動の単位も1カ月であったことを示している。

収　入　表

これに属する文書としてはLouvre E. 25416 c＋Cairo 602, XI＋Cairo 602, X recto（＝33—35 A), BM 10735, 10（＝35 B), Un. Col. C（＝35 C), BM 10735, 6 recto（＝36 A), BM 10735, 3 recto（＝37), Cairo 58063, 10 recto（＝38 A, 39 A), Cairo 58063, 5（＝52 B), Un. Col. A recto（＝66 E), Berlin P. 15731（＝96 D), Berlin P. 15730 recto（＝98 A）などがある。

最も保存のよい文書はLouvre E. 25416 c＋ Cairo 602, XI＋Cairo 602, X recto（＝33—35 A）で、最初の部分を欠くがほぼ完全に全体の構成を復原することができる。同一の横線による3つの収入表が含まれている。第1表と第2表は「太陽神殿[111]より葬祭殿[112]へ引き渡された供物」と題され、第1表は供物の割当てられる場所によって5欄（a—e）に分かれており、各欄はさらにe欄を除き1ないし2品目の欄からなっている。各品目の欄は収入予定量（*rḫt*)、実際の収入量（*km*)、差引量（*ḥrjt-ʿ*）に細分され、収入予定量と差引量（すなわち不足量）は赤インクで、実除の収入量は黒インクで記入されている。

b欄には*r3-š K3k3j*[113]に対する「パン*ḥt̠t*[114]」と「生パン*ḫ3d̠w*」が、a欄も割当て施設名のカルトゥーシュのなかは不明であるがおそらく同じ*r3-š K3k3j*への「パン[115]」と「ビール」が挙がっている。a欄はほとんど欠損しているが、ビールについて、1日、2日に最低2[116]の納入にもかかわらず（3日以降欠）3日まで毎日5の不足（4日以降欠）となっている。b欄ではパン*ḥt̠t*が毎日2[117]、生パンが毎日1の予定となっているが、残っている6日まででみる限り、納入は0である。

c—e欄では太陽神殿よりの供物の割当てをうけとる施設は赤インクで記され、その下に再び納入機関名が記されている。c—d欄は「王都*H̱nw*」、e欄は

「王宮ʿḥ」である。この納入機関と太陽神殿との関係ははっきりしないが、(1)c—e欄だけは太陽神殿よりの供物ではなく、王都および王宮から直接葬祭殿に納入されたものか、(2)王都および王宮からいったん太陽神殿を経由して葬祭殿に納入された供物であるかの2つの可能性が考えられる。c欄の「王都よりもたらされる（供）物」には、割当てをうける3つの施設が赤インクで記されている（*r3-šw, wḏʿ, tp n hnw*）。*r3-šw*（前述の*r3-š*の複数形）については2種類のパン（*ḥt3*および*ḥtt*）が記され、現存する部分についてみる限り（前者は4日まで、後者は5日までと11日—20日）予定量（前者は毎日3、後者は4）は完納されている。これに対して*wḏʿ*[118]については、パン*pzn*毎日2の予定にもかかわらず、現存する22日まですべて未払いである。最後の*tp n hnw*（最上の聖櫃）は10日ごとの旬例祭に使用されたものらしく、品目は「よき（供）物」[119]と記され、10日、11日、20日（22日以降欠損）に各10セットが予定されているが、いずれも納入はされていない。「太陽神殿のラーの祭壇」についてはパン*p3t*毎日14「山ʿḥʿ」が予定されている（d欄）。納入はかなり不規則で、5日に1日より5日までの分70山がまとめて納入されたほか、12日—22日、27日—29日に1日の予定量通り納入されているが、6日—11日、23日—26日、30日は未納のままである。

第1表最後のe欄の「王宮よりもたらされる（供）物」の割当てられる施設については記載がないが、おそらく前のd欄の「太陽神殿のラーの祭壇」である。1つしかない品目の欄には4種類のパンとビールとが小さく書かれ、おのおのの予定量は上に朱記されている（*id3t* 8、*p3t* 7、*ḥt3* 1、*pzn* 1、ビール1）が、全体は1品目として収入予定量（上記の合計18）、納入量、不足量の3欄が設けられている。収入状況は芳しくなく、4日—6日に納入、11日および16日に次日までの2日分が納入されたほかは、1日—3日、7日—10日、13日—15日、17日—30日はいずれも未納のままである。[120]

第2表は葬祭殿にもたらされる「最上の食料*tp n wḥʿt*」[121]の記録で、3欄からなり、a欄に納入機関名、b欄に品目、c欄に運搬責任者名を記している。b欄の品目は3種類のパン（*ḥt3, pzn, bst*）、*nmst*容器に納めたある種の穀物

(*dḏw*)、2種類の飲物（*ḥḏt, sḫpt*）からなる。第1表のように品目の欄が決算のため細分されることはなく、納入日も1カ月のうち7日間のみ、数量も1または2と少ないのが特徴である。機関により納入品目と量が定まっており、3つの納入機関のうち *r3-š K3k3j* は3日、7日、9日、16日に *pzn, bst* 各1と*ḥḏt* 3を、*Iw-šdfw*[(122)]は5日と28日に全6品目各1を、*Ḏd-Snfrw*[(123)]は11日に3種類のパン各1と*ḥḏt* 1を納入している。c欄に記された運搬責任者はいずれの場合もこの葬祭殿に所属する*ḫntj-š* の Niankhkakai と Nitauikakai の2人となっている。これに対して23日と26日の欄に記入されているのは、太陽神殿の祭壇に対し、*ḫntj-š* の Nitauikakai の手によって、不明の品目10、家禽4（+x)、牛の前脚2、パン30、飲物30デスが舟により運ばれたと解釈できよう。

なお Cairo 58063, 10 recto（＝38 A, 39 A）も同じような書式の、特定日に特定機関より納入される食料の収入表の断片である。39A の場合品目の上に機関名を記す点だけがちがっている。納入機関として*Ḏd-*[*Snfrw*] および *Iw-šdfw* の名がみえ、納入日は13日および23日（24日以降欠)、運搬責任者（Kent-jenent および Meri）も明記されている。38A の場合、納入機関名も品目も不明であるが、数量と運搬責任者6名の名は残されている。納入日はかなり多く、現存する8日より30日までの23日中11日にはなんらかの納入がされており、数量の大部分は10以下であるが、213、90と多量にのぼる例もある。

ふたたび Louvre E. 25416 c＋Cairo 602, XI＋Cairo 602, X recto に戻ると、その第3表は太陽神殿よりの肉の納入を記録している。表は2欄からなり、a欄には4種類の肉（*ḫpš, swt, zḫn, spḥt*）[(124)]が記され、第2表と同じく収入予定量は記入されていないが、1日から30日まで毎日きちんと各品目が納入されている。b欄は運搬責任者の欄であるが、「助祭が行う」とのみ朱記されており、この月の当番班（*z3*）の*ḫntj-š* の任務であることを示している。[(125)]

この文書の第1表にみられるような品目欄を決算のために3分する方式[(126)]は、BM 10735, 10（＝35 B), BM 10735, 6 recto（＝36 A), BM 10735, 3 recto（＝37), Un. Col. A recto（＝66 E）においては、より簡略化された書式になっている。すなわち品目欄は3分されず、各品目の下に収入予定量が朱記され、実際の収入量を黒で、不足量を赤で記入するのである。比較的よく残っているBM 10735, 6 recto（＝36 A）をみると、この文書は太陽神殿よりのパン、ビール、肉の納入を記録したものである。ただこの書式に忠実に従っているのは中央の8種類の肉[127]の納入に関する部分のみである。納入状況は月初めの5日間は比較的良好で、ほとんどが予定量（1ないし2）通りであるが、以後は*ḥ*ʿ と最後に挙げられた肉（品目不明）を除けばほとんど未納のままである。これに続く *r3-š K3k3j* よりの収入を記す部分は3種類のパン（*ḥt3, ḥṯt, ḥ3ḏw*）と飲物との予定量が朱記されているにもかかわらず、日数欄への記入はほとんどなされておらず、わずかに5日のパンの欄にまとめて17、23日の飲物の欄に1の納入を記すのみである。

このBM 10735, 6 rectoの最初の部分は太陽神殿より納入される2種類のパン（*ḥṯ3, pzn*）とビールの収入表である。予定量を記す欄は欠損著しいが、この場合空白のままであることは確実である。ビールだけは2日より29日まで毎日10デスずつ規則的に納入されている[128]が、*ḥṯ3* の納入量にはかなり変動があり、2日78、3日―4日43、5日―11日40（うち9日には不足量9が赤字で付記されている)、12日―22日50（うち欠損の20日、21日は推定)、23日以降は欠損となっている。また *pzn* の欄はほとんど空白で、27日と28日に30の納入があるのみである（29日以降欠)。ここにみられるような予定量を記さない書式はCairo 58063, 5（＝52 B), Berlin P. 15731（＝96 D), Berlin P. 15730 recto（＝98 A）においても採用されている。

支　出　表

支出表といってもほとんどは特定個人に対する給付を記録する支給表である。1カ月の支出表はすべてこの支給表で、アブシール文書中の例は少なく、わずかにCairo 58063, 10 verso（＝39 B), BM 10735, 7 verso（＝40―41), Berlin P. 15726 recto（＝96 C）の3点のみである。

最も保存のよいものはBM 10735, 7 versoのtext a（＝40）で、最上段に8人の受給者名が記されており（Nakhti, Rashepses, Inkhi, Neferkhu, Kakaiankh, Meri, Ihbu, Neferhi)、各々は支給品の2種類のパン[129]とビールとに分か

れている。この8人は、Kakaiankh とNeferhiを除いてBM 10735, 7 recto（＝3—4）[130]の通常勤務表において輪番勤務を割当てられている葬祭殿の構成員（*ḫntj-š*）であり、またKakaiankhも別の文書[131]によれば*ḫntj-š*である。このように8人の地位には差がないのに、支給状況には著しい個人差がみられる。Nakhtiは2日にパン20[132]とビール1、4日にパン10とビール1、7日と16日にはパン10とビール5ずつ、18日にパン10を、Rashepsesは3日と4日にパン30とビール1ずつ、5日にパン40とビール1を、Inkhiは3日にパン35とビール1、4日にパン15とビール1を、Neferkhuは4日にパン10とビール1、7日と18日にパン10ずつを、Kakaiankhは4日にパン30とビール1、7日にパン20とビール1、10日にビール1を、Meriは4日にパン10とビール1を、Ihbuは7日にパンとビール併せて4、18日に10[133]を、Neferhiは12日にパン33とビール1をそれぞれ支給されている。合計の支給量をみると、最高Rashepsesの3日間にパン100とビール3、Nakhtiの5日間にパン60とビール12から最低Meriの1日のパン10とビール1までに及んでいる。

なおこの支給につづいて同じ罫線を用いて、太陽神殿よりのパンとビールの収入表が付加されており（text b. 3日に円パン30と棒パン7、5日と7日は各50ずつが納入されている。ビールの欄は空白のままである）、さらに穀物・織物の収支メモ（text c）も記されている。[134]

text aにみられるように受給者名を上段に記すのが支給表の特徴であると考えられる。収入表の場合とはちがい、標題の部分が残っている文書がないため、人名が運搬責任者である可能性もないわけではないが、収入表においては運搬責任者は日付欄あるいは最後（左端）に記入されていること、同一人の繰返しがみられないことから支給表と判断される。Cairo 58063, 10 verso（＝39 B), Berlin P. 15726 recto（＝96 C）はいずれも断片であるが、やはり支給日・支給量には個人差が大きく、これら1カ月の支給表に記録されるのは、通常の定期的な支給ではなく、特別な場合の支給であったことを示している。このため欄に空白が多くなり、貴重なパピルスの浪費とされてあまり作成されなかったのではないかと推測される。

2　その他の収入表・支出表と収支決算表

1カ月の収入表ほど書式は整ってはいないが、罫線がひかれ、表の体裁をなしているものをここにまとめた。収入あるいは支出・支給の際に記録されるメモにもとづいて、一定期間分をまとめて表にしたものとみられる。

収　入　表

1カ月の表の場合と同じく収入表の方が整った書式を示しており、納入日にもとづいてまとめたものと品目にもとづいてまとめたものとに大別することができる。前者は最上段に納入日、次いで納入機関ごとの納入品目と数量、最下段に運搬責任者名という構成を示している。これに属する文書としてはBM 10735, 2 recto（＝42), Cario 58063, 6 recto + Cairo 58063, 2 recto（＝43 A_1—A_3), BM 10735, 16 recto（＝43 B), Cairo 602, IV recto（＝46 A), Berlin P. 15725 A verso（＝48 E）などがある。

BM 10735, 2 recto（＝42）は6欄からなっている。a b 欄の日付は欠けているが、c d 欄からみておそらく23日であろう。a 欄は王都よりの納入で、品目と数量はビール2、飲料 *zft*[(135)] 4、パン *ḥṯ3* 1、パン *ḥṯṯ* 2、家禽12、運搬責任者は *ḫntj-š* の Kakaiankh である。b 欄は *r3-š K3k3j* の *pr-šnʿ* より納入のビール3、パン *pzn* 1、不明1（責任者は *ḥrj-nst*[(136)] の Khenu）と医師長 *wr zwnw* Khufra より納入の家禽1（責任者はこの人物の召使 *ẖnmw* Hetepti）とに分かれている。つづく c d 欄の日付は24日である。c 欄は太陽神殿よりの納入で、パン *ḥṯ3* 2、*ḥṯṯ* 6、*pzn* 2、生パン1、家禽1、運搬責任者は *ḥrj-nst* の Nenrekhef（*Nn-rḫ.f*)、d 欄は王都よりの納入で、ビール2、飲料 *zft* 4、パン *ḥṯ3* 1、*ḥṯṯ* 2、家禽12、責任者は *ḫntj-š* の Kakaiankh である。e f 欄は日付、納入機関名を欠くが、日付はおそらく25日で、e 欄の納入機関は運搬責任者が *ḥrj-nst* の Nenrekhet であることからみておそらく王都で、品目と数量はパン *ḥṯ3* 3、ビール4、パン *pzn* 1、*ḥṯṯ* 1となっている。f 欄は品目の一部（ビール2、パン *ḥṯ3* 2）のみが残っている。なお Cairo 58063, 6 recto（＝43 A_1—A_3）も書式・内容（納入機関名・品目・責任者名）ともほとんどこの文書と同一である。

9片からなるCairo 602, IV recto（＝46 A）も断片的ではあるが、ほとんど同一の書式を示している。7日より14日までのほとんど毎日王母Khentkaus葬祭領（*pr mwt-nsw Ḫnt-k3w.s*）よりの納入が記されており、ほかに*r3-š K3k3j*、王子Irenra葬祭領（*pr z3-nsw 'Ir-n-Rʿ*）、太陽神殿からの納入もみられる。品目はパンとビールで、運搬責任者名は*ḫntj-š*のIpy（?）の名がただ1カ所だけ残っている。(137)

第2の品目にもとづいてまとめた収入表はさらに収入の状況をすべて表に書きこんだものと決算を目的としたものとに分けられるようである。前者に属する文書としてはCairo 58063, 10 verso（＝38 B), Cairo 58063, 10（＝38 C), BM 10735, 10（＝39 C), Berlin P. 15724 recto（＝48 A), BM 10735, 4 verso（＝61 C）などがある。

最も保存のよい例はBerlin P. 15724 recto（＝48 A）で10段に分かれ、第1―2段に日付、第3段に赤数字、第4―8段に黒数字、第9段に人名、第10段に注の構成である。最初（右端）を欠くため収入表であることは証明できないが、同一人物が繰り返し現れること（Iry 5日、Rekhiu 4日、Neferwaut 3日、Kakaisheded 3日、Neferirt 2日、Neferirtkakai 1日）(138)、とくに第4段の数字が大きいこと（30、70から最高100まで）などにより人名は運搬責任者であると推定される。品目はBM 10735, 4 verso（＝61 C）にみられるように右端に記入されたのであろう。このほかの3文書はいずれもきわめて断片的であるが、穀物の量を表す数字の記入がなされており、穀物の収入表とみられる。

決算を目的とした収入表にはLouvre E. 25416 a（＝49 D), Cairo 602, I（＝63 E, F）があるがいずれも断片にすぎず、詳細は不明である。前者は織物の、後者は木材あるいは木製品の記録で、とくに後者には1日当り数量と1カ月の数量とが記入されており、決算が1カ月単位でなされたことを示している。しかしこれらの文書は次の収支決算表の一部である可能性もある。

収支決算表

特定の品目に関しては収入と支出とを表にまとめた収支決算表ともいうべき

ものが作成されたようである。これに属する文書としてはCairo 58063, 1 recto（＝47 A), Cairo 58063, 5 （＝47 B), BM 10735, 9 recto, text 1, a—b（＝50), Berlin P. 10474 A—B recto, text a（＝92 A）などがある。

Cairo 58063, 1 recto（＝47 A）は「第18回（家畜調査）の年冬季第4月1日司祭次長[139]Wrkhu, Isesimerinetjer, Rashepses（の責任における記録)」として、上段に織物の収支決算表、下段に支給表が記されている。収支決算表にはまず納入機関名（太陽神殿と *pr-šnʿ*[140]）、が挙げられ、太陽神殿の欄は5種類の織物[141]と3種類の供物[142]、*pr-šnʿ* の欄は3種類の織物[143]と獣脂*ʿḏ* に分かれ、品目ごとに収入 *šddt* と支出 *wṯzt* の数量が記入されている。下段の支給表は「織物*ḥnkt*[144]の計算」として人名と支給量が記され、最後に「(支給）済 *km*」の文字がみえる。

小断片の Cairo 58063, 5 （＝47 B）も上段は織物の決算表である。下段の「獣脂の計算」は個人への支給ではなく、用途の明細表で、

増水季第2月よりの繰越	〔X〕
この月の葬祭殿での燈火	3
zḥ[145]への供給	1
支出合計	4
残　高	〔X〕

の構成となっている。

BM 10735, 9 recto, text 1, a—b（＝50）は「第4回の次年冬季第1月24日」の日付をもつ[146]。上段の a には、おそらくこの日における1カ月分の、2種類の穀物[147]の収入決算が2つの納入機関（Niuserra 葬祭領*Ḥwt-Ḥr-ʼIst-ib-t3wj* および王領 *pr-nsw*）ごとにまとめられている。いずれも小麦、*pḫ* とも30[148]が納入予定量で、小麦は完納されているが、*pḫ* は Niuserra 葬祭領からは½[149]、王領からは¾が不足し、穀倉から補充されたようである。下段の b は、a の穀物のうち Niuserra 葬祭領関係のものが太陽神殿の東の *pr-šnʿ* に対し支給された状況を表にしたもので、30日に4、1日に6、3日と9日に10ずつの小麦が支給されている。*pḫ* の欄は空白のままである。

Berlin P. 10474 A—B recto, text a（＝92 A）に記された2つの表（a_1、a_2—a_5）のうち、食料を扱ったらしい a_1 は破損著しく詳細はわからない[150]。a_2—a_5 は織物の収支表である。上段の収入表は上部を欠くため、納入機関は最後の太陽神殿しか残っていない。13品目の織物類と数量が記され[151]、最後に「司祭*ḥmw-nṯr* と*ḫntjw-š* の勤務班への支給のため *pr-šnʿ* へ支出」として責任者の Istjeui（*'Isṯwj*）の名が挙がっている。Istjeui はこの任務において「王室*ḫntjw-š* 監督[152]」Tjemi（*Ṯmi*）と協力しており、上記の織物類が行政機関の管理下にあることを示唆している。

下段は「第2回の年夏季第2月」のこの「王室*ḫntjw-š* 監督」Tjemi による上段の織物類の支給を記録しており、内容については疑問の点も少なくないが、まずこの葬祭殿の最高責任者2人（司祭監督と司祭次長）に支給がなされ、ついで神官 *wʿb* と*ḫntj-š* 4名（？）に支給されたのち、残りが「(王室) *ḫntjw-š* 局長[153]」Kakaihaishtef（*K3k3j-ḥ3-išt.f*）と「王室*ḫntjw-š* 監督」Tjemi に与えられ、最後に運搬責任者らしい Djertjewa（*Ḏrṯ-w3*）と Istjeui[154]とに分けられたようである。支給量は2または1である。この文書は葬祭殿の運営と国家行政機構との関係についての示唆に富む資料といえよう。

支　給　表

この種の支給表は書式の上からみると、日付けの下に人名、品名の順に記すものと、品目を最初（右端）に記すものとに分けられる。前者は肉・家畜・家禽など特別な供物の再配分を、後者はパン・ビール・穀物などの支給を扱っているようである。前者に属する文書としては Cairo 602, V（＝45 B), Cairo 602, IX（＝45 C), Berlin P. 10473 B（＝48 F), Berlin P. 15732（＝48 G), Un. Col . A recto（＝65）があり、Cairo 602, V, Berlin P. 10473 B, Un. Col. A recto は肉類を、Cairo 602, IX は家畜を、Berlin P. 15732は家禽類を扱うが、Un. Col. A recto 以外は断片にすぎない。これは増水季第4月〔1日[155]〕(a)、5日（b)、9日（c）になされた供物の肉の配分を記録したもので、支給責任者として司祭次長 Wrk、王室〔*ḫntj-š*[156]〕Nikaura、法官兼書記 Neferseshemra (*Nfr-sšn-Rʿ*)、*ḫntj-š* Neferhetepthetepu の4名が挙げられている。5日と9

日の受給者には重複する人物が多く、王母Khentkaus像、司祭監督、司祭次長、典礼司祭、*ḫntjw-š*を除けば、すべて高官（とくに廷臣）である。かれらはたとえば後述のLouvre E. 25416 d（＝62 A_1), Cairo 602, II（＝63 A, B）のように葬祭殿修復のための資材を寄進したり、あるいは葬祭殿の管理や宗務になんらかの寄与をなすことにより供物の肉の再配分に与ったものとみられる。肉の支給量は各人１つずつのため記されず、人名の下に後脚、前脚、内臓などと書かれている。

品目を右端に記す第2の支給表に属する文書としてはCario 602, VIII recto（＝54 E),BM 10735, 14 recto（＝55), Cairo 602, IV verso（＝56 A_1—A_{10}), Cairo 602, IV（＝56 B), BM 10735, 3 verso（＝59 A), Un. Col. C recto（＝59 B), Cairo 58063, 4（＝60 D), Cairo 602, V（＝61 F), Cairo 602, II（＝64 A, B), Cairo 602, I（＝64 C）などかなり多数の例があるが、いずれも断片であり、最初（右端）の部分の例はなく、完全な書式の復原は不可能である。最も保存のよい例であるBM 10735, 14 rectoによると最上段に日付があり、数日分（あるいは１カ月分）が表にまとめられたようである。このほか日付と人名しか残っていないがCairo 602, X Verso（＝53 C）もこの種の支給表に属するものとみられる。

3　その他の会計文書

表としての性格の希薄な会計文書をすべてここで一括して扱うことにする。Louvre E. 25416 d（＝63 A_1）のように収入表とみてもよいような正式の記録から葬祭殿の日常における収支の異動をその都度記録したものや表作成のための下書きまでさまざまな文書を含んでいる。とくにメモ類は走り書きのため文字のくずれもひどく、読解にはかなりの困難を伴うことになる。

収入の記録

これに属する文書としてはBM 10735, 9 recto text a 1（c, d）—3（＝50—52 A), Cairo 58063, 8 recto（＝53 B), Cairo 58063, 3（＝54 A), Cairo 58063, 3 verso（＝54 C), Louvre E. 25416 a recto（＝58 F), BM 10735, 4 recto（＝60 A), Cairo 58064（＝61 B), Louvre E. 25416 d（＝62 A), Cairo 602, II（＝63 A, B), Cairo 602, I（＝63 C, D）などがある。

Louvre E. 25416 d（＝62 A）は縦線により3欄に分かれ、合計53人の高官の名が称号とともに列挙されているが[157]、下部を欠損するため称号を除いて人名の多くは不完全である。a 欄上部の朱記「*pr-šnʿ* へ運ぶべき煉瓦 *ḏbt* の〔割当て？〕」および c 欄上部の朱記「葬祭殿内（*? pr nm-ẖnw ḥwt-nṯr*）の *pr-šnʿ*（へ)」とにより、これらの高官に葬祭殿の維持修復に必要な煉瓦の寄進が割当てられ、そのリストであることが示されている。また c 欄最上部の「冬季第4月〔……〕日」の日付により、欄の区分は納入日によることが推定される。53の人名のうち、王室理髪師監督（*sḥḏ irw-šn pr-ʿꜣ*）Anknmara、王室付医師（*zwnw pr-ʿꜣ*）Isesiankh は3欄とも、また少なくとも6名は a c 欄に記されているから、実際の寄進者は43名以下となる。この文書も前述の Un. Col. A recto（＝65）の肉類支給表と同じく、国家・宮廷の要職者と葬祭殿との関係についての重要な資料といえよう。なお Cairo 602, II（＝63 A, B）も高官による建築材（ドア、綱類）の寄進リストの断片である[158]。

BM 10735, 9 recto（＝50—52 A）の text 1 a—b の収支決算表についてはすでに述べたが、このパピルスにはさらに3つの収入の記録が記されている（text 1 c—d, 2, 3）。text 1 c—d は穀物の収入決算表 a—b に書き加えられたもので、同じ「24日」の日付をもつ。c の中央部は欠けているが、5（おそらく7）種の容器とその数量が記されている。朱記された「第4回の次年冬第1月太陽神殿よりの寄進？」は d と共通する注記とみられる。d は「(太陽神殿の) *pr-šnʿ* よりの貢納物（*?gꜣwt*)」で4品目が記されていたが、最後の *nfrw*（織物の一種）以外は品目も量も不明である。text 3 c では *gꜣwt* は布地であるから、4品目とも織物類であろう。これら貢納品は葬祭殿本体と付属の *pr-šnʿ* とに配分保管されたが、各品目の保管数量も記録されている。

text 2 は、text 1 とは別の日[159]に太陽神殿の *pr-šnʿ* より納入された品目と数量を記録しており、a b と c の2リストからなる[160]。a b には21品目が挙がっているが、4種類の織物と2種類の容器を除けば、練粉 *iwšš*、甘実の1種 *išd*、

泥漆喰 *?q3ḥt*、塩 *ḥm3t*、香 *snṯr*、ナトロン *ḥzmn*、炭 *ḏʿbt*、石材の一種 *i33*、白紙のパピルス *šw* など特殊な品目がほとんどである。第5王朝末期当時にあってはすでに太陽神殿の建立は終わっているが、葬祭殿に比して既設の太陽神殿の経済力の優位が依然として示されている。c には「太陽神殿の東の *pr-šnʿ* より葬祭殿への供給」として8品目が記録されている。屠殺刀とナトロン *bd* を除けばすべて容器類である。

text 3は30日の日付をもち、「葬祭殿の *pr-šnʿ*」よりの調達品が誰の管理に委ねられたかの記録で3つのリストからなっている。a はさらに3欄に分かれるが、右欄が2種の植物（泥漆喰に関係あるらしい）と大小の櫃を記すほかは破損のため詳細不明である。b は2人の葬祭殿使用人（料理人またはパンつくり *fs* と葬祭殿の1室の管理人 *wsḫt*[(161)]）に対しその任務遂行に必要な容器類の管理を委ねたことを記録しており、前者には4品目5個、後者には8品目12個が与えられている。c は Autibenkakai（*3wt-ib-n-K3k3j*）の管理に委ねられたもので、8品目には衣類、獣脂、香などを含んでいる。text 3 は text 1, d 同様収入品の管理責任者あるいは管理施設の記録に重点がおかれている。

Cairo 58063, 3 verso（＝54 C）は「第8回の年夏季第4月」における供物用のパン *pzn* の収入決算で、予定132のうち未納分4、残高118となっており、未納分と残高の計122で数字の上では計算があわない。

BM 10735, 4 recto（＝60 A）は祝祭[(162)]に際して太陽神殿および王都より納入された飲料（*ḥḏt, ḥḏrt*）の記録、Cairo 58064（＝61 B）は詳細不明だが、同じ範疇に属する6品目[(163)]の収支決算である。いずれも断片である。

Cairo 602, X recto（＝53 B）はパピルスの上部のみの断片であるが、2つの記録が残されている。text 1 はある品目（*ḥb3?*）の数日間（2日—10日）の収入状況を記し、text 2 は骨付脚肉 *iwʿw* の運搬責任者である *ḫntj-š* の名を列記している。前者は収入表の、後者は勤務表の下書きであるとみられる[(164)]。

Louvre E. 25416 a recto（＝58 F）には3種類の記録（供物の肉の収入記録、高官よりのなんらかの寄進記録、祭祀用のパンその他の供物の収入記録）が書かれていたようである。しかしいずれも断片的で詳細は不明である。

最後に残ったCairo 58063, 3（=54 A）は書記（*zš mḏ3t*）による葬祭殿への食料 *wḥꜥt* 運搬の指令である。日付は「第6回の年夏季第2月28日」、納入品目（3種類の飲物と2種類のパン）と数量、運搬責任者名（*ḫntj-š K3k3j*〔……〕）も明記されている。

支給の記録

これに属する文書としてはBM 10735, 10（= 2 A), Louvre E. 25416 c verso＋Cairo 602, X verso, texts 3—4（=14 A), BM 10735, 7 verso, text c（=41), Cairo 602, VIII verso（=44 A), BM 10735, 2 verso（=44 D), Cairo 58063, 6 verso（=45 A), Cairo 58063, 5（=47 C), Cairo 58063, 8（=49 B), Cairo 58063, 7（=49 E), BM 10735, 1（=53 A), Cairo 602, V（=64 F), Berlin P. 10474 A—B recto（=94—96 A）などがある。断片がほとんどであるが、大体においてパンとビール、肉、織物、穀物などと同じ範疇の品目を扱っている。

最もよく保存されているのはBerlin P. 10474 A－B recto（=94—96 A)で、2つの記録からなる。ただしtext aは支給の記録ではなく、「第1回の次年夏季第3月3日供物の肉（? *wꜥbwt*）の搬入」と題された供物用の肉の納入割当てとみられる。葬祭殿の構成員のおそらく全員に納入義務があったようである。[165]

text bは食料の支給記録で、5つのテクストが含まれている。b_1はTetiの治世のある年[166]の冬季第3月30日、太陽神殿においてなされた特別な食料支給の記録である。支給されたのは3種類のパンとビール、司祭たち *ḥmw-nṯr* に一括して支給され、支給責任者は *pr-šnꜥ* の長Iriである。b_2は「第1回の次年〔……〕季第〔……〕月1〔……〕日」に、b_3もおそらく同月の「30日」になされた葬祭殿構成員への食料（3種のパン）の支給の記録である。総量は3等分され、司祭監督と司祭次長、司祭 *wꜥb*、*ḫntj-š* にそれぞれまとめて支給されている。b_4、b_5の正確な内容は明らかでないが、「〔……〕年冬季第3月9日」にまとめられたこの葬祭財団 *ḥwt-K3k3j* 全体の当該月の需要に応えるための3種類のパンとビールの収支決算の記録であるとみられる。

BM 10735, 1（=53 A)は「第11回の年増水季第2月11日」になされた布地 *ḥnk* の支給の記録である。支給されたのは、葬祭殿に納置されている Neferirkara 王の像に着用させるため王の葬祭財団より調達され、用済みとなった60枚の布地である。調達された全60枚のうち、祭祀に使用されたもの6、太陽神に供せられたもの6、*ẖntj-š* に与えられたもの10の計22枚をひいた残りの38枚が、司祭次長以下7人に配分されている。人名は称号を伴っていないが、他の文書によると Rashepses は労働部隊書記[(167)]、Irenptah[(168)] と Seankhenptah[(169)] は司祭であるから、支給をうけたのは、葬祭殿の管理面における重要人物であったと推定される。

Cairo 58063, 5（=47 C), Cairo 58063, 8（=49 B), Cairo 58063, 7（=49 E)も布地の支給の記録であるようである。

BM 10735, 7 verso（=41）text c は3つの支給記録を含んでいる。うち c_3 の冬季第2月の布地の支給記録は、2種類の布地の収入予定量の部分しか残っていない。他の2つは穀物を扱っている。c_1 は2段からなり、上段は納入機関または納入者の名と納入量を記している。穀物の種類についてはわからない。内訳は *pr-šnʿ* 10½, Meriptah 2, Tjemzi 3, Inkhi 1, Neferkhu 1, 穀倉 2（単位は *ḥq3t*)、4人の納入者中 Meriptah 以外の3人は他の文書より *ẖntj-š* であることが知られる[(170)]から、おそらく4人とも葬祭殿領の一部を小作し、収穫量の一部を貢納する義務を負っていたと結論できよう[(171)]。下段はこの収入量19½の使途内訳で、不詳の使途[(172)]に2、供物に3の計5の支出、残高14½である。

c_3 は「第21回の年増水季第4月12日、穀倉より搬入された *pẖ* および小麦の計算」で、納入予定量は各60（*ḥq3t*）であるが、*pẖ* の欄は空欄のままである。小麦については、実際の受入量57½、支出は山羊9頭（の飼料）2¼、不詳の使途[(173)]¾の計3（*ḥq3t*)、この残りの54½のうち50½が葬祭殿において消費され、残高4（*ḥq3t*）となっている。

Louvre E. 25416 c verso+Cairo 602, X verso（=14 A）text 3は「第4回の年閏5日」の小麦の支給記録である。Kakaineferiut の責任において9½（*ḥq3t*）がおそらく同じ人物に支給されている[(174)]。また BM 10735, 10（= 2 A)

は小麦の支給量と支給責任者を指定したもので、夏季第１月30日、第２月２日および９日について、指定の支給量（例えば９日では５½ *ḥq3t*）を次の指示があるまで毎日支給すべきことを指示している。(175)

残りの文書はいずれも断片的で、内容の正確な把握は困難だが、Cairo 602, VIII verso（＝44 A）はパン・ビール・肉類の、BM 10735, 2 verso（＝44 D), Cairo 58063, 6 verso（＝45 A）は肉類の、Cairo 602, V（＝64 F）は家禽および牛類のそれぞれ支給記録であるとみられる。

以上会計文書について書式上の大まかな分類を試み、主要な文書の内容について考察してきた。しかし文書数も多く、内容も多岐にわたるため、勤務表文書の場合とちがって、個々の文書の内容を忠実にたどることは不可能であった。こうした点については、今後の研究を通じて補っていきたいと考えている。

略　語　表

ASAE＝Annales du Service des Antiquités de l'Égypte. Le Caire.

JEA＝Journal of Egyptian Archaeology. London.

MDAIK = Mitteilungen des Deutschen Archäologischen Instituts, Abteilung Kairo. Wiesbaden.

OIP＝Oriental Institute Publications. Chicago.

Urk. I＝Urkunden des ägyptischen Altertums, hrsg. von. G. Steindorff. Abt. I: K. Sethe, Urkunden des Alten Reiches. 2 Auflage Leipzig. 1933.

Wb = Erman-Grapow, Wörterbuch der ägyptischen Sprache. 7 Bde. Berlin-Leipzig 1926-63.

ZÄS＝Zeitschrift für ägyptische Sprache und Altertumskunde. Leipzig-Berlin.

註

（1） 1983年カイロの古物市場に出現したものがアブシール文書の主要部分を構成する。L. Borchardt は1897年早くもこの文書の一部を紹介し、その重要性を指摘している。L. Borchardt, Ein Rechnungsbuch des königlichen Hofes aus Alten Reiche. *Aegyptiaca, Festschrift für Georg Ebers.* Leipzig 1897. S. 8-15.

（2） 現在の所属博物館とそのカタログ番号は次の通りである。大英博物館（BM 10735, 1—19)、ロンドン大学（Un. Col. A—E)、カイロ博物館（Cairo 58063, 1—10; 58064; 602, I—XII)、東ベルリン国立博物館（Berlin P. 10473, A—B; 10474, A—B; 11301; 15722—15732)、西ベルリン国立博物館（Berlin-West. P. 21001—21006)、ルーヴル博物館（Louvre E. 25279—25280; 25416, a—b）

（3） 拙稿「アブシール文書について」『オリエント』第16巻第2号、1974年および註（4）参照。

（4） P. Posener-Kriéger and J. L. de Cenival, *Hieratic Papyri in the British Museum. 5 th Series: The Abu Sir Papyri.* London. 1968. なお、この刊本の図版番号はローマ数字で表記されているが、きわめて煩瑣であるため、本稿ではアラビア数字を用いる。以下文書番号に括弧で付加したアラビア数字がこの刊本の図版番号である。

（5） 前註（3）の論文はこの発表の草稿をもとにしたものである。

（6）『オリエント』第8巻第3・4号、1966年、17～31頁。

（7）『東京教育大学文学部紀要　史学研究』76、1970年（本書収録355～399頁)。

（8） 葬祭殿の神官制度に関する唯一の研究としては、W. Helck, Bemerkungen zu den Pyramidenstädten im Alten Reich. MDAIK. 15 (1957). S. 91—111がある。そのほか J. Pirenne, *Histoire des institutions et du droit privé de l'ancienne Égypte.* 3 parties, Bruxelles, 1932—35および W. Helck, *Untersuchungen zu den Beamtentiteln des ägyptischen Alten Reiches,* Glückstadt 1954が官僚制度に付随して神官制度を論じている。

（9） H. Bonnet, *Reallexikon der ägyptischen Religionsgeschichte.* Berlin 1952. S. 754. H. Kees, *Das Priestertum im ägyptischen Staat vom Neuen Reich bis zur Spätzeit.* Leiden 1953. S. 300—308.

(10) 註（3）拙稿「アブシール文書について」参照。

(11) 註（1）参照。

(12) 以下文書番号に括弧で付加したアラビア数字は前註（4）に記したとおり、刊本の図版番号である。

(13) Neferirkaraのピラミッド、すなわち王の葬祭殿をさす。正式には *B3-Nfr-ir-k3-Rʿ* と書かれる。

(14) これは他の通常勤務表の場合も同じである。

(15) 以下の欄および行の数も註（4）の刊本図版によっている。

(16) この称号の所有者については後で詳しく研究する。

(17) 後述するような輪番勤務のための5班のうちの1つ。各班はさらに2つの小班よりなる。

(18)「夕の祭儀」の*ḫntj-š*の欄は縦線で区切られていないが、スペースからみて朝と同じく2名と考えられる。

(19) 会計文書の収入予定量、不足量が赤字で記入されていることと比較すれば、この勤務表の赤字は欠勤を表すのかもしれない。とすれば、通常勤務表は勤務の割当てではなく、勤務状態を後で清書したもの（すなわち出勤簿にあたる）という可能性も皆無ではなかろう。

(20) 以下便宜上 *smsw* は兄、*nḏs* は弟と訳したが、長幼を表すもので父子、伯父甥、従兄弟などさまざまな場合が考えられる。

(21) Neferirkara の太陽神殿。

(22) *rnpi n ʿnḫw* は c 欄と関連して考えるとブドウ酒であろうか。

(23) この称号については後述する。

(24) ただしこの文書では閏 3 日まで勤務者が割り当てられている。

(25) これらの人名は後欄の *ḫntj-š* の欄に現れる。

(26) 7 日の勤務者 Maat（*Mʒʿt*）は上 2 行につづけて Merimaat 兄とよんだが、これを別人とすれば 7 名。

(27) 司祭は現存する23日中14日、*ḫntj-š* は29日中12日が空白。

(28) 32日中21日が空白、逆に司祭の空白の日は30日中わずかに 3 日である。

(29) 30日中21日勤務、ただし、29日と30日は Ankhmanetjer と共同勤務。

(30) 1 日の部分は欠けている。

(31) ただし20日、21日は空欄。

(32) この文字だけは赤で記されている。

(33) ただし 8 日以降は欠損。

(34) 当該月の 6 日以降は欠けている。

(35) 6 名の右（前）にも 1 人の名と赤字の註の跡があるが、判読不能である。

(36) ただ昼間の警備役であるらしいことは日輪を表す文字が残っていることによりわかる。

(37) Kakaimerira 兄の下に記された *bʒḥ* および Mai の下に記された *whm*（?）の意味は不詳であるが、前者は「長」を意味し、後者は「再び」前月に続いて勤務することを示すものであろう。

(38) 意味不詳。*nḥp* がロクロを意味すること（Wb. II. 294）から類推した。

(39) この意味については後述。

(40) 宰相府の司法部門に所属することを示すものであるが単独で用いられることはない。cf. W. Helck, Untersuchungen S. 82.

(41) *ḫntj-š* の下に記された *rwḏ-sʒw*（?）の意味は不詳である。「諸班にまたがる」の意で班の交替に関係なく続けて勤務することを意味するのであろうか。しかし後述するように勤務班の編成は主に *ḫntj-š* を対象としている。

(42) Louvre E. 25416, a recto; Louvre E. 25279 recto; Cairo 58063, 9.

(43) 王都メンフィスの死者の神。cf. Bonnet, op. cit., S. 723—727.

(44) この場合の *wʿb* が「司祭の務めを果たす」の意であることについては、H. Goedicke, *Königliche Dokumente aus dem Alten Reich.* Wiesbaden 1967. S. 73参照。

(45) 次の *ttn-rʿ* の *ẖntj-š* にも現れるが、そこでは大 Kakaimeridjehuti の子と記されている。

(46) *imj-wrt, tꜣ-wr, wꜣḏt, nḏst, imj-nfrt* の順。cf. Helck-Otto (hrsg.), Lexikon der Ägyptologie. Bd. I. S. 372.

(47) 私人の葬祭神官の6班編成の可能性については T. Mrsich, *Untersuchungen zur Hausurkunde des Alten Reiches.* Berlin 1968. S. 54. Anm. 386参照。しかし労働組織および神官の第6班の存在の証拠は発見されていない。

(48) (2)の Nefermere〔rek〕と同じく b 欄の人物が記されているとすれば、Kaaper (*Kꜣ-ʿpr*) または Kanebeb (*Kꜣ-nbb*) が考えられる。

(49) Louvre E. 25279 recto (= 5 A) の c 欄と比較すれば、おそらく *'Ist-ib-Rʿ* (註(13) 参照)。

(50) Wb. Belegtstellen V. S. 353, 7 によれば、編集者が、売りにだされたかつて K. Sethe 所蔵の石碑 (現在所在不明) にみた1例だけとのことである。

(51) W. Helck, op. cit., S. 71.

(52) 同一の文書番号に複数の断片が含まれるため。

(53) 宰相 Mereruka の墓に設けられた5つの貯蔵室にはおのおのこの5班の名が与えられている。すなわち A15 (*imj-nfrt*), A17 (*nḏst*), A18 (*wꜣḏt*), A19 (*tꜣ-wr*), A20 (*imj-wrt*) である。P. Duell, *The Mastaba of Mereruka II.* OIP. 39. Chicago, 1938. Pl. 199. なお班については H. Kees, Orientalia. 17 (1948) S. 72—77参照。

(54) 部隊を意味する *ʿprw* はもともと「船の乗組み員」、班を意味する *sꜣ* はもともと船の「見張り」を意味する。

(55) Abu-Bakr-Mustafa, *Festschrift für H. Ricke.* Wiesbaden 1971. p. 12. fig. 7.

(56) Lexikon der Ägyptologie. Bd. I. S. 372.

(57) W. Helck, MDAIK. 15 (1957) S. 91.

(58) もちろん農耕の主体は *pr-šnʿ* に所属する隷農 (*mrt*) の手にあった。Bakir, *Slavery in Pharaonic Egypt.,* Cairo, 1952. p. 23. 後述するようにかれらも供物運搬に従事している。

(59) これに関する部分はきわめて不完全にしか残されていないようである。

(60) 現存する断片においては2例とも「香膏 (*mrḥt*)」の部分しか残っていない。後代の神殿における祭祀においては、厨子の封印を破って神像をとりだし、衣服を脱がせ、洗い清め、香膏を塗り、化粧をし、新しい衣服をつけ、再び厨子に納置して封印するという行為が祭祀の中心であったから、これが葬祭殿の王像に対してもなされる祭祀行為であったとも考えられるが、アブシール文書の勤務表でみる限り、こうした行為は祝祭の日にのみなされたようである。しかしその場合も香膏に関する行為は記されていない。とすれば王像に対する香膏の塗布は行われず、供物として捧げる行為だけに限られていたのであろうか。したがって以下の考察においては単に香膏に関する任務とだけにしておく。

(61) 詳細不明、現存する断片では王母 Khentkaus の神殿における祭祀行為と註記されている。

(62) H. Bonnet, op. cit., S. 860—861.

(63) L. Borchardt, *Das Grabdenkmal des Königs Sahure.* Bd. II. Leipzig 1913. S. 112.

(64) Louvre E. 25416, b, a＋Cairo 602, VIII（＝6 A）c 欄、なお前註（60）参照。

(65) ibid. b 欄。

(66) ibid. e 欄。

(67) ibid. f 欄。

(68) Louure E. 25279 recto（＝5 A）e 欄。

(69) Louvre E. 25416, b a＋Cairo 602, VIII（＝7 A）i 欄。

(70) W. Helck, MDAIK. 15 (1957) S. 91 ff.

(71) 前註（40）参照。

(72) BM 10735, 19 (＝17 A).

(73) *nḥp* はロクロを意味するが、神話によれば神 Khnum はロクロによって人間をつくりだすとされている。したがってほかに証拠はないが、この施設がこの神話に関連するなんらかの祭儀の場所であるかもしれないのである。cf. Bonnet, op. cit., S. 135—140.

(74) cf. Helck, op. cit., S. 97.

(75) アブシール文書に「労働隊書記（*sš ʿprw*）」として2回（うち1回は BM 10735, 7 recto(＝4）において、*pr-wrw* の警備責任者の筆頭として)、*ḫntj-š* として1回、称号なしで7回以上現れる Rashepses と同一人物であろうか。しかしアブシール文書においては司祭の称号をもっていない。

(76) Louvre E. 25416, b（＝7 A）j 欄、既出の「陶房（*nḥp*)」であろう。

(77) 前註に同じ。

(78) ibid.（＝6 A）b 欄。祭儀に関するものであることは明らかである。

(79) 後述するように *ḫntj-š* の勤務体制もこのことの傍証となる。

(80) Helck, op. cit., S. 91.

(81) BM 10735, 7 recto の b 欄は *imj-nfrt* 班の *ḥ3t* 小班の勤務割当てである。なお宰相 Mereruka の墓の班名にはいずれも両数を表す文字がつけ加えられている。前註（53）参照。

(82) Neferirkara の下神殿と参道は Nyuserra に横領されている、司祭長（*imj-r ḥmw-nṯr*）は存在せずおそらく Nyuserra 葬祭殿司祭長が兼任している、など。

(83) 同じc欄に現れる*ḫntj-š*のKakaiankhとは別人である。

(84) 現状では適当な訳がみつからないため原語のまま用いておく。語源的には「庭園」と関係があるようである。cf. Wb. III. S. 310. 文書においては複数形の*ḫntjw-š*の方が多用されているが、便宜上単数形のみを用いることとした。

(85) *smsw*および*nḏs*の訳し方については前註(20)参照。

(86) Louvre E. 25416, b, a＋Cairo 602, VIII(6 A—7 A)f、g、h欄。

(87) 3日は夕の祭儀より就務したものであろう。

(88) おそらくそれぞれ1人ずつ朝および夕の祭儀に参加。

(89) Louvre E. 25416, b, a＋Cairo 602, VIII. e欄。

(90) ibid. c欄。

(91) maatの文字のみ残る。

(92) Louvre E. 25279 recto(＝5)c、d欄。

(93) Louvre E. 25279 verso(＝11)において他の*ḫntj-š*とともに聖舟*bit*の夜衛役に任じられている。

(94) 欄の一部が残る18日—22日の担当者が1人だけであることは確実である。

(95) Louvre E. 25279 recto. e欄。

(96) ibid. a、b欄。

(97) かれと共に北側の夜衛役に割り当てられているHetepkhasutenkakaiもやはり*ḫntj-š*とみられる。

(98) Helck, op. cit., S. 107—108. なおPirenne, op. cit., I. pp. 249—251は、*ḫntj-š*はすべて貴族で、特権階級として出現したとみているが、これは第6王朝末の状況にすぎない。

(99) 通常ダハシュル勅令とよばれている。L. Borchardt, ZÄS. 42 (1905). S. 1—11; K. Sethe, Urk. I. 209—213; Goedicke, op. cit., Abb. 5 u. S. 55—75.

重要な史料であるから次に全文を訳しておく。

「ホルス*Mrj-t3wj*第21回(家畜調査)の年(治世第41年または第42年)冬季第3月。

王は〔……〕宰相(*t3tj s3b ṯ3tj*)〔……〕、建築長官(*imj-r k3t*)*Mr-Ptḥ-Mrj-Rʿ*、勅令官(? *imj-ʿ*)*'Iḥj-ḫnt*、工宮の*ḫntj š*の長(*imj-r ḫntjw-š pr-ʿ3*)*Wnj*、神の供物の検査長(*imj-r wpwt ḥtpnṯr*)*Ḫnw*、唯一の友(*smr-wʿtj*)*'Iḥj-m-pr-Mrj-Rʿ*、耕地登記局長(*imj-r pr ḥrj-wḏb*)*Mrj*、顧問官、ヌビア傭兵隊長(*smr imj-rʿnw Mḏ3*)*'Irṯt*、〔……〕(に)上エジプト王Snefruの2つのピラミッド*Ḫʿw-Snfrw*(について次のように)命じ給うた。

陛下は、かれ(スネフル)のため、この2つのピラミッド都市を王家のいかなる賦役(*irt k3t*)からも、王都のいかなる役所のいかなる貢納(*irt ndd*)からも、いかなる人物の言にもとづくいかなる労役義務(*irt h3*)および労役免除金の支払い

(*irt st-h3*) からも免除すべしと命じ給うた。

陛下は、かれのため、この2つのピラミッド都市の*ḫntj-š*たちを、陸（路）あるいは海（路）、上流あるいは下流へ（を問わず）いかなる伝令役（*sbjt-wpwtj* 軍事上の任務を含む）からも免除すべしと命じ給うた。

陛下は、この2つのピラミッド都市のいかなる耕地（*h3t*）も、この2つのピラミッド都市の*ḫntj-š*たちのほかは（*wp-r*）、いかなる王妃、いかなる王族、いかなる顧問官、（あるいは）いかなる高官（*sr*）の隷農（*mrt*）の使用地（*st-sk3*）として耕作させてはならず、またいかなる友好的なヌビア人（*Nḥsj ḥtp*）の徴発地（*ʿw3*）として耕作させてもならぬと命じ給うた。

陛下は、この2つのピラミッド都市の土地台帳に登録されている（*iw st-ḫt*）いかなる*ḫntj-š*も、また（将来）登録されるであろういかなる*ḫntj-š*も、（かつて）かれが属したいかなるエジプト人によっても、（あるいは）いかなる友好的なヌビア人によっても連れ去られることはなく、かれらは*ḫntj-š*たちに対し（これを）要求してはならぬと命じ給うた。

陛下は、この2つのピラミッド都市に貢納の義務をもつ（*mḏd*）*ḏḥ3*（正確な意味不明、宮廷と関係のある「若者」か）の娘たち、あるいはその*nḥr*牛の飼料を使ってはならぬと命じ給うた。

陛下は、ピラミッドの境内に（水路を）掘るためいかなる人間をも連れ（込んで）はならぬ、これら2つのピラミッド都市の *'Ik3w-Ḥr* の座（*r3-š*）は神聖であるから、と命じ給うた。

陛下は、この2つのピラミッド都市における水路、池、井戸、シャドゥフ（*ḫnwt*）および樹木（の数）を（課税のため）調査してはならぬと命じ給うた。

陛下は、いかなる友好的なヌビア人も、この2つのピラミッド都市に租税徴収（*irt ʿw3*）のため出勤してはならぬと命じ給うた。

陛下は、友好的なヌビア人に属するいかなる人物も、この2つのピラミッド都市において祭儀を執行し（*wʿb*）、月番勤務に従事し（*šdt 3bd*）、何らか供物の配分に与る（*wnm ḫrt nb*）ために（この都市に）はいりこんではならぬと命じ給うた。

陛下は、この2つのピラミッド都市のすべての収益（*šʿ*）の配分は、この2つのピラミッド都市に関する配分規定（*wḏ3t n wḏw wpt*）に従ってなされるべしと命じ給うた。

陛下は、この2つのピラミッド都市の*ḫntj-š*を補充する（*skm*）ときは、この2つのピラミッド都市の土地台帳に登録されている人達（*imnw rdj r ḫt*）の子供をあてよ（*ṯs*）と命じ給うた。

（この2つのピラミッド都市の）いかなる耕地も、いかなる聖職禄（*wʿbt*）も、いかなる財産も、この2つのピラミッド都市に居住している者のほかは（*wp-r ḥmsw*）、他のピラミッド都市に居住しているいかなる人物にも与えてはならぬ。

この2つのピラミッド都市のいかなる*ḫntj-š*の聖務も、(他)人の言にもとづいて遂行してはならぬ。命じられたること、(あるいは)知りえたること(*šs3*)にのみ(もとづいて)なせ。

陛下は以上の点(*sšrw*)に関し、この2つのピラミッド都市の保護のためこのように(命じ)給うた。かくしてこれら2つのピラミッド都市において、*Ḫʿw-Snfrw*にまします上下エジプトの王 Snefru〔のために〕命により祭儀が執行され、月番勤務がなされ、神への供物が捧げられよう。(これはまた)〔永遠に生き給える〕上〔下〕エジプトの王 *Mrj-Rʿ*〔陛下の生命・安寧・健康のためでもある〕〔陛下御自身の御前にて捺印された〕

(100) BM 10735, 19 (=18 A).

(101) したがって勅令の相手の1人に「耕地登記局長」の名がある。*ḫrj-wḏb* については、Goedicke, JEA 46 (1960) 60 ff 参照。

(102) *imj-nfrt* 班の場合は割合は低いが、20名中6名がそうである。

(103) Helck は第6王朝初代 Teti の治世を葬祭殿における*ḫntj-š* 制度導入の時期としている。op. cit., S. 108.

(104) ibid. S. 128—130.

(105) *pr-šnʿ* は "ergastulum", "Arbeithaus" 等と欧訳されているが、適当な訳語がみつからないため *pr-šnʿ* のままにしておいた。cf. A. H. Gardiner, Ancient Egyptian Onomastica. II. 430.

(106) Goedicke, op. cit., S. 134.

(107) ibid. Abb. 10 u. 11. (=Urk. I. 292—295).

(108) アビュドス神殿に対する Neferirkara の保護勅令。Goedicke, op. cit., Abb. 2 (=Urk. I. 160).

(109) Quibell, ASAE. 3 (1902). p. 256.

(110) P. Posener-Kriéger and J. L. de Cenival, Pls. 1 B, 2 A, 33-66, 92-102.

(111) *'Ist-ib-Rʿ* (Neferirkara 建立の太陽神殿)をさす。以下とくに断わらない限り太陽神殿はこの *'Ist-ib-Rʿ* をさしている。

(112) *B3-K3k3j* (Neferirkara 王のピラミッド、すなわち葬祭殿)をさす。太陽神殿の場合と同じく葬祭殿とのみ記すことにする。

(113) *r3-š* については H. Goedicke, *Königliche Dokumente aus dem Alten Reich.* Wiesbaden 1967. SS. 69—71. が現在のところこの語についての最も妥当な解釈の試みである。しかし「河岸神殿(下神殿)」とする解釈は、Neferirkara の河岸神殿が Niuserra によって横領されているこの葬祭殿の場合にそのまま妥当するかどうかはなお疑問が残る。いずれにせよ、ピラミッド複合体への入口(*r3*)にある建物であることは明白である。

(114) Erman-Grapow, *Wörterbuch der ägyptische Sprache.* 7 Bde. Berlin-Leipzig

1926—63（以下 Wb. と略記）にはない。決定詞からみてパン類である。後にでてくる*ḥṯ3* とは別である。

(115) 決定詞のみ、c 欄にでてくる *pzn* であろう。

(116) 容量単位の記載はないが、この場合はビールの単位である *ds* であることは確実である。しかし 1 デスが何リットルにあたるかは不明である。cf. Gardiner, Egyptian Grammar. p. 199.

(117) 単位は個であろうが、1 個の大きさや重さについては詳細不明。

(118) Wb. にはなく詳細不明、裁判と関係ある施設であろうか。

(119) *iḫt nfrt* パンとビールのセット。

(120) ただし不足量欄は20日—28日欠損、29日—30日は記入がない。

(121) Wb. I 350では *wḥʿ* として第18王朝の用例のみを挙げているが、古王国においては *wḥʿt* の形が用いられている。cf. Junker, Gîza. XI, S. 160; Goedicke, op. cit., S. 67.

(122) メイドゥムの Nefermaat のマスタバ（第 4 王朝）の葬祭領リストにでてくる。

(123) 第 4 王朝の始祖スネフルのピラミッド名であるが、筆者の知る限り初出である。前の *Iw-šdfw* と地理的に関連する可能性は強いから、スネフルによって完成されたとみられるメイドゥムのピラミッドの名であるとも考えられる。

(124) *ḫpš* は前脚の、*spḥt* は胸の骨つき肉を、*zḫn* は内臓をさす。*swt* については詳細は不明である。

(125) 勤務表にみられる当番班の *ḫntj-š* の主要任務としての供物運搬役については435頁参照。

(126) Un. Col. C（＝35C）もこの書式である。

(127) *ḥʿ?, ỉwʿ, mjzt, swt, spḥt, zḫn.* 最後の 2 つは不明。*mjzt* は内臓（おそらく肝臓）、*ḥʿ* は詳細不明。その他については註（16）参照。

(128) 1 日と30日の欄は空白のままである。

(129) Gardiner, Egyptian Grammar Sign-List X 2 and X 3（円パンと棒パン？）。

(130) この文書の内容および解釈の試みについては439〜440頁をみられたい。

(131) Louvre E. 25416 c verso（＝13), BM 10735, 2 recto（＝42), Berlin P. 15723 recto（＝82）など。

(132) 円パン10と棒パン10。以下両者の数量の合計のみ記す。

(133) Ihbu のみは品目名が記されていない。

(134) text c については後述する。

(135) cf. Wb. Ⅲ 443. そこではパンの一種 *t3-zif* の可能性も挙げているが、本文書においては決定詞からみても明らかに飲物である。

(136) これについては443〜444頁参照。

(137) BM 10735, 16 recto（＝43B), Berlin P. 15725 A verso（＝48E）はいずれも断片

で、家畜の納入を記録している。次の品目にもとづく収入表である可能性もある。

(138) 前の Neferirt の正式な名である可能性は強い。

(139) *imj-ḫt ḥnw-nṯr.*

(140) 太陽神殿の場合は「搬入 *in*」、*pr-šnʿ* の場合は「徴発 *šd*」と動詞の区別があるから、この *pr-šnʿ* は葬祭殿付属の *pr-šnʿ* である。

(141) *sḫt? mʒʿt? szf, ʿʒ mḥ* 30, *ʿʒ mḥ* 〔……〕, *ḥnk, nfrw.* いずれも詳細不明。

(142) *ḥzmn, qnb, pʒq, ḥzmn* はナトロンの一種、*qnb* は包帯あるいは綱の一種（cf. Wb. V 53)、*pʒq* は平らな円形のパンである。

(143) *iḥt nfrt sšrw, ʿʒ mḥ* 12. 後者は決定詞により2種に区別されている。

(144) Wb. III 119 (*ḥnkjt, ḥnkwt* ベッド）にもかかわらず、決定詞（Gardiner, *op. cit.,* Sign-List S 28）より織物と解釈した。

(145) 原義は天幕。後代のデンデラ・エドフ両神殿の場合は至聖所をとりまく小室群をさしている（Wb. III. 464, 15)。葬祭殿の主供養室をとりまく小室のひとつ（ミイラ製作のための天幕に起源をもつ室か？）をさすものであろう。

(146) 24日の日付のみ残っているが、後述する text 1, d の日付より復原した。

(147) *zwt, pḫ.* 前者は小麦、後者は Wb. I, 542, 8—10の *pḫʒ*（穀物の一種）であろう。

(148) 単位は穀物計量単位*ḥqʒt*（1 *ḥqʒt*＝4.541. cf. Gardiner, *op. cit.,* §266, 1）であるが、他の品目の場合同様省略する。

(149) Gardiner, ibid. によれば½とよんだ数字は1/16と読むべきであろう。しかし後述の BM 10735, 7 verso, text c, 2（＝41）が示すようにアブシール文書では明らかに½である。

(150) 上段の収入表にパン*ḥṯt* の語がみえる。しかし下段の「第〔……〕回の年夏季第4月」の支給表の一部（*ḫntj-š* Kakaiankh への支給部分）の品目は織物のようであり、両者の関係については解釈不能な現状にある。

(151) *sḫt? sšrw* 4, *sḫt? nfrw* 4, *ʿʒ nfrw* 10, *sḫt? szf* 4, *ʿʒ szf nḏs?* 10, *ʿʒ szf ʿʒ?* 7, *mn ḫt* 5, *zš hn* 1, *iḥt bnrt hn* 1,〔……〕1, *sṯʒt* 1,〔……〕1,*ʿʒ szf* 1.

(152) *sḥḏ ḫntjw-š pr-ʿʒ.* W. Helck, Untersuchungen zu den Beamtentiteln des ägyptischen Alten Reiches, Glückstadt 1954, S. 107—108.

(153) *imj-r ist ḫntjw-š pr-ʿʒ.* Helck, ibid., S., 107.

(154) 上段の *zš hn* の脇に小さく書かれている人物。

(155) a は最後の部分が残っているにすぎない。日付は人名の類似と b c の日数差4日とから復原した。

(156) 〔*ḫntj-š*〕 *pr-ʿʒ* と復原。

(157) a 欄17人、b 欄3人、c 欄33人。

(158) Cairo 602, I（＝63 C, D）も建築材あるいは木製品の寄進リスト断片とみられる。

(159) text 1が24日、text 3が30日であるからその中間の27日前後であろう。

(160) 刊行者はａｂｃの３リストとみているが、ａｂは明らかに同一のリストである。

(161) Wb. I. 366, 9によれば*wsḫt*は供物に与ることを許された功労ある高官の影像を納置する室である。おそらくこれらの影像に供物を献げることを任務とする人物であろう。

(162) 朱記された祝祭名*grḥ n Rʿ*（ラーの夜）については、P. Posener-Kriéger, Revue d' Égyptologie 22 (1970). pp. 131–137をみよ。

(163) ６品目ともGardinerが何をうつしたか不明とした文字（op. cit., Sign-List. Aa 6）を決定詞としている。

(164) 肉類の運搬が記録されているから、いずれも太陽神殿よりの納入にかかわるものと考えられる。

(165) 割当ては同じ地位の者に全体として課せられており、典礼司祭２、司祭監督10、司祭次長10、司祭*wʿb* 20、*ḫntj-š* 20、肉運び*f3j-iwf* 2の計64となっている。

(166) おそらくb_2と同じ第１回の次年。

(167) *zš ʿprw*. BM 10735, 7 recto (＝4), BM 10735, 8 recto (＝68).

(168) BM 10735, 19 (＝18A).

(169) BM 10735, 7 recto (＝4),

(170) Tjemzi＝Louvre E. 25416 a verso (＝14B). Inkhi, Neferkhu＝BM 10735, 7 recto (＝3).

(171) *ḫntj-š*＝Pächterという解釈についてはとくにJunker, Gîza. VI. SS. 15–19を参照。

(172) *w3?*. 決定詞よりみて船と関係がある。

(173) *ʿš r dmḏ*.

(174) text 4も支給記録であるが、人名と数量の一部のみで、品目その他詳細は不明である。

(175) 支給責任者は30日がTjezmiとNeferiut、２日と９日はTjezmi。

＊本稿は「アブシール文書研究」(1)、(2)として東京教育大学文学部紀要『史学研究』96（1974年）、101（1975年）に掲載された。

ピラミッド・テキスト・データベース

塚本明廣

(1) はじめに

ピラミッド・テキストのエジプト語原典からの邦訳は、屋形禎亮の部分訳[1]がなされた後、今日まで全編の完訳はなされていない。あるいは人類最古の文学作品として、あるいは古代エジプトの宗教を含む精神生活の資料として、その方面の専門家による原典からの邦訳は待ち望まれるところである。問題を筆者の関心であるエジプト語学に限定しても、言語資料としてのピラミッド・テキストの重要性は改めて強調するまでもないであろう。特に古王国期の言語資料が決して豊富とは言えない中で[2]、ピラミッド・テキストはその異文の多さ故にかえって、方言あるいは言語変化を反映する一級の言語資料としての価値を高めている。

しかしながら、時代の古さ故に、現代語と異なり音声が直接観察できないという言語研究上の不利や困難を抱えていることも間違いない。たとえば、エジプト文字における母音表記の欠如あるいは未発達はその最たるものである[3]。楔形文字に残されたアッカド語が細部に至るまでその文法体系が解明されてきた要因の一つは、おそらく母音の明示によるところが大である。エジプト文字の場合、その上さらに輪をかけるかのような表記の不安定さは、一方では音形や音価の推測に有力な証拠を提供するものの、他方では文法形式を特定し難くしていて、頻繁に現れる略記とともに、研究者を悩ます一大要因となっている。

さて、ゼーテ編纂のピラミッド・テキスト総攬[4]では5王の本文が対照されている。714章2217節[5]というかなり纏まった分量を有する上に、ピラミッドごとに微妙に相違する異文が全編にわたって散在する。そのような異文を、資料全体にわたって網羅的に検索する手段として、コンピュータは最適の道具であろう。欧米では辞書編纂を含むエジプト語資料データベース作成プロジェクトがすでにいくつも始動しているようである[6]。しかし、ピラミッド・テキスト・データベースについては、寡聞にして知らない[7]。筆者は、1990年以来幾編かの論文を通して、コンピュータを用いたエジプト語研究の試みを発表してきた[8]。本稿では、その研究手法をピラミッド・テキストに応用する、目下進行中の試みを例示する。諸賢の御批判と御教示とを仰ぎたい。

(2) データベースに備わる情報

1 ピラミッド・テキストの章番号・節番号・行記号

ピラミッド・テキストを章に分割することは、ゼーテ以前に始められたようであるが[9]、今日なお標準的に使用されるのは、ゼーテの章番号、節番号および行記号である。この番号もその後のピラミッド・テキスト断片の追加により、また配列に関する新たな学説の出現により、見直しの必要性が言われているものの、決定的改変はなされていない[10]。本稿の節番号も、今回データベース作成の底本としたゼーテに従う。

2 入力本文、転写本文、翻字本文

本稿の本文入力方式、転写（transcription 語形表示）方式および翻字（transliteration 文字対応）方式は、1997年の拙論において公にした方法と基本的方針に関しては大幅な変更はない。つまり文法情報と文字情報との両者を含むローマ字化本文を手入力し、そこからバッチ・ファイルや書き換えスクリプトにより、言語学的情報のみを含む転写本文とエジプト文字が特定可能な翻字本文とを自動的に派生させる方式を取る。フォントさえ完備すればエジプト文字による表示も不可能ではない。これらの簡易プログラムは、専門的な意味ではプログラムとは言えない代物ではあるが、市販のコンピュータ・ソフトにはない、(使用者の意図に沿って自由に改変できる）柔軟性・(入力の手間暇を軽減する）経済性・(メモリーを消費せず出力が速やかな）軽快さを備えている。

基本方針に変更がないとは言え、ピラミッド・テキストには、神官書体の写本にはない表記上考慮すべき点が幾つかあり（特に、複雑な転移や略記の多さ)、今回それらに対応するための変更を加えた。過去の研究成果は利点でもあるが、既成の方式への自縄自縛という欠点も生じる。今回は、既成方式で処理できない個々の事例にその都度変更を加えて対応したのであるが、このような変更の中には、入力済みのデータベースを遡り、またデータベース全体にわたって調整や修正を求めるものがあった。本来は望ましくないことである。なぜなら、データベースの真髄は様式の一貫性と広範な要求に応じ得る汎用性とにあり、中途変更はそれらの実現を妨げる大きな要因の一つだからである。これを避けるには、予め多種多様な資料に適用して、書式以外の様式をも含む方式全般の有効性を広く検証すべきであろう。特に機械的に置き換えがきかないような変更は、極力避けるべきである。

とはいえ、判断に迷う事例は多く、入力作業を中断しての長考も避けがたい。しかし、いつかは見切りをつけない限り作業は進展しない。その際も、後の修正の可能性を考慮して、いずれかの道を選択してひたすら一貫性を保つことが肝要である。後述のwcbに関する、表語文字か限定符かの判断も、その一例である。したがって、あらか

じめ様々な資料に適用して本方式の有効性を試行し検証しておく必要がある。資料を限定して当該資料にのみ有効な方式で構わなければ、事はそれほど難しくない。また、後に変更点のみを自動変換する書き換えスクリプトで対応することも不可能ではない。しかし、自動的に書き換えられたとしても、いったん校訂した本文を再度虱潰しに確認する必要が生じる。それほどに機械的書き換えは、意外な落とし穴を見逃し易いと心得るべきである。それ故、本研究では予想を遙かに越えた特殊な表記の出現によって理想どおりには事を運べなかったのであるが、可能ならばテキスト入力の開始前に書式の入念な試行と点検とを重ねておくに越したことはない。諸賢の御協力なしには、成し遂げがたいと称する所以である。

3　ピラミッド・テキストの異文

一言にピラミッド・テキストと言ってもその分量はファラオごとにかなりの出入りがあり、また対照すべき並行本文の組み合わせも様々である。そのことは、本稿末の表1に一目瞭然である。表1には紙幅を考慮して500節までしか含めていない。参考までにゼーテ底本第I巻（第905節までを含む）に出現するファラオごとの本文の節数は次のようになる。

W	T	P	M	N
436	375	317	281	514

入力本文は現在900節を超えているとはいえ、入力の途中から書式の変更を迫られるなどして、古い入力方式を残したままの節が散在する。すなわち未校訂の節が多数含まれるため、本稿では資料として含めていない。手入力には、思わぬ誤記は避けられない。校訂は何度やっても充分すぎることはない、というのが実感である。

ゼーテの詳細な註解は古文字学上の微細な点にまで及ぶ上に、5王のエジプト語本文が節番号・行記号ごとに一覧対照（synopsis）(11)にされた点がさらに重宝する。たとえば次に掲げる第827節の場合、{???} やその異体字を指す {???01} で翻字された表語文字の音形が一義的に g;w と決定できるのも、N827a において一度だけ音声補充（振り仮名あるいはルビ）を附された並行本文が存在することと、そのことを一目瞭然たらしめる一覧対照のおかげである。

P0827a　h;（P）| pw {j`j} {j`j} N {???} wk
M0827a　h;（M）| pj {j`j} {j`j} N {???} wk
N0827a　h;（N）| pw {j`j} {j`j} N g;{???01} wk
P0827b　{j`j} [mwt] tk N {???} wk [nw] t`n14 N {???} wk
M0827b　{j`j} [mwt] tk N {???} wk [nw] t`n14 N {???} wk
N0827b　{j`j} [mwt] tk N {???01} wk [nw] t`n14 N {???01} wk
P0827c　[Xnm] t [wr] N {???} wk [Xnm] t s [nD] nDw N {???} wk
M0827c　[Xnm] t [wr] N {???} wk [Xnm] t s [nD] nDw`g54 N {???} wk

N0827c　[Xnm] t [wr] N {???01} wk [Xnm] t s [nD] nDw N {???01} wk

ピラミッド内壁の縦書き本文を横書きに書き換えた本文にもかかわらず、ピラミッド・テキスト研究の底本として未だゼーテが凌駕されない要因の一つに、このような便宜があると思われる。したがって本研究も、一覧対照表示ができることを不可欠の要件とした。以下に具体的な適用例を幾つか掲げる。

〈例1：第23節〉

この場合は、合計8ファイルを用意する。異文を含む節全体を1ファイルに纏めないで分割する理由は、Wでは(A)ピラミッド内壁の行番号で第12-13行と第10行の一部、(B)第35-36行と第32行の一部、(C)第80-81行と第78行の一部、(D)第345-346行、Nでは(A)第232-233行、(B)第262-263行と第260行、(C)第350行と第347行、(D)第561行とそれぞれ4カ所に反復して現れる事実を明示するためである（ただし、入・出力ファイル共に内壁の行番号は明示されない）。これは、将来ピラミッド・テキストの章・節番号の見直しが行われる場合があればそれに対応することも考慮してのことである。王ごと、ピラミッドごとの共時論的研究はピアンコフ（Piankoff）によるウナス王のピラミッド・テキストの研究例(12)が知られているが、本稿の方法であれば、必要ならば壁面の行番号に沿った再編への対応もそれ程難しいことではないと思われる。

A. 入力ファイル

言語学・文字論その他の情報を担うタグ付き。[　] 内に表示した章番号は、それをファイル名とするため、本文中に入力する必要はない。また行記号も不要である。改行を認識する依拠プログラムの仕様を利用して、自動的に振られる。

[W0023A. TXT]
[m^n] n. k r [Dw] w`n334 [pr] rj jm. k N [wr] rD {jb}.k [Xr] r. s
〉〉[mdw]〉〉D(d)_' [zp] 4m [pr] r. [tj] j n. k [xrw] xr [rw] | {qbb} {snTr01} [T;]`n33{2
`}
[W0023B.TXT]
[m^n] n. k r [Dw] w`m334 [pr] ri jm. k N [wr] rD {jb}.k [Xr] r. s
〉〉[mdw]〉〉D(d)_' [zp] 4 m [pr] r. t [tj] j n. k [xrw] xr [rw] | {Dj}.t {qbb} [mH] .t`m
16
[W0023C.TXT]
[m^n] n. k r [Dw] w 〈`m334〉 [pr] rj jm. k N [wr] D {jb}.k [Xr] r. s
D(d)_ [mdw] [zp] 4 m [pr] r. [tj] j n. k xr [xrw] [rw] | {qbb} [T;]`n33 {2`}
[W0023D.TXT]
[m^n] n. k r [Dw] w`j00 [pr] ri jm. k N [wr] rD {jb} .k [Xr] r. s
〉〉 [mdw]〉〉 D(d)_' [zp] 4 m [pr] r. [tj] j n. k xr [xrw] [rw] | r {Dj}.t {qbb}

[N0023A. TXT]
〈/ /// //〉 w`j00`m334 [pr] ri jm. k 〈/ /// //// ////〉
〈////// // / / ///// /// /// | //// // // / ///〉
[N0023B. TXT]
[m^n] n. k 〈/// /// //// / /// //// ////〉
〈////// // / / [pr]〉 r. [tj] j n. k xr [xrw] w | {Dj} {qbb01} [Sd] d {mH} (.t)
[N0023C. TXT]
[m^n] n. k r [Dw] `j001w [pr] ri jm. k N [wr] rD {jb}.k [Xr] r. s
D(d)_ [mdw] [zp] 4 m [pr]r.[tj] j n. k xr [xrw] | {snTr} [T;]`n33 {2`} {qbb}
[N0023D. TXT]
[m^n] n. k r [Dw]`j002w [pr] ri jm. k N [wr] rD {jb}.k [Xr] r. s
D(d)_ [mdw] [zp] 4 m [pr] r. [tj] j n. k xr [xrw] 〈/〉

以上の8ファイルを入力して、次の転写本文がバッチ・ファイルにより自動的に出力される。

B. 出力ファイル

(1) 転写本文（復元形を表示、斜線部は欠落部分）

W0023aA m n. k rDw prj jm. k N wrD jb. k Xr. s
W0023aB m n. k rDw prj jm. k N wrD jb. k Xr. s
W0023aC m n. k rDw prj jm. k N wrD jb. k Xr. s
W0023aD m n. k rDw prj jm. k N wrD jb. k Xr. s
N0023aA / /// //w prj jm. k / /// //// ////
N0023aB m n. k // / /////// / /// //// ////
N0023aC m n. k rDw prj jm. k N wrD jb. k Xr. s
N0023aD m n. k rDw prj jm. k N wrD jb. k Xr. s
W0023bA Dd_mdw zp 4 m pr. tj n. k xrw | qbb snTr T; 2
W0023bB Dd_mdw zp 4 m pr. tj n. k xrw | Dj. t qbb mH. t
W0023bC Dd_mdw zp 4 m pr. tj n. k xrw | qbb T; 2
W0023bD Dd_mdw zp 4 m pr. tj n. k xrw | rDj. t qbb
N0023bA / / / / / / // / / ///// /// /// | //// // // / ///
N0023bB / / / / / / / // / / pr. tj n. k xrw | Dj qbb Sd mII. t
N0023bC Dd_mdw zp 4 m pr. tj n. k xrw | snTr T; 2 qbb
N0023bD Dd_mdw zp 4 m pr. tj n. k xrw/

上の転写本文中の欠損部や復元部を明示することもできる。

(2) 復元部の表示（網掛け部分が復元を含む欠損部、斜体字は推読）

W0023aA m n. k rDw prj jm. k N wrD jb. k Xr. s

W0023a B m n. k rDw pr*i* jm. k N wrD jb. k Xr. s
W0023a C m n. k rDw prj jm. k N wrD jb. k Xr. s
W0023a D m n. k rDw pr*i* jm. k N wrD jb. k Xr. s
N0023a A / /// //w pr*i* jm. k / /// //// ////
N0023a B m n. k /// // //// / /// //// ////
N0023a C m n. k rDw pr*i* jm. k N wrD jb. k Xr. s
N0023a D m n. k rDw pr*i* jm. k N wrD jb. k Xr. s
W0023b A D*d*_mdw zp 4 m pr. tj n. k xrw | qbb snTr T; 2
W0023b B D*d*_mdw zp 4 m pr. tj n. k xrw | Dj. t qbb mH. t
W0023b C D*d*_mdw zp 4 m pr. tj n. k xrw | qbb T; 2
W0023b D D*d*_mdw zp 4 m pr. tj n. k xrw | rDj. t qbb
N0023b A / / / / / / // / / //// /// /// | //// // // / ///
N0023b B / / / / / / / // / / prr. tj n. k xrw | Dj qbb Sd mH. t
N0023b C D*d*_mdw zp 4 m pr. tj n. k xrw | snTr T; 2 qbb
N0023b D D*d*_mdw zp 4 m pr. tj n. k xrw /

次に掲げる翻字本文に明らかなように、文法的には同一語形であっても表記には細部に様々な違いが見られる。翻字本文も、同じ 8 ファイルからバッチ・ファイルにより自動的に出力される。

(3) 翻字本文（欠損部は [...] で表示）

W0023a A [mn] nkr [Dw] w`n334 [pr] rjjmkN [wr] rD {jb} k [Xr] rs
W0023a B [mn] nkr [Dw] w`m334 [pr] rjmkN [wr] rD {jb} k [Xr] rs
W0023a C [mn] nkr [Dw] w [.....] [pr] rjjmkN [wr] D {jb} k [Xr] rs
W0023a D [mn] nkr [Dw] w`j00 [pr] rjmkN [wr] rD {jb} k [Xr] rs
N0023a A [.....] w`j00`m334 [pr] rjmk [.....]
N0023a B [mn] nk [.....]
N0023a C [mn] nkr [Dw]`j001w [pr] rjmkN [wr] rD {jb} k [Xr] rs
N0023a D [mn] nkr [Dw]`j002w [pr] rjmkN [wr] rD {jb} k [Xr] rs
W0023b A [mdw] D [zp] 4m [pr] r [tj] jnk [xrw] xr [rw] | {qbb} {snTr01} [T;]`n33 {2`}
W0023b B [mdw] D [zp] 4m [pr] rt [tj] jnk [xrw] xr [rw] | {Dj} t {qbb} [mH] t`m16
W0023b C D [mdw] [zp] 4m [pr] r [tj] jnkxr [xrw] [rw] | {qbb} [T;]`n33 {2`}
W0023b D [mdw] D [zp] 4m [pr] r [tj] jnkxr [xrw] [rw] |r {Dj} t {qbb}
N0023b A [.....]
N0023b B [.....] r [tj] jnkxr [xrw] w | {Dj} {qbb01} [Sd] d {mH}
N0023b C D [mdw] [zp] 4m [pr] r [tj] jnkxr [xrw] | {snTr} [T;]`n33 {2`} {qbb}
N0023b D D [mdw] [zp] 4m [pr] r [tj] jnkxr [xrw] [.....]

望むなら、この翻字本文をエジプト文字本文に置き換えることは、原則的には可能である（文末図1）。ただし、現段階ではフォントが出揃っていないため、完成には程遠い状態である。さらに、本方式ではキーボード上の特殊記号を文法情報を担うタグ[13]として使用するため、それらの特殊文字をフォントの位置関係の指定に用いる *Manual* の方式は利用できない。ちなみに、*Manual* 他の入力方式の長短に関しては、拙論（1997）を参照されたい。

⑷ 語彙表

これらの出力ファイルを利用して、転写語形（左側）にその例証箇所（真ん中）と翻字表記（右側）とを付して単語ごとに比較対照して示したのが、本稿末の表2の語彙対照表である。

これもまた同じ8ファイルからバッチ・ファイルにより自動的に出力される。これによれば、同一語の表記の異同が一目瞭然にわかる。たとえば、Dd_mdw「呪文を唱えよ」の場合、[mdw] D の表記は W23A, B, D に、D [mdw] の表記は W23C, N23C, D に現れること、T;「粒」、Xr. s「その故に」、jb. k「汝の心臓」では例証箇所のすべてにおいて表記が一定である等々。pr. tj の場合、5例の [pr] r [tj] j に対して W23B の [pr] rt [tj] j が特異な表記であること、また、W23aA, C で [pr] rj と表記された語が、W と N の両者を含む他の5カ所では [pr] r と表記されていることがわかる。この j の表記の有無は文法形式の特定あるいは再建に関して重要な要素である。xrw の場合は、W23A, B で [xrw] xr [rw]、W23C, D で xr [xrw] [rw]、NB, C, D で xr [xrw] (w) と表記され、W と N の時代的前後関係や壁面の行番号に従った推移とも見られる変化を示している。しかし、その推測を全面的に適用できる程に、事は単純でないことが、その他の単語表記の違いから窺える。同じ操作を別の一節によって例示する。

〈例2：第126節〉

A. 入力ファイル

```
[W0126. TXT]
D(d)_ [mdw] irs [rs] w˜ [wp] piw`jq;˜{DHwty}
rs [rs01]˜ s [Dr] r. w nhzj j [jmj]. w knz. t`n25
[tp]_c. wi sd; [sd;] [wr] [pr] r m H(z)p`n37 [wp]_{w;. t}  x3``e19 [pr]r m, jzr. t`m34
[T0126. TXT]
〈'[mdw] 〈〈D(d)_〈〈〉 irs [rs] w [wp] piu jq; {DHwtj}
rs`r08 s [Dr] r.`z021. w nhz  a241j- j [jmj]. w knz. t`n25
[tp]_c. wi sd; [wr] r [pr] r m Hzp`n37 [wp]_{w;. t}  x3. t``e181 [pr] r m jzr. t`m01
[M0126. TXT]
D(d)_[mdw] ir [rs] sw [wp] piu jq; {DHwtj}  rs [rs] s [Dr] r.`q021x 3  nhzj`a031 j
[jmj]. w knz.t`n25
[tp]_c. wi sd; [sd;] [wr] r [pr] r m Hzp`n37 [wp]_{w;. t}  {w;. t} 〈{w;. }. t``e191 [pr]
```

r ^> jzr. t`m01
[N0126. TXT]
D(d)_[mdw] jr [rs] sw [wp] piu`g07 jq; {DHwtj}
rs [rs] s [Dr]r`q021.`z021 nhz`a041jj j[jmj].w knz. t`n25
[tp]_c. y&w sd [sd;] [wr] r [pr] r m Hzp`n24 [wp]_{w;. t01} x3. t``e182 [pr]r r jzr.t`m34

B. 出力ファイル

(1) 転写本文

W0126a　Dd_mdw jrsw wpjw jq; DHwtj
T0126a　Dd_mdw jrsw wpjw jq; DHwtj
M0126a　Dd_mdw jrsw wpjw jq; DHwtj
N0126a　Dd_mdw jrsw wpjw jq; DHwtj
W0126b　rs sDr. w nhzj jmj. w knz. t
T0126b　rs sDr. w nhzj jmj. w knz. t
M0126b　rs sDr. w nhzj jmj. w knz. t
N0126b　rs sDr. w nhzj jmj. w knz. t
W0126c　tp_c. wj sd; wr pr m Hzp wp_w;. wt pr m jzr. t
T0126c　tp_c. wj sd; wr pr m Hzp wp_w;. wt pr m jzr. t
M0126c　tp_c. wj sd; wr pr m Hzp wp_w;. wt pr jzr. t
N0126c　tp_c. wj sd; wr pr m Hzp wp_w;. wt pr r jzr. t

(2) 復元部の表示

W0126a　D*d*_mdw *i*rsw wp*i*w jq; DHwtj
T0126a　D*d*_mdw *i*rsw wp*i*u jq; DHwtj
M0126a　D*d*_mdw *i*rsw wp*i*u jq; DHwtj
N0126a　D*d*_mdw jrsw wp*i*u jq; DHwtj
W0126b　rs sDr. w nhzj jmj. w knz. t
T0126b　rs sDr. w nhzj jmj. w knz. t
M0126b　rs sDr. w nhzj jmj. w knz. t
N0126b　rs sDr. w nhzj jmj. w knz. t
W0126c　tp_c. w*i* sd; wr pr m Hzp wp_w;. wt pr m jzr. t
T0126c　tp_c. w*i* sd; wr pr m Hzp wp_w;. wt pr m jzr. t
M0126c　tp_c. w*i* sd; wr pr m Hzp wp_w;. tjw;. t pr　　jzr. t
N0126c　tp_c. wj sd; wr pr m Hzp wp_w;. wt pr r jzr. t

(3) 翻字本文

W0126a　D [mdw] rs [rs] w [wp] pwjq; {DHwty}

T0126a [.....] rs [rs] w [wp] pjq; {DHwtj}
M0126a D [mdw] r [rs] sw [wp] pjq; {DHwtj}
N0126a D [mdw] jr [rs] sw [wp] p`g07jq; {DHwtj}
W0126b rs [rs01] s [Dr] rwnhzjj [jmj] wknzt`n25
T0126b rs`r08s [Dr] r`z021wnhz`a241j–j [jmj] wknzt`n25
M0126b rs [rs] s [Dr] r`q021`q021`q021nhzj`a031j [jmj] wknzt`n25
N0126b rs [rs] s [Dr] r`q021`z021nhz`a041jjj [jmj] wknzt`n25
W0126c [tp] cwsd; [sd;] [wr] [pr] rmHp`n37 [wp]{w;t} {w;t} {w;t}``e19 [pr] rmjzrt`m34
T0126c [tp] cwsd; [wr] r [pr] rmHzp`n37 [wp]{w;t} {w;t} {w;t}t``e181 [pr] rmjzrt`m01
M0126c [tp] cwsd; [sd;] [wr] r [pr] rmHzp`n37 [wp]{w;t} {w;t}[.....] jzrt`m01
N0126c [tp] cywsd [sd;] [wr] r [pr] rmHzp`n24 [wp]{w;t} {w;t} {w;t}t``e18 [pr] rrj-zrt`m34

(4) 語彙表（本稿末表3）

〈例3：第385節〉

A. 入力ファイル

[W0385. TXT]
{j`j} =n (W)|@ n, gs [gs] s : f ' [mj] 〈〈m〈〈{jw}'=t 〈〈w〈〈[nTr] @ n, gs [gs] – : f
^^^^ ^ ^^^^^ ^^ ^^ ^^^ ^ ^^^^

{j`j} =n (W)|@ n, s [m;]`d03:f '[mj] 〈〈m〈〈j{jw}'=t〈〈w〈〈[nTr] @ n, s [m;]`d03– : f
[P0385. TXT]
{j`j} =n˜f^^^ n, gs [gs] : f [mj] {jw}'=t〈〈w〈〈[nTr] @ n, g[gs] s : f
{j`j} =n˜f^^^ n, s [m;]`d03 : f [mj] {jw} w^^ [nTr] @ n, {gs} – : f
{j`j} =n˜f^^^ n, s [m;]`d03 : f [mj] j {jw} w=t [nTr] @ n, s [m;]`d03:
[M0385. TXT]
〈//// //// / //// // ////〉 [nTr]@ n, gs[gs]:f
^^^^ ^ ^^^^^ ^^ ^^ ^^^ ^ ^^^^

{j`j} =n (M)|@ n, s [m;]`d03 : f '[mj] 〈〈m〈〈{jw} w=t [nTr] @ n, s [m;]`d03 : f
[N0385. TXT]
{j`j} =n (N)|@ n, gs [gs] : f [mj] {jw} w=t [nTr] @ n, gs [gs] : f
^^^^ ^ ^^^^^ ^^ ^^ ^^^ ^ ^^^^

{j`j} =n (N)|@ n, s [m;]`d031 : f [m/j/] r {jw}'=t〈〈w〈〈[nTr] @ n, s[m;]`d031 : f

B. 出力ファイル

(1) 転写本文

W0385a　jj=n (W)| n gs. f mj jw=t nTr n gs. f
P0385a　jj=n. f　n gs. f mj jw=t nTr n gs. f
M0385a　//// //// / //// // //// nTr n gs. f
N0385a　jj=n (N)| n gs. f mj jw=t nTr n gs. f
W0385b
P0385b　jj=n. f　n sm;. f mj jw　nTr n gs. f
M0385b
N0385b
W0385c　jj=n (W)| n sm;. f mj jw=t nTr n sm;. f
P0385c　jj=n. f　n sm;. f mj jw=t nTr n sm;
M0385c　jj=n (M)| n sm;. f mj jw=t nTr n sm;. f
N0385c　jj=n (N)| n sm;. f mr jw=t nTr n sm;. f

(2) 復元部の表示

W0385a　jj=n (W)| n gs. f mj jw=t nTr n gs. f
P0385a　jj=n. f　n gs. f mj jw=t nTr n gs. f
M0385a　//// //// / //// // //// nTr n gs. f
N0385a　jj=n (N) | n gs. f mj jw=t nTr n gs. f
W0385b
P0385b　jj=n. f　n sm;. f mj jw　nTr n gs. f
M0385b
N0385b
W0385c　jj=n (W)| n sm;. f mj jw=t nTr n sm;. f
P0385c　jj=n. f　n sm;. f mj jw=t nTr n sm;
M0385c　jj=n (M)| n sm;. f mj jw=t nTr n sm;. f
N0385c　jj=n (N)| n sm;. f mr jw=t nTr n sm;. f

(3) 翻字本文

W0385a　{j`j} n(W)|ngs [gs] sf [mj] m {jw} tw [nTr] ngs [gs] -f
P0385a　{j`j} nfngs [gs] f [mj] {jw} tw [nTr] ng [gs] sf
M0385a　[.....] [nTr] ngs [gs] f
N0385a　{j`j} n(N)|ngs [gs] f [mj] {jw} wt [nTr] ngs [gs] f
W0385b
P0385b　{j`j} nfns [m;]`d03f [mj] {jw} w [nTr] n {gs} -f
M0385b
N0385b
W0385c　{j`j} n(W)|ns [m;]`d03f [mj] mj {jw} tw [nTr] ns [m;]`d03-f

P0385c {j`j} nfns [m;]`d03f [mj] j {jw} wt [nTr] ns [m;]`d03
M0385c {j`j} n(M)|ns [m;]`d03f [mj] m {jw} wt [nTr] ns [m;]`d03f
N0385c {j`j} n(N)|ns [m;]`d031f [m/j/] r {jw} tw [nTr] ns [m;]`d031f

(4) 語彙表（表4）

第385節の語彙表である本稿末の表4において綴りの違いが目立つ単語は、gs. f「彼の側」、jw. t「来た」、mj「のように」である。出現回数を数値で示すと次表となる。

	W	P	M	N	註
gs {gs} -f	1				—を伴う表語文字
gs [gs] sf	1				ルビを伴う表語文字とも
{gs} -f		1			—を伴う表語文字
g [gs] sf		1			
gs [gs] f		1	1	3	
j {jw} tw	1				
j {jw} wt		1			
{jw} tw	1	1		1	
{jw} wt			1	1	
[mj] m	2		1		
[mj]		3		1	
[mj] r				1	

以上が本方式の基本操作である。これらの出力にさらに改変を加えて情報を取捨選択することができる。たとえば、転写本文の異同を本文の多寡、つまりどの異文が優勢でどの異文が例外的であるかを、以下の例のように行頭に数値として示すことができる（数値に続くアルファベットは行記号である）。もちろん、このような情報を引き出すには新たなスクリプトを用意しなければならないが、少なくとも本稿に例示するものに関しては、すべて公開し、ご批判を仰ぎたいと思っている。また、要請や提案があれば、時間と知力の許す限りの協力は惜しまないつもりである。

第23節

6 a m n. k rDw prj jm. k N wrD jb.k Xr. s
1 a m n. k /// /// //// / /// //// ////
1 a / /// //w prj jm. k / /// //// ////

1 b Dd_mdw zp 4 m pr. tj n. k xrw | snTr T; 2 qbb
1 b Dd_mdw zp 4 m pr. tj n. k xrw | qbb snTr T; 2

1 b Dd_mdw zp 4 m pr. tj n. k xrw | qbb T; 2
1 b Dd_mdw zp 4 m pr. tj n. k xrw | rDj. t qbb
1 b Dd_mdw zp 4 m pr. tj n. k xrw/
1 b Dd_mdw zp 4 m pr. tj n. k xrw | Dj. t qbb mH. t
1 b ////// // / / pr. tj n. k xrw | Dj qbb Sd mH. t
1 b ////// // / / ///// /// /// | //// // // / ///

23aの場合、プログラムの仕様から欠損部分が異文として処理されているが、すべて同一文であった可能性が高い。23bでは、後半の補足部分に異文が集中する。別の例を挙げる。

第126節

4 a Dd_mdw jrsw wpjw jq; DHwtj
4 b rs sDr. w nhzj jmj. w knz. t
2 c tp_c. wj sd; wr pr m Hzp wp_w;. wt pr m jzr. t
1 c tp_c. wj sd; wr pr m Hzp wp_w;. wt pr jzr. t
1 c tp_c. wj sd; wr pr m Hzp wp_w;. wt pr r jzr. t

本節は、表音形に限ればほとんど同文といえよう。それだけに、かえって126cの前置詞の違いが目立つ。

第385節

2 a jj=n (.)| n gs. f mj jw=t nTr n gs.f
1 a jj=n. f n gs. f mj jw=t nTr n gs. f
1 a //// //// / //// // //// nTr n gs. f
3 b
1 b jj=n. f n sm;. f mj jw nTr n gs. f
2 c jj=n (.)| n sm;. f mj jw=t nTr n sm;. f
1 c jj=n (.)| n sm;. f mr jw=t nTr n sm;. f
1 c jj=n. f n sm;. f mj jw=t nTr n sm;

385aの場合、カルトゥーシュで囲んだ王名 (.) |を明示する異文を持つ本文が2例、人称代名詞 fを示す本文が1例、不明が1例あることがわかる。385bは、1例しか現れない。フォークナー(14)が385bをPの挿入と注記する所以である。385cでは、固有名か人称代名詞かという385aと同じ型を示す異文の相違の他、「ように」がmjかmrかという違いが3対1の比で見られる。そしてこの二つの異文の現れ方は他の異文の現れ方と一致しない。残念ながらこの表示にするとピラミッド名が特定できなくなるので、ピラミッド名を知るには、それが表示された既出の転写本文を参照しなければならない。

あるいは、以下のように一語ごとに対照表示する別のバッチ・ファイルを用いる場合に、本文中に王名を含んでいればピラミッドの同定が可能である。この場合の数字は文頭から順に機械的に振られたにすぎず、見比べやすく表示したという以外に特に意味はない。

第385節

A. 音形表示による対照（A、B 共に冒頭の王名表示は手入力による）

M王	N王	P王	W王
2 ////	2 jj=n	2 jj=n. f	2 jj=n
3 ////	3 (N)|	3	3 (W)|
4 /	4 n	4 n	4 n
5 ////	5 gs. f	5 gs. f	5 gs. f
6 //	6 mj	6 mj	6 mj
7 ////	7 jw=t	7 jw=t	7 jw=t
8 nTr	8 nTr	8 nTr	8 nTr
9 n	9 n	9 n	9 n
10 gs. f	10 gs. f	10 gs. f	10 gs. f
12	12	12 jj=n. f	12
13	13	13	13
14	14	14 n	14
15	15	15 sm;. f	15
16	16	16 mj	16
17	17	17 jw	17
18	18	18 nTr	18
19	19	19 n	19
20	20	20 gs. f	20
22 jj=n	22 jj=n	22 jj=n. f	22 jj=n
23 (M)|	23 (N)|	23	23 (W)|
24 n	24 n	24 n	24 n
25 sm;. f	25 sm;. f	25 sm;. f	25 sm;. f
26 mj	26 mr	26 mj	26 mj
27 jw=t	27 jw=t	27 jw=t	27 jw=t
28 nTr	28 nTr	28 nTr	28 nTr
29 n	29 n	29 n	29 n
30 sm;. f	30 sm;. f	30 sm;	30 sm;. f

B. 綴り字表示による対照

M王	N王	P王	W王
2 〈////	2 {j`j} n	2 {j`j} nf	2 {j`j} n

<table>
<tr><td>3 ////</td><td>3 (N)|</td><td>3</td><td>3 (W)|</td></tr>
<tr><td>4 /</td><td>4 n</td><td>4 n</td><td>4 n</td></tr>
<tr><td>5 ////</td><td>5 gs [gs] f</td><td>5 gs [gs] f</td><td>5 gs [gs] sf</td></tr>
<tr><td>6 //</td><td>6 [mj]</td><td>6 [mj]</td><td>6 [mj] m</td></tr>
<tr><td>7 ////〉</td><td>7 {jw} wt</td><td>7 {jw} tw</td><td>7 {jw} tw</td></tr>
<tr><td>8 [nTr]</td><td>8 [nTr]</td><td>8 [nTr]</td><td>8 [nTr]</td></tr>
<tr><td>9 n</td><td>9 n</td><td>9 n</td><td>9 n</td></tr>
<tr><td>10 gs [gs] f</td><td>10 gs [gs] f</td><td>10 g [gs] sf</td><td>10 gs [gs] -f</td></tr>
<tr><td>12</td><td>12</td><td>12 {j`j} nf</td><td>12</td></tr>
<tr><td>13</td><td>13</td><td>13</td><td>13</td></tr>
<tr><td>14</td><td>14</td><td>14 n</td><td>14</td></tr>
<tr><td>15</td><td>15</td><td>15 s [m;]`d03f</td><td>15</td></tr>
<tr><td>16</td><td>16</td><td>16 [mj]</td><td>16</td></tr>
<tr><td>17</td><td>17</td><td>17 {jw} w</td><td>17</td></tr>
<tr><td>18</td><td>18</td><td>18 [nTr]</td><td>18</td></tr>
<tr><td>19</td><td>19</td><td>19 n</td><td>19</td></tr>
<tr><td>20</td><td>20</td><td>20 {gs} -f</td><td>20</td></tr>
<tr><td>22 {j`j} n</td><td>22 {j`j} n</td><td>22 {j`j} nf</td><td>22 {j`j} n</td></tr>
<tr><td>23 (M)|</td><td>23 (N)|</td><td>23</td><td>23 (W)|</td></tr>
<tr><td>24 n</td><td>24 n</td><td>24 n</td><td>24 n</td></tr>
<tr><td>25 s [m;]`d03f</td><td>25 s [m;]`d031f</td><td>25 s [m;]`d03f</td><td>25 s [m;]`d03f</td></tr>
<tr><td>26 [mj] m</td><td>26 [m/j/]r</td><td>26 [mj]</td><td>26 [mj] m</td></tr>
<tr><td>27 {jw} wt</td><td>27 {jw} tw</td><td>27 j {jw} wt</td><td>27 j {jw} tw</td></tr>
<tr><td>28 [nTr]</td><td>28 [nTr]</td><td>28 [nTr]</td><td>28 [nTr]</td></tr>
<tr><td>29 n</td><td>29 n</td><td>29 n</td><td>29 n</td></tr>
<tr><td>30 s [m;]`d03f</td><td>30 s [m;]`d031f</td><td>30 s [m;]`d03</td><td>30 s [m;]`d03-f</td></tr>
</table>

(3) データベースのさらなる可能性

さて、節ごとに分析するだけではピラミッド・テキストの全容解明にほど遠い。同一節とされた異文にはもちろん、異なる節の間にも並行表現が散在すること、その比較対照にこそコンピュータの検索能力が威力を発揮することは、冒頭で述べた。そして、この全文検索によって新たな知見が得られる可能性こそ、本データベース構築の究極の目標であり、本研究が元々目指すところでもある。以下に、その可能性の一端を例示したい。

1　定型句の検索

たとえば、m n. k「汝のために……を取れ」という語句を持つ行は全部で173行ある。[15]そのうち、章冒頭を表示する Dd_mdw「呪文」を持つ行は W には 1 行もなく、全て T または N である。またその内、jr. t Hrw「ホルスの目」を目的語とする行が125行、その他の行が37行あり、次表のようになる。

	W	T	N	註
文頭語句				
wsjr ()|	60	0	1	N:19a は Hrw jmj wsjr
Dd_mdw	11	21	69	W:35b は文中例 ;N : 7 例は wsjr 後続せず
Dd_mdw wsjr (.)|	0	21	62	T: すべてこの型
目的語				
jr. t Hrw	55	19	51	
jr. t Hrw 以外	15	2	20	

その他の目的語と例証箇所

W: rDw (23a), Sjk (31c), jbH.w Hrw (35a), Hnq (37a, 39c, 50c), jsw twt jr. t Hrw (64d, 81a), sbj. w (81c), jsS;w (82a), tp. w (84c), Dr jb (85a), jw. w (86a), mnD n Hrw (91c), Hwn. t jmj. t jr. t Hrw (93a).

T: mnD n Hrw (91c), Hwn. t jmj. t jr. t Hrw (93a).

N: rDw (23a,24b), qbb (24a), snTr (25a), mw jmj. w jr. t Hrw(43a, 47b), Dbc stX (48a), Hnq (50c, 105b), jsw twt jr. t Hrw (64d, 81a), jbH. w (79a), sbj. w (81c), jsS; w (82a), tp. w (84c), Dr jb (85a), jw. w (86a), mnD n Hrw (91c), Hwn. t jmj. t jr. t Hrw (93a), Hn (117b)

2　限定符の用法

ルクランによると、ピラミッド・テキストの研究で最も遅れている領域は古文字学的考察である。[16]ゼーテにはその方面の註解も決して少なくはなく、また精細を極める言及もあるものの、[17]体系的に研究されているとは確かに言いがたいようである。本方式による語彙表は、その隙間を埋める可能性を秘めている。現段階ではエジプト文字のコード対応が未完成のため、現行書式のままで古文字学的研究のデータベースとすることはできない。しかし、精密なコード対応を行えば、その側面の研究上の要請にも応え得る。たとえば、船の異体字を一例として、次のような分析が可能である。

ガーディナー文法書の巻末「字書」あるいはコード表[18]において、船に関する文字は項目 P に含まれる。用例の少ないものから順に検討する。

(1)限定符`p05を持つ用例は、「嵐」1 語のみ。例証されるのも僅か 2 カ所である。

qrj	W0261 a	qr`p05j
qrr	T0281 a	qrr`p05

⑵限定符`p06を持つ用例は、「梯子」１語だけ。例証箇所はやや多い。

m; q. t	M0479 a	[m;] qt`p06
m; q. t	N0390 a	[m;] ; qt`p061
m; q. t	N0468 b	[m;] ; qt`p061
m; q. t	N0472 a	[m;] qt`p061
m; q. t	N0472 b	[m;] qt`p061
m; q. t	W0390 a	[m;] q; t`p06
m; q. t	W0468 b	[m;] ; qt`p06
m; q. t	W0472 a	[m;] ; qt`p06
m; q. t	W0472 b	[m;] ; qt`p06
m; q. t	W0479 a	[m;] ; qt`p06

ここで`p061とコード化したのは、梯子の各段が木枠を飛び出した図柄の文字である。`p06は横木が縦枠内に納まった図柄である。興味深いのは、`p061がＮにしか見られないことである。しかし限定符以外の綴りの違いに目を向けると、次表のようにピラミッドごとの分布は単純でない。

	W	M	N	註
[m;] ; qt`p06	4 x		2 x	`p061を含む
[m;] q; t`p06	1 x			
[m;] qt`p06		1 x	2 x	`p061を含む

⑶限定符`p03を持つ単語は全部で３語ある。そのうちHnw「Hnw船」の用例は１例のみ、他はすべてmskt. t「昼の御座船」とmcnD. t「夜の御座船」の用例で、その綴りと例証箇所は次のとおりである（転写音形順に出力された検索結果をピラミッドごとに分けて昇順に配列し直し、さらに限定符の部分を分離して明示する。`j00は暫定的に限定符が特定されていないことを表す）。

Hnw	W0138c	H [nw]	`p034
mskt. t	W0150a	smktt	`p031`g07`g07`j00`t18
mskt. t	W0210a	smktt	`p031`g07`g07`j00`t18
mcnD. t	W0210c	[cnD] mct	`p031`g07`g07`j00
mskt. t	W0335b	smktt	`p033`g07`g07
mcnD. t	W0335c	[cnD] mct	`p033`g07`g07
mskt. t	W0485b	smktt	`p031`g07`g07`j00`t18
mcnD. t	W0485b	[cnD] mct	`p031`g07`g07`j00`t18
mcnD. t	W0496a	[cnD] mct	`p031`g07`g07`j00`t18
mskt. t	W0497aA	smktt	`p031`g07`g07`j00`t18
mskt. t	T0335b	smktt	`p031`g071`g071`t18
mcnD. t	T0335c	[cnD] mcnDt	`p031`g071`g071`t18

mskt. t	T0336a	smktt	\`p031\`g07\`g07\`t18
mcnD. t	T0336a	[cnD] mcnDt	\`p031\`g07\`g07\`t18
mskt. t	P0485b	smktt	\`p035
mcnD. t	P0485b	[cnD] mct	\`p035
mcnD. t	N0210c	[.....]ct	\`p032\`g071\`g071\`j00\`t181

mskt. t と mcnD.t との限定符の用法を比べると、ピラミッド間で異文が見られ、そして同一ピラミッドでは、単語の違いには関わりなく限定符に関しては節内部で統一されていることがわかる。限定符\`p03の異体字の一つである\`p033が現れるのは、W0335b, c であり、異体字\`p035が現れるのは P0485b, b である。因みに、異体字\`g071が現れるのは T0335b, c である。他に表音文字が欠損箇所にかかる N0210c にも現れる。節内で限定符の統一がない点で W0210a, c は異例である。

(4)限定符\`p01を持つ単語のうち、名詞は wcD_cn「wcD_cn 船」、mXn. t「渡し船」、mXn. tj「渡し守」の3語にすぎない。

wcD_cn	T0220a	[wcD01] [cn]\`\`p01
wcD_cn	M0220a	[wcD01] [cn]\`\`p01
wcD_cn	N0220a	[wcD02] [cn]\`\`p011\`n36
wcD_cn	N0224a	[wcD01] [cn]\`\`p011

mXn. t	W0334b	m [Xn] nt \`p01
mXn. t	W0384b	m [Xn1] nt\`p01
mXn. t	W0494a	m [Xn1] nt\`p01
mXn. t	T0334b	mXnt \`p01
mXn. t	P0384b	m [Xn1] nt\`p01
mXn. t	P0494a	m [Xn1] nt\`p011
mXn. t	M0494a	m [Xn] nt \`p01
mXn. t	N0494a	m [Xn1] nt\`p01

mXn. tj	W0383b	m [Xn1] nt\`p01
mXn. tj	W0383c	m [Xn1] nt\`p01
mXn. tj	W0445a	m [Xn] n [tj] j\`p011
mXn. tj	P0383b	m [Xn1] nt\`p01
mXn. tj	P0383c	m [Xn1] nt\`p01
mXn. tj	M0383b	m [Xn1] nt\`p01\`a011
mXn. tj	M0383b	m [Xn1] nt\`p01\`a011
mXn. tj	N0383b	mXnt \`p01\`g07
mXn. tj	N0383b	m [Xn1] nt\`p01\`g07

mXn. tj	N0383c	m [Xn1] nt`p01

これに対し、動詞は語彙が豊かである。

D;「渡す、渡る」は、[D;] ;`p01（W0128b）等55例と、多数出現する（省略）。

sqd「航行する」の出現箇所は以下のとおりである。

sqd. f	W0129c	s [qd] d`p01f
sqd	T0129c	s [qd] d`p01
sqd	M0129c	s [qd] d`n33`p01
sqd	N0129c	s [qd] d`n33`a101`p01
sqdd. t. Tn	W0129c	s [qd] ddt`p01Tn
sqdd. t. Tn	T0129c	s [qd] ddt`p01Tn
sqdd. t. Tn	M0129c	s [qd] ddt`p01Tn
sqdd. t. Tn	N0129c	s [qd] dd`n33t`a101`p01Tn
sqd	W0374c	s [qd] d`a101`p012

Xnj「漕ぐ」は、以下に例証される。

Xn. k	W0284b	[Xn1] n`p011k
Xn. k	T0284b	[Xn1] n`p012k
Xnj	W0303c	[Xn1] n`p01
Xnj	T0303c	[Xn1] nj`p012
Xn	T0335b	[Xn1] n`p01
Xn	W0374c	[Xn1] n`p01

（cf. D;. f,W0374b, [D;] ;`p011. f。即ち同一節内でも限定符が異なる。）

jtH「曳く」の用例は１例のみである。

jtH	W0303c	jtH [jtH]`v01`p01

hj「急ぐ」について、F, note 6は、ここの限定符は引き綱が関係するためとする。

hj	W0303d	hjj`p01
hj	T0303d	hjj`p011`v01

hnj「喜ぶ」について、F, note 5は、W が直前の hj から限定符を借用したとする。

hnj	W0307c	hnjj`p01

ncj「渡る」は、同一ピラミッド内で限定符の形が同じである。

ncj	W0422d	nc`p011jj
ncj	W0422d	nc`p011jj
ncj	T0422d	nc`p012jj
ncj	T0422d	nc`p012jj

pnc「とぐろを巻く」も船の限定符を持つ。

pnc	W0226b	pnc`p011
pnc	W0227c	pnc`p011

xnz「横切る」の目的語は「森」、直前に限定符なしの ncj「渡る」がある。

xnz. k	W0456b	xnz`p011k

ただし、限定符`p01の異体字は厳密に区別されていない。細部の相違をどの程度までコード化して区別するか、未だ方針が定まっていないためである。その種の古文字学的研究としては、たとえば *Valeurs phonetiques*(19)が参考になるが、微細な相違を考慮するには写真版による確認が必要であろう。今後の検討課題である。とは言え、書式上の将来への対応は考慮している。表音文字にしても、表語文字や限定符にしても、異体字はすべて数字コードを付加することによって対応可能である。数値には上限がない。たとえば次の例のように、たとえ何桁もの数字を必要とするほど精密な翻字体系であっても、その転写形（表音形）はすべて同一形式として出力できる。

入力（タグ付き本文）	出力（転写本文）
[D; 0999]`p01	D;
[D;] ;`p01999	D;
jwc`f444444w	jwcw
{jwcw333} {jwcw666} {jwcw999}	jwcw. w

しかし古文字学上は必要な異化も、言語構造の解明にそれほどの細分が必要とも、密接な関連を持つとも思えない。かなり簡略な翻字コードで充分であろう。その種の情報は、研究上の必要が生じた時点で既存のデータに付加することによって対応できる。この一点のためにデータベースが無価値化することはない。この可塑性が本方式の真骨頂でもある。

さて、個々のエジプト文字の用字法については、現在もガーディナー文法の巻末字書が依拠すべき最も基本的な文献であることに変わりはない。とはいえ、表記法がかなり安定した中王国時代の古典エジプト語を主体とするため、ピラミッド・テキストのような古王国時代の文献については、必ずしも満足できるものとは言えない。冒頭で触れた表語文字 {g;w} もガーディナーに見当たらない文字の一例であるが、たとえば第841節から842節にかけて現れる水を注ぐ壺は単独では見つからず、複合文字 A 6 、D60、F 17として登録されているものの、M842a に 5 回も出現する G43との複合文字は登録されていない。ガーディナーのコード表にないこの問題の文字にひとまず W60のコードを充て、最初に第208節の用例を見られたい。音形を補うべき表音文字を欠くことから、これを共時論的観点により表語文字として扱うことにする。

転写音形	例証個所	翻字	註
wcb. k	W0208c	wc{W60}k	表語文字に wc を補充
wcb. k	N0208c	[...]c{W60}k	欠損
cbw. k	W0208c	{W60}k	表語文字
cbw. k	N0208c	c{W60}wk	表語文字に c を補充

つまり上の例において、{W60} は表語文字として wcb「清浄である」と cbw「清浄

さ」の２語を表記していることになる。二つの単語の意味的な関連は明白である。おそらく語形成も互いに無縁ではないであろう。これに似た用法を持つ文字として、{rc}「太陽、ラア神」と {hrw}「日」とを表記する表語文字Ｎ５が思い当たるが、それ以上にこの W60が表記する wcb と cbw とは密接な関係にある。ちなみにＮ５の用法を参考に、文字論の観点から六書の転注を同字異語と断じた河野六郎説[20]を参照。

次に問題の個所を検討する。これらは、W60を削除しても語形が得られることから表語文字ではなく限定符と解釈できる。したがって筆者は、目下のところ以下のような翻字法を取っているが、はたしてこれが最も合理的な翻字法であるかどうか、検討の余地が残されている。以下の表では、ゼーテが細分した異体字のうち壺から流れでる水を波形で示す異体字だけを区別している。

wcb「清浄である」		scb「清める」		cbw「清浄さ」	
例証個所	翻字	例証個所	翻字	例証個所	翻字
P0841a	wc`w60b	P0841b	s`w60[cb]b	P0842a	c`w60bw
P0841a	wc`w60bk	M0841b	s`w601[cb]	P0842a	c`w60bw
P0842c	wc`w60b	N0841b	sc`w60[cb]	P0842a	c`w60bwk
P0842d	wc`w60b			P0842a	c`w60bwk
				P0842b	c`w60bw
M0841a	`w601wcb			P0842b	c`w60bwk
M0841a	`w601wcbk				
M0842c	`w601wcb			M0842a	cb`w601w
M0842d	`w601wcb			M0842a	cb`w601w
				M0842a	cb`w601wk
N0841a	wc`w60b			M0842a	cb`w601wk
N0841a	wc`w60bk			M0842b	cb`w601w
N0842c	wc`w60b			M0842b	cb`w601wk
M0842d	――――				
				N0842a	cb`w60w
				N0842a	cb`w60w
				N0842a	cb`w60wk
				N0842a	cb`w60wk
				N0842b	cb`w60w
				N0842b	cb`w60wk

上の翻字法の問題点は、Ｍにおける wcb の表記が限定符で始まることにある。なぜなら、限定符はふつう語尾またはせいぜい語中に現れるものだからである。したがって、語頭に現れる場合は表語文字に続いて振り仮名に相当する表音文字が補充されたと考えるほかない。そうなると、`w601wcb でなく {wcb} wcb と表記すべきである。

ところが第840節までに現れた語彙の中には、{表語文字} ＋音声補充の型を持ち、しかも表音文字が語形全体を補充する用例は、wcb 以外の単語では見られないのである。もちろん wcb のみの例外的表記法と考えれば、ことは簡単である。しかし、より根本的な問題としては、表語文字と限定符との識別基準を共時論的観点のみから判断した、本稿の単純化した翻字法そのものにもあると思われる。例証されるこれらの用例は個別的展開の歴史的反映であって、単一の基準では平準化できない複雑な事態を隠していると思われる。しかし現在は、単語ごとにその表記の歴史を克明に辿り得るほどの研究段階に達しているとは思えない。また、今後の発掘しだいで古王国時代の文字資料が飛躍的に増えるとも思われない。そのような絶対的な資料不足を、将来の文字論が補うことに期待をかけたい。

3　統語構造の表示

エジプト語文法の難問中の難問である統語論の研究のためには、⑴表記が不安定とは言いながらも有力な形式上の手懸かりを与える語形変化に関する情報と、⑵文中の位置と文法機能との関係が比較的安定しているため有効な手懸かりを与える統語論上の情報とを、ともに生かす工夫が必要である。言語音の表示に充分な展開を見せていないと思われるエジプト文字体系の利用に際しては、特にそのような工夫を凝らす必要があろう。そのために、必要な情報をタグとして埋め込んだ本文を用意しなければならない。

目下、検討・試行段階にある統語論に関連するタグは、以下のとおりである。

記号	略号	品詞	語例
#	X	助動詞	cHc#「さて」
=	V	動詞（語幹）	sDm＝n. f「彼は聞いた」、sDm＝t、sDm＝tw
~	V	定動詞	sDm~f「彼は聞く」
*	P	分詞・不定形	sDm*「聞く者・聞くこと」
@	S	主語	Hr@t「彼の顔が」
:	O	目的語	Hr : f「彼の顔を」
+	C	補語	＋Hr「顔の」
,	p	前置詞	Hr, f「その上の」
%	A	形容詞	nfr%「良い」
”	D	副詞	wr”t「大いに」

語例に明らかなように、統語記号は形態素境界表示機能を兼用する。これらは、必要ならその情報を残し、不要ならその情報を捨てることが、スクリプトによって自在に操作できる。また、エジプト語学における最大の難問は動詞語形に集中するので、動詞に関する情報のみを詳細に残し、他を簡略化して表示することも可能である。実際の出力結果を、以下のいくつかの具体例で確かめられたい。

〈例１：383節〉

Ａ 入力（文法情報タグ付き）

D(d)˜_ [mdw] : ¥r [rs] s˜ m, [Htp] tp: ¥{Hr} @f_ [H;], f@ m, [Htp] tp: ¥[m;]`d04;*_ [H;] : f@ m, [Htp] tp:

m [Xn1] n*ti`p01 p: t`n01@ m, [Htp] tp: ¥〈m〉[Xn1] n*ti`p01 [nw] : t@ m, [Htp] tp:

m [Xn1] n*ti`p01 [nTr] x3:@ m, [Htp] tp:

Ｂ 出力

Ｂ１ 音形表示	Ｂ２ 文法情報表示	Ｂ３ 動詞情報詳細表示
a	a	a
Dd_mdw	V_O	D(d)˜_O
rs. k m Htp	Vs pO	rs˜k pO
Hr. f_H;. f m Htp	S_ps] S pO	S_ps] S pO
m;_H;. f m Htp	P_O] S pO	m;`d04;*_O] S pO
b	b	b
mXn. tj p. t m Htp	P O] S pO	mXn1n*ti`p01 O]S pO
mXn. tj nw. t m Htp	P O] S pO	〈m〉Xn1n*ti`p01 O] S pO
c	c	c
mXn. tj nTr. w m Htp	P O] S pO	mXn1n*ti`p01 O]S pO

Ｂ１に明らかなように、入力文に埋め込まれた統語ないし品詞記号は、音形表示の際は形態素境界記号に書き換えられ、語形認識を妨げることはない。

Ｂ２に現れる、たとえばP_O] Sは、主語（S）の内部構造（]）が分詞（P）とその目的語（O）から成ることを示している。Vsは人称接尾辞付きの動詞を、psは人称接尾辞付きの前置詞を示す。pOは、前置詞とその目的語である。

Ｂ３においては限定符情報を残したまま表示しているが、不要ならスクリプトの書き換えにより消去できる。限定符と表語とに関する情報を残すか削除するかは、現時点で未確定である。限定符情報を残す最大の利点は、同音異義語の区別にある。削除すれば、意味情報が全く残らない。欠点は、同一行内に納まり難くなることである。動詞情報に関しても、さらに詳細な区別が必要か、そして可能か、今後引き続き検討すべき課題である。

〈例２：388節〉

Ａ 入力（文法情報タグ付き）

D(d)˜_[mdw] :¥(W)|@ pj H&m [mH] j˜{t;}: [pr] r*m, {S}–: ¥(W)|@pj zSS`j00˜ [w;]{w ; D}:

(W)|@ pj [Htp] tp˜ {t;} x2: ¥(W)|@ pj z [m;] [zm;]˜jj {t;} x2:

(W)|@ pj dm [dmD]D˜jj〉〉t〉〉[mw. t]': f s [m;]`t161: t`e02 [wr] %t

B　出力

<table>
<tr><th>B 1　音形表示</th><th>B 2　文法情報表示</th><th>B 3　動詞情報詳細表示</th></tr>
<tr><td>a</td><td>a</td><td>a</td></tr>
<tr><td>Dd_mdw</td><td>V_O</td><td>D(d)˜_O</td></tr>
<tr><td>(W)| pj mHj t; pr m S</td><td>S pj V O P pO</td><td>S pj mHj˜ O pr* pO</td></tr>
<tr><td>(W)| pj zSS w;D</td><td>S pj V O</td><td>S pj zSS`j00˜O</td></tr>
<tr><td>b</td><td>b</td><td>b</td></tr>
<tr><td>(W)| pj Htp t;.wj</td><td>S pj V O</td><td>S pj Htp˜O</td></tr>
<tr><td>(W)| pj zm;. j t;. wj</td><td>S pj Vs O</td><td>S pj zm;˜j O</td></tr>
<tr><td>c</td><td>c</td><td>c</td></tr>
<tr><td>(W)| pj dmD. j mw. t. f sm;. t wr. t</td><td>S pj Vs O OA</td><td>S pj dmD j O O A</td></tr>
</table>

B 2に明らかなように、代名詞 pj は略号に置き換えずそのまま音形表示する。キーボード上で利用可能な文字に制約があるためである。しかし、指示代名詞や人称代名詞と同様に閉じた集合をなすため、かえって好都合な面もある。なぜなら、自立人称代名詞や指示代名詞はエジプト語文法の中でも特殊な振る舞いをする品詞として注目すべき点が多いからである。また、これらの小辞には方言的変異が多く現れる点からしても、音形によって直接検索することを考えると、具体的個別的な音形表示は望ましくさえある。

〈例 3 ：391節〉

A　入力（文法情報タグ付き）

jj〈〉{Trm}* n, f ¥ [z;1] ;u˜Tw: '[wD]〈〈w〈〈*_n, f:

'[wD]〈〈w〈〈* n,f ¥ [z;1] ;u˜Tw: jj{Trm}*_n, f:

j [wn1] n˜{Hr}–@ +[nTr] n, (W)|: ¥[Hm]s˜(W)|@ pn [Hr]–, {s : t}t [wr] r%t jr, _
gs [gs] : +[nTr] ^^

B　出力

<table>
<tr><th>B 1　音形表示</th><th>B 2　文法情報表示</th><th>B 3　動詞情報詳細表示</th></tr>
<tr><td>a</td><td>a</td><td>a</td></tr>
<tr><td>jTrm n.f</td><td>P ps</td><td>j 〈〉 Trm* ps</td></tr>
<tr><td>z;w Tw wD_n. f</td><td>V O P_ps] O</td><td>z; 1 ;u˜O wD*_ps] O</td></tr>
<tr><td>b</td><td>b</td><td>b</td></tr>
<tr><td>wD n.f</td><td>P ps</td><td>wD* ps</td></tr>
</table>

z;w Tw jTrm_n. f	V O P_ps] O	z; 1 ;u~O jTrm*_ps] O
c	c	c
jwn Hr nTr n (W)|	V SC pO	jwn 1 n~S C pO
Hms (W)| pn Hr s. t wr. t jr_ gs nTr	V S pn pOA p_OC	Hms~S pn pO A p_O C

B 2では、aとbとの、またc内部における並行的構文が明白である。ただし、cの後半には前半を補足するような拡張がある。指示代名詞のpnは、第388節の場合と同じ理由により表音形で示される。

B 3では、動詞語幹の表示（z ; 1 ; u~やjwn1n~）に問題がある。文字の違いを表示するための工夫（[z ;] と [z ; 1]、[wn] と [wn1] の区別）がここでは転写本文の出力を乱したため、かえって単語認識を妨げる結果となっている。

(4) おわりに

以上の分析に用いたバッチ・ファイルおよびスクリプトは、近い将来、詳細な解説をつけたマニュアルとして公表する予定である。依拠したフリーウェア（sed, grep, uniq, sort 等）の著者に対する筆者なりの謝意の表明であり、彼らの精神に対する賛同と敬意との表明でもある。また、本方式によるデータベースを、筆者とは異なる観点から分析する利用者のために、改変の便宜を考慮してのことである。試用下さる諸賢の御批評を仰ぎたい。また、ピラミッド・テキスト・データベースも数年内の完成を目指して、今後入力に励みたい。もし、本稿の方式が諸賢に受け入れられるならば、できればWeb上で公開することを願っている。技術上の御教示と御助力とを仰ぎたい。

註

（1） 屋形禎亮 1978「ピラミッド・テキスト」『筑摩世界文学大系1古代オリエント集』筑摩書房、579～594頁。

（2） Reintges, Ch. 1997 *Passive Voice in Older Egyptian, A Morpho-Syntactic Study,* The Hague, 8.

（3） エジプト文字における母音表記については、上記Reintgesがコプト語との比較にもとづいてその存在を主張している（p. 44)。

（4） Sethe,K. 1908-1922（再版 Hildesheim 1969）*Die altägyptischen Pyramidentexte,* Bd. I-IV, Leipzig.

（5） その後の発見資料を補足したフォークナーの本文では759章2291節に達している。Faulkner, R. O. 1969 *The Ancient Egyptian Pyramid Texts, Supplement of Hieroglyphic Texts,* Oxford.

（6） 本稿では、データベースを、いつでもどこでもコンピュータを介して世界中からアクセス可能な資料集成に限定する。Grunert, S. u. I. Hoffman 1999 *Textcorpus und Wörterbuch,* Brill, を参照。これらにしても、実際に運用に供されているものは、まだ少ない。

（7） Reintges（註 2）、p. 8 参照。

（8） 塚本明廣 1990「文学作品の語彙の比較に向けて」『イスラムの都市性研究報告・研究会報告』21、35～44頁。塚本明廣 1994「エドウィン・スミス・パピルスにおける語中改行」『オリエント』第37巻第1号、1～16頁。塚本明廣 1997 "Automated Transcription of Egyptian Hieroglyphic Texts: via transliteration using computer"『佐賀大学文化教育学部研究論文集』第2集第1号、1～40頁。

（9） Leclant, J. 1972 "Les Textes des Pyramides," *Textes et langages de l'egypte pharaonique,* Vol. 2, Cairo, 38, n. 2.

（10） 王の石棺から玄室、前室、羨道を経て入口に向かう現在の編集順序を逆転させるべきであるというシュピーゲル（J. Spiegel）説については、すでに屋形禎亮の紹介（註（1）579頁）がある。しかし、アレン（Allen, J. P. 1984 *Inflection of the Verb in the Pyramid Texts,* Malibu）はゼーテの配列に従っている。章・節番号については、塚本明廣 2001「ピラミッド・テキスト：翻訳と注解（1）」『佐賀大学文化教育学部研究論文集』第5集第1号、91～110頁にやや詳しく述べた。

（11） 「異体字」という用語を再考すべき点について、東野治之 2000「異体字を考える」、青木和夫他編『文献史料を読む―古代から近代』朝日新聞社、19～20頁を参照。

（12） Piankoff, A. 1968 *The Pyramid of Unas,* Princeton. 筆者未見。

（13） Buurman, J. *et al.*, 1988 *Manual for the Encoding of Hieroglyphic Texts for Computer-Input*^{3}, Informatique et egyptologie 2, Impremerie Lienhart & Cie, Paris.

（14） Faulkner, R. O. 1969 *The Ancient Egyptian Pyramid Texts, translated into English*, Oxford.（以下、F と略記）

（15） W35b の Dd_mdw zp 4「呪文を 4 回唱えよ」は章冒頭ではない。

（16） Leclant（註 9）, 50.

（17） Sethe（註 4）, Bd. IV.

（18） Gardiner, A. H. 1966 *Egyptian Grammar*^{3}, London p. 438ff

（19） Daumas, F. et Alii, 1988–1995 *Valeurs phonetiques des signes hieroglyphiques d'epoque greco-romaine,* I–IV, Monpellier.

（20） 河野六郎 1994「転註考」『文字論』三省堂、45（特に57）頁以下。初出は1978年。

表1　ファラオごとの出現本文節番号対照表（各欄左端の数字は節番号）

I		II		III		IV		V	
1	T	101	N T	201	N W	301	TW	401	TW
2	T	102	N	202	N W	302	TW	402	TW
3	T	103	N	203	N W	303	TW	403	TW
4	T	104	N	204	N W	304	TW	404	TW
5	T	105	N	205	N W	305	TW	405	TW
6	MNP	106	N	206	N W	306	TW	406	TW
7	MNP	107	N	207	N W	307	TW	407	TW
8	MN	108	N	208	N W	308	TW	408	TW
9	N	109	N	209	N W	309	TW	409	TW
10	N	110	N	210	N W	310	TW	410	TW
11	N	111	N	211	N W	311	TW	411	TW
12	N	112	N	212	N W	312	T	412	TW
13	N	113	N	213	N W	313	T	413	TW
14	N	114	N	214	N W	314	T	414	TW
15	N	115	MN W	215	N W	315	T	415	W
16	N W	116	W	216	N W	316	W	416	W
17	N W	117	N	217	N W	317	W	417	W
18	N W	118	W	218	MN TW	318	W	418	TW
19	N	119	W	219	MN TW	319	W	419	W
20	N	120	W	220	MN TW	320	W	420	W
21	N	121	W	221	MN TW	321	W	421	PTW
22	N W	122	W	222	N	322	W	422	TW
23	N W	123	MNPTW	223	N	323	W	423	TW
24	N	124	MN TW	224	N	324	W	424	TW
25	N	125	W	225	W	325	W	425	P W
26	N W	126	MN TW	226	W	326	W	426	PTW
27	N W	127	MN TW	227	W	327	PTW	427	PTW
28	N W	128	MN TW	228	W	328	PTW	428	TW
29	N W	129	MN TW	229	W	329	PTW	429	TW
30	N W	130	MN TW	230	W	330	PTW	430	PTW
31	N W	131	MN TW	231	W	331	PTW	431	TW
32	N W	132	MN TW	232	W	332	PTW	432	TW
33	N W	133	MN TW	233	W	333	PTW	433	PTW
34	N W	134	W	234	W	334	PTW	434	PTW

35	N	W	135		W	235		W	335		PTW	435		PTW
36	N	W	136		W	236		W	336		PTW	436		W
37	N	W	137		W	237	P	W	337		W	437		W
38	N	W	138		W	238		W	338		W	438		W
39	N	W	139		W	239		W	339		W	439		W
40	N	W	140		W	240		W	340		W	440		W
41	N		141		W	241		W	341		W	441		W
42	N		142		W	242		W	342	T		442		W
43	N		143		W	243		W	343	T		443		W
44	N		144		W	244		TW	344	T		444		TW
45	N		145		W	245		TW	345	T		445		W
46	N		146		W	246		W	346	T		446		W
47	N		147		W	247		W	347	T		447		W
48	N		148		W	248		W	348	T		448		W
49	N		149		W	249	M	W	349	T		449		W
50	N	W	150		W	250	N	W	350	T		450		W
51	N	W	151		W	251	N	W	351	P		451		W
52	N	W	152		W	252	N	TW	352	P		452		W
53	N	W	153		W	253	N	TW	353	P		453		W
54	N	W	154		W	254	N	TW	354	P		454		W
55	N		155		W	255	N	TW	355	P		455		W
56	N	W	156		W	256	N	TW	356	P		456		W
57	N	W	157		W	257		W	357	P		457		W
58	N	W	158		W	258		W	358	P		458	NP	W
59	N	W	159		W	259		W	359	P		459	NP	W
60	N	W	160		W	260		W	360	P		460	NP	W
61	N	W	161	N	W	261		W	361	P		461	NP	W
62	N	W	162	N	W	262		W	362	P		462	NP	W
63	N	W	163	N	W	263		W	363	P		463	NP	W
64	N	W	164	N	W	264		W	364	N	W	464	N	W
65	N		165	N	W	265		W	365	N	W	465	N	W
66	N		166	N	W	266		W	366	N	W	466	N	W
67	N		167	N	W	267		W	367	N	W	467	N	W
68	N		168	N	W	268		W	368	N	W	468	N	W
69	N		169	N	W	269		W	369	N	W	469	N	W
70	N		170	N	W	270		W	370	N	W	470	N	W

71	N		171	N	W	271		W	371	N	W	471	N	W
72	N	W	172	N	W	272		W	372	N	W	472	N	W
73	N	W	173	N	W	273		W	373	N	W	473	N	W
74	N	W	174	N	W	274		W	374	N	W	474	N	W
75	N	W	175	N	W	275		TW	375	N	W	475	N	W
76	N	W	176	N	W	276		TW	376	M P	W	476	MN	W
77	N	W	177	N	W	277		TW	377	M P	W	477	MN	W
78	N	W	178	N	W	278		TW	378	M P	W	478	MN	W
79	N	W	179	N	W	279		TW	379	M P	W	479	MN	W
80	N	W	180	N	W	280		TW	380	M P	W	480	MN	W
81	N	W	181	N	W	281		TW	381	M P	W	481	MN	W
82	N	W	182	N	W	282		TW	382	M P	W	482	P	W
83	N	W	183	N	W	283		TW	383	MNP	W	483	P	W
84	N	W	184	N	W	284		TW	384	MNP	W	484	P	W
85	N	W	185	N	W	285		TW	385	MNP	W	485	P	W
86	N	W	186	N	W	286		TW	386	MNP	W	486	P	W
87	N	TW	187	N	W	287		TW	387	MNP	W	487	N	W
88	N	TW	188	N	W	288		TW	388	NP	W	488	N	W
89	N	TW	189	N	W	289		TW	389	NP	W	489	N	W
90	N	TW	190	N	W	290		TW	390	NP	W	490	N	W
91	N	TW	191	N	W	291		TW	391	NP	W	491	N	W
92	N	TW	192	N	W	292		TW	392	N	TW	492	MNP	W
93	N	TW	193	N	W	293		TW	393		TW	493	MNP	W
94	N	TW	194	N	W	294		TW	394		TW	494	MNP	W
95	N	TW	195	N	W	295		TW	395		TW	495		W
96	N	TW	196	N	W	296		TW	396		TW	496		W
97	N	TW	197	N	W	297		TW	397		TW	497		W
98	N	TW	198	N	W	298		TW	398		TW	498		W
99	N	TW	199	N	W	299		TW	399		TW	499		W
100	N	TW	200	N	W	300		TW	400		TW	500		W

表2　第23節

1

転写	出現個所	翻字
...	N0023aA	[ ]

2

転写	出現個所	翻字
n.k	N0023bB	nk

…	N0023aB	[ ]
…	N0023bA	[ ]
…r.tj	N0023bB	[ ] r [tj] j
…w	N0023aA	[ ] w`j00`m334
2	N0023bC	{2`}
2	W0023bA	{2`}
2	W0023bC	{2`}
4	N0023bC	4
4	N0023bD	4
4	W0023bA	4
4	W0023bB	4
4	W0023bC	4
4	W0023bD	4
Dd_mdw	N0023bC	D [mdw]
Dd_mdw	N0023bD	D [mdw]
Dd_mdw	W0023bA	[mdw] D
Dd_mdw	W0023bB	[mdw] D
Dd_mdw	W0023bC	D [mdw]
Dd_mdw	W0023bD	[mdw] D
Dj	N0023bB	{Dj}
Dj.t	W0023bB	{Dj} t
N	N0023aC	N
N	N0023aD	N
N	W0023aA	N
N	W0023aB	N
N	W0023aC	N
N	W0023aD	N
Sd	N0023bB	[Sd] d
T;	N0023bC	[T;]`n33
T;	W0023bA	[T;]`n33
T;	W0023bC	[T;]`n33
Xr.s	N0023aC	[Xr]rs
Xr.s	N0023aD	[Xr]rs
Xr.s	W0023aA	[Xr]rs
Xr.s	W0023aB	[Xr]rs
Xr.s	W0023aC	[Xr]rs
n.k	N0023bC	nk
n.k	N0023bD	nk
n.k	W0023bA	nk
n.k	W0023bB	nk
n.k	W0023bC	nk
n.k	W0023bD	nk
pr.tj	N0023bC	[pr] r [tj] j
pr.tj	N0023bD	[pr] r [tj] j
pr.tj	W0023bA	[pr] r [tj] j
pr.tj	W0023bB	[pr] rt [tj] j
pr.tj	W0023bC	[pr] r [tj] j
pr.tj	W0023bD	[pr] r [tj] j
prj	N0023aA	[pr] r
prj	N0023aC	[pr] r
prj	N0023aD	[pr] r
prj	W0023aA	[pr] rj
prj	W0023aB	[pr] r
prj	W0023aC	[pr] rj
prj	W0023aD	[pr] r
qbb	N0023bB	{qbb01}
qbb	N0023bC	{qbb}
qbb	W0023bA	{qbb}
qbb	W0023bB	{qbb}
qbb	W0023bC	{qbb}
qbb	W0023bD	{qbb}
rDj.t	W0023bD	r {Dj} t
rDw	N0023aC	r [Dw]`j001w
rDw	N0023aD	r [Dw]`j002w
rDw	W0023aA	r [Dw] w`n334
rDw	W0023aB	r [Dw] w`m334
rDw	W0023aD	r [Dw] w`j00
rDw…	W0023aC	r [Dw] w [ ]
snTr	N0023bC	{snTr}
snTr	W0023bA	{snTr01}
wrD	N0023aC	[wr] rD
wrD	N0023aD	[wr] rD

Xr.s	W0023aD	[Xr]rs
jb.k	N0023aC	{jb}k
jb.k	N0023aD	{jb}k
jb.k	W0023aA	{jb}k
jb.k	W0023aB	{jb}k
jb.k	W0023aC	{jb}k
jb.k	W0023aD	{jb}k
jm.k	N0023aA	jmk
jm.k	N0023aC	jmk
jm.k	N0023aD	jmk
jm.k	W0023aA	jmk
jm.k	W0023aB	jmk
jm.k	W0023aC	jmk
jm.k	W0023aD	jmk
m	N0023bC	m
m	N0023bD	m
m	W0023bA	m
m	W0023bB	m
m	W0023bC	m
m	W0023bD	m
m n.k	N0023aB	[mn] nk
m n.k	N0023aC	[mn] nk
m n.k	N0023aD	[mn] nk
m n.k	W0023aA	[mn] nk
m n.k	W0023aB	[mn] nk
m n.k	W0023aC	[mn] nk
m n.k	W0023aD	[mn] nk
mH.t	N0023bB	{mHt}
mH.t	W0023bB	[mH]t`m16
wrD	W0023aA	[wr] rD
wrD	W0023aB	[wr] rD
wrD	W0023aC	[wr] D
wrD	W0023aD	[wr] rD
xrw	N0023bB	xr [xrw] w
xrw	N0023bC	xr [xrw]
xrw	W0023bA	[xrw] xr [rw]
xrw	W0023bB	[xrw] xr [rw]
xrw	W0023bC	xr [xrw] [rw]
xrw	W0023bD	xr [xrw] [rw]
xrw...	N0023bD	xr [xrw] [ ]
zp	N0023bC	[zp]
zp	N0023bD	[zp]
zp	W0023bA	[zp]
zp	W0023bB	[zp]
zp	W0023bC	[zp]
zp	W0023bD	[zp]
|	N0023bB	|
|	N0023bC	|
|	W0023bA	|
|	W0023bB	|
|	W0023bC	|
|	W0023bD	|

表 3　第126節

1

転写	出現個所	翻字
...	T0126a	[ ]
DHwtj	M0126a	{DHwtj}

2

転写	出現個所	翻字
m	W0126c	m
m	W0126c	m

DHwtj	N0126a	{DHwtj}
DHwtj	T0126a	{DHwtj}
DHwtj	W0126a	{DHwty}
Dd_mdw	M0126a	D [mdw]
Dd_mdw	N0126a	D [mdw]
Dd_mdw	W0126a	D [mdw]
Hzp	M0126c	Hzp`n37
Hzp	N0126c	Hzp`n24
Hzp	T0126c	Hzp`n37
Hzp	W0126c	Hp`n37
jmj.w	M0126b	j [jmj] w
jmj.w	N0126b	j [jmj] w
jmj.w	T0126b	j [jmj] w
jmj.w	W0126b	j [jmj] w
Jq;	M0126a	jq;
Jq;	N0126a	jq;
Jq;	T0126a	jq;
Jq;	W0126a	jq;
jrsw	M0126a	r [rs] sw
jrsw	N0126a	jr [rs] sw
jrsw	T0126a	rs [rs] w
jrsw	W0126a	rs [rs] w
jzr.t	M0126c	jzrt`m01
jzr.t	N0126c	jzrt`m34
jzr.t	T0126c	jzrt`m01
jzr.t	W0126c	jzrt`m34
knz.t	M0126b	knzt`n25
knz.t	N0126b	knzt`n25
knz.t	T0126b	knzt`n25
knz.t	W0126b	knzt`n25
M	M0126c	m
M	N0126c	m
M	T0126c	m
M	T0126c	m

nhzj	M0126b	nhzj`a261
nhzj	N0126b	nhz`a301jj
nhzj	T0126b	nhz`a240j-
nhzj	W0126b	nhzj
pr	M0126c	[pr] r
pr	N0126c	[pr] r
pr	N0126c	[pr] r
pr	T0126c	[pr] r
pr	T0126c	[pr] r
pr	W0126c	[pr] r
pr	W0126c	[pr] r
r	N0126c	r
rs	M0126b	rs [rs]
rs	N0126b	rs [rs]
rs	T0126b	rs`r08
rs	W0126b	rs [rs01]
sd;	M0126c	sd; [sd;]
sd;	N0126c	sd [sd;]
sd;	T0126c	sd;
sd;	W0126c	sd; [sd;]
tp_c.wj	M0126c	[tp] cw
tp_c.wj	N0126c	[tp] cyw
tp_c.wj	T0126c	[tp] cw
tp_c.wj	W0126c	[tp] cw
wpjw	M0126a	[wp] p
wpjw	N0126a	[wp] p`g07
wpjw	T0126a	[wp] p
wpjw	W0126a	[wp] pw`
wr	M0126c	[wr] r
wr	N0126c	[wr] r
wr	T0126c	[wr] r
wr	W0126c	[wr]

(以下の2語は長すぎて上の枠に収まらないため、別扱いで表示した。)

sDr. w	M0126b	s [Dr] r`q021`q021`q021

sDr. w	N0126b	s [Dr] r`q021`z021
sDr. w	T0126b	s [Dr] r`z021w
sDr. w	W0126b	s [Dr] rw
wp_w;. tj...	M0126c	[wp]{w;t} {w;t}[ ]
wp_w;. wt	N0126c	[wp]{w;t01} {w;t01} {w;t01} t``e182
Wp_w;. wt	T0126c	[wp]{w;t} {w;t} {w;t} t``e181
wp_w;. wt	W0126c	[wp]{w;t} {w;t} {w;t}``e19

表 4　第385節

1			2		
転写	出現個所	翻字	転写	出現個所	翻字
(M)｜	M0385c	(M)｜	n	M0385c	n
(N)｜	N0385a	(N)｜	n	N0385a	n
(N)｜	N0385c	(N)｜	n	N0385a	n
(W)｜	W0385a	(W)｜	n	N0385c	n
(W)｜	W0385c	(W)｜	n	N0385c	n
...	M0385a	[ ]	n	P0385a	n
gs.f	M0385a	gs [gs] f	n	P0385a	n
gs.f	N0385a	gs [gs] f	n	P0385b	n
gs.f	N0385a	gs [gs] f	n	P0385b	n
gs.f	P0385a	g [gs] sf	n	P0385c	n
gs.f	P0385a	gs [gs] f	n	P0385c	n
gs.f	P0385b	{gs}-f	n	W0385a	n
gs.f	W0385a	gs [gs]-f	n	W0385a	n
gs.f	W0385a	gs [gs] sf	n	W0385c	n
jj=n	M0385c	{j`j}n	n	W0385c	n
jj=n	N0385a	{j`j}n	nTr	M0385a	[nTr]
jj=n	N0385c	{j`j}n	nTr	M0385c	[nTr]
jj=n	W0385a	{j`j}n	nTr	N0385a	[nTr]
jj=n	W0385c	{j`j}n	nTr	N0385c	[nTr]
jj=n.f	P0385a	{j`j}nf	nTr	P0385a	[nTr]
jj=n.f	P0385b	{j`j}nf	nTr	P0385b	[nTr]
jj=n.f	P0385c	{j`j}nf	nTr	P0385c	[nTr]
jw	P0385b	{jw}w	nTr	W0385a	[nTr]
jw=t	M0385c	{jw}wt	nTr	W0385c	[nTr]

jw=t	N0385a	{jw} wt
jw=t	N0385c	{jw} tw
jw=t	P0385a	{jw} tw
jw=t	P0385c	j {jw} wt
jw=t	W0385a	{jw} tw
jw=t	W0385c	j {jw} tw
mj	M0385c	[mj] m
mj	N0385a	[mj]
mj	P0385a	[mj]
mj	P0385b	[mj]
mj	P0385c	[mj]
mj	W0385a	[mj] m
mj	W0385c	[mj] m
mr	N0385c	[m/j/] r
N	M0385a	n
N	M0385c	n

sm;	P0385c	s [m;]`d03
sm;. f	M0385c	s [m;]`d03f
sm;. f	M0385c	s [m;]`d03f
sm;. f	N0385c	s [m;]`d031f
sm;. f	0385c	s [m;]`d031f
sm;. f	P0385b	s [m;]`d03f
sm;. f	P0385c	s [m;]`d03f
sm;. f	W0385c	s [m;]`d03-f
sm;. f	W0385c	s [m;]`d03f

図1　第23節 a（一部手直し）

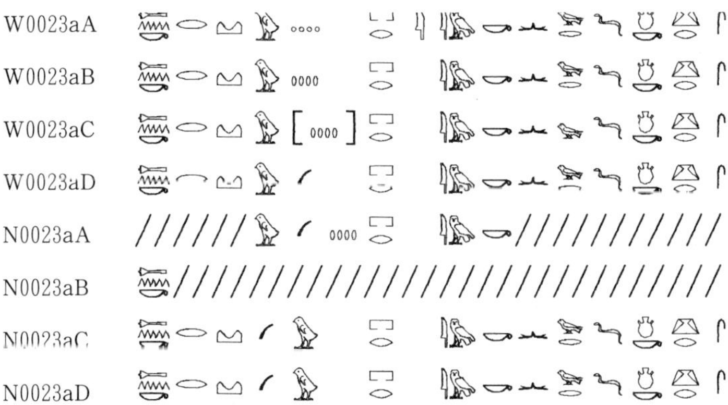

日本語によるエジプト学文献リスト

吉成美登里

原則として、観光案内・紀行・小説等は割愛したが、初期のものについては啓蒙的な役割を果たしたものとして一部掲載した。また書評・紹介並びに一般誌に掲載された文については割愛した。

［　］は注目すべき歴史書シリーズの刊行を、《　》は該当年の特記すべき事柄（展覧会を含む）を指す。

1904（明治37）年

「埃及に於ける遺蹟の発掘」『考古（学）界』（考古学会）４―３

S. ライン著（中村士徳・保志嘉十郎訳）「エジプトの遺蹟」(1)〜(3)『考古界』４―７・８・９

1905（明治38）年

高橋健自「木乃伊に就きて」『考古界』４―12、５―４

「東京博物館の木乃伊」『考古界』４―11

1909（明治42）年

村川堅固「エジプトのピラミッドに就いて」『史学雑誌』（史学会）20―10

1911（明治44）年

坪井正五郎「埃及古物遺蹟研究の人類的価値」『東京人類学雑誌』（東京人類学会）297

黒板勝美「埃及に於ける発掘事業」(1)〜(7)『考古学雑誌』（日本考古学会）１―６、１―８・９、１―11、（1912年）２―２、２―４・５

1912（明治45）年

前田越嶺『建国神話　埃及物語』博文館

坪井正五郎「埃及古墳発見の人形・家・船等の模型」『史学雑誌』23―９

坪井正五郎「エジプト太古墓室発見の船の雛形」『人類学雑誌』（東京人類学会）28―６

1913（大正２）年

『埃及芸術図解』（１、２）建築ト装飾編、南北社

1914（大正３）年

村川堅固「ピラミッド天文台説に関して日下部理学博士に質す」『史学雑誌』25―８

1915（大正4）年

村川堅固「ピラミッド天文台説に関して日下部博士の答書を読む」『史学雑誌』26―1

1916（大正5）年

村川堅固『西洋上古史』東京寶文館

坂口昴「ナイル河上の人」『史林』（京都大学文学部史学研究会）1―4

1917（大正6）年

塚本靖「埃及に於ける蓮華模様の発達及び変遷」『考古学雑誌』7―8

《「バビロン学会」結成　～1923（関東大震災により解散）》

1918（大正7）年

植村清乃助「クレオパトラ評伝」（上・中・下）『歴史と地理』1―2、1―4・5

1921（大正10）年

後藤守一「海外考古学関係論著の二、三：埃及に於ける石器時代遺物の新発見、埃及に於ける一都市の発掘」『考古学雑誌』12―3

1922（大正11）年

濱岡周忠『エジプトの文化と建築』洪洋社（建築文化叢書1）

1923（大正12）年

『埃及ツタンカーメン王宝器集』洪洋社（意匠美術写真類聚2―1）

村川堅固「埃及遺物の空前の大発見」『史学雑誌』34―4

《ツタンカーメン王墓発見》

1924（大正13）年

ビシャラ・ナハス著（高瀬毅訳）『ツタンカーメンの生涯と時代（埃及発掘物語）』改造社

『埃及装飾美術意匠』洪洋社（意匠美術写真類聚2―6）

1925（大正14）年

中井宗太郎『氷河時代と埃及美術』京都美術図書出版部（欧州芸術精華1）

1926（大正15）年

團伊能『埃及の美術に就いて』（美術講話集第1輯ノ内）

1927（昭和2）年

一氏義良『エジプトの芸術』アルス（アルス美術叢書21）

中島孤島『埃及神話伝説集』近代社（神話伝説大系1）

天沼俊一『埃及紀行』岩波書店

1928（昭和3）年

岡島誠太郎「ネフティティ像とアマルナ彫刻とに就いて」『史林』13―4

矢島恭介「埃及の芸術」『考古学雑誌』18―2・3

1929（昭和４）年

埃及芸術研究会『埃及新風潮』京都　近藤書廊

1930（昭和５）年

F. ペトリー著（石山徹郎訳）『埃及美術史』美術叢書刊行会（美術叢書４）

比屋根安定『埃及宗教文化史』春秋社

G. マスペロ著（岡島誠太郎訳）・日仏会館編『埃及学研究』（仏蘭西科学下ノ内）

岡島誠太郎「古代埃及人の歴史観と記録に就て」『史林』15—１

1932（昭和７）年

徳政金吾『埃及王統譜』大阪　カムト社

岡島誠太郎「古代埃及第十二王朝の社会状態に就て：中産階級の擡頭に及ぶ」『史林』17—４

1933（昭和８）年

中島孤島『神話伝説大系第七　エジプト・アッシリア・バビロン』誠文社

徳政金吾『古代埃及と日本』大阪　カムト社

1934（昭和９）年

岡島誠太郎『エジプト史』平凡社（世界歴史大系15）

阿部次郎「カイロ附近」『文化』（東北帝大文科会）１—２

阿部次郎「テーベの古都」『文化』１—４

恒松安夫「古代埃及の年代に就いて」『史学』13—１

1936（昭和11）年

三上次男「サッカラに於ける第一王朝墓の発掘」『考古学雑誌』26—７

1937（昭和12）年

高崎昇『古代エジプトの数学』修文館（1977：再　総合科学出版）

隅崎渡「古代エジプトの財産相続と妻子の地位」『法学志林』（法学志林協会）39—８

1938（昭和13）年

岡島誠太郎「オシリスかサラピスか」『史林』23—１

1940（昭和15）年

岡島誠太郎『埃及語小文典』奈良　飛鳥園

1941（昭和16）年

岡島誠太郎「転換期として観る古代埃及第五王朝」『史林』26—２

1942（昭和17）年

岡島誠太郎『こぷと語小文典』奈良　飛鳥園

1943（昭和18）年

岡島誠太郎『ナポレオンとエジプト』天理時報社

1946（昭和21）年

岡島誠太郎『エジプト文化』大八洲出版

1948（昭和23）年

野上豊一郎『エヂプトの驚異』要書房

1949（昭和24）年

岡島誠太郎「古代エジプトの個人的一断面：第三王朝の性格」『西洋史学』（日本西洋史学会）Ⅲ

［世界の歴史編集委員会編『世界の歴史』全５巻　～1950］

1950（昭和25）年

ねずまさし「ピラミッドの発掘」『歴史評論』４－１

1952（昭和27）年

［毎日新聞社図書編集部『世界の歴史』全６巻　～1954］

1953（昭和28）年

富村傳「埃及学の発展とその課題」『古代学』（古代学会）２－３

1954（昭和29）年

富村傳「埃及学界の展望⑴埃及古王国の編年をめぐって：第４王朝の時代考證」『古代学』３－４

［J. ネール著『父が子に語る世界史』全６巻　日本評論社］

《日本オリエント学会創立》

1955（昭和30）年

定金右源二『古代東方史の再建』新樹社

J. フィネガン著（三笠宮崇仁他訳）『古代文化の光』岩波書店

富永牧太「レプシウス“埃及、エチオピア古墳図録”について」『ビブリア』３

定金右源二「古代のエジプトとヌビア」『史観』（早稲田大学史学会）43、44

鈴木八司「エジプトの考古学」『日本考古学講座２』河出書房

三笠宮崇仁「日本オリエント学会の創立にあたって」『日本オリエント学会月報』１－１

［『世界文化史』全５巻　新評論社］

1956（昭和31）年

三笠宮崇仁『帝王と墓と民衆』光文社（カッパ・ブックス）

C. イグーネ著（矢島文夫訳）『文字』白水社（クセジュ203）

富村傳「埃及古代学界の展望⑵埃及王朝時代の軍事組織」『古代学』５－２

［『世界史物語』全８巻　河出書房］

《東京大学イラン・イラク遺蹟調査団派遣（～1957）》

1957（昭和32）年

L. コットレル著（矢島文夫訳）『ピラミッドの秘密』みすず書房

富村傳「埃及古代学界の展望⑶埃及王朝文化の起源問題」『古代学』６－３

《京都大学に「西南アジア史学コース」設置》

1958（昭和33）年

池田長二郎「エジプトのニールとピラミッド」『名古屋工業大学学報』9
飯島正義「エジプトの宗教について」『世界史研究』17
定金右源二「エジプト学のあけぼの」『歴史教育』6－4
加藤一朗「京都大学考古学教室蔵ネヘルヘテプセネブ石碑について」『石浜先生古希記念東洋学論叢』（東洋大学文学部）
[『世界各国史』全9巻　山川出版社　～1969]

1959（昭和34）年

E. ドリオトン他著（稲垣良典訳）『古代オリエントの宗教』ドン・ボスコ社（E. C. カトリック全書14）
道関与門『エジプト古語をさぐる』長谷川書房
J. ヴィオー他著（中山公男訳）『オリエントの神話』みすず書房（みすず・ぶっくす27）
永井滋郎「プトレマイオス朝軍事植民の成立」『史学研究』71
加藤一朗「先史時代末期のエジプトに関する覚書」『関西大学文学論集』8－4
河合忠信「Egyptology　海外逐次刊行物紹介2」『ビブリア』（天理図書館）13
平田寛「古代エジプト人の暦と時計」『史観』54－5
富村傳「埃及古典期の一婚姻文書：期限付き結婚に就いて」『古代文化』（古代学協会）3－5
富村傳「古代埃及の紡績：織機と職工」『古代文化』3－11
[『世界史』全34巻　ソヴィエット同盟科学アカデミー　商工出版社　～1967]
[『世界史大系』全17巻　誠文堂新光社　～1960]
[『世界の歴史』全16巻　中央公論社　～1962]

1960（昭和35）年

宮田文子『スカラベ　ツタンクアモンの知恵』中央公論社
M. E. マチエ著（秋田義夫訳）『エジプトの美術』山本書店
J. ヴェルクテール著（大島清次訳）『古代エジプト』白水社（クセジュ277）
M. ホルスト著（関楠生訳）『エジプト王陵の秘密』みすず書房
O. ノイバート著（酒井傳六訳）『王家の谷』法政大学出版局
河合忠信「Egyptology(2)　海外逐次刊行物紹介3」『ビブリア』16
板倉勝正「日本におけるオリエント研究」『日本オリエント学会月報』3－3
杉勇「エジプトの奴隷についての一、二の問題」『日本オリエント学会月報』3－9～12
鈴木八司「ヌビア遺蹟の問題に寄せて」『日本オリエント学会月報』3－4・5
富村傳「埃及学界の展望(4)埃及王朝時代における兄妹婚の再検討」『古代学』8－4
『世界の歴史2　古代オリエント文明』筑摩書房

『図説世界文化史大系 3　オリエント』角川書店

《ヌビア遺蹟救済ユネスコ・キャンペーン開始》

1961（昭和36）年

武藤義雄「ヌビア遺蹟の救済計画」『日本オリエント学会月報』4－2

加藤一朗「エジプトにおける王権の問題」『日本オリエント学会月報』4（第3回大会号）

杉勇「エジプト古文字の解読」『古代史講座 1』学生社

『古代史講座』全13巻　学生社　～1966

『世界美術大系第 2 巻　エジプト美術』講談社

1962（昭和37）年

C. W. ツェーラム著（村田数之亮訳）『神・墓・学者』中央公論社

H. フランクフォート著・三笠宮崇仁監修（曽田淑子・森岡妙子訳）『古代オリエント文明の誕生』岩波書店

加藤一朗『象形文字入門』中央公論社（中公新書 5）

鈴木八司「ヌビア遺蹟調査旅行記」『東洋文化』（東京大学東洋文化研究所）33

新規矩男「アマルナ美術」『古代史講座12』学生社

川村喜一「農耕・牧畜の開始とオリエントの共同体」『古代史講座 2』学生社

1963（昭和38）年

C. W. フランツェロ著（藤沢紀志夫訳）『クレオパトラ』河出書房新社

末広恭雄『エジプトの招き』角川書店（角川新書）

菊池豊『ナイルより耶馬台まで』（日本・エジプト神話物語）アポロン社

A. ウェイゴール著（吉川達雄訳）『クレオパトラの生涯』二見書房

水沢澄夫『エジプト美術の旅』雪華社

水沢澄夫『エジプト美術』社会思想社（現代教養文庫）

M. ブリオン著（辻邦生・屋形禎亮訳）『死せる都市の復活』Ⅰ、Ⅱ　みすず書房

L. グリーナー著（酒井傳六訳）『ダムと神殿』紀伊国屋書店

加藤一朗「古代エジプトの犬神」『西南アジア研究』（京都大学文学部西南アジア史学研究室）11

江上波夫「古代エジプトの風土」『世界』210

木内武男「東京国立博物館所蔵エジプトのミイラについて」『Museum』（東京国立博物館）145

『世界美術全集第20巻　オリエント』角川書店

『世界美術大系第 3 巻　オリエントの美術』講談社

《エジプト美術五千年展》

1964（昭和39）年

P. E. クリーター著（大城功訳）『失われた言語』みすず書房

高津春茂・関根正雄『古代文字の解読』岩波書店
J. L. ド・スニヴァル著（屋形禎亮訳）『世界の建築　エジプト』美術出版社
加藤一朗「天理図書館のエジプト学文献」『ビブリア』27

1965（昭和40）年

加藤一朗『古代エジプト王国』講談社（ミリオン・ブックスM218）
加藤一朗「オシリス覚書」『関西大学文学論集』14—3
加藤一朗「エジプト学者J. A. ウィルソン」『史泉』（関西大学歴史学会）30
屋形禎亮「イプエルの訓戒」『古代史講座11』学生社
『世界美術第3巻　エジプト』講談社
《ツタンカーメン展》
《東京教育大学大学院修士課程に「オリエント学」、博士課程に「アッシリア学」「エジプト学」設置》

1966（昭和41）年

Ch. d. ノーブルクール著（佐貫健・屋形禎亮訳）『トゥトアンクアモン』みすず書房
H. カーター著（酒井傳六・熊田亨訳）『ツタンカーメン発掘記』筑摩書房（2001：再）
A. ウェイゴール著（吉川達雄訳）『クレオパトラ』角川書店（角川文庫）
F. ドゥマ著（大島清次訳）『エジプトの神々』白水社（クセジュ401）
J. P. ローエル著（酒井傳六訳）『ピラミッド学入門』法政大学出版局（1973：再）
神保規一「Execrationt と Brooklyn Papyrus をめぐる名前について」『オリエント』（日本オリエント学会）8—3・4
屋形禎亮「アマルナにおけるアトンの神官について」『オリエント』8—3・4
三笠宮崇仁「日本における古代オリエント研究の発達」『オリエント』9—2・3
加藤一朗「古代エジプトにおけるm3ʻtについて」『オリエント』9—4
大類伸監修『世界の戦史1　古代オリエントの興亡』人物往来社
新規矩男他編『世界の文化第1巻　エジプト』河出書房新社
『ライフ人間世界史第4巻　古代エジプト』タイムライフインターナショナル
《早稲田大学古代エジプト調査隊ジェネラル・サーベイ開始》

1967（昭和42）年

S. モスカーティ著（鈴木一州訳）『古代オリエント史』講談社
L. コットレル著（酒井傳六訳）『古代エジプト人』法政大学出版局（1973：再）
S. H. フック著（吉田泰訳）『オリエント神話と聖書』山本書店
小堀巌『ナイル河の文化』角川書店（角川新書224）
屋形禎亮「アマルナ時代のクロノロジーについて」『オリエント』10—1・2
川村喜一「ナイル流域採集の遺物について」『オリエント』10—3
杉勇編『世界の文化史蹟第1巻　ナイルの王墓』講談社
三笠宮崇仁『大世界史第1巻　ここに歴史はじまる』文芸春秋

1968（昭和43）年

ヘロドトス著（青木巌訳）『歴史』新潮社

『スペース・デザイン45：ナイル文明が遺したもの（特集）』

中山伸一“ナイル文明が遺したもの”“古代エジプト人の生活”

屋形禎亮“古代エジプト人の都市”“古代エジプト人の住居”

新規矩男編『世界の美術館第5巻　カイロ博物館』講談社

1969（昭和44）年

M. P. フーシェ著（酒井傳六訳）『ヌビア』新潮社

酒井傳六『ピラミッド』学生社

桂英澄『エジプト・サラセン　古代史考』鷺の宮書房

Z. ゴネイム著（大島清次訳）『埋れた謎のピラミッド』山本書店

川村喜一「古代オリエントにおける灌漑文明の成立」『岩波講座世界歴史1』岩波書店

屋形禎亮「「神王国家」の出現と「庶民国家」」『岩波講座世界歴史1』岩波書店

屋形禎亮「イク=エン=アテンとその時代」『岩波講座世界歴史1』岩波書店

中山伸一「エジプト新王国の社会と経済」『岩波講座世界歴史1』岩波書店

[『岩波講座　世界歴史』全30巻　岩波書店　～1971]

1970（昭和45）年

鈴木八司『ナイルに沈む歴史』岩波書店（岩波新書765）

太田秀通『古代文明の発見：ヘレニズム・ヘブライズム以前』講談社（現代叢書222）

屋形禎亮「エジプト第18王朝における神官任命：王の任命権と神官団」『史学研究』（東京教育大学紀要）76

鈴木八司『沈黙の世界史2　王と神とナイル』岩波書店

『原色世界の美術第12巻　エジプト』小学館

1971（昭和46）年

C. アルドレッド著（屋形禎亮訳）『エジプト古王国』創元社（古代史叢書3）

H. フランクフォート著（山室静・田中明訳）『哲学以前』社会思想社

《早稲田大学古代エジプト調査隊発掘調査開始》

1972（昭和47）年

川村喜一「エジプト、マルカタ遺蹟の発掘調査」『考古学ジャーナル』（ニューサイエンス社）70

川村喜一「中部エジプトの考古学調査」『学術月報』（日本学術振興会）26—6

杉勇編『大系世界の美術3　エジプト美術』学研

1973（昭和48）年

藤井義男『ピラミッド　その謎は解けた』桃源社

H. キシュケヴィッツ著（能代ブラスタ・竹田裕子訳）『エジプトの壁画と素描』岩崎

美術社
渡部雄吉・写真／鈴木八司・文『大いなるエジプト』平凡社
屋形禎亮「アブシール文書について」『オリエント』16—2
川村喜一「エジプト、マルカタ遺蹟の第二次発掘調査」『考古学ジャーナル』85
富村傳「エジプト王朝時代における『神の父』とミン神の類縁関係について」『古代文化』25—4
山崎亨「古代エジプトのミン崇拝について」『宗教研究』（日本宗教学会）216
J. A. ウィルソン著（富村傳訳）「古代エジプトにおける権威と法」『西洋古代史論集1：古代文化の形成と発展』東京大学出版会
T. S. セーデルベルク著（富村傳訳）「ヒュクソスのエジプト支配」『西洋古代史論集1：古代文化の形成と発展』東京大学出版会
小口偉一・堀一郎監修『宗教学辞典』東京大学出版会
後藤光一郎“オリエントの宗教”
鈴木八司“エジプトの宗教”
《早稲田大学古代エジプト調査隊第三次調査中、マルカタ遺蹟にて彩色階段発見》

1974（昭和49）年

矢島文夫編『古代エジプトの物語』社会思想社（現代教養文庫）
平田寛『科学の起源』岩波書店
酒井傳六『謎の民ヒクソス』学生社
T. G. H. ジェームズ著（酒井傳六訳）『エジプト考古学』学生社
R. ギヴェオン著（酒井傳六・秋山正敦訳）『シナイの石は語る』学生社
屋形禎亮「アブシール文書研究(1)」『史学研究』（東京教育大学文学部）96

1975（昭和50）年

屋形禎亮「アブシール文書研究(2)」『史学研究』101
屋形禎亮「ケンティシュについて」『三笠宮殿下還暦記念オリエント学論集』講談社
富村傳「マルカタ遺蹟彩色階段の捕虜の図柄について」『オリエント』18—1
屋形禎亮「「エジプト語辞典」の増補改定作業」『オリエント』18—2
鈴木八司『世界彫刻美術全集3　エジプト』 小学館

1976（昭和51）年

S. ソヌロン著（鈴木まどか訳）『エジプト学』白水社（クセジュ）
J. アイヴィミ著（酒井傳六訳）『太陽と巨石の考古学』文化放送
吉村作治『エジプト史を掘る』日本放送出版協会（NHK ブックス）
K. メンデルスゾーン著（酒井傳六訳）『ピラミッドの謎』文化放送
P. ファンデンベルク著（金森誠也訳）『ネフェルティティ』佑学社
屋形禎亮「古代エジプトにおけるマアト：伝統と変革の問題をめぐって」『史潮』（歴史学会）新輯1

三笠宮崇仁編『生活の世界歴史１　古代オリエントの生活』河出書房新社
1977（昭和52）年
桜井清彦『エジプトを掘る』実業之日本社
J. E. ハリス、K. R. ウイークス著（蒲田耕二訳）『甦えるミイラ』レオ企画
新田三夫・写真／屋形禎亮・解説『古代エジプト壁画　新王国』日本経済新聞社
杉勇『世界の歴史１　古代オリエント』講談社
鈴木八司・黒田和彦編『グランド世界美術２　エジプトとオリエントの美術』講談社
川村喜一「エジプト、マルカタ遺蹟の第５、６次発掘調査」『考古学ジャーナル』141
1978（昭和53）年
B. M. フェイガン著（兼井連訳）『ナイルの略奪』文化放送（1988：再　法政大学出版局）
大沢忍『パピルスの秘密』みすず書房
A. D. トゥニー、S. ヴェニヒ著（滝口宏・伊藤順蔵訳）『古代エジプトのスポーツ』ベースボールマガジン社
A. P. ルカ著（羽林泰訳）『ミイラ』佑学社
P. ファンデルベルク著（坂本明美・田島亘裕訳）『ラムセスⅡ世』佑学社
杉勇・三笠宮崇仁編『世界文学体系１　古代オリエント集』筑摩書房
川村喜一編『世界の博物館17　エジプト博物館』講談社
屋形禎亮「エジプト：王権観をめぐって」『オリエント』21―２
加藤一朗「古代エジプト形成期の一側面」『足利惇氏博士喜寿記念オリエント学・インド学論集』国書刊行会
1979（昭和54）年
平田寛『科学の考古学』中央公論社（中公新書）
M. C. ツシャール著（酒井傳六訳）『ピラミッドの秘密』社会思想社
吉村作治『ピラミッドの謎』講談社（現代新書）
ブノワ・メシャン著（両角良彦訳）『クレオパトラ』みすず書房
川村喜一『ファラオの階段：マルカタ遺蹟の発掘』朝日新聞社
杉勇他監修『エジプトの秘宝』全５巻　講談社
W. ヴォルフ著（友部直訳）『西洋美術全史１　オリエント・エーゲ美術』グラフィック社
鈴木まどか「遠山記念館付属美術館蔵（アメン）エムヘブ（？）及びカエムウアセトの供養碑について」『オリエント』22―１
大城光正「エジプト書記によるヒッタイト語書簡文書について」『オリエント』22―２
鈴木まどか「第２回国際エジプト学者会議　2 ème Congrès International des Egyptologues についての報告」『オリエント』22―２
吉村作治「早稲田大学古代エジプト調査13年の歩み」『オリエント』22―２

富村傳「古代エジプト語における『妻』の類義語について」『日本オリエント学会創立25周年記念オリエント学論集』刀水書房

桜井清彦「中部エジプトの考古学調査　マルカタ遺蹟第8次調査」『学術月報』32―4

早稲田大学古代エジプト第8次調査隊「エジプト、マルカタ遺蹟の第8次発掘調査」『考古学ジャーナル』166

1980（昭和55）年

T. ホーヴィング著（屋形禎亮・榊原豊治訳）『ツタンカーメン秘話』白水社

L. デロベール、H. シューレン著・桜井清彦監修（小池辰雄訳）『ミイラ』六興出版

石上玄一郎『エジプトの死者の書』人文書院

鈴木八司他『新潮古代美術館3　ナイルと王のエジプト』新潮社

屋形禎亮編『西洋史1　古代オリエント』有斐閣新書

小山雅人「『シヌーヘ物語』の文体構造」『オリエント』23―1

吉村作治「デール・エル・バハリにおけるポーランド隊のハトシェプスト葬祭殿修復工事の現状」『オリエント』23―2

1981（昭和56）年

C. W. ツェーラム著（清水昭次訳）『古代を甦らせた人々』新潮社

P. トンプキンズ著（吉村作治訳）『失われた王墓』日本ブリタニカ

『古代エジプトへの招待』（増刊『中央公論』）中央公論社

富村傳「“Nine Bows”の語の成立事情」『オリエント』24―2

中島健一「エジプトにおける農耕・家畜の起源」『人文地理』（人文地理学会）33―1

吉村作治「マルカタ南：魚の丘遺蹟に於ける諸問題：コム・アル・アブドゥ遺蹟との比較研究」『史観』104

森際眞知子「アマルナ時代末期におけるエジプトのシリア領土喪失の原因」『史観』105

早稲田大学古代エジプト調査隊「エジプト、テーベ私人墓241号調査概報」『考古学ジャーナル』195

1982（昭和57）年

P. モンテ著（波木居純一訳）『エジプトと聖書』みすず書房

E. A. W. バッジ著（石上玄一郎・加藤富貴子訳）『古代エジプトの魔術』平河出版社

『エジプトアコリス遺蹟発掘調査概報：1981年度』古代学協会

鈴木八司・屋形禎亮『世界の聖域1　聖都テーベ』講談社

吉村作治監修『NTVスペシャル：エジプト5000年をゆく』「1：ファラオの眠る谷」「2：神秘の都テーベ」日本テレビ

屋形禎亮「古代エジプト人の人間観」古田光編『ヨーロッパにおける人間観の研究』未来社

吉成薫「古代エジプトの州侯：第一中間期の理解の手懸りとして」『史観』107

1983（昭和58）年

中島健一『灌漑農法と社会　政治体制』校倉書房

吉村作治『クレオパトラの謎』講談社（現代新書）

吉村作治『古代エジプト女王伝』新潮選書

仁田三夫・写真／鈴木八司・文『古代エジプトへの旅』岩波書店（岩波グラフィックス19）

早稲田大学古代エジプト調査室編『上エジプトの歴史をたどる：マルカタ遺蹟出土品を中心として』出光美術館三鷹分館（出版）

早稲田大学古代エジプト調査委員会『マルカタ南［I］：魚の丘〈考古編・建築編〉』早稲田大学出版局

『エジプトアコリス遺蹟発掘調査概報：1982年度』古代学協会

平田寛監修（吉村作治訳）『図説世界文化地理大百科　古代のエジプト』朝倉書店

P. ミケル著（福井芳男・木村尚三郎監訳）『カラーイラスト世界の生活史２　ナイルの恵み』東京書籍

内田杉彦「ヌビアにおけるimy-r k3ww：エジプト第６王朝のヌビア政策」『オリエント』26―1

藤本強「ナイル川流域の後期旧石器文化：穀物利用と農耕に関する問題を中心に」『考古学雑誌』68―４

小山雅人「『シヌーヘ物語』の王妃について」『角田文衛博士古稀記念古代学叢論』平安博物館角田文衛博士古稀記念事業会

鈴木まどか「ペンヘヌウトジウウの木棺について」『角田文衛博士古稀記念古代学叢論』

富村傳「ヘカナクテ農場の労働者について：B. A. ガラヴィーナ説批判」『角田文衛博士古稀記念古代学叢論』

《カイロ博物館秘蔵「古代エジプト展」》

《ブルックリン美術館秘蔵名品展「エジプトの美」》

1984（昭和59）年

酒井傳六『古代エジプト動物記』文芸春秋

A. J. スペンサー著（酒井傳六・鈴木順子訳）『死の考古学』法政大学出版局（教養選書）

酒井傳六『太陽と墓と人間と：古代エジプトを読む』青土社

吉村作治『ツタンカーメンの謎』講談社（現代選書）

熊瀬川紀・撮影／吉村作治・文『エジプトの古代遺蹟』小学館

『エジプトアコリス遺蹟発掘調査概報：1983年度』古代学協会

吉村作治監修『NTVスペシャル：エジプト5000年をゆく』「３：ピラミッド・謎と科学」「４：甦るツタンカーメン」日本テレビ

大島一穂「ホルス神とセト神の争いの神話と「二つの国の統一」」『史泉』59
小山雅人「『アメネムヘーI世の教え』の構造」『日本オリエント学会創立30周年記念オリエント学論集』刀水書房
鈴木まどか「京都大学文学部蔵センアンク供物台とネフェルアブ供養碑について」『日本オリエント学会創立30周年記念オリエント学論集』刀水書房

《カイロ博物館秘蔵「黄金のファラオ展」》

1985（昭和60）年

A. B. チェイス著（吉成薫訳）『リンド数学パピルス』朝倉書店
R. ハバシュ著（吉村作治訳）『エジプトのオベリスク』六興出版
近藤二郎「ナイル川流域の新石器文化の展開：ナブタ初期新石器文化を中心に」『史観』113
小山雅人「古代エジプトの文芸作品目録」『オリエント』28—1
吉成薫「古代エジプトの都市」『オリエント』28—1
西村洋子「古代エジプトの州侯に関する一考察(1)」『史泉』62
高橋龍三郎「エジプト、ルクソール周辺の旧石器遺蹟調査概報」『岡山市立オリエント美術館研究紀要』4
吉村作治「マルカタ南遺蹟出土彩色画片の考察」『三上次男博士喜寿記念論文集・考古編』平凡社
吉村作治監修『NTV スペシャル：エジプト5000年をゆく』「5：エジプトの全遺蹟」日本テレビ

1986（昭和61）年

R. ディヴィッド著（近藤二郎訳）『古代エジプト人』筑摩書房
H. ヒックマン著（滝沢達子監訳）『人間の音楽の歴史　エジプト』音楽之友社
吉村作治『ファラオの食卓』講談社（もんじゅ選書）
M. M. ペイス著（清水雄次郎訳）『エジプトのミイラの話』六興出版（1993：再　弥呂久）
遠藤紀勝・写真／矢島文夫・文『死者の書：古代エジプトの遺産パピルス』（カラー版）社会思想社
早稲田大学古代エジプト調査委員会『マルカタ南「II」：ルクソール周辺の旧石器時代遺蹟』早稲田大学出版局
内田杉彦「古代エジプトの『死者への書簡』における死者」『オリエント』29—2
西村洋子「古代エジプトの州侯に関する一考察(2)」『史泉』63
畑守泰子「エジプト古王国後半における貢納・夫役免除の意義：地方神殿を中心に」『史学雑誌』95—7

1987（昭和62）年

黒川哲朗『図説古代エジプトの動物』六興出版

酒井傳六『エジプト学のすすめ』学生社
近藤二郎「古代エジプトの葬送用コーンについて」『オリエント』30―1
吉成薫「クルナ村墓群碑文研究上の諸問題」『オリエント』30―1
小山雅人「『ハルジェデフの教え』の本文校訂と解釈をめぐって」『オリエント』30―2
畑守泰子「古王国時代の『ピラミッド都市』：その形成をめぐって」『オリエント』30―2
吉村作治「早稲田大学古代エジプト調査隊調査報告（II）」『オリエント』30―2
西村洋子「古代エジプト・ヘルモポリス州のハトヌブに残されたネヘリ・グラフィティについて」『史泉』66
《ライデン古代博物館所蔵「古代エジプト展」》

1988（昭和63）年

三笠宮崇仁『古代エジプトの神々』日本放送出版協会
吉成薫『ヒエログリフ入門』六興出版（1993：再　弥呂久）
J. チェルニー著（吉成薫・吉成美登里訳）『エジプトの神々』六興出版（1993：再　弥呂久）
吉村作治『貴族の墓のミイラたち』日本放送出版協会
B. ブライアー、P. ドーマン解説（河合忠信訳）『古代エジプトの栄光：ナポレオン「エジプト誌」図録聚英』雄松堂出版
早稲田大学古代エジプト調査委員会『マルカタ南［III］：魚の丘周辺における埋葬と人骨』早稲田大学出版局
秋山慎一「セド祭研究序説」『西洋史論叢』（早稲田大学史学会）10
中山伸一「ラメシード・エジプトに於ける穀物について」『オリエント』31―1
《ボーデ博物館蔵「大エジプト展」》

1989（平成1）年

M. L. ビアブライヤー著（酒井傳六訳）『王（ファラオ）の墓づくりびと』学生社
吉村作治『ピラミッドは語る』岩波書店（ジュニア新書）
C. アンドリュウズ著（ほるぷ教育開発研究所訳）『ロゼッタストーン』ミュージアム図書
近藤二郎「エジプト先王朝期の石鏃に関する問題点」『オリエント』32―1
畑守泰子「エジプト古王国における『ピラミッド都市』行政と『ピラミッド都市長官』職」『オリエント』32―1

1990（平成2）年

笈川博一『古代エジプト』中央公論社（中公新書）
マニケ著（酒井傳六訳）『古代エジプトの性』法政大学出版局（教養選書）
J. ベルクテール著（福田素子訳）『古代エジプト探険史』創元社（知の発見双書）

吉村作治編『NHK 大英博物館 2　エジプト・大ファラオの帝国』日本放送出版協会
内田杉彦「古代エジプトにおける生者と死者との互恵関係に関する一考察」『オリエント』33―1
秋山慎一「デル・エル・メディーナにおける穀物支給（diw）」『オリエント』33―2
吹田浩「ピラミッド・テクストにおけるバーの現れ」『史泉』71
張替いづみ「エジプト・ナカダ文化期の牙形製品について」『古代』（早稲田大学古学会）90
富村傳「アコリス遺蹟出土の二基の奉献碑について」『古代学研究所研究紀要』1
吉成薫「『雄弁な農夫の物語』に見る古代エジプトの諺」『日本オリエント学会創立35周年記念オリエント学論集』刀水書房
西本真一「マルカタ王宮『列柱大ホール』天井画におけるネクベト画像の復元研究、マルカタ王宮に関する研究Ⅰ」『日本建築学会計画系論文報告集』416
西本真一「マルカタ王宮『列柱大ホール』天井画における『スクロール文様』の復元研究、マルカタ王宮に関する研究Ⅱ」『日本建築学会計画系論文報告集』425
西本真一「エジプト・マルカタ王宮『Room H.』天井画における聖刻文字列の復元研究」『早稲田大学理工学研究所報告』129
《国内所蔵コレクション展「エジプト　王朝文化のルーツを探る」》

1991（平成 3）年

吹田浩「古代エジプトの宗教人間学考：バーを例にして」『史泉』73
畑守泰子「エジプトにおける古代都市発掘と都市研究」『歴史評論』（民主主義科学者協会）489
西本真一「エジプト・マルカタ王宮出土“irp”（ワイン）の文字片について」『早稲田大学理工学研究所報告』131
張替いづみ「エジプト・ナカダ文化における象牙製品について」『古代探叢』（早稲田大学考古学会）3

1992（平成 4）年

近藤二郎『ものの始まり50話　文明の源をさぐる』岩波書店（ジュニア選書）
鈴木まどか『エジプト美術の謎』丸善ライブラリー
E. オットー著（吉成薫訳）『エジプト文化入門』六興出版（1992：再　弥呂久）
E. ホルヌング（屋形禎亮他訳）「魚と鳥」『人間のイメージ 1』平凡社（エラノス叢書）
早稲田大学古代エジプト調査委員会『マルカタ南［Ⅳ］：イシス神殿北西部の遺構と遺物』早稲田大学出版局
秋山慎一「デール・エル・メディーナに対する「薪」の「支給」」『オリエント』35―1
畑守泰子「第 5 王朝後半における葬祭殿への供物支給」『オリエント』35―1
高宮いづみ「エジプト・ナカダ文化における大型ナイフ形石器について」『オリエン

ト』35—1
吉成薫「アスペクティブについて」『オリエント』35—2
西本真一「マルカタ王宮『列柱大ホール』天井画における描き直しについて：マルカタ王宮に関する研究Ⅲ」『日本建築学会計画系論文報告集』435
吉村作治「マルカタ南—魚の丘遺蹟出土彩画片の一考察：ローゼット文を中心として」『人間科学研究』(早稲田大学大学院人間科学研究科) 5—1
吉村作治「ローゼット文の起源に関する一考察」『比較文明』(比較文明学会) 8
大島一穂「『二つの国』の統一とホルス名」『藤本勝次・加藤一朗両先生古稀記念中近東文化史論叢』関西大学文学部史学地理学科合同研究室内　同記念会
吹田浩「古代エジプトのカーの形象学：古王国時代資料に見る」『藤本勝次・加藤一朗両先生古希記念中近東文化史論叢』
萩生田憲昭「古代エジプト第11王朝の王統譜について」『藤本勝次・加藤一朗両先生古希記念中近東文化史論叢』
宮本純二「アコリス遺蹟出土の模型船に関する一考察：船体と装具」『藤本勝次・加藤一朗両先生古希記念中近東文化史論叢』
R. ラミ著（田中義広訳）『イメージの博物誌22　エジプトの神秘　甦る古代の叡知』平凡社

1993（平成5）年

N. リーヴス著（近藤二郎訳）『図説・黄金のツタンカーメン』原書房
早稲田大学古代エジプト建築調査隊『マルカタ王宮の研究：マルカタ王宮址発掘調査1985—1988』中央公論美術出版
吉村作治「早稲田大学古代エジプト調査隊調査報告（Ⅲ）」『オリエント』36—1
木下理恵「古代エジプトの式文『ヘテプ-ディ-ネスウ』と王権観」『史泉』78
近藤二郎「テーベ西岸私人墓の再利用と編年学的位置付けの問題：コンス墓（第31号墓）とウセル・ハト墓（第51号墓）を例として」『エジプト学研究』(早稲田大学エジプト学研究所) 1
吹田浩「古代エジプトの神概念：『神々と神』をめぐる問題」『関西大学文学論集』43—1
近藤二郎「古代エジプト王朝時代の波状壁体の一考察」『21世紀への考古学：櫻井清彦先生古稀記念論文集』雄山閣出版
廣田吉三郎「古代エジプトのフリーズ装飾に関する一考察」『21世紀への考古学：櫻井清彦先生古稀記念論文集』雄山閣出版
高宮いづみ「エジプト赤色スリップ土器Aについて：マルカタ南遺蹟イシス神殿井戸址内出土土器からの一考察」『21世紀への考古学：櫻井清彦先生古稀記念論文集』雄山閣出版
吉村作治・長崎由美子「マルカタ南・魚の丘遺蹟出土彩画片に関する総括」『21世紀

への考古学：櫻井清彦先生古稀記念論文集』雄山画閣出版
吉成薫「古代エジプトの『心臓の計量』」『21世紀への考古学：櫻井清彦先生古希記念論文集』雄山画閣出版
辻村純代「古代エジプトのオリーヴ油生産」『角田文衛先生傘寿記念・古代世界の諸相』晃洋書房

1994（平成６）年

G. ハート著（阿野令子訳）『エジプトの神話』丸善ブックス
F. デュナン、R. リシタンベール著（南条郁子訳）『ミイラの謎』創元社（「知の再発見」双書）
L. マニカ著（編集部訳）『ファラオの秘薬』八坂書房
松本弥『図説・古代エジプト文字手帳』弥呂久
吉成美登里『母が語る：古代エジプト』近代文芸社
吉村作治『ファラオと死者の書　古代エジプト人の死生観』小学館ライブラリ
吉村作治『吉村作治の古代エジプト講義録』上・下　講談社
吉村作治『ピラミッドの謎をハイテクで探る』講談社
友部直編『世界美術大全集２　エジプト美術』小学館
高宮いづみ「エジプト・ナカダ文化の歯牙・骨製品について」『オリエント』37―１
吉成薫「古代エジプト先王朝時代：王朝史からの展望」『オリエント』37―２
秋山慎一「墓掘り労働者に対するランプの支給」『西洋史論叢』16
河合望「新王国時代第18王朝の王墓の副葬品の組成に関する一考察」『エジプト学研究』２
近藤二郎「テーベ私人墓第47号」『エジプト学研究』２
吉村作治・中川武・西本真一・柏木裕之「アブ・シール発掘調査現場から出土したヒエラティック・インスクリプションについて」『エジプト学研究』２
吉村作治・近藤二郎「アメンヘテプ３世墓の調査について：エジプト・ルクソール西岸、王家の谷西谷調査報告」『人間科学研究』７―１
《カイロ博物館展「古代エジプト文明と女王」》

1995（平成７）年

W. デッカー著（津山拓也訳）『古代エジプトの遊びとスポーツ』法政大学出版局（りぶらりあ選書）
屋形禎亮監修『ナイルの遺産　エジプトの旅』山川出版社
仁田三夫『ルクソール讃歌』筑摩書房（ちくま文庫）
松本弥『図説古代エジプト誌・ヒエログリフをひらく』弥呂久
T. ホーヴィング著（屋形禎亮・榊原豊治訳）『ツタンカーメン秘話』白水社
M. ポープ著（唐須教光訳）『古代文字の世界』講談社（学術文庫）
A. シリオッティ著（鈴木八司訳）『エジプト　驚異の古代文明』新潮社

『マルカタ南・魚の丘遺蹟出土彩画片の研究［Ｉ］』（早稲田大学古代エジプト研究報告１）

秋山慎一「Papyrus Greg の年代と内容理解」『オリエント』38—1

藤井信之「オソルコン３世後の上エジプト」『オリエント』38—1

藤井信之「エジプト第23王朝の所在地問題について」『関学西洋史論集』20

吹田浩「コフィン・テクスト第285章」『関西大学文学論集』44

河合望「アマルナ王墓の被葬者に関する一考察」『エジプト学研究』３

近藤二郎「テーベ西岸第21号墓の造営年代」『エジプト学研究』３

大城道則「古代エジプトにおけるラピスラズリについて：その現実的価値と象徴的意義」『史泉』81

斎藤正憲「エジプト古王国時代の岩窟墓に関する一考察：キザにおける例を中心として」『人文論選』（早稲田大学文学部）５

《鈴木八司氏コレクション展「遙かなるエジプト」》

1996（平成８）年

E. ストロハウエル著（内田杉彦訳）『古代エジプト生活誌』上・下　原書房

L. マニケ著（松本恵訳）『古代エジプトの音楽』弥呂久

W. V. デイヴィズ著（塚本明廣訳）『エジプト聖刻文字』学芸書林（大英博物館双書　失われた文字を読む２）

エリー編（荒俣宏訳）『古代エジプトの言葉』紀伊国屋書店（知慧の手帳９）

M. ルルカー著（山下主一郎訳）『エジプト神話シンボル事典』大修館書店

ヘロドトス著　J. ラカリエール解説（幸田礼雄訳）『エジプト』新評論

仁田三夫写真・文『エジプト古代文明の旅』講談社

吉村作治『エジプト発掘30年』平凡社

鈴木八司監修『世界の歴史と文化　エジプト』新潮社

中野智章「エジプト第一王朝の王墓の比定に関する一試論：輸入土器からの視点」『オリエント』39—1

菊池敬夫「王家の谷・西谷、アメンヘテプ３世王墓（WV22）のグラフィト」『エジプト学研究』４

近藤二郎「ネクロポリス・テーベの領域の確立」『エジプト学研究』４

磯部久美子「ディール・アル=マディーナの職人ネケトメスゥの葬祭碑」『エジプト学研究』４

白井則行「初期王朝時代のサッカーラとメンフィス」『エジプト学研究』４

和田浩一郎「サッカーラにおける新王国時代の free-standing tomb-chapel について」『エジプト学研究』４

大城道則「古代エジプト文化の形成期について：ラピスラズリを資料とした文化接触からのアプローチ」『古代文化』48—3

藤井信之「タケロト2世治下におけるテーベ反乱：リビア朝治下エジプトのアメン神官団の検討から」『地中海学研究』(地中海学会) 19

畑守泰子「エジプト古王国時代の葬祭領地と神殿」『東京都立大学人文学報』268

森際眞知子「第18王朝の正当性とトトメス3世治下のアジア遠征」『西洋史論叢』18

大城道則「パルミラにおける古代エジプト文化の影響：ベス神のアミュレットからの一考察」『富澤霊岸先生古稀記念関大西洋史論集』関西大学文学部西洋史研究室

吹田浩「アムドゥアト第5時：新王国宗教思想の一例」『富澤霊岸先生古稀記念関大西洋史論集』

萩生田憲昭「古代エジプト国家統一の形成過程に関して」『富澤霊岸先生古稀記念関大西洋史論集』

宮本純二「アコリス遺蹟 Chapel B の被葬者をめぐる諸問題：上エジプト第17州に関する一考察」『富澤霊岸先生古稀記念関大西洋史論集』

川西宏幸「エジプト文明の盛衰と環境変動」『講座　文明と環境2　地球と文明の画期』朝倉書店

《ライデン古代博物館所蔵「古代エジプト展」》

1997 (平成9) 年

I. ショー、P. ニコルソン著 (内田杉彦訳)『大英博物館古代エジプト百科辞典』原書房

片岸直美・畑守泰子・村治笙子『ナイルに生きる人々』山川出版社

吉村作治 (熊瀬川紀写真)『エジプトの起源　カイロ博物館入門』講談社

松本弥『カイロ・エジプト博物館／ルクソール美術館への招待』弥呂久

S. ロッシーニ、R. S. アンテルム著 (矢島文夫・吉田春美訳)『図説エジプトの神々事典』河出書房新社

近藤二郎『世界の考古学4　エジプトの考古学』同成社

秋山慎一「古代エジプトの歴史的記述」『西洋史論叢』19

近藤二郎「古代エジプトにおけるスカラベ形印章の形式学的研究」『考古学雑誌』82—4

藤井信之「『パシェリエンアセトの哀歌』をめぐる問題について：エジプト第22王朝のオソルコン2世王墓の一碑文」『人文論究』(関西学院大学人文学会) 47—3

菊池敬夫「カイロ博物館のリシコフィン：Temp. No. 19, 11, 27, 5：リシコフィンの型式学的編年研究の可能性」『エジプト学研究』5

近藤二郎「テーベ西岸のトトメス1世葬祭殿に関する一考察：第18王朝時代の岩窟墓に記された神殿リストから」『エジプト学研究』5

磯部久美子「職人の表現様式に見るディール・アル・マディーナの推移：二次元表現の分析に基づいて」『エジプト学研究』5

斎藤正憲「いわゆるリザーブ・ヘッドとプラスター・マスクについて：エジプト古王

国時代の埋葬習慣に関する一考察」『エジプト学研究』5
白井則行「ナイル河流域における狩猟採集から農耕牧畜への移行過程について」『エジプト学研究』5

1998（平成10）年

秋山慎一『やさしいヒエログリフ講座』原書房
西村洋子『古代エジプト基本単語集　初めてのヒエログリフ』平凡社
古谷野晃『古代エジプト　都市文明の誕生』古今書院
吉成薫『ファラオのエジプト』廣済堂出版
J. アスマン著（吹田浩訳）『エジプト　初期高度文明の神学と信仰心』関西大学出版部
G. フローベル著（斎藤昌三訳）『フローベルのエジプト』法政大学出版局（叢書ウニベルシタス）
A. シリオッティ著（矢島文夫訳）『王家の谷：テーベの神殿とネクロポリス』河出書房新社
松本弥『古代エジプトのファラオ』弥呂久
仁田三夫編著・写真／松本弥・村治笙子・片岸直美・文『図説古代エジプト』1、2　河出書房新社
Z. ハウス著（吉村作治・西村厚訳）『図説・古代エジプトの女性たち』原書房
J. ヘイウッド著（小林雅夫監訳）『ヴィジュアル版世界古代文明史』原書房
屋形禎亮他『岩波講座世界歴史 2　オリエント世界―7世紀』岩波書店
屋形禎亮他『世界の歴史 1　人類の起源と古代オリエント』中央公論社
吉村作治『吉村作治の文明探検 2　ツタンカーメン：ファラオの都テーベ』平凡社
B. マンリー著（鈴木まどか訳）『地図が読む世界の歴史　古代エジプト』河出書房新社
秋山慎一「Necropolis Journal の分類と労働者の出・欠勤の記録」『オリエント』41―1
吹田浩「古代エジプト思想とヘブライとヘレニズムの思想における『一者性のテーマ化』：ヤン・アスマンの所説をめぐって」『オリエント』41―2
大城道則「オソルコン3世のプロフィール：オソルコンⅢ世＝プリンス・オソルコン説の再考」『古代文化』50―10
鈴木まどか「東京国立博物館蔵パシェリエンプタハのミイラとカルトナージュ棺」『考古学雑誌』83―4
河合望「古代エジプト王朝時代の編年の諸問題：新王国時代・第三中間期を中心として」『エジプト学研究』6
近藤二郎「ネクロポリス・テーベ出土の新王国時代の葬送用コーンについて」『エジプト学研究』6

斎藤久美子「マルカタ南『魚の丘』遺蹟の建物に描かれた外国人について：毛皮の外套をまとった人物の復元と民族の同定」『エジプト学研究』6
白井則行「葬送行為の考古学と先王朝時代の下エジプト研究」『エジプト学研究』6

1999（平成11）年

高宮いづみ『古代エジプトを発掘する』岩波書店（岩波新書）
J. H. テーラー著（鈴木麻穂訳）『ミイラ解体・「王家の谷」造営職人長ホルエムケニシの生涯と死』學藝書林（大英博物館双書　古代エジプトを知る1）
R. パーキンソン、S. クワーク著（近藤二郎訳）『パピルス・偉大なる発明、その製造から使用法まで』學藝書林（大英博物館双書　古代エジプトを知る2）
J. ファイラー著（内田杉彦訳）『病と風土・古代の慢性病・疾病と日常生活』學藝書林（大英博物館双書　古代エジプトを知る3）
D. ジョーンズ著・鈴木八司監修（嶺岸維津子・宮原俊一訳）『船とナイル　古代の旅・運搬・信仰』學藝書林（大英博物館双書　古代エジプトを知る4）
B. ブライアー著（東眞理子訳）『誰がツタンカーメンを殺したか』原書房
R. クレイトン著・吉村作治監修（藤沢邦子訳）『古代エジプト・ファラオ歴代誌』創元社
B. ムニュー著・吉村作治監修（南条郁子訳）『ラメセスⅡ世』創元社（「知の発見」双書）
吉村作治『大ピラミッド・新たなる謎』講談社（＋α文庫）
R. ロッシ著（松本弥訳）『古代エジプト文明　歴代王国三〇〇〇年を旅する』PHP研究所
J. アスマン（吹田浩訳）「一神教、汎神論、宇宙神教：エジプト神学に「一なる者」を考える」『史泉』89
大城道則「コスモポリタン文化としての古代エジプト先王朝時代：ヒエラコンポリス第100号墓の彩色壁画からの一考察」『史泉』90
藤井信之「イスゥト部隊の大将軍パシェリエンアセトに関する一考察：オソルコン2世時代の一側面」『関学西洋史論集』22
藤井信之「リビア王朝の支配とアメン神官団：エジプト第22、第23王朝期のテーベ行政をめぐる一考察」『西洋史学』（日本西洋史学会）192
河合望「トゥトアンクアメン王の『復興碑』について」『エジプト学研究』7
菊池敬夫「三人のアンテフ王のリシ棺をめぐる若干の考察」『エジプト学研究』7
近藤二郎「アメンヘテプ4世のテーベの王墓について」『エジプト学研究』7
白井則行「人類学とエジプト学：その協調の可能性」『エジプト学研究』7
和田浩一郎「サッカーラの平地墓における墓内彫像とその配置について」『エジプト学研究』7
高宮いづみ「エジプトの都市研究と都市の起源」 近藤英夫監修『古代オリエントに

おける都市形成とその展開』東海大学考古学研究室
《ウィーン美術史美術館所蔵「古代エジプト展」》
《大英博物館古代エジプト展》

2000（平成12）年

吉成薫『エジプト王国三千年：興亡とその精神』講談社（講談社選書メチエ）
吉村作治『ピラミッド文明・ナイルの旅』NHK出版
松本弥『物語古代エジプト人』文芸春秋（文春新書）
神谷敏郎『あるミイラの履歴書：エジプト・パリ・東京の三千年』中央公論社（中公新書）
M. コリア、B. マンリー著・近藤二郎監修（坂本真理訳）『ヒエログリフ解読法』ニュートンプレス
Ph. アーダ著・吉村作治監修（林啓恵訳）『ヒエログリフを書こう！』翔泳社
J. K. マクドナルド著（竹内智子訳）『王妃ネフェルタリの墓』ミュージアム図書
M. ドヴァンシュテール著・吉村作治監修（遠藤ゆかり訳）『ヒエログリフの謎を解く：天才シャンポリオン苦闘の生涯』創元社（「知の発見」双書）
R. H. ウィルキンソン著・近藤二郎監修（伊藤はるみ訳）『図解・古代エジプト・シンボル事典』原書房
R. H. ウィルキンソン著（近藤二郎訳）『図説・王家の谷百科：ファラオたちの栄華と墓と財宝』原書房
吉村作治・後藤健編著『四大文明スペシャル　エジプト』NHK出版
古川桂「ハトシェプスト女王葬祭殿のプント・レリーフについて：交換場面を中心に」『史泉』92
秋山慎一「労働者の「出勤簿」」『オリエント』43—1
大城道則「ヌビアAグループ文化とクストゥル・インセンス・バーナー：古代エジプト文化形成期の一側面」『オリエント』43—1
古谷野晃「古代集落に関する地理学的アプローチ：上エジプト中部におけるノモスを例にして」『オリエント』43—1
吹田浩「中期エジプト語の動詞カテゴリーをめぐって」『オリエント』43—1
高宮いづみ「ナカダ文化のセツルメント・パターンについて：エジプト中部バダリ地区における墓地形成パターンからの考察」『オリエント』43—1
永井正勝「後期ポロツキー説における中エジプト語の文／節体系」『オリエント』43—1
河合望「トゥトアンクアメン王の出自と家族関係に関する覚え書き」『オリエント学研究』8
山花京子「古代エジプトのファイアンス研究：現状と展望」『古代文化』52—5
内田杉彦「古代エジプト人と病気」『明倫歯科保健技工学雑誌』（明倫短期大学）3—1

《世界四大文明「エジプト展」》

2001（平成13）年

C. ジャック著・矢島文夫監修（鳥取絹子訳）『クリスチャン・ジャックのヒエログリフ入門』紀伊國屋書店
B. G. トリッガー著（川西宏幸訳）『初期文明の比較考古学』同成社
C. D. ノーブルクール著（小宮正弘訳）『エジプト神話の図象学』河出書房新社
吉村作治『痛快！ピラミッド学』集英社インターナショナル
M. C. ペトロ著・吉村作治監修（南条郁子訳）『図説・ヒエログリフ事典』創元社
R. ディヴィッド、R. アーチボルド著・吉村作治監訳『カラー版・ミイラ全身解剖』講談社
古谷野晃「古代エジプトにおける国境の概念とその地理的位置」『オリエント』44―1
西本真一「エジプト・マルカタ王宮「王の寝室」の天井画」『オリエント』44―1
山花京子「古代エジプト王銘付ガラス容器の分析と解釈：ローマ時代のガラスとの比較を通して」『オリエント』44―1
利光尚子「古王国時代におけるケンティシュの地位」『オリエント学研究』9
大城道則「「長期持続の歴史」としての古代エジプト：古代エジプト史への社会変成過程観察モデルの導入」『関西大学西洋史論叢』4
岩崎康司「古代エジプト・ヒクソス時代のアヴァリスとシャルヘン」『史泉』93

《「ピラミッドの時代　ボストン美術館の至宝」展》

あとがき

信州大学人文学部教授の屋形禎亮先生は、平成15年3月、退官された。

屋形先生は高校の教師になることを目指して東京教育大学文学部西洋史学科に入学、そこで古代オリエント学の権威であった杉勇教授に出会い、エジプト学を志すようになられた。大学院は東京大学の考古学専攻に進まれ、その間、政府給費留学生としてエジプトに1年間滞在したのち、母校教育大に助手として赴任された。助教授昇任後、筑波大学への移管を前にして信州大学に移り、同大学を停年まで勤めあげられた。

東京教育大学では、当時類を見なかったヒエログリフ（古代エジプト象形文字）のゼミを持たれ、それにはエジプト研究を志す他大学の学生たちも受け入れて下さった。これが私どもと先生のつながりの元となっている。

先生は常に古代エジプト史研究の先頭に立たれ、エジプト学研究を志す者は必ず先生のご著書を読み、大きな影響を受けていると言える。

平成7年からは、屋形先生のご出席を願って「古代エジプト研究会」という勉強会が年2回開かれており、14年11月末にはその16回目が開催された。この会に参加している研究者の有志が、日頃お世話になっている先生のご退官に際して何か区切りになるものを作りたいと考え、先生に編者となっていただいて一書を編むことを企画し、同成社のご理解を得て出版に至ったのが本書である。

執筆者は既に大学の教員となっている者から、在野の研究者、大学院生まで含み、その研究分野も多岐にわたっている。世間の耳目を集めるような発掘事業だけでなく、地道な文献研究なども着実に日本で展開されていることをお分かりいただけることと思う。

なお、屋形先生ご自身が東京教育大学助手時代に同校の紀要に書かれ、現在では入手困難な論文も収録することにした。この分野の基本的研究とはどういうものか実感できるものと思う。

2003年5月

編集委員一同

執筆者一覧（2003年3月末現在）

秋山慎一（あきやま　しんいち）　1956年生／早稲田大学文学部非常勤講師
伊藤明良（いとう　あきら）　1974年生／南山大学大学院博士後期課程
内田杉彦（うちだ　すぎひこ）　1957年生／明倫短期大学歯科技工士学科助教授
大城道則（おおしろ　みちのり）　1968年生／花園大学文学部非常勤講師
片岸直美（かたぎし　なおみ）　1956年生／日本オリエント学会会員
川西宏幸（かわにし　ひろゆき）　1947年生／筑波大学歴史人類学系教授
桑原佳奈（くわはら　カーナ）　1968年生／昭和女子大学大学院博士課程満期退学
小山雅人（こやま　まさと）　1950年生／㈶京都府埋蔵文化財調査研究センター調査第2課総括調査員
近藤二郎（こんどう　じろう）　1951年生／早稲田大学文学部助教授
佐々木純子（ささき　じゅんこ）　1946年生／日本オリエント学会会員
高宮いづみ（たかみや　いづみ）　1958年生／近畿大学文芸学部講師
田澤恵子（たざわ　けいこ）　1968年生／The University of Liverpool. School of Archaeology, Classics and Oriental Studies（留学中）
塚本明廣（つかもと　あきひろ）　1946年生／佐賀大学文化教育学部教授
辻村純代（つじむら　すみよ）　1954年生／国士舘大学イラク古代文化研究所共同研究員
利光尚子（としみつ　なおこ）　1971年生／早稲田大学大学院文学研究科博士後期課程
中野智章（なかの　ともあき）　1968年生／日本学術振興会特別研究員
萩生田憲昭（はぎうだ　のりあき）　1958年生／日本オリエント学会会員
畑守泰子（はたもり　やすこ）　1956年生／愛媛大学法文学部非常勤講師
藤井信之（ふじい　のぶゆき）　1965年生／関西学院大学文学部非常勤講師
森際眞知子（もりぎわ　まちこ）　1950年生／愛知みずほ大学人間科学部教授
屋形禎亮（やかた　ていすけ）　1937年生／信州大学人文学部教授

山花京子（やまはな　きょうこ）　1965年生／東海大学文学部・東京工業大学非常勤講師

吉成　薫（よしなり　かおる）　1949年生／昭和女子大学文学部教授

吉成美登里（よしなり　みどり）　1951年生／日本オリエント学会会員

和喜美穂子（わき　みほこ）　1968年生／京都大学大学院文学研究科聴講生

■編者略歴■

屋形禎亮（やかた・ていすけ）

1937年大分県生まれ。
東京教育大学文学部史学科（西洋史学専攻）卒業、東京大学大学院人文科学研究科博士課程満期退学。東京教育大学文学部助手・助教授、信州大学教養部助教授・教授を経て、
1995年より同大学人文学部教授。
2003年３月退官。
主著編書
『古代オリエントの生活』（共著・河出書房新社）、『聖都テーベ』（共著・講談社）、『古代オリエント』（編著・有斐閣）、『西アジア（上）』（共著・朝日新聞社）、『世界の歴史１』（共著・中央公論社）
主訳書
デローシュ＝ノーブルクール『トゥトアンクアモン』（共訳・みすず書房）、アルドレッド『エジプト古王国』（創元社）、『古代オリエント集』（共訳・筑摩書房）

古代エジプトの歴史と社会

2003年6月10日　初版発行

編　者　屋形禎亮（やかた　ていすけ）

発行者　山脇洋亮

印刷者　亜細亜印刷㈱

発行所　東京都千代田区飯田橋 4-4-8 東京中央ビル内　同成社

TEL 03-3239-1467　振替 00140-0-20618

©Yakata Teisuke 2003 Printed in Japan

ISBN4-88621-268-9 C3022